I0885391

Les impôts sur les salaires 2018

OCDE

DES POLITIQUES MEILLEURES
POUR UNE VIE MEILLEURE

Cet ouvrage est publié sous la responsabilité du Secrétaire général de l'OCDE. Les opinions et les interprétations exprimées ne reflètent pas nécessairement les vues officielles des pays membres de l'OCDE.

Ce document, ainsi que les données et cartes qu'il peut comprendre, sont sans préjudice du statut de tout territoire, de la souveraineté s'exerçant sur ce dernier, du tracé des frontières et limites internationales, et du nom de tout territoire, ville ou région.

Merci de citer cet ouvrage comme suit :
OCDE (2018), *Les impôts sur les salaires 2018*, Éditions OCDE, Paris.
http://dx.doi.org/10.1787/tax_wages-2018-fr

ISBN 978-92-64-07524-5 (imprimé)
ISBN 978-92-64-12415-8 (PDF)

Série : Les impôts sur les salaires
ISSN 1995-3852 (imprimé)
ISSN 2072-5132 (en ligne)

Les données statistiques concernant Israël sont fournies par et sous la responsabilité des autorités israéliennes compétentes. L'utilisation de ces données par l'OCDE est sans préjudice du statut des hauteurs du Golan, de Jérusalem-Est et des colonies de peuplement israéliennes en Cisjordanie aux termes du droit international.

Les corrigenda des publications de l'OCDE sont disponibles sur : *www.oecd.org/editions/corrigenda.*

© OCDE 2018

Vous êtes autorisés à copier, télécharger ou imprimer du contenu OCDE pour votre utilisation personnelle. Vous pouvez inclure des extraits des publications, des bases de données et produits multimédia de l'OCDE dans vos documents, présentations, blogs, sites Internet et matériel d'enseignement, sous réserve de faire mention de la source OCDE et du copyright. Les demandes pour usage public ou commercial ou de traduction devront être adressées à *rights@oecd.org*. Les demandes d'autorisation de photocopier une partie de ce contenu à des fins publiques ou commerciales peuvent être obtenues auprès du Copyright Clearance Center (CCC) *info@copyright.com* ou du Centre français d'exploitation du droit de copie (CFC) *contact@cfcopies.com.*

Avant-propos

Cette publication annuelle fournit des informations détaillées sur la situation des salariés au regard de l'impôt et des transferts sociaux dans l'ensemble des 35 pays membres de l'OCDE. Les informations contenues dans ce rapport couvrent l'impôt sur le revenu des personnes physiques et les cotisations de sécurité sociale payés par les salariés, les cotisations de sécurité sociale et les taxes sur les salaires payées par les employeurs ainsi que les allocations reçues par les familles. L'objectif de ce rapport est de montrer comment sont calculés les impôts sur le revenu des personnes physiques, les cotisations de sécurité sociale et les taxes sur les salaires, et d'examiner l'impact de ces prélèvements et des allocations familiales sur les revenus nets des ménages. Les résultats permettent également des comparaisons quantitatives entre pays sur les niveaux des coûts du travail et la situation globale des salariés célibataires et des familles au regard de l'impôt et des transferts sociaux.*

Le rapport montre les montants des impôts, des cotisations de sécurité sociale, des taxes sur les salaires et des prestations en espèces pour huit catégories de ménages qui diffèrent selon le niveau des revenus et la composition familiale. Il présente également les taux d'imposition moyens et marginaux qui en résultent. Les taux moyens d'imposition indiquent la part des salaires bruts ou des coûts totaux de main-d'œuvre qui est prélevée sous forme d'impôts sur le revenu des personnes physiques (avant et après les prestations), de cotisations de sécurité sociale et de taxes sur les salaires. Les taux marginaux indiquent la part de l'augmentation des salaires bruts ou des coûts totaux de main-d'œuvre qui fait l'objet de ces prélèvements.

Le rapport met l'accent sur la présentation de nouvelles données relatives à la situation des salariés au regard de l'impôt et des prestations sociales pour 2017. De plus, ces nouvelles données sont comparées aux données correspondantes pour l'année 2016. Il importe de noter que le salarié moyen est un salarié employé à plein temps (en tant que travailleur manuel ou non manuel) dans l'un des secteurs B-N de la classification internationale type, par industrie, de toutes les branches d'activité économique, Révision 4 (CITI, Rév.4) ou des secteurs C K de la classification internationale type, par industrie, de toutes les branches d'activité économique, Révision 3 (CITI, Rév. 3).

Le rapport est structuré de la manière suivante :

- *Le chapitre 1 contient une synthèse des principaux résultats pour 2017.*
- *Le chapitre 2 contient une étude spéciale intitulée « Les écarts de revenu disponible entre les ménages avec et sans enfants ».*
- *La partie I (comparaisons internationales) examine les principaux résultats pour 2016 et 2017 et est divisée en 3 chapitres (numérotés de 3 à 5). Le chapitre 3 examine les principaux résultats pour 2017, qui sont résumés dans des tableaux et graphiques comparatifs (qui figurent à la fin de cette section). Le chapitre 4 présente une explication graphique de la charge fiscale estimée pesant sur les revenus du travail en 2017 pour les gains salariaux bruts compris entre 50 % et 250 % des*

* *Les éditions antérieures de ce rapport étaient publiées sous les titres* La situation des salariés au regard de l'impôt et des transferts sociaux *(éditions 1996 à 1998) et* La situation des ouvriers au regard de l'impôt et des transferts sociaux *(éditions antérieures à 1996).*

salaires moyens. Le chapitre 5 passe en revue les principaux résultats pour 2016, synthétisés dans des tableaux comparatifs présentés à la fin du chapitre et les comparent avec les résultats de 2017.

- La partie II (chapitre 6) met l'accent sur l'évolution chronologique de la charge fiscale pendant la période 2000-17.
- La partie III contient des tableaux par pays indiquant les niveaux de salaires considérés et les charges fiscales correspondantes pour huit types de familles ainsi qu'une description de chaque système d'imposition/de prestations.
- L'annexe examine les méthodes et limites de l'étude.

Cette étude a été réalisée sous l'égide du Groupe de travail sur l'analyse des politiques et les statistiques fiscales du Comité des affaires fiscales et elle a bénéficié d'un soutien financier accordé par la Commission européenne. Les vues exprimées ne sauraient refléter l'opinion officielle de l'Union européenne.

Table des matières

Partie III

Informations détaillées par pays, pour 2017

Tableaux

Graphiques

Suivez les publications de l'OCDE sur :

http://twitter.com/OECD_Pubs

http://www.facebook.com/OECDPublications

http://www.linkedin.com/groups/OECD-Publications-4645871

http://www.youtube.com/oecdilibrary

http://www.oecd.org/oecddirect/

Ce livre contient des... *StatLinks*

Accédez aux fichiers Excel® à partir des livres imprimés !

En bas des tableaux ou graphiques de cet ouvrage, vous trouverez des *StatLinks*. Pour télécharger le fichier Excel® correspondant, il vous suffit de retranscrire dans votre navigateur Internet le lien commençant par : *http://dx.doi.org*, ou de cliquer sur le lien depuis la version PDF de l'ouvrage.

© OCDE 2018

Résumé

Dans les pays de l'OCDE, l'impôt sur le revenu et les cotisations de sécurité sociale représentent un peu plus d'un quart du salaire brut pour le salarié moyen, un ratio resté relativement stable durant les deux dernières décennies. En moyenne, le taux moyen net d'imposition des personnes physiques (TMNIPP), qui correspond à la somme de l'impôt sur le revenu des personnes physiques (IRPP) et des cotisations de sécurité sociale (CSS) payés par les salariés, diminuée des prestations en espèces, était égal à 25.5 % du salaire brut des travailleurs célibataires rémunérés au salaire moyen dans les pays de l'OCDE en 2017. La Belgique, avec 40.5 %, présentait le taux le plus élevé, le Danemark et l'Allemagne étant les deux seuls autres pays affichant des taux supérieurs à 35 %. Les taux les plus faibles étaient relevés au Chili (7 %) et au Mexique (11.2 %), la Corée étant le troisième pays dont le taux était inférieur à 15 %.

Entre 2016 et 2017, le TMNIPP a progressé dans 20 pays, diminué dans 13 autres, et est resté inchangé dans deux pays (le Chili et la Hongrie). Si les variations observées s'expliquent le plus souvent par des modifications apportées à l'IRPP, il apparaît qu'un pays seulement a augmenté le taux légal de cette imposition (les Pays-Bas). Dans la plupart des cas, l'alourdissement de l'IRPP résulte d'une augmentation de la part des revenus soumis à l'imposition, elle-même due à une baisse du montant des abattements fiscaux et crédits d'impôt par rapport aux revenus. Au Canada, la diminution des CSS a également joué un rôle important dans la baisse du TMNIPP.

Une étude spéciale est consacrée aux effets du système d'imposition sur le revenu disponible des ménages avec enfants. En moyenne dans l'OCDE, les ménages avec enfants sont soumis à un TMNIPP inférieur à celui appliqué aux ménages de la même catégorie qui n'ont pas d'enfant, sachant que, pour les niveaux de rémunération moins élevés, l'écart est considérablement plus marqué dans le cas des travailleurs célibataires. Ce constat se vérifie dans la quasi-totalité des pays de l'OCDE : en 2016, les familles avec enfants et deux apporteurs de revenu bénéficiaient de TMNIPP inférieurs à ceux appliqués aux ménages sans enfant de la même catégorie dans 31 pays, et, dans le cas des travailleurs célibataires rémunérés aux deux tiers du salaire moyen, 34 pays appliquaient un taux inférieur aux travailleurs ayant des enfants. Les écarts entre les TMNIPP s'expliquent pour l'essentiel par les prestations en espèces plus élevées qui sont versées aux ménages avec enfants. Dans de nombreux pays, ces prestations sont complétées par des réductions de l'IRPP liées à l'imposition conjointe ou à des abattements fiscaux et des crédits d'impôt plus élevés réservés aux familles avec enfants.

La prise en compte des coûts et impôts versés par l'employeur permet de calculer le taux effectif d'imposition des coûts du travail pour le salarié moyen, ou coin fiscal, qui était égal à 35.9 % en 2017 dans l'OCDE, soit une légère baisse par rapport à l'année précédente. Le coin fiscal mesure l'écart entre le coût du travail pour l'employeur et le salaire net correspondant perçu par le salarié. Il correspond à la somme de tous les impôts sur le revenu des personnes physiques et des cotisations de sécurité sociale payés par les salariés et les employeurs, diminuée des prestations en espèces, et est exprimé en pourcentage du coût total du travail pour l'employeur.

Si la moyenne des pays de l'OCDE n'a enregistré en 2017 qu'une diminution mineure, de 0.1 point de pourcentage, le coin fiscal pour le salarié moyen s'est alourdi dans 18 des pays de l'OCDE par rapport à 2016, tandis qu'il a reculé dans 16 pays. Dans trois cas, les baisses ont été significatives : en Hongrie (-2.10 points de pourcentage), au Luxembourg (-1.76 point de pourcentage) et en Finlande (-1.18 point de pourcentage). Aucun pays n'affichait de hausse supérieure à un point de pourcentage.

Principales conclusions

Dans la zone OCDE, le TMNIPP était de 25.5 % en 2017 (niveau inchangé par rapport à 2016)

- En 2017, c'est en Belgique (40.5 %), en Allemagne (39.9 %), et au Danemark (35.8 %) que l'on a recensé les TMNIPP les plus élevés pour les travailleurs célibataires sans enfant rémunérés au salaire moyen. Les TMNIPP les plus faibles ont été mesurés au Chili (7 %), au Mexique (11.2 %) et en Corée (14.5 %).
- Entre 2016 et 2017, le TMNIPP a augmenté dans 20 pays sur 35, a diminué dans 13 autres, et est resté inchangé au Chili et en Hongrie.

Le TMNIPP pour les ménages à revenu unique avec enfants était égal à 14.0 % en 2017

- En 2017, le TMNIPP le plus élevé pour les familles comptant deux enfants et un seul apporteur de revenu rémunéré au salaire moyen était observé en Turquie (25.9 %). Un autre pays seulement présentait un taux supérieur à 25 %, le Danemark (25.3 %). Les TMNIPP les plus faibles étaient recensés en République tchèque (0.7 %), ainsi qu'au Canada et en Irlande (1.2 %). On observait un taux négatif en Pologne (-4.8 %), pays dans lequel les prestations en espèces ont dépassé le montant total de l'IRPP et des CSS payés par les salariés.
- Entre 2016 et 2017, le TMNIPP pour cette catégorie de ménage a augmenté dans 25 pays, diminué dans 9 et est resté inchangé dans un pays (le Chili). Les hausses les plus marquées ont été constatées en Irlande (2.88 points de pourcentage) et en Australie (2.90 points de pourcentage). À l'inverse, les baisses les plus significatives étaient affichées par le Luxembourg (1.03 point de pourcentage) et la Pologne (5.06 points de pourcentage). La moyenne de l'OCDE a augmenté de 0.23 point de pourcentage.

Le coin fiscal moyen des pays de l'OCDE a reculé entre 2016 et 2017

- Dans les pays de l'OCDE, le taux moyen de l'IRPP et des CSS payés par les salariés et les employeurs sur les revenus du travail était de 35.9 % en 2017, soit une baisse de 0.13 point de pourcentage.
- En 2017, c'est en Belgique (53.7 %), en Allemagne (49.7 %), en Italie (47.7 %), en France (47.6 %) et en Autriche (47.4 %) que l'on a observé les coins fiscaux moyens les plus élevés pour les travailleurs célibataires sans enfant rémunérés au salaire moyen dans leur pays. Les coins fiscaux les plus faibles ont été enregistrés au Chili (7 %), en Nouvelle-Zélande (18.1 %) et au Mexique (20.4 %).
- Entre 2016 et 2017, le coin fiscal s'est accru dans 18 pays sur 35, a diminué dans 16 autres, et est resté inchangé au Chili.

Le coin fiscal moyen pour les familles avec enfants était égal à 26.1 % en 2017

- Le coin fiscal le plus élevé pour les familles comptant deux enfants et un apporteur de revenu rémunéré au salaire moyen était recensé en France (39.4 %) en 2017. La Belgique, la Finlande, la Grèce, l'Italie et la Suède enregistraient des coins fiscaux compris entre 38 % et 39 %. C'est en Nouvelle-Zélande que le coin fiscal était le plus faible pour ces ménages (6.4 %), suivie du Chili (7.0 %) et de la Suisse (9.1 %).
- Entre 2016 et 2017, la plus forte progression du coin fiscal pour cette catégorie de ménages a été observée en Australie (2.74 points de pourcentage), en Irlande (2.60 points de pourcentage) et en Lettonie (1.06 point de pourcentage). Les baisses les plus importantes ont été constatées en Pologne (4.35 points de pourcentage) et en Hongrie (3.05 points de pourcentage).
- Dans tous les pays de l'OCDE, le coin fiscal est plus faible pour les ménages avec enfants à revenu unique que pour les célibataires sans enfant, hormis au Mexique et au Chili où les taux sont identiques pour ces deux types de ménages. Les écarts mesurés représentent plus de 15 % du coût du travail en Allemagne, en Belgique, au Canada, en Hongrie, en Irlande, au Luxembourg, en République tchèque et en Slovénie.

© OCDE 2018

Chapitre 1

Synthèse

Ce chapitre présente les principaux résultats de l'analyse de l'imposition des revenus du travail dans les pays membres de l'OCDE en 2017. L'accent est mis sur le coin fiscal – mesure de la différence entre les coûts de la main d'œuvre pour l'employeur et la part correspondante de la rémunération nette disponible du salarié – qui est calculé en additionnant l'impôt sur le revenu des personnes physiques, les cotisations salariales et patronales de sécurité sociale et les éventuels prélèvements sur salaires, et en retranchant les prestations en pourcentage des coûts de main d'œuvre. Les calculs portent aussi sur le taux moyen net de l'impôt sur le revenu des particuliers. C'est le terme utilisé lorsque l'impôt sur le revenu des personnes physiques et les cotisations salariales de sécurité sociale, après déduction des prestations en espèces, sont exprimés en pourcentage du salaire brut. L'analyse concerne un célibataire sans enfant rémunéré au salaire moyen, qu'elle compare avec un couple marié disposant d'un seul salaire de niveau identique et ayant deux enfants. Une analyse complémentaire porte sur un couple disposant de deux salaires et ayant deux enfants, dont un conjoint perçoit le salaire moyen et l'autre 67 % du salaire moyen.

Les données statistiques concernant Israël sont fournies par et sous la responsabilité des autorités israéliennes compétentes. L'utilisation de ces données par l'OCDE est sans préjudice du statut des hauteurs du Golan, de Jérusalem-Est et des colonies de peuplement israéliennes en Cisjordanie aux termes du droit international.

Cette publication contient, pour chacun des 35 pays de l'OCDE, des renseignements sans équivalent sur les impôts sur le revenu versés par les salariés, leurs cotisations de sécurité sociale, les transferts qu'ils perçoivent sous forme de prestations en espèces ainsi que les cotisations de sécurité sociale et taxes sur les salaires versées par leurs employeurs. Les résultats communiqués comprennent la charge fiscale marginale et moyenne pour les ménages disposant d'un seul et de deux salaires et les coûts totaux de main d'œuvre qui en résultent pour les employeurs. Ces données sont largement utilisées dans les recherches universitaires et dans la formulation et l'évaluation des politiques sociales et économiques. Les données spécifiques sur les contribuables figurant dans cette étude permettent de compléter les renseignements donnés chaque année dans les Statistiques des recettes publiques, publication qui contient des données comparatives internationales sur les niveaux d'imposition et les structures fiscales dans les pays de l'OCDE. La méthodologie utilisée dans cette étude est décrite brièvement dans la section d'introduction ci-dessous et plus en détail à l'Annexe.

Les tableaux et graphiques présentent des estimations de la charge fiscale et du « coin fiscal » entre les coûts de main-d'œuvre et le revenu net disponible pour huit catégories de familles ayant des niveaux comparables de revenus. Les principaux résultats pour 2017 sont résumés dans la section 2 ci-dessous. La partie I du rapport présente des résultats plus détaillés pour 2017, accompagnés de résultats comparables pour 2016, et examine les changements intervenus entre les deux années. La partie II du rapport retrace l'évolution chronologique de la charge fiscale entre 2000 et 2017.

Ce chapitre 1 commence par une introduction à la méthodologie utilisée dans cette publication, suivie d'un examen des résultats relatifs aux indicateurs de la charge fiscale en 2017. Cet examen englobe le coin fiscal et les taux moyens de l'impôt sur le revenu des personnes physiques pour un célibataire sans enfant rémunéré au salaire moyen, ainsi que les indicateurs correspondants pour un couple disposant d'un seul salaire équivalent au salaire moyen, et pour un couple disposant de deux salaires dont un conjoint est rémunéré au salaire moyen et l'autre à 67 % du salaire moyen, et suppose que ces deux couples ont deux enfants. Enfin, le chapitre se termine par une section qui décrit l'évolution des niveaux du salaire moyen par pays et qui indique sur quels secteurs d'activité le calcul du salaire moyen est basé.

Introduction

Cette section expose brièvement la méthodologie utilisée dans la présente étude, consacrée exclusivement aux salariés à plein temps. Par hypothèse, leur revenu annuel d'activité est égal à un pourcentage donné du salaire brut moyen des travailleurs adultes travaillant à temps plein, pour chaque économie de l'OCDE, désigné sous le nom de salaire moyen (SM). Cela couvre les travailleurs manuels et non manuels, soit dans les secteurs C à K inclus, conformément à la classification internationale type par industrie de toutes les branches d'activité, Révision 3 (CITI Rév. 3), soit dans les secteurs B à N inclus, conformément à la classification internationale type par industrie de toutes les branches d'activité, Révision 4 (CITI Rév. 4)[1]. Le tableau 1.8 et l'Annexe à ce Rapport contiennent des précisions supplémentaires. Des hypothèses complémentaires sont formulées concernant d'autres éléments de la situation personnelle de ces salariés, afin de pouvoir déterminer leur positionnement au regard du système de prélèvements et de prestations.

Dans cette étude, le terme impôt englobe l'impôt sur le revenu des personnes physiques, les cotisations de sécurité sociale et les taxes sur les salaires (regroupées avec les cotisations patronales de sécurité sociale pour le calcul des taux d'imposition) payables sur le salaire brut. Par conséquent, aucun impôt sur le revenu pouvant être dû au titre de revenus non salariaux, de même qu'aucun autre type d'impôt – par exemple, l'impôt sur les sociétés, l'impôt sur le patrimoine net et les impôts sur la consommation – n'est pris en compte. Les transferts pris en compte sont ceux versés par les administrations publiques sous la forme de prestations en espèces, généralement au titre des enfants à charge.

Pour la plupart des pays de l'OCDE, l'année fiscale correspond à l'année civile. Toutefois, l'Australie, la Nouvelle-Zélande et le Royaume-Uni font exception. Dans le cas de la Nouvelle Zélande et du Royaume-Uni, ou l'année fiscale débute en avril, une approche « prospective » a été suivie pour les calculs. De ce fait, par exemple, les taux d'imposition indiqués pour 2017 sont ceux de l'année fiscale 2017-2018. Toutefois, en Australie, où l'année fiscale débute en juillet, il a été décidé d'adopter une approche « rétrospective » afin d'obtenir des résultats plus fiables. Par conséquent, pour l'Australie, l'année 2017 a été considérée comme correspondant à l'année fiscale 2016-2017.

Ce rapport contient divers indicateurs de l'imposition de la main-d'œuvre. Il met surtout l'accent sur le coin fiscal – indicateur de la différence entre les coûts de main-d'œuvre pour l'employeur et la part correspondante de la rémunération nette après impôt du salarié – qui est calculé en additionnant l'impôt sur le revenu des personnes physiques, les cotisations de sécurité sociale à la charge des salariés et des employeurs et les taxes sur les salaires éventuelles, et en retranchant les prestations en pourcentage des coûts de main-d'œuvre. Les cotisations patronales de sécurité sociale et – dans certains pays – les taxes sur les salaires sont ajoutées au revenu brut des salariés pour obtenir un indicateur des coûts totaux de main d'œuvre. Bien entendu, il faut reconnaître que cet indicateur peut être inférieur aux coûts réels de main-d'œuvre supportés par les employeurs, par exemple parce que les employeurs peuvent aussi devoir procéder à des paiements obligatoires non fiscaux[2]. Le coin fiscal moyen indique la part des coûts totaux de main-d'œuvre qui est prélevée sous forme d'impôts et de cotisations de sécurité sociale après déduction des prestations versées en espèces. Au contraire, le coin fiscal marginal indique la part de l'augmentation des coûts totaux de main-d'œuvre qui est ainsi prélevée.

Les calculs s'intéressent aussi au taux net moyen de l'impôt sur le revenu des particuliers. Ce terme désigne la somme de l'impôt sur le revenu des personnes physiques et des cotisations salariales de sécurité sociale nette des prestations en espèces, en pourcentage du salaire brut. Le taux net marginal de l'impôt sur le revenu des particuliers fait ressortir la part d'une augmentation du salaire brut qui est reversée sous forme d'impôt sur le revenu des personnes physiques et de cotisations de sécurité sociale, après déduction des prestations en espèces.

Examen des résultats pour 2017

Coin fiscal

Le tableau 1.1 montre que le coin fiscal entre les coûts totaux du travail à la charge de l'employeur et la rémunération nette disponible correspondante des salariés célibataires sans enfant, rémunérés au salaire moyen, différait fortement selon les pays de l'OCDE en

Tableau 1.1. **Comparaison du coin fiscal total**

En % des coûts de main-d'œuvre

Pays[1]	Coin fiscal total 2017	Variation annuelle, 2017/16 (en points de pourcentage)[2]			
		Coin fiscal	Impôts sur le revenu	CSS salariés	CSS employeur[3]
	(1)	(2)	(3)	(4)	(5)
Belgique	53.7	-0.24	-0.14	0.02	-0.12
Allemagne	49.7	0.12	-0.02	0.07	0.07
Italie	47.7	-0.09	0.06	0.02	-0.17
France	47.6	-0.44	0.19	0.15	-0.78
Autriche	47.4	0.08	0.28	0.04	-0.24
Hongrie	46.2	-2.10	0.47	0.58	-3.15
République tchèque	43.4	0.36	0.36	0.00	0.00
Slovénie	42.9	0.25	0.25	0.00	0.00
Finlande	42.9	-1.18	-0.69	0.54	-1.02
Suède	42.9	0.08	0.07	0.00	0.00
Lettonie	42.9	0.29	0.30	0.00	0.00
République slovaque	41.6	0.09	0.21	0.02	-0.15
Portugal	41.4	-0.22	-0.22	0.00	0.00
Grèce	40.8	0.31	0.03	0.15	0.13
Espagne	39.3	-0.13	-0.13	0.00	0.00
Estonie	39.0	-0.01	-0.01	0.00	0.00
Turquie	38.7	0.41	0.41	0.00	0.00
Pays-Bas	37.5	0.22	0.63	-0.49	0.07
Luxembourg	36.7	-1.76	-1.31	-0.45	0.00
Danemark	36.3	-0.05	-0.05	0.00	-0.01
Norvège	35.9	-0.31	-0.31	0.00	0.00
Pologne	35.6	0.05	0.05	0.00	0.00
Islande	33.2	-0.74	-0.29	-0.01	-0.44
Japon	32.6	0.11	0.04	0.03	0.05
États-Unis	31.7	0.12	0.18	0.00	-0.06
Royaume-Uni	30.9	-0.01	-0.09	0.03	0.05
Canada	30.9	-0.50	0.13	-0.21	-0.41
Australie	28.6	0.06	0.06	0.00	0.00
Irlande	27.2	0.24	0.24	0.00	0.00
Corée	22.6	0.24	0.24	0.00	0.00
Israël	22.1	-0.23	-0.27	0.02	0.01
Suisse	21.8	-0.03	-0.03	0.00	0.00
Mexique	20.4	0.34	0.41	0.01	-0.07
Nouvelle-Zélande	18.1	0.24	0.24	0.00	0.00
Chili	7.0	0.00	0.00	0.00	0.00
Moyenne non pondérée					
OCDE Moyenne	35.9	-0.13	0.04	0.01	-0.18

Note : Célibataire sans enfant ayant un salaire égal à celui d'un salarié moyen.

1. Les pays sont classés par ordre décroissant du coin fiscal total.
2. À cause des arrondis, les variations du coin fiscal colonne (2) peuvent être différentes d'un centième de point de pourcentage de la somme des colonnes (3) à (5). Pour le Danemark, le « Chèque Vert » (prestation en espèces) contribue à la différence car il n'est pas inclus dans les colonnes (3) à (5).
3. Les taxes sur les salaires sont incluses si elles s'appliquent.

Sources : Contributions des pays et *Perspectives économiques de l'OCDE*, n° 102, volume 2017.

StatLink http://dx.doi.org/10.1787/888933699039

2017 (voir colonne 1). Si en Allemagne, en Autriche, en Belgique, en France, en Hongrie et en Italie, le coin fiscal est supérieur à 45 %, il est de 20 % ou moins au Chili, au Mexique et en Nouvelle Zélande. C'est en Belgique que l'on observe le coin fiscal le plus élevé (53.7 %) et au Chili qu'il est le plus bas (7.0 %). Le graphique 1.1 indique que le coin fiscal moyen dans les pays de l'OCDE était de 35.9 % en 2017.

Les variations du coin fiscal entre 2016 et 2017 pour un salarié moyen sans enfant sont indiquées à la colonne 2 du tableau 1.1. Le coin fiscal moyen dans la zone OCDE a diminué de 0.13 point de pourcentage. Parmi les pays membres de l'OCDE, le coin fiscal a augmenté dans 18 pays, a baissé dans 16 et est resté inchangé dans un pays. Les baisses ont été supérieures ou égales à un point de pourcentage en Hongrie (-2.10 points), au Luxembourg (-1.76 point) et en Finlande (-1.18 point). Aucune hausse n'a dépassé un point de pourcentage et l'augmentation la plus forte concerne la Turquie (0.41 point). Le coin fiscal est resté inchangé au Chili.

En général, les augmentations du coin fiscal étaient induites par le relèvement des impôts sur le revenu (voir colonne 3). C'est le principal facteur à l'œuvre dans 15 des pays qui ont enregistré une augmentation globale. L'augmentation la plus forte des impôts sur le revenu en pourcentage des coûts de main d'œuvre a été observée aux Pays-Bas (0.63 point), notamment sous l'effet du relèvement des taux légaux de l'impôt sur le revenu dans les trois premières tranches du barème de l'impôt. En revanche, l'augmentation des cotisations de sécurité sociale représente la quasi-totalité de l'augmentation du coin fiscal en Allemagne et en Grèce.

Les diminutions du coin fiscal proviennent essentiellement d'une baisse des impôts sur le revenu dans neuf pays de l'OCDE (Danemark, Espagne[3], Estonie, Israël, Luxembourg, Norvège, Portugal, Royaume-Uni et Suisse). Le Luxembourg est le seul pays où l'impôt sur le revenu en pourcentage des coûts de main d'œuvre a baissé de plus d'un point de pourcentage (-1.31 point) sous l'effet de la réforme du barème de l'impôt (extension des tranches de revenu et abaissement des taux) et du crédit d'impôt pour salariés (passage d'un crédit forfaitaire à un crédit progressif jusqu'à un certain seuil de revenu, puis dégressif). Dans 6 autres pays de l'OCDE (Canada, Finlande, France, Hongrie, Islande et Italie), la réduction du coin fiscal s'explique principalement par la baisse des cotisations de sécurité sociale. Les cotisations patronales de sécurité sociale en pourcentage des coûts de main d'œuvre ont baissé de 3.15 points de pourcentage en Hongrie, où le taux de cotisation global a reculé de 27 % à 22 % en 2017. En Belgique, la baisse globale du coin fiscal de 0.24 point résulte d'une réduction quasiment identique de l'impôt sur le revenu et des cotisations patronales de sécurité sociale.

Le tableau 1.2 et le graphique 1.1 indiquent les éléments constitutifs du coin fiscal en 2017, c'est à dire l'impôt sur le revenu ainsi que les cotisations salariales et patronales de sécurité sociale (y compris les taxes sur les salaires lorsqu'elles sont applicables), en pourcentage des coûts de main d'œuvre pour un salarié moyen sans enfant. Les coûts de main-d'œuvre indiqués dans le tableau 1.2 sont exprimés en dollars US à parité de pouvoir d'achat.

Le pourcentage des coûts de main d'œuvre payés en impôt sur le revenu varie considérablement dans les pays de l'OCDE. Les chiffres les plus bas sont au Chili (zéro) et en Corée (5.5 %). Les plus hauts sont au Danemark (35.8 %), et l'Australie, la Belgique et l'Islande dépassent toutes 20 %. La part que représentent les cotisations salariales de sécurité sociale varie également beaucoup, s'échelonnant de 0 % en Australie, au Danemark et en Nouvelle-Zélande à 17.4 % en Allemagne et à 19.0 % en Slovénie. Les employeurs en France paient 26.0 % des coûts de main d'œuvre sous forme de cotisations de sécurité sociale, soit le niveau le plus élevé parmi les pays de l'OCDE. Les chiffres correspondants atteignent ou dépassent également 20 % dans neuf autres pays – l'Autriche, la Belgique, l'Espagne, l'Estonie, la Grèce, l'Italie, la République slovaque, la République tchèque et la Suède.

Tableau 1.2. **Impôt sur le revenu et cotisations de sécurité sociale des salariés et des employeurs**

En % des coûts de main-d'œuvre, 2017

Pays[1]	Coin fiscal total[2]	Impôt sur le revenu	Cotisations de sécurité sociale		Coûts de main-d'oeuvre[4]
			Salarié	Employeur[3]	
	(1)	(2)	(3)	(4)	(5)
Allemagne	49.7	16.0	17.4	16.3	75 896
Suisse	21.8	10.0	5.9	5.9	75 245
Belgique	53.7	20.7	10.9	22.2	75 220
Autriche	47.4	11.2	14.0	22.2	73 996
Luxembourg	36.7	14.9	11.0	10.8	73 707
Pays-Bas	37.5	15.5	11.8	10.1	70 094
Islande	33.2	26.5	0.3	6.4	68 021
France	47.6	11.0	10.6	26.0	65 316
Norvège	35.9	17.2	7.3	11.5	63 733
Suède	42.9	13.7	5.3	23.9	62 631
Japon	32.6	6.9	12.5	13.2	60 989
Royaume-Uni	30.9	12.6	8.5	9.8	60 213
Finlande	42.9	17.1	7.6	18.2	59 947
Australie	28.6	23.0	0.0	5.6	58 387
Corée	22.6	5.5	7.6	9.4	57 945
États-Unis	31.7	16.9	7.1	7.7	57 407
Italie	47.7	16.5	7.2	24.0	56 980
Danemark	36.3	35.8	0.0	0.8	56 651
Espagne	39.3	11.3	4.9	23.0	52 546
Irlande	27.2	13.9	3.6	9.7	49 941
Canada	30.9	13.8	6.6	10.4	45 746
Grèce	40.8	8.0	12.8	20.0	43 977
Israël	22.1	9.2	7.6	5.3	41 409
Nouvelle-Zélande	18.1	18.1	0.0	0.0	39 826
Portugal	41.4	13.3	8.9	19.2	38 224
République tchèque	43.4	9.8	8.2	25.4	36 898
Slovénie	42.9	10.0	19.0	13.9	36 475
Estonie	39.0	12.5	1.2	25.3	35 853
Turquie	38.7	11.0	12.8	14.9	34 384
Pologne	35.6	6.2	15.3	14.1	32 384
Hongrie	46.2	12.1	15.0	19.0	32 125
République slovaque	41.6	7.7	10.2	23.6	30 752
Lettonie	42.9	15.3	8.5	19.1	26 896
Chili	7.0	0.0	7.0	0.0	22 616
Mexique	20.4	8.8	1.2	10.4	14 209
Moyenne non pondérée					
OCDEMoyenne	35.9	13.5	8.2	14.2	51 047

Note : Célibataire sans enfant ayant un salaire égal à celui d'un salarié moyen.

1. Les pays sont classés par ordre décroissant des coûts de main d'œuvre.
2. À cause des arrondis, le total de la colonne (1) peut être différent d'un dixième de point de pourcentage de la somme des colonnes (2) à (4). Pour le Danemark, le « Chèque Vert » (prestation en espèces) contribue à la différence car il n'est pas inclus dans les colonnes (2) à (4).
3. Les taxes sur les salaires sont incluses si elles s'appliquent.
4. Exprimés en dollars US convertis à l'aide de PPA.

Sources : Contributions des pays et *Perspectives économiques de l'OCDE*, n° 102, volume 2017.

StatLink *http://dx.doi.org/10.1787/888933699077*

En pourcentage des coûts de main-d'œuvre, le montant total des cotisations salariales et patronales de sécurité sociale dépasse 20 % dans plus de la moitié des pays de l'OCDE. Il représente au moins un tiers des coûts de main-d'œuvre dans neuf pays de l'OCDE :

Graphique 1.1. **Impôt sur le revenu et cotisations de sécurité sociale des salariés et des employeurs, 2017**

En % des coûts de main-d'œuvre

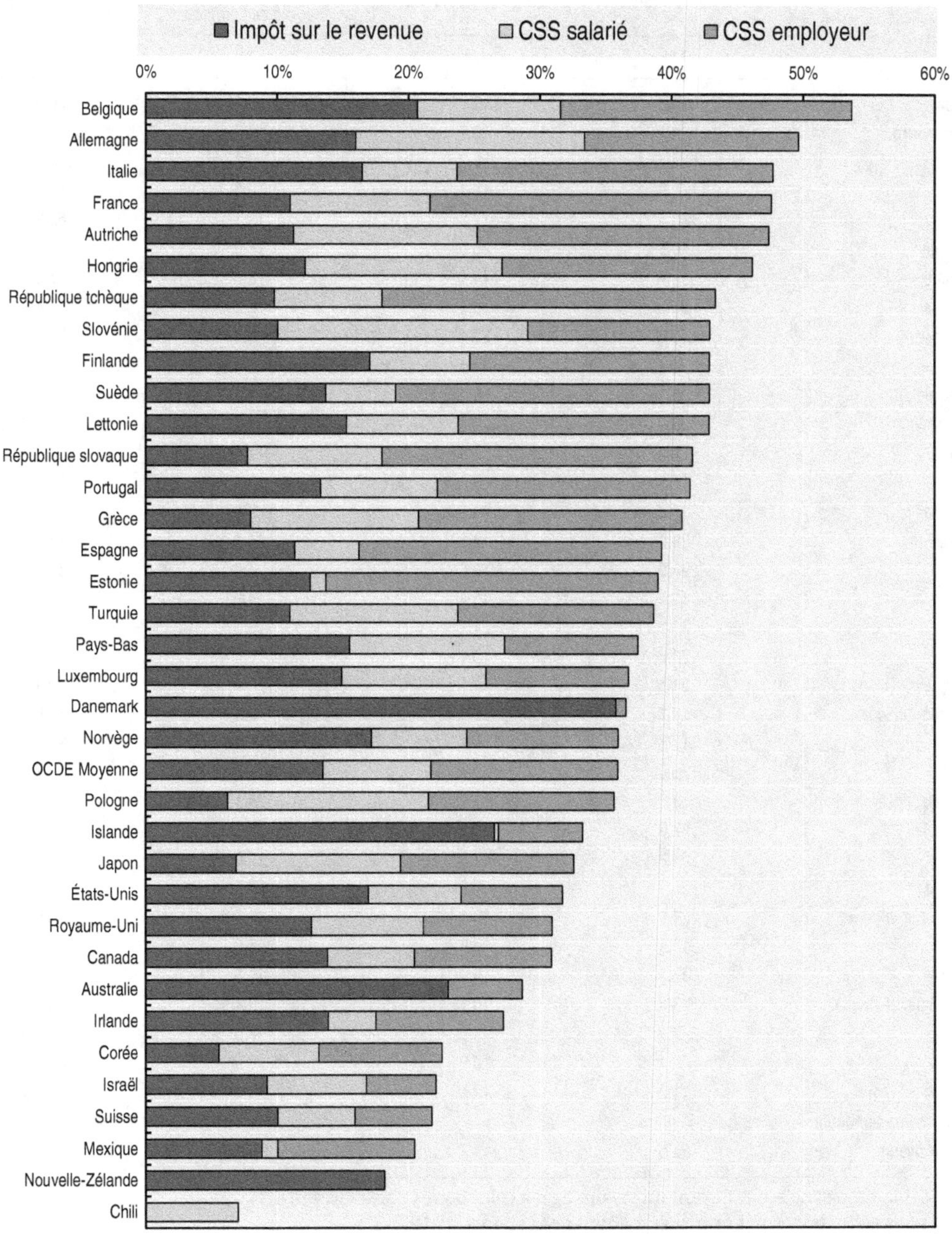

Notes : Célibataire sans enfant ayant un salaire égal à celui d'un salarié moyen.
Les taxes sur les salaires sont incluses si elles s'appliquent.

StatLink http://dx.doi.org/10.1787/888933699020

l'Allemagne, l'Autriche, la Belgique, la France, la Grèce, la Hongrie, la République slovaque, la République tchèque et la Slovénie.

Taux moyens d'imposition des personnes physiques

Le taux moyen d'imposition des personnes physiques est défini comme l'impôt sur le revenu plus les cotisations salariales de sécurité sociale en pourcentage du salaire moyen. Le tableau 1.3 et le graphique 1.2 indiquent les taux moyens d'imposition en 2017 pour un

Tableau 1.3. **Impôt sur le revenu et cotisations salariales de sécurité sociale, 2017**

En % du salaire brut

Pays[1]	Paiement total[2]	Impôt sur le revenu	Cotisations de sécurité sociale de l'employé	Salaires bruts[3]
	(1)	(2)	(3)	(4)
Suisse	16.9	10.7	6.2	70 835
Luxembourg	29.1	16.7	12.3	65 716
Islande	28.7	28.3	0.3	63 661
Allemagne	39.9	19.1	20.8	63 551
Pays-Bas	30.4	17.3	13.1	62 981
Belgique	40.5	26.5	14.0	58 545
Autriche	32.4	14.4	18.0	57 581
Norvège	27.6	19.4	8.2	56 401
Danemark	35.8	36.1	0.0	56 211
Australie	24.4	24.4	0.0	55 099
Royaume-Uni	23.4	14.0	9.4	54 319
États-Unis	26.0	18.4	7.7	52 988
Japon	22.3	7.9	14.4	52 946
Corée	14.5	6.1	8.4	52 505
Finlande	30.2	20.9	9.3	49 013
France	29.2	14.8	14.4	48 339
Suède	25.0	18.0	7.0	47 658
Irlande	19.4	15.4	4.0	45 093
Italie	31.2	21.7	9.5	43 304
Canada	22.8	15.4	7.4	40 983
Espagne	21.1	14.7	6.4	40 451
Nouvelle-Zélande	18.1	18.1	0.0	39 826
Israël	17.7	9.7	8.0	39 215
Grèce	26.0	10.0	16.0	35 165
Slovénie	33.7	11.6	22.1	31 417
Portugal	27.5	16.5	11.0	30 888
Turquie	27.9	12.9	15.0	29 263
Pologne	25.1	7.2	17.8	27 816
République tchèque	24.1	13.1	11.0	27 536
Estonie	18.4	16.8	1.6	26 796
Hongrie	33.5	15.0	18.5	26 012
République slovaque	23.5	10.1	13.4	23 484
Chili	7.0	0.0	7.0	22 616
Lettonie	29.4	18.9	10.5	21 755
Mexique	11.2	9.8	1.4	12 730
Moyenne non pondérée				
OCDE Moyenne	25.5	15.7	9.8	43 791

Note : Célibataire sans enfant ayant un salaire égal à celui d'un salarié moyen.

1. Les pays sont classés par ordre décroissant des salaires bruts.
2. À cause des arrondis, le total peut être différent d'un dixième de point de pourcentage de la somme des colonnes de l'impôt sur le revenu et des cotisations de sécurité sociale.
3. Exprimés en dollars US convertis à l'aide de la PPA.

Sources : Contributions des pays et *Perspectives économiques de l'OCDE*, n° 102, volume 2017.

StatLink http://dx.doi.org/10.1787/888933699115

salarié célibataire sans enfant rémunéré au salaire moyen. Les chiffres correspondant au salaire moyen du salarié moyen dans le tableau 1.3 sont exprimés en dollars US à parité de pouvoir d'achat. Le graphique 1.2 donne une représentation graphique du taux moyen d'imposition des personnes physiques décomposé entre l'impôt sur le revenu et les cotisations salariales de sécurité sociale.

Graphique 1.2. **Pourcentage des salaires bruts payés en impôts sur le revenu et en cotisations salariales de sécurité sociale, 2017**

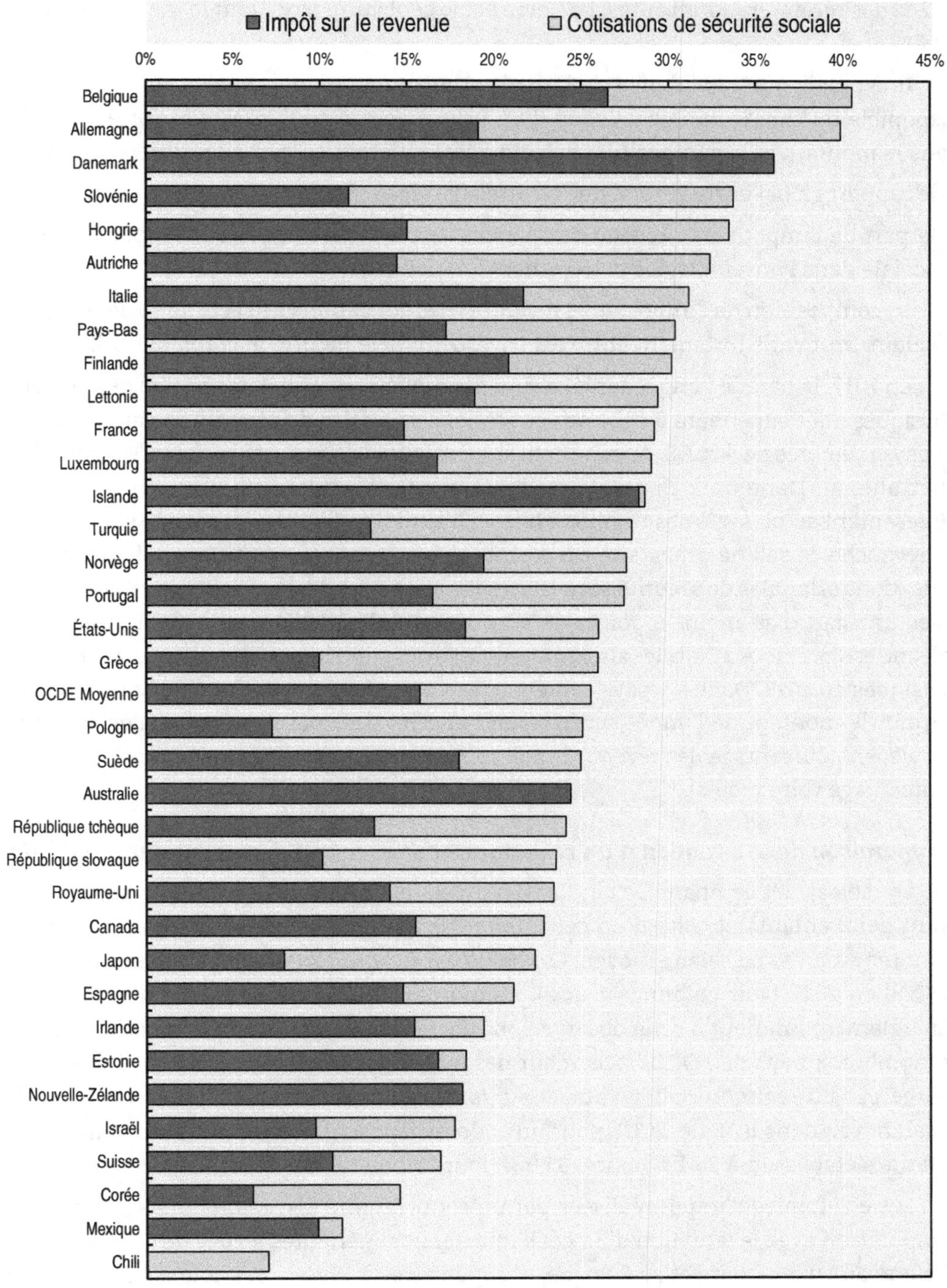

Notes : Les pays sont classés par ordre décroissant des charges fiscales.
Célibataire sans enfant ayant un salaire égal à celui d'un salarié moyen.

StatLink http://dx.doi.org/10.1787/888933699058

Le tableau 1.3 et le graphique 1.2 indiquent qu'en moyenne, le taux moyen d'imposition des personnes physiques applicable à un célibataire rémunéré au salaire moyen dans les pays de l'OCDE était de 25.5 % en 2017. La Belgique, avec 40.5 % des rémunérations brutes, affichait le taux le plus élevé tandis que l'Allemagne et le Danemark sont les seuls autres pays dont les taux étaient supérieurs à 35 %. Le Chili et le Mexique enregistraient les taux moyens d'imposition des personnes physiques les plus bas, respectivement de 7.0 % et 11.2 % des rémunérations brutes. La Corée est le seul autre pays dont le taux était inférieur à 15 %.

Il est clair que l'incidence de l'impôt et des prestations sociales sur le revenu net disponible du salarié varie beaucoup d'un pays à l'autre de l'OCDE. Ces fortes variations dans le montant et la composition du coin fiscal reflètent en partie les différences dans :

- le rapport global entre le total des recettes fiscales et le produit intérieur brut ; et
- la part de l'impôt sur le revenu des personnes physiques et des cotisations de sécurité sociale dans l'ensemble des prélèvements nationaux.

La composition de l'impôt sur le revenu et des cotisations de sécurité sociale payés sur le salaire brut varie fortement entre les pays, comme le montre le graphique 1.2.

En 2017, la part de l'impôt sur le revenu dans le taux moyen d'imposition des personnes physiques était supérieure à celle des cotisations salariales de sécurité sociale pour 23 des 35 pays membres de l'OCDE. Aucune cotisation salariale de sécurité sociale n'est prélevée en Australie, au Danemark ni en Nouvelle Zélande, cependant que les taux applicables représentent au plus 4 % des revenus bruts en Estonie, en Irlande, en Islande et au Mexique. En revanche, le salarié célibataire percevant le revenu moyen versait sensiblement plus de cotisations salariales de sécurité sociale que d'impôts sur le revenu des personnes physiques (avec un écart d'au moins 6 points de pourcentage) dans cinq pays – Chili, Grèce, Japon, Pologne et Slovénie. Au Chili, le salarié moyen ne payait pas d'impôt sur le revenu des personnes physiques en 2017. Dans six pays – Allemagne, Corée, France, Israël, République tchèque et Turquie, le montant de l'impôt sur le revenu et celui des cotisations salariales de sécurité sociale, en pourcentage des revenus bruts, sont très proches (les écarts étant de 3 points de pourcentage voire moins).

Comparaison de la situation d'un célibataire et d'un couple disposant d'un seul salaire

Le tableau 1.4 compare le coin fiscal d'un couple marié disposant d'un seul salaire et ayant deux enfants et celui d'un célibataire sans enfant, ces deux catégories de famille étant rémunérées au salaire moyen. Ces coins fiscaux ont fortement varié selon les pays de l'OCDE en 2017 (voir colonnes 1 et 2). Le montant du coin fiscal pour une famille est généralement inférieur à celui observé pour un célibataire sans enfant, dans la mesure où de nombreux pays de l'OCDE accordent des avantages aux familles ayant des enfants à charge par un régime fiscal avantageux et/ou des prestations en espèces. Aussi, le coin fiscal moyen dans la zone OCDE pour un couple disposant d'un seul salaire et ayant deux enfants s'établissait à 26.1 % contre 35.9 % pour un salarié moyen célibataire.

Les économies d'impôt réalisées par un couple marié disposant d'un seul salaire par comparaison avec la situation d'un célibataire sont supérieures à 20 % des coûts de main-d'œuvre au Luxembourg et en Pologne, et supérieures à 15 % de ces coûts dans sept autres pays – Allemagne, Belgique, Canada, Hongrie, Irlande, République tchèque et Slovénie. Les charges fiscales d'un couple marié disposant d'un seul salaire et d'un célibataire rémunérés au salaire moyen sont les mêmes au Chili et au Mexique et diffèrent de moins de trois points en Corée, en Grèce, en Israël et en Turquie (voir colonnes 1 et 2).

Dans 29 des 35 pays de l'OCDE, la variation, entre 2016 et 2017, du coin fiscal d'un couple marié disposant d'un seul salaire de niveau moyen et ayant deux enfants est restée limitée (inférieure à un point de baisse ou de hausse, voir colonne 3). On n'observe aucune variation

Tableau 1.4. **Comparaison du coin fiscal total pour les célibataires et les couples ayant un seul salaire**

En % des coûts de main-d'œuvre

Pays[1]	Famille[2] coin fiscal total 2017	Célibataire[3] coin fiscal total 2017	Variation annuelle, 2017/16 (en points de pourcentage)		
			Famille coin fiscal	Célibataire coin fiscal	Différence entre célibataire et famille (4)-(3)
	(1)	(2)	(3)	(4)	(5)
France	39.4	47.6	-0.55	-0.44	0.12
Grèce	39.0	40.8	0.33	0.31	-0.02
Italie	38.6	47.7	-0.04	-0.09	-0.05
Finlande	38.4	42.9	-1.16	-1.18	-0.01
Belgique	38.3	53.7	-0.25	-0.24	0.01
Suède	38.2	42.9	0.19	0.08	-0.11
Autriche	37.0	47.4	0.20	0.08	-0.12
Turquie	37.0	38.7	0.41	0.41	0.00
Allemagne	34.5	49.7	0.24	0.12	-0.12
Espagne	33.7	39.3	-0.02	-0.13	-0.11
Lettonie	32.7	42.9	1.06	0.29	-0.77
Pays-Bas	32.3	37.5	0.34	0.22	-0.13
Norvège	31.4	35.9	-0.21	-0.31	-0.11
Hongrie	30.8	46.2	-3.05	-2.10	0.96
République slovaque	29.6	41.6	0.56	0.09	-0.47
Estonie	28.9	39.0	0.42	-0.01	-0.43
Portugal	28.8	41.4	0.10	-0.22	-0.32
Japon	27.4	32.6	0.17	0.11	-0.06
Royaume-Uni	26.1	30.9	0.11	-0.01	-0.12
République tchèque	25.9	43.4	0.77	0.36	-0.41
Danemark	25.8	36.3	0.01	-0.05	-0.06
Slovénie	24.5	42.9	0.59	0.25	-0.34
Islande	23.8	33.2	0.23	-0.74	-0.97
Australie	20.8	28.6	2.74	0.06	-2.68
États-Unis	20.8	31.7	0.19	0.12	-0.07
Mexique	20.4	20.4	0.34	0.34	0.00
Corée	20.4	22.6	0.31	0.24	-0.07
Israël	19.5	22.1	-0.16	-0.23	-0.07
Luxembourg	15.3	36.7	-0.92	-1.76	-0.84
Canada	11.5	30.9	-0.13	-0.50	-0.37
Irlande	10.8	27.2	2.60	0.24	-2.35
Pologne	10.0	35.6	-4.35	0.05	4.40
Suisse	9.1	21.8	-0.03	-0.03	0.00
Chili	7.0	7.0	0.00	0.00	0.00
Nouvelle-Zélande	6.4	18.1	0.94	0.24	-0.70
Moyenne non pondérée					
OCDE Moyenne	26.1	35.9	0.06	-0.13	-0.18

1. Les pays sont classés par ordre décroissant du coin fiscal de la famille.
2. Couple marié avec un seul salaire égal à celui d'un salarié moyen et ayant deux enfants.
3. Célibataire sans enfant ayant un salaire égal à celui d'un salarié moyen.

Sources : Contributions des pays et *Perspectives économiques de l'OCDE*, n° 102, volume 2017.

StatLink http://dx.doi.org/10.1787/888933699153

au Chili. On constate une augmentation supérieure à un point de pourcentage en Australie (2.74 points) et en Irlande (2.60 points) sous l'effet d'une diminution des prestations en espèces, ainsi qu'en Lettonie (1.06 point) sous l'effet combiné d'une réduction de l'abattement d'impôt à la base et du gel du niveau des prestations en espèces entre les deux années. À l'inverse, le coin fiscal des familles a reculé de 4.35 points en Pologne du fait de l'augmentation des prestations en espèces, et de 3.05 points en Hongrie principalement grâce à l'effet conjugué de la diminution des cotisations patronales de sécurité sociale et du relèvement de l'allégement d'impôt en faveur des familles ayant deux enfants. On observe également un recul de plus d'un point de pourcentage en Finlande (1.16 point) qui s'explique par la baisse de l'impôt sur le revenu. En comparaison, la variation du coin fiscal pour un contribuable célibataire sans enfant rémunéré au salaire moyen était supérieure à 1 point dans trois pays de l'OCDE (la Finlande, la Hongrie et le Luxembourg). Des explications détaillées sur ce dernier point figurent à la section consacrée au coin fiscal ci-dessus.

La colonne 5 du tableau 1.4 contient une comparaison des variations, entre 2016 et 2017, des coins fiscaux de couples mariés disposant d'un seul revenu et ayant deux enfants et de ceux de célibataires sans enfant rémunérés au salaire moyen. Les dispositions préférentielles en faveur des familles ont été renforcées dans trois pays membres de l'OCDE : la France, la Hongrie et la Pologne. En outre, les effets des modifications des dispositions fiscales sur le coin fiscal étaient du même ordre de grandeur pour les deux types de famille au Mexique, en Suisse et en Turquie. Dans trois autres pays (Belgique, Finlande et Grèce), la variation du coin fiscal correspondant à ces deux catégories de familles était inférieure à 0.05 point. Aucune variation n'a été relevée au Chili.

Le graphique 1.3 compare le taux moyen net de l'impôt sur le revenu des particuliers, pour un travailleur moyen, entre un célibataire et un couple marié ayant deux enfants et disposant d'un seul revenu. Ces résultats font apparaître les mêmes caractéristiques que pour le coin fiscal. Cela s'explique par le fait que les cotisations patronales de sécurité sociale qui ne sont pas prises en compte dans le premier cas, mais qui le sont dans le second, sont indépendantes du type de famille. En raison des allégements d'impôt et des prestations en espèces en faveur des familles avec enfants, le revenu disponible d'un couple marié disposant d'un seul revenu dépasse de 20 % ou plus la rémunération d'un célibataire dans six pays – la Pologne (29.8 %), le Luxembourg (24.1 %), la République tchèque (23.5 %), le Canada (21.6 %), la Slovénie (21.4 %) et la Belgique (19.8 %). À l'autre extrémité, le revenu disponible dépasse de moins de 10 % la rémunération dans 12 pays – Australie (8.3 %), Espagne (7.2 %), Suède (6.2 %), Japon (6.0 %), Pays-Bas (5.8 %), Finlande (5.5 %), Royaume Uni (5.3 %), Norvège (5.1 %), Israël (2.7 %), Grèce et Corée (2.3 % dans les deux cas) et Turquie (2.0 %). La charge est la même pour les deux types de famille au Chili et au Mexique. En Pologne, le taux net moyen de l'impôt sur le revenu pour un couple ayant deux enfants et disposant d'un seul revenu moyen était négatif en 2017 (-4.8 %) du fait que les prestations en espèces sont supérieures aux paiements totaux du ménage effectués au titre de l'impôt sur le revenu et des cotisations de sécurité sociale. C'est le seul pays où le taux moyen net de l'impôt sur le revenu est négatif pour ce type de famille.

Impôt sur le revenu du travail pour un couple disposant de deux salaires

L'analyse précédente portait sur deux familles ayant des niveaux de revenu comparables : le célibataire percevant un salaire égal à 100 % du salaire moyen, et le couple marié disposant d'un seul salaire égal à 100 % du salaire moyen et ayant deux enfants. Cette section étend l'analyse à un troisième type de famille : le couple marié disposant de deux salaires, l'un égal à 100 % et l'autre à 67 % du salaire moyen, et ayant deux enfants.

Pour ce type de famille, le coin fiscal moyen dans les pays de l'OCDE en pourcentage des coûts de main d'œuvre était de 30.7 % en 2017 (graphique 1.4 et tableau 1.5). La Belgique enregistrait un coin fiscal de 46.2 %, soit le plus élevé parmi les pays de l'OCDE. Les autres pays dont le coin fiscal dépasse 40 % étaient l'Italie (41.5 %), la France (42.2 %) et

Graphique 1.3. **Impôt sur le revenu et cotisations salariales de sécurité sociale diminués des prestations en espèces, 2017**

En % du salaire brut, pour les célibataires et les couples ayant un seul salaire

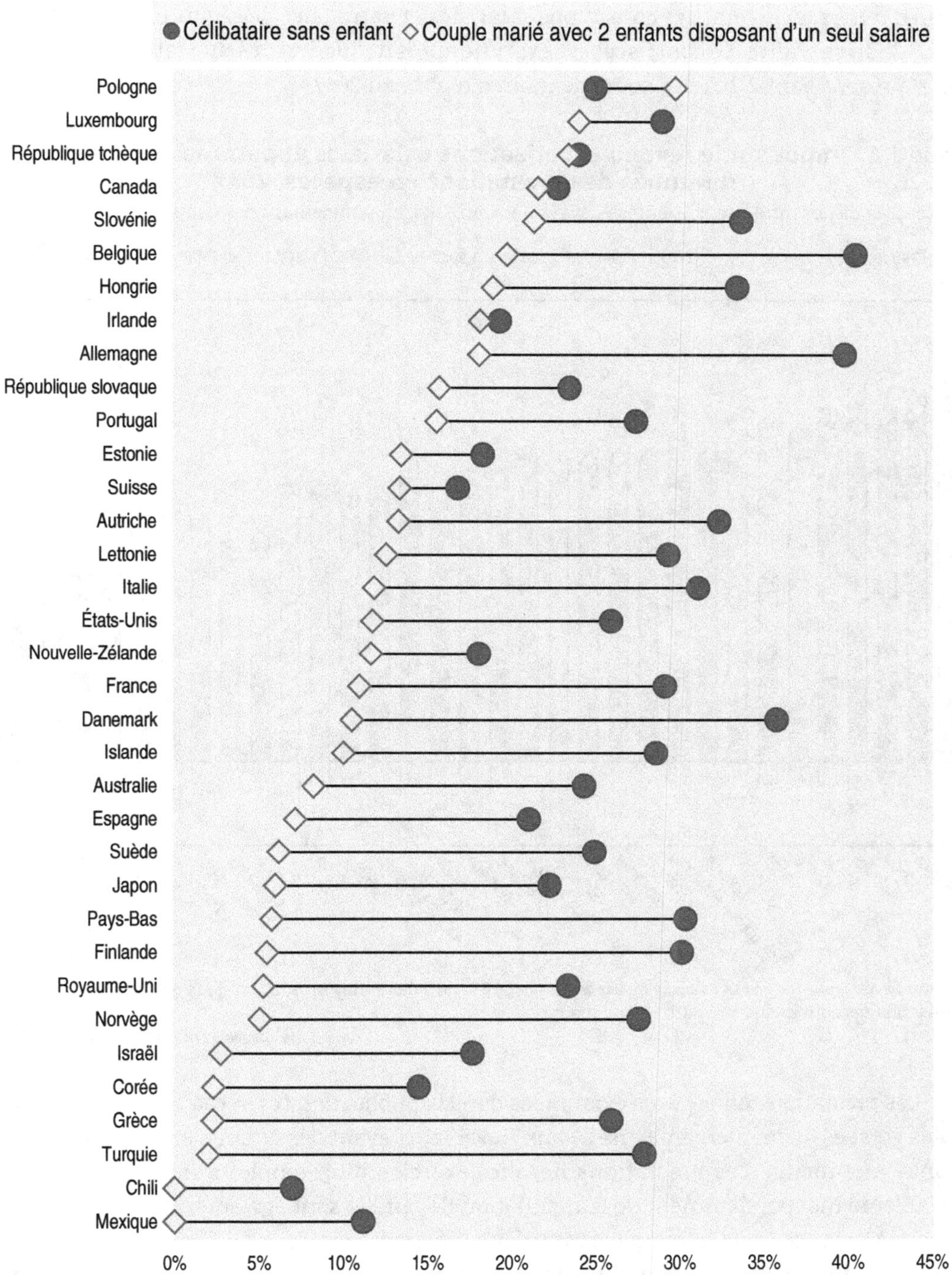

Notes : Les pays sont classés par ordre décroissant des charges fiscales d'un célibataire sans enfant.
Types de famille : célibataire sans enfant ayant un salaire égal à celui d'un salarié moyen et couple marié avec un seul salaire égal à celui d'un salarié moyen et ayant deux enfants.

StatLink *http://dx.doi.org/10.1787/888933699096*

l'Allemagne (42.7 %). À l'autre extrémité, le coin fiscal le plus bas était observé au Chili (6.7 %). Les pays dont le coin fiscal était inférieur à 20 % sont la Suisse (15.3 %), Israël (15.8 %), la Nouvelle-Zélande (16.9 %), le Mexique (18.7 %) et l'Irlande (19.0 %).

Le graphique 1.4 illustre le coin fiscal moyen et ses éléments constitutifs en pourcentage des coûts de main d'œuvre pour un couple disposant de deux salaires en 2017. En moyenne, dans les pays de l'OCDE, l'impôt sur le revenu représentait 10.6 % des coûts de main d'œuvre, et le total des cotisations salariales et patronales de sécurité sociale s'élevait à 22.3 % de ce chiffre. Le coin fiscal est exprimé après déduction des prestations en espèces, qui représentaient 2.2 % des coûts de main d'œuvre en 2017.

Graphique 1.4. **Impôt sur le revenu et cotisations salariales et patronales de sécurité sociale diminués des prestations en espèces, 2017**

Couples disposant de deux salaires et ayant deux enfants, en pourcentage des coûts de main d'œuvre

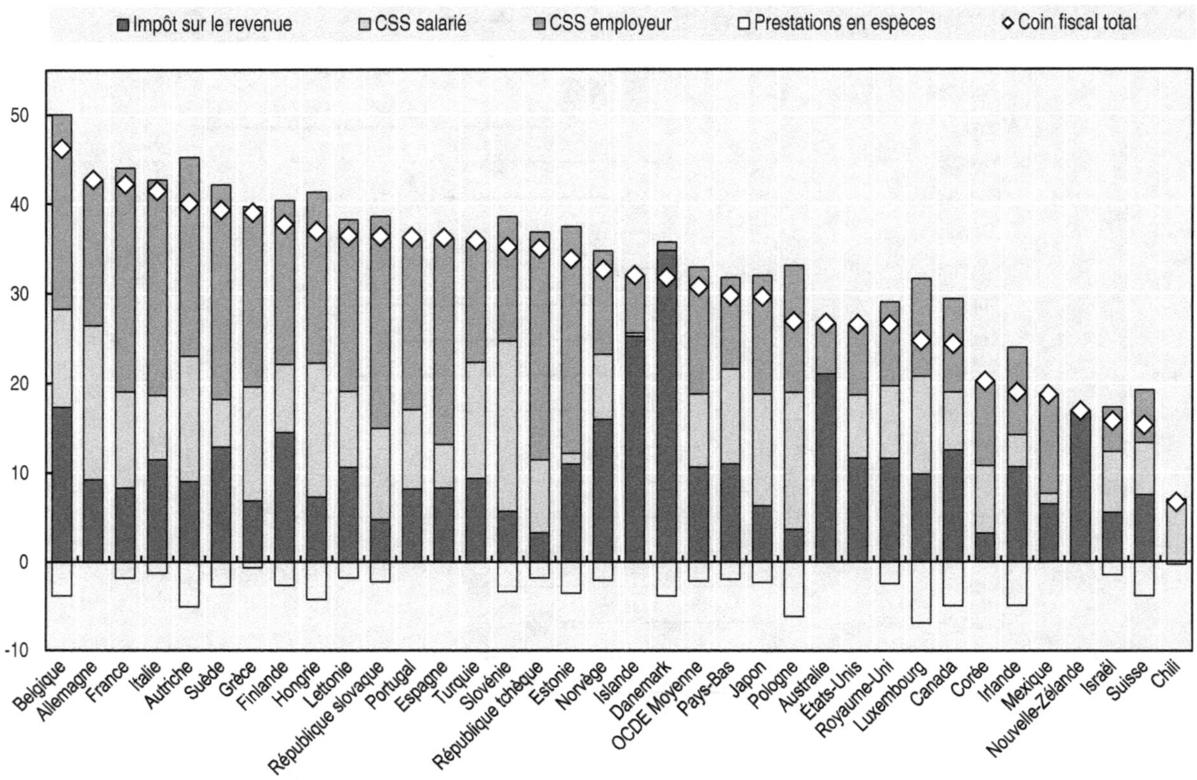

Note : Couple marié disposant de deux salaires égaux à 100 % et 67 % du salaire moyen, et ayant deux enfants.
Les taxes sur les salaires sont incluses si elles s'appliquent.

StatLink http://dx.doi.org/10.1787/888933699134

Les prestations en espèces examinées dans la publication *Les impôts sur les salaires* sont celles versées de manière universelle aux travailleurs ayant des enfants à charge âgés de six à onze ans inclus. Les prestations liées à l'exercice d'un emploi qui sont versées aux travailleurs indépendamment de leur situation de famille sont également prises en compte dans les calculs. Pour le couple ayant deux salaires considéré, le Danemark verse une prestation en espèces sous condition de ressources (le Chèque Vert) à laquelle les célibataires sans enfant ont également droit.

Par rapport à 2016, le coin fiscal moyen dans la zone OCDE pour un couple ayant deux salaires a baissé de 0.10 point en 2017, comme l'indique le tableau 1.5 (colonne 2), bien qu'il ait augmenté dans 19 des 35 pays de l'OCDE, diminué dans 15 pays et soit resté inchangé dans un pays (Chili). Les hausses n'ont jamais dépassé un point de pourcentage et, dans la moitié des pays ayant enregistré une augmentation globale, celle-ci était inférieure ou égale

Tableau 1.5. **Comparaison du coin fiscal total de couples disposant de deux salaires et ayant des enfants**

En pourcentage des coûts de main d'œuvre

Pays[1]	Coin fiscal total 2017	Variation annuelle, 2017/16 (en points de pourcentage)[2]				
		Coin fiscal	Impôts sur le revenu	CSS salariés	CSS employeur[3]	Prestations en espèces
	(1)	(2)	(3)	(4)	(5)	(6)
Belgium	46.2	-0.25	-0.13	0.01	-0.11	0.02
Germany	42.7	0.19	0.05	0.07	0.07	0.00
France	42.2	-0.29	0.18	0.12	-0.60	-0.01
Italy	41.5	-0.07	0.07	0.02	-0.17	-0.01
Austria	40.0	0.16	0.28	0.04	-0.24	-0.09
Sweden	39.3	0.14	0.07	0.00	0.00	-0.07
Greece	39.0	0.33	0.04	0.15	0.13	-0.01
Finland	37.7	-1.27	-0.85	0.60	-1.02	-0.01
Hungary	37.0	-2.67	-0.22	0.58	-3.15	-0.12
Latvia	36.4	0.67	0.54	0.00	0.00	-0.14
Slovak Republic	36.3	0.29	0.33	0.02	-0.15	-0.09
Portugal	36.3	0.14	0.14	0.00	0.00	0.00
Spain	36.2	-0.09	-0.09	0.00	0.00	0.00
Turkey	35.9	0.37	0.28	-0.02	0.11	0.00
Slovenia	35.1	0.76	0.66	0.00	0.00	0.11
Czech Republic	35.0	0.46	0.33	0.00	0.00	-0.13
Estonia	33.8	0.25	0.05	0.00	0.00	-0.20
Norway	32.6	-0.28	-0.32	0.00	0.00	-0.04
Iceland	32.0	-0.58	-0.13	-0.01	-0.44	0.00
Denmark	31.7	-0.01	-0.05	0.00	-0.01	-0.05
Netherlands	29.7	0.22	0.49	-0.36	0.07	-0.03
Japan	29.6	0.13	0.03	0.03	0.05	-0.03
Poland	26.8	-1.22	0.15	0.00	0.00	1.37
Australia	26.6	0.15	0.15	0.00	0.00	0.00
United States	26.5	0.08	0.16	0.01	-0.08	0.00
United Kingdom	26.5	0.06	-0.11	0.04	0.06	-0.08
Luxembourg	24.7	-1.73	-1.46	-0.45	0.00	-0.17
Canada	24.3	-0.36	0.12	-0.21	-0.41	-0.14
Korea	20.2	0.24	0.24	0.00	0.00	0.00
Ireland	19.0	-0.02	-0.15	0.00	0.00	-0.13
Mexico	18.7	0.54	0.63	0.00	-0.10	0.00
New Zealand	16.9	0.17	0.17	0.00	0.00	0.00
Israel	15.8	-0.08	-0.16	0.03	0.01	-0.04
Switzerland	15.3	-0.02	-0.02	0.00	0.00	0.01
Chile	6.7	0.00	0.00	0.00	0.00	0.00
Moyenne non pondérée						
OCDE Moyenne	30.7	-0.10	0.04	0.02	-0.17	-0.01

Note : Couple marié disposant de deux salaires égaux à 100 % et 67 % du salaire moyen, et ayant deux enfants.

1. Les pays sont classés par ordre décroissant du coin fiscal total.
2. À cause des arrondis, les variations du coin fiscal colonne (2) peuvent être différentes d'un centième de point de pourcentage de la somme des colonnes (3) à (6).
3. Les taxes sur les salaires sont incluses si elles s'appliquent.

Sources : Contributions des pays et *Perspectives économiques de l'OCDE*, n° 102, volume 2017.

StatLink http://dx.doi.org/10.1787/888933699172

à 0.20 point. À l'inverse, les variations ont dépassé un point de pourcentage dans quatre pays où le coin fiscal a baissé : la Pologne (1.22 point), la Finlande (1.27 point), le Luxembourg (1.73 point) et la Hongrie (2.67 points).

Dans la plupart des pays où le coin fiscal a progressé, la hausse s'explique principalement par le relèvement des impôts sur le revenu, à l'origine de l'intégralité de l'augmentation du coin fiscal dans six pays : Australie, Corée, États-Unis, Mexique, Nouvelle-Zélande et Portugal. À l'inverse, l'augmentation des cotisations de sécurité sociale était la principale cause de cette hausse en Allemagne, en Grèce et au Japon. Très souvent, l'augmentation de l'impôt sur le revenu ou des cotisations de sécurité sociale a été amplifiée par une réduction des prestations en espèces. Au Royaume-Uni, l'impact combiné du relèvement des cotisations de sécurité sociale (0.10 point) et de la baisse des prestations en espèces (-0.08 point) sur la progression du coin fiscal n'a pas été compensé par la baisse de l'impôt sur le revenu (-0.11 point). En Estonie, le coin fiscal a augmenté surtout à cause de la diminution des prestations en espèces (-0.20 point).

S'agissant du taux moyen net de l'impôt sur le revenu des particuliers en pourcentage du salaire brut, la moyenne de l'OCDE s'établissait à 19.4 % en 2017 pour un couple disposant de deux salaires et ayant deux enfants, dont un conjoint est rémunéré au salaire moyen et l'autre à 67 % du salaire moyen. Le tableau 1.6 illustre les taux moyens nets d'imposition des personnes physiques dans les pays de l'OCDE et leurs éléments constitutifs, en pourcentage du salaire brut. Les chiffres correspondant au salaire brut de la famille dans la colonne 5 sont exprimés en dollars US à parité de pouvoir d'achat. À la différence des résultats figurant dans le tableau 1.3, dans le tableau 1.6, les prestations en espèces sont prises en compte et atténuent l'impact de l'impôt sur le revenu et des cotisations de sécurité sociale à la charge des salariés (colonne 2 plus 3 moins colonne 4).

Le taux moyen net d'imposition des personnes physiques d'un couple disposant de deux salaires affichait de grandes disparités entre pays de l'OCDE en 2017, allant de 6.7 % au Chili à 31.6 % en Allemagne. En d'autres termes, le revenu disponible du ménage après impôt représentait 93.3 % du salaire brut du couple au Chili, contre 68.4 % en Allemagne. Deux autres pays affichaient un taux moyen net d'imposition des personnes physiques à 30 % : la Belgique (31.2 %) et le Danemark (31.1 %). À l'autre extrémité, le taux moyen net d'imposition des personnes physiques était inférieur ou égal à 10 % au Mexique (8.6 %), en Suisse (10.0 %) et en Irlande (10.3 %), ainsi qu'au Chili.

Les indicateurs utilisés dans *Les impôts sur les salaires* s'intéressent à la structure des systèmes de l'impôt sur le revenu en fonction du revenu disponible. Pour évaluer l'impact global du secteur public sur le bien-être des citoyens, d'autres facteurs tels que les impôts indirects (la TVA par exemple) doivent aussi être pris en compte, tout comme d'autres formes de revenu (revenu du capital, par exemple). En outre, les paiements obligatoires non fiscaux qui grèvent le revenu disponible des ménages ne sont pas intégrés dans les calculs présentés dans cette publication, mais l'étude en ligne contient une analyse plus poussée de ces paiements : *www.oecd.org/tax/tax-policy/non-tax-compulsory-payments.pdf*.

Salaires

Le tableau 1.7 indique la rémunération brute en monnaie nationale du travailleur moyen dans chaque pays membre de l'OCDE pour les années 2016 et 2017. Les chiffres pour 2017 sont estimés par le Secrétariat de l'OCDE en appliquant la variation de la rémunération par salarié dans l'ensemble de l'économie telle qu'elle est présentée dans la base de données des *Perspectives économiques de l'OCDE* n° 102 aux valeurs finales du salaire moyen indiquées par les pays membres de l'OCDE. On trouvera plus d'informations sur les valeurs du salaire moyen et la méthodologie utilisée pour les estimations dans l'Annexe de cette étude.

Tableau 1.6. **Impôt sur le revenu et cotisations salariales de sécurité sociale diminués des prestations en espèces, 2017**

Couples disposant de deux salaires et ayant deux enfants, en pourcentage du salaire brut

Pays[1]	Paiement total[2]	Impôt sur le revenu	Cotisations de sécurité sociale de l'employé	Prestations en espèces	Salaires bruts[3]
	(1)	(2)	(3)	(4)	(5)
Suisse	10.0	8.0	6.2	4.2	118 295
Luxembourg	15.5	11.0	12.3	7.8	109 746
Islande	27.3	26.9	0.4	0.0	106 313
Allemagne	31.6	11.1	20.5	0.0	106 130
Pays-Bas	21.7	12.2	11.8	2.3	105 178
Belgique	31.2	22.2	14.0	4.9	97 770
Autriche	22.9	11.6	18.0	6.6	96 160
Norvège	23.8	18.0	8.2	2.4	94 189
Danemark	31.1	35.1	0.0	4.0	93 872
Australie	22.3	22.3	0.0	0.0	92 015
Royaume-Uni	18.9	12.8	8.9	2.8	90 713
États-Unis	20.3	12.6	7.7	0.0	88 490
Japon	18.9	7.2	14.4	2.8	88 420
Corée	11.9	3.5	8.4	0.0	87 684
Finlande	23.8	17.7	9.3	3.3	81 851
France	23.0	11.1	14.4	2.4	80 727
Suède	20.2	16.9	7.0	3.7	79 588
Irlande	10.3	11.8	4.0	5.5	75 305
Italie	23.0	15.1	9.5	1.6	72 318
Canada	15.6	14.0	7.2	5.6	68 442
Espagne	17.1	10.7	6.4	0.0	67 554
Nouvelle-Zélande	16.9	16.9	0.0	0.0	66 510
Israël	11.4	5.8	7.2	1.6	65 489
Grèce	23.7	8.5	16.0	0.8	64 598
Slovénie	24.7	6.5	22.1	4.0	52 467
Portugal	21.1	10.1	11.0	0.0	51 584
Turquie	25.8	10.8	15.0	0.0	48 869
Pologne	14.8	4.2	17.8	7.2	46 453
République tchèque	12.9	4.3	11.0	2.5	45 985
Estonie	11.4	14.7	1.6	4.9	44 749
Hongrie	22.1	9.0	18.5	5.3	43 440
République slovaque	16.6	6.2	13.4	3.0	39 218
Chili	6.7	0.0	7.0	0.3	37 769
Lettonie	21.4	13.1	10.5	2.2	36 331
Mexique	8.6	7.3	1.3	0.0	21 217
Moyenne non pondérée					
OCDE Moyenne	19.4	12.3	9.7	2.6	73 298

Notes : Couple marié disposant de deux salaires égaux à 100 % et 67 % du salaire moyen, et ayant deux enfants.

1. Les pays sont classés par ordre décroissant des salaires bruts.
2. À cause des arrondis, le total peut être différent d'un dixième de point de pourcentage de la somme des colonnes de l'impôt sur le revenu, des cotisations de sécurité sociale et des prestations en espèces.
3. Exprimés en dollars US convertis à l'aide de la PPA.

Sources : Contributions des pays et *Perspectives économiques de l'OCDE*, n° 102, volume 2017.

StatLink http://dx.doi.org/10.1787/888933699191

La variation annuelle en 2017 – indiquée à la colonne 3 – allait d'une baisse de -0.1 % en Suisse à une hausse de 7.9 % en Turquie. Dans une large mesure, les variations reflètent les différences de taux d'inflation entre les pays de l'OCDE – voir la colonne 4 du tableau 1.7. La variation annuelle des niveaux de salaires réels (avant impôt sur le revenu des personnes physiques et cotisations salariales de sécurité sociale) se situe dans un

Tableau 1.7. **Comparaison des niveaux de salaires**

Pays	Salaire brut en monnaie nationale		Variation annuelle, 2017/16 (pourcentage)			
	2016	2017	Salaire brut	Inflation[1]	Salaire réel avant impôt	Variation du taux moyen d'imposition des personnes physiques[2]
	(1)	(2)	(3)	(4)	(5)	(6)
Allemagne	48 300	49 450	2.4	1.7	0.7	0.2
Australie	82 114	83 542	1.7	1.9	-0.2	0.2
Autriche	45 073	45 977	2.0	2.2	-0.2	1.0
Belgique	46 528	47 324	1.7	2.2	-0.5	-0.5
Canada	50 822	51 642	1.6	1.5	0.1	-0.9
Chili	8 976 758	9 349 964	4.2	2.2	1.9	0.0
Corée	44 640 408	46 140 296	3.4	2.1	1.3	1.8
Danemark	406 600	413 503	1.7	1.2	0.4	-0.1
Espagne	26 449	26 535	0.3	2.0	-1.7	-0.8
Estonie	14 033	14 810	5.5	3.7	1.8	-0.1
États-Unis	51 945	52 988	2.0	2.0	0.0	0.7
Finlande	43 716	43 986	0.6	1.0	-0.3	-1.9
France	37 906	38 582	1.8	1.1	0.7	0.5
Grèce	20 678	20 886	1.0	1.2	-0.2	1.0
Hongrie	3 343 284	3 578 651	7.0	2.3	4.6	0.0
Irlande	35 430	36 358	2.6	0.3	2.3	1.4
Islande	8 364 000	8 903 714	6.5	1.7	4.6	-1.6
Israël	143 916	147 984	2.8	0.2	2.6	-1.4
Italie	30 721	30 838	0.4	1.4	-1.0	0.1
Japon	5 149 844	5 201 391	1.0	0.4	0.6	0.4
Lettonie	10 140	10 905	7.5	2.8	4.6	1.3
Luxembourg	56 448	58 565	3.7	2.1	1.6	-6.4
Mexique	111 754	118 204	5.8	6.2	-0.4	4.2
Norvège	566 162	577 664	2.0	1.9	0.1	-1.3
Nouvelle-Zélande	57 649	58 824	2.0	1.9	0.1	1.4
Pays-Bas	50 120	50 909	1.6	1.3	0.3	0.6
Pologne	47 708	49 570	3.9	1.9	1.9	0.3
Portugal	17 778	17 993	1.2	1.5	-0.3	-1.0
République slovaque	10 975	11 426	4.1	1.3	2.7	1.1
République tchèque	332 424	355 150	6.8	2.3	4.4	2.0
Royaume-Uni	37 142	38 208	2.9	2.7	0.2	-0.2
Slovénie	18 338	18 904	3.1	1.5	1.6	0.9
Suède	424 963	434 859	2.3	1.9	0.4	0.4
Suisse	86 153	86 042	-0.1	0.6	-0.7	-0.2
Turquie	37 357	40 308	7.9	10.7	-2.5	1.8

1. Estimation du pourcentage de variation de l'indice total des prix à la consommation.
2. Différence de taux moyen d'imposition d'un salarié moyen, célibataire sans enfant, entre 2016 et 2017.
Sources : Contributions des pays et *Perspectives économiques de l'OCDE*, n° 102, volume 2017.

StatLink http://dx.doi.org/10.1787/888933699210

intervalle compris entre -2 % et +2 % dans 27 pays ; voir la colonne 5 du tableau 1.7. Dans les huit pays restants, la variation dépasse les 2 % : Irlande (2.3 %), Israël (2.6 %), République slovaque (2.7 %), République tchèque (4.4 %), Lettonie, Hongrie et Islande (4.6 % tous les trois). Dans 21 des 35 pays de l'OCDE, les contribuables avaient un revenu réel après impôt plus élevé en 2017 qu'en 2016 du fait que les salaires réels avant impôt ont augmenté plus vite ou ont diminué plus lentement que les taux moyens de l'impôt sur le revenu (voir la colonne 6), les exceptions étant l'Australie, l'Autriche, la Belgique, la Corée, l'Espagne, les États-Unis, la Grèce, l'Italie, le Mexique, la Nouvelle-Zélande, les Pays-Bas, la Suisse, la Suède et la Turquie.

- En Australie, en Autriche, en Grèce, en Italie, au Mexique et en Turquie, le salaire réel avant impôt a diminué, tandis que le taux moyen d'imposition des personnes physiques a augmenté.
- Le taux moyen d'imposition des personnes physiques a augmenté plus vite que le salaire réel avant impôt en Corée, aux Pays-Bas et en Nouvelle-Zélande.
- Aux États-Unis, le taux moyen d'imposition des personnes physiques a augmenté alors que le salaire réel avant impôt est resté inchangé.
- En Belgique et en Suède, les pourcentages de variation étaient identiques à la fois pour le salaire réel avant impôt et le taux moyen d'imposition des personnes physiques.
- Enfin, en Espagne et en Suisse, le salaire réel avant impôt a reculé plus vite que le taux moyen d'imposition des personnes physiques[4].

Lorsque l'on compare les niveaux de salaires, il est important de souligner que la définition du salaire moyen peut varier d'un pays à l'autre en raison de limitations tenant aux données disponibles. Par exemple, certains pays n'incluent pas les salaires perçus par les dirigeants et les superviseurs, et tous les pays n'excluent pas les salaires perçus par les travailleurs à temps partiel (voir le tableau A.4 à l'Annexe).

Le tableau 1.8 donne davantage de précisions sur la question de savoir si les salaires moyens pour les années 2000 à 2017 sont basés sur les secteurs C à K inclus en se référant à la Classification internationale type par industrie de toutes les branches d'activité économique, révision 3 (CITI Rév. 3) ou sur les secteurs B à N inclus en se référant à la Classification internationale type par industrie de toutes les branches d'activité économique, révision 4 (CITI Rév. 4).

La plupart des pays de l'OCDE calculent les salaires moyens sur la base des secteurs B à N de la Classification par industrie (CITI Rév. 4) au moins depuis 2008. Le Mexique fait exception, ainsi que les Pays Bas à partir de 2012. Certains pays ont révisé les valeurs du salaire moyen pour les années précédentes. Les valeurs du salaire moyen calculées à partir de la classification CITI Rév. 4 ou l'une de ses variantes sont disponibles pour toutes les années étudiées pour l'Australie, le Canada, l'Estonie, l'Espagne, la Finlande, la Grèce, la Hongrie, l'Islande, l'Italie, le Japon, la Lettonie, la République slovaque, la République tchèque, la Slovénie et la Suisse.

L'Australie (pour toutes les années) et la Nouvelle Zélande (pour les années 2004 à 2017) ont communiqué des valeurs fondées sur les divisions B à N de la Classification type par industrie ANZSIC de 2006, qui recoupe sensiblement les secteurs B à N de la CITI Rév. 4. En ce qui concerne la Nouvelle-Zélande, les années antérieures à 2004 continuent d'être fondées sur les secteurs C à K de la Classification ANZSIC. La Turquie a fourni des valeurs fondées sur les secteurs B à N de la nomenclature NACE Rév. 2 à partir de l'année 2007. Pour les années antérieures à 2007, les valeurs sont basées sur le salaire de l'ouvrier moyen (CITI Rév. 3.1, secteur D).

Tableau 1.8. **Classification du salaire moyen par secteur**

	Les années pour lesquelles la CITI REV. 3.1 ou une classification équivalente (Secteurs C-K) a été utilisée pour calculer le salaire moyen	Les années pour lesquelles la CITI REV. 4 ou une classification équivalente (Secteurs B-N) a été utilisée pour calculer le salaire moyen
Allemagne	2000-05	2006-17
Australie[1]		2000-17
Autriche[2]	2004-07	2008-17
Belgique	2000-07	2008-17
Canada		2000-17
Chili[3]		2008-17
Corée[4]	2000-07	2008-17
Danemark[5]	2000-07	2008-17
Espagne		2000-17
Estonie		2000-17
États-Unis	2000-06	2007-17
Finlande		2000-17
France	2000-07	2008-17
Grèce[6]		2000-17
Hongrie		2000-17
Irlande[7]	2000-07	2008-17
Islande[8]		2000-17
Israël[9]	2000-12	2013-17
Italie		2000-17
Lettonie[10]		2000-17
Japon		2000-17
Luxembourg	2000-04	2005-17
Mexique[11]		
Norvège	2000-08	2009-17
Nouvelle-Zélande[12]	2000-03	2004-17
Pays-Bas[13]	2000-07	2008-11
Pologne	2000-06	2007-17
Portugal	2000-05	2006-17
République slovaque[14]		2000-17
République tchèque		2000-17
Royaume-Uni	2000-07	2008-17
Slovénie		2000-17
Suède	2000-07	2008-17
Suisse		2000-17
Turquie[15]		2007-17

1. Australie : données basées sur la classification ANZSIC06 de sorte que les catégories correspondent dans l'ensemble aux secteurs B-N de la CITI Rév. 4.
2. Autriche : les valeurs du salaire moyen pour 2000-2003 ne sont pas basées sur la classification NACE (CITI).
3. Chili : les valeurs pour 2000 à 2008 sont des estimations provenant des variations annuelles des salaires moyens basées sur la « CIIU Rév. 3 » (2009 = 100) entre 2000 et 2008, et du salaire moyen pour 2009 basées sur la « CIIU Rév. 4 » (2016 = 100). À partir de 2009, les valeurs sont basées sur les secteurs B à R de la CITI Rév. 4, à l'exclusion de O (8422) « Activités de défense » et de O (8423) « Activités de maintien de l'ordre et de la sécurité publics ».
4. Corée : les valeurs du SM sont basées sur la 6e version de la Classification sectorielle standard de Corée (KSIC), secteurs C à K pour 2000 et 2001, 8e version de KSIC pour 2002 à 2007 et 9e version de KSIC secteurs B à N (E exclu) à partir de 2008.
5. Danemark : les valeurs du SM sont basées sur les secteurs B-N et R-S (NACE Rév. 2).
6. Grèce : les gains annuels moyens correspondent aux salariés à temps plein des secteurs B à N de la NACE Rév. 2, incluant la Division 95 et excluant les Divisions 37, 39 et 75 à partir de 2008.
7. Irlande : les valeurs de 2000 à 2007 sont basées sur les secteurs C-E (NACE). À partir de 2008, elles sont basées sur les secteurs B-E (NACE Rév. 2).
8. Islande : utilisation du système national de classification qui correspond au système NACE Rév. 2.
9. Israël : informations sur les données statistiques concernant Israël : *http://oe.cd/israel-disclaimer*.
10. Lettonie : les valeurs sont basées sur la classification NACE Rév. 2 et couvrent le secteur privé qui inclut les entreprises commerciales dans lesquelles l'État ou les collectivités locales détiennent jusqu'à 50 % du capital, les entreprises commerciales de tout type sans participation au capital de l'État ou des collectivités locales, les commerçants et les exploitants agricoles ou piscicoles qui comptent 50 salariés ou plus.
11. Mexique : les valeurs du salaire moyen pour 2000-2017 sont basées sur la Classification des Activités Économiques du Mexique (CMAE) qui correspond à l'une des premières versions de la CITI.
12. Nouvelle-Zélande : voir la note relative à l'Australie qui s'applique à compter de 2004.
13. Pays-Bas : les salaires moyens à partir de 2012 incluent toutes les activités économiques (secteurs A à U de SBI 2008). On ne dispose pas de valeurs pour le seul secteur privé (secteurs B à N).
14. République slovaque : les valeurs du salaire moyen sont basées sur la classification de la CITI Rév. 4 (B à N) et comprennent toujours les données sur le travail indépendant.
15. Turquie : le salaire moyen est basé sur le salaire de l'ouvrier moyen CITI Rév. 3.1, secteur D pour les années 2000 à 2006.

StatLink http://dx.doi.org/10.1787/888933699229

Notes

1. Tous les organismes statistiques nationaux n'utilisent pas la CITI Rév. 3 ou Rév. 4 pour classer leurs secteurs. Toutefois, la Nomenclature générale des activités économiques dans les Communautés européennes (NACE Rév. 1 ou Rév. 2), le système de classification des industries de l'Amérique du Nord (SCIAN 2012), la Standard Industrial Classification d'Australie et de Nouvelle-Zélande (ANZSIC 2006) et la classification sectorielle standard de Corée (6e à 9e KISC) comportent une classification qui est conforme pour l'essentiel à celle des secteurs C à K de la CITI Rév. 3 ou des secteurs B-N de la CITI Rév. 4.
2. Les prélèvements obligatoires non fiscaux désignent les prélèvements obligatoires avec et sans contrepartie au profit de fonds à gestion privée, d'organismes d'aide sociale ou de dispositifs d'assurance sociale en dehors des administrations publiques ainsi que d'entreprises publiques (*www.oecd.org/tax/tax-policy/tax-database.htm#NTCP*).
3. La baisse du coin fiscal s'explique par une révision du critère - appliquée pour la première fois en 2017 – concernant le traitement des impôts perçus au niveau régional (« Comunidades Autónomas »). Jusqu'en 2016, l'approche consistait à utiliser comme point de référence un taux d'impôt « régional » égal au taux d'impôt fédéral applicable, en termes équivalents : le coin fiscal était calculé à partir d'évaluations effectuées en référence à un barème d'imposition global en se fondant sur la base taxable générale qui était le double du taux d'imposition fédéral. Néanmoins, chaque « Comunidad Autónoma » ayant désormais son propre barème spécifique, cette approche a été considérée comme n'étant plus valide pour 2017. Il a été décidé que l'impôt régional le plus représentatif était celui de la région de Madrid, comportant des taux marginaux inférieurs à ceux du barème fédéral. Cela implique une réduction du taux moyen d'imposition et donc du coin fiscal, ce qui ne veut pas nécessairement dire que les impôts sont plus faibles en 2017 qu'en 2016.
4. Voir la note 3.

© OCDE 2018

Chapitre 2

Étude spéciale : les écarts de revenu disponible entre les ménages avec et sans enfants

Les données statistiques concernant Israël sont fournies par et sous la responsabilité des autorités israéliennes compétentes. L'utilisation de ces données par l'OCDE est sans préjudice du statut des hauteurs du Golan, de Jérusalem-Est et des colonies de peuplement israéliennes en Cisjordanie aux termes du droit international.

Introduction

Le système fiscal pèse sensiblement sur le revenu disponible des contribuables et des ménages sous les effets conjugués des impôts sur le revenu des personnes physiques, des cotisations de sécurité sociale (CSS) des salariés et des transferts en espèces. Outre qu'ils permettent de recouvrer des recettes, les impôts constituent également pour les États un levier essentiel pour agir sur la situation sociale, y compris sur la distribution des revenus entre les ménages, et sur la réduction de la pauvreté. Aux yeux des gouvernements, faire reculer la pauvreté des enfants et apporter un soutien aux ménages qui ont des enfants sont souvent des objectifs sociaux primordiaux assignés à la fiscalité.

Dans cette Étude spéciale, des modèles de la publication *Les impôts sur les salaires* sont utilisés pour étudier les effets des mesures fiscales sur le revenu disponible de ménages ayant des enfants. Ils permettent de prendre en compte les effets conjugués des réductions de l'impôt sur le revenu des personnes physiques, des CSS des salariés et des transferts en espèces au bénéfice des contribuables ayant des enfants et d'effectuer des comparaisons avec le traitement applicable aux contribuables se trouvant dans une situation similaire, mais n'ayant pas d'enfant. Les données présentées concernent l'année 2016, la dernière pour laquelle on dispose de données, et elles sont comparées avec celles concernant l'année 2000 afin de permettre de comprendre comment les effets de la fiscalité sur les ménages avec enfants ont évolué pendant cette période.

Cette Étude spéciale est structurée comme suit : dans la section 2.2, sont exposées les définitions et la méthodologie utilisées pour mener à bien l'analyse ; la section 2.3 est consacrée à l'examen de l'impact de la fiscalité sur les revenus disponibles des ménages avec ou sans enfants, le but étant de mettre en évidence les écarts entre les taux moyens nets d'imposition des personnes physiques (TMNIPP) en 2016 ; dans la section 2.4, l'analyse est élargie à l'évolution de l'imposition des ménages avec et sans enfants entre 2000 et 2016, tant pour la moyenne de l'OCDE que pour les différents pays ; et la section 2.5 contient un exposé des conclusions.

Définitions et méthodologie

Pour évaluer les effets de la fiscalité sur les ménages avec et sans enfants, les auteurs de l'Étude spéciale comparent les effets des systèmes fiscaux des pays de l'OCDE sur deux profils de contribuables, et pour chacun de ces deux profils, sur des ménages avec et sans enfants, de sorte que quatre profils de ménages sont considérés (tableau 2.1).

Tableau 2.1. **Profils de ménages considérés dans l'Étude spéciale**

Couple marié dont les conjoints gagnent respectivement 100 % et 67 % du salaire moyen	Travailleur célibataire gagnant 67 % du salaire moyen
1. sans enfant	3. sans enfant
2. avec enfants	4. avec enfants

Trois de ces quatre profils de ménages (à l'exception du couple marié sans enfant gagnant 167 % du salaire moyen) font partie des huit profils de ménages de référence considérés dans le reste de la publication. Dans un souci de simplicité, un couple marié dont les conjoints gagnent respectivement 100 % et 67 % du salaire moyen est désigné dans le présent chapitre comme un « couple marié » et un travailleur célibataire gagnant 67 % du salaire moyen comme un « travailleur célibataire »

Les hypothèses relatives au nombre et à l'âge des enfants d'un ménage sont les mêmes que celles utilisées dans le reste de la publication : on considère que les enfants ont entre 6 et 11 ans et que le traitement appliqué au ménage est le plus favorable sur le plan fiscal et sur le plan des transferts en espèces. Les transferts en espèces pris en compte sont ceux auxquels peuvent généralement prétendre tous les travailleurs. On suppose que les contribuables gagnant 67 % du salaire moyen travaillent à temps plein. Veuillez-vous reporter à l'annexe pour de plus amples informations sur la méthodologie suivie dans *Les impôts sur les salaires*.

Pour permettre d'estimer l'impact de la fiscalité sur le revenu disponible des ménages, l'Étude spéciale fait apparaître le TMNIPP pour chaque profil de ménage, et par extrapolation, le salaire disponible après impôt, en pourcentage du salaire moyen. Le TMNIPP est calculé à partir du montant de l'impôt sur le revenu à acquitter, majoré des CSS dues par les salariés et minoré des transferts en espèces perçus, exprimé en pourcentage du salaire brut du contribuable. Le revenu disponible du contribuable correspond donc à son salaire brut une fois pris en compte les effets cumulés de l'impôt sur le revenu, des CSS des salariés et des transferts en espèces (autrement dit revenu disponible = salaire brut * (1-TMNIPP)).

L'analyse proposée dans l'Étude spéciale met l'accent sur l'impact de la fiscalité sur le revenu disponible des ménages et restreint en conséquence l'attention portée au TMNIPP applicable. D'autres indicateurs présentés dans *Les impôts sur les salaires* ne sont pas pris en compte car ils ne sont pas directement pertinents au regard du revenu disponible des profils de ménages considérés. Il s'agit notamment du coin fiscal, lequel mesure la part des coûts totaux de main-d'œuvre consacrée au paiement des impôts (et non la part des salaires bruts), et le taux marginal net d'imposition des personnes physiques, lequel mesure la part d'un dollar supplémentaire de revenu consacrée au paiement de l'impôt[1]. Le fait d'intégrer ces deux indicateurs élargirait considérablement le champ de l'Étude spéciale et exigerait une analyse plus approfondie des effets de la fiscalité sur les décisions des employeurs en matière de recrutement et sur les incitations à l'emploi adressées aux ménages (notamment aux deuxièmes apporteurs de revenu) ainsi que des effets sur ces décisions de bien d'autres facteurs déterminés par l'action publique comme les prestations de chômage, le congé parental et les allocations et déductions pour garde d'enfants.

Écarts de revenu disponible entre les ménages avec et sans enfants, 2016

Cette section a pour objet d'analyser les écarts de revenu imposable entre les ménages avec et sans enfants en 2016 en faisant ressortir le TMNIPP appliqué à des contribuables se trouvant dans la même situation, dont certains ont des enfants, et d'autres pas. Les écarts de TMNIPP sont désagrégés pour permettre de comprendre si elles proviennent d'écarts au niveau de l'imposition des personnes physiques, des CSS des salariés ou des transferts en espèces, et on voit apparaître le salaire après impôt des différents profils de ménages en pourcentage du salaire moyen.

TMNIPP pour les ménages avec et sans enfants

Les taux moyens nets d'imposition des personnes physiques tiennent compte des effets conjugués de l'imposition des personnes physiques, des CSS des salariés et des transferts en espèces au bénéfice des ménages, mesurés en proportion des salaires bruts. À l'aide de modèles utilisés dans la publication *Les impôts sur les salaires*, les TMNIPP appliqués à un couple marié (dont les conjoints gagnent respectivement 100 % et 67 % du salaire moyen) et un travailleur célibataire (gagnant 67 % du salaire moyen), qu'ils aient, ou non, des enfants, sont représentés dans le graphique 2.1.

Graphique 2.1. **Taux moyens nets d'imposition des personnes physiques appliqués aux ménages avec et sans enfants**

En pourcentage du salaire brut

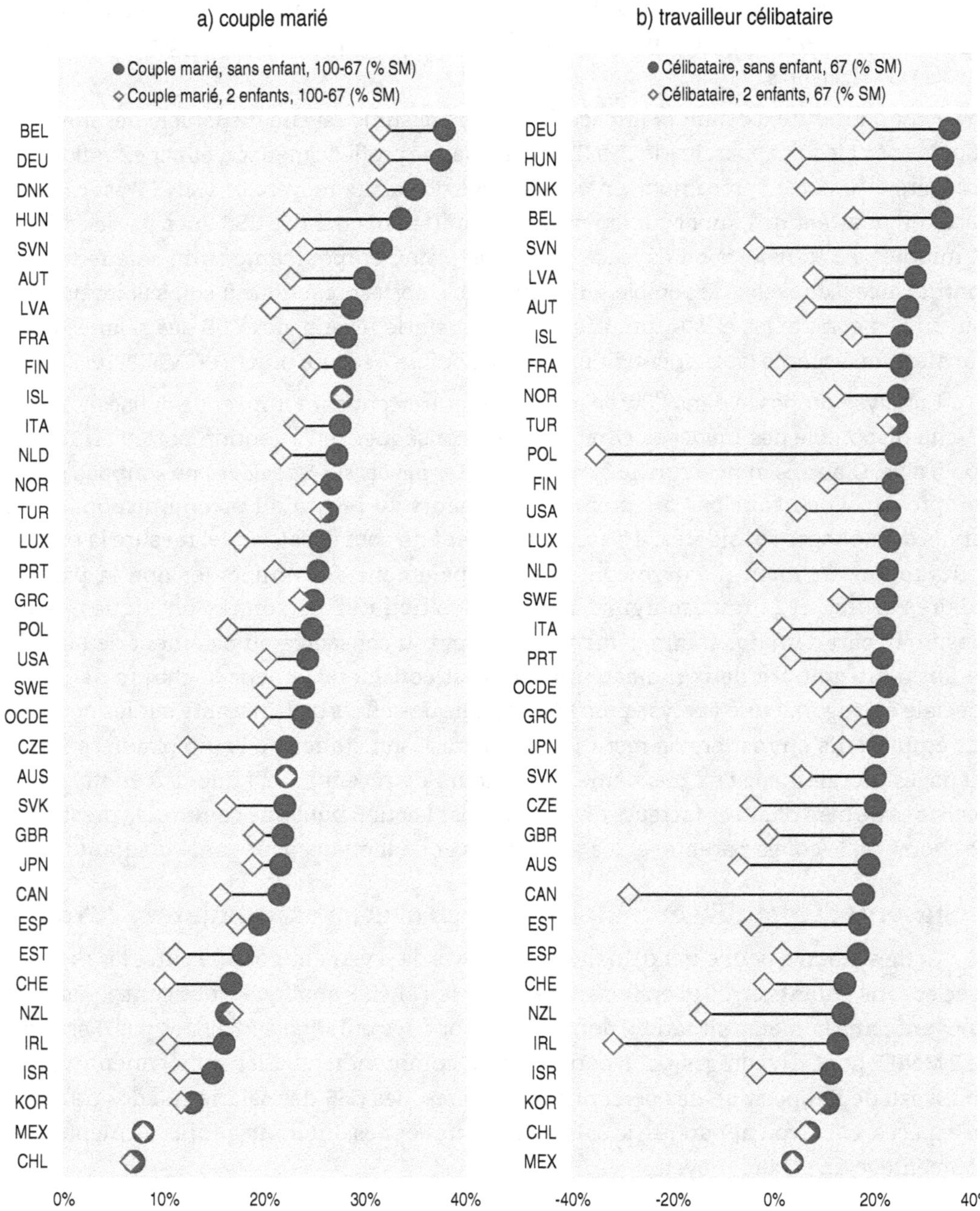

StatLink http://dx.doi.org/10.1787/888933699248

Dans la zone OCDE, le TMNIPP appliqué à un couple marié avec enfants est en moyenne inférieur à celui appliqué à un couple marié sans enfant. Sur la base d'une moyenne non pondérée, un couple marié dont les conjoints gagnent respectivement 100 % et 67 % du salaire moyen et qui a des enfants supporte un taux moyen net d'imposition des personnes physiques de 19.3 % contre 23.8 % pour un couple marié ayant le même niveau de revenu, mais pas d'enfant. Ce constat est valable dans pratiquement tous les pays de l'OCDE : 31 des 35 pays de l'OCDE appliquent des taux d'imposition plus faible aux couples mariés avec enfants qu'aux couples mariés sans enfant, à l'exception de l'Australie, de l'Islande, du Mexique et de la Nouvelle-Zélande. Dans les pays de l'OCDE, l'écart de TMNIPP entre les couples mariés avec et sans enfants varie entre 0.3 point de pourcentage au Chili et 11.1 points de pourcentage en Hongrie, l'écart moyen ressortant à 4.4 points de pourcentage et l'écart-type à 3.0 %. Dans seize pays de l'OCDE, l'écart se situe entre deux et six points de pourcentage.

S'agissant d'un travailleur célibataire, l'écart de TMNIPP selon que l'intéressé a, ou n'a pas, d'enfants est plus marqué, tant si l'on considère la moyenne de l'OCDE que la situation pays par pays. En prenant comme référence une moyenne non pondérée, le travailleur célibataire supporte un TMNIPP de 1.4 % sur son salaire brut s'il a des enfants, et de 21.2 % s'il n'en a pas. Cet écart de TMNIPP s'observe également dans tous les pays de l'OCDE à l'exception d'un seul : 34 des 35 pays de l'OCDE appliquent en effet aux travailleurs célibataires avec enfants des taux d'imposition plus faibles, à l'unique exception du Mexique où le TMNIPP appliqué aux deux types de familles est le même. Dans 13 pays, le TMNIPP pour les travailleurs célibataires avec enfants est négatif alors qu'il ne l'est dans aucun pays pour les travailleurs célibataires sans enfant ou pour les couples mariés, avec ou sans enfants. Dans les pays de l'OCDE, les écarts de TMNIPP entre les travailleurs célibataires avec et sans enfants varient entre 0.8 point de pourcentage au Chili et 59.6 points de pourcentage en Pologne, l'écart moyen s'établissant à 19.7 points de pourcentage et l'écart-type à 12.7 %. Vingt-et-un pays appliquent des TMNIPP aux travailleurs célibataires avec enfants inférieurs de 15 à 30 points de pourcentage à ceux appliqués aux travailleurs célibataires sans enfant.

Désagrégation des écarts de TMNIPP

La plupart des pays de l'OCDE appliquent des TMNIPP plus bas aux contribuables qui ont des enfants qu'aux contribuables se trouvant dans une situation similaire, mais n'ayant pas d'enfant. Ce traitement plus favorable des familles avec enfants peut résulter de réductions d'impôt sur le revenu des personnes physiques ou des CSS des salariés, ou de l'octroi de transferts en espèces plus élevés aux ménages avec enfants. Pour chacune de ces composantes, divers moyens peuvent être employés pour réduire le TMNIPP :

- Impôt sur le revenu des personnes physiques : octroi d'allègements ou de crédits d'impôt plus élevés aux ménages avec enfants ; possibilité pour les ménages de répartir leur revenu imposable entre les membres du foyer, ayant pour effet de réduire les taux marginaux d'imposition applicables ; ou application de barèmes d'imposition différents aux ménages avec et sans enfants ;
- Cotisations de sécurité sociale : quoique plus rare, octroi par certains pays de crédits d'impôt au titre des enfants à charge venant en déduction des CSS des salariés ou, autre solution, application de taux différents ou octroi d'allègements et de crédits d'impôt différents aux familles avec enfants ;
- Transferts en espèces : octroi aux familles avec enfants de prestations en espèces plus élevées que celles accordées aux familles sans enfant ou d'aides allant croissant avec le

nombre d'enfants ; application de seuils d'éligibilité et de taux ou de seuils d'abattement variables selon que le ménage a des enfants ou n'en a pas.

On trouve dans le graphique 2.2 une vue d'ensemble des écarts entre les TMNIPP applicables aux couples mariés et aux travailleurs célibataires avec et sans enfants, complétée par une désagrégation en fonction des variations de l'impôt sur le revenu des personnes physiques, des CSS des salariés et des transferts en espèces. Selon les profils des contribuables, on voit apparaître à gauche les écarts dans le cas d'un couple marié, et à droite, les écarts dans le cas d'un travailleur célibataire.

Graphique 2.2. **Décomposition de l'écart entre les taux moyens nets d'imposition des personnes physiques, 2016**

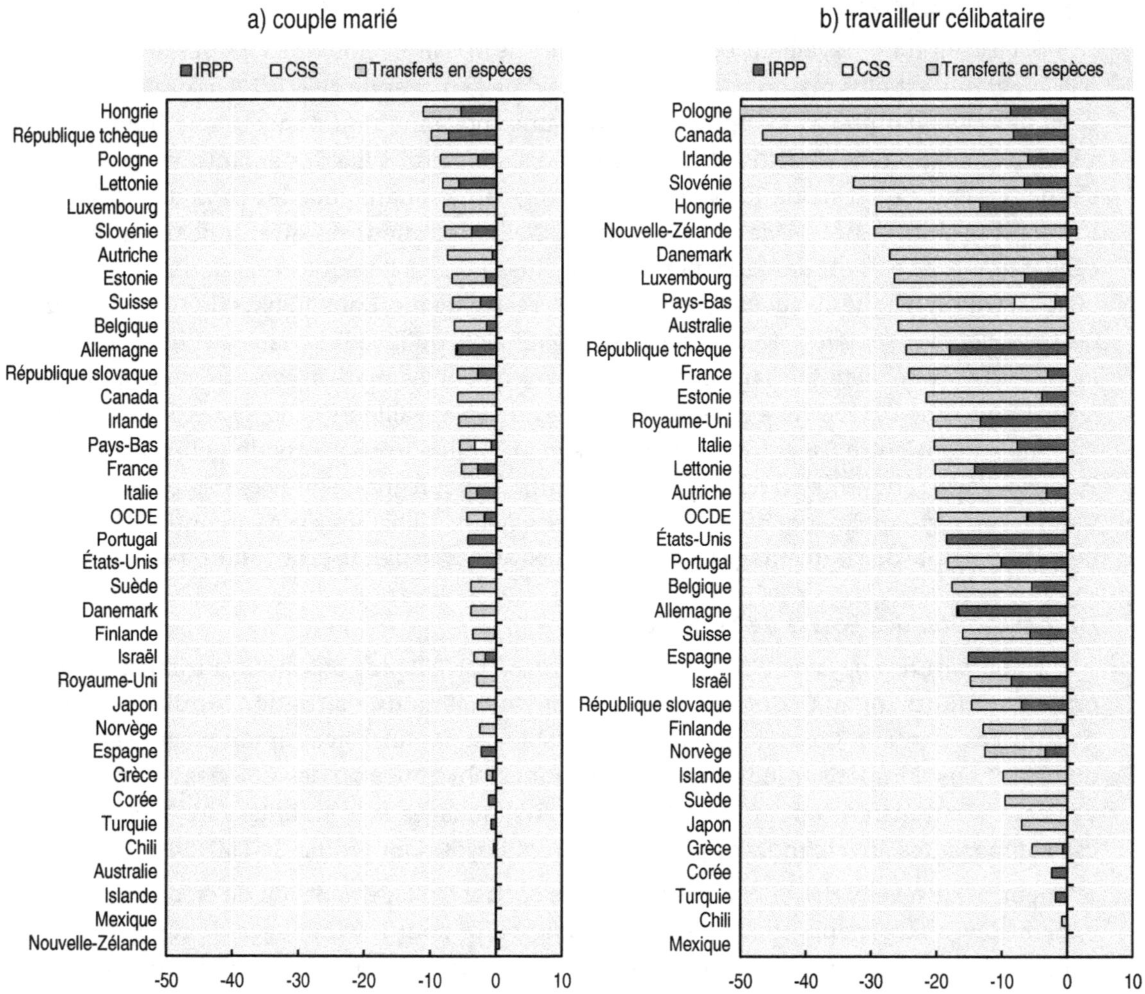

StatLink http://dx.doi.org/10.1787/888933699267

S'agissant d'un couple marié, le TMNIPP moyen applicable dans la zone OCDE est inférieur en 2016 de 4.4 points de pourcentage lorsque le couple a des enfants à ce qu'il est s'il n'en a pas (TMNIPP de 19.3 % et 23.8 % respectivement), la différence s'expliquant principalement par le niveau plus faible de l'impôt sur les personnes physiques (à hauteur d'1.7 point de pourcentage) et le niveau plus élevé des transferts en espèces (à hauteur de 2.6 points de pourcentage).

Au niveau des pays, les écarts de TMNIPP en faveur des contribuables avec enfants sont imputables aux transferts en espèces plus élevés et aux réductions de l'impôt sur les personnes physiques dont ils bénéficient : 17 pays accordent des transferts en espèces plus généreux aux couples avec enfants qu'aux autres couples et leur font payer moins d'impôt au titre du revenu des personnes physiques, et neuf autres les aident uniquement au moyen de transferts en espèces. Dans cinq pays, le soutien aux couples avec enfants passe uniquement par une réduction de l'impôt sur le revenu des personnes physiques (Corée, Espagne, États-Unis, Portugal et Turquie), et dans un seul pays, les Pays-Bas, toute mesure significative de soutien aux couples avec enfants passe par les CSS des salariés et est associée à des réductions de l'impôt sur le revenu des personnes physiques et des transferts en espèces. Dans trois pays de l'OCDE (Australie, Islande et Mexique), les TMNIPP sont identiques pour les couples mariés avec et sans enfants, tandis qu'en Nouvelle-Zélande, le TMNIPP est sensiblement plus élevé pour les couples mariés qui ont des enfants que pour ceux qui n'en ont pas et ce, en raison de l'application de l'Independent Earner Tax Credit (crédit d'impôt pour les contribuables ne recevant aucune autre forme d'aide de l'État), légèrement plus élevé à ce niveau de revenu que les prestations familiales auxquelles ces couples ont droit.

Dans le cas des travailleurs célibataires, les TMNIPP sont inférieurs de 19.8 points de pourcentage en présence d'enfants à ce qu'ils sont en l'absence d'enfants (respectivement 1.4 % et 21.2 % du revenu salarial brut). En moyenne, l'écart de TMNIPP en faveur de ce type de ménage est principalement dû à des transferts en espèces plus généreux, expliquant l'écart à hauteur de 13.6 points de pourcentage alors que les réductions d'impôt sur le revenu des personnes physiques y contribuent à hauteur de 6.0 points de pourcentage. Les réductions de CSS des salariés jouent un rôle notable uniquement aux Pays-Bas et un rôle en conséquence très mineur dans la moyenne de l'OCDE.

Dans les pays de l'OCDE, le mécanisme le plus commun permettant d'abaisser le TMNIPP pour les travailleurs célibataires avec enfants consiste à associer réductions de l'impôt sur le revenu des personnes physiques et majoration des transferts en espèces, pratique suivie par 24 pays. Six pays ont uniquement recours à des transferts en espèces et dans trois autres pays, l'impôt sur le revenu des personnes physiques dont est redevable un travailleur célibataire est plus faible s'il a des enfants que s'il n'en a pas. Dans trois pays, les CSS des salariés sont également plus faibles pour les travailleurs célibataires ayant des enfants : aux Pays-Bas, un crédit d'impôt permet de réduire l'impôt sur le revenu des personnes physiques et les CSS des salariés pour les ménages ayant des enfants et les transferts en espèces accordés aux familles avec enfants sont en outre plus généreux ; en Finlande, tout crédit d'impôt résiduel après réduction de l'impôt sur le revenu dû au niveau central réduit proportionnellement les impôts locaux et les CSS des salariés, et il existe également des transferts en espèces ; et en Allemagne, le taux de la contribution au financement des soins de longue durée est plus élevé pour les travailleurs sans enfant (1.425 % contre 1.175 % pour les travailleurs ayant des enfants).

Impact sur le revenu disponible des ménages

Le revenu disponible des ménages correspond à leurs salaires bruts compte tenu des effets cumulés de l'impôt sur le revenu des personnes physiques, des CSS des salariés et des transferts en espèces. Sont représentés dans le graphique 2.3 le salaire brut et le revenu disponible d'un couple marié et d'un travailleur célibataire avec et sans enfants, en pourcentage du salaire moyen.

Graphique 2.3. **Revenu disponible avant et après impôt en pourcentage du salaire moyen, 2016**

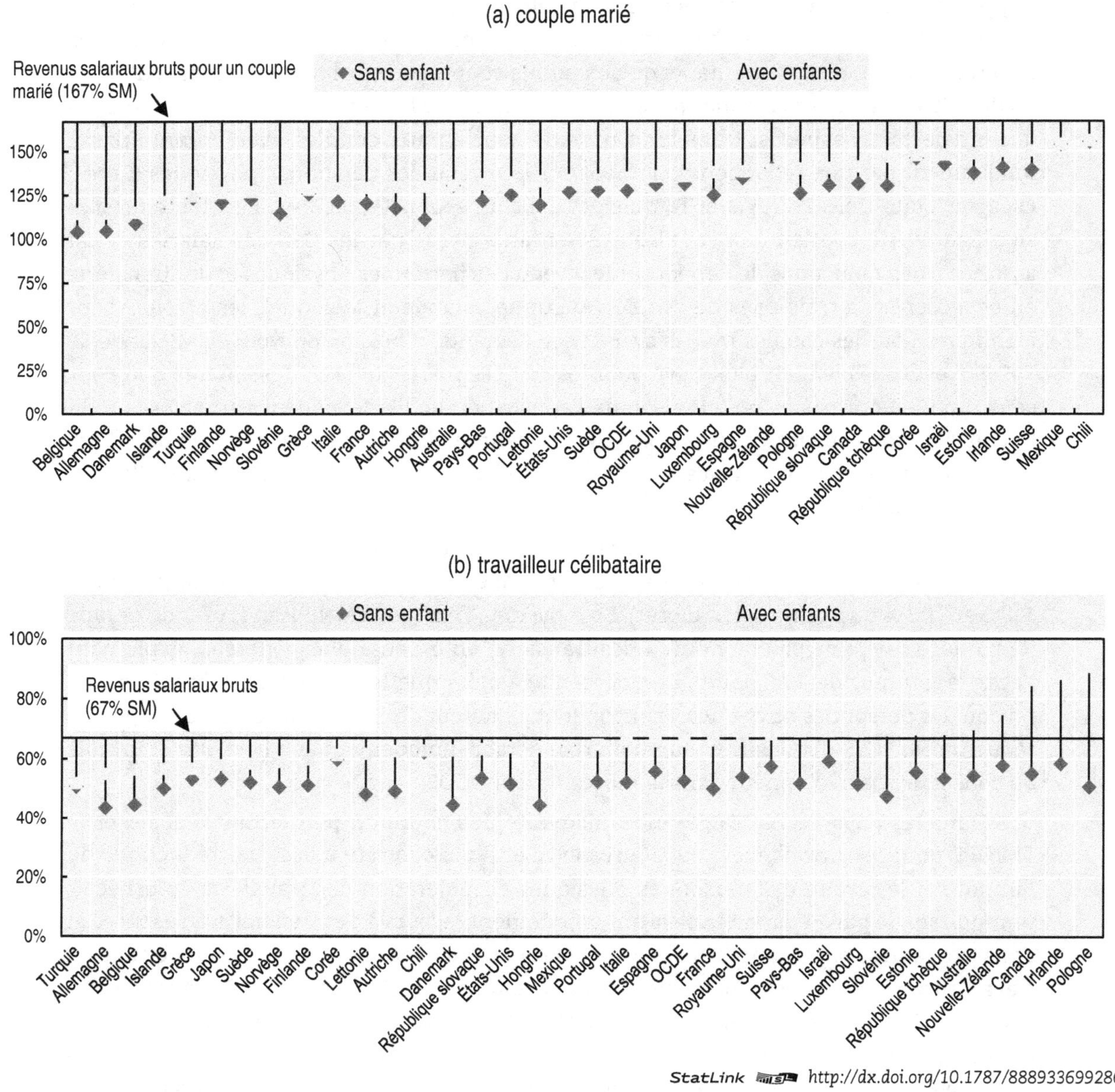

StatLink http://dx.doi.org/10.1787/888933699286

Dans les pays de l'OCDE en moyenne, le revenu disponible d'un couple marié sans enfant équivaut à 127 % du salaire moyen et celui d'un couple marié avec enfants à 135 % du salaire moyen, à comparer aux revenus salariaux bruts cumulés représentant 167 % du salaire moyen. Si l'on compare les pays, c'est en Belgique que le revenu disponible est le plus faible pour un couple marié avec enfants, soit 114 % du salaire moyen ; et au Chili qu'il est le plus élevé, soit 156 % du salaire moyen. Dans l'un et l'autre de ces pays cependant, le revenu disponible d'un couple marié avec enfants ne diffère pas de manière significative de celui d'un couple marié sans enfant (104 % et 155 % du salaire moyen, respectivement en Belgique et au Chili).

S'agissant d'un travailleur célibataire sans enfant, le revenu disponible moyen représente, dans les pays de l'OCDE, 53 % du salaire moyen, contre 66 % du salaire moyen pour un travailleur célibataire avec enfants, qu'il faut comparer, dans l'un et l'autre cas, au revenu salarial brut équivalent à 67 % du salaire moyen. C'est en Turquie que le revenu disponible d'un travailleur célibataire avec enfants est le plus bas, soit 52 % du salaire moyen, et en Pologne qu'il le plus élevé, soit 91 % du salaire moyen. Dans 13 pays, le revenu disponible d'un travailleur célibataire avec enfants est supérieur à son salaire avant impôt à cause du TMNIPP négatif applicable à ce type de ménage. L'éventail de revenu disponible pour les travailleurs célibataires sans enfant est moins étendu puisque celui-ci varie, selon les pays, entre 44 % du salaire moyen en Allemagne et 65 % au Mexique.

Variations des TMNIPP appliqués aux ménages entre 2000 et 2016

Cette section contient une vue d'ensemble des variations des TMNIPP entre 2000 et 2016 pour un couple marié et un travailleur célibataire, avec et sans enfants. Les auteurs s'attachent en premier lieu à mettre en évidence les variations observées au niveau de la moyenne de l'OCDE, avant d'analyser plus en détail les évolutions survenues à l'intérieur de chaque pays.

Variations des TMNIPP moyens dans la zone de l'OCDE

Depuis 2000, les TMNIPP appliqués aux quatre profils de ménages ont subi les effets de multiples changements de cap dans l'action publique[2]. Entre 2000 et 2016, le TMNIPP moyen dans la zone de l'OCDE a baissé pour les quatre profils de ménages, comme le fait ressortir le graphique 2.3. Cette baisse a été plus marquée pour les travailleurs célibataires avec enfants (3.5 points de pourcentage) et moins prononcée pour les trois autres profils de ménages (entre 0.7 point de pourcentage pour un couple marié sans enfant et 1.1 point de pourcentage pour un couple marié avec enfants).

Tableau 2.2. **Tableau récapitulatif des taux moyens nets d'imposition des personnes physiques, moyenne de l'OCDE, 2000 et 2016**

	2000 %	2016 %	Change p.p.
Couple marié (100-67 % du salaire moyen)	24.5	23.8	-0.7
Couple marié (100-67 % du salaire moyen) avec enfants	20.4	19.3	-1.1
Différence	4.1	4.4	0.3
Travailleur célibataire (67 % du salaire moyen)	22.2	21.2	-0.9
Travailleur célibataire (67 % du salaire moyen) avec enfants	5.0	1.4	-3.5
Différence	17.3	19.8	2.6

Le graphique 2.4 représente les TMNIPP moyens dans la zone OCDE pour un couple marié avec et sans enfants (à gauche) et pour un travailleur célibataire avec et sans enfants (à droite). Le mouvement de repli du TMNIPP moyen applicable aux quatre profils de ménage a été relativement régulier sur la période de 16 ans considérée, si l'on excepte l'année de la crise financière et l'année 2016. Au moment de la crise, le TMNIPP moyen dans la zone de l'OCDE a fléchi plus nettement pour les quatre profils de ménages, le point bas ayant dans chaque cas été atteint en 2009. La moyenne de l'OCDE pour chaque profil de ménage s'est ensuite redressée jusqu'en 2013 avant de repartir à la baisse jusqu'en 2016. C'est pour les travailleurs célibataires avec enfants que le repli du TMNIPP moyen pendant la crise financière et le sursaut ultérieur ont été le plus marqués. En 2016, une remise en cause de la tendance à la réduction des prestations familiales et la mise en place d'une prestation familiale supplémentaire (*programme Famille 500 plus*) en Pologne ont fait baisser

Graphique 2.4. **Tendances du taux moyen net d'imposition des personnes physiques dans la zone de l'OCDE**

(a) couple marié avec et sans enfants

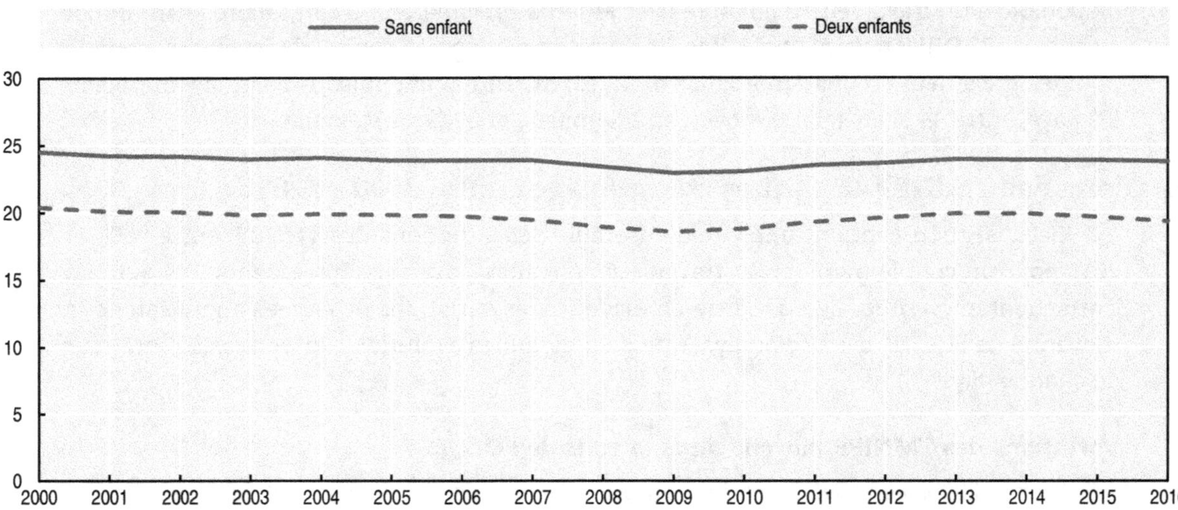

(b) travailleur célibataire avec et sans enfants

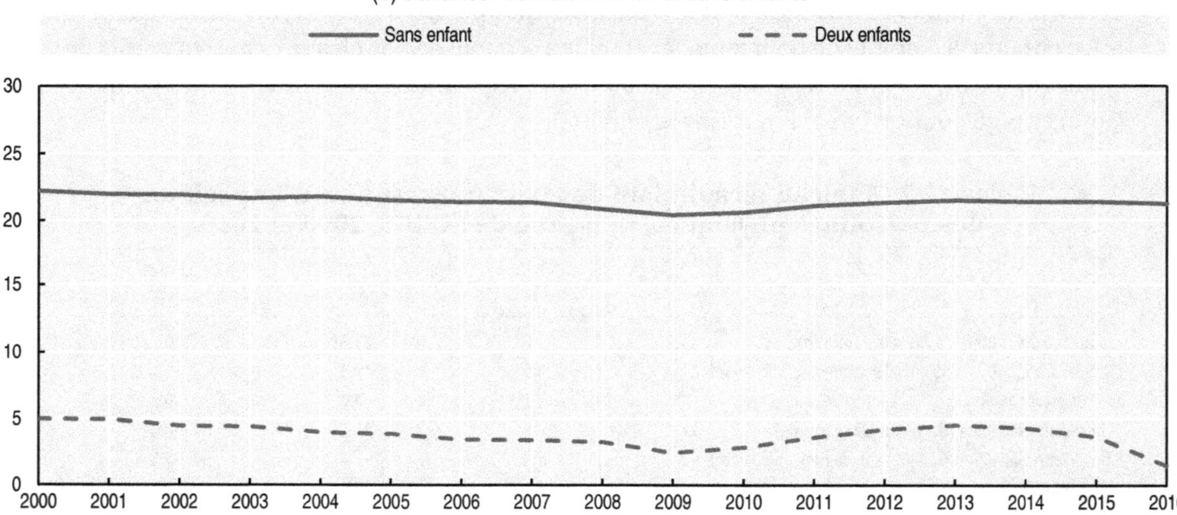

StatLink http://dx.doi.org/10.1787/888933699305

sensiblement le TMNIPP pour les travailleurs célibataires avec enfants, entraînant un déclin notable de la moyenne de l'OCDE.

Si l'on considère chaque profil de ménages séparément :

- Dans le cas d'un couple marié (dont les salaires bruts représentent respectivement 100 % et 67 % du salaire moyen) :
  - le TMNIPP pour un couple sans enfant est passé de 24.5 % en 2000 à 23.9 % en 2007, puis 22.9 % en 2009. Il est ensuite revenu à 23.9 % en 2013 avant de décliner régulièrement pour s'établir à 23.8 % en 2016 ;
  - le TMNIPP pour un couple avec enfants a suivi une pente descendante, passant de 20.4 % en 2000 à 19.5 % en 2007, avant de plonger pour s'établir à 18.6 % en 2009. Il est

ensuite remonté jusqu'à atteindre 19.9 % en 2013, avant de réamorcer un mouvement régulier de baisse jusqu'au chiffre de 19.3 % en 2016 ;

- Dans le cas d'un travailleur célibataire (dont le salaire brut représente 67 % du salaire moyen):
  - le TMNIPP pour un travailleur célibataire sans enfant a été orienté à la baisse, ramené de 22.2 % en 2000 à 21.3 % en 2007, avant un nouveau repli jusqu'au chiffre de 20.4 % en 2009. Il a ensuite rebondi pour se hisser à 21.5 % en 2013, avant de fléchir régulièrement jusqu'à s'établir à 21.2 % en 2016 ;
  - le TMNIPP pour un travailleur célibataire avec enfants a chuté, passé de 5.0 % en 2000 à 3.4 % en 2007, puis 2.4 % en 2009. Sa remontée jusqu'à 4.5 % en 2013 a été suivie d'une baisse régulière se soldant par un chiffre de 1.4 % en 2016.

Sur la période comprise entre 2000 et 2016, l'écart de TMNIPP entre un couple marié avec enfants gagnant 167 % du salaire moyen et un couple marié sans enfant ayant le même niveau de revenu s'est creusé de 0.3 point de pourcentage. Pendant la même période, l'écart entre deux travailleurs célibataires gagnant 67 % du salaire moyen, l'un ayant des enfants et l'autre pas, s'est accentué plus nettement (2.6 points de pourcentage).

Variations des TMNIPP par pays entre 2000 et 2016

Entre 2000 et 2016, l'évolution des TMNIPP pour les quatre profils de ménages a été très variable selon les pays et à l'intérieur de chaque pays. Le graphique 2.5 illustre les variations en points de pourcentage pour chaque profil de ménage, avec et sans enfants. Il fait apparaître sur l'axe horizontal la variation, en points de pourcentage, entre 2000 et 2016 pour les ménages sans enfant, et sur l'axe vertical, la variation, en points de pourcentage, pour les ménages avec enfants.

Pour un couple marié, qu'il ait ou non des enfants, les variations des TMNIPP entre 2000 et 2016 se situent dans une fourchette de +/-8 points de pourcentage dans tous les pays, à l'exception de la Suède (familles sans enfant) et de la Pologne (familles avec enfants). Dans la plupart des pays, les variations des TMNIPP pour un couple marié sont faibles : 26 pays enregistrent des variations inférieures à 5 points de pourcentage, que le couple ait, ou non, des enfants. Les pays où les variations les plus amples sont observées sont notamment :

- l'Islande, où les TMNIPP pour les deux types de familles ont progressé de respectivement 4.2 et 5.7 points de pourcentage, en partie sous l'effet du passage à un système fiscal progressif en 2010 et de la suppression des allègements fiscaux au titre des cotisations de retraite obligatoire en 2002.
- Israël, où les TMNIPP ont reculé de 6.2 points de pourcentage pour les familles sans enfant, et de 8.0 points de pourcentage pour les familles avec enfants, en raison d'une politique générale visant à alléger l'imposition des personnes physiques engagée depuis 2003.
- le Mexique, où les TMNIPP ont augmenté pour les deux types de familles de 8.2 points de pourcentage, principalement en raison de réformes fiscales ayant débuté en 2008 et prévoyant notamment la suppression de la subvention fiscale et une réforme des tranches de revenu dans le barème d'imposition.
- les Pays-Bas, où l'on observe des baisses de respectivement 6.2 et 8.5 points de pourcentage pour les familles avec et sans enfants, en partie en raison d'une réforme en profondeur du système fiscal mise en œuvre en 2001.

Graphique 2.5. **Variation en point de pourcentage des taux moyens nets d'imposition des personnes physiques entre 2000 et 2016**

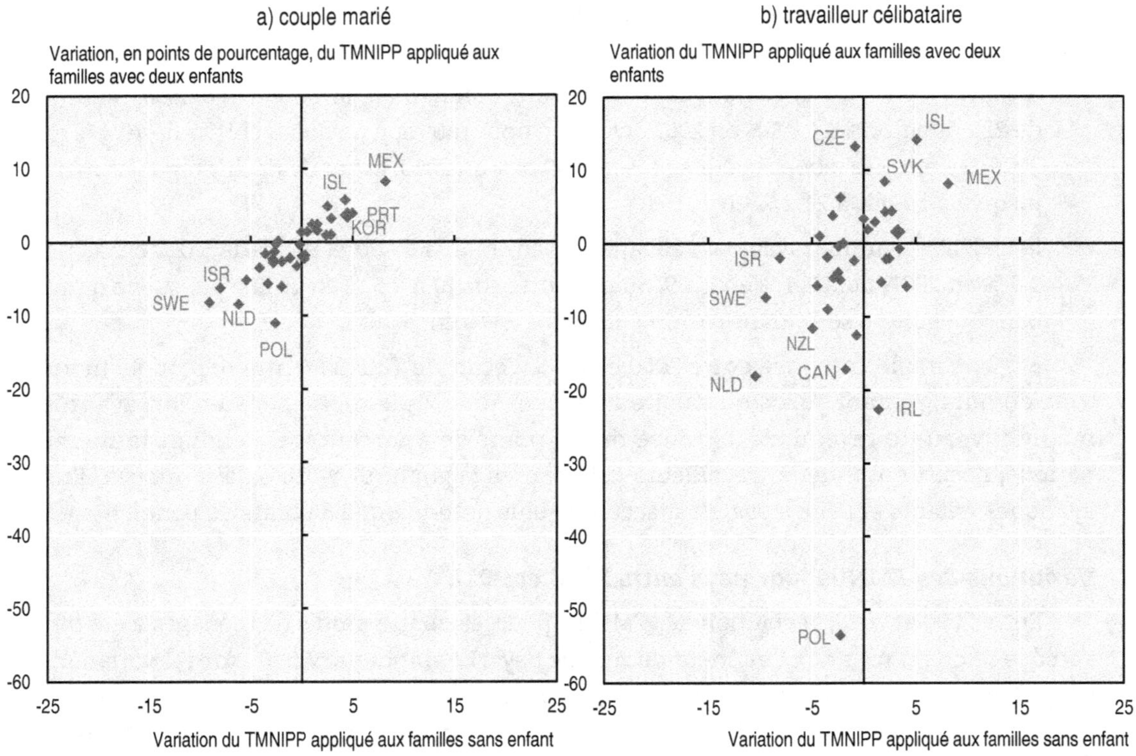

StatLink http://dx.doi.org/10.1787/888933699324

- la Suède, où les TMNIPP appliqués aux couples mariés avec et sans enfants ont perdu plus de 8 points de pourcentage, principalement du fait de l'adoption d'un crédit d'impôt lié à l'exercice d'un emploi et aux relèvements successifs de ce crédit d'impôt entre 2007 et 2010.

Dans la plupart des pays, les variations des TMNIPP pour les couples mariés ont été similaires que les couples aient, ou non, des enfants. Dans 32 pays, l'orientation de l'évolution entre 2000 et 2016 a été la même pour les deux profils de ménages. Dans les trois pays où les TMNIPP ont évolué de manière divergente pendant la même période, la variation a été de très faible ampleur : en Australie, le TMNIPP a baissé pour les couples mariés sans enfant (-2.3 points de pourcentage) et augmenté très légèrement (0.1 point de pourcentage) pour les couples mariés avec enfants ; en République tchèque, le taux d'imposition appliqué aux couple mariés ayant des enfants a baissé de 1.8 point de pourcentage et le taux applicable aux couples sans enfant a progressé de 0.4 point de pourcentage ; et en Italie, le TMNIPP est en recul pour les couples mariés avec enfants (2.3 points de pourcentage) et en légère hausse pour les couples mariés sans enfant (0.3 point de pourcentage).

La situation pour les deux profils de ménages sous la responsabilité d'un travailleur célibataire est plus contrastée. Si les variations des TMNIPP entre 2000 et 2016 pour un travailleur célibataire sans enfant sont aussi inférieures à 5 points de pourcentage dans 30 pays, celles relevées dans le cas d'un travailleur célibataire avec enfants varient entre – 53.5 points de pourcentage en Pologne et +14.1 points de pourcentage en Islande, 16 pays affichant des variations de plus de 5 points de pourcentage. À l'intérieur des pays, les variations des TMNIPP observées pour un travailleur célibataire avec et sans enfants ne vont pas nécessairement dans le même sens, et n'ont pas non plus nécessairement la même amplitude : dans six pays, les taux d'imposition applicables aux travailleurs célibataires ayant des enfants ont augmenté alors que ceux appliqués en l'absence d'enfants ont suivi une pente inverse ; dans cinq pays, le TMNIPP a diminué pour les travailleurs célibataires avec enfants et progressé pour les travailleurs sans enfant ; et dans 12 autres pays, la baisse du TMNIPP pour les travailleurs célibataires avec enfants a été plus de deux fois supérieure à celle du TMNIPP applicable aux travailleurs célibataires sans enfant.

Les variations les plus marquées pour les travailleurs célibataires avec enfants ont été relevées notamment :

- au Canada, où le TMNIPP a reculé de 17.1 points de pourcentage, recul imputable en majeure partie à la réforme de la prestation nationale pour enfants en 2010 qui a consisté à accroître sensiblement le crédit d'impôt dont bénéficient les familles monoparentales (porté de 147 à 280 CAD) ;
- en République tchèque, où le TMNIPP a augmenté de 13.2 points de pourcentage, en partie sous l'effet du passage, en 2008, d'un système d'imposition progressif à un impôt unique et de l'abaissement des crédits d'impôt de base en 2011 ;
- en France, où le TMNIPP a été ramené de 13.5 % en 2015 à 1.0 % en 2016 du fait d'une augmentation sensible des allocations familiales versées par l'État en 2016, recouvrant notamment la mise en place d'une prestation liée à l'exercice d'un emploi qui est fonction de la situation et du revenu du foyer ;
- l'Islande, où le TMNIPP a augmenté de 14.1 points de pourcentage pour un travailleur célibataire avec enfants (et de 5.1 points de pourcentage pour un travailleur célibataire sans enfant) en raison des réformes déjà mentionnées précédemment ;
- l'Irlande, où une baisse de 22.7 points de pourcentage des TMNIPP a été observée pour les travailleurs célibataires avec enfants, découlant en grande partie des réformes mises en œuvre en 2002 et ayant consisté à accroître le crédit d'impôt, les allocations pour enfants à charge et le supplément au revenu du foyer accordés aux familles monoparentales ;
- en Israël, où le repli des TMNIPP pour les travailleurs célibataires avec et sans enfants est dû à une révision générale à la baisse du barème d'imposition depuis 2003, laquelle a principalement visé les tranches de revenu inférieures, ainsi qu'à la mise en place, en 2012, d'un crédit d'impôt non remboursable sur les revenus du travail pour les ménages (fonction du revenu du ménage et du nombre d'enfants) et au relèvement, en 2016, de la fourchette de revenu autorisée pour les familles monoparentale éligibles à l'aide sociale ;
- au Mexique, où les taux ont grimpé sous l'effet des réformes citées précédemment ;
- aux Pays-Bas, où les TMNIPP ont baissé pour les deux types de familles à la suite des réformes mises en œuvre en 2015, notamment de la suppression du crédit d'impôt pour les familles monoparentales compensée par l'accroissement des transferts en espèces pour les familles avec et sans enfants ainsi que la mise en place de prestations supplémentaires au bénéfice des familles monoparentales. Entre 2014 et 2015, les prestations pour enfants à charge ont augmenté et le taux d'imposition moyen du revenu a fléchi sous l'effet de toute une série de révisions du taux le plus faible ;
- en Nouvelle-Zélande, où le TMNIPP pour les travailleurs célibataires avec enfants a perdu 11.6 points de pourcentage, en grande partie en raison de l'adoption, en 2014, du programme *Working for Families tax credits* (prestation sous conditions de ressources pour les ménages avec enfants) ;

- en Pologne, où l'adoption du *programme Famille 500 plus* et une modification de la règle de calcul des prestations en 2016 ont eu pour effet de réduire, plutôt que de supprimer, les prestations pour les ménages dont le revenu excède le seuil fixé ;
- en République slovaque, où le TMNIPP a augmenté progressivement tout au long de la période considérée en partie en raison de réformes, adoptées en 2004, visant les versements en espèces qui se sont traduites par le passage de versements conditionnés par des critères de ressources à des versements forfaitaires, ainsi que d'autres réformes, datant de 2007, ayant pour but de réduire les allocations de base et les allocations versées au conjoint à mesure que les revenus augmentent ;
- en Suède, où les taux pour les deux types de famille ont chuté (de 9.4 points de pourcentage pour un travailleur célibataire sans enfant et de 7.4 points de pourcentage pour un travailleur avec enfants) consécutivement aux hausses des allégements fiscaux accordés à toutes les catégories de ménages et à l'instauration, au fil des ans, de plusieurs crédits d'impôt pour enfants à charge et pour les titulaires de faibles revenus.
- au Royaume-Uni, où la baisse de 9.0 points de pourcentage du TMNIPP pour les travailleurs ayant des enfants a été due à l'abaissement, en 2008, du taux d'imposition le plus faible, ramené de 22 % à 20 %, et au relèvement, en 2008, du crédit d'impôt pour enfant à charge.

Le fait que l'ampleur des évolutions pour les couples mariés avec et sans enfants soit similaire donne à penser que dans ces situations, les variations des TMNIPP sont le résultat de changements plus globaux survenus dans la politique fiscale. Pour un travailleur célibataire, lorsque l'évolution est très variable selon qu'il a ou non des enfants, elle est souvent le produit de mesures spécifiques – généralement des crédits d'impôt – qui ont fait baisser le TMNIPP appliqué aux ménages avec enfants, ce qui peut s'expliquer pour partie par le fait que le niveau de revenu de ce type de ménage est plus bas. Il y a lieu d'approfondir l'analyse pour déterminer l'impact du niveau de revenu, ou de la monoparentalité, sur l'évolution au sens large des TMNIPP applicables à ce type de ménage.

Le graphique 2.6 présente un instantané des variations des TMNIPP pour chaque catégorie de ménage dans tous les pays de l'OCDE entre 2000 et 2016. La courbe tracée en bleu correspond, pour chaque pays, au TMNIPP pour tous les profils de ménages sans enfant en 2000 et 2016, et à la variation entre ces deux années, et la courbe figurant en rouge illustre les mêmes données pour les mêmes types de ménages avec enfants. Les pointillé tracés entre gris entre les lignes bleues et rouges représentent pour chaque année les écarts entre les TMNIPP appliqués aux ménages avec et sans enfants.

Graphique 2.6. **Taux moyens nets d'imposition des personnes physiques en 2000 et en 2016**

a) couple marié

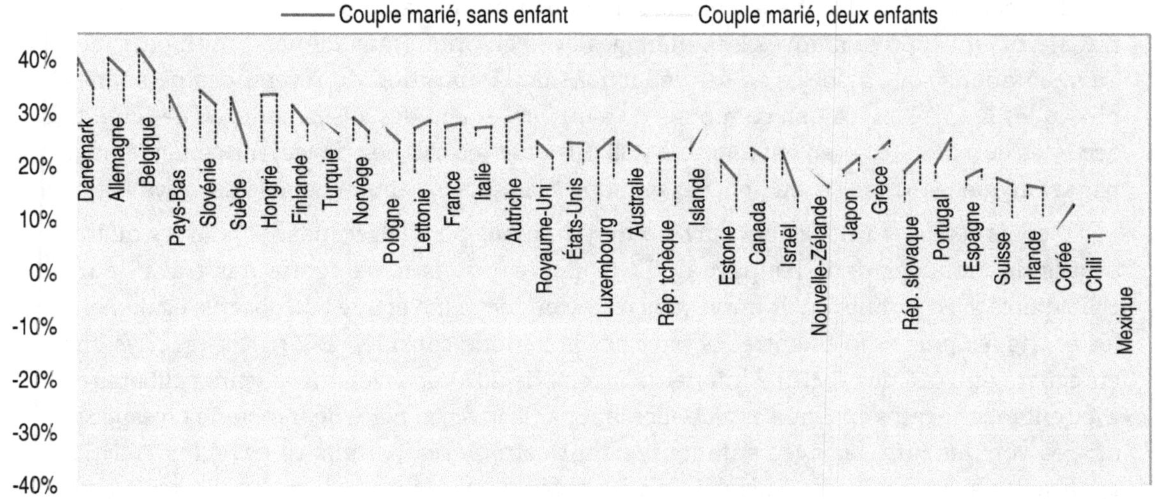

b) travailleur célibataire

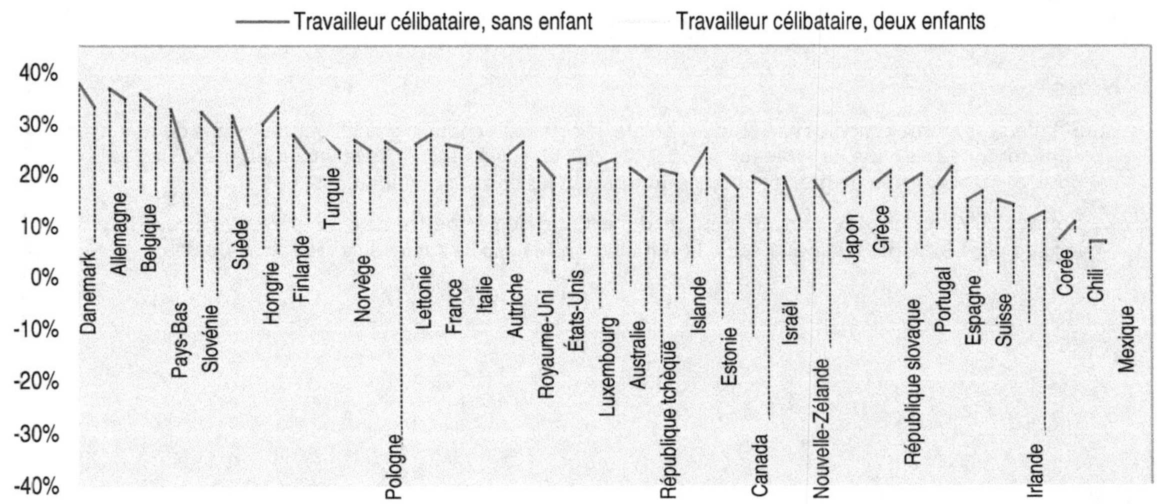

StatLink http://dx.doi.org/10.1787/888933699343

Conclusions

Cette Étude spéciale a permis de comparer les taux moyens nets d'imposition des personnes physiques (TMNIPP) appliqués à deux groupes de contribuables avec et sans enfants : un couple marié dont les conjoints gagnent respectivement 100 % et 67 % du salaire moyen ; et un travailleur célibataire gagnant 67 % du salaire moyen.

Si l'on se réfère à la moyenne de l'OCDE, les ménages avec enfants se voient appliquer un TMNIPP inférieur aux ménages qui se trouvent dans une situation identique, mais n'ont pas d'enfant, et l'écart est nettement plus marqué dans le cas de travailleurs célibataires. Ce constat est également valable dans presque tous les pays de l'OCDE : en 2016, 31 pays ont appliqué des TMNIPP plus faibles aux couples mariés avec enfants qu'aux couples sans enfant, et 34 pays des TMNIPP plus faibles aux travailleurs célibataires avec enfants qu'aux travailleurs célibataires sans enfant. Dans 13 pays, les TMNIPP pour les travailleurs célibataires avec enfants ont été négatifs alors qu'on enregistre dans aucun pays des

TMNIPP négatifs pour les travailleurs célibataires sans enfant ou pour les couples mariés avec ou sans enfants.

Les écarts de TMNIPP sont principalement imputables à des augmentations des transferts en espèces octroyés aux ménages avec enfants. Dans de nombreux pays, ces augmentations sont associées à des réductions de l'imposition du revenu des personnes physiques liées à l'imposition commune ou à un relèvement des allègements ou des crédits accordés aux familles avec enfants. Les CSS dues par les salariés ne varient généralement pas selon que le ménage a, ou non, des enfants, à la seule exception notable des Pays-Bas.

Depuis 2000, les TMNIPP ont suivi en moyenne une pente descendante pour les quatre profils de ménages dans les pays de l'OCDE. C'est dans la catégorie des travailleurs célibataires avec enfants qu'ils ont le plus reculé en moyenne et que l'on observe également les écarts les plus amples entre les pays sur la période considérée. Vingt-et-un pays ont enregistré en 2016 des TMNIPP inférieurs à ceux de 2000 pour les travailleurs célibataires avec enfants, ce qui s'explique essentiellement par la mise en place de transferts en espèces dirigés vers les familles avec enfants pendant cette période. Dans 14 pays, les TMNIPP applicables aux travailleurs célibataires avec enfants ont été plus élevés en 2016 qu'ils ne l'étaient en 2000, les hausses les plus marquées étant due à des réformes fiscales de portée plus générale.

Notes

1. S'il n'en est pas question dans l'Étude spéciale, le coin fiscal pour trois des quatre profils de ménages apparaît toutefois dans les tableaux 3.1, 3.6, 5.1, 5.6, 6.1a, 6.4a et 6.7a, et le taux marginal d'imposition pour ces trois profils de ménages apparaît quant à lui dans les tableaux 3.7 et 5.7.
2. L'année 2000 est utilisée comme point de départ afin de permettre de considérer la période la plus longue pour laquelle les modèles de la publication *Les impôts sur les salaires* sont calculés.

PARTIE I

Comparaisons internationales

Cette section fournit, pour chacun des pays de l'OCDE, des informations sans équivalent concernant les impôts sur le revenu acquittés par les salariés, leurs cotisations de sécurité sociale et les prestations familiales qu'ils perçoivent sous forme de transferts en espèces, ainsi que les cotisations de sécurité sociale et les taxes sur les salaires versées par leurs employeurs. Elle présente les résultats pour 2017 et pour 2016, et commente l'évolution intervenue entre les deux années. Les résultats communiqués englobent la charge fiscale marginale et moyenne pour huit catégories différentes de familles.

PARTIE I

Chapitre 3

Charges fiscales, 2017

Les résultats de la charge fiscale pour 2017 basés sur les huit catégories de familles sont présentés dans les tableaux 3.1 à 3.11 et les graphiques 3.1 a 3.7. Les catégories de familles varient selon la situation de famille, le nombre d'enfants et le statut économique : un célibataire, sans enfant, gagnant 67 %, 100 % et 167 % du salaire moyen (SM) ; un parent isolé gagnant 67 % du SM, avec deux enfants ; un couple avec deux enfants et un seul apporteur de revenu gagnant le SM ; un couple avec deux enfants et deux salaires gagnant au total 133 % et 167 % du SM ; un couple avec deux salaires gagnant au total 133 % du SM, et sans enfant.

Ce chapitre présente différentes mesures de la charge fiscale moyenne (coin fiscal, taux d'imposition des personnes physiques, taux net d'imposition des personnes physique, taux de l'impôt sur le revenu des personnes physiques et taux des cotisations salariales de sécurité sociale) et marginale (coin fiscal et taux net d'imposition des personnes physiques). Les résultats de deux indicateurs de la progressivité de l'impôt sont également examinés : mesures de l'élasticité de l'impôt basée sur le salaire brut et les coûts de main-d'œuvre.

Les données statistiques concernant Israël sont fournies par et sous la responsabilité des autorités israéliennes compétentes. L'utilisation de ces données par l'OCDE est sans préjudice du statut des hauteurs du Golan, de Jérusalem-Est et des colonies de peuplement israéliennes en Cisjordanie aux termes du droit international.

Charges fiscales moyennes

Le tableau 3.1 et le graphique 3.1 font apparaître le coin fiscal moyen (charge combinée de l'impôt sur le revenu et des cotisations salariales et patronales de sécurité sociale) en tenant compte du montant des prestations en espèces auquel a droit chaque catégorie de famille spécifique. Le montant total des impôts à verser diminués des transferts reçus est exprimé en pourcentage des coûts totaux de main-d'œuvre, définis comme le salaire brut plus les cotisations patronales de sécurité sociale (y compris les taxes sur les salaires). Dans le cas d'un célibataire disposant d'un salaire moyen, le coin fiscal va de 7.0 % au Chili et 18.1 % en Nouvelle-Zélande à 49.7 % en Allemagne et 53.7 % en Belgique. Pour un couple marié disposant d'un seul revenu du même niveau, et ayant deux enfants, le coin fiscal est le plus faible en Nouvelle Zélande (6.4 %) et au Chili (7.0 %) et le plus élevé en France (39.4 %) et en Grèce (39.0 %). Comme l'explique le chapitre 1, le coin fiscal est généralement plus faible pour les couples mariés, ayant deux enfants, et disposant de ce niveau de salaire que pour les célibataires sans enfant en raison de la perception de prestations en espèces et/ou d'un traitement fiscal plus avantageux. Il est également intéressant de noter que le coin fiscal pour un parent isolé, ayant deux enfants, et gagnant 67 % du salaire moyen est négatif en Nouvelle-Zélande (-13.5 %), au Canada (-15.2 %), en Irlande (-17.1 %) et en Pologne (-20.6 %). Ce résultat est dû au fait que la somme des transferts en espèces reçus par ces familles et des crédits d'impôt récupérables éventuels excède la somme de l'impôt dû et de l'ensemble des cotisations de sécurité sociale.

Le tableau 3.2 et le graphique 3.2 indiquent la charge combinée de l'impôt sur le revenu des personnes physiques et des cotisations salariales de sécurité sociale exprimée en pourcentage du salaire brut (les indicateurs correspondants faisant apparaître séparément l'impôt sur le revenu et les cotisations salariales de sécurité sociale figurent dans les tableaux 3.4 et 3.5). Un célibataire sans enfant percevant le salaire moyen supporte une charge moyenne au titre de l'impôt et des cotisations sociales supérieure à 40 % uniquement en Belgique (40.5 %). On observe les taux moyens les plus bas au Chili (7.0 %), au Mexique (11.2 %), en Corée (14.5 %), en Suisse (16.9 %), en Israël (17.7 %), en Nouvelle-Zélande (18.1 %), en Estonie (18.4 %) et en Irlande (19.4 %).

Le tableau 3.3 indique la charge combinée de l'impôt sur le revenu et des cotisations salariales de sécurité sociale, déduction faite des droits aux prestations en espèces, pour chaque catégorie de famille. Le graphique 3.3 fait apparaître cette charge pour les célibataires sans enfant et les couples mariés disposant d'un seul salaire ayant deux enfants, ces deux catégories de famille étant rémunérées au salaire moyen. Si l'on compare les tableaux 3.2 et 3.3, on observe que les taux moyens d'imposition pour les familles avec enfants (colonnes 4 à 7) sont moindres dans le tableau 3.3 car la plupart des pays de l'OCDE aident les familles ayant des enfants à charge au moyen de prestations en espèces.

On observe également une charge plus faible pour les célibataires, sans enfant, et rémunérés à 67 % du salaire moyen au Canada, du fait qu'une prestation en espèces est versée pour atténuer la charge imposée par l'impôt fédéral sur la consommation (à savoir le crédit de la taxe sur les produits et services : on trouvera plus de précisions sur ce point dans le chapitre par pays qui se trouve dans la troisième Partie de cette étude). Il en va de même au Danemark pour les célibataires rémunérés à 67 % et 100 % du salaire moyen et les couples mariés, sans enfant, disposant de deux revenus équivalents à 133 % du salaire moyen, qui perçoivent un chèque « vert » pour compenser la hausse des taxes environnementales.

Si l'on compare les tableaux 3.2 et 3.3, dans le cas des parents isolés ayant deux enfants et gagnant 67 % du salaire moyen, on observe que 29 pays accordent des prestations en espèces. Ces prestations représentent respectivement 56.3 %, 38.9 % et 35.8 % du revenu en Pologne, au Canada et en Irlande, et au moins 25 % dans trois autres pays : la Nouvelle-Zélande (28.6 %), le Danemark (27.2 %) et la Slovénie (25.3 %). 28 pays accordent des prestations à un couple marié, ayant deux enfants, et disposant d'un seul revenu égal au salaire moyen, bien que ces prestations soient moins généreuses par rapport au revenu, atteignant 24.3 % (Pologne). Le niveau plus faible des prestations en espèces pour les couples mariés peut être imputé à trois raisons : les parents isolés peuvent avoir droit à un régime plus avantageux ; les prestations elles-mêmes peuvent être fixées en montant absolu ; ou l'octroi des prestations peut dépendre d'un critère de revenu.

Le tableau 3.4 indique le montant de l'impôt sur le revenu des personnes physiques dû en pourcentage du salaire brut. Pour les célibataires, sans enfant, percevant le salaire moyen (colonne 2 du tableau), la charge de l'impôt sur le revenu varie entre 0 % (Chili) et 36.1 % (Danemark). Dans la plupart des pays membres de l'OCDE, pour un niveau de salaire moyen, la charge de l'impôt sur le revenu qui pèse sur un couple marié disposant d'un seul revenu et ayant deux enfants est sensiblement moindre que celle supportée par un célibataire (comparer les colonnes 2 et 5). Le graphique 3.4 fait apparaître clairement ces différences. Dans 11 pays de l'OCDE, l'impôt sur le revenu à la charge d'un couple marié disposant d'un seul salaire et ayant deux enfants est inférieur de plus de la moitié à celle supportée par un célibataire (Allemagne, États-Unis, Hongrie, Irlande, Luxembourg, Pologne, Portugal, République slovaque, République tchèque, Slovénie et Suisse). En revanche, on ne relève aucune différence dans six pays : Australie, Chili, Israël, Mexique, Nouvelle-Zélande et Suède. En Finlande, le taux moyen de l'impôt sur le revenu des personnes physiques applicable à un célibataire est supérieur d'un dixième de point à celui qui s'applique à un couple marié disposant d'un seul revenu.

Un travailleur percevant un salaire moyen marié avec deux enfants supporte une charge d'impôt sur le revenu négative dans deux pays membres de l'OCDE seulement. Ce résultat est dû à l'existence de crédits d'impôt récupérables en vertu desquels des crédits dépassent le montant d'impôts dus. Cette situation aboutit à des charges fiscales de -6.2 % en République tchèque et -0.7 % en République slovaque. De même, les parents isolés ayant deux enfants et gagnant 67 % du salaire moyen ont une charge d'impôt négative dans sept pays – Allemagne, Espagne, États-Unis, Israël, Pologne, République tchèque et Royaume-Uni. Dans deux autres pays – Chili et Hongrie –, cette catégorie de famille ne paie pas d'impôt sur le revenu.

Une comparaison des colonnes 5 et 6 du tableau 3.4 montre que si le conjoint trouve un emploi rémunéré à 33 % du salaire moyen, la charge d'impôt sur le revenu de la famille (désormais exprimée à 133 % du salaire moyen) est légèrement plus élevée dans 19 pays, les différences les plus fortes concernant la République tchèque (6.8 points) et l'Allemagne (5.6 points). Toutefois, la charge d'impôt sur le revenu est inférieure dans 14 pays, les différences les plus marquées concernant la Finlande (-5.0 points), l'Australie (-4.4 points) et le Mexique (-4.2 points). Il n'y a aucun impact sur la charge fiscale au Chili et en France.

Un élément important à prendre en compte dans la conception de l'impôt sur le revenu est sa progressivité – rythme auquel la charge de l'impôt s'accroît avec le revenu. Une comparaison des colonnes 1 à 3 du tableau 3.4 donne un aperçu des niveaux de progressivité des systèmes d'impôt sur le revenu des pays de l'OCDE. Si l'on compare la charge d'impôt sur le revenu de célibataires rémunérés au salaire moyen à celle de célibataires gagnant 167 % du salaire moyen (colonnes 2 et 3), le salarié le moins rémunéré supporte une charge fiscale moindre dans tous les pays sauf en Hongrie, où un taux forfaitaire s'applique aux revenus du travail et où tous les ménages sans enfant paient le même pourcentage d'impôt sur le revenu. Il en va de même pour les célibataires qui gagnent 67 % du salaire moyen et les célibataires rémunérés au salaire moyen, sauf au Chili où aucune de ces deux catégories ne paye d'impôt sur le revenu. Enfin, la charge à laquelle doivent faire face les célibataires gagnant 67 % du salaire moyen représente moins de 25 % de celle supportée par leurs homologues gagnant 167 % de ce salaire dans quatre pays de l'OCDE : au Chili (0 %), en Corée (23 %), au Mexique et aux Pays-Bas (24 % dans les deux cas).

L'addition des cotisations de sécurité sociale et du taux moyen d'imposition réduit cette progressivité ainsi que l'économie d'impôt proportionnelle (c'est-à-dire l'économie d'impôt dont bénéficient les travailleurs à bas salaire par rapport aux travailleurs à haut revenu). Si l'on compare le tableau 3.2 et le tableau 3.4, la charge fiscale moyenne des célibataires gagnant 67 % du salaire moyen n'est inférieure que de 31 % à celle de leurs homologues gagnant 167 % de ce salaire, alors que l'économie d'impôt moyenne pour les seuls impôts sur le revenu des personnes physiques est de 46 % pour l'ensemble des pays de l'OCDE. L'économie d'impôt moyenne observée dans la zone OCDE pour les couples mariés disposant d'un seul revenu égal au salaire moyen et ayant deux enfants par rapport à celle des travailleurs célibataires disposant d'un revenu moyen baisse de 35 % à 22 %. Ces diminutions reflètent la quasi-absence de variation entre les taux des cotisations de sécurité sociale entre les catégories de familles, comme le montre le tableau 3.5.

Le tableau 3.5 illustre les cotisations salariales de sécurité sociale en pourcentage des salaires bruts. Pour un célibataire sans enfant disposant du salaire moyen (colonne 2), le taux de cotisation varie entre zéro (Australie, Danemark et Nouvelle-Zélande) et 22.1 % (Slovénie). L'Australie, le Danemark et la Nouvelle-Zélande ne prélèvent aucune cotisation salariale de sécurité sociale en faveur des administrations publiques, et trois autres pays appliquent des taux très faibles – Islande (0.3 %), Mexique (1.4 %) et Estonie (1.6 %). Ces cotisations de sécurité sociale sont généralement prélevées à un taux uniforme sur la totalité du salaire, c'est à dire sans seuil d'exonération. Dans un certain nombre de pays membres de l'OCDE, un plafond s'applique. Toutefois, ce plafonnement concerne généralement les niveaux de salaire supérieurs à 167 % du salaire moyen. Ces taux uniformes se traduisent par une charge moyenne des cotisations salariales de sécurité sociale constante dans la plupart des pays sur toute la fourchette des rémunérations comprises entre 33 % et 167 % du salaire moyen. Voici des exemples de charge proportionnelle constante des cotisations salariales de sécurité sociale pour les huit catégories de familles dans les pays suivants (par ordre décroissant de taux) : Slovénie (22.1 %), Hongrie (18.5 %), Pologne (17.8 %), Grèce (16.0 %), Turquie (15.0 %), République tchèque et Portugal (11.0 %), Lettonie (10.5 %), Finlande (9.3 %), Norvège (8.2 %), États Unis (7.7 %), Chili (7.0 %), Espagne (6.4 %), Suisse (6.2 %) et Estonie (1.6 %).

Par ailleurs, seuls l'Allemagne et les Pays-Bas appliquent au niveau du salaire moyen des cotisations de sécurité sociale différentes aux salariés en fonction de leur situation de famille (voir graphique 3.5).

Charges fiscales marginales

Le tableau 3.6 et le graphique 3.6 indiquent le pourcentage d'augmentation marginale des coûts de main-d'œuvre qui est absorbé par l'effet conjugué de la hausse de l'impôt sur le revenu des personnes physiques et des cotisations salariales et patronales de sécurité sociale (y compris les taxes sur les salaires) et de la diminution des transferts en espèces. On suppose que le revenu brut principal du ménage augmente d'une unité monétaire. Il s'agit du coin fiscal marginal. Le plus souvent, celui-ci absorbe 25 % à 55 % d'une augmentation des coûts de main-d'œuvre pour les célibataires sans enfant rémunérés au niveau du salaire moyen. Cependant, dans six pays de l'OCDE, ces contribuables sont soumis à des coins fiscaux marginaux plus élevés – Belgique (66.4 %), Allemagne (60.4 %), Autriche (59.7 %), France (58.5 %), Finlande (55.6 %) et Luxembourg (55.5 %). Ce sont le Mexique (25.2 %) et le Chili (7.0 %) qui ont les coins fiscaux marginaux les plus bas.

Dans 22 pays membres de l'OCDE, le coin fiscal marginal pour les couples mariés avec deux enfants disposant d'un seul revenu égal au salaire moyen est le même que pour les célibataires sans enfant rémunérés au salaire moyen, ou la différence est inférieure à 5 points. Le coin fiscal marginal est inférieur de plus de 5 points pour les couples mariés disposant d'un seul revenu dans huit pays : Irlande (18.1 points), Luxembourg (16.9 points), France (16.1 points), Portugal (11.3 points), États Unis (9.3 points), Allemagne (8.0 points), Slovénie (7.4 points) et Suisse (5.8 points). En revanche, le coin fiscal marginal pour les couples mariés avec deux enfants et disposant d'un seul revenu est supérieur de plus de 5 points à celui des célibataires sans enfant au Canada (35.9 points), en Nouvelle-Zélande (22.5 points), en Australie (18.9 points), aux Pays-Bas (5.7 points) et en Islande (5.4 points). Ces taux marginaux plus élevés sont dus à la suppression progressive des allégements fiscaux et/ou prestations en espèces accordés sous condition de ressources. Lorsqu'une disposition assortie d'un plafond de ressources est supprimée, la réduction de l'allégement fiscal ou de la prestation s'ajoute à l'accroissement de l'impôt dû. Ces programmes sont décrits de manière plus détaillée dans les chapitres par pays qui figurent dans la troisième Partie du rapport.

Le tableau 3.7 et le graphique 3.7 illustrent la variation progressive de l'impôt sur le revenu des personnes physiques et des cotisations salariales de sécurité sociale diminués des prestations en espèces en cas d'augmentation marginale du salaire brut (on suppose que le revenu brut principal du ménage augmente d'une unité monétaire). Comme pour le coin fiscal, dans la plupart des cas, l'impôt sur le revenu des personnes physiques et les cotisations salariales de sécurité sociale absorbent 25 % à 55 % de l'augmentation du salaire pour les célibataires sans enfant rémunérés au salaire moyen. Le taux marginal d'imposition du travailleur moyen est inférieur à 25 % uniquement au Chili (7.0 %), au Mexique (19.5 %), en Estonie (21.3 %), en Corée (22.7 %) et en Suisse (23.3 %).

Dans 22 pays membres de l'OCDE, le taux marginal net d'imposition applicable aux couples mariés avec deux enfants disposant d'un seul revenu égal au salaire moyen est le même que pour les célibataires sans enfant, ou la différence est inférieure à 5 points. Le taux marginal est inférieur de plus de 5 points pour les couples mariés disposant d'un seul salaire dans huit pays : France (21.8 points), Irlande (20.0 points), Luxembourg (19.0 points), Portugal (14.0 points), États-Unis (10.0 points), Allemagne (9.4 points), Slovénie (8.5 points) et Suisse (6.2 points). En revanche, le taux marginal applicable aux couples mariés disposant d'un seul revenu et ayant deux enfants est supérieur de plus de 5 points à celui qui s'applique aux célibataires sans enfant au Canada (39.4 points), en Nouvelle Zélande

(22.5 points), en Australie (20.0 points), aux Pays-Bas (6.4 points) et en Islande (5.7 points). De même que pour le coin fiscal marginal, ces taux marginaux plus élevés sont dus à la suppression progressive des allégements fiscaux et/ou prestations en espèces accordés sous condition de ressources

Le tableau 3.8 indique l'augmentation en pourcentage du revenu net par rapport au pourcentage d'augmentation du salaire brut lorsque ce dernier augmente d'une unité monétaire, c'est à dire l'élasticité du revenu après impôt[1]. Dans un système fiscal proportionnel, le revenu net augmenterait du même pourcentage que l'augmentation du salaire brut, auquel cas l'élasticité serait égale à 1. Plus le système est progressif – au niveau de revenu considéré – plus cette élasticité est faible. Dans le cas d'un couple marié avec deux enfants disposant d'un seul revenu égal au salaire moyen, la colonne 5 du tableau 3.8 montre que le Canada (0.27), la Nouvelle-Zélande (0.51), l'Australie (0.54) et la Belgique (0.56) ont, selon cet indicateur, le système le plus progressif d'impôt sur le revenu et de cotisations salariales de sécurité sociale en tenant compte des dispositions fiscales et des prestations en espèces pour les enfants, à ce niveau de revenu. En revanche, le Chili (1.00), la France (0.95) et le Mexique (0.91), appliquent ou se rapprochent d'un système proportionnel d'impôt sur le revenu et de cotisations salariales de sécurité sociale – du moins pour ce type de famille.

Il est également intéressant de noter que l'élasticité est supérieure à 1 pour un célibataire dont le salaire est égal à 167 % du salaire moyen en Autriche (1.01), ce qui indique que le système d'impôt sur le revenu est régressif à ce point de l'échelle des revenus. En d'autres termes, une augmentation en pourcentage de la rémunération brute se traduit par un accroissement du revenu net supérieur à cette hausse du salaire brut.

Le tableau 3.9 propose une autre mesure de l'élasticité du revenu après impôt : le pourcentage d'augmentation du revenu net par rapport au pourcentage de hausse des coûts de main-d'œuvre (salaire brut, plus cotisations patronales de sécurité sociale et taxes sur les salaires) lorsque ces derniers augmentent d'une unité monétaire[2]. Dans ce cas, les impôts et les cotisations patronales de sécurité sociale sont compris dans l'analyse. Dans plus de la moitié des pays membres de l'OCDE, l'élasticité se situe entre 0.5 et 0.97 pour les huit catégories de familles. Cette élasticité est inférieure à 0.5 pour les parents isolés gagnant l'équivalent de 67 % du salaire moyen en Australie et au Canada (0.42 dans les deux cas), en France (0.35), en Irlande (0.28), au Royaume-Uni (0.26) et en Pologne (0.03), et pour les couples mariés avec deux enfants disposant d'un seul salaire égal au salaire moyen au Canada (0.28). Elle est en revanche comprise entre 0.98 et 1.0 pour toutes les catégories de familles au Chili, et pour certaines catégories d'entre elles en Hongrie, au Japon, au Mexique et en Pologne, et pour une catégorie de famille en Estonie (pour un célibataire dont le salaire est égal à 167 % du salaire moyen, à savoir 0.98) et en Lettonie (pour un célibataire disposant d'un salaire égal à 167 % du salaire moyen, à savoir 0.99). Avec cette mesure de l'élasticité, le système d'impôt sur le revenu est régressif pour un célibataire dont le salaire est égal à 167 % du salaire moyen en Allemagne (1.15) et en Autriche (1.20).

Le tableau 3.10 renseigne sur le salaire brut et le revenu net pour les huit catégories de familles, après conversion de tous les montants en dollars des États-Unis à parité de pouvoir d'achat. Les travailleurs célibataires rémunérés au salaire moyen ont un salaire net disponible (voir tableau 3.10, colonne 4) supérieur à 37 000 USD dans 12 pays : Suisse (58 870 USD), Luxembourg (46 625 USD), Islande (45 421 USD), Corée (44 878 USD), Pays-Bas (43 836 USD), Australie (41 665 USD), Royaume-Uni (41 599 USD), Japon (41 127 USD), Norvège (40 829 USD), États-Unis (39 209 USD), Autriche (38 912 USD) et Allemagne

(38 207 USD). Les niveaux correspondants les plus bas concernent le Mexique (11 303 USD), la Lettonie (15 357 USD), la Hongrie (17 298 USD) et la République slovaque (17 958 USD). Dans le cas d'un couple marié avec deux enfants disposant d'un seul salaire égal au salaire moyen, son revenu net est supérieur à 50 000 USD en Islande, au Luxembourg et en Suisse, tandis que c'est de nouveau au Mexique qu'on enregistre le niveau le plus bas. Sauf dans le cas du Chili et du Mexique, le revenu net disponible du couple marié disposant d'un seul salaire est supérieur à celui du célibataire, ces deux catégories de famille étant rémunérées au salaire moyen. Cela s'explique par le régime fiscal favorable applicable à cette catégorie de famille et/ou par les prestations en espèces auxquelles elle a droit.

Le tableau 3.11 contient les mêmes chiffres que le tableau 3.10 pour les coûts de main-d'œuvre et le revenu net. Les colonnes « net » des tableaux 3.10 et 3.11 sont par conséquent identiques. Généralement, les coûts de main-d'œuvre sont bien supérieurs aux salaires bruts, parce que les cotisations patronales de sécurité sociale (y compris les taxes sur les salaires) sont prises en compte. En dollars à parité de pouvoir d'achat, les coûts de main-d'œuvre pour un célibataire percevant le salaire moyen sont les plus élevés en Allemagne (75 896 USD), en Suisse (75 245 USD) et en Belgique (75 220 USD), et les plus faibles au Mexique (14 209 USD), au Chili (22 616 USD) et en Lettonie (26 896 USD). Les coûts annuels de main-d'œuvre sont égaux au salaire annuel brut au Chili et en Nouvelle-Zélande. Ces pays ne prélèvent aucune cotisation patronale de sécurité sociale obligatoire ni taxe sur les salaires. Cependant, les employeurs du Chili sont soumis à des prélèvements obligatoires non fiscaux liés notamment aux régimes de retraite.

Notes

1. Les élasticités indiquées dans le tableau 3.8 sont calculées de la manière suivante : (100-METR)/(100-AETR), où METR désigne le taux marginal de l'impôt sur le revenu, augmenté des cotisations salariales de sécurité sociale et diminué des prestations en espèces, figurant dans le tableau 3.7, et AETR désigne le taux moyen de l'impôt sur le revenu augmenté des cotisations salariales de sécurité sociale et diminué des prestations en espèces, figurant dans le tableau 3.3.
2. Les élasticités indiquées dans le tableau 3.9 sont calculées de la manière suivante : (100-METR)/(100-AETR), où METR désigne le taux marginal de l'impôt sur le revenu, augmenté des cotisations salariales et patronales de sécurité sociale et diminué des prestations en espèces, figurant dans le tableau 3.6, et AETR désigne le taux moyen de l'impôt sur le revenu augmenté des cotisations salariales et patronales de sécurité sociale et diminué des prestations en espèces, figurant dans le tableau 3.1.

Tableau 3.1. **Impôt sur le revenu et cotisations sociales des salariés et employeurs diminués des prestations versées, 2017**

En % des coûts de main-d'oeuvre, par catégorie de famille et niveau de salaire

	Célibataire sans enf 67 (% SM)	Célibataire sans enf 100 (% SM)	Célibataire sans enf 167 (% SM)	Célibataire 2 enf 67 (% SM)	Couple marié 2 enf 100-0 (% SM)	Couple marié 2 enf 100-33 (% SM)[2]	Couple marié 2 enf 100-67 (% SM)[2]	Couple marié sans enf 100-33 (% SM)[2]
Allemagne	45.5	49.7	51.4	31.5	34.5	39.1	42.7	45.4
Australie	23.7	28.6	34.1	0.8	20.8	24.5	26.6	24.5
Autriche	43.1	47.4	50.8	27.7	37.0	36.6	40.0	43.5
Belgique	47.2	53.7	59.6	33.3	38.3	38.4	46.2	44.9
Canada	26.0	30.9	32.3	-15.2	11.5	20.1	24.3	27.7
Chili	7.0	7.0	8.3	6.2	7.0	4.9	6.7	7.0
Corée	19.3	22.6	25.0	17.3	20.4	20.0	20.2	21.2
Danemark	34.1	36.3	42.1	6.0	25.8	29.7	31.7	34.3
Espagne	35.8	39.3	43.7	24.2	33.7	35.4	36.2	36.4
Estonie	37.9	39.0	39.9	22.6	28.9	32.2	33.8	38.1
États-Unis	29.2	31.7	36.5	12.7	20.8	24.5	26.5	29.2
Finlande	36.9	42.9	49.1	26.4	38.4	35.4	37.7	38.8
France	42.8	47.6	54.4	24.6	39.4	36.9	42.2	42.1
Grèce	36.8	40.8	46.4	32.5	39.0	38.3	39.0	39.4
Hongrie	46.2	46.2	46.2	22.0	30.8	34.6	37.0	46.2
Irlande	21.0	27.2	37.9	-17.1	10.8	13.5	19.0	19.8
Islande	30.1	33.2	38.3	22.0	23.8	29.3	32.0	30.0
Israël[1]	15.1	22.1	31.3	1.8	19.5	16.4	15.8	18.3
Italie	40.7	47.7	53.8	25.3	38.6	38.3	41.5	42.7
Japon	31.1	32.6	35.0	25.1	27.4	28.7	29.6	31.7
Lettonie	41.9	42.9	43.5	26.7	32.7	34.3	36.4	41.9
Luxembourg	29.0	36.7	44.0	5.2	15.3	19.1	24.7	27.9
Mexique	16.2	20.4	23.4	16.2	20.4	18.3	18.7	18.3
Norvège	32.9	35.9	41.7	22.1	31.4	30.5	32.6	33.2
Nouvelle-Zélande	13.7	18.1	23.8	-13.5	6.4	13.5	16.9	16.7
Pays-Bas	30.5	37.5	42.1	7.0	32.3	27.9	29.7	32.8
Pologne	35.0	35.6	36.2	-20.6	10.0	24.2	26.8	34.9
Portugal	36.6	41.4	46.7	22.0	28.8	30.2	36.3	36.5
République slovaque	39.2	41.6	43.5	28.5	29.6	32.2	36.3	37.7
République tchèque	40.8	43.4	45.5	22.5	25.9	31.7	35.0	40.9
Royaume-Uni	26.1	30.9	37.3	8.9	26.1	22.8	26.5	26.0
Slovénie	40.0	42.9	46.3	12.7	24.5	34.3	35.1	43.2
Suède	40.9	42.9	51.6	33.9	38.2	37.7	39.3	41.2
Suisse	19.0	21.8	26.4	3.9	9.1	12.2	15.3	19.6
Turquie	33.2	38.7	42.3	31.6	37.0	34.2	35.9	35.0
Moyenne non pondérée								
OCDE-Moyenne	**32.1**	**35.9**	**40.3**	**15.3**	**26.1**	**28.0**	**30.7**	**32.8**
OCDE-UE 22	**37.6**	**41.5**	**46.0**	**18.4**	**29.9**	**32.0**	**35.1**	**37.9**

Note : Enf = enfant.

1. Informations sur les données concernant Israël : *http://oe.cd/israel-disclaimer*.
2. Famille disposant de deux revenus.

StatLink http://dx.doi.org/10.1787/888933700160

Graphique 3.1. **Impôt sur le revenu plus cotisations de sécurité sociale des salariés et des employeurs diminués des prestations versées, 2017**

En % des coûts de main-d'oeuvre, par catégorie de famille

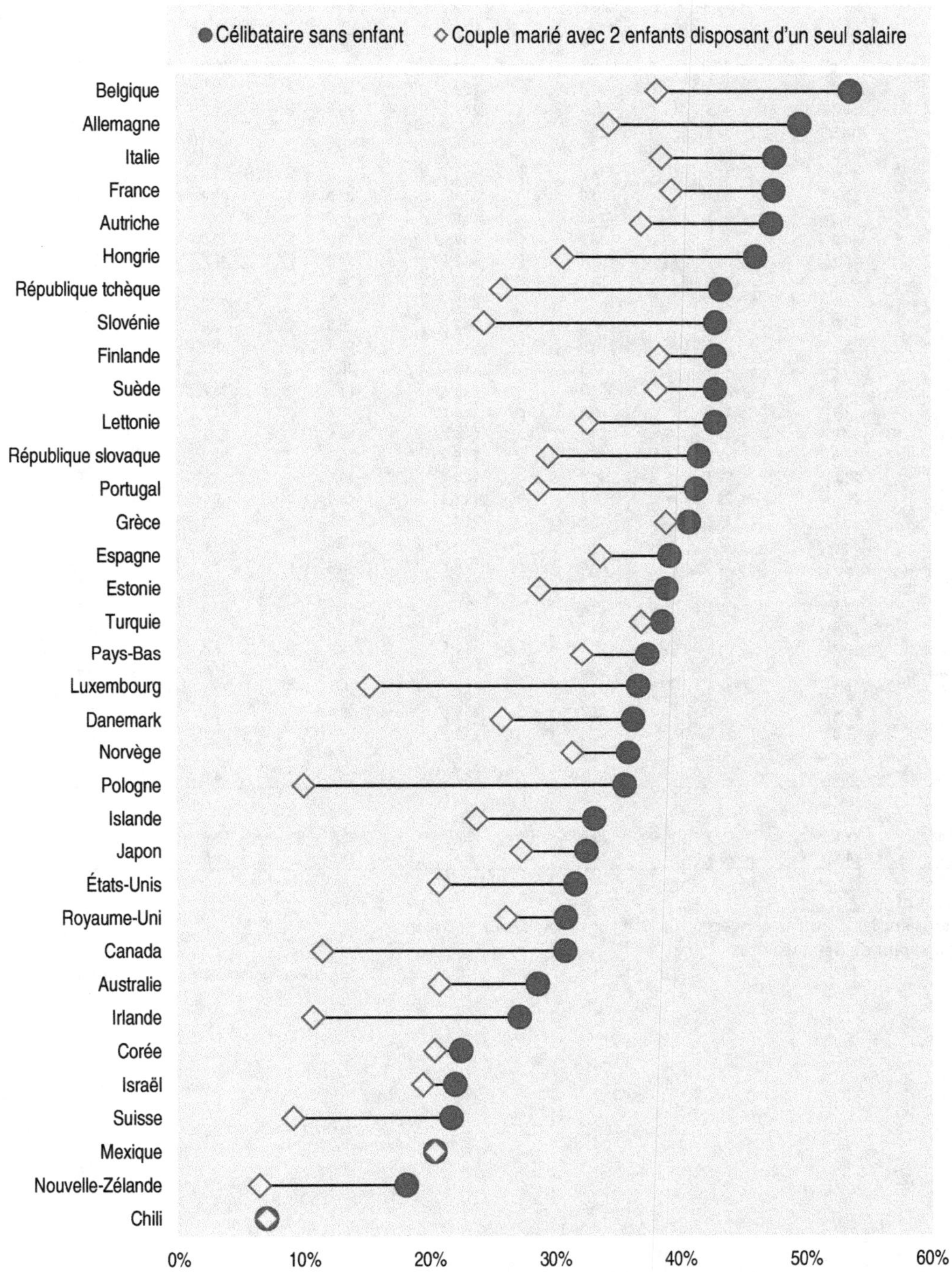

Note : Le type de ménage « célibataire sans enfant » correspond à un niveau de salaire de 100 % du salaire moyen. Le type de ménage « couple marié avec 2 enfants disposant d'un seul salaire » correspond à un niveau de salaire combiné de 100 %-0 % du salaire moyen.

Source : Calculs de l'OCDE basés sur les contributions des pays et sur les *Perspectives économiques de l'OCDE*, volume 2017 (n° 102).

StatLink http://dx.doi.org/10.1787/888933699362

Tableau 3.2. **Impôt sur le revenu et cotisations sociales des salariés, 2017**

En % du salaire brut, par catégorie de famille et niveau de salaire

	Célibataire sans enf 67 (% SM)	Célibataire sans enf 100 (% SM)	Célibataire sans enf 167 (% SM)	Célibataire 2 enf 67 (% SM)	Couple marié 2 enf 100-0 (% SM)	Couple marié 2 enf 100-33 (% SM)[2]	Couple marié 2 enf 100-67 (% SM)[2]	Couple marié sans enf 100-33 (% SM)[2]
Allemagne	34.9	39.9	43.9	18.2	21.7	27.3	31.6	34.8
Australie	19.1	24.4	30.1	19.1	24.4	20.0	22.3	20.0
Autriche	26.8	32.4	37.7	23.7	30.2	26.8	29.6	27.4
Belgique	33.2	40.5	48.2	27.7	28.9	29.9	36.2	31.8
Canada	18.7	22.8	26.2	10.4	18.0	19.5	21.2	19.5
Chili	7.0	7.0	8.3	7.0	7.0	7.0	7.0	7.0
Corée	11.0	14.5	18.3	8.7	12.2	11.7	11.9	13.0
Danemark	33.7	36.1	41.8	32.1	32.0	33.9	35.1	33.9
Espagne	16.6	21.1	26.8	1.6	13.9	16.1	17.1	17.4
Estonie	16.9	18.4	19.5	13.2	13.0	15.0	16.3	16.9
États-Unis	23.1	26.0	31.3	5.2	14.2	17.9	20.3	23.0
Finlande	22.8	30.2	37.7	22.1	30.1	25.1	27.0	25.2
France	25.4	29.2	34.6	22.2	22.2	22.2	25.4	25.9
Grèce	20.9	26.0	33.0	20.2	26.5	23.9	24.5	24.2
Hongrie	33.5	33.5	33.5	18.5	23.4	25.9	27.5	33.5
Irlande	12.5	19.4	31.3	6.1	10.4	11.7	15.8	11.7
Islande	25.3	28.7	34.0	25.3	21.5	25.2	27.3	25.2
Israël[1]	11.2	17.7	26.9	3.4	17.7	14.2	13.0	14.2
Italie	22.0	31.2	39.3	14.4	24.3	21.1	24.6	24.6
Japon	20.6	22.3	26.0	20.6	20.9	21.3	21.6	21.3
Lettonie	28.2	29.4	30.2	14.9	20.5	21.5	23.6	28.2
Luxembourg	20.4	29.1	37.2	13.1	18.0	19.1	23.3	19.1
Mexique	4.7	11.2	15.8	4.7	11.2	7.0	8.6	7.0
Norvège	24.2	27.6	34.1	20.9	26.6	24.5	26.2	24.5
Nouvelle-Zélande	13.7	18.1	23.8	15.0	18.1	16.7	16.9	16.7
Pays-Bas	22.6	30.4	37.8	14.5	28.6	22.6	24.0	25.2
Pologne	24.3	25.1	25.7	15.9	19.5	20.9	22.1	24.3
Portugal	21.6	27.5	34.1	11.6	15.5	16.4	21.1	21.4
République slovaque	20.4	23.5	26.1	13.7	12.7	16.6	19.6	20.0
République tchèque	20.7	24.1	26.9	2.3	4.8	11.6	15.3	20.9
Royaume-Uni	19.2	23.4	29.8	7.4	22.8	19.1	21.7	19.1
Slovénie	30.4	33.7	37.7	24.0	25.4	26.1	28.6	30.9
Suède	22.3	25.0	36.4	22.3	25.0	22.7	23.9	22.7
Suisse	14.0	16.9	21.8	8.4	10.4	11.9	14.2	14.6
Turquie	24.4	27.9	32.2	22.7	25.9	24.2	25.8	25.1
Moyenne non pondérée								
OCDE-Moyenne	**21.3**	**25.5**	**30.8**	**15.2**	**19.9**	**19.9**	**22.0**	**22.0**
OCDE-UE 22	**24.1**	**28.6**	**34.1**	**16.3**	**21.3**	**21.6**	**24.3**	**24.5**

Note : Enf = enfant.

1. Informations sur les données concernant Israël : *http://oe.cd/israel-disclaimer*.
2. Famille disposant de deux revenus.

StatLink http://dx.doi.org/10.1787/888933700179

Graphique 3.2. **Impôt sur le revenu et cotisations de sécurité sociale des salariés, 2017**

En % du salaire brut, par catégorie de famille et niveau de salaire

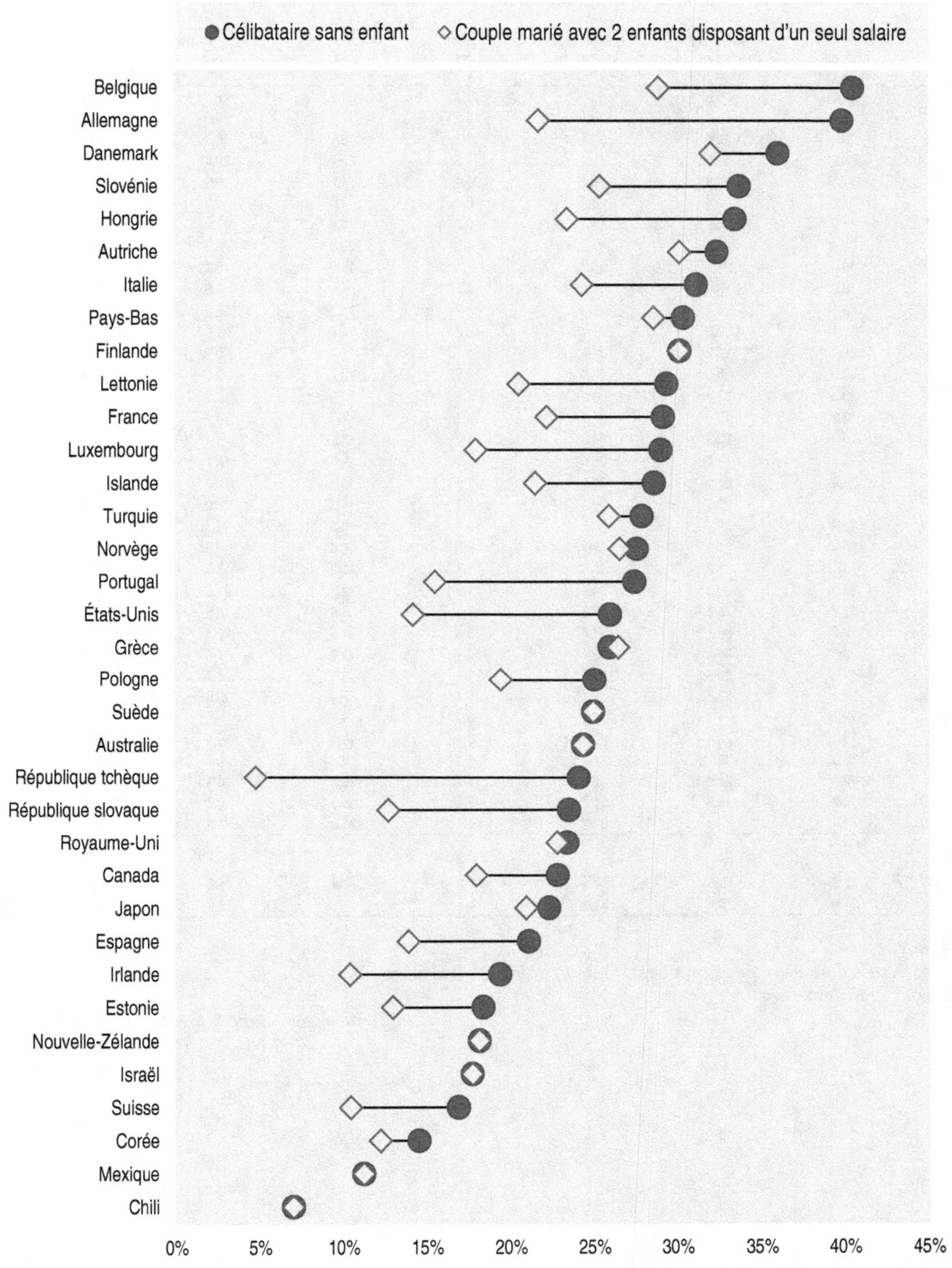

Note : Le type de ménage « célibataire sans enfant » correspond à un niveau de salaire de 100 % du salaire moyen. Le type de ménage « couple marié avec 2 enfants disposant d'un seul salaire » correspond à un niveau de salaire combiné de 100 %-0 % du salaire moyen.

Source : Contributions des pays et *Perspectives économiques de l'OCDE*, volume 2017 (n° 102).

StatLink *http://dx.doi.org/10.1787/888933699381*

Tableau 3.3. **Impôt sur le revenu et cotisations sociales des salariés diminués des prestations versées, 2017**

En % du salaire brut, par catégorie de famille et niveau de salaire

	Célibataire sans enf 67 (% SM)	Célibataire sans enf 100 (% SM)	Célibataire sans enf 167 (% SM)	Célibataire 2 enf 67 (% SM)	Couple marié 2 enf 100-0 (% SM)	Couple marié 2 enf 100-33 (% SM)[2]	Couple marié 2 enf 100-67 (% SM)[2]	Couple marié sans enf 100-33 (% SM)[2]
Allemagne	34.9	39.9	43.9	18.2	21.7	27.3	31.6	34.8
Australie	19.1	24.4	30.1	-5.2	16.1	20.0	22.3	20.0
Autriche	26.8	32.4	37.7	7.1	19.1	18.5	22.9	27.4
Belgique	33.2	40.5	48.2	15.5	20.7	23.7	31.2	31.8
Canada	17.5	22.8	26.2	-28.4	1.2	10.9	15.6	19.5
Chili	7.0	7.0	8.3	6.2	7.0	4.9	6.7	7.0
Corée	11.0	14.5	18.3	8.7	12.2	11.7	11.9	13.0
Danemark	33.3	35.8	41.8	4.9	25.3	28.8	31.1	33.5
Espagne	16.6	21.1	26.8	1.6	13.9	16.1	17.1	17.4
Estonie	16.9	18.4	19.5	-3.5	4.8	8.9	11.4	16.9
États-Unis	23.1	26.0	31.3	5.2	14.2	17.9	20.3	23.0
Finlande	22.8	30.2	37.7	10.0	24.7	21.0	23.8	25.2
France	25.4	29.2	34.6	1.7	18.2	19.2	23.0	25.9
Grèce	20.9	26.0	33.0	15.6	23.7	22.8	23.7	24.2
Hongrie	33.5	33.5	33.5	3.7	14.5	19.2	22.1	33.5
Irlande	12.5	19.4	31.3	-29.7	1.2	4.7	10.3	11.7
Islande	25.3	28.7	34.0	16.7	18.6	24.4	27.3	25.2
Israël[1]	11.2	17.7	26.9	-2.7	15.0	12.1	11.4	14.2
Italie	22.0	31.2	39.3	1.7	19.3	18.8	23.0	24.6
Japon	20.6	22.3	26.0	13.7	16.3	17.9	18.9	21.3
Lettonie	28.2	29.4	30.2	9.3	16.8	18.7	21.4	28.2
Luxembourg	20.4	29.1	37.2	-6.3	5.0	9.3	15.5	19.1
Mexique	4.7	11.2	15.8	4.7	11.2	7.0	8.6	7.0
Norvège	24.2	27.6	34.1	11.9	22.5	21.5	23.8	24.5
Nouvelle-Zélande	13.7	18.1	23.8	-13.5	6.4	13.5	16.9	16.7
Pays-Bas	22.6	30.4	37.8	-3.6	24.6	19.7	21.7	25.2
Pologne	24.3	25.1	25.7	-40.4	-4.8	11.8	14.8	24.3
Portugal	21.6	27.5	34.1	3.5	11.9	13.7	21.1	21.4
République slovaque	20.4	23.5	26.1	6.3	7.8	12.9	16.6	20.0
République tchèque	20.7	24.1	26.9	-3.9	0.7	8.5	12.9	20.9
Royaume-Uni	19.2	23.4	29.8	0.4	18.1	15.6	18.9	19.1
Slovénie	30.4	33.7	37.7	-1.4	12.3	20.1	24.7	30.9
Suède	22.3	25.0	36.4	13.1	18.8	18.1	20.2	22.7
Suisse	14.0	16.9	21.8	-2.1	3.5	6.7	10.0	14.6
Turquie	24.4	27.9	32.2	22.7	25.9	24.2	25.8	25.1
Moyenne non pondérée								
OCDE-Moyenne	**21.3**	**25.5**	**30.8**	**1.8**	**14.0**	**16.3**	**19.4**	**22.0**
OCDE-UE 22	**24.0**	**28.6**	**34.1**	**1.1**	**14.5**	**17.2**	**20.9**	**24.5**

Note : Enf = enfant.

1. Informations sur les données concernant Israël : *http://oe.cd/israel-disclaimer.*
2. Famille disposant de deux revenus.

StatLink *http://dx.doi.org/10.1787/888933700198*

Graphique 3.3. **Impôt sur le revenu et cotisations de sécurité sociale des salariés diminués des prestations versées, 2017**

En % du salaire brut, par catégorie de famille et niveau de salaire

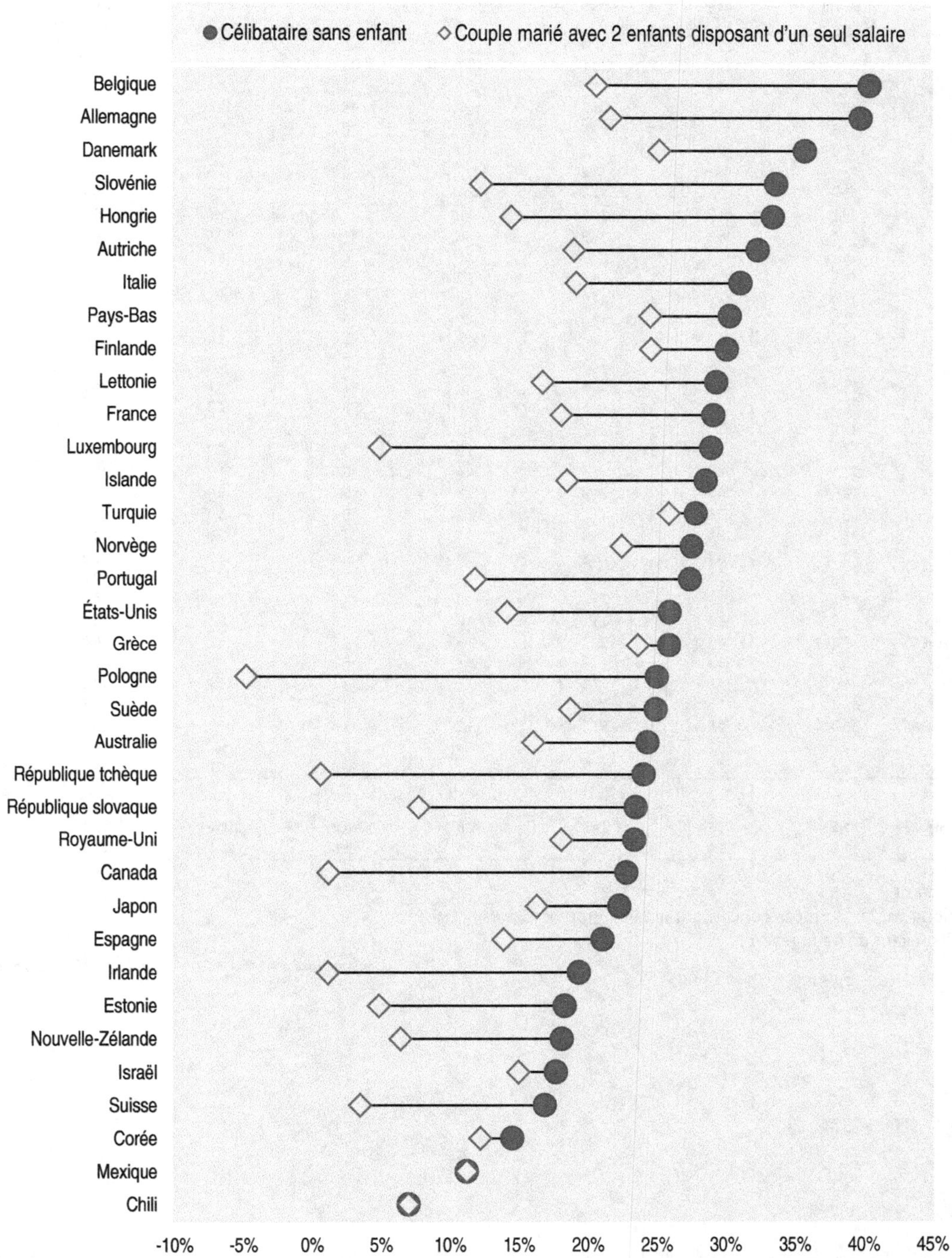

Note : Le type de ménage « célibataire sans enfant » correspond à un niveau de salaire de 100 % du salaire moyen. Le type de ménage « couple marié avec 2 enfants disposant d'un seul salaire » correspond à un niveau de salaire combiné de 100 %-0 % du salaire moyen.

Source : Calculs de l'OCDE basés sur les contributions des pays et sur les *Perspectives économiques de l'OCDE*, volume 2017 (n° 102).

StatLink http://dx.doi.org/10.1787/888933699400

Tableau 3.4. **Impôt sur le revenu, 2017**

En % du salaire brut, par catégorie de famille et niveau de salaire

	Célibataire sans enf 67 (% SM)	Célibataire sans enf 100 (% SM)	Célibataire sans enf 167 (% SM)	Célibataire 2 enf 67 (% SM)	Couple marié 2 enf 100-0 (% SM)	Couple marié 2 enf 100-33 (% SM)[2]	Couple marié 2 enf 100-67 (% SM)[2]	Couple marié sans enf 100-33 (% SM)[2]
Allemagne	14.2	19.1	27.6	-2.3	1.2	6.8	11.1	14.1
Australie	19.1	24.4	30.1	19.1	24.4	20.0	22.3	20.0
Autriche	8.9	14.4	21.4	5.7	12.2	9.6	11.6	10.2
Belgique	19.3	26.5	34.2	13.9	14.9	19.1	22.2	21.0
Canada	11.8	15.4	21.4	3.5	10.6	12.5	14.0	12.5
Chili	0.0	0.0	1.3	0.0	0.0	0.0	0.0	0.0
Corée	2.6	6.1	11.2	0.3	3.8	3.3	3.5	4.6
Danemark	33.7	36.1	41.8	32.1	32.0	33.9	35.1	33.9
Espagne	10.2	14.7	20.5	-4.8	7.5	9.7	10.7	11.1
Estonie	15.3	16.8	17.9	11.6	11.4	13.4	14.7	15.3
États-Unis	15.4	18.4	23.7	-2.5	6.5	10.3	12.6	15.4
Finlande	13.5	20.9	28.4	12.8	20.8	15.8	17.7	15.8
France	11.0	14.8	21.0	7.9	7.9	7.9	11.1	11.6
Grèce	4.9	10.0	17.0	4.2	10.5	7.9	8.5	8.2
Hongrie	15.0	15.0	15.0	0.0	4.9	7.4	9.0	15.0
Irlande	8.5	15.4	27.3	2.1	6.4	8.6	11.8	8.6
Islande	24.8	28.3	33.9	24.8	21.2	24.7	26.9	24.7
Israël[1]	5.1	9.7	17.3	-2.7	9.7	7.3	5.8	7.3
Italie	12.5	21.7	29.7	4.9	14.9	11.6	15.1	15.1
Japon	6.2	7.9	12.9	6.2	6.5	6.9	7.2	6.9
Lettonie	17.7	18.9	19.7	4.4	10.0	11.0	13.1	17.7
Luxembourg	8.2	16.7	24.9	0.8	5.7	6.9	11.0	6.9
Mexique	3.5	9.8	14.3	3.5	9.8	5.6	7.3	5.6
Norvège	16.0	19.4	25.9	12.7	18.4	16.3	18.0	16.3
Nouvelle-Zélande	13.7	18.1	23.8	15.0	18.1	16.7	16.9	16.7
Pays-Bas	6.7	17.3	28.1	4.7	16.8	12.9	12.2	13.6
Pologne	6.4	7.2	7.9	-1.9	1.6	3.1	4.2	6.4
Portugal	10.6	16.5	23.1	0.6	4.5	5.4	10.1	10.4
République slovaque	7.0	10.1	12.7	0.3	-0.7	4.2	6.2	7.6
République tchèque	9.7	13.1	15.9	-8.7	-6.2	0.6	4.3	9.9
Royaume-Uni	11.0	14.0	22.3	-0.8	13.4	10.9	12.8	10.9
Slovénie	8.3	11.6	15.6	1.9	3.3	4.0	6.5	8.8
Suède	15.3	18.0	31.6	15.3	18.0	15.8	16.9	15.8
Suisse	7.8	10.7	15.5	2.1	4.2	5.7	8.0	8.4
Turquie	9.4	12.9	17.2	7.7	10.9	9.2	10.8	10.1
Moyenne non pondérée								
OCDE-Moyenne	**11.5**	**15.7**	**21.5**	**5.6**	**10.2**	**10.4**	**12.3**	**12.5**
OCDE-UE 22	**12.2**	**16.8**	**22.9**	**4.8**	**9.6**	**10.3**	**12.5**	**13.1**

Note : Enf = enfant.

1. Informations sur les données concernant Israël : *http://oe.cd/israel-disclaimer.*
2. Famille disposant de deux revenus.

StatLink http://dx.doi.org/10.1787/888933700217

Graphique 3.4. **Impôt sur le revenu, par catégorie de famille, 2017**

En % du salaire brut

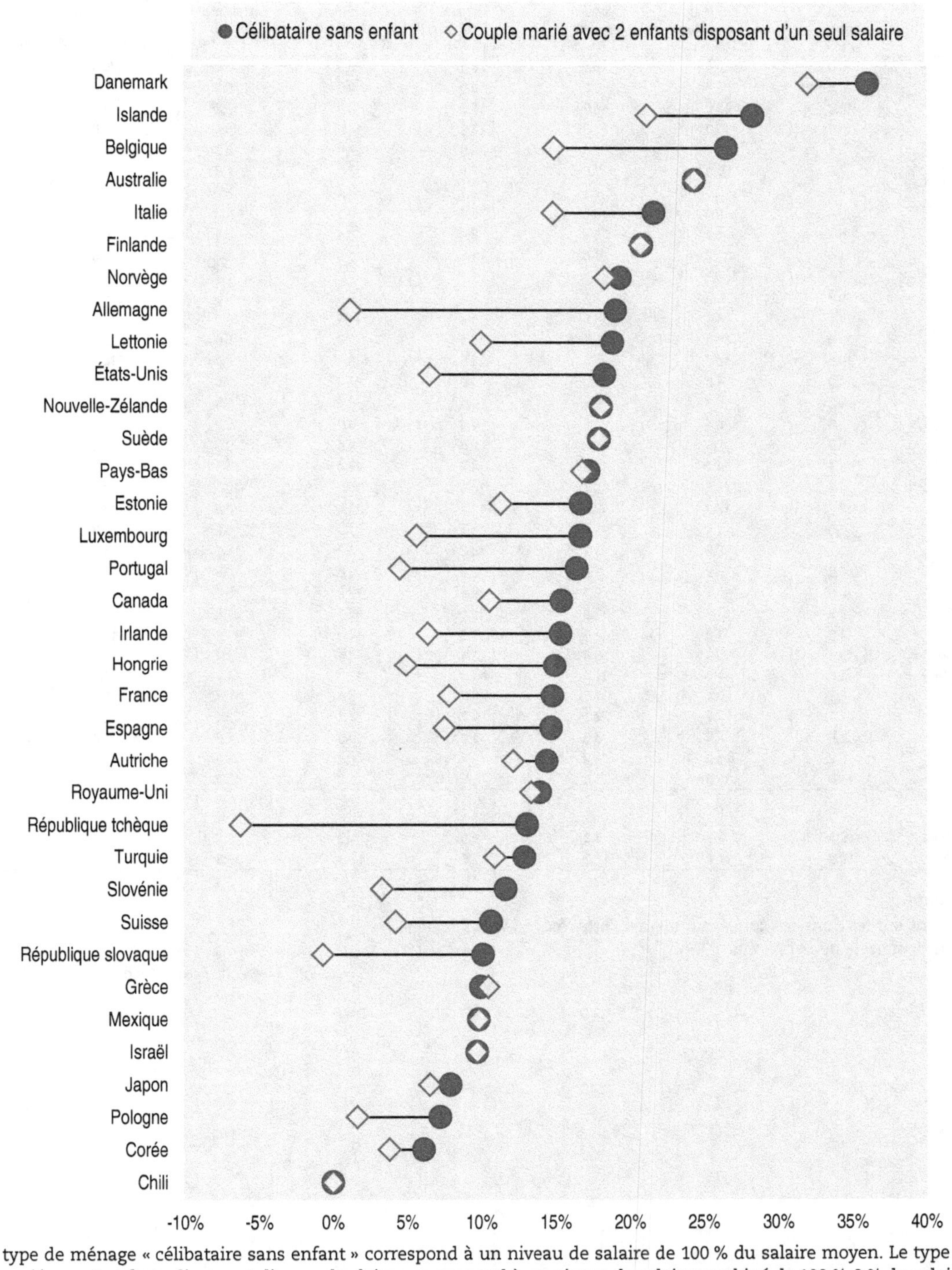

Note : Le type de ménage « célibataire sans enfant » correspond à un niveau de salaire de 100 % du salaire moyen. Le type de ménage « couple marié avec 2 enfants disposant d'un seul salaire » correspond à un niveau de salaire combiné de 100 %-0 % du salaire moyen.

Source : Calculs de l'OCDE basés sur les contributions des pays et sur les *Perspectives économiques de l'OCDE*, volume 2017 (n° 102).

StatLink http://dx.doi.org/10.1787/888933699419

Tableau 3.5. **Cotisations sociales des salariés, 2017**

En % du salaire brut, par catégorie de famille et niveau de salaire

	Célibataire sans enf 67 (% SM)	Célibataire sans enf 100 (% SM)	Célibataire sans enf 167 (% SM)	Célibataire 2 enf 67 (% SM)	Couple marié 2 enf 100-0 (% SM)	Couple marié 2 enf 100-33 (% SM)[2]	Couple marié 2 enf 100-67 (% SM)[2]	Couple marié sans enf 100-33 (% SM)[2]
Allemagne	20.8	20.8	16.3	20.5	20.5	20.5	20.5	20.8
Australie	0.0	0.0	0.0	0.0	0.0	0.0	0.0	0.0
Autriche	18.0	18.0	16.3	18.0	18.0	17.2	18.0	17.2
Belgique	13.9	14.0	14.0	13.9	14.0	10.8	14.0	10.8
Canada	6.9	7.4	4.8	6.9	7.4	6.9	7.2	6.9
Chili	7.0	7.0	7.0	7.0	7.0	7.0	7.0	7.0
Corée	8.4	8.4	7.1	8.4	8.4	8.4	8.4	8.4
Danemark	0.0	0.0	0.0	0.0	0.0	0.0	0.0	0.0
Espagne	6.4	6.4	6.4	6.4	6.4	6.4	6.4	6.4
Estonie	1.6	1.6	1.6	1.6	1.6	1.6	1.6	1.6
États-Unis	7.7	7.7	7.7	7.7	7.7	7.7	7.7	7.7
Finlande	9.3	9.3	9.3	9.3	9.3	9.3	9.3	9.3
France	14.4	14.4	13.6	14.4	14.4	14.4	14.4	14.4
Grèce	16.0	16.0	16.0	16.0	16.0	16.0	16.0	16.0
Hongrie	18.5	18.5	18.5	18.5	18.5	18.5	18.5	18.5
Irlande	4.0	4.0	4.0	4.0	4.0	3.0	4.0	3.0
Islande	0.5	0.3	0.2	0.5	0.3	0.5	0.4	0.5
Israël[1]	6.0	8.0	9.6	6.0	8.0	6.9	7.2	6.9
Italie	9.5	9.5	9.6	9.5	9.5	9.5	9.5	9.5
Japon	14.4	14.4	13.1	14.4	14.4	14.4	14.4	14.4
Lettonie	10.5	10.5	10.5	10.5	10.5	10.5	10.5	10.5
Luxembourg	12.2	12.3	12.4	12.2	12.3	12.2	12.3	12.2
Mexique	1.3	1.4	1.5	1.3	1.4	1.3	1.3	1.3
Norvège	8.2	8.2	8.2	8.2	8.2	8.2	8.2	8.2
Nouvelle-Zélande	0.0	0.0	0.0	0.0	0.0	0.0	0.0	0.0
Pays-Bas	15.9	13.1	9.7	9.8	11.8	9.7	11.8	11.6
Pologne	17.8	17.8	17.8	17.8	17.8	17.8	17.8	17.8
Portugal	11.0	11.0	11.0	11.0	11.0	11.0	11.0	11.0
République slovaque	13.4	13.4	13.4	13.4	13.4	12.4	13.4	12.4
République tchèque	11.0	11.0	11.0	11.0	11.0	11.0	11.0	11.0
Royaume-Uni	8.2	9.4	7.5	8.2	9.4	8.1	8.9	8.1
Slovénie	22.1	22.1	22.1	22.1	22.1	22.1	22.1	22.1
Suède	7.0	7.0	4.8	7.0	7.0	7.0	7.0	7.0
Suisse	6.2	6.2	6.2	6.2	6.2	6.2	6.2	6.2
Turquie	15.0	15.0	15.0	15.0	15.0	15.0	15.0	15.0
Moyenne non pondérée								
OCDE-Moyenne	**9.8**	**9.8**	**9.3**	**9.6**	**9.8**	**9.5**	**9.7**	**9.5**
OCDE-UE 22	**11.9**	**11.8**	**11.2**	**11.6**	**11.7**	**11.3**	**11.7**	**11.4**

Note : Enf = enfant.

1. Informations sur les données concernant Israël : *http://oe.cd/israel-disclaimer*.
2. Famille disposant de deux revenus.

StatLink *http://dx.doi.org/10.1787/888933700236*

Graphique 3.5. **Cotisations de sécurité sociale des salariés, 2017**

En % du salaire brut, par catégorie de famille

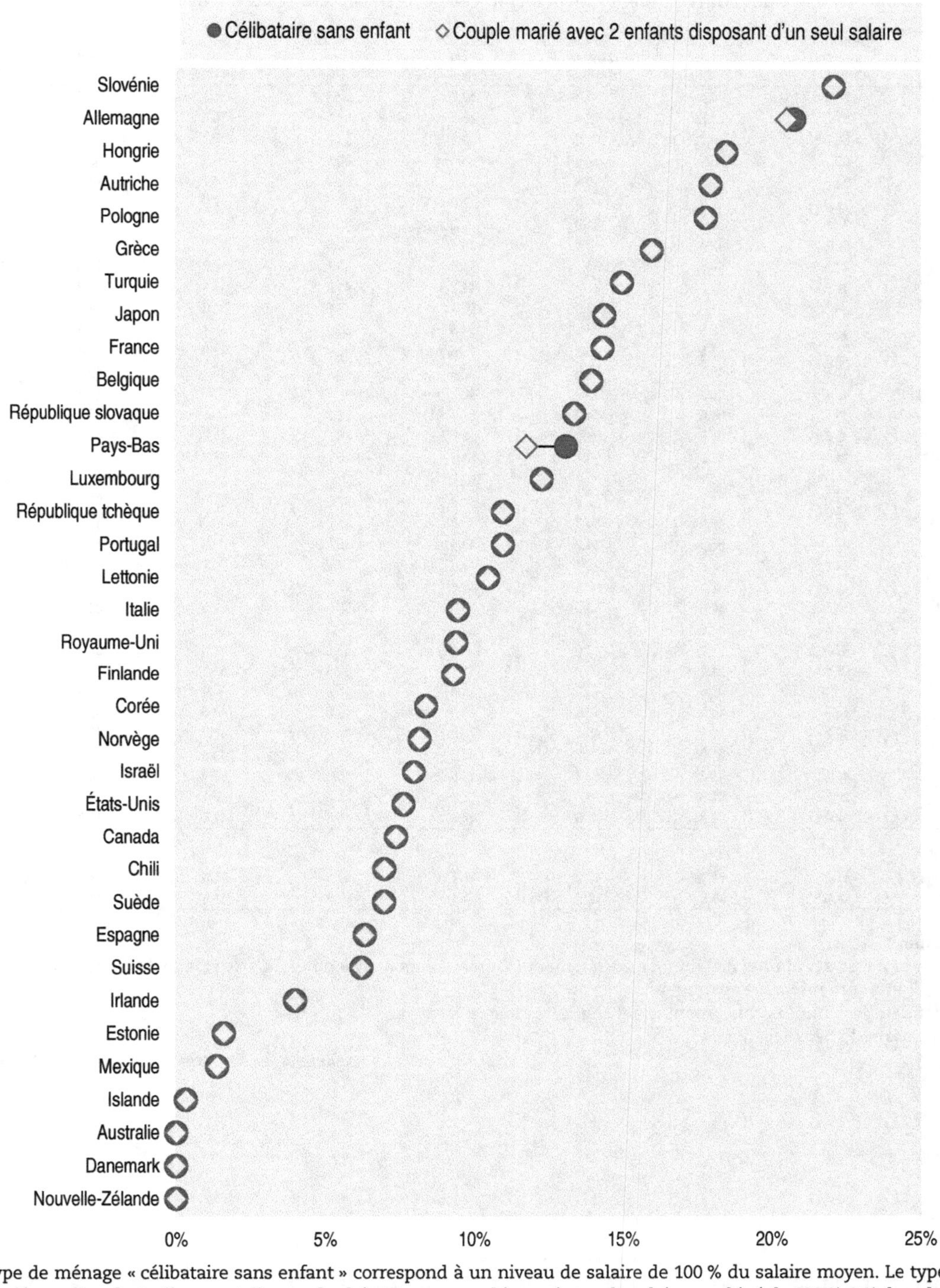

Note : Le type de ménage « célibataire sans enfant » correspond à un niveau de salaire de 100 % du salaire moyen. Le type de ménage « couple marié avec 2 enfants disposant d'un seul salaire » correspond à un niveau de salaire combiné de 100 %-0 % du salaire moyen.

Source : Calculs de l'OCDE basés sur les contributions des pays et sur les *Perspectives économiques de l'OCDE*, volume 2017 (n° 102).

StatLink http://dx.doi.org/10.1787/888933699438

Tableau 3.6. **Taux marginal applicable à l'impôt sur le revenu et aux cotisations sociales des salariés et employeurs diminués des prestations versées, 2017**

En % des coûts de main-d'oeuvre, par catégorie de famille et niveau de salaire

	Célibataire sans enf 67 (% SM)	Célibataire sans enf 100 (% SM)	Célibataire sans enf 167 (% SM)	Célibataire 2 enf 67 (% SM)	Couple marié 2 enf 100-0 (% SM)	Couple marié 2 enf 100-33 (% SM)[2]	Couple marié 2 enf 100-67 (% SM)[2]	Couple marié sans enf 100-33 (% SM)[2]
Allemagne	55.8	60.4	44.3	53.8	52.4	55.5	57.8	55.7
Australie	39.6	38.2	42.4	58.5	57.1	38.2	38.2	38.2
Autriche	55.8	59.7	41.0	55.8	59.7	59.7	59.7	59.7
Belgique	65.5	66.4	67.6	65.5	66.4	66.4	65.6	66.4
Canada	33.3	39.5	36.9	51.9	75.4	44.7	44.7	39.5
Chili	7.0	7.0	10.3	7.0	7.0	7.0	7.0	7.0
Corée	28.5	30.0	31.9	22.2	30.0	30.0	30.0	30.0
Danemark	39.7	42.0	55.8	38.1	42.0	42.0	42.0	42.0
Espagne	44.6	48.3	54.1	44.6	46.1	48.3	48.3	48.3
Estonie	41.2	41.2	41.2	41.2	41.2	41.2	41.2	41.2
États-Unis	34.3	43.6	43.6	55.1	34.3	34.3	34.3	34.3
Finlande	54.3	55.6	58.5	54.3	56.4	56.4	56.4	55.6
France	69.3	58.5	59.9	73.5	42.4	42.4	60.3	53.0
Grèce	47.6	49.1	56.3	47.6	49.1	49.1	49.1	49.1
Hongrie	46.2	46.2	46.2	46.2	46.2	46.2	46.2	46.2
Irlande	35.9	54.0	54.0	67.1	35.9	35.9	35.9	35.9
Islande	39.6	39.6	48.0	48.6	45.0	45.0	39.6	39.6
Israël[1]	31.2	36.7	50.7	34.3	36.7	36.7	36.7	36.7
Italie	54.7	54.7	62.9	55.9	55.9	55.9	55.3	54.7
Japon	33.0	37.2	35.0	33.0	37.2	37.2	37.2	37.2
Lettonie	45.0	45.0	44.2	45.0	45.0	45.0	45.0	45.0
Luxembourg	44.0	55.5	54.2	48.4	38.6	43.6	52.1	43.6
Mexique	17.5	25.2	28.4	17.5	25.2	25.2	25.2	25.2
Norvège	42.1	42.1	52.8	42.1	42.1	42.1	42.1	42.1
Nouvelle-Zélande	17.5	30.0	33.0	40.0	52.5	52.5	30.0	30.0
Pays-Bas	51.6	51.6	52.3	52.1	57.3	51.6	51.6	51.6
Pologne	37.0	37.0	37.0	96.9	37.0	37.0	37.0	37.0
Portugal	51.1	51.1	58.7	51.1	39.8	51.1	51.1	51.1
République slovaque	46.4	46.4	46.4	46.4	46.4	46.4	46.4	46.4
République tchèque	48.6	48.6	48.6	48.6	48.6	48.6	48.6	48.6
Royaume-Uni	40.2	40.2	49.0	76.3	40.2	40.2	40.2	40.2
Slovénie	43.6	51.0	55.7	43.6	43.6	43.6	43.6	51.0
Suède	45.6	48.3	69.7	45.6	48.3	48.3	48.3	48.3
Suisse	26.3	27.8	36.6	18.8	22.0	26.1	29.3	26.8
Turquie	42.8	47.8	47.8	42.8	47.8	47.8	47.8	47.8
Moyenne non pondérée								
OCDE-Moyenne	**41.6**	**44.4**	**47.3**	**47.7**	**44.3**	**43.5**	**43.5**	**43.0**
OCDE-UE 22	**48.4**	**50.5**	**52.6**	**54.4**	**47.2**	**47.9**	**49.2**	**48.7**

Note : Enf = enfant.

On suppose que le revenu brut principal du ménage augmente. Le résultat peut être différent si le salaire du conjoint augmente, surtout si les deux conjoints sont imposés séparément.

1. Informations sur les données concernant Israël : *http://oe.cd/israel-disclaimer*.
2. Famille disposant de deux revenus.

StatLink *http://dx.doi.org/10.1787/888933700255*

Graphique 3.6. **Taux marginal applicable à l'impôt sur le revenu et aux cotisations de sécurité sociale des salariés et des employeurs diminués des prestations versées, 2017**

En % des coûts de main-d'oeuvre, par catégorie de famille

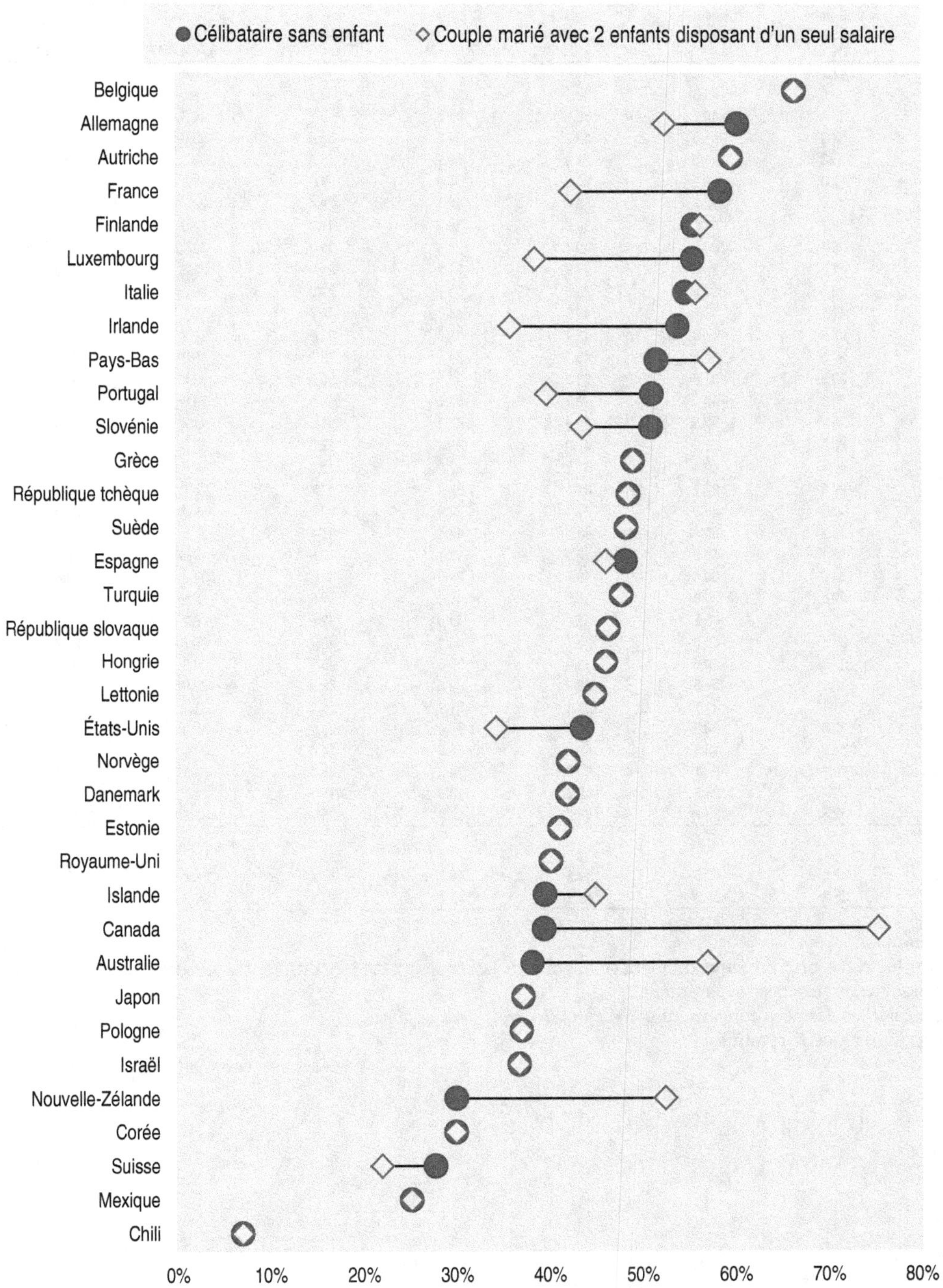

Note : Le type de ménage « célibataire sans enfant » correspond à un niveau de salaire de 100 % du salaire moyen. Le type de ménage « couple marié avec 2 enfants disposant d'un seul salaire » correspond à un niveau de salaire combiné de 100 %-0 % du salaire moyen.

Source : Calculs de l'OCDE basés sur les contributions des pays et sur les *Perspectives économiques de l'OCDE*, volume 2017 (n° 102).

StatLink http://dx.doi.org/10.1787/888933699457

Tableau 3.7. **Taux marginal applicable à l'impôt sur le revenu et aux cotisations sociales des salariés diminués des prestations versées, 2017**

En % du salaire brut, par catégorie de famille et niveau de salaire

	Célibataire sans enf 67 (% SM)	Célibataire sans enf 100 (% SM)	Célibataire sans enf 167 (% SM)	Célibataire 2 enf 67 (% SM)	Couple marié 2 enf 100-0 (% SM)	Couple marié 2 enf 100-33 (% SM)[2]	Couple marié 2 enf 100-67 (% SM)[2]	Couple marié sans enf 100-33 (% SM)[2]
Allemagne	47.2	52.6	44.3	44.9	43.2	46.8	49.7	47.1
Australie	36.0	34.5	39.0	56.0	54.5	34.5	34.5	34.5
Autriche	43.3	48.2	36.9	43.3	48.2	48.2	48.2	48.2
Belgique	54.3	55.6	59.1	54.3	55.6	55.6	54.5	55.6
Canada	25.3	33.6	33.9	46.1	73.0	39.3	39.3	33.6
Chili	7.0	7.0	10.3	7.0	7.0	7.0	7.0	7.0
Corée	21.0	22.7	28.0	14.1	22.7	22.7	22.7	22.7
Danemark	39.7	42.0	55.8	38.1	42.0	42.0	42.0	42.0
Espagne	28.1	32.9	40.4	28.1	30.0	32.9	32.9	32.9
Estonie	21.3	21.3	21.3	21.3	21.3	21.3	21.3	21.3
États-Unis	29.3	39.3	39.3	51.6	29.3	29.3	29.3	29.3
Finlande	44.1	45.7	49.3	44.1	46.7	46.7	46.7	45.7
France	43.9	44.0	42.7	51.6	22.2	22.2	46.4	36.4
Grèce	34.5	36.3	45.4	34.5	36.3	36.3	36.3	36.3
Hongrie	33.5	33.5	33.5	33.5	33.5	33.5	33.5	33.5
Irlande	29.0	49.0	49.0	63.6	29.0	29.0	29.0	29.0
Islande	35.5	35.5	44.4	45.1	41.2	41.2	35.5	35.5
Israël[1]	26.0	32.0	47.0	29.4	32.0	32.0	32.0	32.0
Italie	40.4	40.4	51.2	42.0	42.0	42.0	41.2	40.4
Japon	22.8	27.7	31.1	22.8	27.7	27.7	27.7	27.7
Lettonie	32.0	32.0	31.1	32.0	32.0	32.0	32.0	32.0
Luxembourg	37.2	50.1	48.6	42.1	31.1	36.8	46.3	36.8
Mexique	12.1	19.5	22.9	12.1	19.5	19.5	19.5	19.5
Norvège	34.6	34.6	46.7	34.6	34.6	34.6	34.6	34.6
Nouvelle-Zélande	17.5	30.0	33.0	40.0	52.5	52.5	30.0	30.0
Pays-Bas	46.2	46.2	52.3	46.8	52.6	46.2	46.2	46.2
Pologne	26.7	26.7	26.7	96.3	26.7	26.7	26.7	26.7
Portugal	39.5	39.5	48.9	39.5	25.5	39.5	39.5	39.5
République slovaque	29.9	29.9	29.9	29.9	29.9	29.9	29.9	29.9
République tchèque	31.1	31.1	31.1	31.1	31.1	31.1	31.1	31.1
Royaume-Uni	32.0	32.0	42.0	73.0	32.0	32.0	32.0	32.0
Slovénie	34.6	43.1	48.6	34.6	34.6	34.6	34.6	43.1
Suède	28.6	32.1	60.1	28.6	32.1	32.1	32.1	32.1
Suisse	21.7	23.3	32.6	13.8	17.1	21.5	24.9	22.3
Turquie	32.8	38.7	38.7	32.8	38.7	38.7	38.7	38.7
Moyenne non pondérée								
OCDE-Moyenne	**32.0**	**35.5**	**39.9**	**38.8**	**35.1**	**34.2**	**34.5**	**33.9**
OCDE-UE 22	**36.2**	**39.3**	**43.1**	**43.3**	**35.3**	**36.2**	**37.8**	**37.2**

Note : Enf = enfant.

On suppose que le revenu brut principal du ménage augmente. Le résultat peut être différent si le salaire du conjoint augmente, surtout si les deux conjoints sont imposés séparément.

1. Informations sur les données concernant Israël : *http://oe.cd/israel-disclaimer*.
2. Famille disposant de deux revenus.

StatLink *http://dx.doi.org/10.1787/888933700274*

Graphique 3.7. **Taux marginal applicable à l'impôt sur le revenu et aux cotisations de sécurité sociale des salariés diminués des prestations versées, 2017**

En % du salaire brut, par catégorie de famille

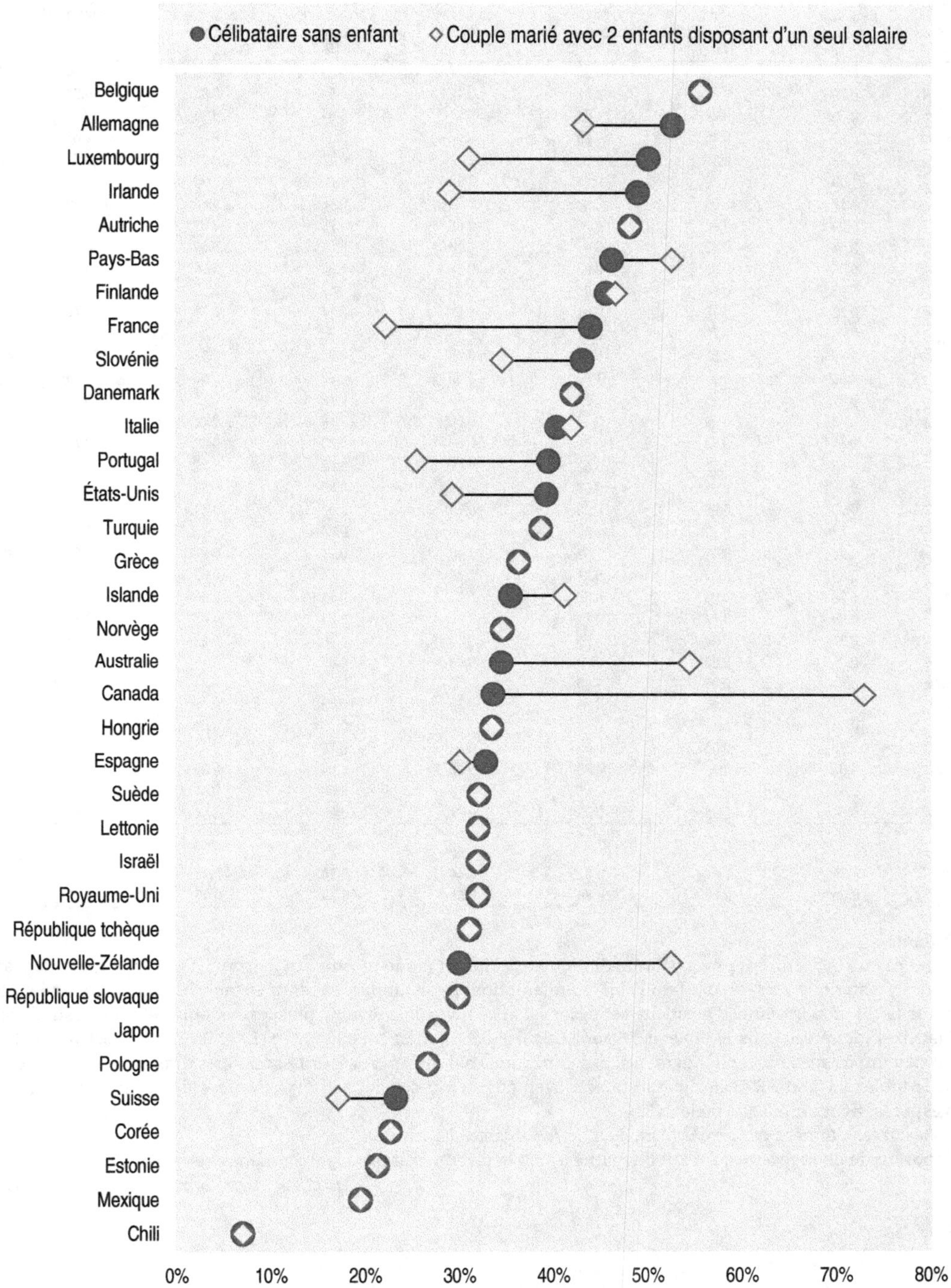

Note : Le type de ménage « célibataire sans enfant » correspond à un niveau de salaire de 100 % du salaire moyen. Le type de ménage « couple marié avec 2 enfants disposant d'un seul salaire » correspond à un niveau de salaire combiné de 100 %-0 % du salaire moyen.

Source : Calculs de l'OCDE basés sur les contributions des pays et sur les *Perspectives économiques de l'OCDE*, volume 2017 (n° 102).

StatLink http://dx.doi.org/10.1787/888933699476

Tableau 3.8. **Augmentation en pourcentage du revenu net selon l'augmentation en pourcentage du salaire brut, 2017**

Après une augmentation d'une unité monétaire du salaire brut, par catégorie de famille et niveau de salaire

	Célibataire sans enf 67 (% SM)	Célibataire sans enf 100 (% SM)	Célibataire sans enf 167 (% SM)	Célibataire 2 enf 67 (% SM)	Couple marié 2 enf 100-0 (% SM)	Couple marié 2 enf 100-33 (% SM)[2]	Couple marié 2 enf 100-67 (% SM)[2]	Couple marié sans enf 100-33 (% SM)[2]
Allemagne	0.81	0.79	0.99	0.67	0.73	0.73	0.74	0.81
Australie	0.79	0.87	0.87	0.42	0.54	0.82	0.84	0.82
Autriche	0.78	0.77	1.01	0.61	0.64	0.64	0.67	0.71
Belgique	0.68	0.75	0.79	0.54	0.56	0.58	0.66	0.65
Canada	0.91	0.86	0.90	0.42	0.27	0.68	0.72	0.82
Chili	1.00	1.00	0.98	0.99	1.00	0.98	1.00	1.00
Corée	0.89	0.90	0.88	0.94	0.88	0.88	0.88	0.89
Danemark	0.90	0.90	0.76	0.65	0.78	0.81	0.84	0.87
Espagne	0.86	0.85	0.81	0.73	0.81	0.80	0.81	0.81
Estonie	0.95	0.96	0.98	0.76	0.83	0.86	0.89	0.95
États-Unis	0.92	0.82	0.88	0.51	0.82	0.86	0.89	0.92
Finlande	0.72	0.78	0.81	0.62	0.71	0.68	0.70	0.73
France	0.75	0.79	0.88	0.49	0.95	0.96	0.70	0.86
Grèce	0.83	0.86	0.81	0.78	0.83	0.83	0.83	0.84
Hongrie	1.00	1.00	1.00	0.69	0.78	0.82	0.85	1.00
Irlande	0.81	0.63	0.74	0.28	0.72	0.75	0.79	0.80
Islande	0.86	0.90	0.84	0.66	0.72	0.78	0.89	0.86
Israël[1]	0.83	0.83	0.73	0.69	0.80	0.77	0.77	0.79
Italie	0.76	0.87	0.80	0.59	0.72	0.72	0.76	0.79
Japon	0.97	0.93	0.93	0.89	0.86	0.88	0.89	0.92
Lettonie	0.95	0.96	0.99	0.75	0.82	0.84	0.86	0.95
Luxembourg	0.79	0.70	0.82	0.54	0.73	0.70	0.64	0.78
Mexique	0.92	0.91	0.92	0.92	0.91	0.87	0.88	0.87
Norvège	0.86	0.90	0.81	0.74	0.84	0.83	0.86	0.87
Nouvelle-Zélande	0.96	0.86	0.88	0.53	0.51	0.55	0.84	0.84
Pays-Bas	0.69	0.77	0.77	0.51	0.63	0.67	0.69	0.72
Pologne	0.97	0.98	0.99	0.03	0.70	0.83	0.86	0.97
Portugal	0.77	0.83	0.78	0.63	0.85	0.70	0.77	0.77
République slovaque	0.88	0.92	0.95	0.75	0.76	0.81	0.84	0.88
République tchèque	0.87	0.91	0.94	0.66	0.69	0.75	0.79	0.87
Royaume-Uni	0.84	0.89	0.83	0.27	0.83	0.81	0.84	0.84
Slovénie	0.94	0.86	0.83	0.65	0.75	0.82	0.87	0.82
Suède	0.92	0.90	0.63	0.82	0.84	0.83	0.85	0.88
Suisse	0.91	0.92	0.86	0.85	0.86	0.84	0.83	0.91
Turquie	0.89	0.85	0.90	0.87	0.83	0.81	0.83	0.82
Moyenne non pondérée								
OCDE-Moyenne	**0.86**	**0.86**	**0.87**	**0.64**	**0.76**	**0.78**	**0.81**	**0.85**
OCDE-UE 22	**0.84**	**0.85**	**0.86**	**0.59**	**0.76**	**0.77**	**0.78**	**0.83**

Note : Enf = enfant.

Le revenu net est calculé à partir des revenus bruts diminués de l'impôt sur le revenu des personnes physiques, des cotisations sociales et augmentés des prestations versées aux familles. L'augmentation qui est rapportée dans le tableau représente une sorte d'élasticité. Dans un système fiscal proportionnel, l'élasticité est égale à 1. A ce niveau de revenu, plus les système est progressif plus l'élasticité est faible. Les élasticités indiquées dans le tableau 3.8 sont calculées de la manière suivante : (100-METR)/(100-AETR), où METR désigne le taux marginal de l'impôt sur le revenu, augmenté des cotisations salariales de sécurité sociale et diminué des transferts en espèces, figurant dans le tableau 3.7, et AETR désigne le taux moyen augmenté des cotisations salariales de sécurité sociale et diminué des transferts en espèces, figurant dans le tableau 3.3.

1. Informations sur les données concernant Israël : *http://oe.cd/israel-disclaimer*.
2. Famille disposant de deux revenus. On fait l'hypothèse que le revenu brut principal du ménage augmente.

StatLink http://dx.doi.org/10.1787/888933700293

Tableau 3.9. **Augmentation en pourcentage du revenu net selon l'augmentation en pourcentage des coûts bruts de main d'oeuvre, 2017**

Après une augmentation d'une unité monétaire des coûts bruts de main d'oeuvre,par catégorie de famille et niveau de salaire.

	Célibataire sans enf 67 (% SM)	Célibataire sans enf 100 (% SM)	Célibataire sans enf 167 (% SM)	Célibataire 2 enf 67 (% SM)	Couple marié 2 enf 100-0 (% SM)	Couple marié 2 enf 100-33 (% SM)[2]	Couple marié 2 enf 100-67 (% SM)[2]	Couple marié sans enf 100-33 (% SM)[2]
Allemagne	0.81	0.79	1.15	0.67	0.73	0.73	0.74	0.81
Australie	0.79	0.87	0.87	0.42	0.54	0.82	0.84	0.82
Autriche	0.78	0.77	1.20	0.61	0.64	0.64	0.67	0.71
Belgique	0.65	0.73	0.80	0.52	0.54	0.55	0.64	0.61
Canada	0.90	0.88	0.93	0.42	0.28	0.69	0.73	0.84
Chili	1.00	1.00	0.98	0.99	1.00	0.98	1.00	1.00
Corée	0.89	0.90	0.91	0.94	0.88	0.88	0.88	0.89
Danemark	0.92	0.91	0.76	0.66	0.78	0.82	0.85	0.88
Espagne	0.86	0.85	0.81	0.73	0.81	0.80	0.81	0.81
Estonie	0.95	0.96	0.98	0.76	0.83	0.87	0.89	0.95
États-Unis	0.93	0.83	0.89	0.51	0.83	0.87	0.89	0.93
Finlande	0.72	0.78	0.81	0.62	0.71	0.68	0.70	0.73
France	0.54	0.79	0.88	0.35	0.95	0.91	0.69	0.81
Grèce	0.83	0.86	0.81	0.78	0.83	0.83	0.83	0.84
Hongrie	1.00	1.00	1.00	0.69	0.78	0.82	0.85	1.00
Irlande	0.81	0.63	0.74	0.28	0.72	0.74	0.79	0.80
Islande	0.86	0.90	0.84	0.66	0.72	0.78	0.89	0.86
Israël[1]	0.81	0.81	0.72	0.67	0.79	0.76	0.75	0.77
Italie	0.76	0.87	0.80	0.59	0.72	0.72	0.76	0.79
Japon	0.97	0.93	1.00	0.89	0.86	0.88	0.89	0.92
Lettonie	0.95	0.96	0.99	0.75	0.82	0.84	0.86	0.95
Luxembourg	0.79	0.70	0.82	0.54	0.73	0.70	0.64	0.78
Mexique	0.98	0.94	0.94	0.98	0.94	0.92	0.92	0.92
Norvège	0.86	0.90	0.81	0.74	0.84	0.83	0.86	0.87
Nouvelle-Zélande	0.96	0.86	0.88	0.53	0.51	0.55	0.84	0.84
Pays-Bas	0.70	0.77	0.82	0.51	0.63	0.67	0.69	0.72
Pologne	0.97	0.98	0.99	0.03	0.70	0.83	0.86	0.97
Portugal	0.77	0.83	0.78	0.63	0.85	0.70	0.77	0.77
République slovaque	0.88	0.92	0.95	0.75	0.76	0.79	0.84	0.86
République tchèque	0.87	0.91	0.94	0.66	0.69	0.75	0.79	0.87
Royaume-Uni	0.81	0.86	0.81	0.26	0.81	0.77	0.81	0.81
Slovénie	0.94	0.86	0.83	0.65	0.75	0.86	0.87	0.86
Suède	0.92	0.90	0.63	0.82	0.84	0.83	0.85	0.88
Suisse	0.91	0.92	0.86	0.85	0.86	0.84	0.83	0.91
Turquie	0.86	0.85	0.90	0.84	0.83	0.79	0.81	0.80
Moyenne non pondérée								
OCDE-Moyenne	**0.86**	**0.86**	**0.88**	**0.64**	**0.76**	**0.78**	**0.81**	**0.85**
OCDE-UE 22	**0.83**	**0.85**	**0.88**	**0.58**	**0.75**	**0.77**	**0.78**	**0.83**

Note : Enf = enfant.

Le revenu net est calculé à partir des revenus bruts diminués de l'impôt sur le revenu des personnes physiques, des cotisations sociales et augmentés des prestations versées aux familles. L'augmentation qui est rapportée dans le tableau représente une sorte d'élasticité. Dans un système fiscal proportionnel, l'élasticité est égale à 1. À ce niveau de revenu, plus les système est progressif plus l'élasticité est faible. Les élasticités indiquées dans le tableau 3.9 sont calculées de la manière suivante : (100-METR)/(100-AETR), où METR désigne le taux marginal de l'impôt sur le revenu, augmenté des cotisations salariales et patronales de sécurité sociale et diminué des transferts en espèces, figurant dans le tableau 3.6, et AETR désigne le taux moyen augmenté des cotisations salariales et patronales de sécurité sociale et diminué des transferts en espèces, figurant dans le tableau 3.1.

1. Informations sur les données concernant Israël : *http://oe.cd/israel-disclaimer*.
2. Famille disposant de deux revenus. On fait l'hypothèse que le revenu brut principal du ménage augmente.

StatLink *http://dx.doi.org/10.1787/888933700312*

Tableau 3.10a. **Salaire brut annuel et revenu net, célibataire, 2017**

En dollars US convertis sur la base des PPA, par catégorie de famille et niveau de salaire

	Célibataire sans enf 67 (% SM)		Célibataire sans enf 100 (% SM)		Célibataire sans enf 167 (% SM)		Célibataire 2 enf 67 (% SM)	
	Total des revenus bruts avant impôts	Revenus nets après impôts	Total des revenus bruts avant impôts	Revenus nets après impôts	Total des revenus bruts avant impôts	Revenus nets après impôts	Total des revenus bruts avant impôts	Revenus nets après impôts
Allemagne	42 579	27 705	63 551	38 207	106 130	59 512	42 579	34 827
Australie	36 916	29 861	55 099	41 665	92 015	64 286	36 916	38 826
Autriche	38 579	28 223	57 581	38 912	96 160	59 910	38 579	35 832
Belgique	39 225	26 209	58 545	34 823	97 770	50 628	39 225	33 138
Canada	27 459	22 657	40 983	31 623	68 442	50 525	27 459	35 267
Chili	15 153	14 092	22 616	21 033	37 769	34 633	15 153	14 215
Corée	35 179	31 320	52 505	44 878	87 684	71 678	35 179	32 112
Danemark	37 661	25 109	56 211	36 072	93 872	54 609	37 661	35 826
Espagne	27 102	22 605	40 451	31 920	67 554	49 434	27 102	26 672
Estonie	17 953	14 914	26 796	21 875	44 749	36 008	17 953	18 587
États-Unis	35 502	27 311	52 988	39 209	88 490	60 759	35 502	33 667
Finlande	32 838	25 356	49 013	34 218	81 851	50 965	32 838	29 548
France	32 387	24 165	48 339	34 228	80 727	52 786	32 387	31 847
Grèce	23 561	18 636	35 165	26 034	58 726	39 344	23 561	19 882
Hongrie	17 428	11 590	26 012	17 298	43 440	28 888	17 428	16 788
Irlande	30 212	26 424	45 093	36 354	75 305	51 763	30 212	39 198
Islande	42 653	31 863	63 661	45 421	106 313	70 117	42 653	35 545
Israël[1]	26 274	23 341	39 215	32 267	65 489	47 850	26 274	26 995
Italie	29 014	22 632	43 304	29 803	72 318	43 918	29 014	28 506
Japon	35 474	28 168	52 946	41 127	88 420	65 410	35 474	30 611
Lettonie	14 576	10 472	21 755	15 357	36 331	25 368	14 576	13 216
Luxembourg	44 030	35 044	65 716	46 625	109 746	68 890	44 030	46 818
Mexique	8 529	8 125	12 730	11 303	21 259	17 907	8 529	8 125
Norvège	37 788	28 658	56 401	40 829	94 189	62 033	37 788	33 282
Nouvelle-Zélande	26 684	23 030	39 826	32 604	66 510	50 709	26 684	30 297
Pays-Bas	42 197	32 663	62 981	43 836	105 178	65 440	42 197	43 734
Pologne	18 637	14 113	27 816	20 844	46 453	34 511	18 637	26 161
Portugal	20 695	16 233	30 888	22 400	51 584	34 005	20 695	19 974
République slovaque	15 734	12 522	23 484	17 958	39 218	28 995	15 734	14 739
République tchèque	18 449	14 637	27 536	20 898	45 985	33 609	18 449	19 169
Royaume-Uni	36 394	29 410	54 319	41 599	90 713	63 673	36 394	36 265
Slovénie	21 050	14 652	31 417	20 814	52 467	32 681	21 050	21 340
Suède	31 931	24 798	47 658	35 751	79 588	50 614	31 931	27 757
Suisse	47 459	40 810	70 835	58 870	118 295	92 541	47 459	48 435
Turquie	19 606	14 817	29 263	21 093	48 869	33 110	19 606	15 165
Moyenne non pondérée								
OCDE-Moyenne	**29 340**	**22 919**	**43 791**	**32 221**	**73 132**	**49 632**	**29 340**	**28 639**
OCDE-UE 22	**28 738**	**21 732**	**42 892**	**30 265**	**71 630**	**46 161**	**28 738**	**28 174**

Note : Enf = enfant.

1. Informations sur les données concernant Israël : *http://oe.cd/israel-disclaimer*.

StatLink http://dx.doi.org/10.1787/888933700331

Tableau 3.10b. **Salaire brut annuel et revenu net, couple marié, 2017**

En dollars US convertis sur la base des PPA, par catégorie de famille et niveau de salaire

	Couple marié 2 enf 100-0 (% SM)		Couple marié 2 enf 100-33 (% SM)[2]		Couple marié 2 enf 100-67 (% SM)[2]		Couple marié sans enf 100-33 (% SM)[2]	
	Total des revenus bruts avant impôts	Revenus nets après impôts	Total des revenus bruts avant impôts	Revenus nets après impôts	Total des revenus bruts avant impôts	Revenus nets après impôts	Total des revenus bruts avant impôts	Revenus nets après impôts
Allemagne	63 551	49 741	84 523	61 433	106 130	72 618	84 523	55 075
Australie	55 099	46 233	73 281	58 603	92 015	71 526	73 281	58 603
Autriche	57 581	46 598	76 582	62 417	96 160	74 099	76 582	55 569
Belgique	58 545	46 418	77 865	59 387	97 770	67 222	77 865	53 136
Canada	40 983	40 492	54 508	48 557	68 442	57 797	54 508	43 903
Chili	22 616	21 033	30 079	28 610	37 769	35 248	30 079	27 974
Corée	52 505	46 099	69 832	61 680	87 684	77 231	69 832	60 741
Danemark	56 211	42 012	74 760	53 202	93 872	64 692	74 760	49 690
Espagne	40 451	34 830	53 800	45 160	67 554	56 002	53 800	44 421
Estonie	26 796	25 497	35 639	32 458	44 749	39 630	35 639	29 618
États-Unis	52 988	45 468	70 474	57 830	88 490	70 568	70 474	54 246
Finlande	49 013	36 919	65 187	51 480	81 851	62 387	65 187	48 779
France	48 339	39 555	64 291	51 965	80 727	62 160	64 291	47 627
Grèce	38 682	29 519	51 447	39 702	64 598	49 293	51 447	38 995
Hongrie	26 012	22 235	34 596	27 943	43 440	33 825	34 596	23 006
Irlande	45 093	44 567	59 974	57 153	75 305	67 580	59 974	52 986
Islande	63 661	51 834	84 669	63 979	106 313	77 285	84 669	63 316
Israël[1]	39 215	33 341	52 156	45 829	65 489	58 031	52 156	44 755
Italie	43 304	34 962	57 595	46 740	72 318	55 714	57 595	43 450
Japon	52 946	44 301	70 418	57 830	88 420	71 738	70 418	55 387
Lettonie	21 755	18 102	28 934	23 517	36 331	28 573	28 934	20 773
Luxembourg	65 716	62 447	87 403	79 259	109 746	92 734	87 403	70 715
Mexique	12 730	11 303	16 973	15 788	21 217	19 391	16 973	15 788
Norvège	56 401	43 691	75 013	58 908	94 189	71 760	75 013	56 635
Nouvelle-Zélande	39 826	37 266	52 969	45 816	66 510	55 282	52 969	44 110
Pays-Bas	62 981	47 479	83 765	67 232	105 178	82 305	83 765	62 677
Pologne	27 816	29 138	36 996	32 637	46 453	39 573	36 996	28 022
Portugal	30 888	27 220	41 082	35 466	51 584	40 692	41 082	32 279
République slovaque	23 484	21 660	31 234	27 196	39 218	32 697	31 234	24 980
République tchèque	27 536	27 356	36 623	33 517	45 985	40 067	36 623	28 985
Royaume-Uni	54 319	44 477	72 244	61 001	90 713	73 560	72 244	58 451
Slovénie	31 417	27 541	41 785	33 374	52 467	39 517	41 785	28 891
Suède	47 658	38 710	63 385	51 929	79 588	63 508	63 385	48 970
Suisse	70 835	68 376	94 211	87 895	118 295	106 424	94 211	80 460
Turquie	29 263	21 674	38 920	29 507	48 869	36 259	38 920	29 159
Moyenne non pondérée								
OCDE-Moyenne	**43 892**	**37 374**	**58 377**	**48 429**	**73 298**	**58 485**	**58 377**	**45 205**
OCDE-UE 22	**43 052**	**36 226**	**57 259**	**47 008**	**71 897**	**56 293**	**57 259**	**43 050**

Note : Enf = enfant.

1. Informations sur les données concernant Israël : *http://oe.cd/israel-disclaimer*.
2. Famille disposant de deux revenus.

StatLink http://dx.doi.org/10.1787/888933700350

Tableau 3.11a. **Coûts annuels de main-d'œuvre et revenu net, célibataire, 2017**

En dollars US convertis sur la base des PPA, par catégorie de famille et niveau de salaire

	Célibataire sans enf 67 (% SM)		Célibataire sans enf 100 (% SM)		Célibataire sans enf 167 (% SM)		Célibataire 2 enf 67 (% SM)	
	Coûts bruts de main d'oeuvre avant impôts	Revenus nets après impôts	Coûts bruts de main d'oeuvre avant impôts	Revenus nets après impôts	Coûts bruts de main d'oeuvre avant impôts	Revenus nets après impôts	Coûts bruts de main d'oeuvre avant impôts	Revenus nets après impôts
Allemagne	50 850	27 705	75 896	38 207	122 508	59 512	50 850	34 827
Australie	39 119	29 861	58 387	41 665	97 506	64 286	39 119	38 826
Autriche	49 578	28 223	73 996	38 912	121 681	59 910	49 578	35 832
Belgique	49 682	26 209	75 220	34 823	125 302	50 628	49 682	33 138
Canada	30 609	22 657	45 746	31 623	74 650	50 525	30 609	35 267
Chili	15 153	14 092	22 616	21 033	37 769	34 633	15 153	14 215
Corée	38 823	31 320	57 945	44 878	95 582	71 678	38 823	32 112
Danemark	38 102	25 109	56 651	36 072	94 313	54 609	38 102	35 826
Espagne	35 206	22 605	52 546	31 920	87 752	49 434	35 206	26 672
Estonie	24 021	14 914	35 853	21 875	59 874	36 008	24 021	18 587
États-Unis	38 583	27 311	57 407	39 209	95 625	60 759	38 583	33 667
Finlande	40 165	25 356	59 947	34 218	100 112	50 965	40 165	29 548
France	42 232	24 165	65 316	34 228	115 882	52 786	42 232	31 847
Grèce	29 465	18 636	43 977	26 034	73 442	39 344	29 465	19 882
Hongrie	21 524	11 590	32 125	17 298	53 649	28 888	21 524	16 788
Irlande	33 460	26 424	49 941	36 354	83 401	51 763	33 460	39 198
Islande	45 574	31 863	68 021	45 421	113 596	70 117	45 574	35 545
Israël[1]	27 497	23 341	41 409	32 267	69 654	47 850	27 497	26 995
Italie	38 176	22 632	56 980	29 803	95 156	43 918	38 176	28 506
Japon	40 863	28 168	60 989	41 127	100 696	65 410	40 863	30 611
Lettonie	18 023	10 472	26 896	15 357	44 910	25 368	18 023	13 216
Luxembourg	49 384	35 044	73 707	46 625	123 091	68 890	49 384	46 818
Mexique	9 691	8 125	14 209	11 303	23 388	17 907	9 691	8 125
Norvège	42 701	28 658	63 733	40 829	106 434	62 033	42 701	33 282
Nouvelle-Zélande	26 684	23 030	39 826	32 604	66 510	50 709	26 684	30 297
Pays-Bas	47 001	32 663	70 094	43 836	113 031	65 440	47 001	43 734
Pologne	21 697	14 113	32 384	20 844	54 081	34 511	21 697	26 161
Portugal	25 610	16 233	38 224	22 400	63 835	34 005	25 610	19 974
République slovaque	20 604	12 522	30 752	17 958	51 356	28 995	20 604	14 739
République tchèque	24 722	14 637	36 898	20 898	61 620	33 609	24 722	19 169
Royaume-Uni	39 814	29 410	60 213	41 599	101 629	63 673	39 814	36 265
Slovénie	24 438	14 652	36 475	20 814	60 914	32 681	24 438	21 340
Suède	41 963	24 798	62 631	35 751	104 595	50 614	41 963	27 757
Suisse	50 414	40 810	75 245	58 870	125 658	92 541	50 414	48 435
Turquie	22 166	14 817	34 384	21 093	57 421	33 110	22 166	15 165
Moyenne non pondérée								
OCDE-Moyenne	**34 103**	**22 919**	**51 047**	**32 221**	**85 046**	**49 632**	**34 103**	**28 639**
OCDE-UE 22	**34 805**	**21 732**	**52 124**	**30 265**	**86 915**	**46 161**	**34 805**	**28 174**

Note : Enf = enfant.

1. Informations sur les données concernant Israël : *http://oe.cd/israel-disclaimer.*

StatLink http://dx.doi.org/10.1787/888933700369

Tableau 3.11b. **Coûts annuels de main-d'œuvre et revenu net, couple marié, 2017**

En dollars US convertis sur la base des PPA, par catégorie de famille et niveau de salaire

	Couple marié 2 enf 100-0 (% SM)		Couple marié 2 enf 100-33 (% SM)[2]		Couple marié 2 enf 100-67 (% SM)[2]		Couple marié sans enf 100-33 (% SM)[2]	
	Coûts bruts de main d'oeuvre avant impôts	Revenus nets après impôts	Coûts bruts de main d'oeuvre avant impôts	Revenus nets après impôts	Coûts bruts de main d'oeuvre avant impôts	Revenus nets après impôts	Coûts bruts de main d'oeuvre avant impôts	Revenus nets après impôts
Allemagne	75 896	49 741	100 941	61 433	126 746	72 618	100 941	55 075
Australie	58 387	46 233	77 654	58 603	97 506	71 526	77 654	58 603
Autriche	73 996	46 598	98 415	62 417	123 574	74 099	98 415	55 569
Belgique	75 220	46 418	96 419	59 387	124 902	67 222	96 419	53 136
Canada	45 746	40 492	60 752	48 557	76 355	57 797	60 752	43 903
Chili	22 616	21 033	30 079	28 610	37 769	35 248	30 079	27 974
Corée	57 945	46 099	77 067	61 680	96 768	77 231	77 067	60 741
Danemark	56 651	42 012	75 642	53 202	94 753	64 692	75 642	49 690
Espagne	52 546	34 830	69 887	45 160	87 752	56 002	69 887	44 421
Estonie	35 853	25 497	47 847	32 458	59 874	39 630	47 847	29 618
États-Unis	57 407	45 468	76 596	57 830	95 990	70 568	76 596	54 246
Finlande	59 947	36 919	79 730	51 480	100 112	62 387	79 730	48 779
France	65 316	39 555	82 326	51 965	107 548	62 160	82 326	47 627
Grèce	48 375	29 519	64 339	39 702	80 787	49 293	64 339	38 995
Hongrie	32 125	22 235	42 726	27 943	53 649	33 825	42 726	23 006
Irlande	49 941	44 567	66 086	57 153	83 401	67 580	66 086	52 986
Islande	68 021	51 834	90 468	63 979	113 596	77 285	90 468	63 316
Israël[1]	41 409	33 341	54 796	45 829	68 906	58 031	54 796	44 755
Italie	56 980	34 962	75 783	46 740	95 156	55 714	75 783	43 450
Japon	60 989	44 301	81 115	57 830	101 851	71 738	81 115	55 387
Lettonie	26 896	18 102	35 777	23 517	44 919	28 573	35 777	20 773
Luxembourg	73 707	62 447	98 031	79 259	123 091	92 734	98 031	70 715
Mexique	14 209	11 303	19 334	15 788	23 855	19 391	19 334	15 788
Norvège	63 733	43 691	84 765	58 908	106 434	71 760	84 765	56 635
Nouvelle-Zélande	39 826	37 266	52 969	45 816	66 510	55 282	52 969	44 110
Pays-Bas	70 094	47 479	93 282	67 232	117 095	82 305	93 282	62 677
Pologne	32 384	29 138	43 070	32 637	54 081	39 573	43 070	28 022
Portugal	38 224	27 220	50 839	35 466	63 835	40 692	50 839	32 279
République slovaque	30 752	21 660	40 126	27 196	51 356	32 697	40 126	24 980
République tchèque	36 898	27 356	49 074	33 517	61 620	40 067	49 074	28 985
Royaume-Uni	60 213	44 477	79 011	61 001	100 028	73 560	79 011	58 451
Slovénie	36 475	27 541	50 830	33 374	60 914	39 517	50 830	28 891
Suède	62 631	38 710	83 300	51 929	104 595	63 508	83 300	48 970
Suisse	75 245	68 376	100 075	87 895	125 658	106 424	100 075	80 460
Turquie	34 384	21 674	44 860	29 507	56 550	36 259	44 860	29 159
Moyenne non pondérée								
OCDE-Moyenne	**51 173**	**37 374**	**67 829**	**48 429**	**85 358**	**58 485**	**67 829**	**45 205**
OCDE-UE 22	**52 324**	**36 226**	**69 249**	**47 008**	**87 263**	**56 293**	**69 249**	**43 050**

Note : Enf = enfant.

1. Informations sur les données concernant Israël : *http://oe.cd/israel-disclaimer*.
2. Famille disposant de deux revenus.

StatLink *http://dx.doi.org/10.1787/888933700388*

© OCDE 2018

PARTIE I

Chapitre 4

Illustration graphique de la charge fiscale pour 2017

Ce chapitre présente les données relatives à la pression fiscale sur les revenus d'activité en 2017 pour des salaires bruts compris entre 50 % et 250 % du salaire moyen. Elles sont illustrées dans des graphiques séparés pour chacune des quatre catégories de familles et pour chaque pays membre de l'OCDE. Les catégories de familles sont les suivantes : contribuables célibataires sans enfant ; parents isolés avec deux enfants ; couples mariés sans enfant disposant d'un seul salaire ; couples mariés avec deux enfants disposant d'un seul salaire.

Les graphiques se divisent en deux séries qui indiquent la décomposition du coin fiscal moyen et marginal en pourcentage des coûts totaux de main-d'œuvre (les impôts sur le revenu centraux et locaux ; les cotisations de sécurité sociale salariales et patronales et les prestations en espèces). Les graphiques montrent également les taux moyens et marginaux nets de l'impôt sur le revenu des personnes physiques.

Les données statistiques concernant Israël sont fournies par et sous la responsabilité des autorités israéliennes compétentes. L'utilisation de ces données par l'OCDE est sans préjudice du statut des hauteurs du Golan, de Jérusalem-Est et des colonies de peuplement israéliennes en Cisjordanie aux termes du droit international.

Les graphiques présentés dans cette section indiquent la pression fiscale sur les revenus d'activité en 2017 pour des salaires bruts compris entre 50 % et 250 % du salaire moyen (SM). Pour chaque pays membre de l'OCDE, des graphiques séparés portent sur quatre catégories de familles : célibataires sans enfant, parents isolés avec deux enfants, couples mariés sans enfant disposant d'un seul salaire et couples mariés avec deux enfants disposant d'un seul salaire. En outre, le taux moyen et le taux marginal net d'imposition des personnes physiques ([la variation de] l'impôt sur le revenu des personnes physiques et des cotisations salariales de sécurité sociale nets des prestations en espèces en pourcentage des [de la variation des] salaires bruts) figurent dans les graphiques montrant respectivement le coin fiscal moyen et marginal[1].

Les graphiques illustrent l'importance relative des divers éléments constitutifs des coins fiscaux : impôts nationaux sur le revenu, impôts locaux sur le revenu, cotisations salariales de sécurité sociale, cotisations patronales de sécurité sociale (y compris les taxes sur les salaires éventuellement applicables) et prestations en espèces en pourcentage des coûts totaux de main-d'œuvre. Il y a lieu de noter que si leur part des coûts totaux de main-d'œuvre diminue, cela signifie que la valeur des prélèvements diminués des prestations n'augmente pas aussi vite que le total des coûts de main-d'œuvre correspondants. Cela n'implique pas nécessairement que la valeur des prélèvements diminués des prestations baisse en valeur nominale.

Les ménages à faibles revenus bénéficient d'un traitement fiscal favorable dans de nombreux pays de l'OCDE. Les impôts sur le revenu prélevés par les administrations centrales sont négatifs en Belgique, en raison des crédits d'impôt récupérables pour les travailleurs à faibles revenus et les enfants à charge ; au Canada, en raison de la prestation fiscale récupérable pour le revenu du travail ; en Allemagne, en République slovaque, en République tchèque et au Royaume-Uni, en raison des crédits d'impôt récupérables pour enfant à charge ; en Israël, du fait du crédit d'impôt récupérable au titre des revenus du travail pour les familles avec enfants (depuis 2016, la fourchette des revenus ouvrant droit au bénéfice de ce crédit d'impôt pour les parents isolés a été étendue) ; en Italie, sous l'effet de la prime fiscale en faveur des travailleurs à bas salaire ; en Lettonie, en raison du crédit d'impôt récupérable calculé en fonction du trop-perçu au titre de l'année précédente, mis en place en 2016 ; en Espagne et au Luxembourg, en raison des crédits d'impôt récupérables pour les parents isolés ; au Mexique, sous l'effet des crédits d'impôt récupérables au titre des subventions à l'emploi ; en Pologne, du fait du crédit d'impôt pour enfants à charge remboursable sous conditions appliqué depuis 2015 ; et aux États-Unis du fait du crédit d'impôt récupérable au titre des revenus du travail et du crédit d'impôt pour enfant à charge. S'agissant de la Suède, les graphiques montrent que les impôts sur le revenu prélevés par les administrations centrales sont négatifs, du fait du crédit d'impôt au titre des revenus du travail. Ce crédit d'impôt n'est toutefois pas récupérable dans la mesure où il ne permet pas de ramener le total des prélèvements du contribuable à moins de zéro. En fait, ce crédit d'impôt est également déduit des impôts locaux sur le revenu.

Lorsque les prestations versées en espèces sont prises en compte, les parents isolés et/ou les couples mariés ayant deux enfants qui disposent d'un seul salaire ne paient pas d'impôt sur le revenu et de cotisations salariales de sécurité sociale lorsque leur niveau de rémunération se situe entre 50 % et 101 % du SM dans 20 pays de l'OCDE. À titre d'exemple, le taux moyen net d'imposition des personnes physique applicable aux parents isolés avec deux enfants devient positif à partir d'un revenu équivalant à 83 % du SM en Pologne, à 88 % du SM en Nouvelle-Zélande, 96 % du SM en Irlande et à 98 % du SM au Canada. La mesure correspondante pour les couples mariés avec deux enfants et un seul salaire devient positive à partir d'un revenu équivalant à 88 % du SM en Nouvelle-Zélande, 99 % du SM au Canada, 98 % du niveau du SM en Irlande et 105 % du SM en Pologne.

On observe des écarts marqués entre les pays de l'OCDE en ce qui concerne le niveau des prestations en espèces. Elles représentent environ un quart ou plus des coûts totaux de main-d'œuvre pour les parents isolés à faibles revenus et/ou les couples mariés avec deux enfants et un seul salaire en Australie, au Canada, au Danemark, en Estonie, en France, en Irlande, au Luxembourg, en Nouvelle-Zélande, en Pologne et en Slovénie.

Le coin fiscal marginal est relativement uniforme sur toute l'échelle des revenus dans certains pays en raison de l'uniformité des taux des cotisations de sécurité sociale et de l'impôt sur le revenu des personnes physiques. Les célibataires sans enfant sont soumis à un coin fiscal marginal uniforme dans tout l'intervalle de revenu compris entre 50 % et 250 % du SM en République tchèque (48.6 %), en Estonie (41.2 %) et en Hongrie (46.2 %). Le coin fiscal marginal est aussi relativement constant au Chili, en Islande, en Lettonie, en Pologne et au Royaume-Uni. Au Chili, il s'établit à 7.0 % sur les gains inférieurs à 100 % du SM, passe à 10.3 % sur les gains compris entre 101 % du SM et 222 % du SM, puis à 13.5 % sur les gains supérieurs jusqu'à 250 % du SM. En Islande, le coin fiscal marginal est de 39.6 % sur les gains inférieurs à 117 % du SM, puis de 48.0 % sur les gains compris entre118 % et 250 % du SM. En Lettonie, il est de 44.9 % sur les gains inférieurs à 118 % du SM et de 44.2 % sur les gains compris entre 119 % et 250 % du SM. En Pologne, le coin fiscal marginal s'établit à 37.0 % pour les gains compris entre 50 % et 202 % du SM, puis à 48.4 % pour les gains allant jusqu'à 250 % du SM. Au Royaume-Uni, il est de 40.2 % sur les gains inférieurs à 117 % du SM, puis de 49.0 % sur les gains compris entre 118 % et 250 % du SM.

Les cotisations de sécurité sociale sont prélevées à des taux forfaitaires dans de nombreux pays de l'OCDE. Certains d'entre eux appliquent un plafond de rémunération au-dessus duquel les cotisations de sécurité sociale n'augmentent pas. Les écarts de cotisations marginales de sécurité sociale sont généralement identiques pour les quatre catégories de familles, puisque les taux de cotisation ou les plafonds de revenu ne varient pas selon la situation maritale ou le nombre d'enfants à charge. Néanmoins, en Hongrie, les cotisations marginales de sécurité sociale sont plus élevées pour les ménages avec enfant à bas revenus, en raison de l'impact de la suppression des déductions fiscales pour enfant à charge lorsque les revenus augmentent. Les familles dont l'assiette globale de l'impôt sur le revenu des personnes physiques est insuffisante pour leur permettre de prétendre au montant maximal des déductions fiscales accordées pour enfant à charge peuvent déduire la somme non imputée de leurs cotisations de retraite et d'assurance maladie.

Dans l'intervalle de revenu de 50 % à 250 % du SM, les taux marginaux des cotisations patronales de sécurité sociale deviennent nuls en raison du plafond de rémunération en Allemagne (à 155 % du SM), en Espagne (à 170 % du SM), au Luxembourg (à 205 % du SM) et aux Pays-Bas (à 111 % du SM). Les taux marginaux des cotisations salariales de sécurité sociale deviennent nuls en Allemagne (à 155 % du SM), en Autriche (à 152 % du SM), au Canada (à 108 % du SM), en Espagne (à 170 % du SM) et en Suède (à 114 % du SM).

En outre, les taux marginaux des cotisations patronales et/ou salariales de sécurité sociale diminuent en pourcentage des coûts totaux de main-d'œuvre à certains niveaux de l'échelle des salaires à mesure que le revenu augmente. C'est le cas en Allemagne, en Autriche, en Belgique, au Canada, en Corée, aux États-Unis, en France, au Japon, au Luxembourg, aux Pays-Bas, en République slovaque, au Royaume-Uni et en Suisse. Cette diminution est marquée au Luxembourg, où les taux marginaux des cotisations salariales de sécurité sociale passent de 11.10 % à 1.40 % pour les gains supérieurs à 204 % du SM ; au Royaume-Uni où les taux marginaux des cotisations salariales de sécurité sociale passent de 10.54 % à 1.76 % pour les gains supérieurs à 117 % du SM ; et aux États-Unis, où les taux marginaux des cotisations patronales et salariales de sécurité sociale passent de 7.11 % à 1.43 % pour les gains supérieurs à 240 % du SM.

Les contribuables supportent des taux d'imposition et des coins fiscaux marginaux d'environ 80 % ou plus dans plusieurs pays de l'OCDE à certains niveaux de revenu. Tel est le cas des contribuables à bas revenu sans enfant en Australie, en Autriche, en Belgique, en France, en Irlande, en Italie, au Mexique, au Portugal, au Royaume-Uni, en Slovénie et en Turquie. Ces taux s'appliquent aussi aux familles avec enfants en Australie, en Autriche, en Belgique, au Canada, au Chili, en Espagne, en Estonie, en Finlande, en France, en Grèce, en Irlande, en Italie, au Japon, au Luxembourg, au Mexique, en Pologne, au Portugal, en République slovaque, en République tchèque, au Royaume-Uni, en Slovénie et en Turquie. Dans de nombreux pays, ces taux d'imposition marginaux élevés résultent en partie d'une réduction, à mesure que le revenu augmente, des prestations, abattements ou crédits d'impôt ciblant les contribuables à bas revenu.

Le mouvement de zigzag des pressions fiscales marginales qui transparaît de certains graphiques se produit lorsque les modifications des impôts, des cotisations de sécurité sociale et/ou des prestations consécutives à de faibles augmentations du revenu varient de manière discontinue sur l'échelle des revenus. Tel est le cas en Allemagne, au Luxembourg, en Suède et en Suisse à cause des règles d'arrondi ; en raison des caractéristiques discrètes du crédit d'impôt dans le cadre du système PAYE (prélèvement à la source), du crédit d'impôt pour conjoint à charge et des allocations familiales en Italie ; et à cause de l'arrondissement à la décimale inférieure des salaires bruts dans le calcul du crédit d'impôt pour enfant à charge aux États-Unis.

Notes

1. Les coins fiscaux marginaux figurant dans les graphiques sont calculés d'une manière légèrement différente de celle adoptée pour les taux d'imposition marginaux figurant dans le reste de la publication Les Impôts sur les salaires. Dans cette publication, les taux marginaux sont généralement calculés en majorant les salaires bruts d'une unité monétaire (excepté pour le conjoint d'un couple marié disposant d'un seul salaire dont les gains augmentent de 33 % du salaire moyen). Cependant la démarche fondée sur l'ajout d'une unité monétaire exige que l'on calcule les taux marginaux pour chaque unité monétaire à l'intérieur de la tranche de revenu représentée dans les graphiques ; à défaut, il ne serait pas correct de relier les différents points de données dans la mesure où on ne disposerait pas des données pour les niveaux de revenu situés entre les différents points. Pour réduire le nombre de calculs à effectuer, les taux marginaux qui sont présentés dans les graphiques sont calculés en majorant les salaires bruts d'un point de pourcentage, au lieu d'une unité monétaire, si bien que chaque ligne du graphique se compose de 200 points de données.

Allemagne 2017 : décomposition du coin fiscal moyen

en fonction du salaire brut exprimé en % du salaire moyen

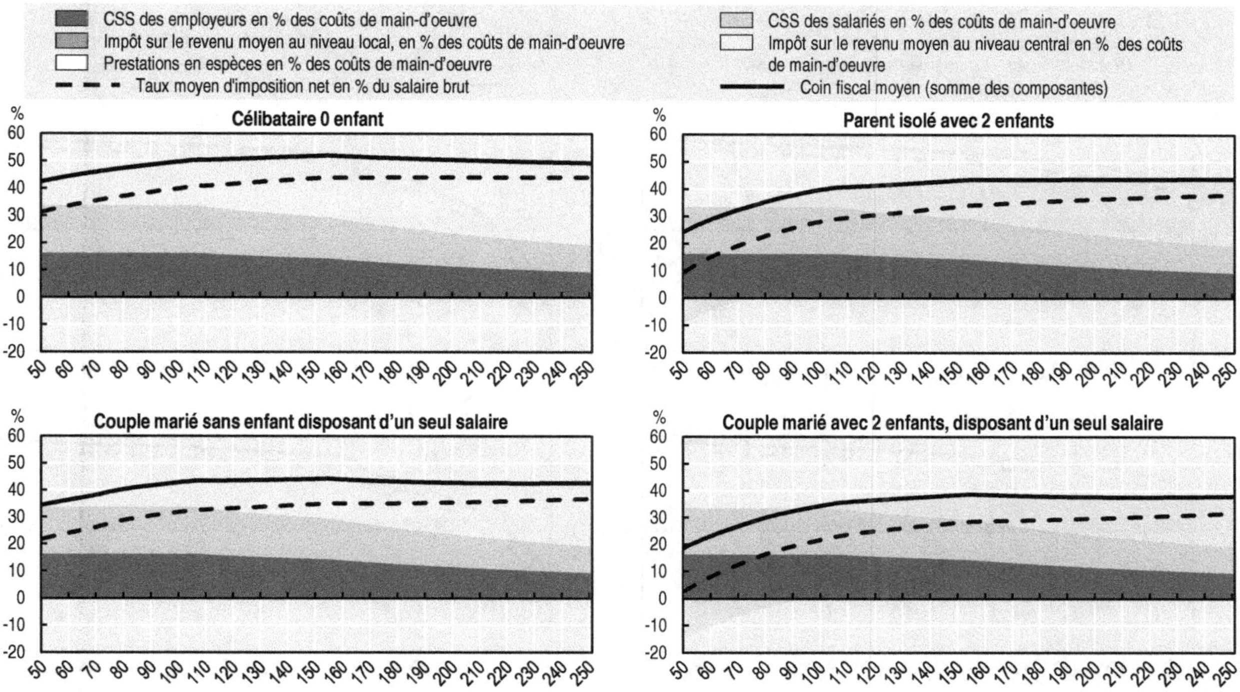

Allemagne 2017 : décomposition du coin fiscal marginal

en fonction du salaire brut exprimé en % du salaire moyen

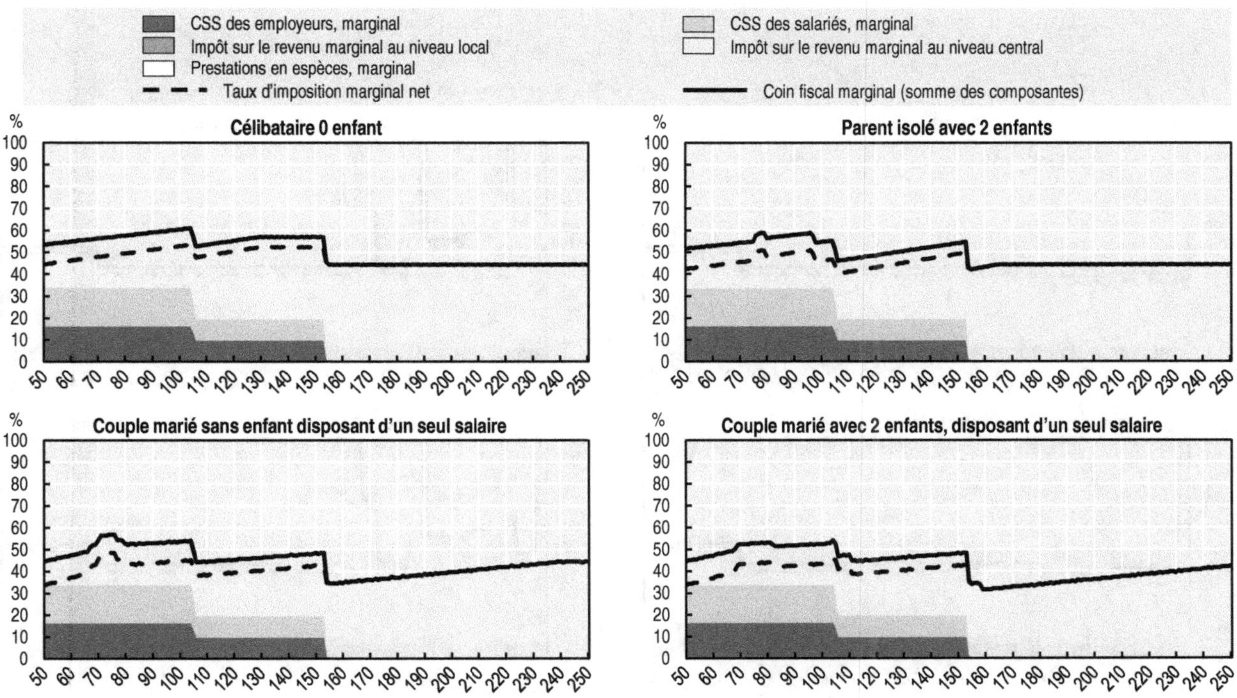

StatLink http://dx.doi.org/10.1787/888933699628

Australie 2017 : décomposition du coin fiscal moyen

en fonction du salaire brut exprimé en % du salaire moyen

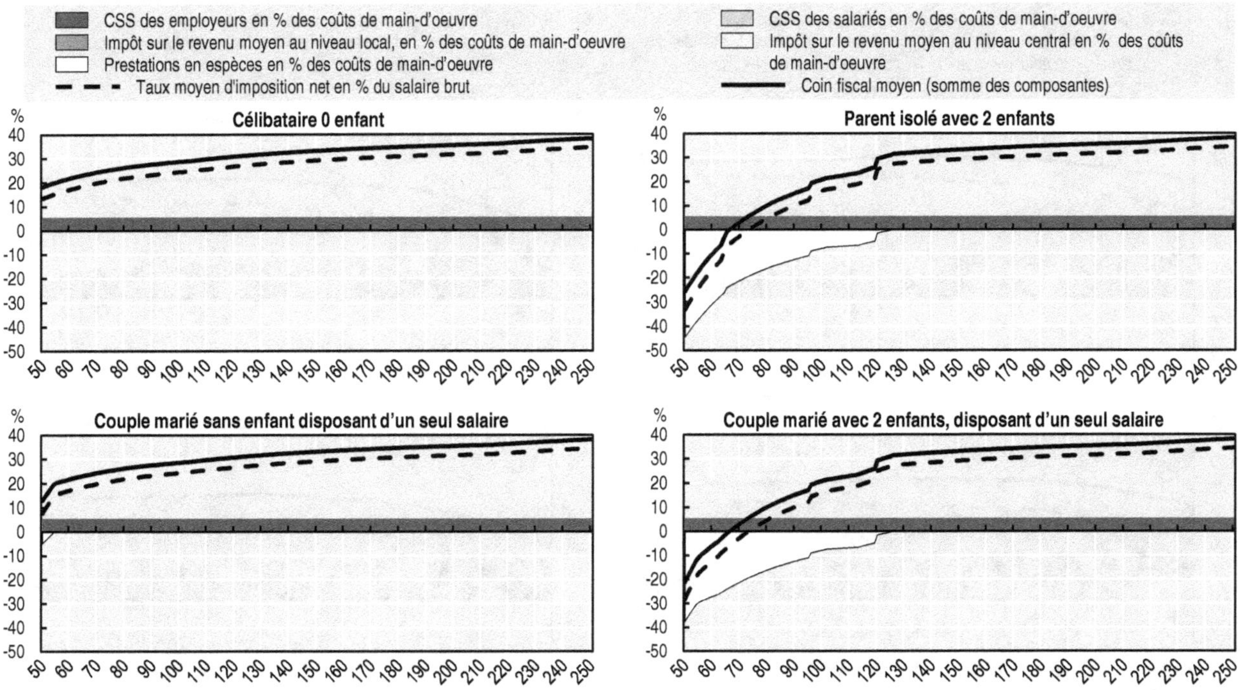

Australie 2017 : décomposition du coin fiscal marginal

en fonction du salaire brut exprimé en % du salaire moyen

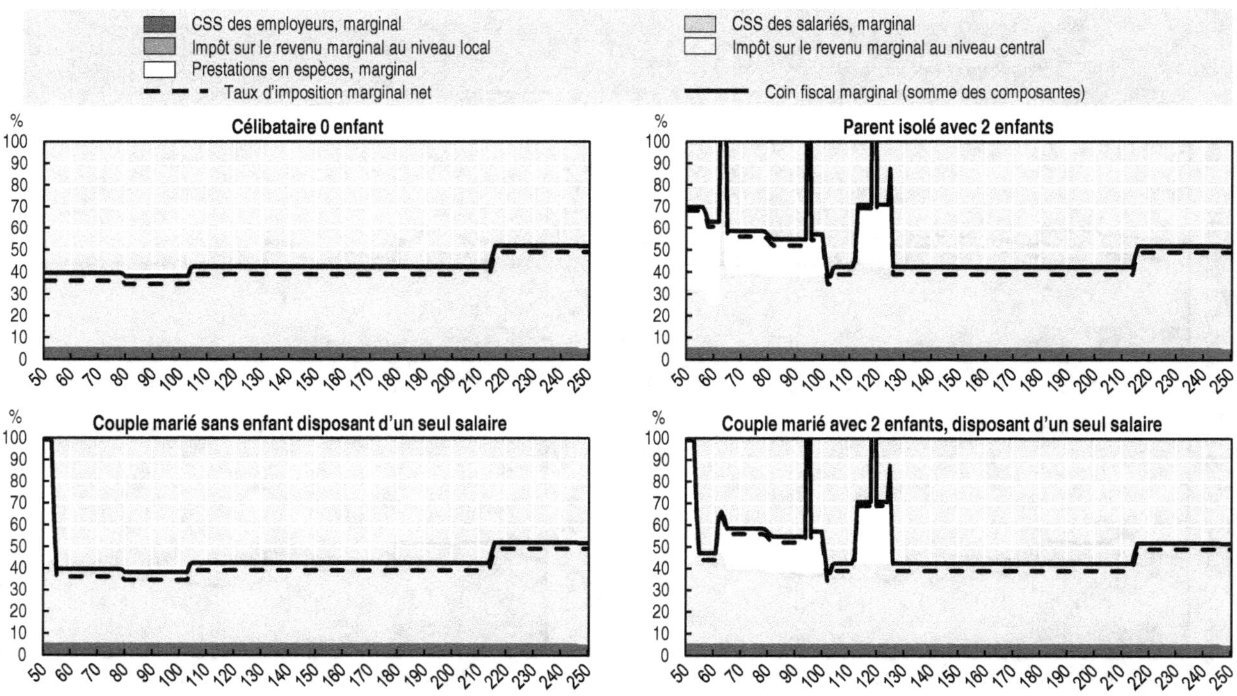

StatLink http://dx.doi.org/10.1787/888933699495

Autriche 2017 : décomposition du coin fiscal moyen

en fonction du salaire brut exprimé en % du salaire moyen

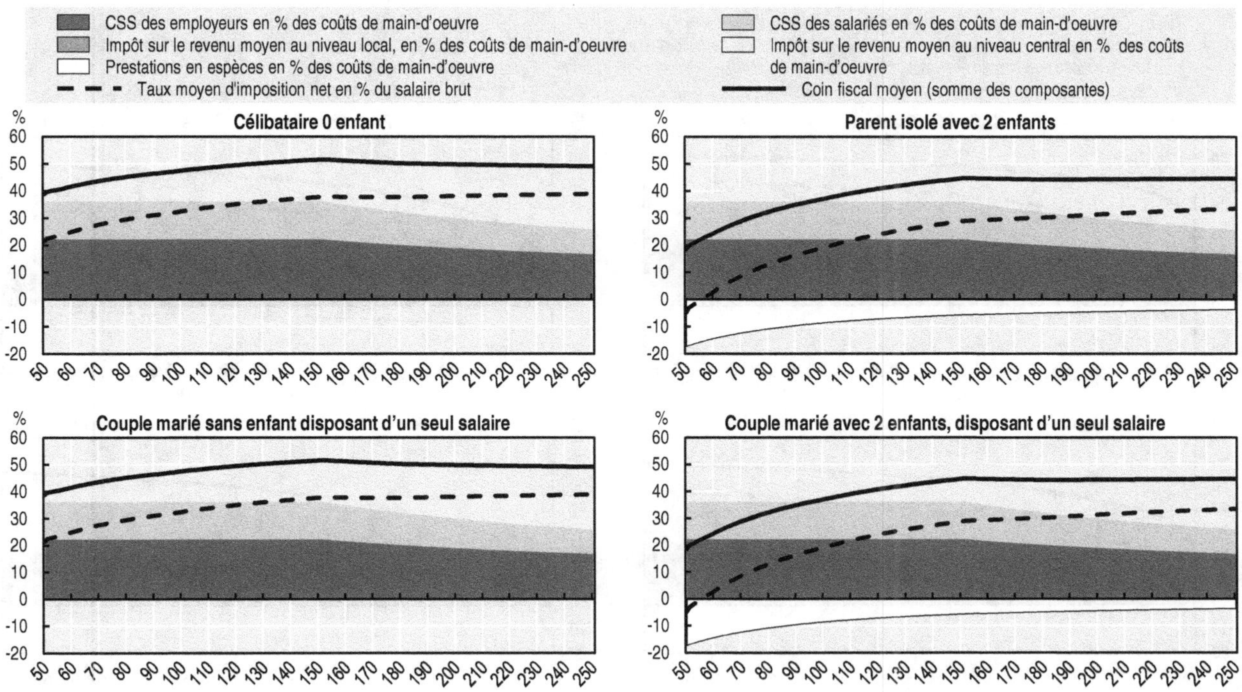

Autriche 2017 : décomposition du coin fiscal marginal

en fonction du salaire brut exprimé en % du salaire moyen

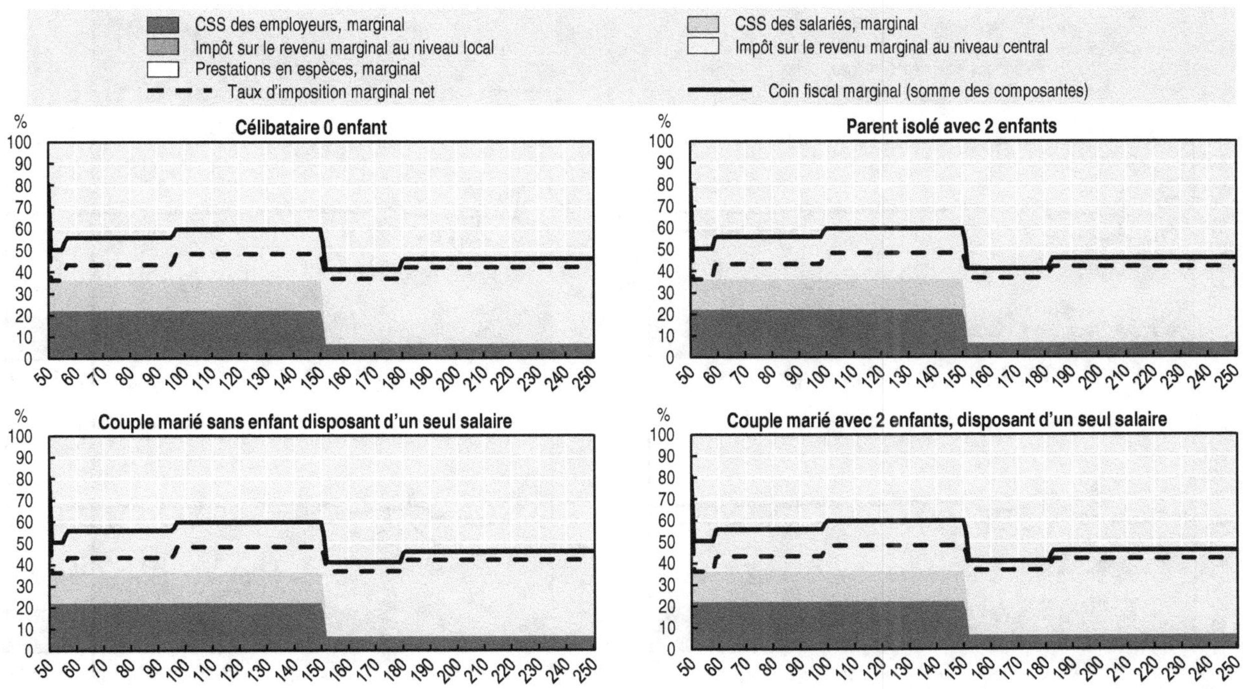

StatLink http://dx.doi.org/10.1787/888933699514

Belgique 2017 : décomposition du coin fiscal moyen

en fonction du salaire brut exprimé en % du salaire moyen

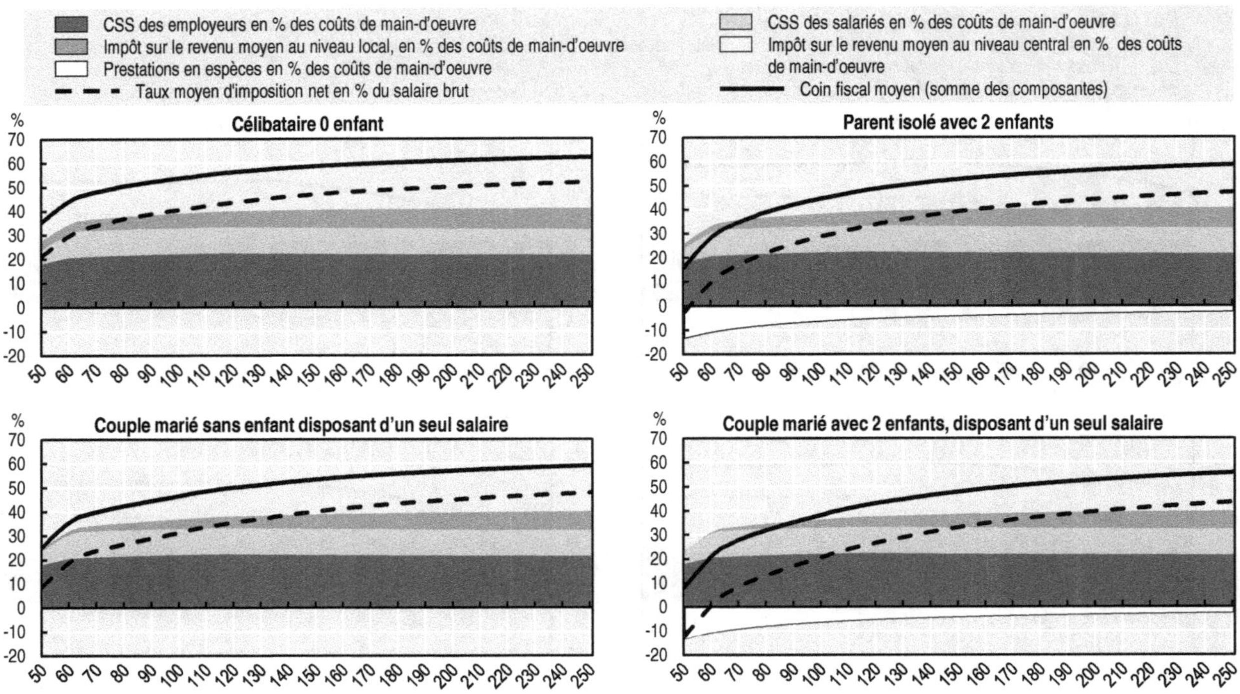

Belgique 2017 : décomposition du coin fiscal marginal

en fonction du salaire brut exprimé en % du salaire moyen

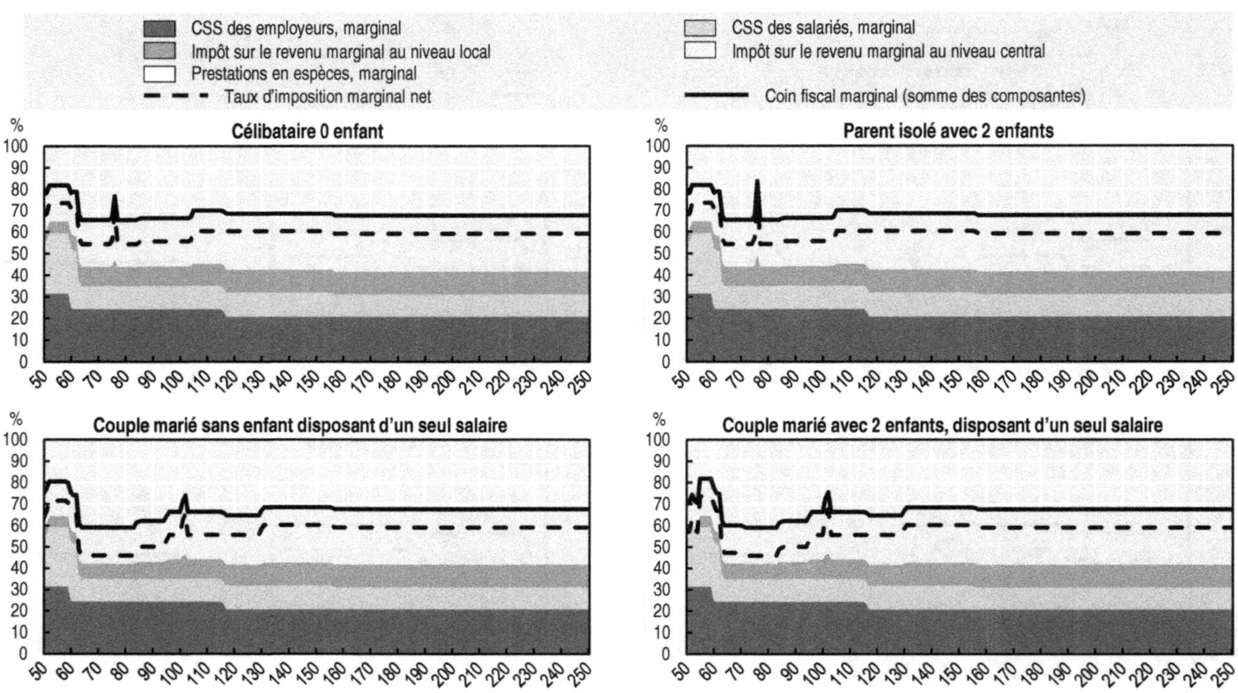

StatLink http://dx.doi.org/10.1787/888933699533

Canada 2017 : décomposition du coin fiscal moyen

en fonction du salaire brut exprimé en % du salaire moyen

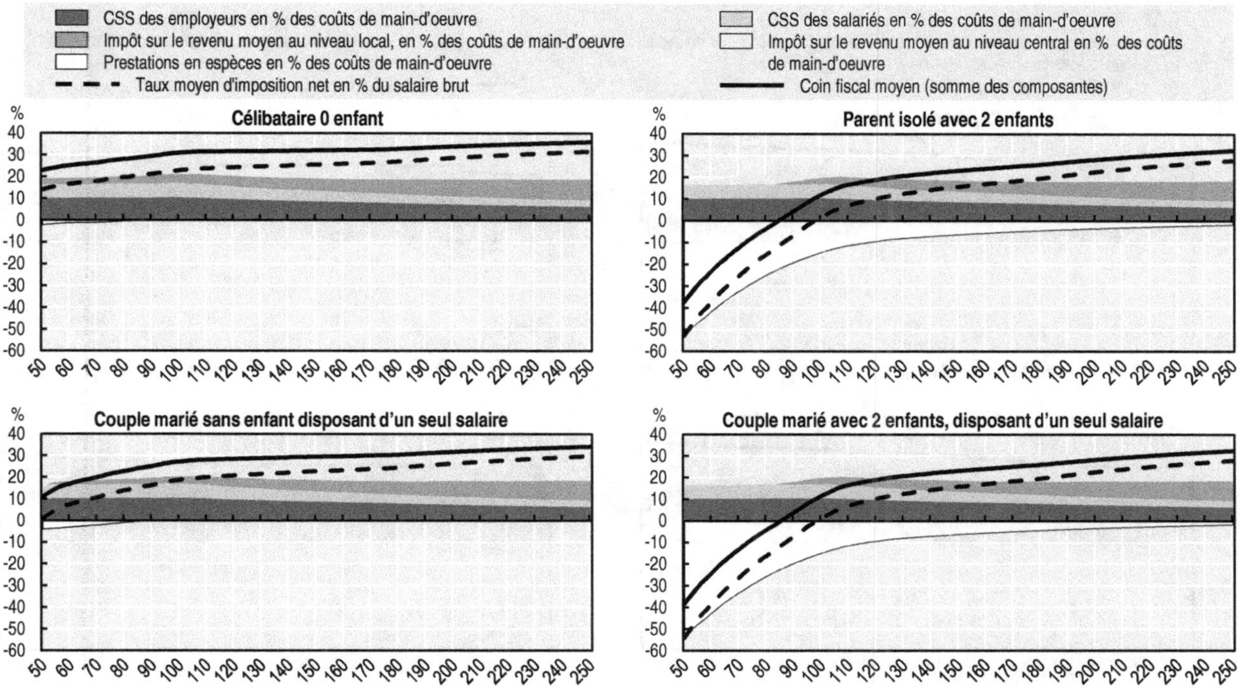

Canada 2017 : décomposition du coin fiscal marginal

en fonction du salaire brut exprimé en % du salaire moyen

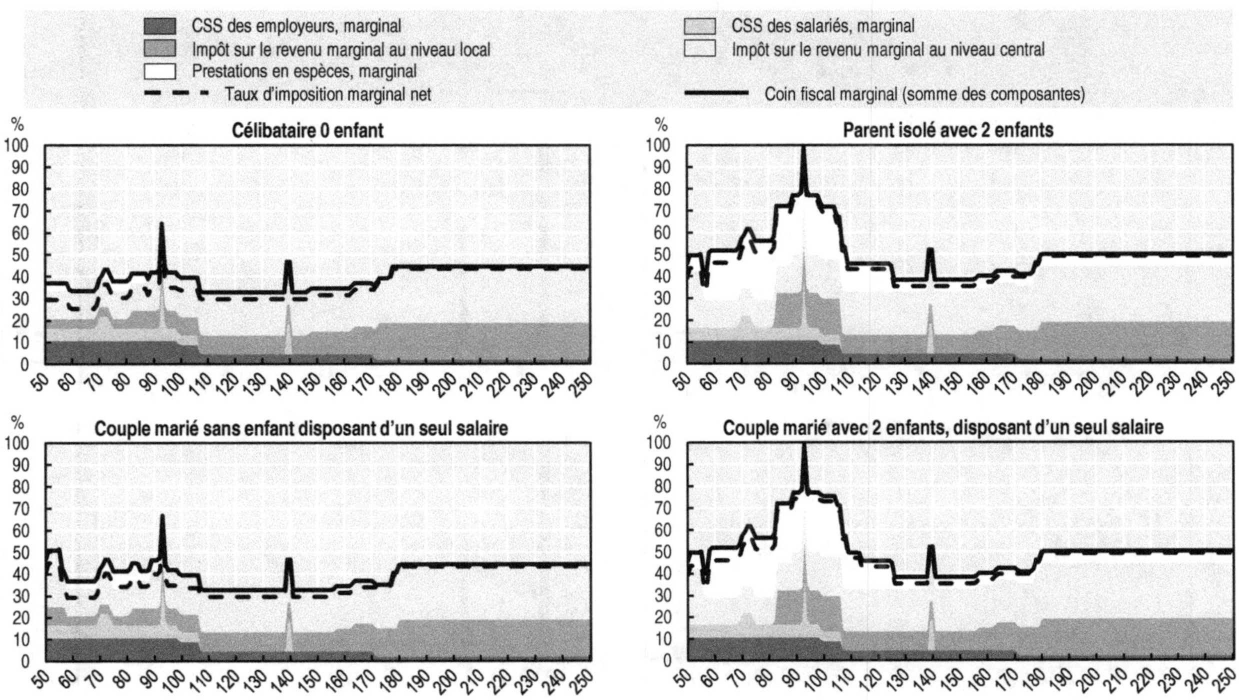

StatLink http://dx.doi.org/10.1787/888933699552

Chili 2017 : décomposition du coin fiscal moyen

en fonction du salaire brut exprimé en % du salaire moyen

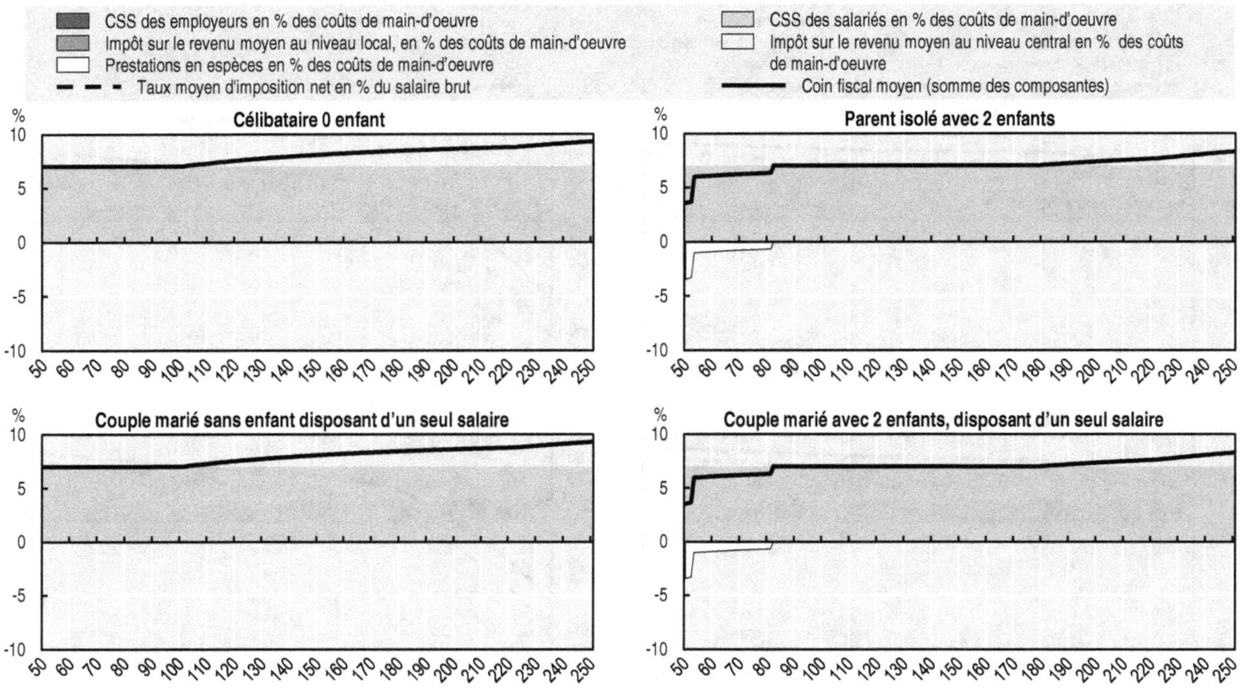

Chili 2017 : décomposition du coin fiscal marginal

en fonction du salaire brut exprimé en % du salaire moyen

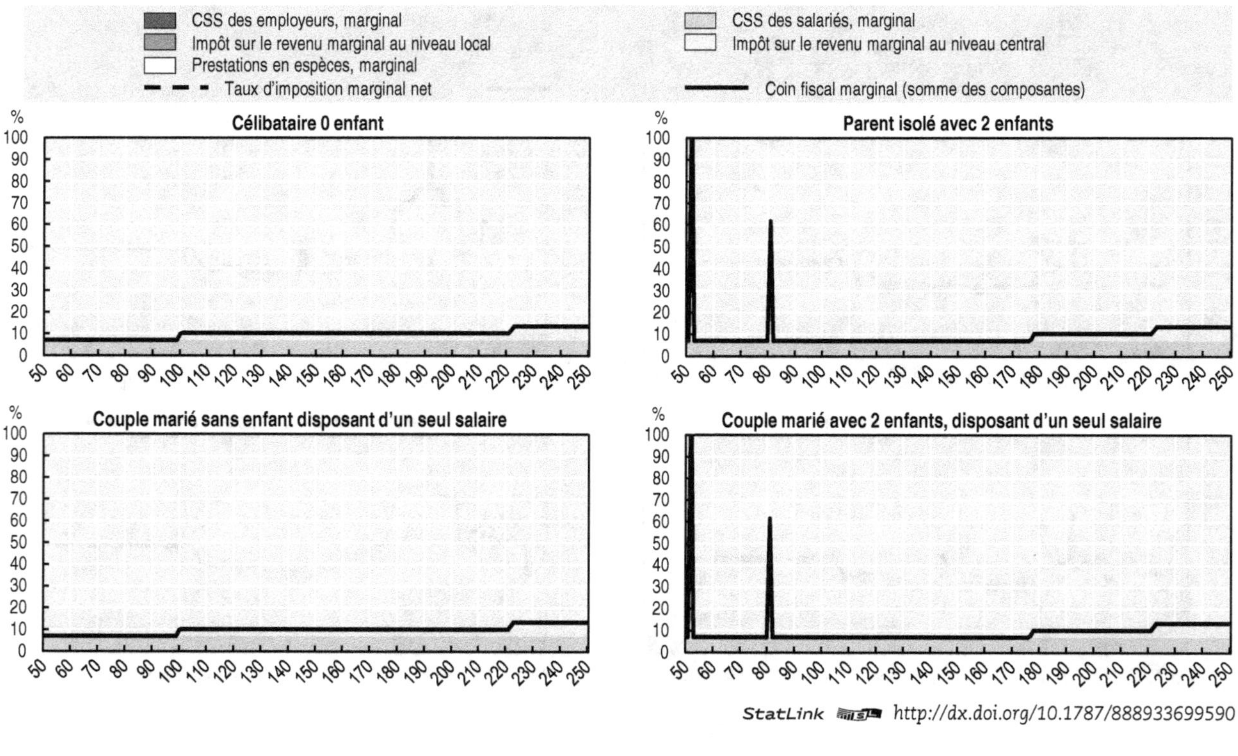

StatLink http://dx.doi.org/10.1787/888933699590

Corée 2017 : décomposition du coin fiscal moyen

en fonction du salaire brut exprimé en % du salaire moyen

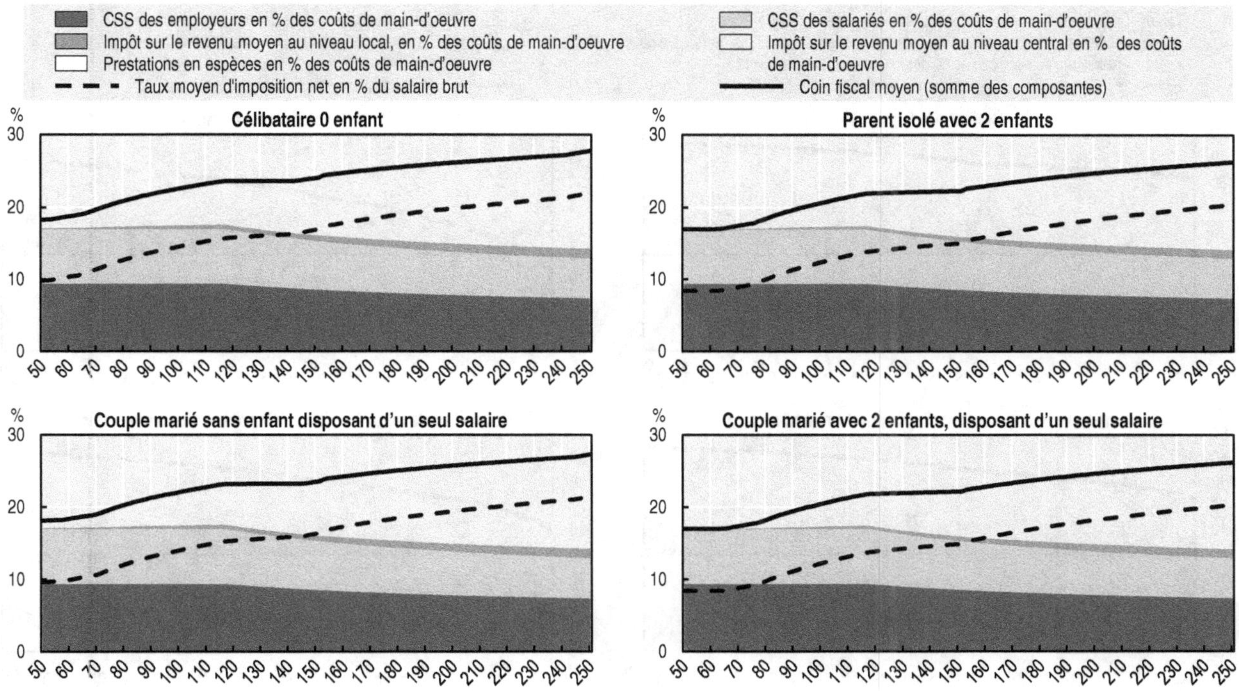

Corée 2017 : décomposition du coin fiscal marginal

en fonction du salaire brut exprimé en % du salaire moyen

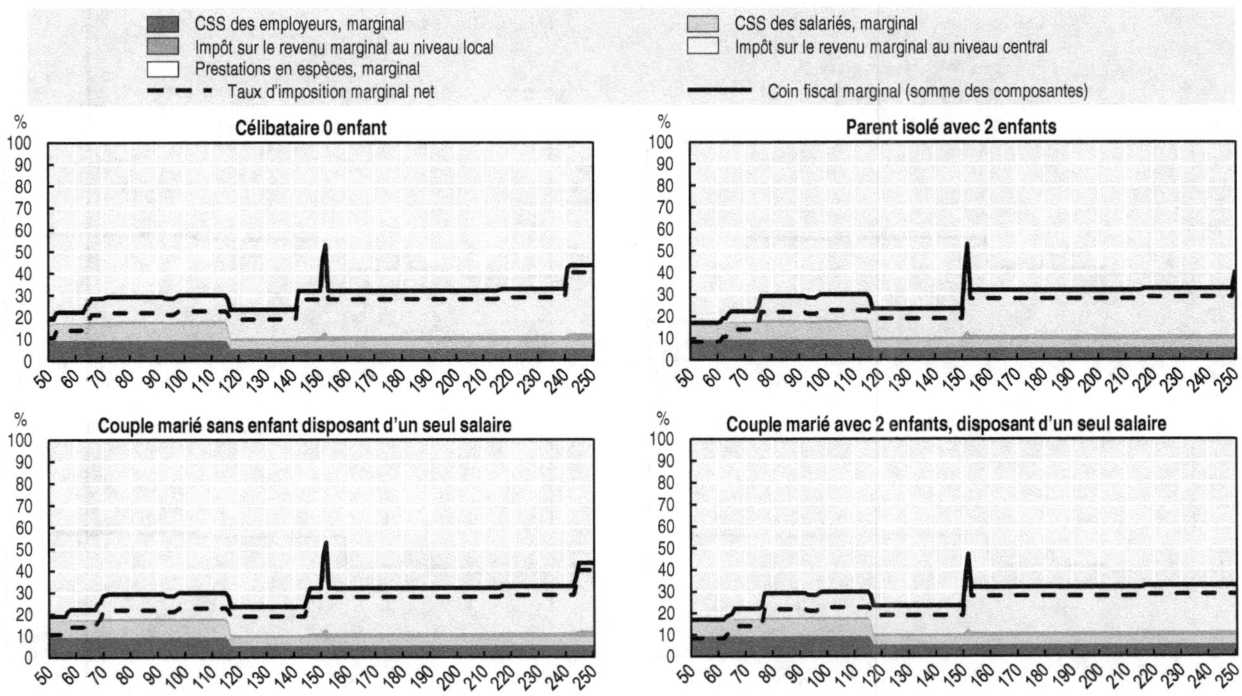

StatLink http://dx.doi.org/10.1787/888933699856

Danemark 2017 : décomposition du coin fiscal moyen

en fonction du salaire brut exprimé en % du salaire moyen

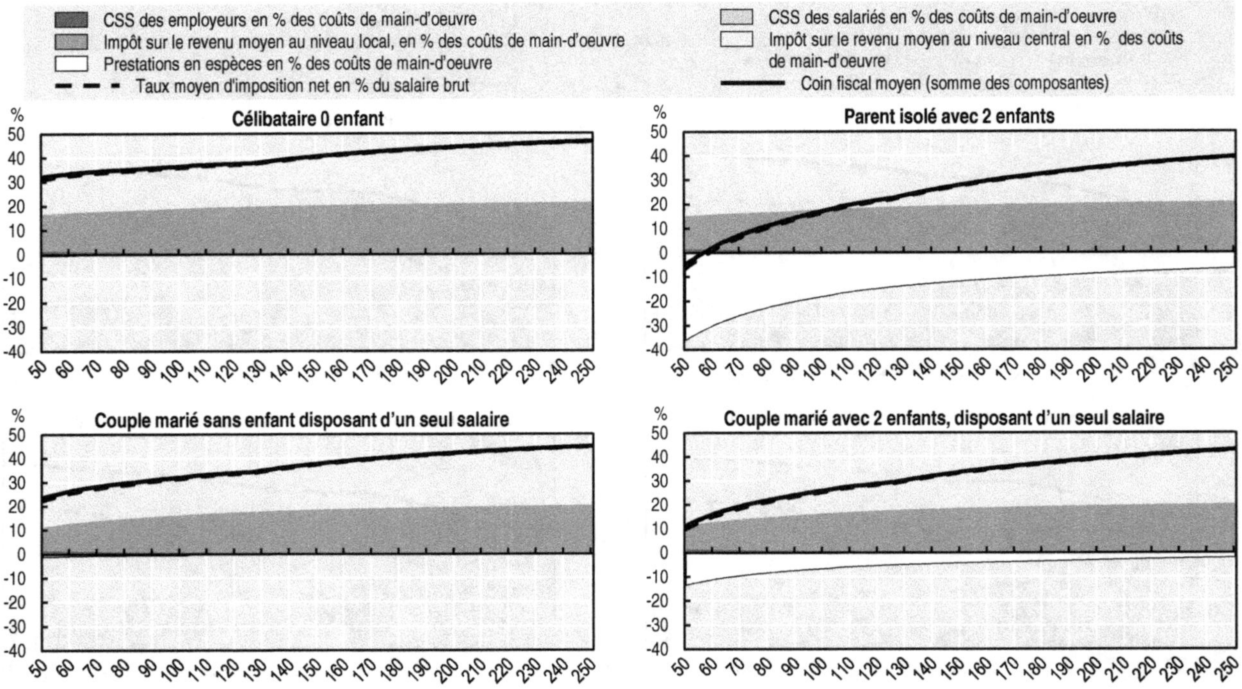

Danemark 2017 : décomposition du coin fiscal marginal

en fonction du salaire brut exprimé en % du salaire moyen

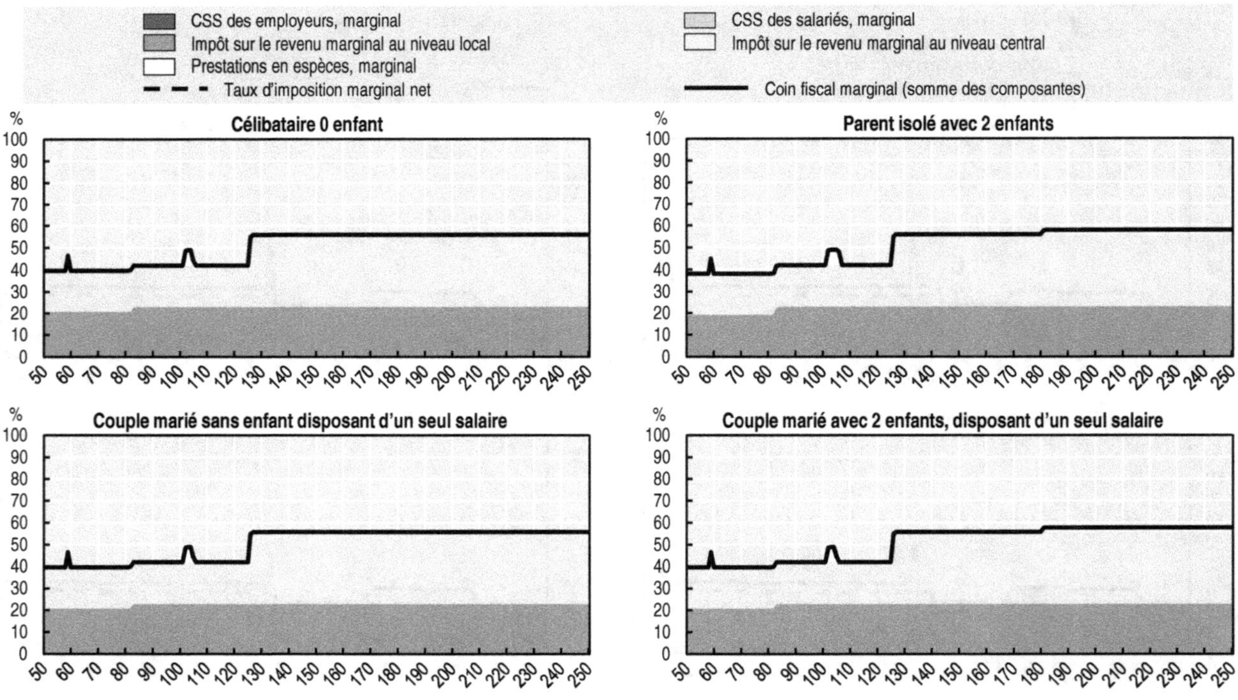

StatLink http://dx.doi.org/10.1787/888933699647

Espagne 2017 : décomposition du coin fiscal moyen

en fonction du salaire brut exprimé en % du salaire moyen

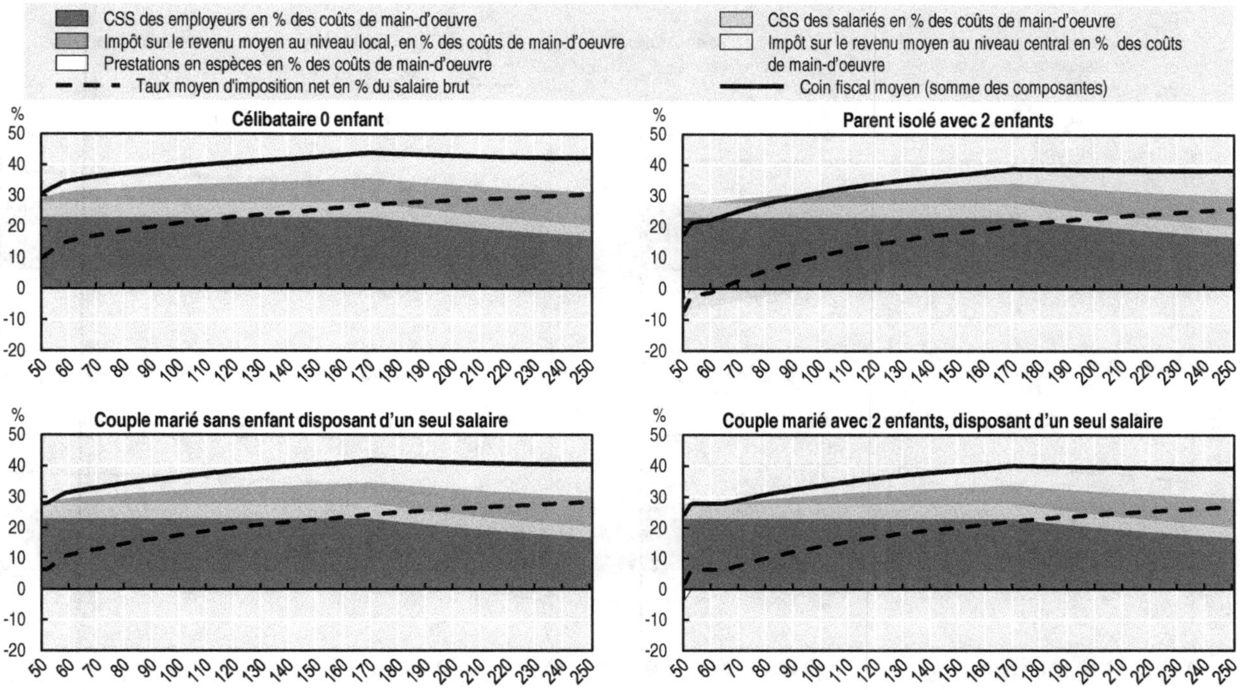

Espagne 2017 : décomposition du coin fiscal marginal

en fonction du salaire brut exprimé en % du salaire moyen

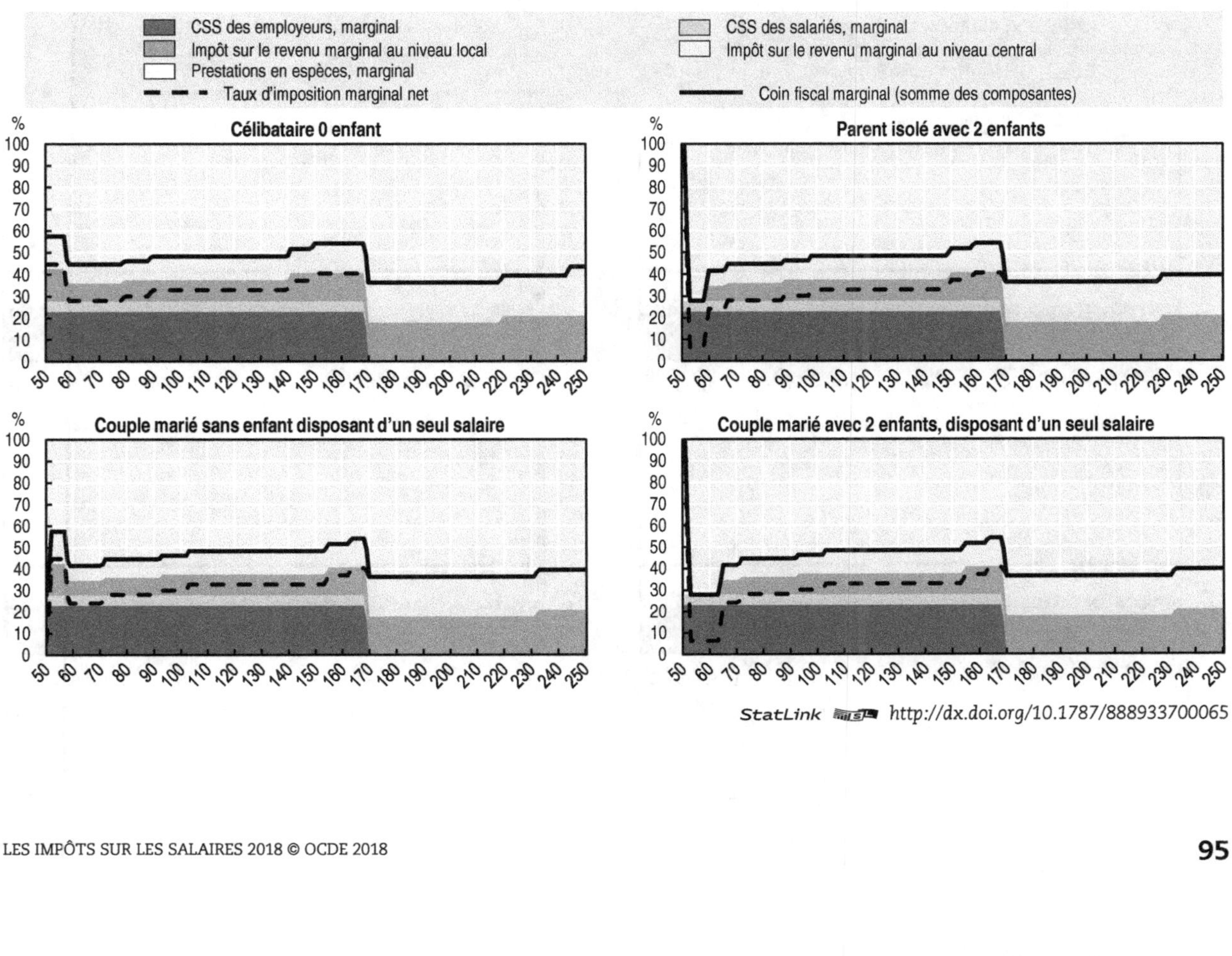

StatLink http://dx.doi.org/10.1787/888933700065

Estonie 2017 : décomposition du coin fiscal moyen

en fonction du salaire brut exprimé en % du salaire moyen

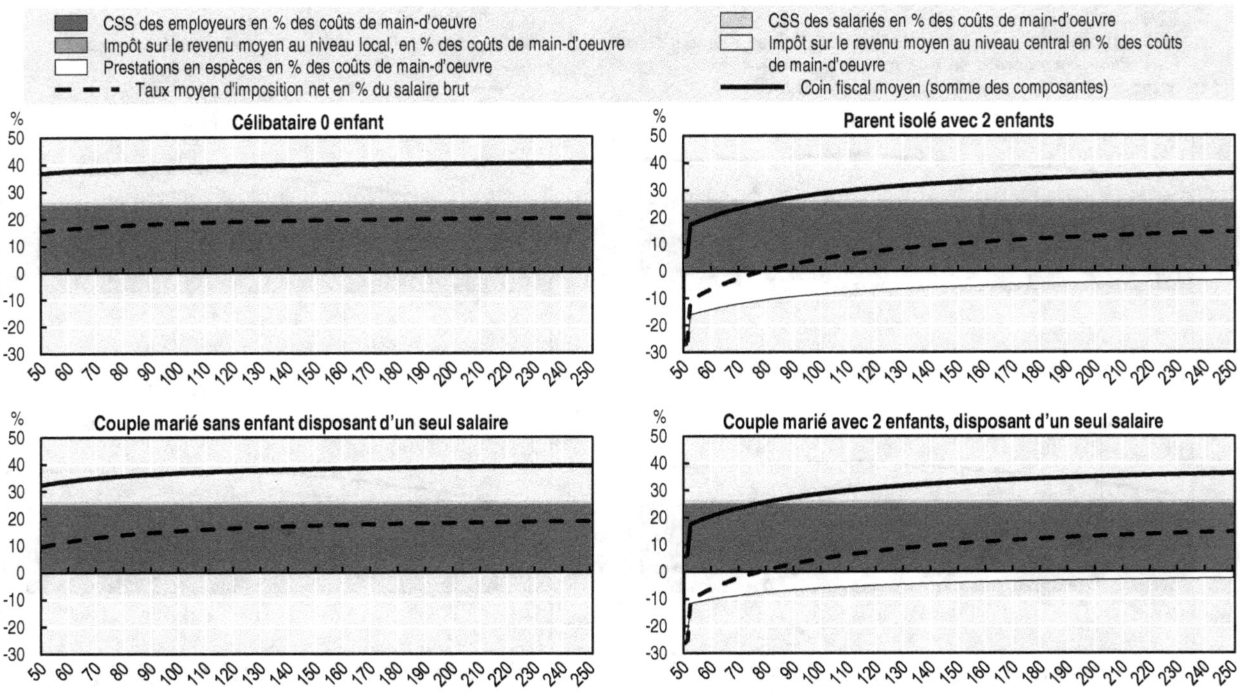

Estonie 2017 : décomposition du coin fiscal marginal

en fonction du salaire brut exprimé en % du salaire moyen

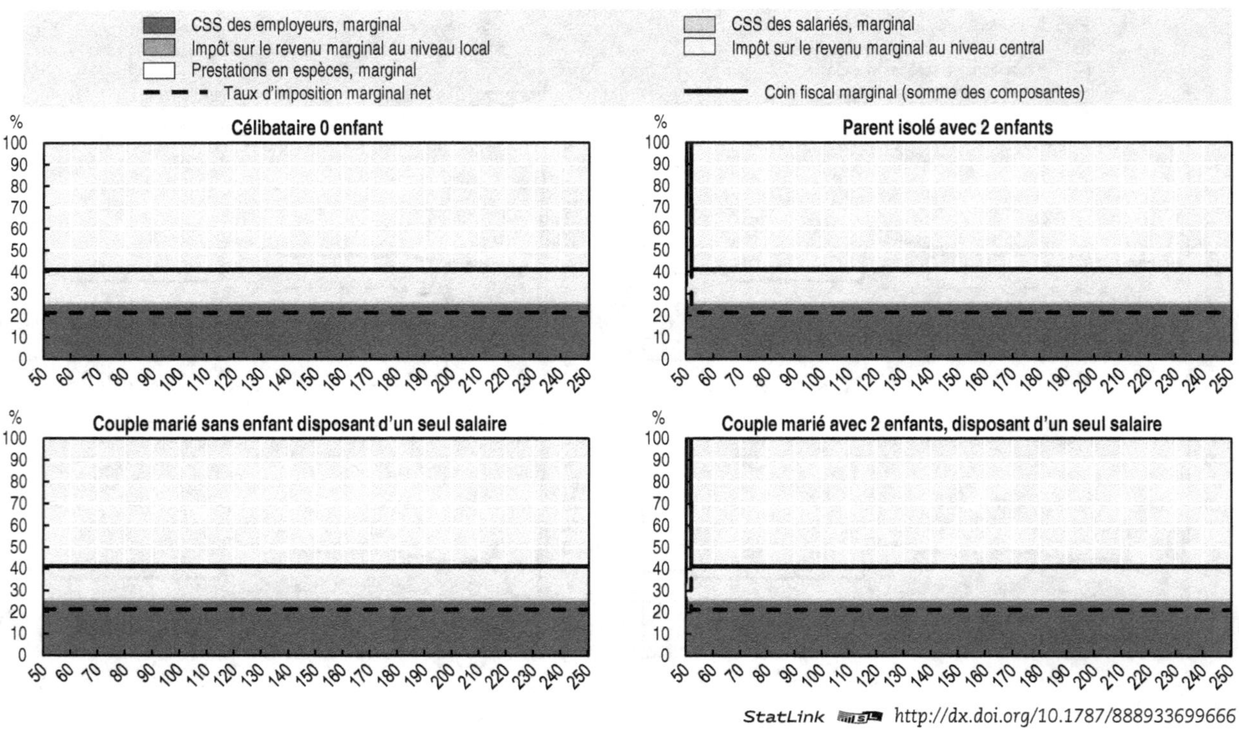

StatLink http://dx.doi.org/10.1787/888933699666

États-Unis 2017 : décomposition du coin fiscal moyen

en fonction du salaire brut exprimé en % du salaire moyen

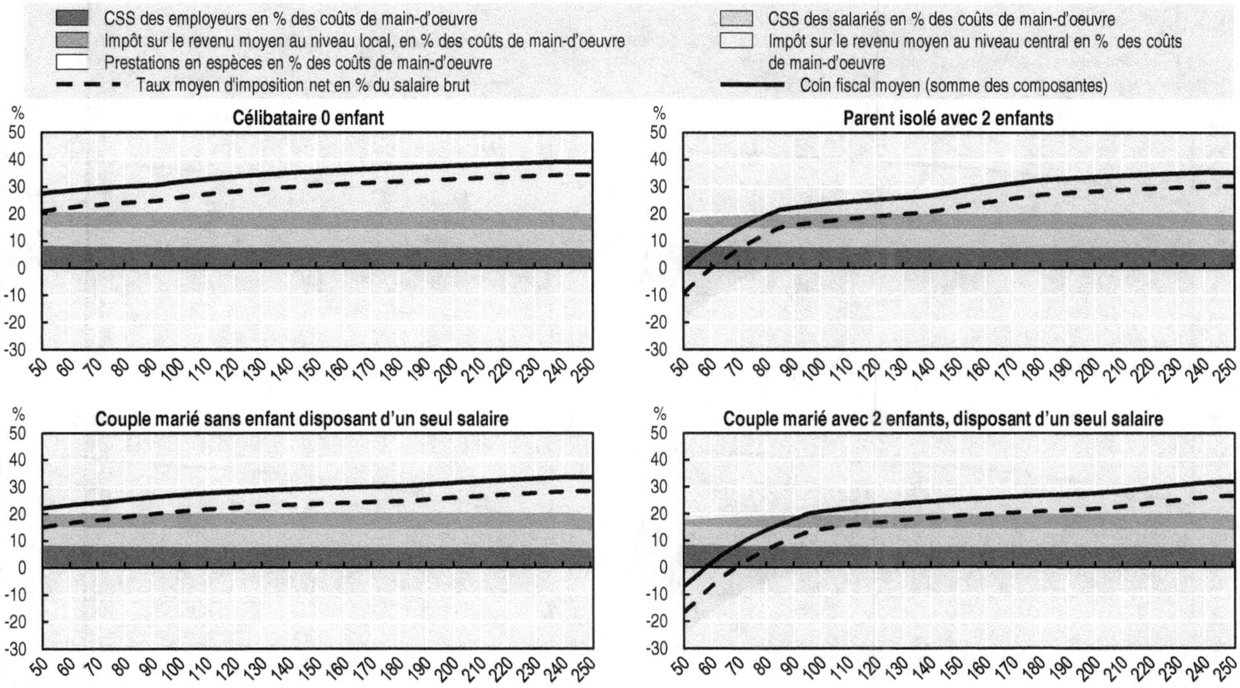

États-Unis 2017 : décomposition du coin fiscal marginal

en fonction du salaire brut exprimé en % du salaire moyen

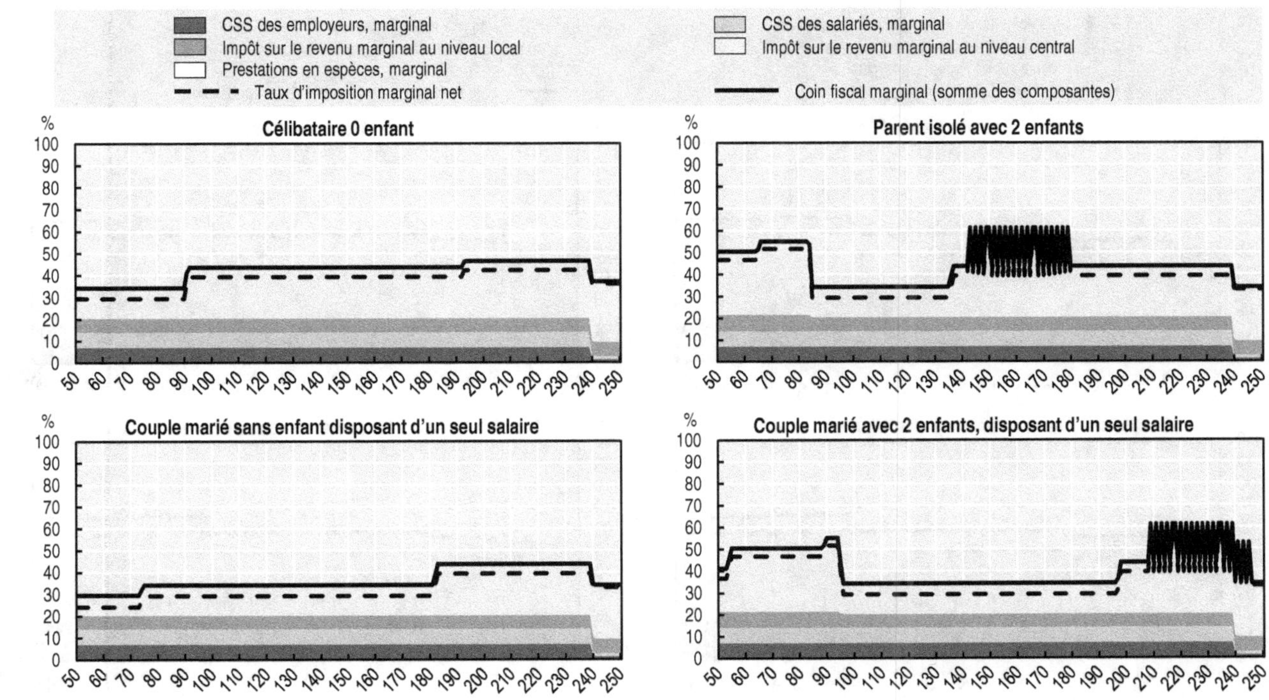

StatLink http://dx.doi.org/10.1787/888933700141

Finlande 2017 : décomposition du coin fiscal moyen

en fonction du salaire brut exprimé en % du salaire moyen

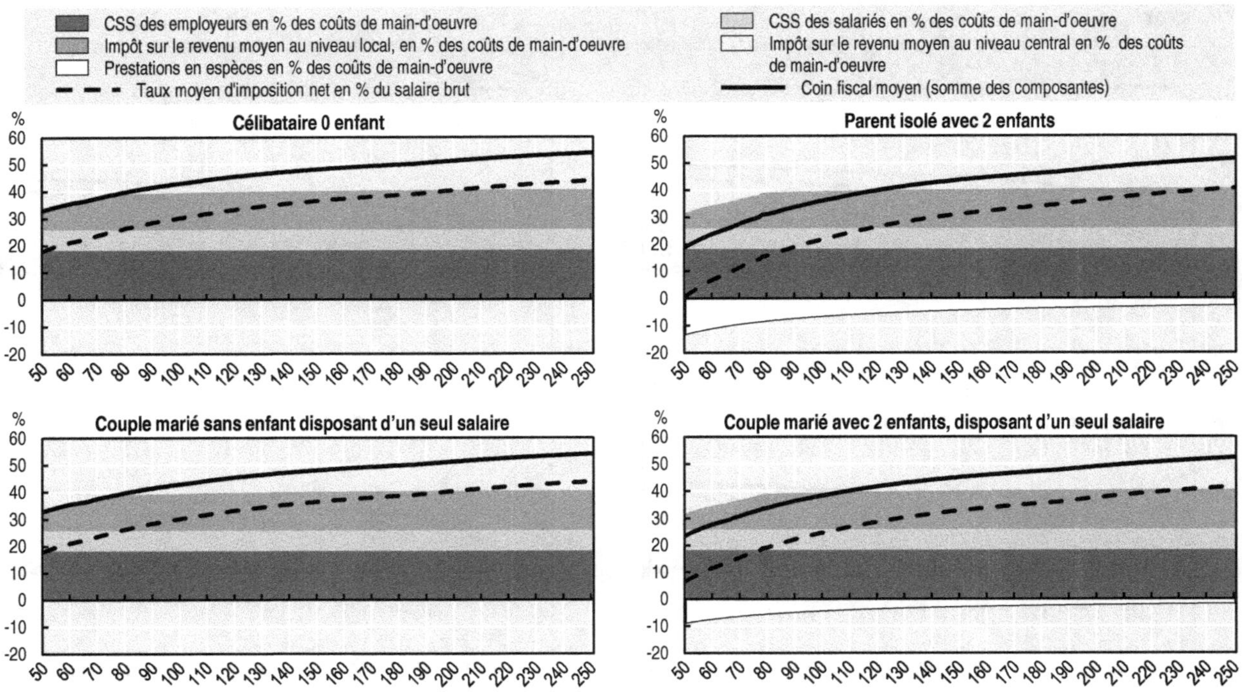

Finlande 2017 : décomposition du coin fiscal marginal

en fonction du salaire brut exprimé en % du salaire moyen

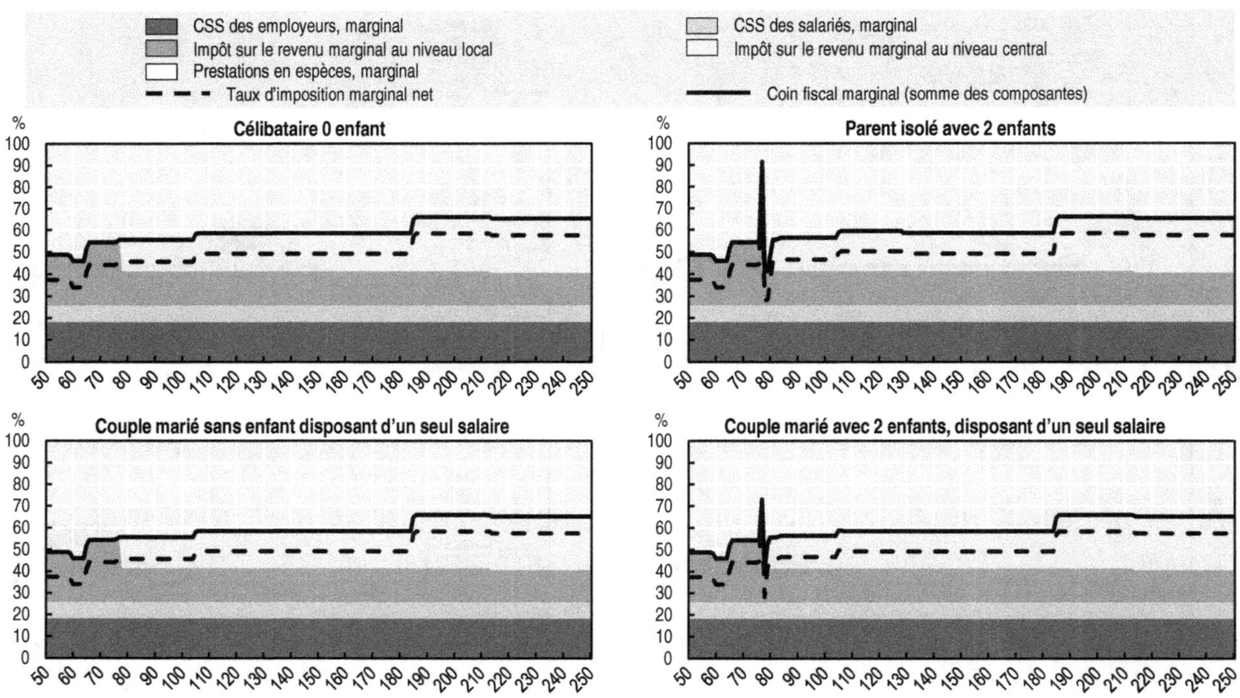

StatLink http://dx.doi.org/10.1787/888933699685

France 2017 : décomposition du coin fiscal moyen

en fonction du salaire brut exprimé en % du salaire moyen

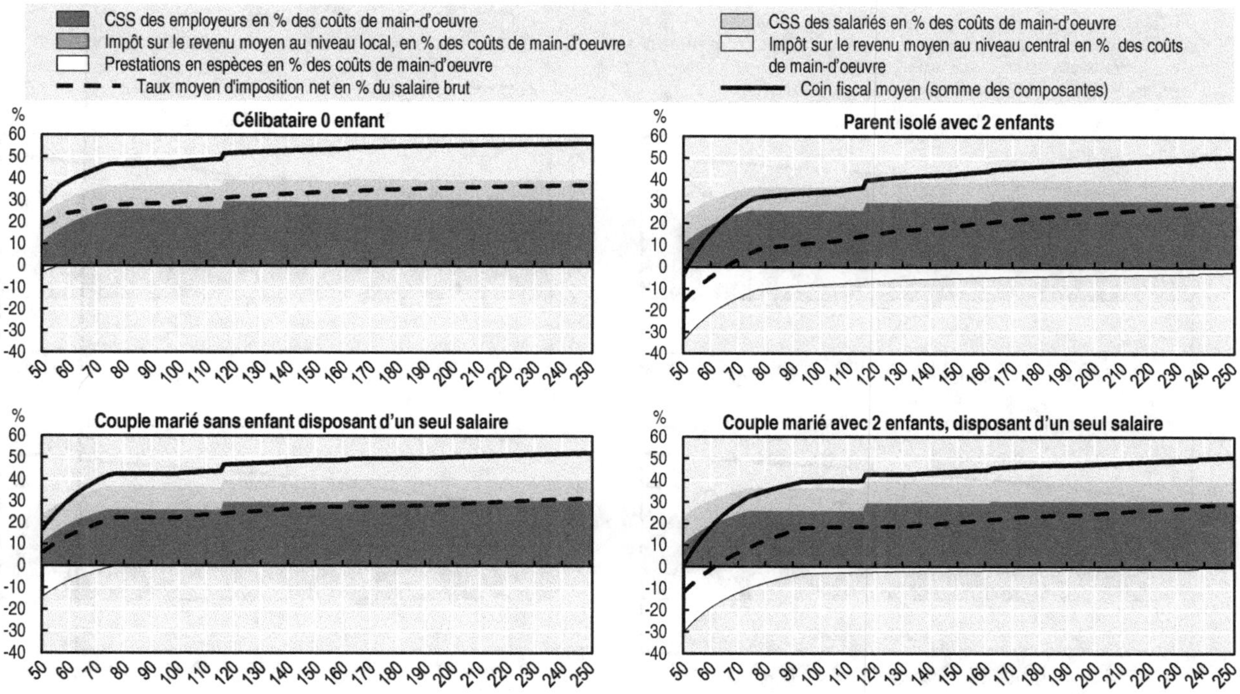

France 2017 : décomposition du coin fiscal marginal

en fonction du salaire brut exprimé en % du salaire moyen

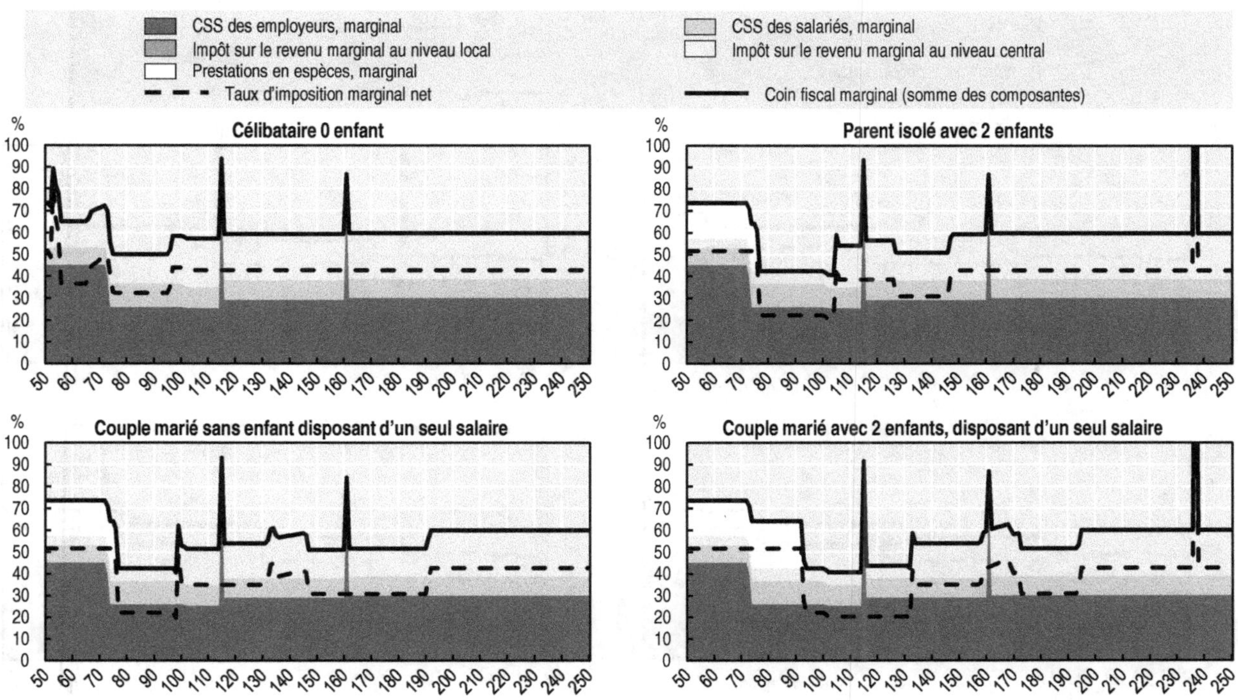

StatLink http://dx.doi.org/10.1787/888933699704

Grèce 2017 : décomposition du coin fiscal moyen

en fonction du salaire brut exprimé en % du salaire moyen

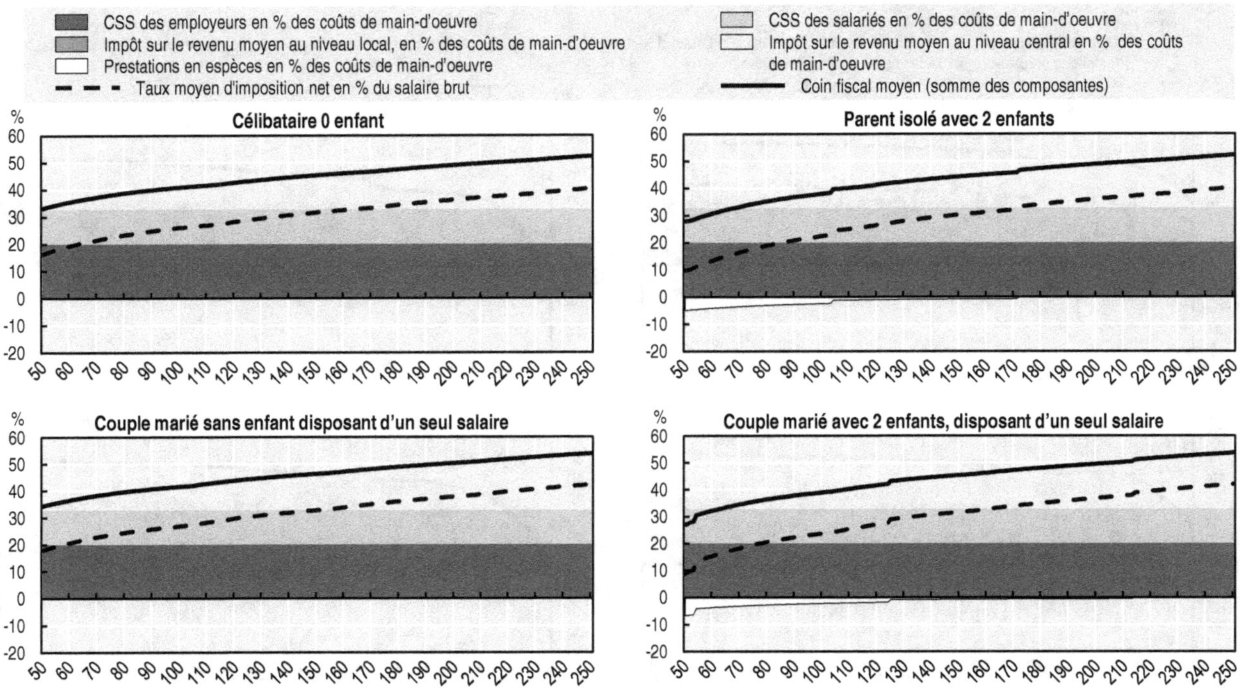

Grèce 2017 : décomposition du coin fiscal marginal

en fonction du salaire brut exprimé en % du salaire moyen

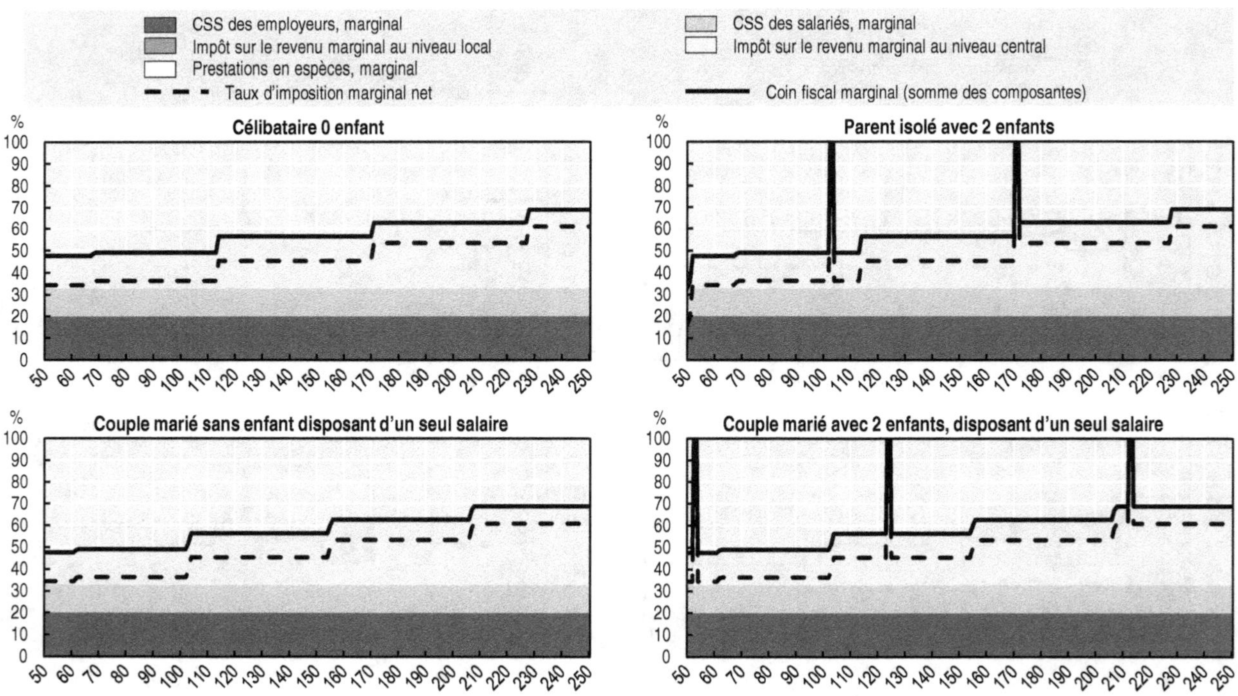

StatLink http://dx.doi.org/10.1787/888933699723

Hongrie 2017 : décomposition du coin fiscal moyen

en fonction du salaire brut exprimé en % du salaire moyen

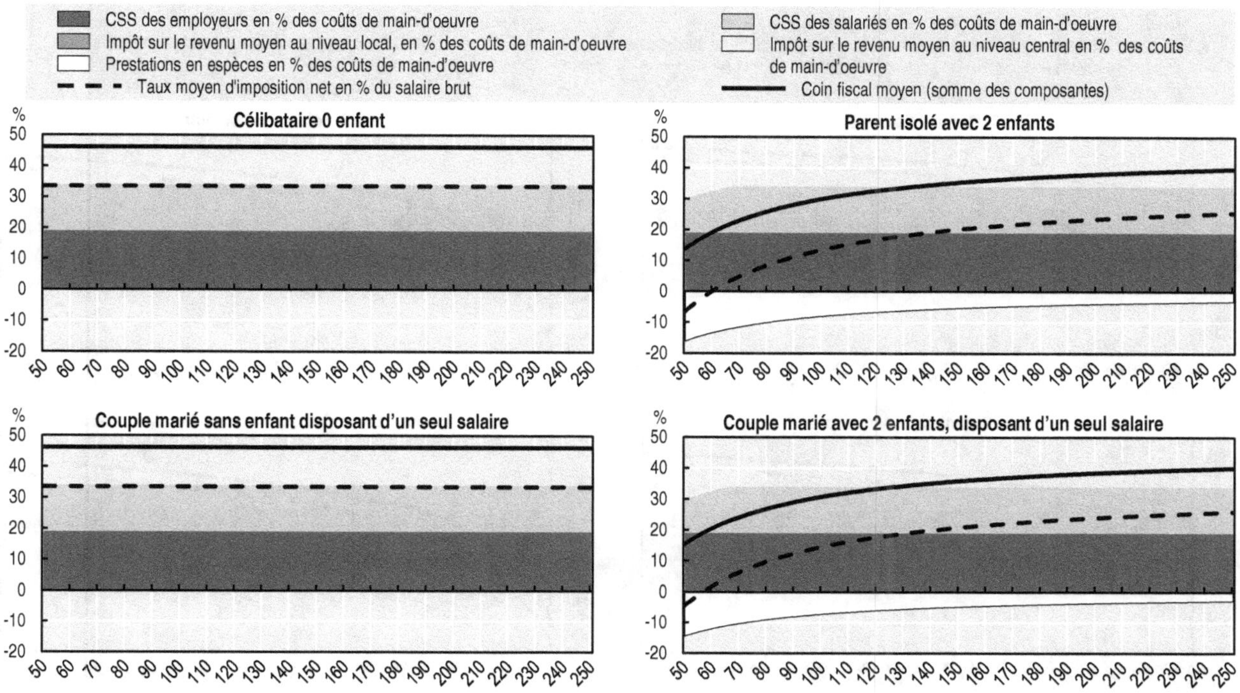

Hongrie 2017 : décomposition du coin fiscal marginal

en fonction du salaire brut exprimé en % du salaire moyen

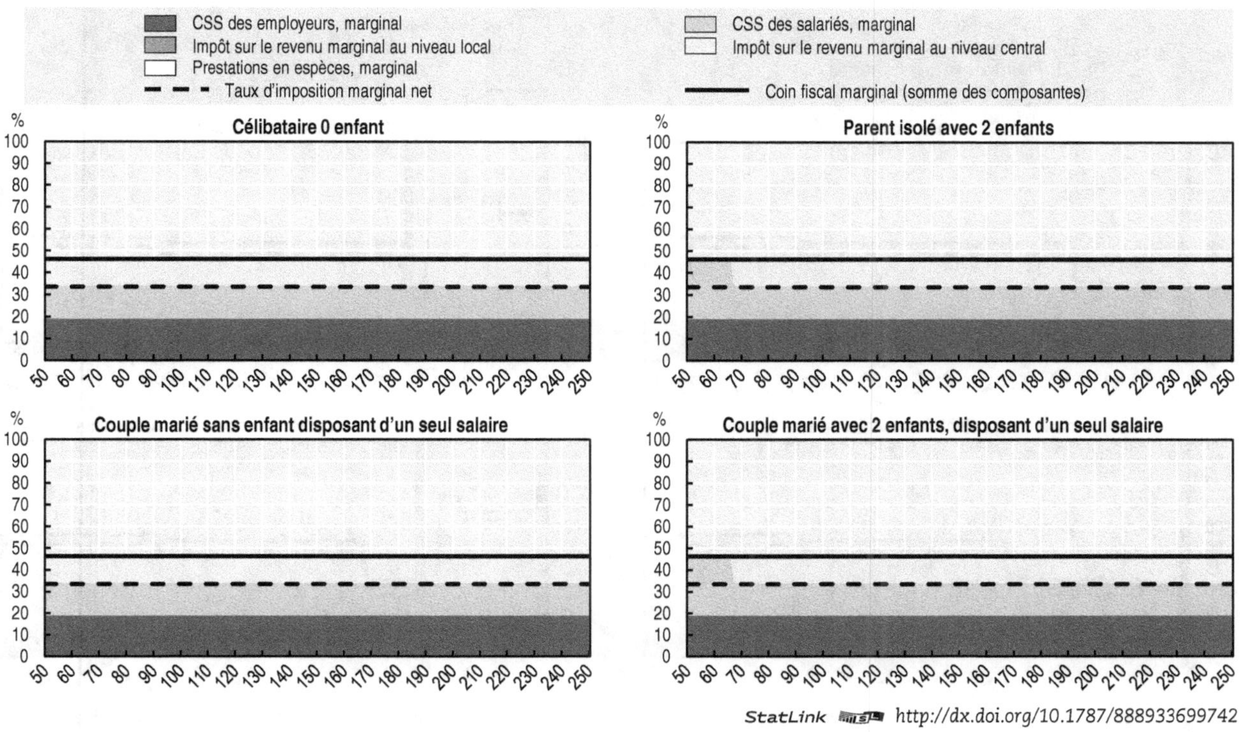

StatLink http://dx.doi.org/10.1787/888933699742

Irlande 2017 : décomposition du coin fiscal moyen

en fonction du salaire brut exprimé en % du salaire moyen

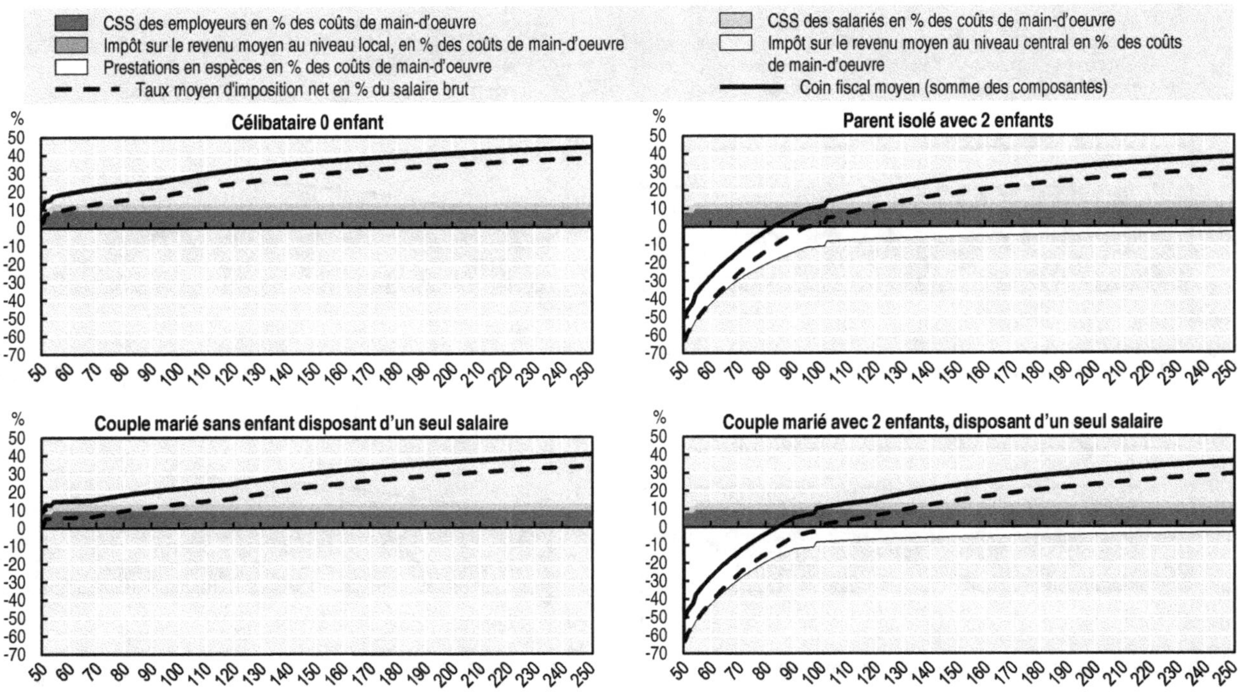

Irlande 2017 : décomposition du coin fiscal marginal

en fonction du salaire brut exprimé en % du salaire moyen

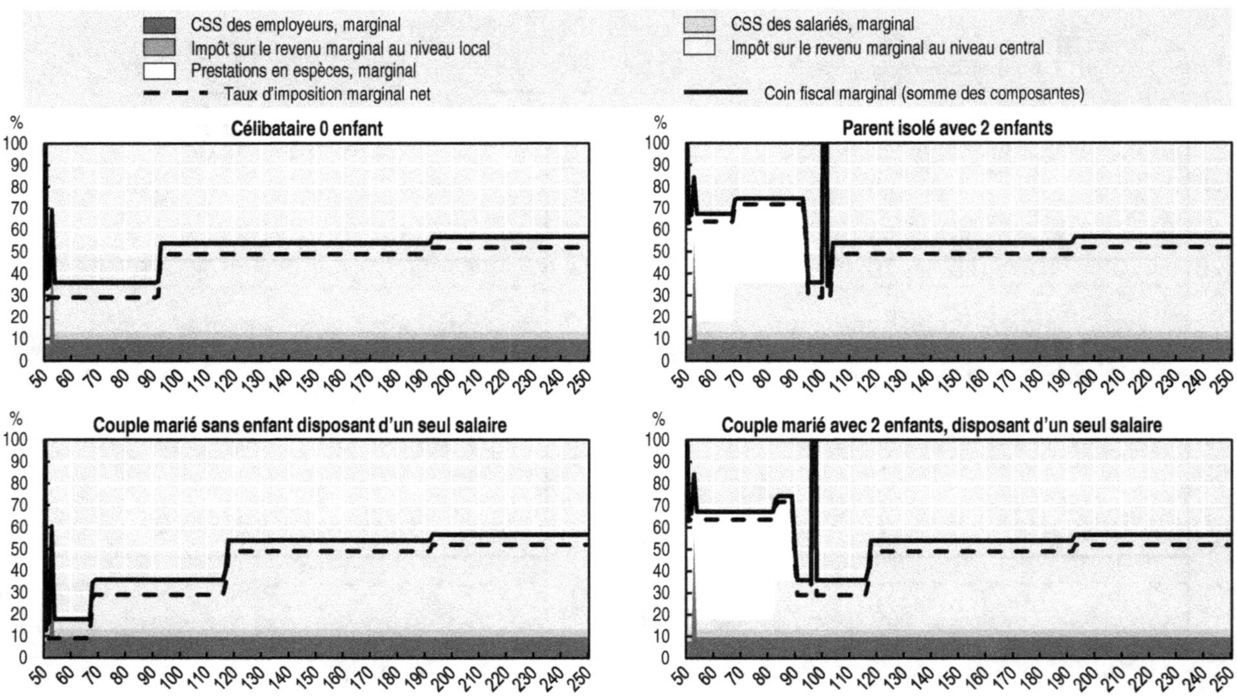

StatLink http://dx.doi.org/10.1787/888933699761

Islande 2017 : décomposition du coin fiscal moyen

en fonction du salaire brut exprimé en % du salaire moyen

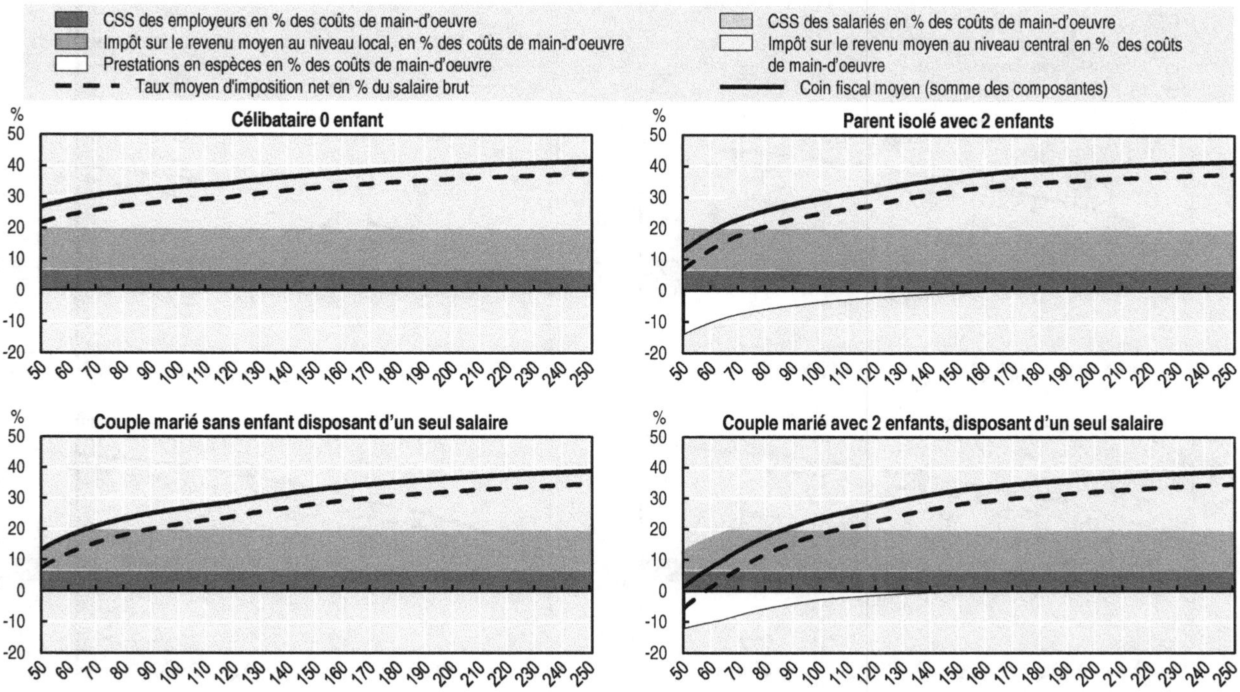

Islande 2017 : décomposition du coin fiscal marginal

en fonction du salaire brut exprimé en % du salaire moyen

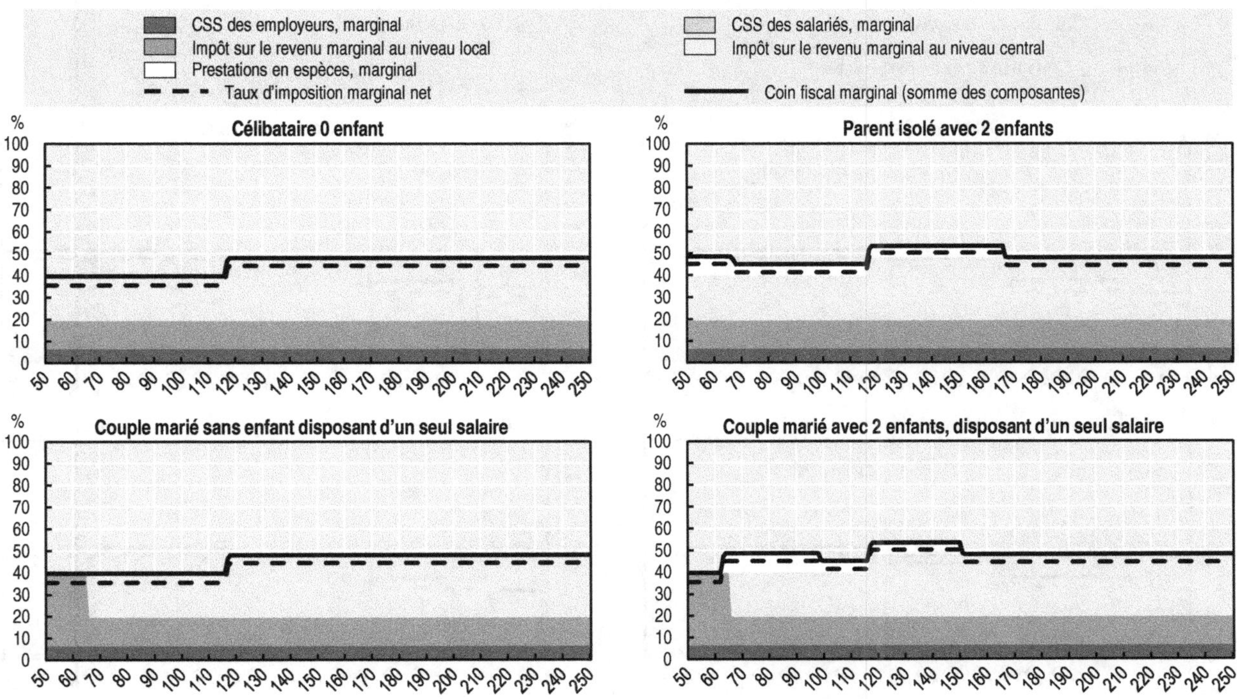

StatLink http://dx.doi.org/10.1787/888933699780

Israël 2017 : décomposition du coin fiscal moyen

en fonction du salaire brut exprimé en % du salaire moyen

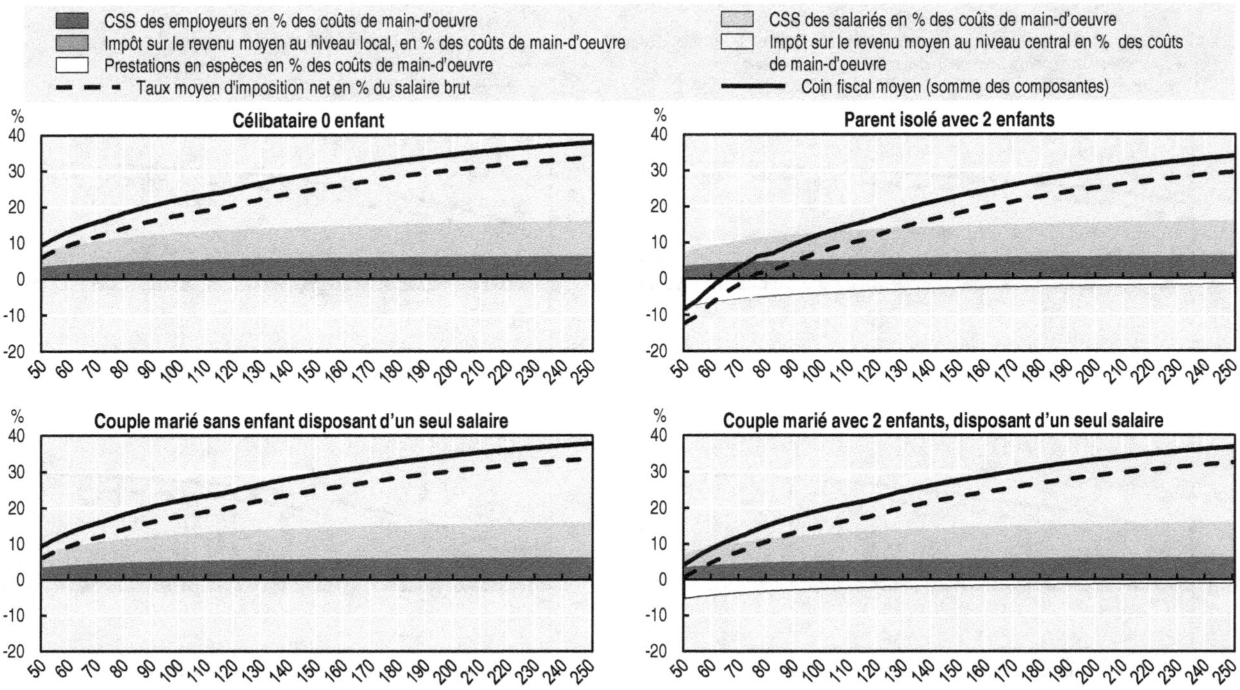

Israël 2017 : décomposition du coin fiscal marginal

en fonction du salaire brut exprimé en % du salaire moyen

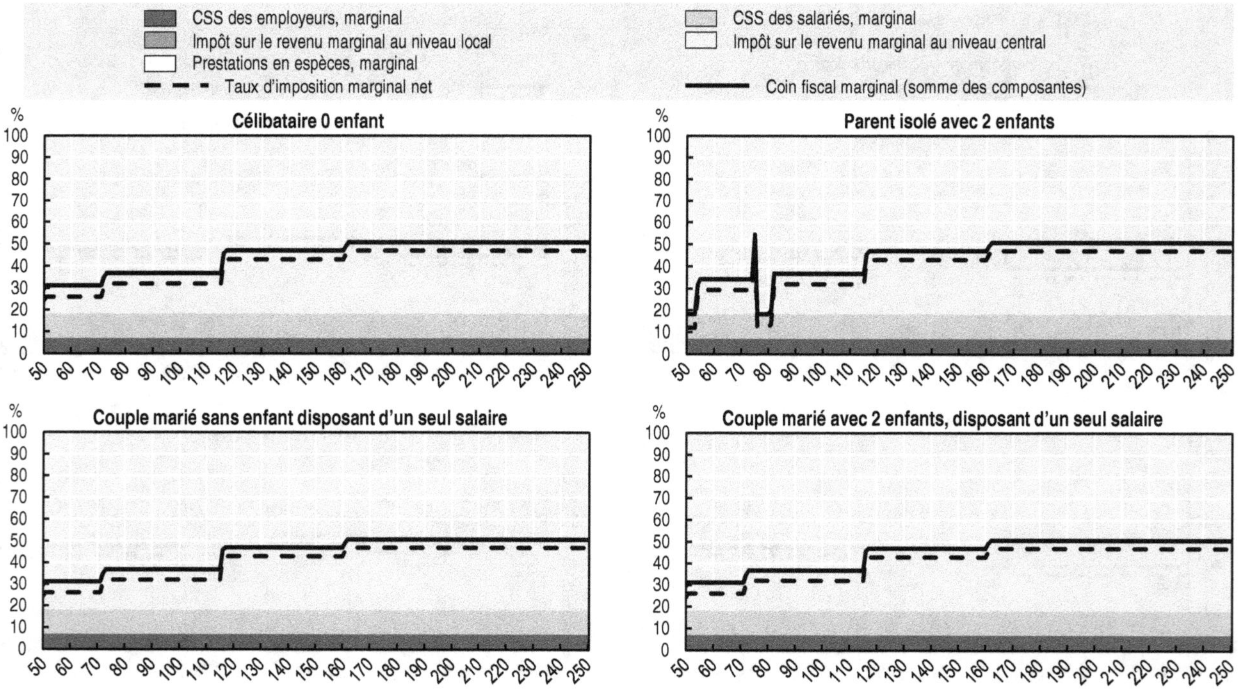

StatLink http://dx.doi.org/10.1787/888933699799

Italie 2017 : décomposition du coin fiscal moyen

en fonction du salaire brut exprimé en % du salaire moyen

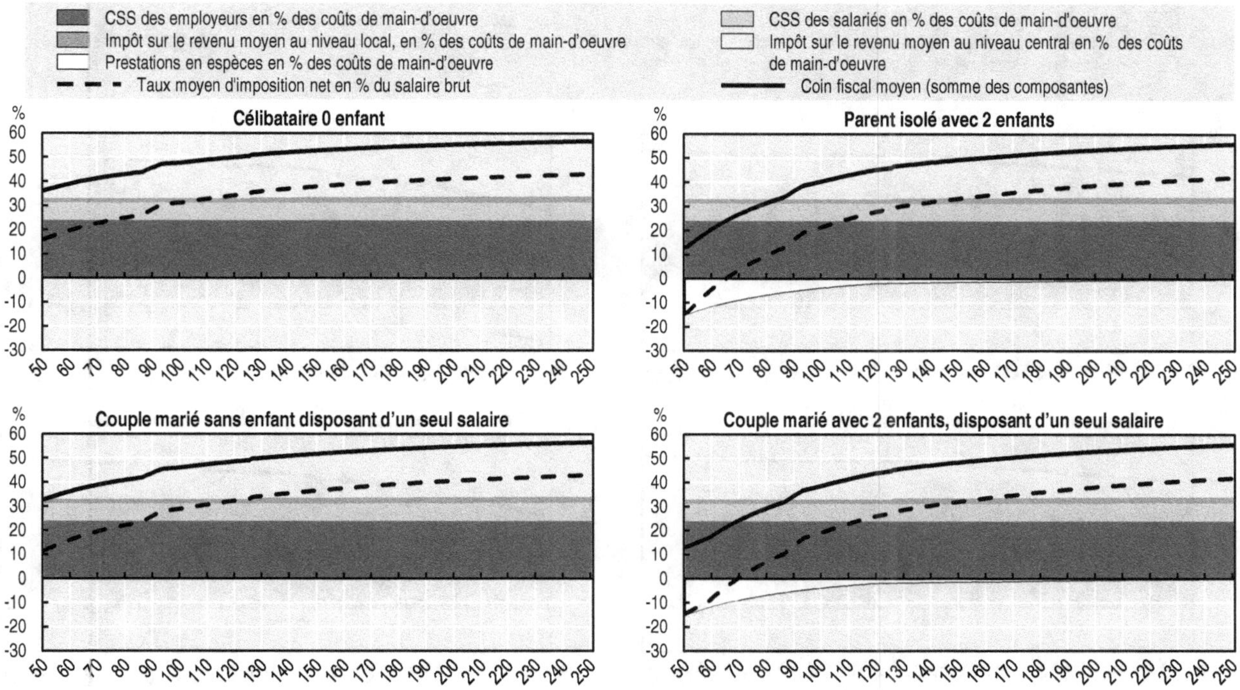

Italie 2017 : décomposition du coin fiscal marginal

en fonction du salaire brut exprimé en % du salaire moyen

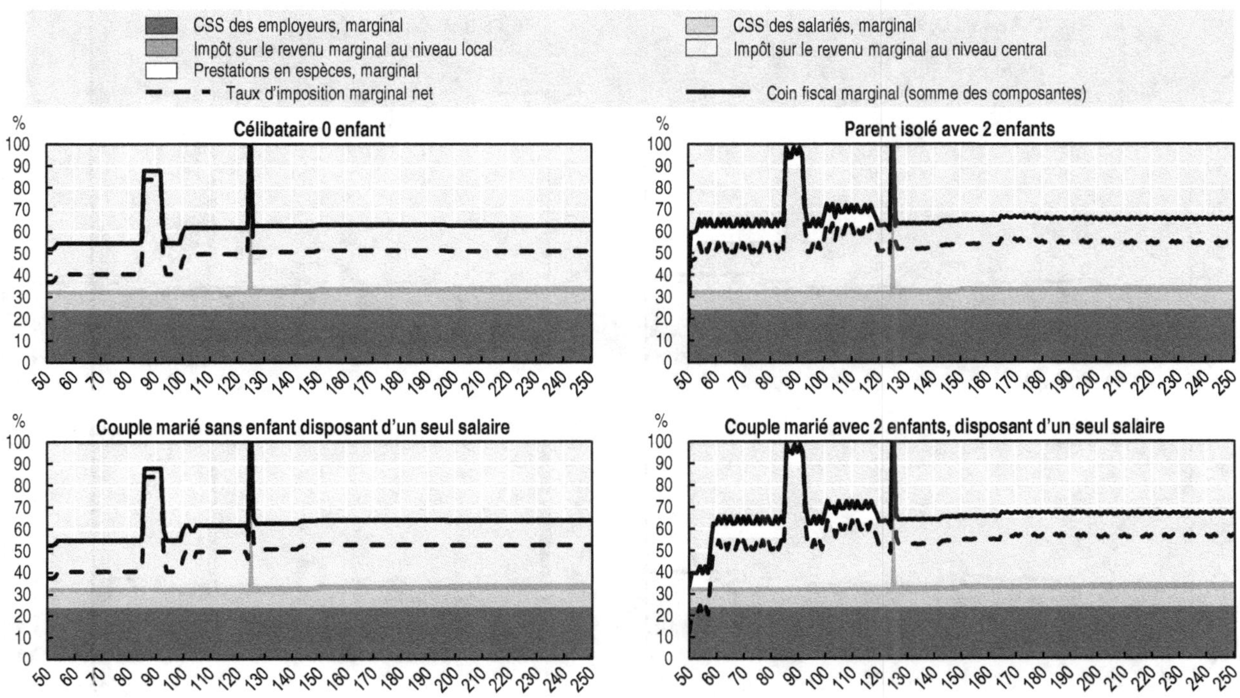

StatLink http://dx.doi.org/10.1787/888933699818

Japon 2017 : décomposition du coin fiscal moyen

en fonction du salaire brut exprimé en % du salaire moyen

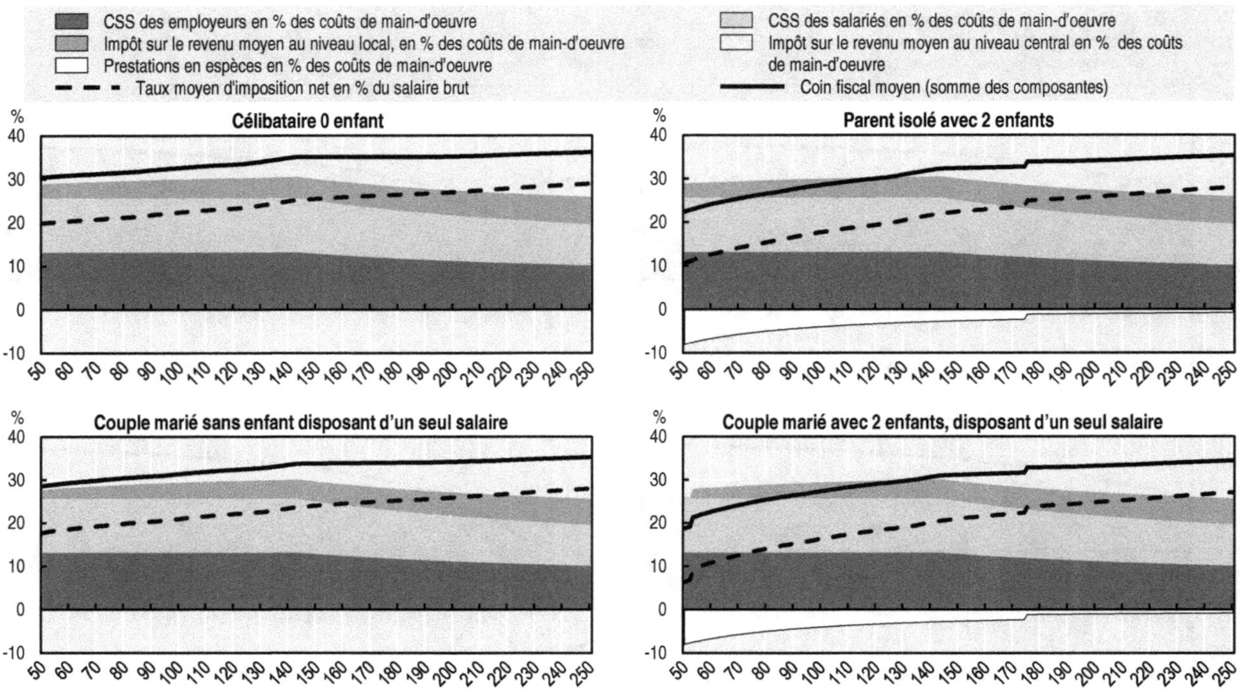

Japon 2017 : décomposition du coin fiscal marginal

en fonction du salaire brut exprimé en % du salaire moyen

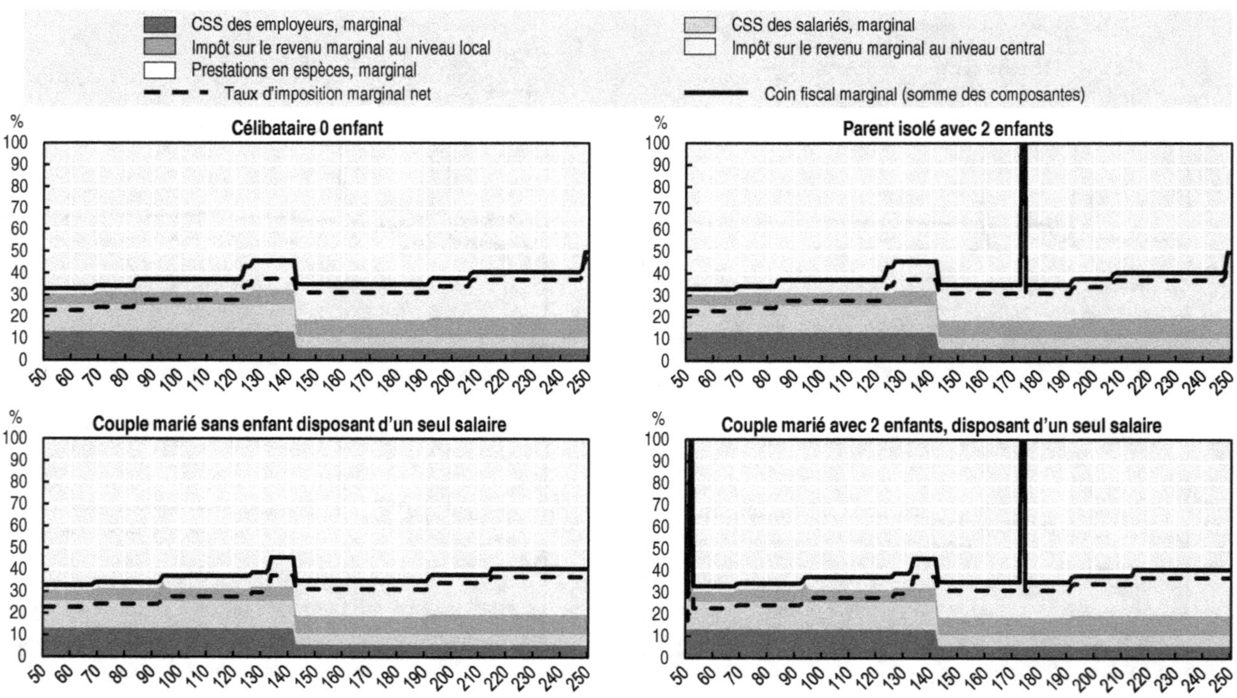

StatLink http://dx.doi.org/10.1787/888933699837

Lettonie 2017 : décomposition du coin fiscal moyen

en fonction du salaire brut exprimé en % du salaire moyen

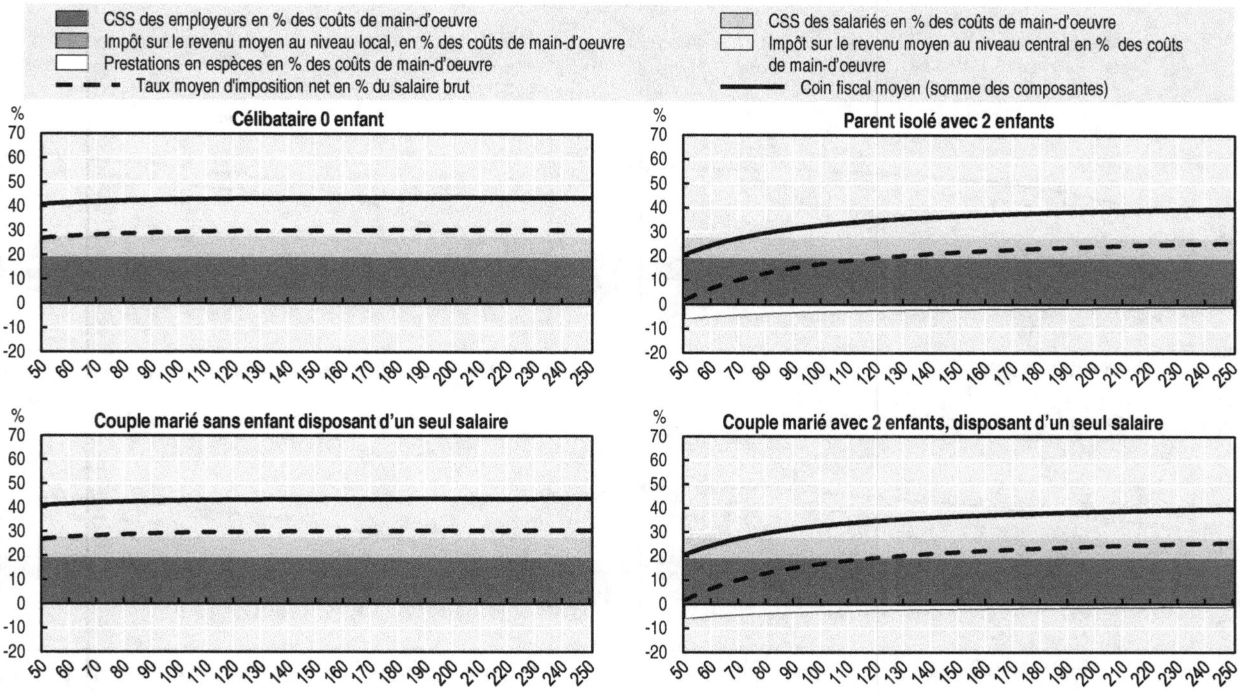

Lettonie 2017 : décomposition du coin fiscal marginal

en fonction du salaire brut exprimé en % du salaire moyen

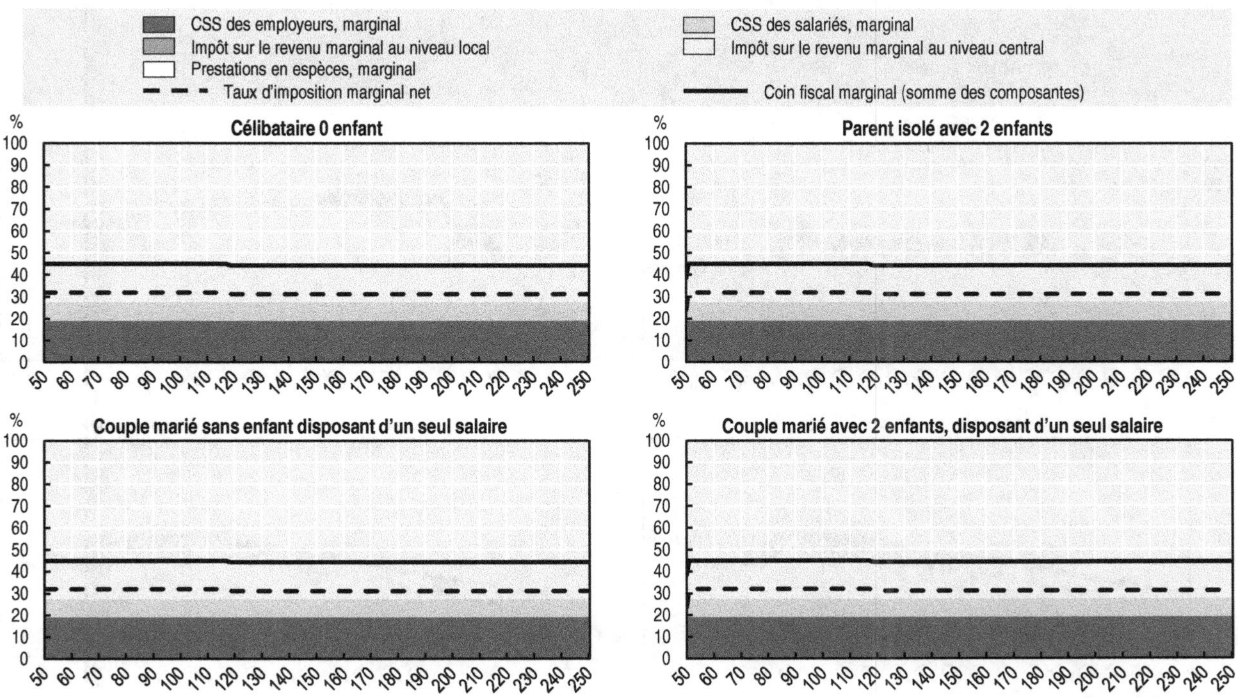

StatLink http://dx.doi.org/10.1787/888933699894

Luxembourg 2017 : décomposition du coin fiscal moyen

en fonction du salaire brut exprimé en % du salaire moyen

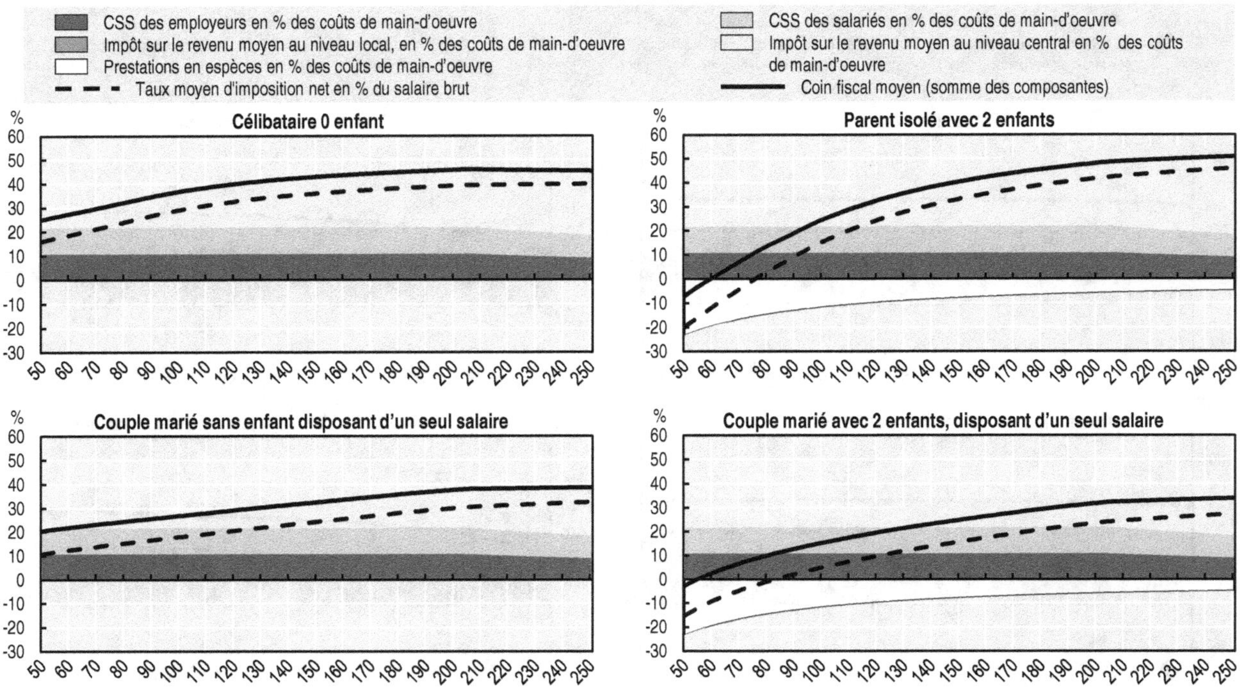

Luxembourg 2017 : décomposition du coin fiscal marginal

en fonction du salaire brut exprimé en % du salaire moyen

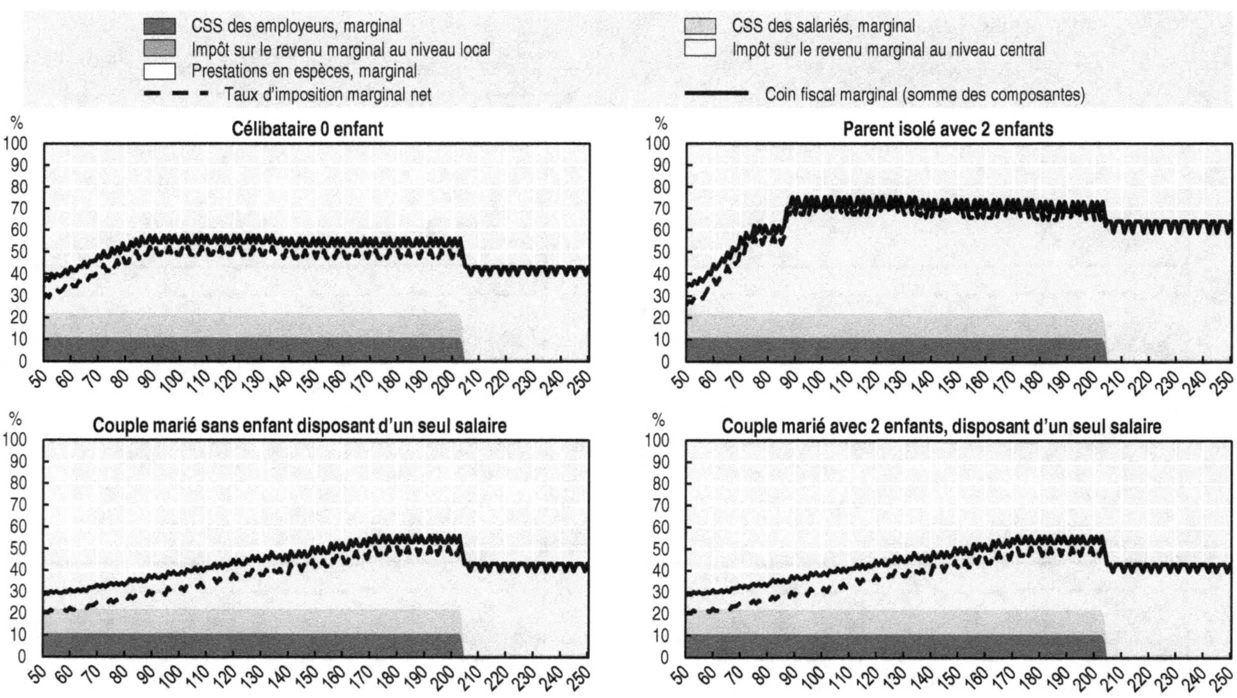

StatLink http://dx.doi.org/10.1787/888933699875

Mexique 2017 : décomposition du coin fiscal moyen

en fonction du salaire brut exprimé en % du salaire moyen

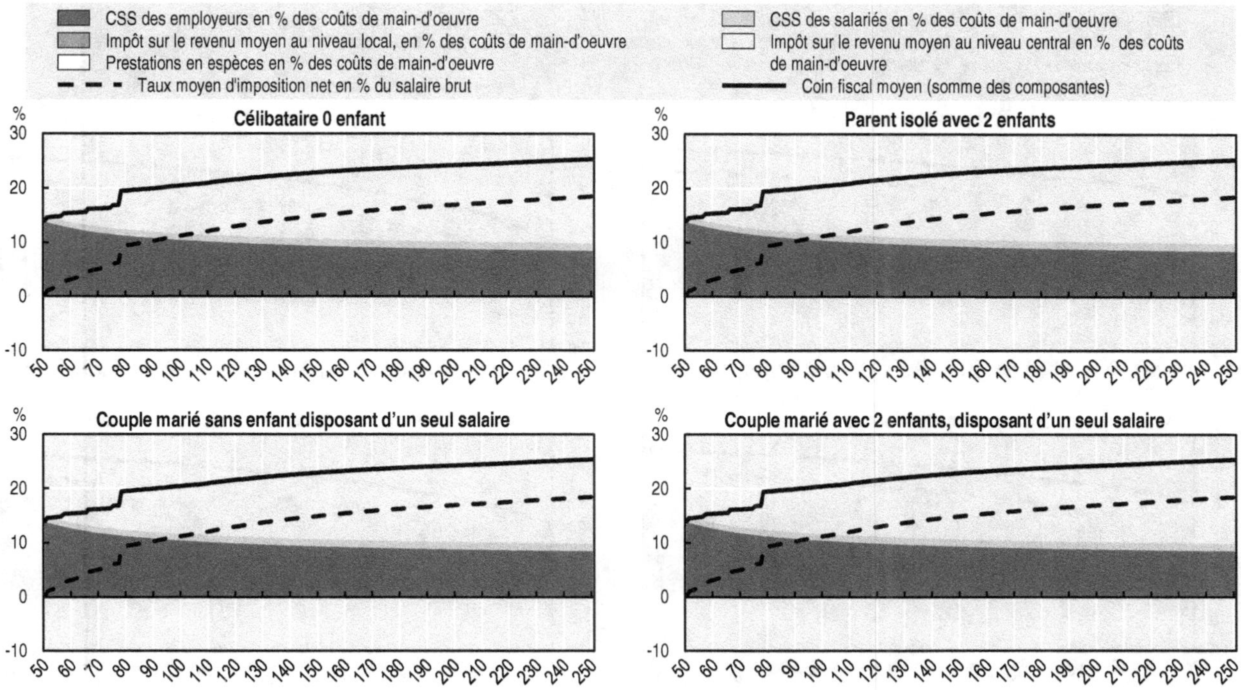

Mexique 2017 : décomposition du coin fiscal marginal

en fonction du salaire brut exprimé en % du salaire moyen

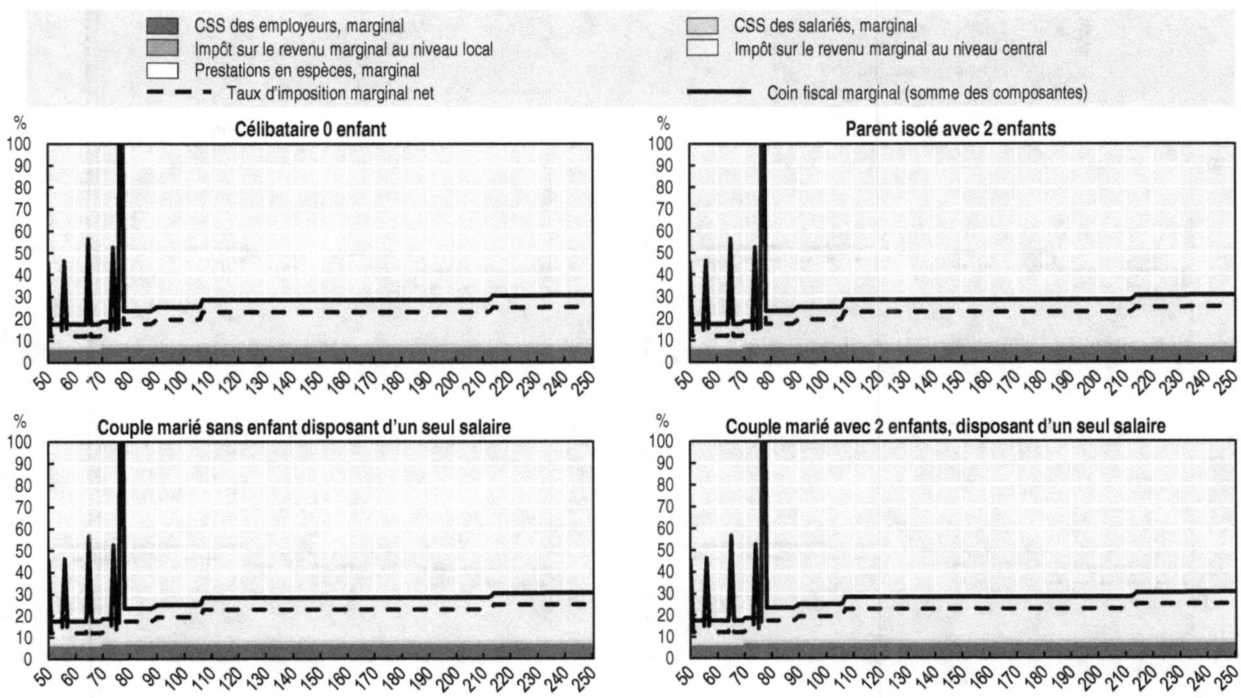

StatLink http://dx.doi.org/10.1787/888933699913

Norvège 2017 : décomposition du coin fiscal moyen

en fonction du salaire brut exprimé en % du salaire moyen

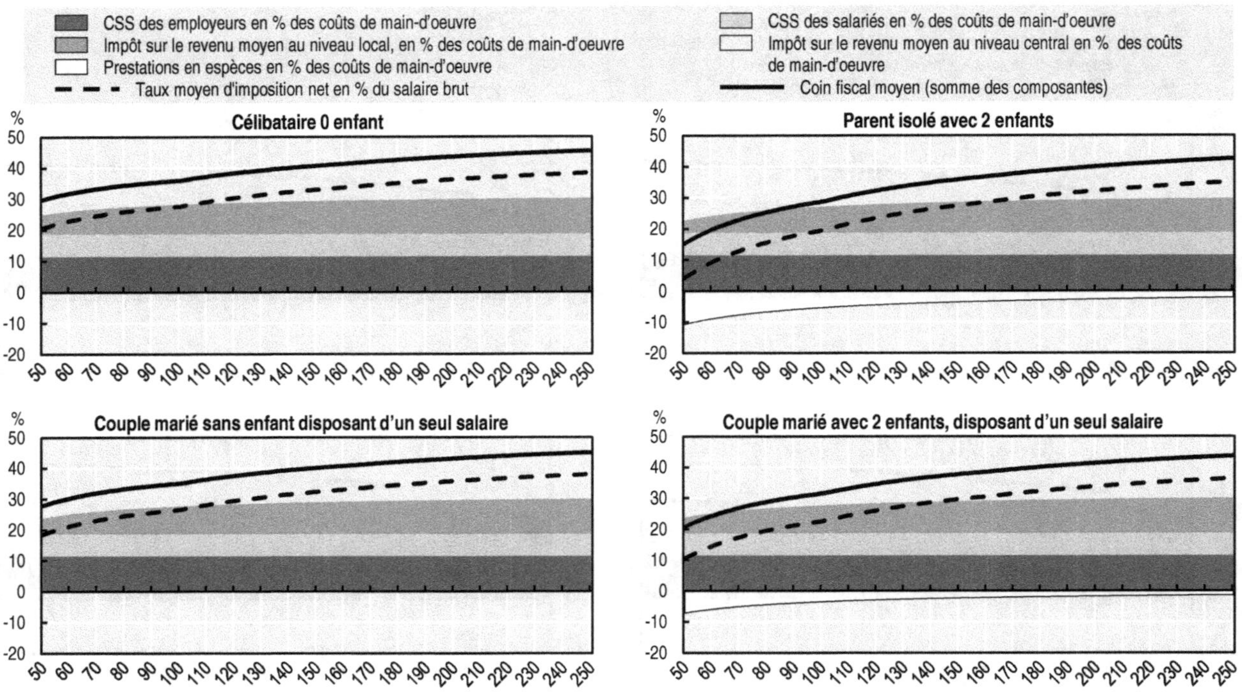

Norvège 2017 : décomposition du coin fiscal marginal

en fonction du salaire brut exprimé en % du salaire moyen

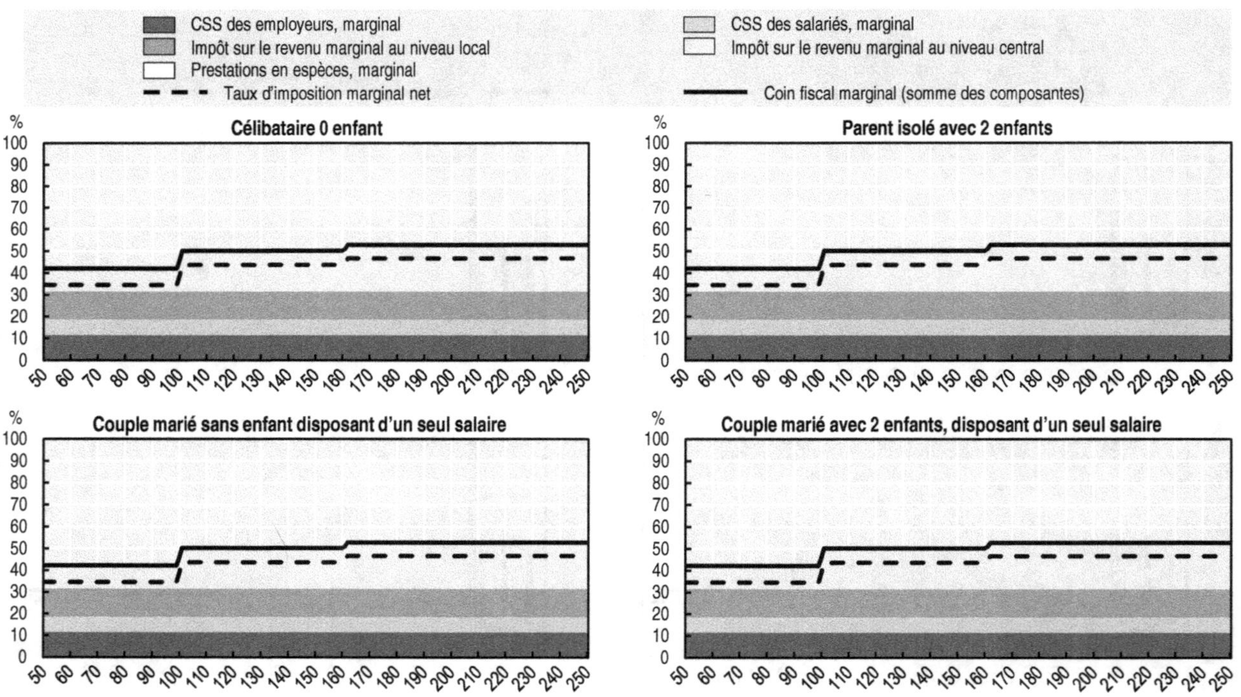

StatLink http://dx.doi.org/10.1787/888933699951

Nouvelle-Zélande 2017 : décomposition du coin fiscal moyen

en fonction du salaire brut exprimé en % du salaire moyen

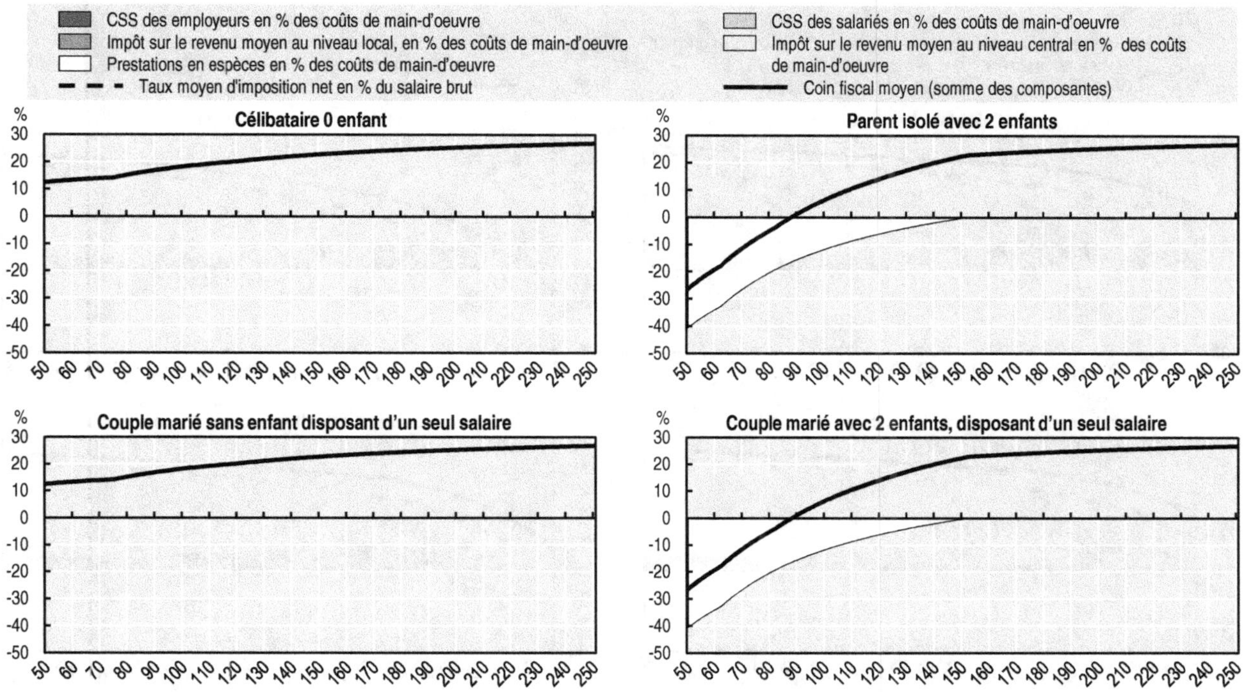

Nouvelle-Zélande 2017 : décomposition du coin fiscal marginal

en fonction du salaire brut exprimé en % du salaire moyen

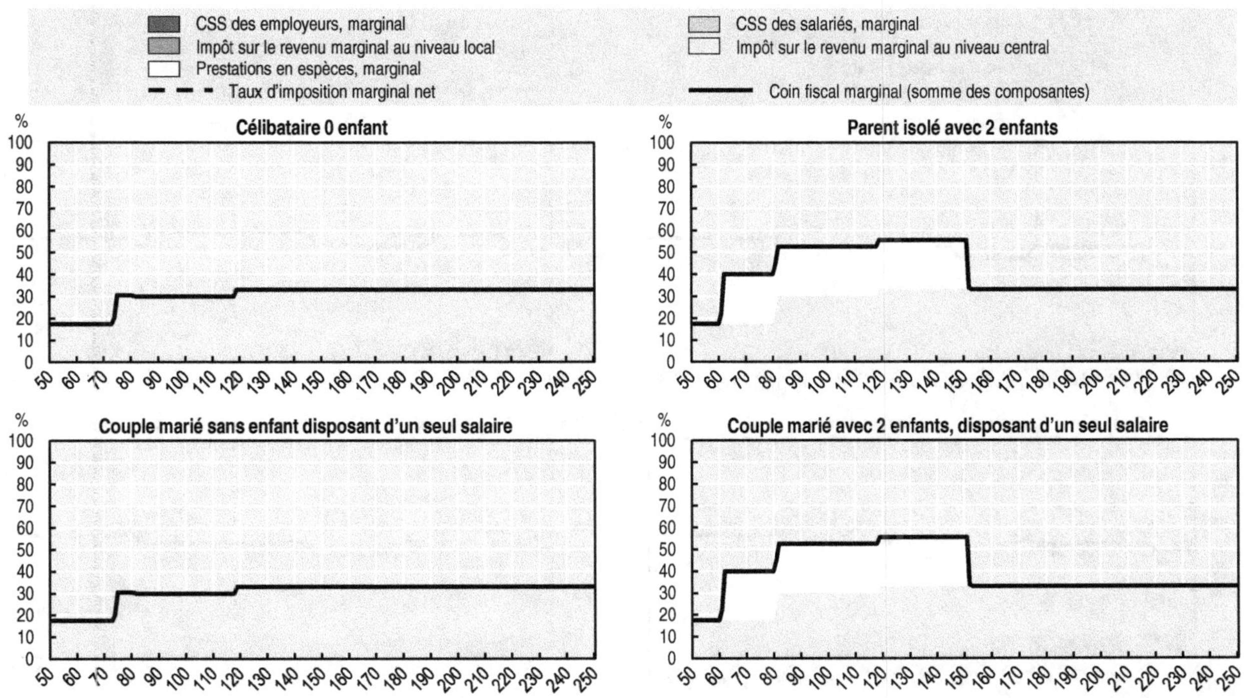

StatLink http://dx.doi.org/10.1787/888933699970

Pays-Bas 2017 : décomposition du coin fiscal moyen

en fonction du salaire brut exprimé en % du salaire moyen

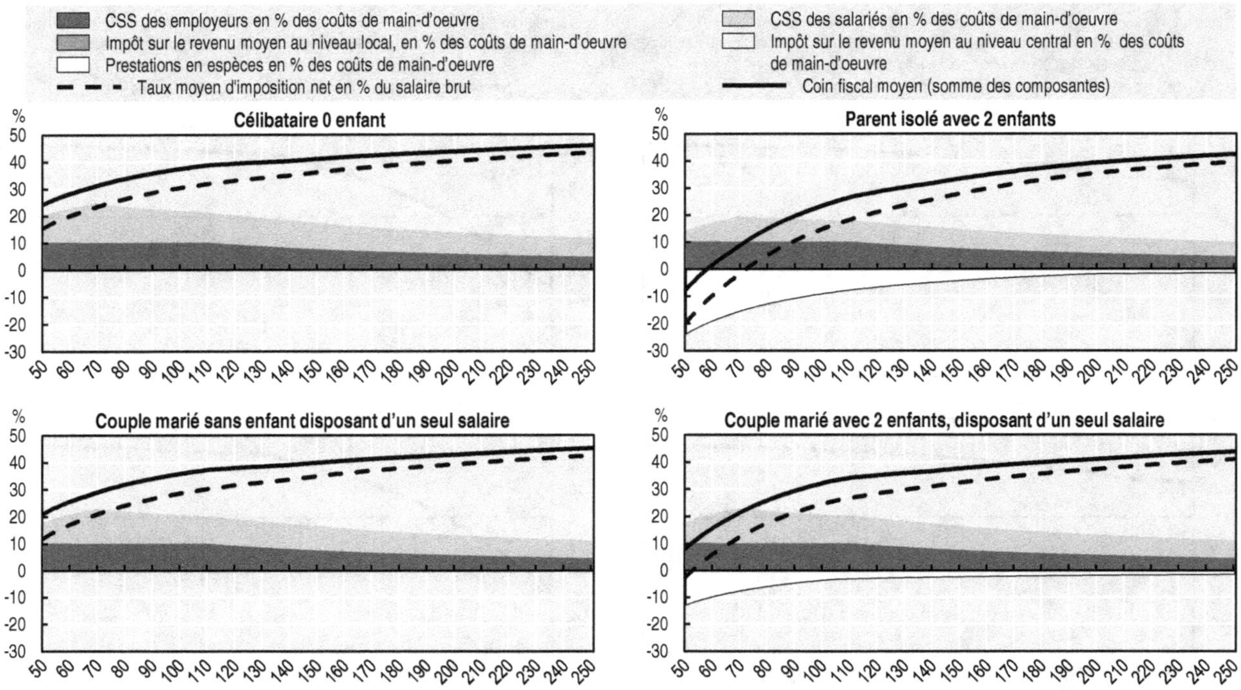

Pays-Bas 2017 : décomposition du coin fiscal marginal

en fonction du salaire brut exprimé en % du salaire moyen

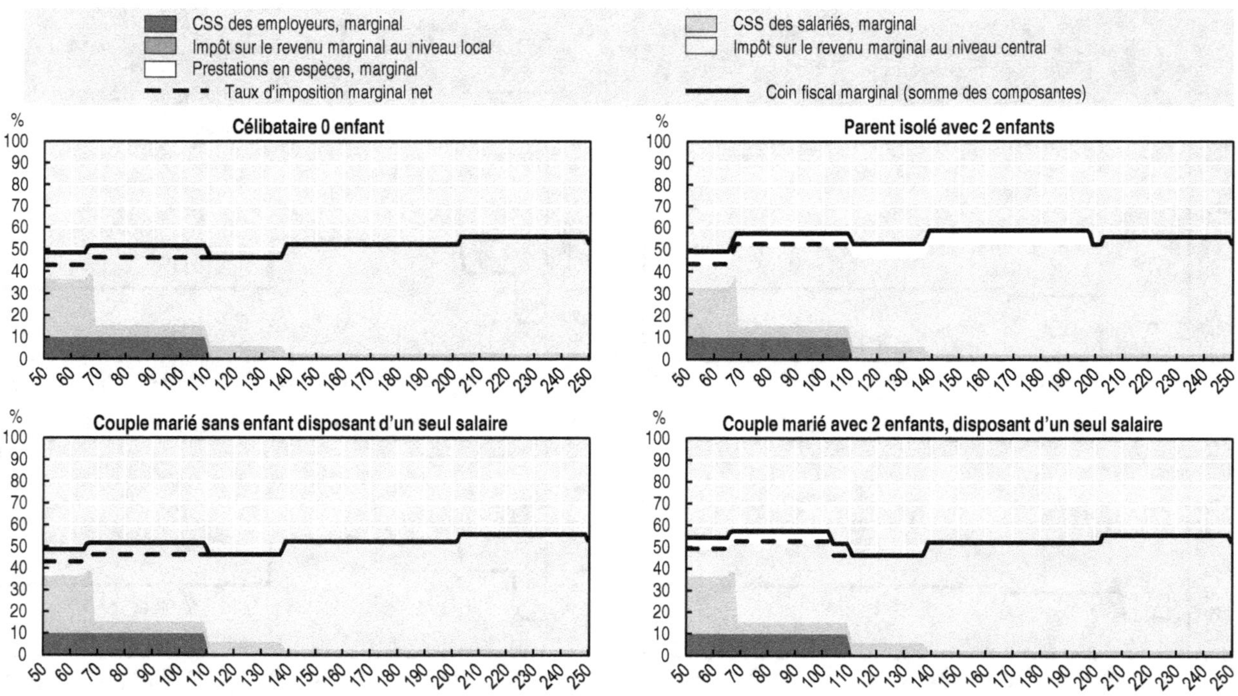

StatLink http://dx.doi.org/10.1787/888933699932

Pologne 2017 : décomposition du coin fiscal moyen

en fonction du salaire brut exprimé en % du salaire moyen

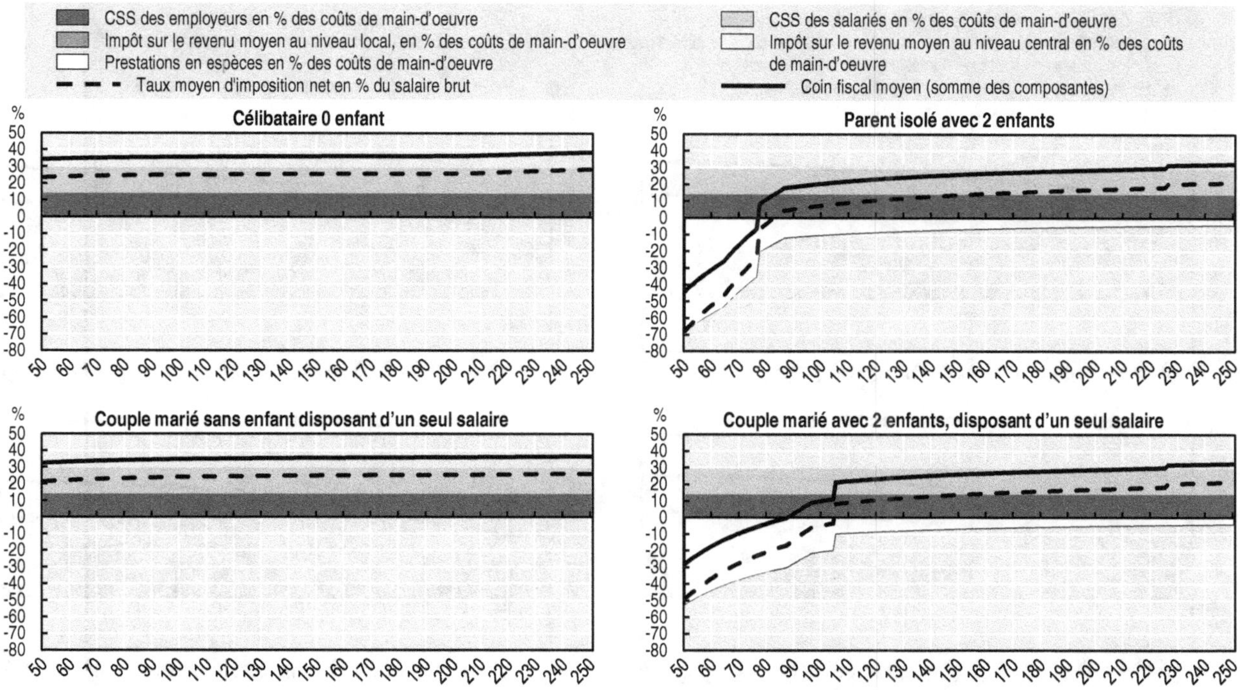

Pologne 2017 : décomposition du coin fiscal marginal

en fonction du salaire brut exprimé en % du salaire moyen

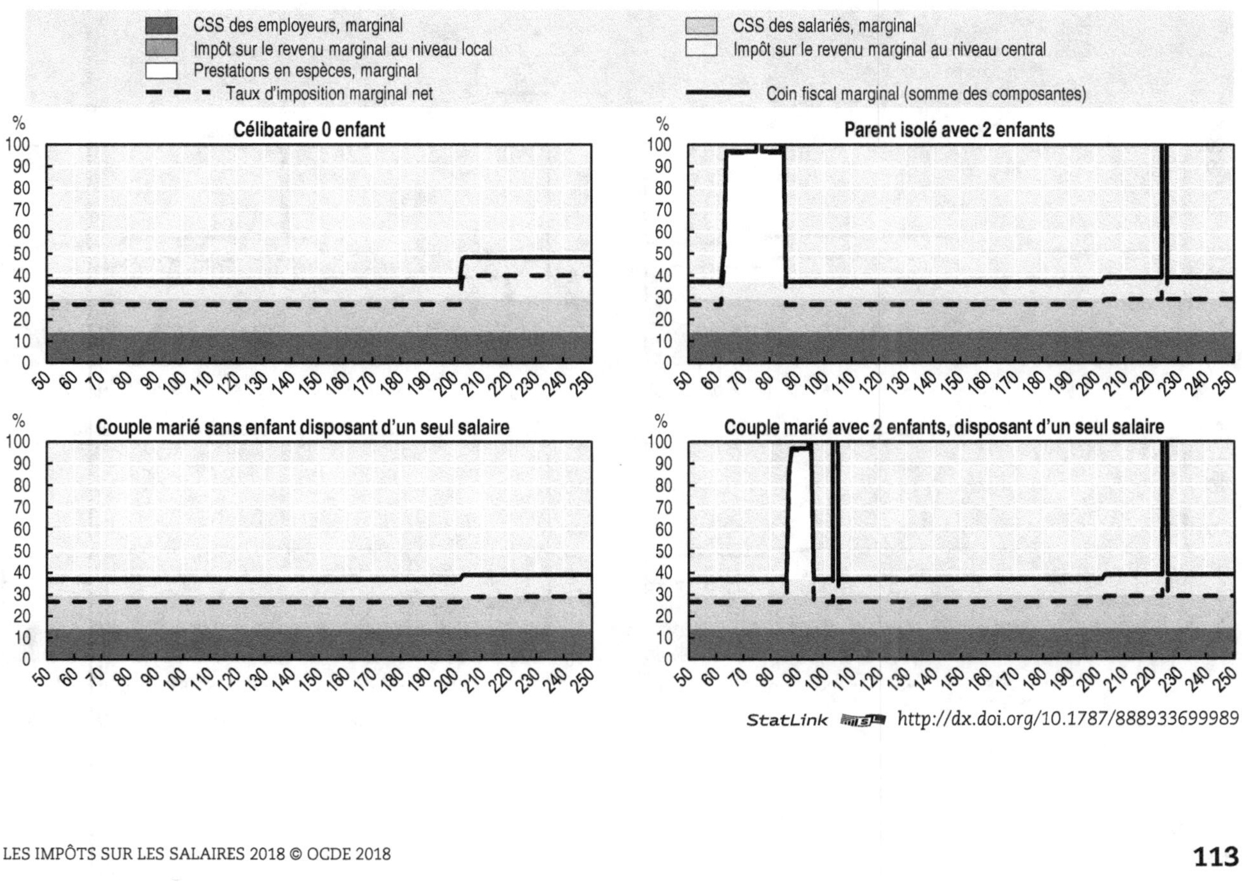

StatLink http://dx.doi.org/10.1787/888933699989

Portugal 2017 : décomposition du coin fiscal moyen

en fonction du salaire brut exprimé en % du salaire moyen

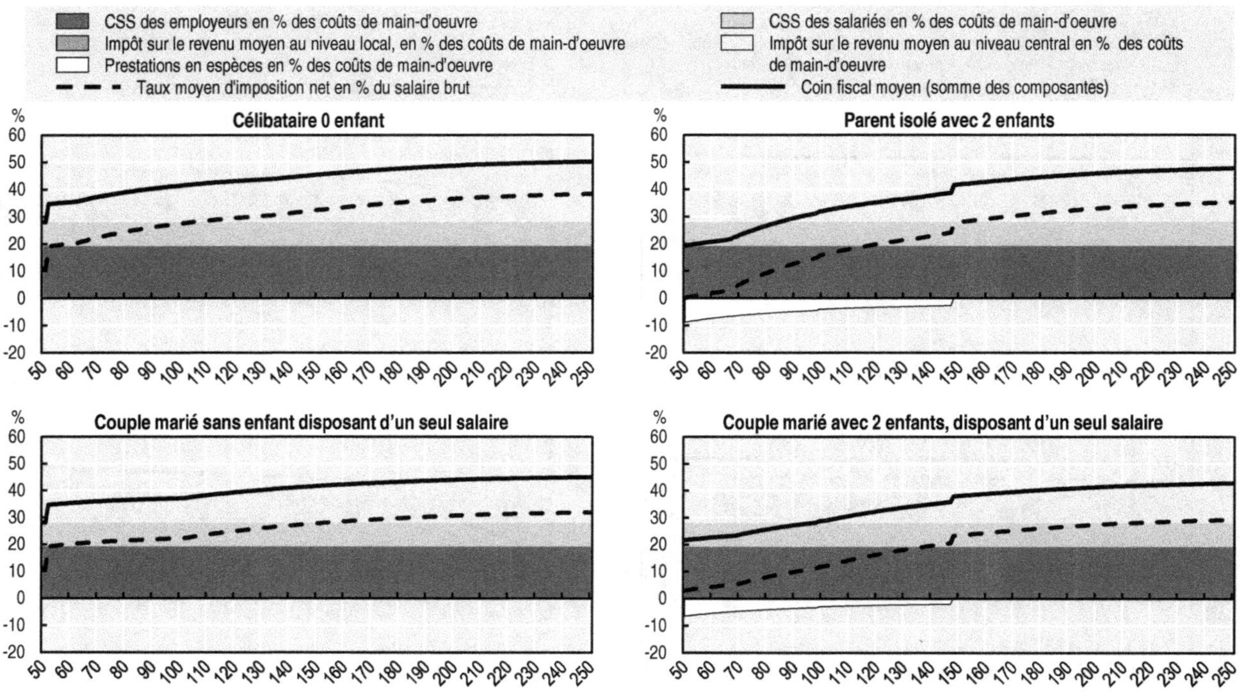

Portugal 2017 : décomposition du coin fiscal marginal

en fonction du salaire brut exprimé en % du salaire moyen

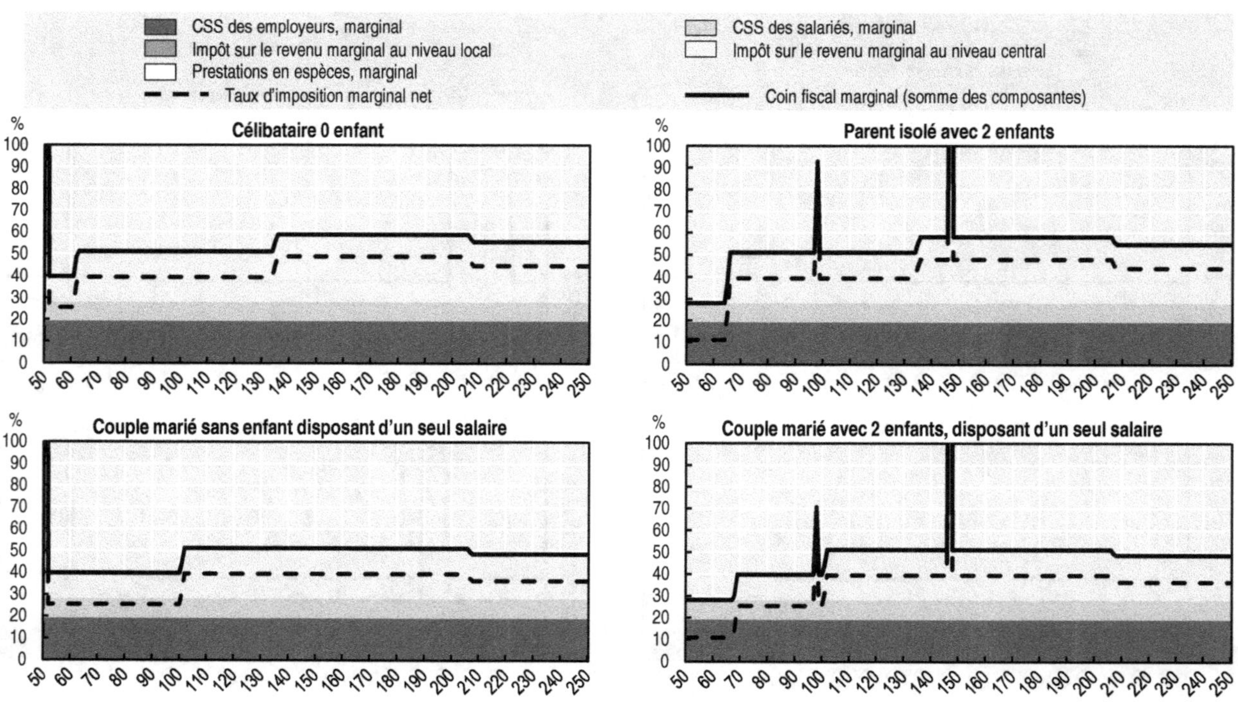

StatLink http://dx.doi.org/10.1787/888933700008

République slovaque 2017 : décomposition du coin fiscal moyen

en fonction du salaire brut exprimé en % du salaire moyen

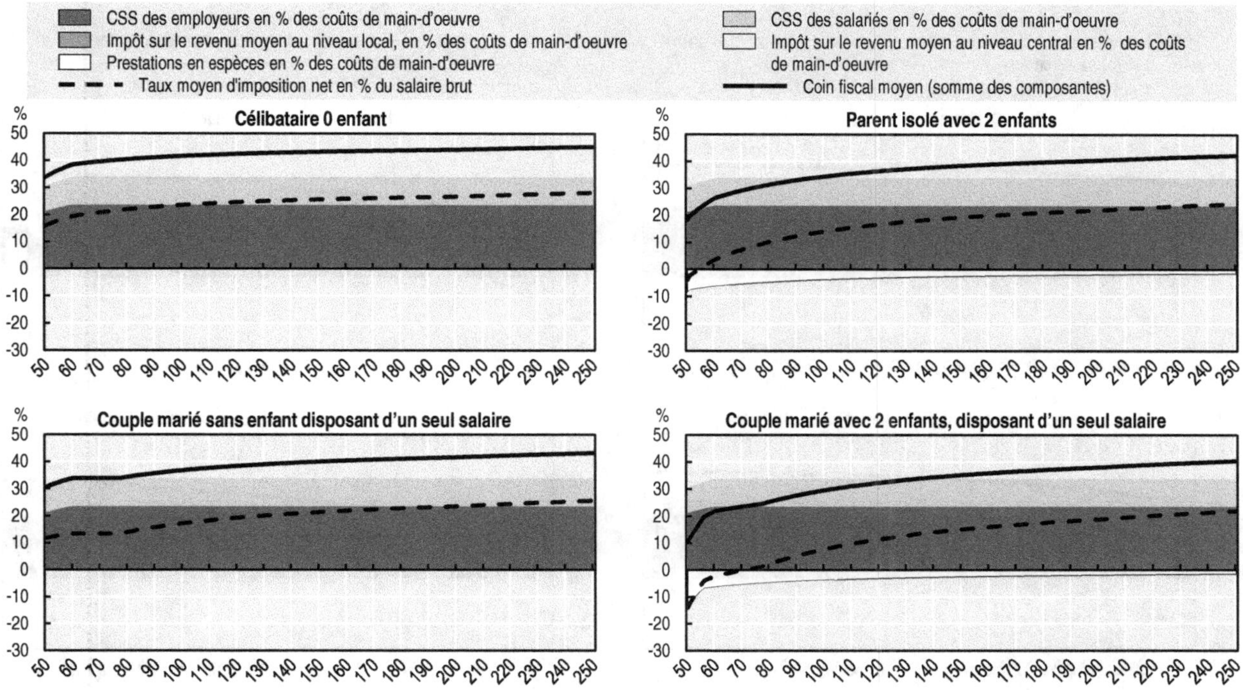

République slovaque 2017 : décomposition du coin fiscal marginal

en fonction du salaire brut exprimé en % du salaire moyen

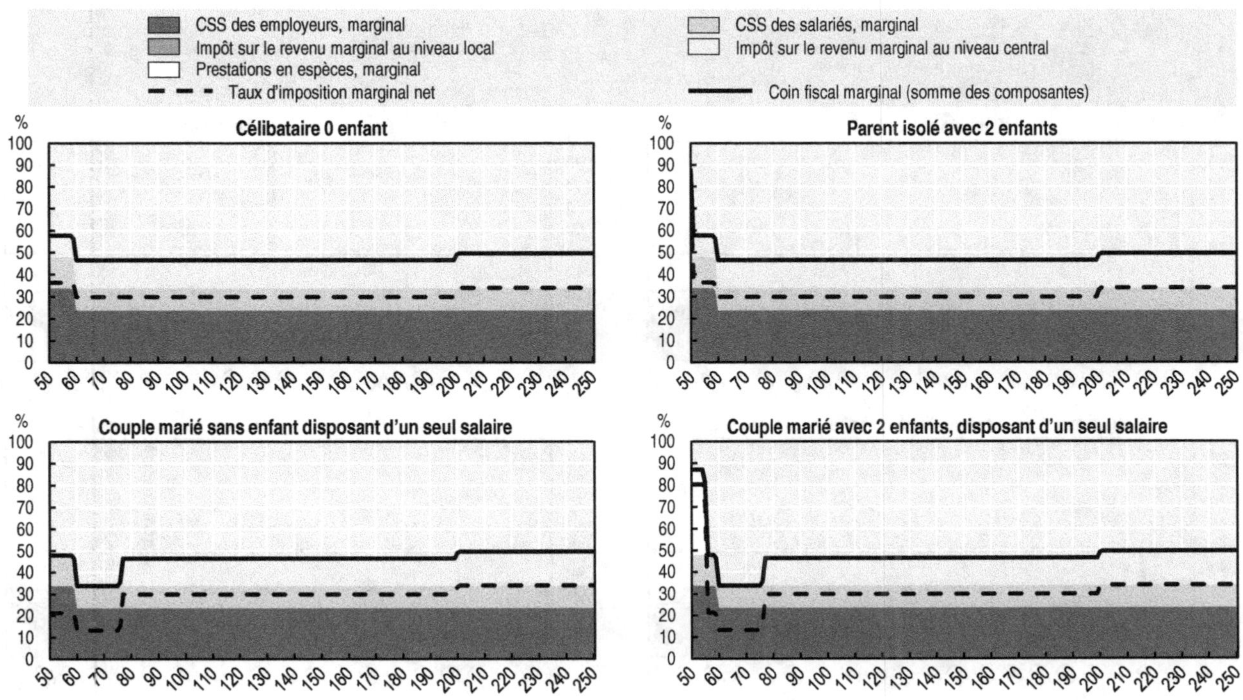

StatLink http://dx.doi.org/10.1787/888933700027

République tchèque 2017 : décomposition du coin fiscal moyen

en fonction du salaire brut exprimé en % du salaire moyen

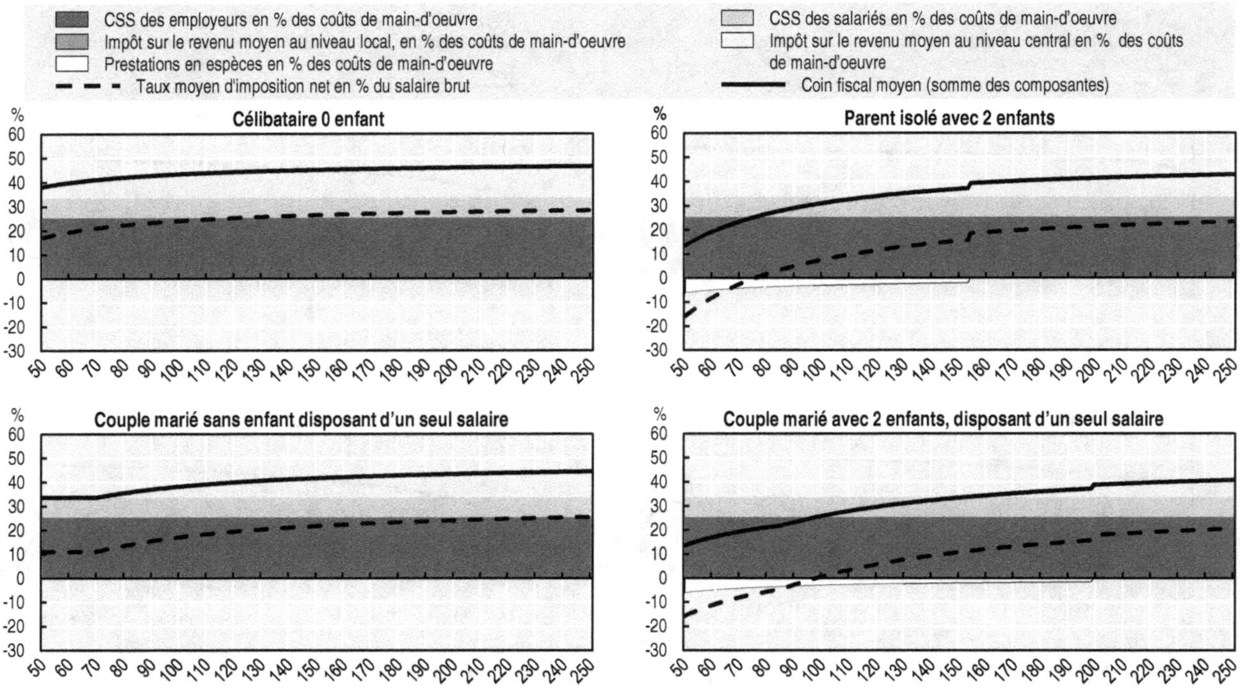

République tchèque 2017 : décomposition du coin fiscal marginal

en fonction du salaire brut exprimé en % du salaire moyen

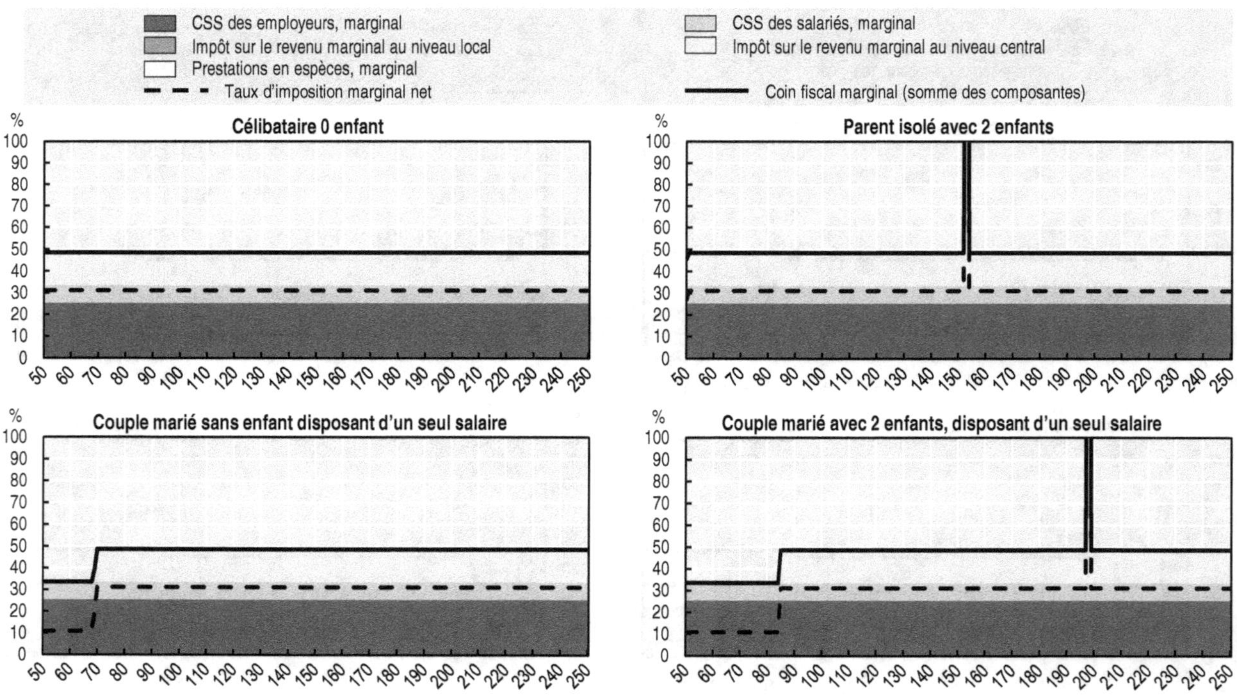

StatLink http://dx.doi.org/10.1787/888933699609

Royaume-Uni 2017 : décomposition du coin fiscal moyen

en fonction du salaire brut exprimé en % du salaire moyen

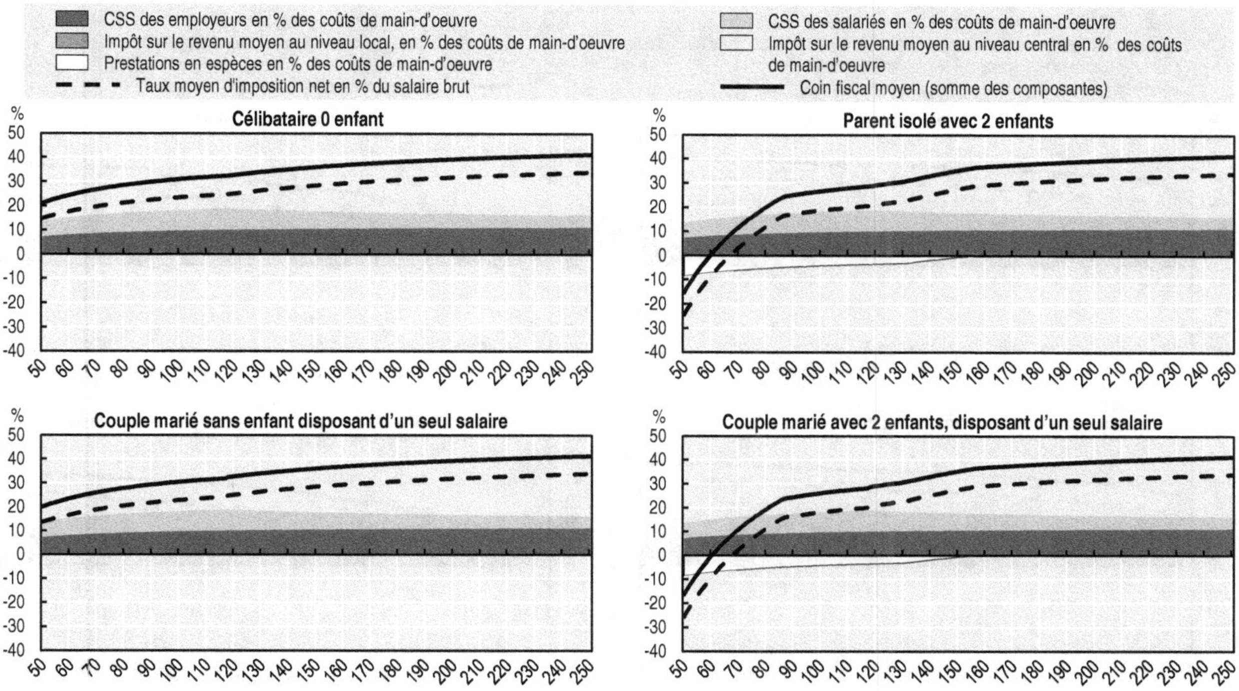

Royaume-Uni 2017 : décomposition du coin fiscal marginal

en fonction du salaire brut exprimé en % du salaire moyen

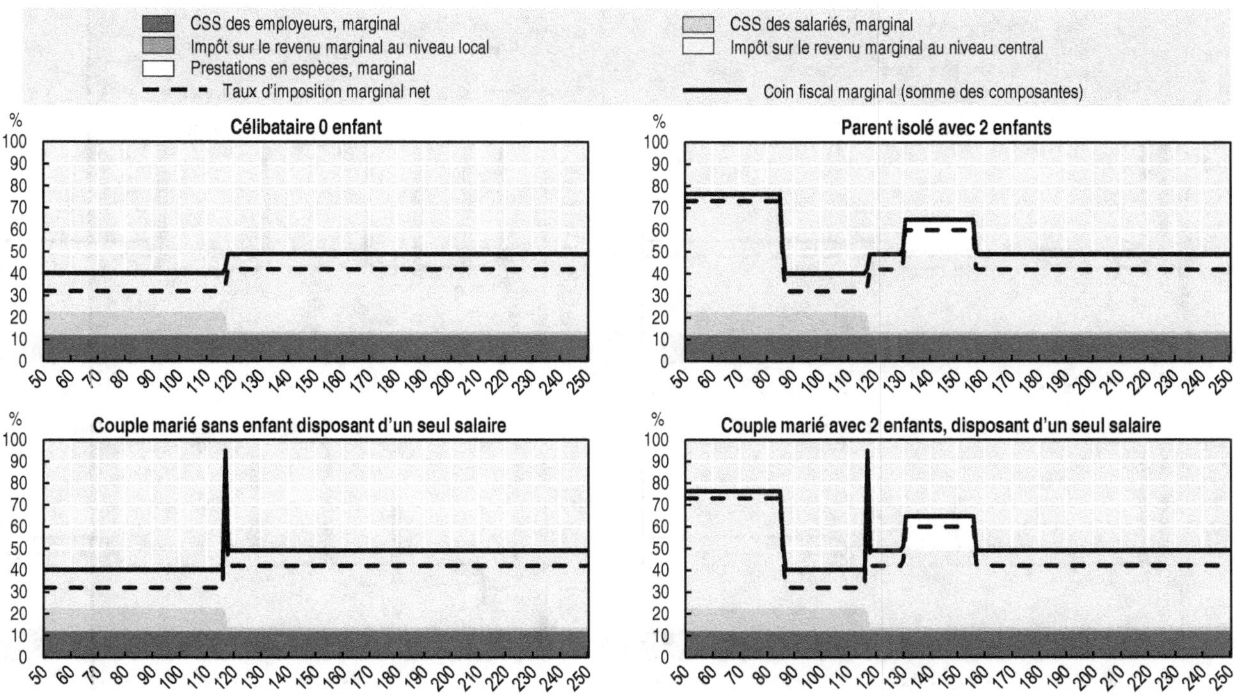

StatLink http://dx.doi.org/10.1787/888933700122

Slovénie 2017 : décomposition du coin fiscal moyen

en fonction du salaire brut exprimé en % du salaire moyen

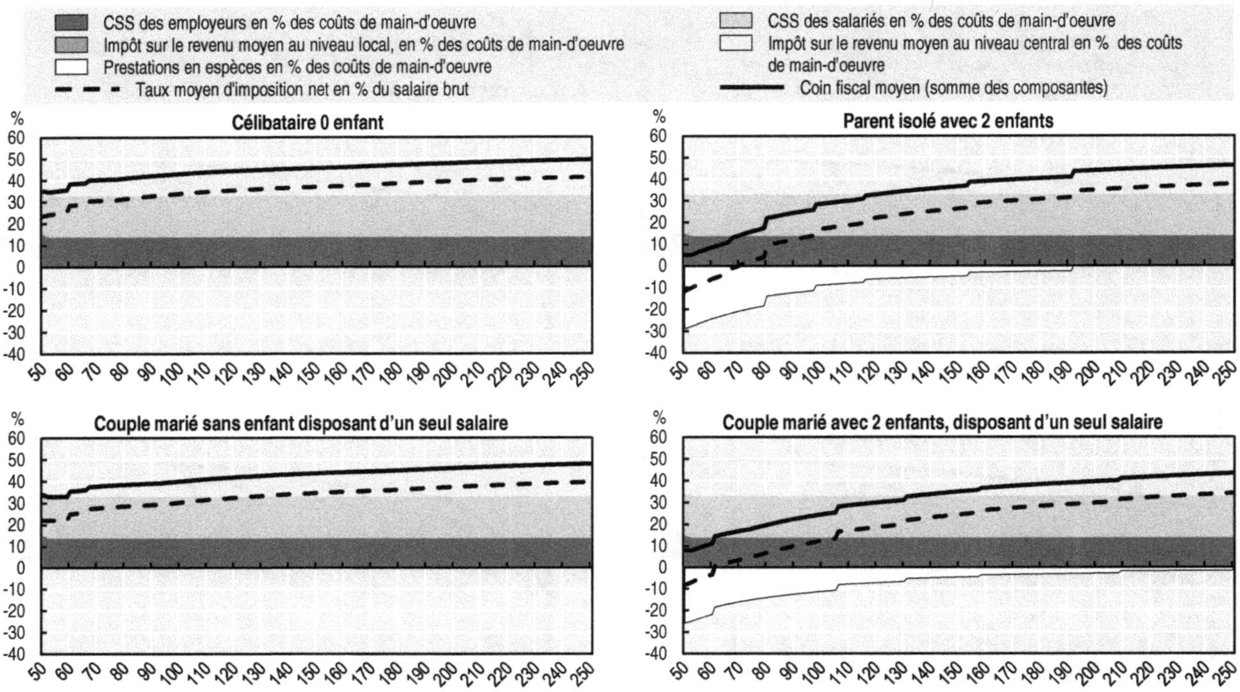

Slovénie 2017 : décomposition du coin fiscal marginal

en fonction du salaire brut exprimé en % du salaire moyen

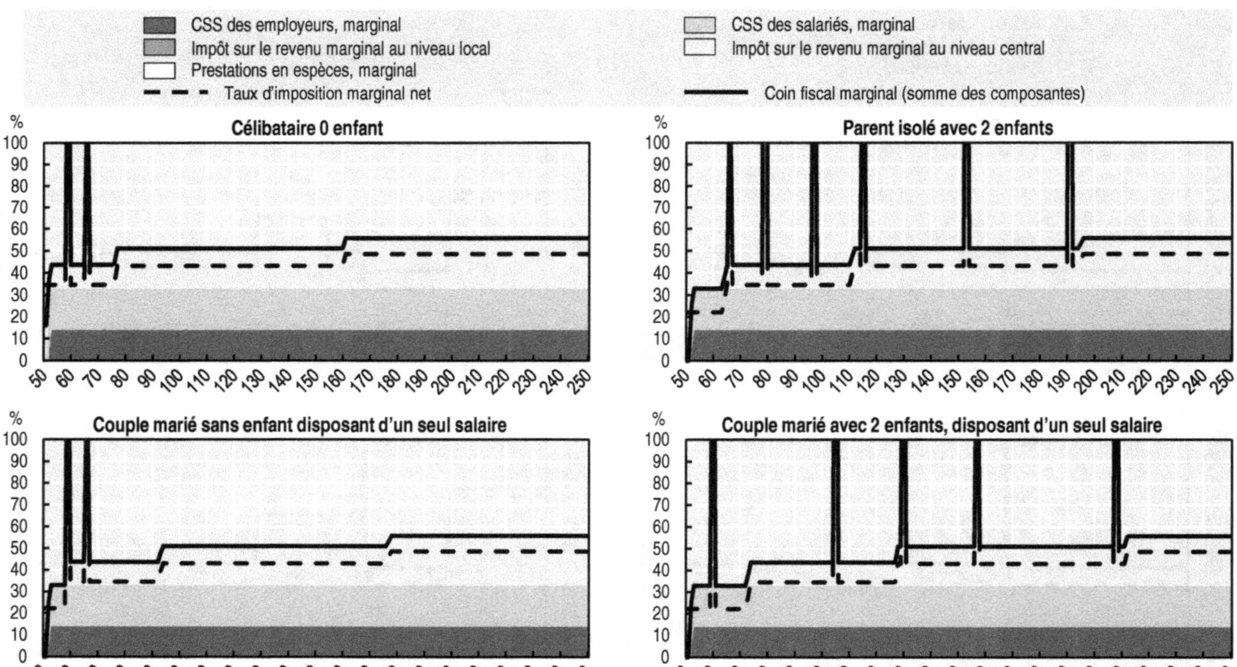

StatLink http://dx.doi.org/10.1787/888933700046

Suède 2017 : décomposition du coin fiscal moyen

en fonction du salaire brut exprimé en % du salaire moyen

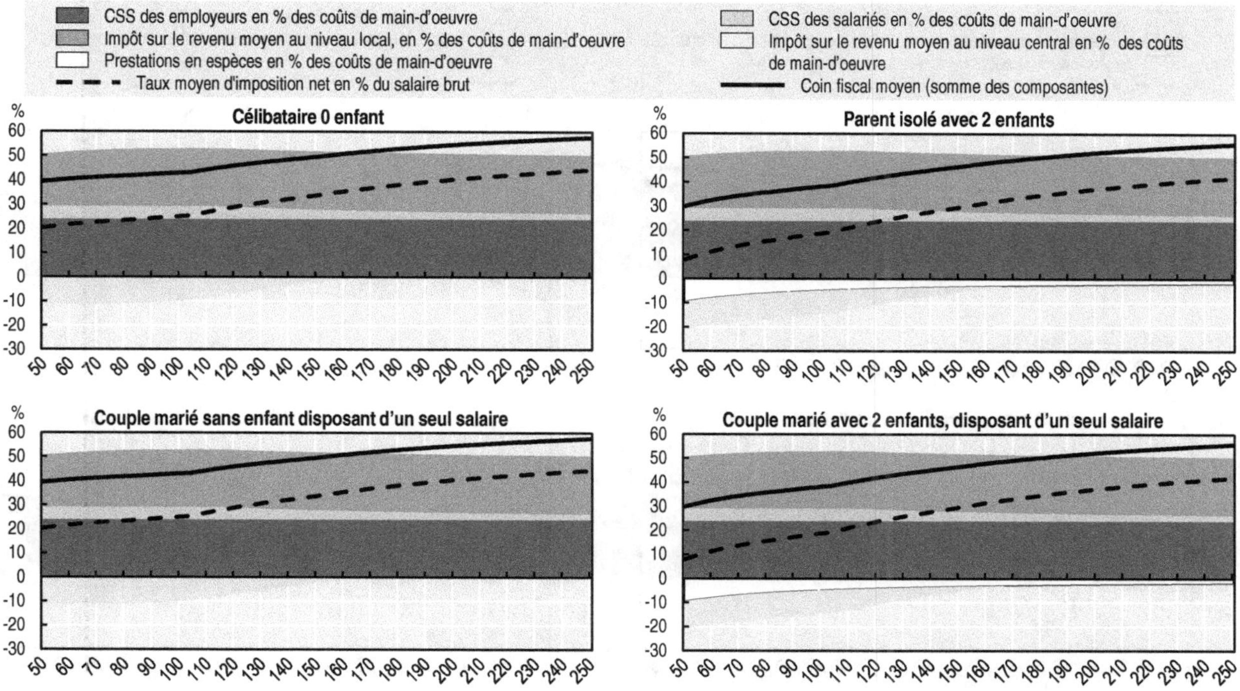

Suède 2017 : décomposition du coin fiscal marginal

en fonction du salaire brut exprimé en % du salaire moyen

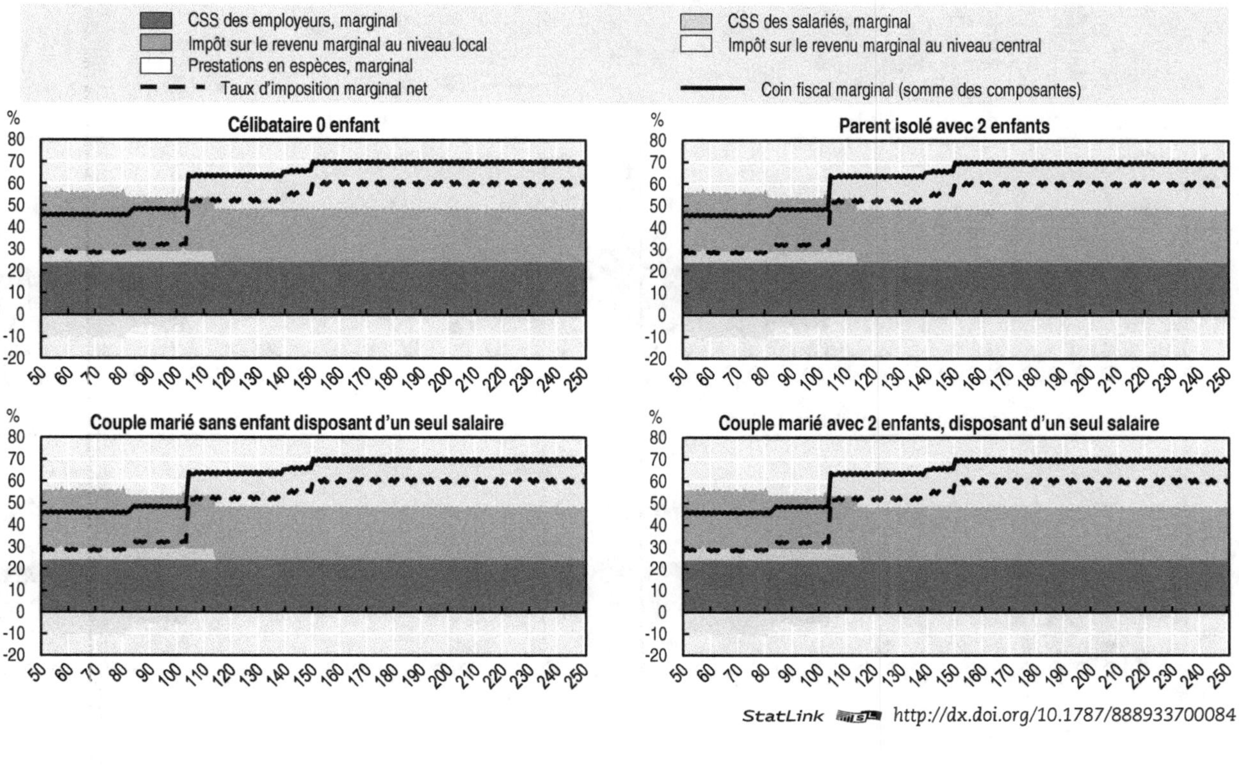

StatLink http://dx.doi.org/10.1787/888933700084

Suisse 2017 : décomposition du coin fiscal moyen

en fonction du salaire brut exprimé en % du salaire moyen

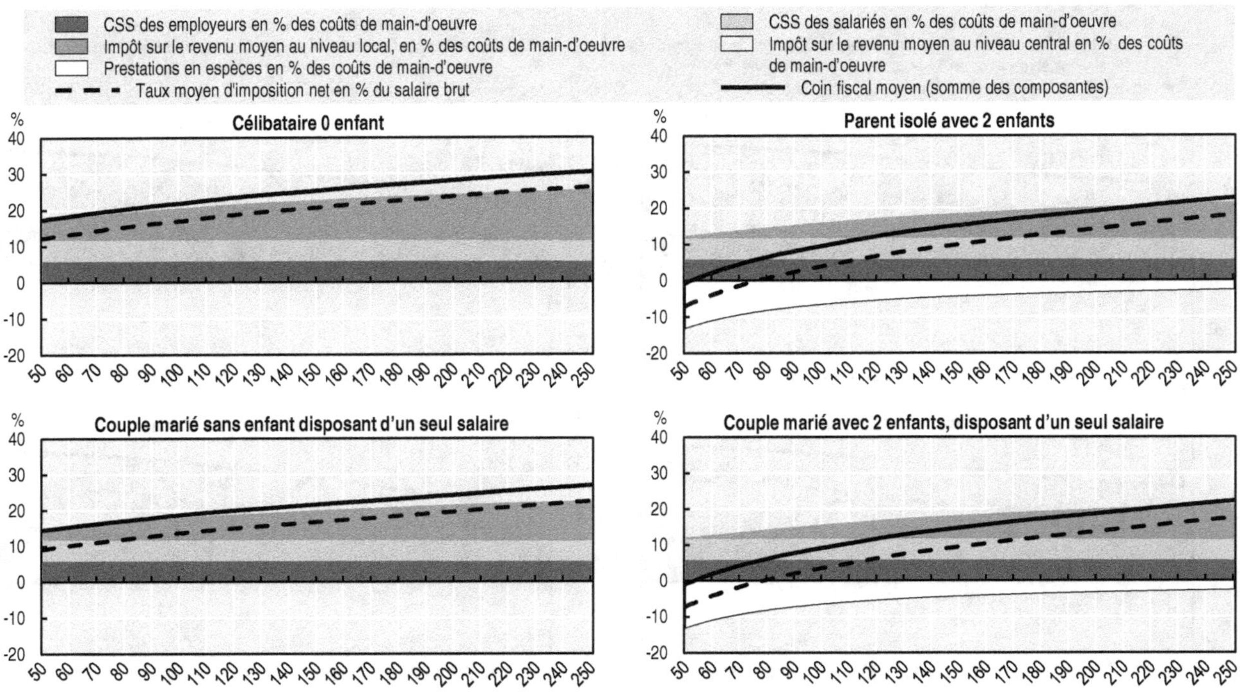

Suisse 2017 : décomposition du coin fiscal marginal

en fonction du salaire brut exprimé en % du salaire moyen

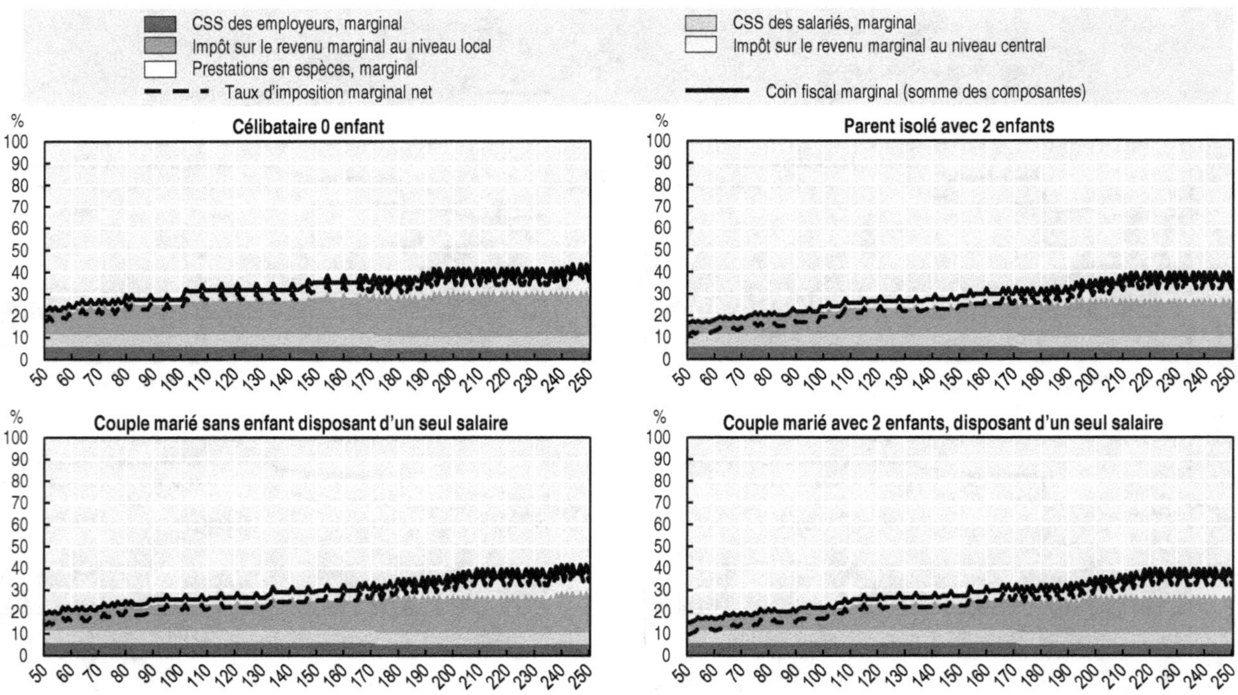

StatLink http://dx.doi.org/10.1787/888933699571

Turquie 2017 : décomposition du coin fiscal moyen

en fonction du salaire brut exprimé en % du salaire moyen

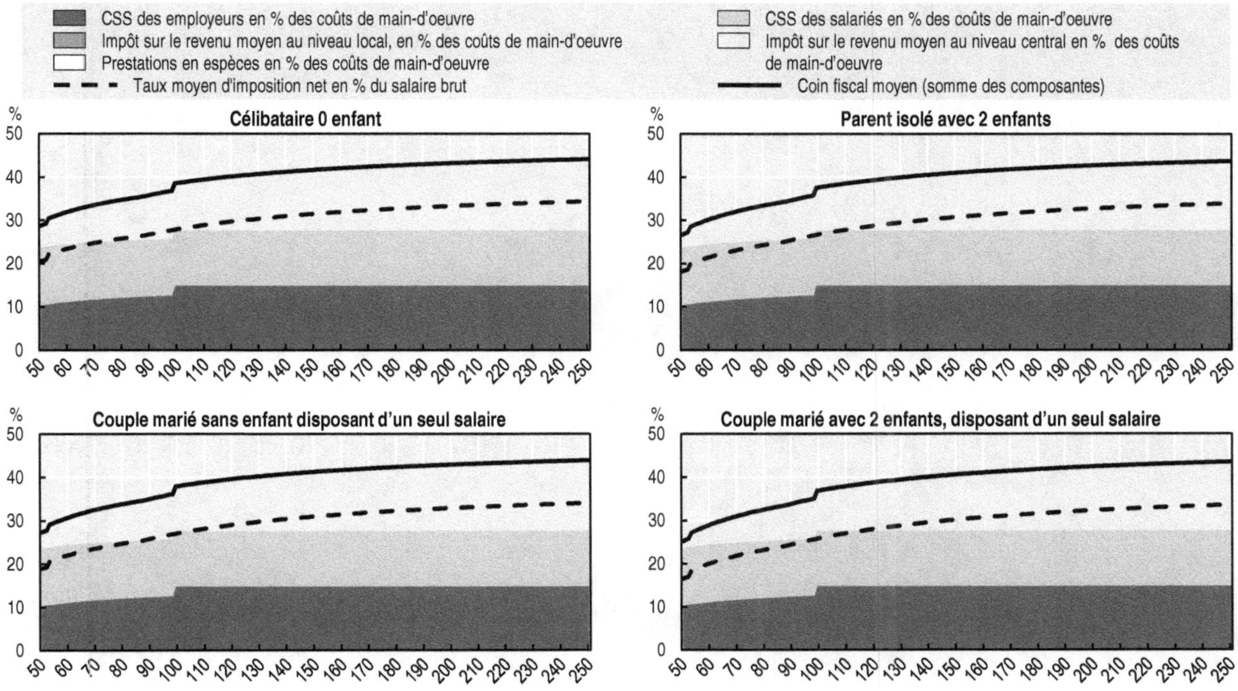

Turquie 2017 : décomposition du coin fiscal marginal

en fonction du salaire brut exprimé en % du salaire moyen

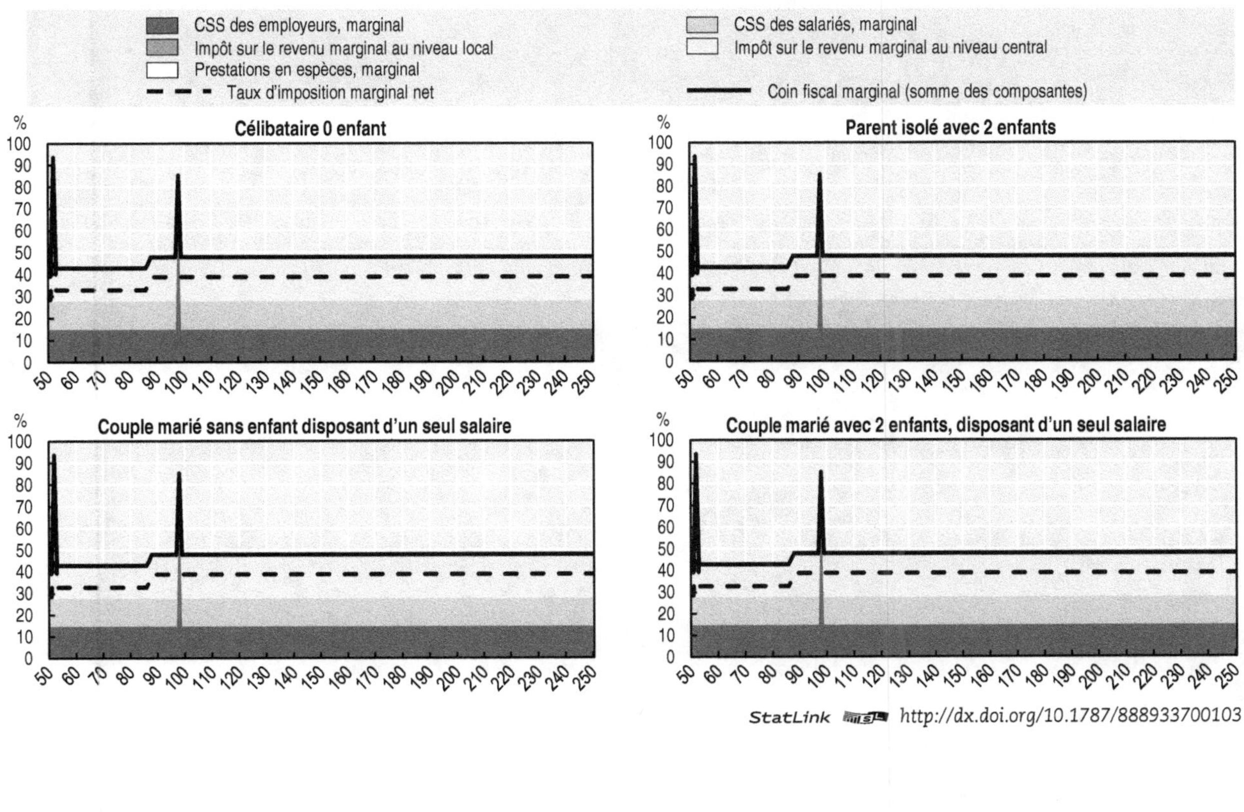

StatLink http://dx.doi.org/10.1787/888933700103

© OCDE 2018

PARTIE I

Chapitre 5

Charges fiscales, 2016 (et variations entre 2016 et 2017)

Ce chapitre présente les résultats des mesures de la charge fiscale pesant sur les revenus du travail en 2016 pour les huit catégories de famille étudiées. Il contient les tableaux 5.1 à 5.11 qui présentent un certain nombre de mesures de la charge fiscale moyenne (coin fiscal, taux d'imposition des personnes physiques, taux net d'imposition des personnes physique, taux de l'impôt sur le revenu des personnes physiques et taux des cotisations salariales de sécurité sociale) et marginale (coin fiscal et taux net d'imposition des personnes physiques). Les résultats de deux indicateurs de la progressivité de l'impôt sont également examinés : mesures de l'élasticité de l'impôt basée sur le salaire brut et les coûts de main-d'œuvre.

Les formats des tableaux sont identiques aux tableaux 3.1 à 3.11 examinés dans le chapitre 3 portant sur les résultats de la charge fiscale pesant sur les revenus du travail en 2017. Ce chapitre compare les deux séries de tableaux et analyse les changements de la charge fiscale qui se sont produits entre 2016 et 2017.

Les données statistiques concernant Israël sont fournies par et sous la responsabilité des autorités israéliennes compétentes. L'utilisation de ces données par l'OCDE est sans préjudice du statut des hauteurs du Golan, de Jérusalem-Est et des colonies de peuplement israéliennes en Cisjordanie aux termes du droit international.

Les commentaires qui suivent relatifs à l'évolution de la charge fiscale et du taux marginal d'imposition entre 2016 et 2017 concernent deux des huit catégories de familles, les célibataires sans enfant percevant le salaire moyen (colonne 2 des tableaux) et les couples mariés avec deux enfants et un seul salaire égal au salaire moyen (colonne 5). En comparant les colonnes 1, 3 à 4 et 6 à 8 des tableaux, on obtiendra les résultats pour les six autres catégories de familles. En général, on ne signalera dans ce chapitre que les changements dépassant 1 point (pour les taux effectifs moyens) et 5 points (pour les taux effectifs marginaux). La plupart de ces changements s'expliquent par des réformes fiscales ou par des modifications apportées aux systèmes fiscaux. La partie III du Rapport, intitulée « Informations détaillées par pays, 2017 », donne des précisions sur les systèmes fiscaux des différents pays.

Le tableau 5.1 indique le coin fiscal total (constitué de l'impôt sur le revenu majoré des cotisations salariales et patronales de sécurité sociale et diminué des prestations versées en espèces) par catégorie de famille et en pourcentage des coûts totaux de main-d'œuvre – salaire brut plus cotisations patronales de sécurité sociale (y compris les taxes sur les salaires). Dans la majorité des pays, les variations entre 2016 et 2017 de l'écart entre les coûts totaux de main-d'œuvre et le salaire net disponible correspondant étaient comprises entre plus ou moins 1 point.

Si l'on compare la colonne 2 des tableaux 3.1 et 5.1, le coin fiscal moyen dans la zone OCDE a baissé de 0.1 point entre 2016 et 2017, passant de 36.0 % à 35.9 % pour un célibataire percevant le salaire moyen. Il a diminué de plus d'un point en Finlande (1.2 point), en Hongrie (2.0 points) et au Luxembourg (1.8 point). En Finlande, les allégements d'impôt ont globalement augmenté, tandis que les taux des tranches inférieure et supérieure du barème de l'impôt sur le revenu ont baissé en 2017. La même année, en Hongrie, le taux de cotisation patronale de sécurité sociale a reculé de 27 % à 22 %. Enfin, au Luxembourg, la baisse du coin fiscal pour le travailleur percevant le salaire moyen est la résultante de la réforme du barème de l'impôt sur le revenu (extension des tranches de revenu et abaissement des taux) et du crédit d'impôt pour salariés (passage d'un crédit forfaitaire à un crédit progressif jusqu'à un certain seuil de revenu, puis dégressif). En revanche, aucune augmentation du coin fiscal supérieure à un point n'a été enregistrée pour les célibataires percevant le salaire moyen dans les pays membres de l'OCDE.

Pour les couples mariés disposant d'un seul revenu (comparaison de la colonne 5 des tableaux 3.1 et 5.1), le coin fiscal moyen dans la zone OCDE est resté à 26.1 % entre 2016 et 2017, bien que l'on ait observé des variations supérieures à un point dans six pays : Australie, Finlande, Hongrie, Irlande, Lettonie et Pologne. Le coin fiscal a augmenté de plus d'un point uniquement en Australie (2.7 points), car les paiements au titre de la *Family Tax Benefit Part A* ont diminué tandis que le *Schoolkids' Bonus* a été supprimé en juillet 2016, en Irlande (2.6 points) car le *Family Income Supplement* n'a pas été versé aux couples percevant un seul revenu égal au salaire moyen en 2017 dans la mesure où cette catégorie de famille dépassait le seuil de revenu, et en Lettonie (1.1 point) car l'abattement général à la base a baissé et d'autre part le montant de base des prestations familiales pour deux enfants est resté inchangé d'une année sur l'autre. À l'inverse, le coin fiscal a diminué de plus d'un point en Finlande (1.2 point) pour les raisons indiquées dans le paragraphe précédent, en Hongrie (3.0 points) sous l'effet combiné de la baisse du taux de cotisation patronale de sécurité sociale et du relèvement de l'allégement pour enfants à charge, et en Pologne (4.4 points) où le montant de base du *programme Famille 500 plus* a été revalorisé en 2017.

Le tableau 5.2 indique la charge cumulée de l'impôt sur le revenu et des cotisations salariales de sécurité sociale sous la forme de taux moyens d'imposition des personnes physiques en pourcentage du salaire brut. Pour les célibataires rémunérés au salaire moyen, cette charge a diminué de plus d'un point entre 2016 et 2017 uniquement au Luxembourg (1.9 point). L'augmentation des taux moyens d'imposition des célibataires rémunérés au salaire moyen ou des couples mariés avec deux enfants et un seul salaire n'a pas dépassé un point. En revanche, ces taux ont baissé de plus d'un point en Hongrie (1.1 point) et au Luxembourg (1.3 point) pour les couples mariés avec deux enfants et un seul salaire.

Le tableau 5.3 indique la charge cumulée de l'impôt sur le revenu et des cotisations salariales de sécurité sociale diminués du montant des prestations en espèces en pourcentage du salaire brut, ce qui mesure le taux moyen net d'imposition des personnes physiques. Si l'on compare la colonne 2 des tableaux 3.3 et 5.3, pour les célibataires disposant d'un salaire moyen, on constate une variation de plus d'un point entre 2016 et 2017 au Luxembourg (-1.9 point) uniquement. Si l'on compare la colonne 5 des tableaux 3.3 et 5.3, une augmentation de plus d'un point du taux moyen net d'imposition pour les couples mariés disposant d'un seul salaire s'est produite en Australie (2.9 points), en République tchèque (1.1 point), en Irlande (2.9 points) et en Lettonie (1.3 point). Ce taux a reculé de plus d'un point uniquement en Pologne (-5.1 points).

Le tableau 5.4 donne des informations sur le montant de l'impôt sur le revenu dû en pourcentage du salaire brut. Si l'on compare la colonne 2 des tableaux 3.4 et 5.4, dans la plupart des pays de l'OCDE, les taux moyens de l'impôt sur le revenu des célibataires rémunérés au salaire moyen n'ont que légèrement évolué entre 2016 et 2017 et le taux moyen de l'impôt sur le revenu dans la zone OCDE est resté à 15.7 %. Le taux moyen de l'impôt sur le revenu n'a augmenté de plus d'un point dans aucun pays de l'OCDE. À l'inverse, il a diminué de plus d'un point en Finlande (1.1 point) et au Luxembourg (1.5 point). Si l'on compare la colonne 5 des tableaux 3.4 et 5.4, le taux moyen de l'impôt sur le revenu dans la zone OCDE applicable aux couples mariés avec deux enfants et un seul salaire, qui était de 10.1 % en 2016, a reculé de 0.1 point en 2017. Comme constaté pour les célibataires, le taux moyen de l'impôt sur le revenu n'a augmenté de plus d'un point dans aucun pays de l'OCDE pour les couples mariés avec deux enfants et un seul salaire. Toutefois, ce taux a diminué de plus d'un point en Finlande et en Hongrie (1.1 point dans les deux cas).

Le tableau 5.5 donne des informations sur les cotisations salariales de sécurité sociale en pourcentage du salaire brut. Si l'on compare les colonnes 2 et 5 des tableaux 3.5 et 5.5, aucun changement de plus d'un point ne s'est produit dans les pays de l'OCDE entre 2016 et 2017 pour ces catégories de familles. Le taux moyen de cotisation salariale de sécurité sociale dans la zone OCDE est resté inchangé à 9.8 % pour les célibataires rémunérés au salaire moyen et pour les couples mariés avec deux enfants et disposant d'un seul salaire au cours de cette période.

Le tableau 5.6 indique le coin fiscal marginal (taux de l'impôt sur le revenu majoré des cotisations salariales et patronales de sécurité sociale et des taxes sur les salaires lorsqu'elles s'appliquent et diminué des prestations en espèces) en pourcentage des coûts totaux de main-d'œuvre lorsque le salaire brut du principal apporteur augmente d'une unité monétaire, en 2016. Si l'on compare les colonnes 2 et 5 respectivement dans les tableaux 3.6 et 5.6, les variations du coin marginal observées entre 2016 et 2017 restent généralement comprises dans l'intervalle de plus ou moins 5 points. On observe un changement supérieur à 5 points dans trois pays de l'OCDE : l'Islande (-5.1 points pour les couples mariés avec deux enfants et un seul salaire), les Pays-Bas (+5.7 points pour les couples mariés avec deux enfants et un seul salaire) et la Norvège (-8.3 points pour les deux catégories de familles). Dans ce dernier pays, le taux de l'impôt sur le revenu du gouvernement central appliqué au revenu ordinaire est passé de 10.55 % à 9.55 % au cours de cette période.

Le tableau 5.7 indique le taux marginal de l'impôt sur le revenu majoré des cotisations salariales de sécurité sociale et diminué des prestations en espèces (le taux marginal net d'imposition des personnes physiques) par catégorie de famille et niveau de salaire, lorsque le salaire brut du principal apporteur augmente d'une unité monétaire, en 2016. Si l'on compare respectivement les colonnes 2 et 5 des tableaux 3.7 et 5.7, la trajectoire d'évolution des taux marginaux nets d'imposition des personnes physiques intervenue entre 2016 et 2017 est similaire à celle du coin fiscal marginal examinée ci-dessus. Des variations au-delà de l'intervalle de plus ou moins 5 points sont observées en Islande (-5.2 points pour les couples mariés avec deux enfants et un seul salaire), aux Pays-Bas (+6.3 points pour les couples mariés avec deux enfants et un seul salaire) et en Norvège (-9.3 points pour les deux catégories de familles).

Le tableau 5.8 indique le pourcentage d'augmentation du revenu net par rapport au pourcentage d'augmentation du revenu brut lorsque celui-ci s'accroît d'une unité monétaire[1]. Le tableau 5.9 indique le pourcentage d'augmentation du revenu net par rapport au pourcentage d'augmentation des coûts de main d'œuvre (salaire brut majoré des cotisations patronales de sécurité sociale et des taxes sur les salaires) lorsque ceux-ci s'accroissent d'une unité monétaire[2]. Les résultats indiqués dans ces deux tableaux dépendent directement des taux marginaux et moyens d'imposition qui ont été examinés dans les paragraphes ci-dessus. Les tableaux 5.10 et 5.11 donnent des informations générales sur les niveaux des coûts de main-d'œuvre, les salaires bruts et les salaires nets en 2016.

Notes

1. Les élasticités indiquées dans le tableau 5.8 sont calculées de la manière suivante : (100-METR)/(100-AETR), où METR désigne le taux marginal de l'impôt sur le revenu, augmenté des cotisations salariales de sécurité sociale et diminué des prestations en espèces, figurant dans le tableau 5.7, et AETR désigne le taux moyen de l'impôt sur le revenu augmenté des cotisations salariales de sécurité sociale et diminué des prestations en espèces, figurant dans le tableau 5.3.
2. Les élasticités indiquées dans le tableau 5.9 sont calculées de la manière suivante : (100-METR)/(100-AETR), où METR désigne le taux marginal de l'impôt sur le revenu, augmenté des cotisations salariales et patronales de sécurité sociale et diminué des prestations en espèces, figurant dans le tableau 5.6, et AETR désigne le taux moyen de l'impôt sur le revenu augmenté des cotisations salariales et patronales de sécurité sociale et diminué des prestations en espèces, figurant dans le tableau 5.1.

Tableau 5.1. **Impôt sur le revenu et cotisations sociales des salariés et employeurs diminués des prestations versées, 2016**

En % des coûts de main d'oeuvre, par catégorie de famille et niveau de salaire

	Célibataire sans enf 67 (% SM)	Célibataire sans enf 100 (% SM)	Célibataire sans enf 167 (% SM)	Célibataire 2 enf 67 (% SM)	Couple marié 2 enf 100-0 (% SM)	Couple marié 2 enf 100-33 (% SM)[2]	Couple marié 2 enf 100-67 (% SM)[2]	Couple marié sans enf 100-33 (% SM)[2]
Allemagne	45.4	49.5	51.3	31.2	34.2	38.9	42.5	45.3
Australie	23.4	28.6	34.1	-1.1	18.1	24.4	26.5	24.4
Autriche	43.0	47.3	50.7	27.4	36.8	36.5	39.9	43.5
Belgique	47.5	53.9	59.9	33.5	38.5	38.7	46.4	45.2
Canada	26.5	31.4	32.7	-15.2	11.6	20.4	24.7	28.2
Chili	7.0	7.0	8.3	6.2	7.0	4.9	6.7	7.0
Corée	19.2	22.3	24.6	17.0	20.1	19.7	20.0	21.0
Danemark	34.2	36.4	42.2	7.3	25.8	29.7	31.7	34.4
Espagne	35.8	39.4	43.8	24.2	33.7	35.5	36.3	36.5
Estonie	37.9	39.0	39.9	21.8	28.5	31.7	33.6	37.9
États-Unis	29.2	31.6	36.4	12.2	20.6	24.4	26.4	29.2
Finlande	38.3	44.1	50.1	27.9	39.6	36.4	39.0	40.0
France	42.9	48.0	54.4	24.4	40.0	37.5	42.5	42.7
Grèce	36.4	40.5	46.1	32.1	38.6	38.0	38.7	39.1
Hongrie	48.2	48.2	48.2	25.5	33.8	37.4	39.6	48.2
Irlande	21.1	27.0	38.0	-19.2	8.2	13.3	19.0	19.8
Islande	30.4	34.0	38.6	21.3	23.6	29.4	32.5	30.5
Israël[1]	15.3	22.3	31.5	1.1	19.6	16.5	15.9	18.5
Italie	40.8	47.8	54.1	25.3	38.7	38.4	41.5	42.8
Japon	31.0	32.5	35.0	24.9	27.2	28.6	29.4	31.6
Lettonie	41.8	42.6	43.3	25.4	31.6	33.5	35.7	41.8
Luxembourg	31.3	38.5	45.3	7.7	16.2	20.6	26.4	29.6
Mexique	15.3	20.1	23.1	15.3	20.1	18.0	18.2	18.0
Norvège	33.2	36.3	42.0	22.0	31.7	30.8	32.9	33.5
Nouvelle-Zélande	13.6	17.9	23.6	-14.6	5.5	12.8	16.7	16.5
Pays-Bas	30.4	37.2	42.0	7.0	31.9	27.7	29.5	32.7
Pologne	34.9	35.6	36.2	-16.3	14.4	25.8	28.0	34.9
Portugal	36.5	41.6	47.1	21.8	28.7	30.1	36.1	36.4
République slovaque	39.0	41.5	43.5	27.9	29.0	32.0	36.0	37.7
République tchèque	40.3	43.0	45.2	21.8	25.1	31.4	34.5	40.7
Royaume-Uni	26.1	30.9	37.5	7.3	26.0	22.7	26.4	26.0
Slovénie	38.7	42.7	46.1	10.5	23.9	34.1	34.4	43.0
Suède	40.8	42.8	51.5	33.6	38.0	37.5	39.1	41.1
Suisse	19.1	21.8	26.4	3.9	9.2	12.2	15.3	19.6
Turquie	32.9	38.2	42.1	31.3	36.6	33.8	35.5	34.6
Moyenne non pondérée								
OCDE-Moyenne	**32.2**	**36.0**	**40.4**	**15.2**	**26.1**	**28.1**	**30.8**	**32.9**
OCDE-UE 22	**37.8**	**41.7**	**46.2**	**18.5**	**30.1**	**32.2**	**35.3**	**38.1**

Note : Enf = enfant.

1. Informations sur les données concernant Israël : *http://oe.cd/israel-disclaimer*.
2. Famille disposant de deux revenus.

StatLink http://dx.doi.org/10.1787/888933700407

Tableau 5.2. **Impôt sur le revenu et cotisations sociales des salariés, 2016**

En % du salaire brut, par catégorie de famille et niveau de salaire

	Célibataire sans enf 67 (% SM)	Célibataire sans enf 100 (% SM)	Célibataire sans enf 167 (% SM)	Célibataire 2 enf 67 (% SM)	Couple marié 2 enf 100-0 (% SM)	Couple marié 2 enf 100-33 (% SM)[2]	Couple marié 2 enf 100-67 (% SM)[2]	Couple marié sans enf 100-33 (% SM)[2]
Allemagne	34.8	39.8	43.9	17.9	21.5	27.1	31.4	34.7
Australie	18.8	24.3	30.2	18.8	24.3	19.9	22.1	19.9
Autriche	26.5	32.1	37.5	23.3	29.9	26.6	29.3	27.2
Belgique	33.4	40.7	48.5	27.9	29.1	30.1	36.4	31.9
Canada	18.9	23.0	26.3	10.6	18.2	19.6	21.4	19.6
Chili	7.0	7.0	8.3	7.0	7.0	7.0	7.0	7.0
Corée	10.8	14.3	17.8	8.4	11.9	11.4	11.7	12.8
Danemark	33.7	36.1	42.0	32.2	32.1	34.0	35.2	34.0
Espagne	16.7	21.3	27.2	1.5	13.9	16.2	17.2	17.6
Estonie	16.9	18.4	19.5	13.0	12.8	14.9	16.2	16.9
États-Unis	23.0	25.8	31.2	4.5	13.9	17.7	20.1	22.9
Finlande	23.6	30.8	38.2	22.9	30.7	25.4	27.7	25.6
France	25.2	29.0	34.5	22.2	22.2	22.2	25.2	25.8
Grèce	20.6	25.7	32.7	19.9	26.2	23.6	24.2	24.0
Hongrie	33.5	33.5	33.5	20.1	24.5	26.8	28.1	33.5
Irlande	12.6	19.1	31.3	6.5	10.7	11.6	16.0	11.6
Islande	25.3	29.1	34.1	25.3	21.7	25.4	27.6	25.4
Israël[1]	11.3	18.0	27.1	2.8	18.0	14.4	13.2	14.4
Italie	21.9	31.1	39.5	14.3	24.3	21.0	24.5	24.5
Japon	20.5	22.2	26.0	20.5	20.8	21.3	21.6	21.3
Lettonie	28.0	29.0	29.9	13.8	19.5	20.9	22.9	28.0
Luxembourg	22.9	31.0	38.7	16.3	19.3	21.0	25.4	21.0
Mexique	3.7	10.8	15.4	3.7	10.8	6.5	7.9	6.5
Norvège	24.5	28.0	34.5	21.1	26.9	24.9	26.6	24.9
Nouvelle-Zélande	13.6	17.9	23.6	15.0	17.9	16.5	16.7	16.5
Pays-Bas	22.5	30.2	37.7	14.4	28.1	22.5	23.9	25.1
Pologne	24.2	25.0	25.7	15.5	19.2	20.7	21.9	24.2
Portugal	21.5	27.8	34.6	11.3	15.4	16.2	20.9	21.3
République slovaque	20.0	23.3	25.9	13.0	12.0	16.3	19.2	19.8
République tchèque	19.9	23.6	26.6	1.8	4.0	11.4	14.9	20.5
Royaume-Uni	19.3	23.5	30.0	5.9	22.9	19.2	21.8	19.2
Slovénie	28.8	33.5	37.4	22.2	25.1	26.0	27.9	30.6
Suède	22.3	24.9	36.2	22.3	24.9	22.6	23.8	22.6
Suisse	14.0	16.9	21.8	8.4	10.5	12.0	14.2	14.6
Turquie	24.3	27.4	32.0	22.5	25.4	23.8	25.5	24.7
Moyenne non pondérée								
OCDE-Moyenne	**21.3**	**25.5**	**30.8**	**15.1**	**19.9**	**19.9**	**22.0**	**22.0**
OCDE-UE 22	**24.0**	**28.6**	**34.1**	**16.3**	**21.3**	**21.6**	**24.3**	**24.5**

Note : Enf = enfant.

1. Informations sur les données concernant Israël : *http://oe.cd/israel-disclaimer*.
2. Famille disposant de deux revenus.

StatLink *http://dx.doi.org/10.1787/888933700426*

Tableau 5.3. **Impôt sur le revenu et cotisations sociales des salariés diminués des prestations versées, 2016**

En % du salaire brut, par catégorie de famille et niveau de salaire

	Célibataire sans enf 67 (% SM)	Célibataire sans enf 100 (% SM)	Célibataire sans enf 167 (% SM)	Célibataire 2 enf 67 (% SM)	Couple marié 2 enf 100-0 (% SM)	Couple marié 2 enf 100-33 (% SM)[2]	Couple marié 2 enf 100-67 (% SM)[2]	Couple marié sans enf 100-33 (% SM)[2]
Allemagne	34.8	39.8	43.9	17.9	21.5	27.1	31.4	34.7
Australie	18.8	24.3	30.2	-7.1	13.2	19.9	22.1	19.9
Autriche	26.5	32.1	37.5	6.4	18.6	18.1	22.5	27.2
Belgique	33.4	40.7	48.5	15.7	20.9	23.9	31.5	31.9
Canada	17.7	23.0	26.3	-29.0	0.9	10.9	15.6	19.6
Chili	7.0	7.0	8.3	6.2	7.0	4.9	6.7	7.0
Corée	10.8	14.3	17.8	8.4	11.9	11.4	11.7	12.8
Danemark	33.4	35.9	42.0	6.2	25.2	28.8	31.1	33.6
Espagne	16.7	21.3	27.2	1.5	13.9	16.2	17.2	17.6
Estonie	16.9	18.4	19.5	-4.6	4.3	8.5	11.1	16.9
États-Unis	23.0	25.8	31.2	4.5	13.9	17.7	20.1	22.9
Finlande	23.6	30.8	38.2	10.7	25.2	21.3	24.4	25.6
France	25.2	29.0	34.5	1.0	18.1	19.1	22.8	25.8
Grèce	20.6	25.7	32.7	15.3	23.4	22.6	23.4	24.0
Hongrie	33.5	33.5	33.5	4.3	15.0	19.6	22.4	33.5
Irlande	12.6	19.1	31.3	-32.0	-1.7	4.5	10.3	11.6
Islande	25.3	29.1	34.1	15.5	17.9	24.2	27.6	25.4
Israël[1]	11.3	18.0	27.1	-3.5	15.2	12.3	11.5	14.4
Italie	21.9	31.1	39.5	1.5	19.1	18.8	22.9	24.5
Japon	20.5	22.2	26.0	13.6	16.2	17.8	18.8	21.3
Lettonie	28.0	29.0	29.9	7.8	15.5	17.8	20.5	28.0
Luxembourg	22.9	31.0	38.7	-3.5	6.0	11.0	17.4	21.0
Mexique	3.7	10.8	15.4	3.7	10.8	6.5	7.9	6.5
Norvège	24.5	28.0	34.5	11.9	22.8	21.8	24.1	24.9
Nouvelle-Zélande	13.6	17.9	23.6	-14.6	5.5	12.8	16.7	16.5
Pays-Bas	22.5	30.2	37.7	-3.5	24.3	19.6	21.6	25.1
Pologne	24.2	25.0	25.7	-35.4	0.3	13.6	16.2	24.2
Portugal	21.5	27.8	34.6	3.2	11.7	13.5	20.9	21.3
République slovaque	20.0	23.3	25.9	5.4	6.9	12.4	16.1	19.8
République tchèque	19.9	23.6	26.6	-4.7	-0.4	8.1	12.3	20.5
Royaume-Uni	19.3	23.5	30.0	-1.3	18.1	15.5	18.9	19.2
Slovénie	28.8	33.5	37.4	-3.9	11.7	19.8	23.8	30.6
Suède	22.3	24.9	36.2	12.8	18.5	17.8	20.0	22.6
Suisse	14.0	16.9	21.8	-2.0	3.5	6.7	10.1	14.6
Turquie	24.3	27.4	32.0	22.5	25.4	23.8	25.5	24.7
Moyenne non pondérée								
OCDE-Moyenne	**21.2**	**25.5**	**30.8**	**1.4**	**13.7**	**16.2**	**19.3**	**22.0**
OCDE-UE 22	**24.0**	**28.6**	**34.1**	**0.9**	**14.4**	**17.2**	**20.8**	**24.5**

Note : Enf = enfant.

1. Informations sur les données concernant Israël : *http://oe.cd/israel-disclaimer.*
2. Famille disposant de deux revenus.

StatLink http://dx.doi.org/10.1787/888933700445

Tableau 5.4. **Impôt sur le revenu, 2016**

En % du salaire brut, par catégorie de famille et niveau de salaire

	Célibataire sans enf 67 (% SM)	Célibataire sans enf 100 (% SM)	Célibataire sans enf 167 (% SM)	Célibataire 2 enf 67 (% SM)	Couple marié 2 enf 100-0 (% SM)	Couple marié 2 enf 100-33 (% SM)[2]	Couple marié 2 enf 100-67 (% SM)[2]	Couple marié sans enf 100-33 (% SM)[2]
Allemagne	14.2	19.1	27.7	-2.5	1.1	6.7	11.0	14.1
Australie	18.8	24.3	30.2	18.8	24.3	19.9	22.1	19.9
Autriche	8.5	14.1	21.2	5.3	11.9	9.4	11.3	10.0
Belgique	19.5	26.8	34.5	14.0	15.1	19.3	22.4	21.2
Canada	11.7	15.4	21.3	3.4	10.5	12.4	13.9	12.4
Chili	0.0	0.0	1.3	0.0	0.0	0.0	0.0	0.0
Corée	2.4	5.9	10.8	0.0	3.5	3.0	3.2	4.4
Danemark	33.7	36.1	42.0	32.2	32.1	34.0	35.2	34.0
Espagne	10.3	14.9	20.9	-4.8	7.6	9.8	10.9	11.2
Estonie	15.3	16.8	17.9	11.4	11.2	13.3	14.6	15.3
États-Unis	15.3	18.2	23.6	-3.1	6.3	10.1	12.4	15.3
Finlande	15.0	22.0	29.4	14.3	21.9	16.9	19.0	17.1
France	10.9	14.7	20.9	7.9	7.9	7.9	10.9	11.5
Grèce	4.8	9.9	17.0	4.1	10.4	7.8	8.5	8.2
Hongrie	15.0	15.0	15.0	1.6	6.0	8.3	9.6	15.0
Irlande	8.6	15.1	27.3	2.5	6.7	8.6	12.0	8.6
Islande	24.8	28.8	33.9	24.8	21.3	24.9	27.2	24.9
Israël[1]	5.4	10.0	17.5	-3.2	10.0	7.5	6.0	7.5
Italie	12.4	21.7	29.9	4.8	14.8	11.5	15.0	15.0
Japon	6.2	7.9	12.8	6.2	6.5	6.9	7.2	6.9
Lettonie	17.5	18.5	19.4	3.3	9.0	10.4	12.4	17.5
Luxembourg	10.2	18.2	25.8	3.6	6.5	8.3	12.6	8.3
Mexique	2.4	9.4	13.9	2.4	9.4	5.1	6.6	5.1
Norvège	16.3	19.8	26.3	12.9	18.7	16.7	18.4	16.7
Nouvelle-Zélande	13.6	17.9	23.6	15.0	17.9	16.5	16.7	16.5
Pays-Bas	6.3	16.6	27.6	4.4	16.1	12.4	11.7	13.0
Pologne	6.4	7.2	7.8	-2.3	1.3	2.8	4.1	6.3
Portugal	10.5	16.8	23.6	0.3	4.4	5.2	9.9	10.3
République slovaque	6.6	9.9	12.5	-0.4	-1.4	3.9	5.8	7.4
République tchèque	8.9	12.6	15.6	-9.2	-7.0	0.4	3.9	9.5
Royaume-Uni	11.2	14.1	22.6	-2.2	13.5	11.1	12.9	11.1
Slovénie	6.7	11.4	15.3	0.1	3.0	3.9	5.8	8.5
Suède	15.3	17.9	31.5	15.3	17.9	15.6	16.8	15.6
Suisse	7.8	10.7	15.6	2.1	4.2	5.7	8.0	8.4
Turquie	9.3	12.4	17.0	7.5	10.4	8.8	10.5	9.7
Moyenne non pondérée								
OCDE-Moyenne	**11.5**	**15.7**	**21.5**	**5.4**	**10.1**	**10.4**	**12.2**	**12.5**
OCDE-UE 22	**12.2**	**16.8**	**23.0**	**4.7**	**9.6**	**10.3**	**12.6**	**13.1**

Note : Enf = enfant.

1. Informations sur les données concernant Israël : *http://oe.cd/israel-disclaimer.*
2. Famille disposant de deux revenus.

StatLink http://dx.doi.org/10.1787/888933700464

Tableau 5.5. **Cotisations sociales des salariés, 2016**

En % du salaire brut, par catégorie de famille et niveau de salaire

	Célibataire sans enf 67 (% SM)	Célibataire sans enf 100 (% SM)	Célibataire sans enf 167 (% SM)	Célibataire 2 enf 67 (% SM)	Couple marié 2 enf 100-0 (% SM)	Couple marié 2 enf 100-33 (% SM)[2]	Couple marié 2 enf 100-67 (% SM)[2]	Couple marié sans enf 100-33 (% SM)[2]
Allemagne	20.7	20.7	16.2	20.4	20.4	20.4	20.4	20.7
Australie	0.0	0.0	0.0	0.0	0.0	0.0	0.0	0.0
Autriche	18.0	18.0	16.3	18.0	18.0	17.2	18.0	17.2
Belgique	13.9	14.0	14.0	13.9	14.0	10.8	14.0	10.8
Canada	7.2	7.7	5.0	7.2	7.7	7.2	7.5	7.2
Chili	7.0	7.0	7.0	7.0	7.0	7.0	7.0	7.0
Corée	8.4	8.4	7.1	8.4	8.4	8.4	8.4	8.4
Danemark	0.0	0.0	0.0	0.0	0.0	0.0	0.0	0.0
Espagne	6.4	6.4	6.3	6.4	6.4	6.4	6.4	6.4
Estonie	1.6	1.6	1.6	1.6	1.6	1.6	1.6	1.6
États-Unis	7.7	7.7	7.7	7.7	7.7	7.7	7.7	7.7
Finlande	8.6	8.8	8.8	8.6	8.8	8.5	8.7	8.5
France	14.3	14.3	13.6	14.3	14.3	14.3	14.3	14.3
Grèce	15.8	15.8	15.8	15.8	15.8	15.8	15.8	15.8
Hongrie	18.5	18.5	18.5	18.5	18.5	18.5	18.5	18.5
Irlande	4.0	4.0	4.0	4.0	4.0	3.0	4.0	3.0
Islande	0.5	0.3	0.2	0.5	0.3	0.5	0.4	0.5
Israël[1]	6.0	8.0	9.6	6.0	8.0	6.9	7.2	6.9
Italie	9.5	9.5	9.6	9.5	9.5	9.5	9.5	9.5
Japon	14.4	14.4	13.2	14.4	14.4	14.4	14.4	14.4
Lettonie	10.5	10.5	10.5	10.5	10.5	10.5	10.5	10.5
Luxembourg	12.7	12.8	12.9	12.7	12.8	12.7	12.8	12.7
Mexique	1.3	1.4	1.5	1.3	1.4	1.3	1.3	1.3
Norvège	8.2	8.2	8.2	8.2	8.2	8.2	8.2	8.2
Nouvelle-Zélande	0.0	0.0	0.0	0.0	0.0	0.0	0.0	0.0
Pays-Bas	16.2	13.6	10.2	10.0	12.0	10.1	12.2	12.1
Pologne	17.8	17.8	17.8	17.8	17.8	17.8	17.8	17.8
Portugal	11.0	11.0	11.0	11.0	11.0	11.0	11.0	11.0
République slovaque	13.4	13.4	13.4	13.4	13.4	12.4	13.4	12.4
République tchèque	11.0	11.0	11.0	11.0	11.0	11.0	11.0	11.0
Royaume-Uni	8.1	9.4	7.4	8.1	9.4	8.1	8.9	8.1
Slovénie	22.1	22.1	22.1	22.1	22.1	22.1	22.1	22.1
Suède	7.0	7.0	4.7	7.0	7.0	7.0	7.0	7.0
Suisse	6.2	6.2	6.2	6.2	6.2	6.2	6.2	6.2
Turquie	15.0	15.0	15.0	15.0	15.0	15.0	15.0	15.0
Moyenne non pondérée								
OCDE-Moyenne	**9.8**	**9.8**	**9.3**	**9.6**	**9.8**	**9.5**	**9.7**	**9.5**
OCDE-UE 22	**11.9**	**11.8**	**11.2**	**11.6**	**11.7**	**11.3**	**11.7**	**11.4**

Note : Enf = enfant.

1. Informations sur les données concernant Israël : *http://oe.cd/israel-disclaimer*.
2. Famille disposant de deux revenus.

StatLink http://dx.doi.org/10.1787/888933700483

Tableau 5.6. **Taux marginal applicable à l'impôt sur le revenu et aux cotisations sociales des salariés et employeurs diminués des prestations versées, 2016**

En % du salaire brut, par catégorie de famille et niveau de salaire

	Célibataire sans enf 67 (% SM)	Célibataire sans enf 100 (% SM)	Célibataire sans enf 167 (% SM)	Célibataire 2 enf 67 (% SM)	Couple marié 2 enf 100-0 (% SM)	Couple marié 2 enf 100-33 (% SM)[2]	Couple marié 2 enf 100-67 (% SM)[2]	Couple marié sans enf 100-33 (% SM)[2]
Allemagne	55.7	60.2	44.3	53.7	52.4	55.4	57.7	55.6
Australie	39.6	42.4	42.4	58.5	61.3	70.7	42.4	42.4
Autriche	56.0	59.8	41.3	56.0	56.0	56.0	56.0	59.8
Belgique	65.7	66.7	67.9	65.7	66.7	66.7	66.7	66.7
Canada	33.8	39.6	37.0	52.3	75.4	44.7	44.7	39.6
Chili	7.0	7.0	10.2	7.0	7.0	7.0	7.0	7.0
Corée	29.0	28.5	31.9	17.0	28.5	28.5	28.5	28.5
Danemark	39.7	42.0	55.8	38.2	42.0	42.0	42.0	42.0
Espagne	45.2	49.5	37.0	41.6	45.2	49.5	49.5	49.5
Estonie	41.2	41.2	41.2	41.2	41.2	41.2	41.2	41.2
États-Unis	34.3	43.6	43.6	55.1	34.3	34.3	34.3	34.3
Finlande	55.1	56.2	59.2	55.1	57.0	57.0	57.0	56.2
France	65.3	58.9	59.9	73.6	43.0	43.0	60.3	53.4
Grèce	47.4	48.9	56.2	47.4	48.9	48.9	48.9	48.9
Hongrie	48.2	48.2	48.2	48.2	48.2	48.2	48.2	48.2
Irlande	36.3	54.4	54.4	67.3	36.3	36.3	36.3	36.3
Islande	41.1	41.1	48.2	50.1	50.1	46.5	41.1	41.1
Israël[1]	31.2	37.7	49.8	34.3	37.7	37.7	37.7	37.7
Italie	54.8	54.8	63.2	56.0	56.0	56.0	55.4	54.8
Japon	32.9	37.1	35.1	32.9	37.1	37.1	37.1	37.1
Lettonie	44.2	44.2	44.2	44.2	44.2	44.2	44.2	44.2
Luxembourg	47.8	55.5	55.5	50.4	39.4	44.5	52.9	44.5
Mexique	17.5	25.2	28.4	17.5	25.2	25.2	25.2	25.2
Norvège	42.4	50.4	53.0	42.4	50.4	50.4	50.4	50.4
Nouvelle-Zélande	17.5	30.0	33.0	40.0	52.5	52.5	30.0	30.0
Pays-Bas	48.2	51.6	52.7	48.7	51.6	51.6	51.6	51.6
Pologne	37.0	37.0	37.0	96.9	37.0	37.0	37.0	37.0
Portugal	51.9	51.9	59.4	51.1	39.8	51.1	51.1	51.9
République slovaque	46.5	46.5	46.5	46.5	46.5	46.5	46.5	46.5
République tchèque	48.6	48.6	48.6	48.6	48.6	48.6	48.6	48.6
Royaume-Uni	40.2	40.2	49.0	76.3	40.2	40.2	40.2	40.2
Slovénie	43.6	51.0	60.4	43.6	43.6	43.6	43.6	51.0
Suède	45.6	48.3	69.6	45.6	48.3	48.3	48.3	48.3
Suisse	26.3	27.8	36.6	18.8	22.0	26.1	29.4	26.9
Turquie	42.8	47.8	47.8	42.8	47.8	47.8	47.8	47.8
Moyenne non pondérée								
OCDE-Moyenne	**41.7**	**45.0**	**47.1**	**47.6**	**44.6**	**44.7**	**44.0**	**43.6**
OCDE-UE 22	**48.4**	**50.7**	**52.3**	**54.4**	**46.9**	**48.0**	**49.3**	**48.9**

Note : Enf = enfant.

On suppose que le revenu brut principal du ménage augmente. Le résultat peut être différent si le salaire du conjoint augmente, surtout si les deux conjoints sont imposés séparément.

1. Informations sur les données concernant Israël : *http://oe.cd/israel-disclaimer*.
2. Famille disposant de deux revenus.

StatLink *http://dx.doi.org/10.1787/888933700502*

Tableau 5.7. **Taux marginal applicable à l'impôt sur le revenu et aux cotisations sociales des salariés diminués des prestations versées, 2016**

En % du salaire brut, par catégorie de famille et niveau de salaire

	Célibataire sans enf 67 (% SM)	Célibataire sans enf 100 (% SM)	Célibataire sans enf 167 (% SM)	Célibataire 2 enf 67 (% SM)	Couple marié 2 enf 100-0 (% SM)	Couple marié 2 enf 100-33 (% SM)[2]	Couple marié 2 enf 100-67 (% SM)[2]	Couple marié sans enf 100-33 (% SM)[2]
Allemagne	47.1	52.6	44.3	44.8	43.1	46.8	49.6	47.1
Australie	36.0	39.0	39.0	56.0	59.0	69.0	39.0	39.0
Autriche	43.3	48.2	36.9	43.3	43.3	43.3	43.3	48.2
Belgique	54.6	55.9	59.4	54.6	55.9	55.9	55.9	55.9
Canada	25.5	33.6	33.9	46.3	73.0	39.3	39.3	33.6
Chili	7.0	7.0	10.2	7.0	7.0	7.0	7.0	7.0
Corée	21.7	21.0	28.0	8.4	21.0	21.0	21.0	21.0
Danemark	39.7	42.0	55.8	38.2	42.0	42.0	42.0	42.0
Espagne	28.8	34.4	37.0	24.1	28.8	34.4	34.4	34.4
Estonie	21.3	21.3	21.3	21.3	21.3	21.3	21.3	21.3
États-Unis	29.3	39.3	39.3	51.6	29.3	29.3	29.3	29.3
Finlande	44.3	45.8	49.5	44.3	46.8	46.8	46.8	45.8
France	36.4	43.9	42.6	51.6	22.2	22.2	45.8	36.4
Grèce	34.3	36.2	45.3	34.3	36.2	36.2	36.2	36.2
Hongrie	33.5	33.5	33.5	33.5	33.5	33.5	33.5	33.5
Irlande	29.5	49.5	49.5	63.8	29.5	29.5	29.5	29.5
Islande	36.8	36.8	44.4	46.4	46.4	42.6	36.8	36.8
Israël[1]	26.0	33.0	46.0	29.4	33.0	33.0	33.0	33.0
Italie	40.4	40.4	51.5	42.0	42.0	42.0	41.2	40.4
Japon	22.8	27.6	31.1	22.8	27.6	27.6	27.6	27.6
Lettonie	31.1	31.1	31.1	31.1	31.1	31.1	31.1	31.1
Luxembourg	41.5	50.1	50.1	44.4	32.0	37.7	47.2	37.7
Mexique	12.1	19.5	22.9	12.1	19.5	19.5	19.5	19.5
Norvège	34.9	43.9	46.9	34.9	43.9	43.9	43.9	43.9
Nouvelle-Zélande	17.5	30.0	33.0	40.0	52.5	52.5	30.0	30.0
Pays-Bas	42.5	46.3	52.7	43.1	46.3	46.3	46.3	46.3
Pologne	26.7	26.7	26.7	96.3	26.7	26.7	26.7	26.7
Portugal	40.5	40.5	49.8	39.5	25.5	39.5	39.5	40.5
République slovaque	29.9	29.9	29.9	29.9	29.9	29.9	29.9	29.9
République tchèque	31.1	31.1	31.1	31.1	31.1	31.1	31.1	31.1
Royaume-Uni	32.0	32.0	42.0	73.0	32.0	32.0	32.0	32.0
Slovénie	34.6	43.1	54.0	34.6	34.6	34.6	34.6	43.1
Suède	28.5	32.1	60.1	28.5	32.1	32.1	32.1	32.1
Suisse	21.7	23.3	32.6	13.8	17.2	21.5	25.0	22.3
Turquie	32.8	38.7	38.7	32.8	38.7	38.7	38.7	38.7
Moyenne non pondérée								
OCDE-Moyenne	**31.9**	**36.0**	**40.0**	**38.5**	**35.3**	**35.4**	**34.9**	**34.4**
OCDE-UE 22	**36.0**	**39.4**	**43.4**	**43.1**	**34.8**	**36.1**	**37.7**	**37.3**

Note : Enf = enfant.

On suppose que le revenu brut principal du ménage augmente. Le résultat peut être différent si le salaire du conjoint augmente, surtout si les deux conjoints sont imposés séparément.

1. Informations sur les données concernant Israël : *http://oe.cd/israel-disclaimer.*
2. Famille disposant de deux revenus.

StatLink *http://dx.doi.org/10.1787/888933700521*

Tableau 5.8. **Augmentation en pourcentage du revenu net selon l'augmentation en pourcentage du salaire brut, 2016**

Après une augmentation d'une unité monétaire du salaire brut, par catégorie de famille et niveau de salaire

	Célibataire sans enf 67 (% SM)	Célibataire sans enf 100 (% SM)	Célibataire sans enf 167 (% SM)	Célibataire 2 enf 67 (% SM)	Couple marié 2 enf 100-0 (% SM)	Couple marié 2 enf 100-33 (% SM)[2]	Couple marié 2 enf 100-67 (% SM)[2]	Couple marié sans enf 100-33 (% SM)[2]
Allemagne	0.81	0.79	0.99	0.67	0.72	0.73	0.74	0.81
Australie	0.79	0.81	0.87	0.41	0.47	0.39	0.78	0.76
Autriche	0.77	0.76	1.01	0.61	0.70	0.69	0.73	0.71
Belgique	0.68	0.74	0.79	0.54	0.56	0.58	0.64	0.65
Canada	0.90	0.86	0.90	0.42	0.27	0.68	0.72	0.83
Chili	1.00	1.00	0.98	0.99	1.00	0.98	1.00	1.00
Corée	0.88	0.92	0.88	1.00	0.90	0.89	0.89	0.91
Danemark	0.91	0.90	0.76	0.66	0.78	0.81	0.84	0.87
Espagne	0.85	0.83	0.86	0.77	0.83	0.78	0.79	0.80
Estonie	0.95	0.96	0.98	0.75	0.82	0.86	0.89	0.95
États-Unis	0.92	0.82	0.88	0.51	0.82	0.86	0.88	0.92
Finlande	0.73	0.78	0.82	0.62	0.71	0.68	0.70	0.73
France	0.85	0.79	0.88	0.49	0.95	0.96	0.70	0.86
Grèce	0.83	0.86	0.81	0.78	0.83	0.82	0.83	0.84
Hongrie	1.00	1.00	1.00	0.69	0.78	0.83	0.86	1.00
Irlande	0.81	0.62	0.74	0.27	0.69	0.74	0.79	0.80
Islande	0.85	0.89	0.84	0.63	0.65	0.76	0.87	0.85
Israël[1]	0.83	0.82	0.74	0.68	0.79	0.76	0.76	0.78
Italie	0.76	0.87	0.80	0.59	0.72	0.71	0.76	0.79
Japon	0.97	0.93	0.93	0.89	0.86	0.88	0.89	0.92
Lettonie	0.96	0.97	0.98	0.75	0.82	0.84	0.87	0.96
Luxembourg	0.76	0.72	0.81	0.54	0.72	0.70	0.64	0.79
Mexique	0.91	0.90	0.91	0.91	0.90	0.86	0.87	0.86
Norvège	0.86	0.78	0.81	0.74	0.73	0.72	0.74	0.75
Nouvelle-Zélande	0.96	0.85	0.88	0.52	0.50	0.54	0.84	0.84
Pays-Bas	0.74	0.77	0.76	0.55	0.71	0.67	0.68	0.72
Pologne	0.97	0.98	0.99	0.03	0.74	0.85	0.88	0.97
Portugal	0.76	0.82	0.77	0.62	0.84	0.70	0.77	0.76
République slovaque	0.88	0.91	0.95	0.74	0.75	0.80	0.84	0.87
République tchèque	0.86	0.90	0.94	0.66	0.69	0.75	0.79	0.87
Royaume-Uni	0.84	0.89	0.83	0.27	0.83	0.81	0.84	0.84
Slovénie	0.92	0.85	0.73	0.63	0.74	0.82	0.86	0.82
Suède	0.92	0.90	0.63	0.82	0.83	0.83	0.85	0.88
Suisse	0.91	0.92	0.86	0.85	0.86	0.84	0.83	0.91
Turquie	0.89	0.84	0.90	0.87	0.82	0.80	0.82	0.81
Moyenne non pondérée								
OCDE-Moyenne	**0.86**	**0.86**	**0.86**	**0.64**	**0.75**	**0.77**	**0.81**	**0.84**
OCDE-UE 22	**0.84**	**0.85**	**0.86**	**0.59**	**0.76**	**0.77**	**0.79**	**0.83**

Note : Enf = enfant.

Le revenu net est calculé à partir des revenus bruts diminués de l'impôt sur le revenu des personnes physiques, des cotisations sociales et augmentés des prestations versées aux familles. L'augmentation qui est rapportée dans le tableau représente une sorte d'élasticité. Dans un système fiscal proportionnel, l'élasticité est égale à 1. A ce niveau de revenu, plus les système est progressif plus l'élasticité est faible. Les élasticités indiquées dans le tableau 5.8 sont calculées de la manière suivante : (100-METR)/(100-AETR), où METR désigne le taux marginal de l'impôt sur le revenu, augmenté des cotisations salariales de sécurité sociale et diminué des transferts en espèces, figurant dans le tableau 5.7, et AETR désigne le taux moyen augmenté des cotisations salariales de sécurité sociale et diminué des transferts en espèces, figurant dans le tableau 5.3.

1. Informations sur les données concernant Israël : *http://oe.cd/israel-disclaimer*.
2. Famille disposant de deux revenus. On fait l'hypothèse que le revenu brut principal du ménage augmente.

StatLink *http://dx.doi.org/10.1787/888933700540*

Tableau 5.9. **Augmentation en pourcentage du revenu net selon l'augmentation en pourcentage des coûts bruts de main d'oeuvre, 2016**

Après une augmentation d'une unité monétaire des coûts bruts de main d'oeuvre, par catégorie de famille et niveau de salaire

	Célibataire sans enf 67 (% SM)	Célibataire sans enf 100 (% SM)	Célibataire sans enf 167 (% SM)	Célibataire 2 enf 67 (% SM)	Couple marié 2 enf 100-0 (% SM)	Couple marié 2 enf 100-33 (% SM)[2]	Couple marié 2 enf 100-67 (% SM)[2]	Couple marié sans enf 100-33 (% SM)[2]
Allemagne	0.81	0.79	1.14	0.67	0.72	0.73	0.74	0.81
Australie	0.79	0.81	0.87	0.41	0.47	0.39	0.78	0.76
Autriche	0.77	0.76	1.19	0.61	0.70	0.69	0.73	0.71
Belgique	0.65	0.72	0.80	0.52	0.54	0.54	0.62	0.61
Canada	0.90	0.88	0.94	0.41	0.28	0.69	0.73	0.84
Chili	1.00	1.00	0.98	0.99	1.00	0.98	1.00	1.00
Corée	0.88	0.92	0.90	1.00	0.90	0.89	0.89	0.91
Danemark	0.92	0.91	0.77	0.67	0.78	0.82	0.85	0.88
Espagne	0.85	0.83	1.12	0.77	0.83	0.78	0.79	0.80
Estonie	0.95	0.96	0.98	0.75	0.82	0.86	0.89	0.95
États-Unis	0.93	0.82	0.89	0.51	0.83	0.87	0.89	0.93
Finlande	0.73	0.78	0.82	0.62	0.71	0.68	0.70	0.73
France	0.61	0.79	0.88	0.35	0.95	0.91	0.69	0.81
Grèce	0.83	0.86	0.81	0.78	0.83	0.82	0.83	0.84
Hongrie	1.00	1.00	1.00	0.69	0.78	0.83	0.86	1.00
Irlande	0.81	0.62	0.74	0.27	0.69	0.73	0.79	0.79
Islande	0.85	0.89	0.84	0.63	0.65	0.76	0.87	0.85
Israël[1]	0.81	0.80	0.73	0.66	0.78	0.75	0.74	0.76
Italie	0.76	0.87	0.80	0.59	0.72	0.71	0.76	0.79
Japon	0.97	0.93	1.00	0.89	0.86	0.88	0.89	0.92
Lettonie	0.96	0.97	0.98	0.75	0.82	0.84	0.87	0.96
Luxembourg	0.76	0.72	0.81	0.54	0.72	0.70	0.64	0.79
Mexique	0.97	0.94	0.93	0.97	0.94	0.91	0.91	0.91
Norvège	0.86	0.78	0.81	0.74	0.73	0.72	0.74	0.75
Nouvelle-Zélande	0.96	0.85	0.88	0.52	0.50	0.54	0.84	0.84
Pays-Bas	0.74	0.77	0.82	0.55	0.71	0.67	0.69	0.72
Pologne	0.97	0.98	0.99	0.03	0.74	0.85	0.88	0.97
Portugal	0.76	0.82	0.77	0.62	0.84	0.70	0.77	0.76
République slovaque	0.88	0.91	0.95	0.74	0.75	0.79	0.84	0.86
République tchèque	0.86	0.90	0.94	0.66	0.69	0.75	0.79	0.87
Royaume-Uni	0.81	0.87	0.81	0.26	0.81	0.77	0.81	0.81
Slovénie	0.92	0.85	0.73	0.63	0.74	0.86	0.86	0.86
Suède	0.92	0.90	0.63	0.82	0.83	0.83	0.85	0.88
Suisse	0.91	0.92	0.86	0.85	0.86	0.84	0.83	0.91
Turquie	0.85	0.84	0.90	0.83	0.82	0.79	0.81	0.80
Moyenne non pondérée								
OCDE-Moyenne	**0.86**	**0.86**	**0.89**	**0.64**	**0.75**	**0.77**	**0.80**	**0.84**
OCDE-UE 22	**0.83**	**0.85**	**0.89**	**0.59**	**0.76**	**0.77**	**0.78**	**0.83**

Note : Enf = enfant.

Le revenu net est calculé à partir des revenus bruts diminués de l'impôt sur le revenu des personnes physiques, des cotisations sociales et augmentés des prestations versées aux familles. L'augmentation qui est rapportée dans le tableau représente une sorte d'élasticité. Dans un système fiscal proportionnel, l'élasticité est égale à 1. A ce niveau de revenu, plus les système est progressif plus l'élasticité est faible. Les élasticités indiquées dans le tableau 5.9 sont calculées de la manière suivante : (100-METR)/(100-AETR), où METR désigne le taux marginal de l'impôt sur le revenu, augmenté des cotisations salariales et patronales de sécurité sociale et diminué des transferts en espèces, figurant dans le tableau 5.6, et AETR désigne le taux moyen augmenté des cotisations salariales et patronales de sécurité sociale et diminué des transferts en espèces, figurant dans le tableau 5.1.

1. Informations sur les données concernant Israël : *http://oe.cd/israel-disclaimer*.
2. Famille disposant de deux revenus. On fait l'hypothèse que le revenu brut principal du ménage augmente.

StatLink *http://dx.doi.org/10.1787/888933700559*

Tableau 5.10a. **Salaire brut annuel et revenu net, célibataire, 2016**

En dollars US convertis sur la base des PPA, par catégorie de famille et niveau de salaire

	Célibataire sans enf 67 (% SM)		Célibataire sans enf 100 (% SM)		Célibataire sans enf 167 (% SM)		Célibataire 2 enf 67 (% SM)	
	Total des revenus bruts avant impôts	Revenus nets après impôts	Total des revenus bruts avant impôts	Revenus nets après impôts	Total des revenus bruts avant impôts	Revenus nets après impôts	Total des revenus bruts avant impôts	Revenus nets après impôts
Allemagne	41 484	27 032	61 916	37 280	103 400	58 043	41 484	34 061
Australie	37 035	30 066	55 276	41 832	92 311	64 424	37 035	39 666
Autriche	37 729	27 725	56 311	38 232	94 040	58 810	37 729	35 315
Belgique	38 792	25 845	57 898	34 313	96 690	49 798	38 792	32 692
Canada	27 190	22 383	40 582	31 231	67 771	49 932	27 190	35 067
Chili	14 940	13 894	22 299	20 738	37 239	34 165	14 940	14 015
Corée	34 196	30 504	51 039	43 758	85 236	70 023	34 196	31 320
Danemark	37 032	24 667	55 272	35 444	92 304	53 581	37 032	34 746
Espagne	26 737	22 284	39 906	31 424	66 642	48 540	26 737	26 335
Estonie	17 440	14 486	26 030	21 248	43 470	34 977	17 440	18 251
États-Unis	34 803	26 806	51 945	38 531	86 748	59 657	34 803	33 237
Finlande	32 358	24 731	48 296	33 441	80 654	49 835	32 358	28 911
France	31 512	23 561	47 033	33 375	78 545	51 441	31 512	31 202
Grèce	22 938	18 212	34 236	25 436	57 174	38 453	22 938	19 437
Hongrie	16 572	11 020	24 734	16 448	41 306	27 468	16 572	15 867
Irlande	29 243	25 553	43 647	35 306	72 890	50 073	29 243	38 597
Islande	38 887	29 043	58 041	41 145	96 928	63 871	38 887	32 857
Israël[1]	25 159	22 304	37 551	30 800	62 709	45 704	25 159	26 044
Italie	28 493	22 246	42 526	29 282	71 019	42 951	28 493	28 056
Japon	34 408	27 340	51 355	39 935	85 763	63 499	34 408	29 734
Lettonie	13 666	9 834	20 396	14 473	34 062	23 890	13 666	12 601
Luxembourg	42 520	32 772	63 463	43 775	105 984	65 001	42 520	44 030
Mexique	8 443	8 133	12 601	11 246	21 044	17 809	8 443	8 133
Norvège	37 462	28 273	55 913	40 278	93 375	61 187	37 462	33 000
Nouvelle-Zélande	26 310	22 727	39 268	32 242	65 578	50 122	26 310	30 160
Pays-Bas	41 134	31 877	61 394	42 843	102 527	63 857	41 134	42 575
Pologne	17 881	13 558	26 688	20 016	44 569	33 128	17 881	24 219
Portugal	20 328	15 963	30 340	21 920	50 668	33 148	20 328	19 678
République slovaque	14 988	11 987	22 371	17 165	37 359	27 679	14 988	14 185
République tchèque	17 133	13 715	25 571	19 529	42 704	31 334	17 133	17 942
Royaume-Uni	35 466	28 630	52 934	40 509	88 399	61 914	35 466	35 920
Slovénie	20 542	14 624	30 659	20 401	51 201	32 046	20 542	21 351
Suède	31 369	24 388	46 819	35 168	78 187	49 846	31 369	27 363
Suisse	46 854	40 280	69 932	58 096	116 786	91 309	46 854	47 805
Turquie	19 262	14 577	28 749	20 862	48 011	32 668	19 262	14 920
Moyenne non pondérée								
OCDE-Moyenne	**28 580**	**22 315**	**42 657**	**31 363**	**71 237**	**48 291**	**28 580**	**27 980**
OCDE-UE 22	**27 971**	**21 123**	**41 747**	**29 410**	**69 718**	**44 810**	**27 971**	**27 424**

Note : Enf = enfant.

1. Informations sur les données concernant Israël : *http://oe.cd/israel-disclaimer*.

StatLink http://dx.doi.org/10.1787/888933700578

Tableau 5.10b. **Salaire brut annuel et revenu net, couple marié, 2016**

En dollars US convertis sur la base des PPA, par catégorie de famille et niveau de salaire

	Couple marié 2 enf 100-0 (% SM)		Couple marié 2 enf 100-33 (% SM)[2]		Couple marié 2 enf 100-67 (% SM)[2]		Couple marié sans enf 100-33 (% SM)[2]	
	Total des revenus bruts avant impôts	Revenus nets après impôts	Total des revenus bruts avant impôts	Revenus nets après impôts	Total des revenus bruts avant impôts	Revenus nets après impôts	Total des revenus bruts avant impôts	Revenus nets après impôts
Allemagne	61 916	48 596	82 349	60 008	103 400	70 922	82 349	53 736
Australie	55 276	47 986	73 517	58 914	92 311	71 898	73 517	58 870
Autriche	56 311	45 861	74 894	61 324	94 040	72 890	74 894	54 531
Belgique	57 898	45 792	77 005	58 576	96 690	66 268	77 005	52 402
Canada	40 582	40 221	53 974	48 102	67 771	57 219	53 974	43 369
Chili	22 299	20 738	29 657	28 202	37 239	34 752	29 657	27 581
Corée	51 039	44 985	67 882	60 128	85 236	75 300	67 882	59 185
Danemark	55 272	41 321	73 511	52 317	92 304	63 608	73 511	48 820
Espagne	39 906	34 350	53 075	44 488	66 642	55 170	53 075	43 757
Estonie	26 030	24 916	34 620	31 678	43 470	38 645	34 620	28 767
États-Unis	51 945	44 710	69 087	56 830	86 748	69 316	69 087	53 246
Finlande	48 296	36 145	64 233	50 573	80 654	60 987	64 233	47 758
France	47 033	38 538	62 554	50 620	78 545	60 663	62 554	46 417
Grèce	37 659	28 846	50 087	38 781	62 891	48 170	50 087	38 086
Hongrie	24 734	21 029	32 896	26 457	41 306	32 049	32 896	21 876
Irlande	43 647	44 392	58 050	55 434	72 890	65 399	58 050	51 295
Islande	58 041	47 626	77 194	58 533	96 928	70 188	77 194	57 602
Israël[1]	37 551	31 859	49 942	43 817	62 709	55 510	49 942	42 758
Italie	42 526	34 388	56 560	45 948	71 019	54 771	56 560	42 701
Japon	51 355	43 044	68 302	56 169	85 763	69 668	68 302	53 776
Lettonie	20 396	17 240	27 127	22 295	34 062	27 074	27 127	19 527
Luxembourg	63 463	59 653	84 406	75 137	105 984	87 492	84 406	66 681
Mexique	12 601	11 246	16 801	15 717	21 002	19 342	16 801	15 717
Norvège	55 913	43 182	74 365	58 152	93 375	70 849	74 365	55 853
Nouvelle-Zélande	39 268	37 113	52 227	45 556	65 578	54 615	52 227	43 601
Pays-Bas	61 394	46 477	81 654	65 669	102 527	80 417	81 654	61 190
Pologne	26 688	26 606	35 495	30 681	44 569	37 335	35 495	26 920
Portugal	30 340	26 776	40 352	34 924	50 668	40 056	40 352	31 745
République slovaque	22 371	20 836	29 753	26 051	37 359	31 350	29 753	23 853
République tchèque	25 571	25 667	34 009	31 266	42 704	37 471	34 009	27 039
Royaume-Uni	52 934	43 379	70 402	59 457	88 399	71 696	70 402	56 901
Slovénie	30 659	27 086	40 777	32 711	51 201	39 018	40 777	28 282
Suède	46 819	38 143	62 269	51 156	78 187	62 531	62 269	48 181
Suisse	69 932	67 480	93 009	86 758	116 786	105 036	93 009	79 425
Turquie	28 749	21 433	38 236	29 128	48 011	35 782	38 236	28 786
Moyenne non pondérée								
OCDE-Moyenne	**42 755**	**36 505**	**56 865**	**47 187**	**71 399**	**56 956**	**56 865**	**44 007**
OCDE-UE 22	**41 903**	**35 274**	**55 731**	**45 707**	**69 978**	**54 726**	**55 731**	**41 839**

Note : Enf = enfant.

1. Informations sur les données concernant Israël : *http://oe.cd/israel-disclaimer.*
2. Famille disposant de deux revenus.

StatLink *http://dx.doi.org/10.1787/888933700597*

Tableau 5.11a. **Coûts annuels de main-d'oeuvre et revenu net, célibataire, 2016**

En dollars US convertis sur la base des PPA, par catégorie de famille et niveau de salaire

	Célibataire sans enf 67 (% SM)		Célibataire sans enf 100 (% SM)		Célibataire sans enf 167 (% SM)		Célibataire 2 enf 67 (% SM)	
	Coûts bruts de main d'oeuvre avant impôts	Revenus nets après impôts	Coûts bruts de main d'oeuvre avant impôts	Revenus nets après impôts	Coûts bruts de main d'oeuvre avant impôts	Revenus nets après impôts	Coûts bruts de main d'oeuvre avant impôts	Revenus nets après impôts
Allemagne	49 501	27 032	73 882	37 280	119 273	58 043	49 501	34 061
Australie	39 245	30 066	58 575	41 832	97 820	64 424	39 245	39 666
Autriche	48 635	27 725	72 590	38 232	119 291	58 810	48 635	35 315
Belgique	49 188	25 845	74 504	34 313	124 144	49 798	49 188	32 692
Canada	30 445	22 383	45 508	31 231	74 191	49 932	30 445	35 067
Chili	14 940	13 894	22 299	20 738	37 239	34 165	14 940	14 015
Corée	37 739	30 504	56 327	43 758	92 910	70 023	37 739	31 320
Danemark	37 471	24 667	55 710	35 444	92 742	53 581	37 471	34 746
Espagne	34 731	22 284	51 837	31 424	86 359	48 540	34 731	26 335
Estonie	23 335	14 486	34 828	21 248	58 163	34 977	23 335	18 251
États-Unis	37 863	26 806	56 316	38 531	93 782	59 657	37 863	33 237
Finlande	40 079	24 731	59 819	33 441	99 898	49 835	40 079	28 911
France	41 265	23 561	64 224	33 375	112 736	51 441	41 265	31 202
Grèce	28 638	18 212	42 744	25 436	71 382	38 453	28 638	19 437
Hongrie	21 295	11 020	31 783	16 448	53 078	27 468	21 295	15 867
Irlande	32 387	25 553	48 339	35 306	80 726	50 073	32 387	38 597
Islande	41 746	29 043	62 307	41 145	104 053	63 871	41 746	32 857
Israël[1]	26 326	22 304	39 647	30 800	66 693	45 704	26 326	26 044
Italie	37 576	22 246	56 084	29 282	93 660	42 951	37 576	28 056
Japon	39 611	27 340	59 121	39 935	97 695	63 499	39 611	29 734
Lettonie	16 898	9 834	25 217	14 473	42 106	23 890	16 898	12 601
Luxembourg	47 691	32 772	71 180	43 775	118 871	65 001	47 691	44 030
Mexique	9 607	8 133	14 076	11 246	23 163	17 809	9 607	8 133
Norvège	42 332	28 273	63 182	40 278	105 514	61 187	42 332	33 000
Nouvelle-Zélande	26 310	22 727	39 268	32 242	65 578	50 122	26 310	30 160
Pays-Bas	45 778	31 877	68 270	42 843	110 102	63 857	45 778	42 575
Pologne	20 817	13 558	31 070	20 016	51 888	33 128	20 817	24 219
Portugal	25 156	15 963	37 546	21 920	62 702	33 148	25 156	19 678
République slovaque	19 665	11 987	29 350	17 165	49 015	27 679	19 665	14 185
République tchèque	22 958	13 715	34 265	19 529	57 223	31 334	22 958	17 942
Royaume-Uni	38 764	28 630	58 643	40 509	99 003	61 914	38 764	35 920
Slovénie	23 849	14 624	35 595	20 401	59 444	32 046	23 849	21 351
Suède	41 225	24 388	61 529	35 168	102 754	49 846	41 225	27 363
Suisse	49 771	40 280	74 285	58 096	124 056	91 309	49 771	47 805
Turquie	21 709	14 577	33 780	20 862	56 413	32 668	21 709	14 920
Moyenne non pondérée								
OCDE-Moyenne	**33 273**	**22 315**	**49 820**	**31 363**	**82 962**	**48 291**	**33 273**	**27 980**
OCDE-UE 22	**33 950**	**21 123**	**50 864**	**29 410**	**84 753**	**44 810**	**33 950**	**27 424**

Note : Enf = enfant.

1. Informations sur les données concernant Israël : *http://oe.cd/israel-disclaimer*.

StatLink *http://dx.doi.org/10.1787/888933700616*

Tableau 5.11b. **Coûts annuels de main-d'oeuvre et revenu net, couple marié, 2016**

En dollars US convertis sur la base des PPA, par catégorie de famille et niveau de salaire

	Couple marié 2 enf 100-0 (% SM)		Couple marié 2 enf 100-33 (% SM)[2]		Couple marié 2 enf 100-67 (% SM)[2]		Couple marié sans enf 100-33 (% SM)[2]	
	Coûts bruts de main d'oeuvre avant impôts	Revenus nets après impôts	Coûts bruts de main d'oeuvre avant impôts	Revenus nets après impôts	Coûts bruts de main d'oeuvre avant impôts	Revenus nets après impôts	Coûts bruts de main d'oeuvre avant impôts	Revenus nets après impôts
Allemagne	73 882	48 596	98 263	60 008	123 383	70 922	98 263	53 736
Australie	58 575	47 986	77 905	58 914	97 820	71 898	77 905	58 870
Autriche	72 590	45 861	96 545	61 324	121 225	72 890	96 545	54 531
Belgique	74 504	45 792	95 617	58 576	123 693	66 268	95 617	52 402
Canada	45 508	40 221	60 433	48 102	75 953	57 219	60 433	43 369
Chili	22 299	20 738	29 657	28 202	37 239	34 752	29 657	27 581
Corée	56 327	44 985	74 915	60 128	94 066	75 300	74 915	59 185
Danemark	55 710	41 321	74 389	52 317	93 181	63 608	74 389	48 820
Espagne	51 837	34 350	68 944	44 488	86 569	55 170	68 944	43 757
Estonie	34 828	24 916	46 352	31 678	58 163	38 645	46 352	28 767
États-Unis	56 316	44 710	75 167	56 830	94 179	69 316	75 167	53 246
Finlande	59 819	36 145	79 559	50 573	99 898	60 987	79 559	47 758
France	64 224	38 538	80 937	50 620	105 489	60 663	80 937	46 417
Grèce	47 018	28 846	62 534	38 781	78 521	48 170	62 534	38 086
Hongrie	31 783	21 029	42 271	26 457	53 078	32 049	42 271	21 876
Irlande	48 339	44 392	63 966	55 434	80 726	65 399	63 966	51 295
Islande	62 307	47 626	82 868	58 533	104 053	70 188	82 868	57 602
Israël[1]	39 647	31 859	52 466	43 817	65 973	55 510	52 466	42 758
Italie	56 084	34 388	74 591	45 948	93 660	54 771	74 591	42 701
Japon	59 121	43 044	78 632	56 169	98 733	69 668	78 632	53 776
Lettonie	25 217	17 240	33 544	22 295	42 115	27 074	33 544	19 527
Luxembourg	71 180	59 653	94 670	75 137	118 871	87 492	94 670	66 681
Mexique	14 076	11 246	19 164	15 717	23 639	19 342	19 164	15 717
Norvège	63 182	43 182	84 032	58 152	105 514	70 849	84 032	55 853
Nouvelle-Zélande	39 268	37 113	52 227	45 556	65 578	54 615	52 227	43 601
Pays-Bas	68 270	46 477	90 856	65 669	114 048	80 417	90 856	61 190
Pologne	31 070	26 606	41 324	30 681	51 888	37 335	41 324	26 920
Portugal	37 546	26 776	49 936	34 924	62 702	40 056	49 936	31 745
République slovaque	29 350	20 836	38 298	26 051	49 015	31 350	38 298	23 853
République tchèque	34 265	25 667	45 573	31 266	57 223	37 471	45 573	27 039
Royaume-Uni	58 643	43 379	76 927	59 457	97 408	71 696	76 927	56 901
Slovénie	35 595	27 086	49 660	32 711	59 444	39 018	49 660	28 282
Suède	61 529	38 143	81 834	51 156	102 754	62 531	81 834	48 181
Suisse	74 285	67 480	98 799	86 758	124 056	105 036	98 799	79 425
Turquie	33 780	21 433	44 004	29 128	55 490	35 782	44 004	28 786
Moyenne non pondérée								
OCDE-Moyenne	**49 942**	**36 505**	**66 196**	**47 187**	**83 295**	**56 956**	**66 196**	**44 007**
OCDE-UE 22	**51 058**	**35 274**	**67 572**	**45 707**	**85 139**	**54 726**	**67 572**	**41 839**

Note : Enf = enfant.

1. Informations sur les données concernant Israël : *http://oe.cd/israel-disclaimer.*
2. Famille disposant de deux revenus.

StatLink http://dx.doi.org/10.1787/888933700635

PARTIE II

Évolution de la charge fiscale 2000-17

Cette Section donne les résultats détaillés de l'évolution de la charge fiscale entre 2000 et 2017. Elle fournit, pour chacun des pays de l'OCDE, des informations concernant les impôts sur le revenu acquittés par les salariés, leurs cotisations de sécurité sociale et les transferts en espèces qu'ils perçoivent sous forme de prestations versées en espèces, ainsi que les cotisations de sécurité sociale et les taxes sur les salaires versées par leurs employeurs au cours de cette période.

Les données statistiques concernant Israël sont fournies par et sous la responsabilité des autorités israéliennes compétentes. L'utilisation de ces données par l'OCDE est sans préjudice du statut des hauteurs du Golan, de Jérusalem-Est et des colonies de peuplement israéliennes en Cisjordanie aux termes du droit international.

© OCDE 2018

PARTIE II

Chapitre 6

Évolution de la charge fiscale (2000-17)

Ce chapitre présente l'évolution de la charge fiscale pesant sur les revenus du travail entre 2000 et 2017. Le chapitre contient les tableaux 6.1 à 6.8, chacun correspondant à une catégorie particulière de famille, et est divisé en trois parties : la partie (a) : tableaux indiquant le coin fiscal (moyen), qui est constitué des impôts sur le revenu majorés des cotisations salariales et patronales de sécurité sociale (y compris les taxes sur les salaires éventuellement applicables) et diminués des prestations en espèces ; la partie (b) : tableaux contenant des données liées à la charge (moyenne) des impôts sur le revenu des personnes physiques ; et la partie (c) : tableaux indiquant la charge (moyenne) des impôts sur le revenu majorée des cotisations salariales de sécurité sociale et diminuée des prestations en espèces (taux moyens nets d'imposition des personnes physiques).

Les données statistiques concernant Israël sont fournies par et sous la responsabilité des autorités israéliennes compétentes. L'utilisation de ces données par l'OCDE est sans préjudice du statut des hauteurs du Golan, de Jérusalem-Est et des colonies de peuplement israéliennes en Cisjordanie aux termes du droit international.

Évolution chronologique

L'évolution de la charge fiscale pour les huit catégories de famille étudiées au cours de la période 2000 à 2017 ressort des tableaux 6.1 à 6.8 dans la dernière section de ce chapitre intitulée « Tableaux indiquant les impôts sur le revenu, les cotisations de sécurité sociale et les prestations en espèces ». Chacun des tableaux 1 à 8 correspond à une catégorie particulière de famille et est divisé en trois parties.

L'examen est centré sur les principales tendances observables au cours de cette période et met en lumière certaines variations importantes d'une année sur l'autre.

Faits marquants

Le coin fiscal moyen pour l'ensemble des pays de l'OCDE, la charge de l'impôt sur le revenu et la charge fiscale nette (impôt sur le revenu des personnes physiques plus cotisations de sécurité sociale moins prestations en espèces) ont tous baissé entre 2000 et 2017 pour chacune des catégories de famille étudiées.

Sur la période considérée, les baisses du coin fiscal moyen constatées dans les pays de la zone OCDE se sont échelonnées entre 1.1 point de pourcentage (pour les célibataires rémunérés au niveau du salaire moyen SM) et 3.8 points (pour les parents isolés gagnant 67 % du SM).

La baisse de la charge fiscale moyenne sur le revenu est comprise entre 0.4 point (pour les célibataires rémunérés au niveau du SM) et 1.9 point (pour les parents isolés gagnant 67 % du SM).

La charge fiscale moyenne nette des personnes physiques a également reculé dans les pays de l'OCDE pour toutes les catégories de famille pendant la période étudiée. Ce repli varie entre 0.5 point (pour les célibataires rémunérés au niveau du SM) et 3.2 points (pour les parents isolés gagnant 67 % du SM).

Coin fiscal

Si l'on examine plus particulièrement le coin fiscal moyen total (Partie (a) des tableaux), on observe une réduction de plus de 5 points entre 2000 et 2017 pour au moins une des catégories de famille dans 14 pays membres de l'OCDE : Belgique, Canada, Danemark, Finlande, France, Hongrie, Irlande, Israël, Nouvelle Zélande, Pays Bas, Pologne, Royaume Uni, Suède et Turquie.

La diminution la plus importante est observée en Pologne où les parents isolés ont bénéficié d'une réduction du coin fiscal de 50.4 points. On constate également un recul de 23.3 points pour les couples mariés ayant deux enfants et disposant d'un seul revenu égal au SM. Aux Pays Bas, les parents isolés gagnant 67 % du SM ont vu leur coin fiscal baisser de 19.5 points.

On observe une réduction du coin fiscal supérieure à 7 points pour au moins une catégorie de famille dans neuf autres pays – Canada, Danemark, France, Hongrie, Irlande,

Israël, Nouvelle Zélande, Suède et Turquie. Au Canada, le coin fiscal a reculé de 14.9 points pour les parents isolés gagnant 67 % du SM et de 11.6 points pour les couples mariés avec deux enfants et un seul salaire égal au SM. Au Danemark, c'est pour les célibataires rémunérés à 167 % du SM que la baisse est la plus importante (7.9 points). En France, les parents isolés sont la catégorie de famille qui a bénéficié de la plus forte baisse du coin fiscal (9.9 points). En Hongrie, les baisses dépassent 7 points pour six des huit catégories de famille. Les plus fortes réductions concernent les couples mariés ayant deux enfants et disposant d'un seul revenu égal au SM (13.1 points) et les salariés célibataires rémunérés à 167 % du SM (13.0 points). En Irlande, le coin fiscal a baissé de 16.4 points pour les parents isolés gagnant 67 % du SM. En Israël, le coin fiscal a diminué de plus de 7 points pour les célibataires sans enfant gagnant 67 % du SM (8.1 points) et le SM (7.5 points). En Nouvelle Zélande, les parents isolés gagnant 67 % du SM ont le plus bénéficié de la réduction du coin fiscal (10.5 points). Il a également baissé de 7.1 points pour les couples mariés ayant deux enfants et disposant d'un seul revenu égal au SM. En Suède, le coin fiscal a diminué de plus de 7 points pour trois des huit catégories de famille : de 7.9 points pour les couples mariés sans enfant ayant deux revenus représentant 133 % du SM, de 7.7 points pour les célibataires sans enfant rémunérés à 67 % du SM et de 7.2 points pour les célibataires gagnant le SM.

Le coin fiscal a diminué pour toutes les catégories de famille dans 12 pays membres de l'OCDE (Allemagne, Australie, Belgique Canada, Danemark, Finlande, Hongrie, Israël, Nouvelle Zélande, Pologne, Suède et Suisse), alors qu'il a augmenté pour toutes les catégories de famille dans deux pays (Corée et Mexique).

Taux moyen de l'impôt sur le revenu

Entre 2000 et 2017, la charge fiscale moyenne sur le revenu (Partie (b) des tableaux) a baissé pour toutes les catégories de famille dans 13 pays membres de l'OCDE : Belgique, Canada, Estonie, Finlande, Hongrie, Irlande, Israël, Nouvelle Zélande, Royaume-Uni, Slovénie, Suède, Suisse et Turquie. Parmi ces pays, les réductions les plus importantes touchant la plupart des catégories de famille sont observées en Hongrie, où les baisses ont atteint 15.3 points pour les célibataires gagnant 167 % du SM, 13.4 points pour les couples mariés ayant deux enfants et disposant d'un revenu égal au SM, et 10.3 points pour les parents isolés ayant des enfants et gagnant 67 % du SM. En Suède, sept des huit catégories de famille ont bénéficié de diminutions d'environ 9 à 10 points sauf le contribuable célibataire gagnant 167 % du SM. Pour ce dernier, la baisse a été de 4.7 points. En Estonie, la charge moyenne de l'impôt sur le revenu a diminué de plus de 6 points pour toutes les catégories de famille ayant des enfants, les parents isolés rémunérés à 67 % du SM bénéficiant d'une réduction d'impôt sur le revenu de 8.3 points. En Finlande, elle a également baissé de plus de 6 points pour toutes les catégories de famille ayant des enfants, le recul le plus marqué concernant les parents isolés gagnant 67 % du SM (8.1 points). En Israël, le taux moyen de l'impôt sur le revenu a reculé de 6 à environ 9 points pour tous les types de ménage sauf pour les parents isolés rémunérés à 67 % du SM pour qui la diminution était de 3.8 points. D'autres réductions de plus de 5 points ont été observées en Turquie (de 5.6 points pour les parents isolés rémunérés à 67 % du SM) et au Royaume-Uni où la baisse atteint 9.4 points pour les parents isolés gagnant 67 % du SM. Des baisses inférieures à 5 points des taux moyens de l'impôt sur le revenu sont observées pour toutes les catégories de famille en Belgique, au Canada, en Irlande, en Nouvelle-Zélande, en Slovénie et en Suisse.

Quinze autres pays membres de l'OCDE font apparaître des réductions de l'impôt sur le revenu des personnes physiques pour au moins une catégorie de famille : Allemagne,

Australie, Autriche, Espagne, États-Unis, France, Islande, Italie, Lettonie, Luxembourg, Norvège, Pologne, Portugal, République slovaque et République tchèque. En République tchèque, les réductions des taux moyens de l'impôt sur le revenu ont dépassé 10 points pour deux catégories de famille (de 11.0 points pour les parents isolés gagnant 67 % du SM et de 10.2 points pour les couples mariés ayant deux enfants et disposant d'un seul revenu égal au SM).

À l'autre extrême, la charge de l'impôt sur le revenu des personnes physiques a augmenté pour toutes les catégories de famille dans six pays membres de l'OCDE : Corée, Danemark, Grèce, Japon, Mexique et Pays-Bas. Au Mexique, les augmentations se sont échelonnées entre 6 et 10 points pour les huit catégories de famille. Aux Pays Bas, on a enregistré des augmentations de 12.0 points pour les couples mariés mono-actifs ayant deux enfants et de 7.7 points pour les célibataires rémunérés au SM.

En revanche, au Chili, entre 2000 et 2017, les taux moyens de l'impôt sur le revenu sont restés constants pour toutes les catégories de famille.

Taux moyen net d'imposition des personnes physiques

La charge fiscale nette tient compte de la somme de l'impôt sur le revenu des personnes physiques, des cotisations salariales de sécurité sociale et des prestations en espèces (Partie (c) des tableaux). Elle a diminué entre 2000 et 2017 pour toutes les catégories de famille dans huit pays de l'OCDE : Belgique, Canada, Danemark, Israël, Nouvelle-Zélande, Pologne, Suède et Suisse. Parmi ces pays, c'est la Pologne qui connaît les réductions les plus importantes, puisque le taux moyen net d'imposition des personnes physiques a baissé de 58.4 points pour les parents isolés gagnant 67 % du SM et de 26.9 points pour les couples mariés ayant deux enfants été percevant un seul revenu égal au SM. En Suède, les réductions ont dépassé 7 points pour sept des huit catégories de famille. Dans ce pays, le taux moyen net d'imposition des personnes physiques a baissé le plus pour les couples mariés sans enfant disposant de deux revenus représentant 133 % du SM (9.6 points). Des réductions comprises entre 5 et 8 points ont été observées en Israël pour toutes les catégories de famille sauf une, l'exception étant les parents isolés gagnant 67 % du SM, pour qui la baisse n'a été que de 1.2 point. Au Canada, le taux net moyen d'imposition des personnes physiques a fortement diminué pour les catégories de famille avec enfants, notamment de 16.6 points pour les parents isolés et de 13.0 points pour les couples mariés ayant deux enfants et un seul salaire égal au SM. Au Danemark, la charge fiscale a également baissé pour toutes les catégories de famille, le recul étant marqué pour la moitié d'entre elles, de 5.2 points (pour les couples mariés ayant deux enfants et deux revenus représentant 167 % du SM) à 8.1 points (pour les célibataires gagnant 167 % du SM).

Le taux moyen net d'imposition des personnes physiques a également enregistré une baisse sensible pour les parents isolés rémunérés à 67 % du SM en France (11.8 points), en Irlande (20.4 points), aux Pays Bas (18.2 points) et en Nouvelle Zélande (10.5 points). Dans sept autres pays membres de l'OCDE, les réductions du taux moyen net d'imposition des personnes physiques excèdent 5 points pour au moins une catégorie de famille : Belgique, Espagne, Estonie, Finlande, Hongrie, Portugal et Royaume-Uni. En Belgique, le taux moyen net d'imposition des personnes physiques a baissé de plus de 5 points pour les couples mariés sans enfant et ayant deux salaires représentant 133 % du SM (6.3 points) et ceux dans la même situation mais ayant deux enfants (5.5 points). En Estonie, les couples mariés avec enfants ont vu leur charge fiscale nette sensiblement baisser : 5.7 points pour les couples ayant un revenu égal au salaire moyen, 5.5 points pour les couples ayant deux salaires représentant 133 % du SM, et 5.3 points pour les couples ayant deux salaires représentant

167 % du SM. En Finlande, le taux moyen net d'imposition des personnes physiques a baissé de 5.2 points pour les couples mariés sans enfant et ayant deux salaires représentant 133 % du SM, et de 5.1 points pour les célibataires sans enfant rémunérés à 67 % du SM. On constate une réduction significative en Hongrie pour les célibataires rémunérés à 167 % du SM (9.3 points) et les couples mariés mono-actifs avec deux enfants percevant le SM (6.0 points). On constate également des baisses de plus de 5 points au Portugal (5.6 points), en Espagne (5.2 points) et au Royaume-Uni (7.3 points) pour les parents isolés gagnant 67 % du SM.

Entre 2000 et 2017, le taux moyen net d'imposition des personnes physiques augmente de plus de 5 points pour une ou plusieurs catégories de famille dans dix pays seulement. Dans sept de ces pays (Autriche, Islande, Lettonie, Mexique, Norvège, République slovaque et République tchèque), les parents isolés gagnant 67 % du SM ont subi des augmentations comprises entre 5 et 15 points. On constate également des hausses d'importance similaire pour d'autres catégories de famille. Par exemple, au Mexique, les augmentations varient entre 8 et 10 points pour chacune des catégories de famille sauf pour les célibataires rémunérés à 167 % du SM (5.7 points). En Islande, le taux moyen net de l'impôt sur le revenu des personnes physiques a augmenté de 8.1 points pour les couples mariés ayant des enfants et deux salaires représentant 133 % du SM et de 9.7 points pour les couples mariés mono-actifs avec des enfants et rémunérés au SM. Pour cette dernière catégorie, il a également sensiblement augmenté en République tchèque (6.0 points).

Progressivité

L'examen des résultats 2017 présentés dans la première Partie de cette publication a notamment porté sur la manière dont ils pourraient être utilisés pour évaluer la progressivité des impôts sur le revenu des personnes physiques, et les résultats qui figurent dans la deuxième Partie peuvent également servir à examiner l'évolution de cet indicateur.

Le degré de progressivité de l'impôt sur le revenu des personnes physiques peut être évalué en comparant la charge supportée par des célibataires gagnant 67 % du SM à celle des célibataires gagnant 167 % du SM. Le tableau 6.1best donc comparé au tableau 6.3b. Pour tous les pays de l'OCDE (à l'exception de la Hongrie) et toutes les années comprises entre 2000 et 2017, les salariés les mieux payés reversent toujours un pourcentage plus élevé de leurs revenus au titre de l'impôt sur le revenu des personnes physiques que ceux les moins bien rémunérés. Concernant la Hongrie, les niveaux sont les mêmes pour les deux catégories de salariés à partir de 2013. Au Mexique, de 2000 à 2010, le taux de l'impôt sur le revenu des personnes physiques était négatif pour les célibataires rémunérés à 67 % du SM en raison des crédits d'impôts récupérables.

La progressivité des impôts sur le revenu des personnes physiques n'a pas évolué, en moyenne, dans les pays de l'OCDE. En moyenne (à l'exclusion du Mexique), la charge fiscale pesant sur un salarié célibataire gagnant 67 % du SM représentait 53 % de celle grevant un salarié gagnant 167 % du SM en 2000 et en 2017.

Si l'on compare la situation dans chaque pays de l'OCDE, on constate que les impôts sur le revenu des personnes physiques sont devenus plus progressifs dans 17 pays. Les variations les plus importantes sont observées en Nouvelle-Zélande où la charge pesant sur les bas salaires a baissé de 77 % à 58 % ; en Suède, où elle est passée d'environ 68 % à 48 % ; et en Turquie, où elle a baissé de 73 % à 55 %.

Les impôts sur le revenu des personnes physiques sont devenus légèrement moins progressifs (sur la base de cet indicateur) dans 16 pays de l'OCDE : Australie, Autriche, Corée,

Danemark, Espagne, Estonie, États-Unis, Grèce, Hongrie, Islande, Lettonie, Mexique, Pays-Bas, Pologne, Portugal et République slovaque. La variation la plus importante est intervenue en Hongrie, où le ratio est passé, à partir de 2013, de 58 % à 100 % de celui du salarié le mieux payé. La charge fiscale est restée au même niveau au Chili et au Japon en 2000 et 2017.

Familles

Les résultats présentés dans les tableaux 6.5 et 6.2 peuvent être utilisés pour comparer les charges fiscales auxquelles doit faire face un couple marié ayant deux enfants et disposant d'un seul revenu égal au SM et un célibataire sans enfant disposant du même niveau de revenu. Si l'on s'intéresse à la charge fiscale nette (impôt sur le revenu des personnes physiques plus cotisations salariales de sécurité sociale moins prestations en espèces, voir la Partie (c) des tableaux), on constate que l'économie moyenne d'impôt pour le couple marié comparé au salarié célibataire représentait 10.9 % du salaire brut en 2000 et 11.6 % en 2017.

L'économie d'impôt dont bénéficie le couple marié disposant d'un seul revenu a augmenté dans 18 pays et diminué dans 16 autres. Elle a augmenté de plus de 5 points dans quatre pays : en Pologne, où elle a progressé de 24.2 points, passant de 5.7 % à 29.9 % du revenu brut, au Canada, où elle s'est accrue de 10.7 points, passant de 10.9 % à 21.6 % du revenu brut, au Portugal où elle a gagné 6.8 points (de 8.8 % à 15.6 %) et en Nouvelle Zélande où elle a progressé de 5.9 points, passant de 5.8 % à 11.7 % du revenu brut. On observe des réductions correspondantes de plus de 5 points en Islande, où l'économie d'impôt a diminué de 6.4 points, passant de 16.5 % à 10.1 % du revenu brut, en Norvège où la baisse était de 6.3 points, passant de 11.4 % à 5.1 %, et aux Pays-Bas avec une réduction de l'économie d'impôt de 5.4 points, de 11.2 % à 5.8 % du revenu brut.

Tableaux indiquant les impôts sur le revenu, les cotisations de sécurité sociale et les prestations en espèces

L'évolution des impôts sur le revenu, cotisations de sécurité sociale et prestations en espèces pour les huit catégories de famille dans les pays de l'OCDE étudiées au cours de la période 2000 à 2017 ressort des tableaux 6.1 à 6.8. Chacun des tableaux 1 à 8 correspond à une catégorie particulière de famille et est divisé en trois parties :

- Partie (a) : tableaux indiquant le coin fiscal (moyen), qui est constitué des impôts sur le revenu majorés des cotisations salariales et patronales de sécurité sociale (y compris les taxes sur les salaires éventuellement applicables) et diminués des prestations en espèces,
- Partie (b) : tableaux contenant des données liées à la charge (moyenne) des impôts sur le revenu des personnes physiques,
- Partie (c) : tableaux indiquant la charge (moyenne) des impôts sur le revenu majorée des cotisations salariales de sécurité sociale et diminuée des prestations en espèces (taux moyens nets d'imposition des personnes physiques).

Les tableaux 6.9 et 6.10 indiquent le salaire brut et le salaire net moyen d'un célibataire entre 2000 et 2017, exprimés en dollars US à parité de pouvoir d'achat des monnaies nationales et en monnaies nationales.

Tableau 6.1a. **Impôt sur le revenu et cotisations sociales des salariés et employeurs diminués des prestations versées, célibataire, salaire égal à 67 % du salaire moyen**

Pression fiscale en % des coûts de main-d'oeuvre, célibataire sans enfant

	2000	2007	2010	2011	2012	2013	2014	2015	2016	2017
Allemagne	47.6	47.0	44.9	45.6	45.5	45.1	45.1	45.3	45.4	45.5
Australie	25.9	23.7	21.0	20.7	21.7	21.9	22.4	23.1	23.4	23.7
Autriche	43.2	44.2	43.5	43.9	44.2	44.6	44.8	45.1	43.0	43.1
Belgique	51.4	49.7	50.4	50.6	50.5	50.0	49.9	49.4	47.5	47.2
Canada	27.7	26.6	25.8	26.0	26.2	26.3	26.5	26.5	26.5	26.0
Chili	7.0	7.0	7.0	7.0	7.0	7.0	7.0	7.0	7.0	7.0
Corée	15.0	16.8	17.4	17.8	18.0	18.4	18.5	18.7	19.2	19.3
Danemark	38.2	36.3	34.2	34.5	34.6	34.3	34.1	34.3	34.2	34.1
Espagne	34.9	35.7	36.5	36.8	37.2	37.2	37.3	35.8	35.8	35.8
Estonie	39.8	37.6	38.7	39.0	39.2	38.8	38.9	38.0	37.9	37.9
États-Unis	29.0	29.0	28.3	27.8	27.8	29.4	29.5	29.2	29.2	29.2
Finlande	42.7	38.6	36.8	36.8	36.8	37.6	38.0	37.9	38.3	36.9
France	43.9	46.5	46.8	47.0	46.9	45.5	45.0	43.3	42.9	42.8
Grèce	35.9	36.5	35.8	39.5	39.5	37.2	36.3	35.0	36.4	36.8
Hongrie	51.4	46.1	43.8	45.2	47.9	49.0	49.0	49.0	48.2	46.2
Irlande	18.2	15.0	16.8	20.0	20.8	21.8	22.0	21.5	21.1	21.0
Islande	23.8	27.1	28.4	29.4	29.3	29.7	29.7	30.2	30.4	30.1
Israël[1]	23.2	16.9	14.1	13.9	13.8	13.6	14.2	14.8	15.3	15.1
Italie	43.6	42.9	44.0	44.5	44.7	44.9	41.9	40.8	40.8	40.7
Japon	28.7	27.8	28.9	29.5	29.9	30.2	30.6	30.9	31.0	31.1
Lettonie	41.7	40.9	43.2	43.2	43.3	42.8	42.1	41.7	41.8	41.9
Luxembourg	29.8	28.5	27.7	29.5	29.2	30.1	30.5	31.2	31.3	29.0
Mexique	7.6	11.1	12.9	13.2	13.6	14.4	14.7	15.0	15.3	16.2
Norvège	35.1	34.2	34.1	34.3	34.2	34.1	33.8	33.7	33.2	32.9
Nouvelle-Zélande	18.6	19.0	14.3	13.0	13.1	13.3	13.4	13.5	13.6	13.7
Pays-Bas	42.3	33.4	33.6	33.5	33.3	32.7	31.8	32.0	30.4	30.5
Pologne	37.0	37.1	33.3	33.4	34.7	34.8	34.9	35.0	34.9	35.0
Portugal	33.2	32.5	32.2	32.3	32.6	35.2	34.9	36.3	36.5	36.6
République slovaque	40.6	35.5	34.7	36.1	36.9	38.5	38.6	38.8	39.0	39.2
République tchèque	41.3	40.6	39.0	39.7	39.4	39.4	39.7	40.0	40.3	40.8
Royaume-Uni	29.1	30.8	29.4	28.5	27.9	26.8	26.2	26.0	26.1	26.1
Slovénie	42.6	40.9	38.6	38.7	38.6	38.5	38.6	38.6	38.7	40.0
Suède	48.6	43.3	40.7	40.7	40.8	40.9	40.5	40.6	40.8	40.9
Suisse	20.2	19.6	19.3	19.5	19.4	19.4	19.2	19.1	19.1	19.0
Turquie[2]	39.1	41.1	34.4	34.5	34.6	34.9	35.8	35.9	32.9	33.2
Moyenne non pondérée										
OCDE-Moyenne	**33.7**	**32.6**	**31.7**	**32.2**	**32.4**	**32.5**	**32.4**	**32.4**	**32.2**	**32.1**
OCDE-UE 22	**39.9**	**38.2**	**37.5**	**38.1**	**38.4**	**38.4**	**38.2**	**38.0**	**37.8**	**37.6**

1. Informations sur les données concernant Israël : *http://oe.cd/israel-disclaimer*.
2. Les données sur les salaires sont basées sur l'ancienne définition de l'ouvrier moyen (CITI D, Rév. 3) pour les années 2000 à 2006.

StatLink http://dx.doi.org/10.1787/888933700654

Tableau 6.1b. **Impôt sur le revenu, célibataire, salaire égal à 67 % du salaire moyen**

Pression fiscale en % du salaire brut, célibataire sans enfant

	2000	2007	2010	2011	2012	2013	2014	2015	2016	2017
Allemagne	16.3	15.2	13.8	13.9	14.2	14.1	14.2	14.2	14.2	14.2
Australie	21.1	19.2	16.0	16.0	17.1	17.3	17.7	18.5	18.8	19.1
Autriche	7.6	9.9	9.0	9.5	9.9	10.4	10.7	11.1	8.5	8.9
Belgique	22.8	21.8	22.5	22.6	22.5	22.1	22.0	21.5	19.5	19.3
Canada	15.0	12.2	11.5	11.6	11.6	11.6	11.8	11.8	11.7	11.8
Chili	0.0	0.0	0.0	0.0	0.0	0.0	0.0	0.0	0.0	0.0
Corée	0.8	1.6	1.4	1.4	1.5	1.8	1.7	2.0	2.4	2.6
Danemark	28.9	27.7	34.0	34.2	34.3	33.8	33.6	33.8	33.7	33.7
Espagne	8.6	10.0	11.2	11.5	12.0	12.1	12.2	10.3	10.3	10.2
Estonie	19.9	16.2	14.8	15.2	15.5	16.0	16.2	15.5	15.3	15.3
États-Unis	15.0	14.7	13.8	15.2	15.3	15.1	15.2	15.2	15.3	15.4
Finlande	20.9	17.3	15.7	15.5	14.9	15.9	15.8	15.8	15.0	13.5
France	12.5	12.1	12.2	12.4	12.6	12.6	12.6	11.6	10.9	11.0
Grèce	2.1	2.7	1.8	6.1	5.7	3.5	3.8	3.5	4.8	4.9
Hongrie	17.6	10.1	10.8	12.1	16.0	16.0	16.0	16.0	15.0	15.0
Irlande	11.2	3.2	5.1	8.6	9.4	9.4	9.6	9.1	8.6	8.5
Islande	20.0	22.9	21.5	22.6	23.1	23.7	23.8	24.5	24.8	24.8
Israël[1]	12.1	7.2	4.4	4.4	4.4	4.2	4.7	5.0	5.4	5.1
Italie	15.2	15.1	16.6	17.2	17.5	17.7	13.8	12.4	12.4	12.5
Japon	5.1	6.4	6.1	6.1	6.1	6.1	6.1	6.2	6.2	6.2
Lettonie	17.0	17.6	20.5	18.5	18.6	18.0	17.9	17.4	17.5	17.7
Luxembourg	10.3	8.4	7.3	7.8	8.2	9.3	9.7	10.0	10.2	8.2
Mexique	-5.7	-2.2	-0.4	0.0	0.4	1.4	1.8	2.1	2.4	3.5
Norvège	19.0	18.0	17.8	17.9	17.8	17.8	17.0	16.9	16.3	16.0
Nouvelle-Zélande	18.6	19.0	14.3	13.0	13.1	13.3	13.4	13.5	13.6	13.7
Pays-Bas	5.3	4.8	5.3	5.3	5.2	5.6	5.2	7.2	6.3	6.7
Pologne	5.3	5.5	5.6	5.8	5.9	6.0	6.2	6.3	6.4	6.4
Portugal	6.4	5.5	5.1	5.2	5.6	8.8	8.4	10.2	10.5	10.6
République slovaque	6.0	5.2	4.2	5.9	5.9	5.9	6.1	6.3	6.6	7.0
République tchèque	8.3	7.3	7.2	8.2	7.8	7.8	8.2	8.5	8.9	9.7
Royaume-Uni	15.1	15.6	14.4	13.5	13.1	12.0	11.5	11.2	11.2	11.0
Slovénie	10.2	7.9	6.6	6.7	6.6	6.5	6.6	6.6	6.7	8.3
Suède	24.7	17.9	15.0	15.1	15.2	15.3	14.8	15.0	15.3	15.3
Suisse	8.4	8.7	8.3	8.2	8.1	8.2	7.9	7.8	7.8	7.8
Turquie[2]	13.2	13.4	8.6	8.7	8.8	9.2	9.5	9.7	9.3	9.4
Moyenne non pondérée										
OCDE-Moyenne	**12.4**	**11.4**	**10.9**	**11.3**	**11.5**	**11.7**	**11.6**	**11.6**	**11.5**	**11.5**
OCDE-UE 22	**13.3**	**11.7**	**11.8**	**12.3**	**12.6**	**12.7**	**12.5**	**12.4**	**12.2**	**12.2**

1. Informations sur les données concernant Israël : *http://oe.cd/israel-disclaimer*.
2. Les données sur les salaires sont basées sur l'ancienne définition de l'ouvrier moyen (CITI D, Rév. 3) pour les années 2000 à 2006.

StatLink http://dx.doi.org/10.1787/888933700673

Tableau 6.1c. **Impôt sur le revenu et cotisations sociales des salariés diminués des prestations versées, célibataire, salaire égal à 67 % du salaire moyen**

Pression fiscale en % du salaire brut, célibataire sans enfant

	2000	2007	2010	2011	2012	2013	2014	2015	2016	2017
Allemagne	36.8	36.4	34.3	34.8	34.9	34.6	34.6	34.7	34.8	34.9
Australie	21.1	19.2	16.0	16.0	17.1	17.3	17.7	18.5	18.8	19.1
Autriche	25.6	28.0	27.0	27.6	28.0	28.5	28.8	29.2	26.5	26.8
Belgique	35.8	35.5	36.4	36.5	36.4	36.0	35.9	35.4	33.4	33.2
Canada	19.5	18.1	17.3	17.4	17.5	17.6	17.8	17.7	17.7	17.5
Chili	7.0	7.0	7.0	7.0	7.0	7.0	7.0	7.0	7.0	7.0
Corée	7.5	8.9	9.2	9.5	9.7	10.0	10.1	10.3	10.8	11.0
Danemark	37.9	35.7	33.5	33.7	33.8	33.3	33.1	33.4	33.4	33.3
Espagne	15.0	16.4	17.5	17.9	18.4	18.5	18.5	16.7	16.7	16.6
Estonie	19.9	16.8	17.6	18.0	18.3	18.0	18.2	17.1	16.9	16.9
États-Unis	22.6	22.3	21.5	20.9	20.9	22.8	22.9	22.9	23.0	23.1
Finlande	27.8	23.9	22.7	22.6	22.4	23.4	23.7	24.0	23.6	22.8
France	25.9	25.8	25.9	26.1	26.3	26.4	26.7	25.8	25.2	25.4
Grèce	18.0	18.7	17.8	22.3	22.2	20.0	19.8	19.0	20.6	20.9
Hongrie	30.1	27.1	27.8	29.6	34.5	34.5	34.5	34.5	33.5	33.5
Irlande	11.2	5.9	7.9	11.4	12.3	13.4	13.6	13.1	12.6	12.5
Islande	20.2	23.2	22.2	23.3	23.8	24.3	24.4	25.0	25.3	25.3
Israël[1]	19.4	13.1	10.4	10.3	10.2	10.0	10.5	11.0	11.3	11.2
Italie	24.4	24.6	26.1	26.7	27.0	27.2	23.3	21.9	21.9	22.0
Japon	18.4	18.4	19.1	19.5	19.8	20.0	20.2	20.4	20.5	20.6
Lettonie	26.0	26.6	29.5	29.5	29.6	29.0	28.4	27.9	28.0	28.2
Luxembourg	21.8	20.4	19.4	20.8	20.4	21.5	22.0	22.7	22.9	20.4
Mexique	-4.4	-1.0	0.8	1.3	1.7	2.6	3.0	3.3	3.7	4.7
Norvège	26.8	25.8	25.6	25.7	25.6	25.6	25.2	25.1	24.5	24.2
Nouvelle-Zélande	18.6	19.0	14.3	13.0	13.1	13.3	13.4	13.5	13.6	13.7
Pays-Bas	32.9	27.1	27.1	27.1	26.6	26.1	24.5	24.7	22.5	22.6
Pologne	26.5	26.5	23.4	23.6	23.7	23.8	24.0	24.1	24.2	24.3
Portugal	17.4	16.5	16.1	16.2	16.6	19.8	19.4	21.2	21.5	21.6
République slovaque	18.0	18.6	17.6	19.3	19.3	19.3	19.5	19.7	20.0	20.4
République tchèque	20.8	19.8	18.2	19.2	18.8	18.8	19.2	19.5	19.9	20.7
Royaume-Uni	22.8	24.1	22.6	21.7	21.2	20.0	19.4	19.2	19.3	19.2
Slovénie	32.3	30.0	28.7	28.8	28.7	28.6	28.7	28.7	28.8	30.4
Suède	31.7	24.9	22.0	22.1	22.2	22.4	21.8	22.0	22.3	22.3
Suisse	14.9	14.8	14.4	14.5	14.3	14.4	14.1	14.1	14.0	14.0
Turquie[2]	27.2	28.4	23.6	23.7	23.8	24.2	24.5	24.7	24.3	24.4
Moyenne non pondérée										
OCDE-Moyenne	**22.2**	**21.3**	**20.6**	**21.1**	**21.3**	**21.5**	**21.4**	**21.4**	**21.2**	**21.3**
OCDE-UE 22	**25.4**	**24.1**	**23.6**	**24.3**	**24.6**	**24.7**	**24.4**	**24.3**	**24.0**	**24.0**

1. Informations sur les données concernant Israël : *http://oe.cd/israel-disclaimer*.
2. Les données sur les salaires sont basées sur l'ancienne définition de l'ouvrier moyen (CITI D, Rév. 3) pour les années 2000 à 2006.

StatLink *http://dx.doi.org/10.1787/888933700692*

Tableau 6.2a. Impôt sur le revenu et cotisations sociales des salariés et employeurs diminués des prestations versées, célibataire, salaire égal à 100 % du salaire moyen

Pression fiscale en % des coûts de main-d'oeuvre, célibataire sans enfant

	2000	2007	2010	2011	2012	2013	2014	2015	2016	2017
Allemagne	52.9	51.8	49.0	49.7	49.7	49.3	49.3	49.4	49.5	49.7
Australie	31.0	27.7	26.8	26.7	27.3	27.4	27.7	28.4	28.6	28.6
Autriche	47.3	48.8	48.2	48.5	48.8	49.2	49.4	49.6	47.3	47.4
Belgique	57.1	55.6	55.9	56.1	56.0	55.7	55.6	55.3	53.9	53.7
Canada	32.9	31.3	30.4	30.6	30.8	31.0	31.6	31.5	31.4	30.9
Chili	7.0	7.0	7.0	7.0	7.0	7.0	7.0	7.0	7.0	7.0
Corée	16.4	19.7	20.1	20.5	21.0	21.5	21.7	22.0	22.3	22.6
Danemark	42.1	39.1	36.4	36.6	36.7	36.4	36.3	36.4	36.4	36.3
Espagne	38.6	39.0	39.7	40.0	40.6	40.7	40.7	39.4	39.4	39.3
Estonie	41.3	39.0	40.1	40.3	40.4	39.9	40.0	39.0	39.0	39.0
États-Unis	30.8	30.9	30.7	29.9	29.8	31.5	31.6	31.4	31.6	31.7
Finlande	47.5	43.9	42.3	42.3	42.5	43.1	43.6	43.5	44.1	42.9
France	50.4	49.7	49.9	50.0	50.1	48.8	48.4	48.4	48.0	47.6
Grèce	38.8	42.1	40.1	43.0	42.9	41.3	40.4	39.1	40.5	40.8
Hongrie	54.7	54.5	46.6	49.5	49.5	49.0	49.0	49.0	48.2	46.2
Irlande	28.9	22.2	25.8	25.8	26.9	27.6	27.9	27.3	27.0	27.2
Islande	28.8	30.5	33.4	34.1	33.8	34.1	33.9	34.3	34.0	33.2
Israël[1]	29.6	24.9	20.7	20.8	20.4	20.4	21.1	21.8	22.3	22.1
Italie	47.1	46.4	47.2	47.6	47.7	47.8	47.8	47.8	47.8	47.7
Japon	29.8	29.3	30.2	30.8	31.3	31.6	32.0	32.3	32.5	32.6
Lettonie	43.2	42.2	44.0	44.2	44.3	43.7	43.0	42.5	42.6	42.9
Luxembourg	35.8	35.0	34.3	36.3	36.0	37.2	37.6	38.4	38.5	36.7
Mexique	12.7	15.9	16.0	18.7	19.0	19.3	19.5	19.8	20.1	20.4
Norvège	38.6	37.5	37.3	37.6	37.4	37.4	36.9	36.8	36.3	35.9
Nouvelle-Zélande	19.4	21.1	17.0	15.9	16.4	16.9	17.2	17.6	17.9	18.1
Pays-Bas	40.0	38.7	38.1	38.0	38.6	40.6	39.0	37.0	37.2	37.5
Pologne	38.2	38.2	34.2	34.3	35.5	35.6	35.7	35.7	35.6	35.6
Portugal	37.3	37.3	37.1	38.0	37.6	41.4	41.2	42.1	41.6	41.4
République slovaque	41.9	38.4	37.9	38.8	39.6	41.1	41.3	41.4	41.5	41.6
République tchèque	42.6	42.9	42.1	42.6	42.5	42.4	42.6	42.8	43.0	43.4
Royaume-Uni	32.6	34.1	32.6	32.5	32.1	31.4	31.0	30.8	30.9	30.9
Slovénie	46.3	43.3	42.5	42.6	42.5	42.4	42.5	42.6	42.7	42.9
Suède	50.1	45.3	42.8	42.8	42.9	43.0	42.5	42.6	42.8	42.9
Suisse	22.9	22.4	22.1	22.3	22.1	22.2	21.9	21.8	21.8	21.8
Turquie[2]	40.4	42.2	37.0	37.0	37.1	37.4	38.1	38.2	38.2	38.7
Moyenne non pondérée										
OCDE-Moyenne	**37.0**	**36.2**	**35.3**	**35.8**	**35.9**	**36.1**	**36.1**	**36.1**	**36.0**	**35.9**
OCDE-UE 22	**43.4**	**42.2**	**41.2**	**41.8**	**42.0**	**42.2**	**42.0**	**41.8**	**41.7**	**41.5**

1. Informations sur les données concernant Israël : *http://oe.cd/israel-disclaimer*.
2. Les données sur les salaires sont basées sur l'ancienne définition de l'ouvrier moyen (CITI D, Rév. 3) pour les années 2000 à 2006.

StatLink *http://dx.doi.org/10.1787/888933700711*

Tableau 6.2b. **Impôt sur le revenu, célibataire, salaire égal à 100 % du salaire moyen**

Pression fiscale en % du salaire brut, célibataire sans enfant

	2000	2007	2010	2011	2012	2013	2014	2015	2016	2017
Allemagne	22.7	21.0	18.7	18.9	19.1	19.1	19.1	19.2	19.1	19.1
Australie	26.6	23.4	22.3	22.3	23.0	23.1	23.4	24.1	24.3	24.4
Autriche	12.9	15.8	15.0	15.5	15.9	16.3	16.6	17.0	14.1	14.4
Belgique	29.0	28.1	28.7	28.8	28.7	28.4	28.4	28.0	26.8	26.5
Canada	19.2	15.9	15.1	15.2	15.2	15.3	15.7	15.6	15.4	15.4
Chili	0.0	0.0	0.0	0.0	0.0	0.0	0.0	0.0	0.0	0.0
Corée	2.2	4.7	4.5	4.4	4.9	5.2	5.3	5.6	5.9	6.1
Danemark	32.9	30.8	36.3	36.4	36.5	36.1	36.0	36.1	36.1	36.1
Espagne	13.5	14.2	15.4	15.7	16.5	16.6	16.6	14.9	14.9	14.7
Estonie	21.9	18.1	16.7	16.9	17.1	17.5	17.6	16.8	16.8	16.8
États-Unis	17.3	17.2	17.0	18.0	18.0	17.8	18.0	18.0	18.2	18.4
Finlande	26.9	23.7	22.3	22.2	21.8	22.5	22.6	22.6	22.0	20.9
France	15.7	14.1	14.2	14.2	14.4	14.5	14.6	14.6	14.7	14.8
Grèce	5.8	9.8	7.2	10.5	10.1	8.7	8.9	8.7	9.9	10.0
Hongrie	23.2	21.8	14.4	17.6	16.6	16.0	16.0	16.0	15.0	15.0
Irlande	17.2	10.7	14.7	14.7	15.9	15.8	16.2	15.5	15.1	15.4
Islande	25.3	26.7	27.1	27.9	28.2	28.6	28.5	29.0	28.8	28.3
Israël[1]	18.0	13.3	9.0	9.1	8.7	8.6	9.1	9.6	10.0	9.7
Italie	19.9	19.7	20.7	21.3	21.5	21.6	21.5	21.6	21.7	21.7
Japon	6.4	8.1	7.6	7.6	7.6	7.6	7.7	7.8	7.9	7.9
Lettonie	18.9	19.3	21.5	19.7	19.8	19.1	19.1	18.4	18.5	18.9
Luxembourg	17.0	15.6	14.6	15.3	15.8	17.2	17.7	18.0	18.2	16.7
Mexique	1.0	4.6	4.8	7.9	8.2	8.5	8.8	9.1	9.4	9.8
Norvège	22.9	21.7	21.5	21.6	21.4	21.4	20.5	20.4	19.8	19.4
Nouvelle-Zélande	19.4	21.1	17.0	15.9	16.4	16.9	17.2	17.6	17.9	18.1
Pays-Bas	9.6	14.6	16.2	16.4	16.7	16.2	15.3	17.1	16.6	17.3
Pologne	6.6	6.8	6.7	6.8	6.9	6.9	7.1	7.1	7.2	7.2
Portugal	11.4	11.4	11.2	12.3	11.8	16.5	16.2	17.4	16.8	16.5
République slovaque	7.8	8.9	8.3	9.4	9.4	9.4	9.5	9.7	9.9	10.1
République tchèque	10.0	10.4	11.5	12.1	11.9	11.9	12.1	12.4	12.6	13.1
Royaume-Uni	17.4	17.7	16.2	15.6	15.4	14.6	14.3	14.1	14.1	14.0
Slovénie	13.5	10.7	11.2	11.3	11.1	11.0	11.1	11.2	11.4	11.6
Suède	26.7	20.6	17.8	17.9	17.9	18.1	17.4	17.6	17.9	18.0
Suisse	11.3	11.6	11.3	11.2	11.0	11.1	10.7	10.7	10.7	10.7
Turquie[2]	14.7	14.8	11.6	11.6	11.8	12.0	12.3	12.4	12.4	12.9
Moyenne non pondérée										
OCDE-Moyenne	**16.1**	**15.6**	**15.1**	**15.5**	**15.6**	**15.7**	**15.7**	**15.8**	**15.7**	**15.7**
OCDE-UE 22	**17.3**	**16.5**	**16.3**	**16.8**	**16.8**	**17.0**	**17.0**	**17.0**	**16.8**	**16.8**

1. Informations sur les données concernant Israël : *http://oe.cd/israel-disclaimer*.
2. Les données sur les salaires sont basées sur l'ancienne définition de l'ouvrier moyen (CITI D, Rév. 3) pour les années 2000 à 2006.

StatLink http://dx.doi.org/10.1787/888933700730

Tableau 6.2c. **Impôt sur le revenu et cotisations sociales des salariés diminués des prestations versées, célibataire, salaire égal à 100 % du salaire moyen**

Pression fiscale en % du salaire brut, célibataire sans enfant

	2000	2007	2010	2011	2012	2013	2014	2015	2016	2017
Allemagne	43.2	42.2	39.2	39.8	39.8	39.5	39.5	39.7	39.8	39.9
Australie	26.6	23.4	22.3	22.3	23.0	23.1	23.4	24.1	24.3	24.4
Autriche	31.0	33.8	33.1	33.6	33.9	34.4	34.7	35.0	32.1	32.4
Belgique	43.0	42.1	42.7	42.8	42.7	42.4	42.4	42.0	40.7	40.5
Canada	25.1	23.3	22.4	22.5	22.6	22.7	23.4	23.3	23.0	22.8
Chili	7.0	7.0	7.0	7.0	7.0	7.0	7.0	7.0	7.0	7.0
Corée	8.9	12.1	12.3	12.5	13.0	13.5	13.6	14.0	14.3	14.5
Danemark	41.9	38.8	35.9	36.1	36.2	35.8	35.6	35.9	35.9	35.8
Espagne	19.8	20.6	21.7	22.0	22.9	22.9	23.0	21.3	21.3	21.1
Estonie	21.9	18.7	19.5	19.7	19.9	19.5	19.6	18.4	18.4	18.4
États-Unis	24.9	24.8	24.6	23.6	23.6	25.5	25.6	25.6	25.8	26.0
Finlande	33.9	30.4	29.4	29.4	29.4	30.1	30.6	30.9	30.8	30.2
France	29.2	27.8	27.8	27.9	28.1	28.3	28.6	28.8	29.0	29.2
Grèce	21.7	25.8	23.2	26.7	26.6	25.2	24.9	24.2	25.7	26.0
Hongrie	35.7	38.8	31.4	35.1	35.1	34.5	34.5	34.5	33.5	33.5
Irlande	20.3	13.9	17.9	17.8	19.1	19.8	20.2	19.5	19.1	19.4
Islande	25.4	26.8	27.6	28.4	28.7	29.1	28.9	29.3	29.1	28.7
Israël[1]	26.1	21.2	17.0	17.0	16.6	16.4	17.0	17.5	18.0	17.7
Italie	29.0	29.2	30.2	30.8	31.0	31.1	31.0	31.1	31.1	31.2
Japon	19.7	20.2	20.6	21.0	21.3	21.5	21.8	22.1	22.2	22.3
Lettonie	27.9	28.3	30.5	30.7	30.8	30.1	29.6	28.9	29.0	29.4
Luxembourg	28.7	27.7	26.8	28.4	28.1	29.5	30.0	30.8	31.0	29.1
Mexique	2.5	6.0	6.1	9.2	9.6	9.8	10.1	10.4	10.8	11.2
Norvège	30.7	29.5	29.3	29.4	29.2	29.2	28.7	28.6	28.0	27.6
Nouvelle-Zélande	19.4	21.1	17.0	15.9	16.4	16.9	17.2	17.6	17.9	18.1
Pays-Bas	33.6	32.5	31.7	31.7	32.0	34.8	32.4	30.3	30.2	30.4
Pologne	27.8	27.8	24.5	24.6	24.7	24.8	24.9	24.9	25.0	25.1
Portugal	22.4	22.4	22.2	23.3	22.8	27.5	27.2	28.4	27.8	27.5
République slovaque	19.8	22.3	21.7	22.8	22.8	22.8	22.9	23.1	23.3	23.5
République tchèque	22.5	22.9	22.5	23.1	22.9	22.9	23.1	23.4	23.6	24.1
Royaume-Uni	25.8	27.0	25.4	25.1	24.7	24.0	23.6	23.4	23.5	23.4
Slovénie	35.6	32.8	33.3	33.4	33.2	33.1	33.2	33.3	33.5	33.7
Suède	33.7	27.6	24.8	24.8	24.9	25.1	24.4	24.6	24.9	25.0
Suisse	17.8	17.7	17.4	17.4	17.2	17.3	17.0	17.0	16.9	16.9
Turquie[2]	28.7	29.8	26.6	26.6	26.8	27.0	27.3	27.4	27.4	27.9
Moyenne non pondérée										
OCDE-Moyenne	**26.0**	**25.6**	**24.7**	**25.2**	**25.3**	**25.6**	**25.6**	**25.6**	**25.5**	**25.5**
OCDE-UE 22	**29.5**	**28.8**	**28.0**	**28.6**	**28.7**	**29.0**	**28.9**	**28.8**	**28.6**	**28.6**

1. Informations sur les données concernant Israël : *http://oe.cd/israel-disclaimer*.
2. Les données sur les salaires sont basées sur l'ancienne définition de l'ouvrier moyen (CITI D, Rév. 3) pour les années 2000 à 2006.

StatLink *http://dx.doi.org/10.1787/888933700749*

Tableau 6.3a. **Impôt sur le revenu et cotisations sociales des salariés et employeurs diminués des prestations versées, célibataire, salaire égal à 167 % du salaire moyen**

Pression fiscale en % des coûts de main-d'oeuvre, célibataire sans enfant

	2000	2007	2010	2011	2012	2013	2014	2015	2016	2017
Allemagne	56.2	53.8	51.5	51.3	51.2	51.2	51.3	51.3	51.3	51.4
Australie	38.8	32.8	32.4	32.2	33.1	33.2	33.4	34.0	34.1	34.1
Autriche	50.4	51.7	51.4	51.5	51.4	51.9	52.0	52.1	50.7	50.8
Belgique	62.6	60.9	61.0	61.1	61.0	60.8	60.8	60.7	59.9	59.6
Canada	35.2	32.9	32.7	32.8	32.9	33.1	33.3	33.3	32.7	32.3
Chili	8.3	7.8	8.0	8.1	8.2	8.1	8.1	8.2	8.3	8.3
Corée	20.5	22.5	21.7	22.2	22.6	23.0	23.5	24.2	24.6	25.0
Danemark	50.0	48.2	43.2	43.5	43.7	42.9	42.3	42.4	42.2	42.1
Espagne	41.0	42.3	42.4	42.5	43.5	44.3	45.0	43.8	43.8	43.7
Estonie	42.5	40.1	41.2	41.3	41.4	40.8	40.9	39.9	39.9	39.9
États-Unis	37.1	35.8	35.9	34.7	34.6	36.3	36.4	36.3	36.4	36.5
Finlande	53.2	49.7	48.2	48.3	48.5	48.9	49.4	49.4	50.1	49.1
France	52.5	53.4	53.6	53.8	54.0	54.1	54.3	54.3	54.4	54.4
Grèce	44.9	47.3	45.6	48.2	48.1	48.9	48.2	45.6	46.1	46.4
Hongrie	59.2	58.6	53.1	51.6	50.7	49.0	49.0	49.0	48.2	46.2
Irlande	39.4	33.0	36.4	38.0	38.9	39.2	39.5	38.7	38.0	37.9
Islande	39.6	33.4	37.8	38.4	38.3	38.6	38.4	38.6	38.6	38.3
Israël[1]	38.1	34.2	29.5	29.2	28.6	29.2	30.0	30.8	31.5	31.3
Italie	51.1	51.4	52.5	53.0	53.2	53.3	53.6	54.2	54.1	53.8
Japon	31.6	32.4	33.3	33.8	34.2	34.5	34.7	34.9	35.0	35.0
Lettonie	44.4	43.4	44.7	45.0	45.0	44.4	43.8	43.2	43.3	43.5
Luxembourg	44.1	41.9	41.6	43.7	43.3	44.4	44.6	45.3	45.3	44.0
Mexique	19.5	22.0	21.4	21.6	22.0	22.2	22.6	22.8	23.1	23.4
Norvège	45.2	43.2	43.0	43.2	43.1	43.0	42.5	42.5	42.0	41.7
Nouvelle-Zélande	24.2	26.8	23.3	22.0	22.4	22.8	23.1	23.3	23.6	23.8
Pays-Bas	44.9	42.0	41.8	41.8	42.4	42.1	50.4	42.2	42.0	42.1
Pologne	39.1	39.0	35.0	35.0	36.2	36.2	36.3	36.3	36.2	36.2
Portugal	42.3	43.0	43.1	44.6	43.6	47.7	47.4	48.1	47.1	46.7
République slovaque	45.2	40.5	40.3	40.8	41.6	43.3	43.4	43.4	43.5	43.5
République tchèque	44.8	46.7	44.7	45.0	44.9	44.9	45.0	45.1	45.2	45.5
Royaume-Uni	35.8	38.0	37.2	37.9	37.8	37.6	37.3	37.3	37.5	37.3
Slovénie	51.0	49.1	47.6	47.7	47.5	46.1	46.4	46.5	46.1	46.3
Suède	55.7	53.1	51.0	50.9	50.7	50.8	50.6	50.7	51.5	51.6
Suisse	27.4	26.7	26.6	26.8	26.7	26.8	26.4	26.3	26.4	26.4
Turquie[2]	35.0	43.1	39.8	40.0	40.2	40.6	41.5	41.8	42.1	42.3
Moyenne non pondérée										
OCDE-Moyenne	**41.5**	**40.6**	**39.8**	**40.0**	**40.2**	**40.4**	**40.7**	**40.5**	**40.4**	**40.3**
OCDE-UE 22	**47.8**	**46.7**	**45.8**	**46.2**	**46.3**	**46.5**	**46.9**	**46.3**	**46.2**	**46.0**

1. Informations sur les données concernant Israël : *http://oe.cd/israel-disclaimer*.
2. Les données sur les salaires sont basées sur l'ancienne définition de l'ouvrier moyen (CITI D, Rév. 3) pour les années 2000 à 2006.

StatLink *http://dx.doi.org/10.1787/888933700768*

Tableau 6.3b. **Impôt sur le revenu, célibataire, salaire égal à 167 % du salaire moyen**

Pression fiscale en % du salaire brut, célibataire sans enfant

	2000	2007	2010	2011	2012	2013	2014	2015	2016	2017
Allemagne	31.7	29.1	27.1	27.5	27.7	27.6	27.6	27.8	27.7	27.6
Australie	34.9	28.8	28.2	28.2	29.2	29.2	29.4	30.1	30.2	30.1
Autriche	20.4	22.8	22.2	22.5	22.8	23.0	23.2	23.4	21.2	21.4
Belgique	36.0	34.9	35.5	35.5	35.5	35.2	35.2	35.1	34.5	34.2
Canada	25.6	22.2	21.7	21.8	21.8	21.8	22.2	22.1	21.3	21.4
Chili	1.3	0.8	1.0	1.1	1.2	1.1	1.1	1.2	1.3	1.3
Corée	6.7	9.4	8.6	8.5	8.8	9.2	9.6	10.3	10.8	11.2
Danemark	40.9	40.0	42.9	43.2	43.4	42.6	41.9	42.1	42.0	41.8
Espagne	18.5	19.1	20.6	21.0	22.5	22.5	22.5	21.1	20.9	20.5
Estonie	23.6	19.6	18.2	18.3	18.4	18.7	18.8	18.0	17.9	17.9
États-Unis	24.3	22.8	22.9	23.5	23.5	23.4	23.4	23.5	23.6	23.7
Finlande	34.0	30.9	29.5	29.4	29.0	29.6	29.7	29.7	29.4	28.4
France	21.2	20.1	20.3	20.5	20.7	20.8	20.8	20.9	20.9	21.0
Grèce	13.6	16.5	14.4	17.2	16.8	18.4	18.7	16.8	17.0	17.0
Hongrie	30.3	27.5	22.8	20.3	18.1	16.0	16.0	16.0	15.0	15.0
Irlande	28.7	22.5	26.0	27.8	28.8	28.7	29.0	28.1	27.3	27.3
Islande	36.6	29.7	32.1	32.7	33.2	33.6	33.5	33.8	33.9	33.9
Israël[1]	26.3	21.2	16.4	16.0	15.4	15.7	16.4	17.0	17.5	17.3
Italie	25.3	26.3	27.7	28.3	28.5	28.7	29.2	29.9	29.9	29.7
Japon	10.6	12.9	12.0	12.0	12.2	12.1	12.4	12.6	12.8	12.9
Lettonie	20.4	20.7	22.4	20.7	20.8	20.0	20.0	19.3	19.4	19.7
Luxembourg	26.2	23.3	22.6	23.6	23.9	25.2	25.5	25.7	25.8	24.9
Mexique	8.0	12.4	11.9	12.3	12.7	13.0	13.3	13.6	13.9	14.3
Norvège	30.4	28.1	27.9	28.0	27.8	27.8	26.9	26.8	26.3	25.9
Nouvelle-Zélande	24.2	26.8	23.3	22.0	22.4	22.8	23.1	23.3	23.6	23.8
Pays-Bas	25.4	27.2	28.4	28.6	29.0	28.1	28.5	28.9	27.6	28.1
Pologne	7.7	7.8	7.5	7.6	7.7	7.7	7.8	7.8	7.8	7.9
Portugal	17.6	18.5	18.5	20.4	19.2	24.2	23.9	24.7	23.6	23.1
République slovaque	12.4	12.0	11.6	12.3	12.3	12.2	12.3	12.4	12.5	12.7
République tchèque	13.0	15.6	14.9	15.3	15.2	15.2	15.3	15.5	15.6	15.9
Royaume-Uni	23.1	24.5	22.4	22.4	22.6	22.6	22.3	22.4	22.6	22.3
Slovénie	19.1	16.4	17.0	17.2	17.0	15.4	15.6	15.8	15.3	15.6
Suède	36.3	33.3	30.9	30.8	30.5	30.6	30.4	30.4	31.5	31.6
Suisse	16.2	16.6	16.3	16.1	16.0	16.1	15.7	15.6	15.6	15.5
Turquie[2]	18.0	15.9	14.9	15.1	15.3	15.9	16.3	16.6	17.0	17.2
Moyenne non pondérée										
OCDE-Moyenne	**22.5**	**21.6**	**21.2**	**21.4**	**21.4**	**21.6**	**21.6**	**21.7**	**21.5**	**21.5**
OCDE-UE 22	**23.9**	**23.1**	**22.9**	**23.2**	**23.2**	**23.3**	**23.4**	**23.3**	**23.0**	**22.9**

1. Informations sur les données concernant Israël : *http://oe.cd/israel-disclaimer*.
2. Les données sur les salaires sont basées sur l'ancienne définition de l'ouvrier moyen (CITI D, Rév. 3) pour les années 2000 à 2006.

StatLink *http://dx.doi.org/10.1787/888933700787*

Tableau 6.3c. **Impôt sur le revenu et cotisations sociales des salariés diminués des prestations versées, célibataire, salaire égal à 167 % du salaire moyen**

Pression fiscale en % du salaire brut, célibataire sans enfant

	2000	2007	2010	2011	2012	2013	2014	2015	2016	2017
Allemagne	48.8	46.2	43.8	43.8	43.8	43.7	43.8	43.8	43.9	43.9
Australie	34.9	28.8	28.2	28.2	29.2	29.2	29.4	30.1	30.2	30.1
Autriche	36.3	38.8	38.3	38.5	38.6	39.0	39.2	39.4	37.5	37.7
Belgique	50.1	48.9	49.5	49.6	49.5	49.2	49.2	49.1	48.5	48.2
Canada	29.3	26.9	26.6	26.7	26.7	26.8	27.1	27.0	26.3	26.2
Chili	8.3	7.8	8.0	8.1	8.2	8.1	8.1	8.2	8.3	8.3
Corée	13.4	15.8	15.0	15.3	15.7	16.2	16.6	17.3	17.8	18.3
Danemark	49.9	48.0	42.9	43.2	43.4	42.6	41.9	42.1	42.0	41.8
Espagne	24.4	25.3	26.5	26.8	28.3	28.5	28.7	27.3	27.2	26.8
Estonie	23.6	20.2	21.0	21.1	21.2	20.7	20.8	19.6	19.5	19.5
États-Unis	31.9	30.5	30.6	29.1	29.2	31.0	31.1	31.1	31.2	31.3
Finlande	41.1	37.7	36.6	36.6	36.7	37.3	37.8	38.1	38.2	37.7
France	33.1	33.2	33.4	33.6	33.8	33.9	34.2	34.4	34.5	34.6
Grèce	29.5	32.5	30.4	33.4	33.3	34.9	34.7	32.3	32.7	33.0
Hongrie	42.8	44.5	39.8	37.8	36.6	34.5	34.5	34.5	33.5	33.5
Irlande	32.1	25.8	29.6	31.3	32.3	32.7	33.0	32.1	31.3	31.3
Islande	36.7	29.8	32.4	33.0	33.5	33.9	33.8	34.0	34.1	34.0
Israël[1]	35.0	30.8	26.0	25.6	24.9	25.2	26.0	26.5	27.1	26.9
Italie	34.5	35.9	37.3	37.9	38.1	38.3	38.8	39.5	39.5	39.3
Japon	22.6	24.2	24.5	24.8	25.1	25.3	25.6	25.9	26.0	26.0
Lettonie	29.4	29.7	31.4	31.7	31.8	31.0	30.5	29.8	29.9	30.2
Luxembourg	37.9	35.4	34.9	36.8	36.3	37.6	37.9	38.6	38.7	37.2
Mexique	10.1	14.0	13.4	13.8	14.1	14.4	14.8	15.1	15.4	15.8
Norvège	38.2	35.9	35.7	35.8	35.6	35.6	35.1	35.0	34.5	34.1
Nouvelle-Zélande	24.2	26.8	23.3	22.0	22.4	22.8	23.1	23.3	23.6	23.8
Pays-Bas	40.6	38.1	37.7	37.8	38.2	38.4	46.8	38.2	37.7	37.8
Pologne	28.9	28.8	25.4	25.4	25.5	25.5	25.6	25.6	25.7	25.7
Portugal	28.6	29.5	29.5	31.4	30.2	35.2	34.9	35.7	34.6	34.1
République slovaque	24.4	25.1	24.8	25.4	25.5	25.6	25.7	25.8	25.9	26.1
République tchèque	25.5	28.1	25.9	26.3	26.2	26.2	26.3	26.5	26.6	26.9
Royaume-Uni	28.8	30.8	30.0	30.4	30.4	30.1	29.8	29.8	30.0	29.8
Slovénie	41.2	38.5	39.1	39.3	39.1	37.5	37.7	37.9	37.4	37.7
Suède	41.1	37.9	35.6	35.5	35.3	35.4	35.1	35.2	36.2	36.4
Suisse	22.7	22.4	22.2	22.2	22.2	22.3	21.9	21.8	21.8	21.8
Turquie[2]	26.9	30.9	29.9	30.1	30.3	30.9	31.3	31.6	32.0	32.2
Moyenne non pondérée										
OCDE-Moyenne	**31.6**	**31.0**	**30.3**	**30.5**	**30.6**	**30.8**	**31.2**	**30.9**	**30.8**	**30.8**
OCDE-UE 22	**35.1**	**34.5**	**33.8**	**34.3**	**34.3**	**34.5**	**34.9**	**34.3**	**34.1**	**34.1**

1. Informations sur les données concernant Israël : *http://oe.cd/israel-disclaimer*.
2. Les données sur les salaires sont basées sur l'ancienne définition de l'ouvrier moyen (CITI D, Rév. 3) pour les années 2000 à 2006.

StatLink http://dx.doi.org/10.1787/888933700806

Tableau 6.4a. **Impôt sur le revenu et cotisations sociales des salariés et employeurs diminués des prestations versées, parent isolé, salaire égal à 67 % du salaire moyen**

Pression fiscale en % des coûts de main-d'œuvre, parent isolé ayant deux enfants

	2000	2007	2010	2011	2012	2013	2014	2015	2016	2017
Allemagne	31.8	33.5	29.8	31.0	31.3	31.0	31.3	30.9	31.2	31.5
Australie	4.0	-4.3	-6.5	-5.7	-3.2	-2.6	-1.8	-1.4	-1.1	0.8
Autriche	25.2	27.7	26.1	27.2	28.0	28.8	29.2	29.6	27.4	27.7
Belgique	36.4	35.6	36.8	37.0	36.9	36.2	36.1	35.6	33.5	33.3
Canada	-0.4	-2.6	-7.5	-7.2	-6.8	-6.1	-4.7	-15.4	-15.2	-15.2
Chili	5.9	6.0	6.1	6.1	6.2	6.2	6.2	6.2	6.2	6.2
Corée	14.4	16.1	16.7	17.1	17.3	17.5	16.9	17.0	17.0	17.3
Danemark	12.4	11.3	9.1	9.7	9.7	9.2	7.2	7.5	7.3	6.0
Espagne	28.6	28.3	29.2	29.9	30.3	30.4	30.6	24.2	24.2	24.2
Estonie	18.5	21.9	24.1	25.2	26.3	26.6	27.4	21.7	21.8	22.6
États-Unis	10.7	9.9	8.9	8.9	9.8	11.3	12.0	11.7	12.2	12.7
Finlande	28.3	27.1	25.5	25.7	25.6	26.8	27.3	27.2	27.9	26.4
France	34.5	38.3	38.8	38.9	38.8	37.1	36.6	35.7	24.4	24.6
Grèce	35.3	35.5	34.4	38.5	38.4	33.7	32.8	31.3	32.1	32.5
Hongrie	34.0	29.1	27.4	20.2	23.0	25.5	26.4	27.2	25.5	22.0
Irlande	-0.7	-25.6	-27.8	-26.2	-21.9	-20.7	-19.6	-19.1	-19.2	-17.1
Islande	5.9	15.3	16.7	19.0	17.0	19.0	19.1	20.4	21.3	22.0
Israël[1]	3.3	2.4	1.6	0.8	0.5	1.2	2.9	2.9	1.1	1.8
Italie	29.5	25.1	28.1	29.0	29.4	29.0	26.2	25.4	25.3	25.3
Japon	26.3	21.7	18.6	19.8	23.5	23.8	24.3	24.7	24.9	25.1
Lettonie	24.0	29.2	29.5	29.5	30.1	29.9	25.5	25.0	25.4	26.7
Luxembourg	4.4	4.2	0.6	3.1	3.5	5.1	6.1	7.3	7.7	5.2
Mexique	7.6	11.1	12.9	13.2	13.6	14.4	14.7	15.0	15.3	16.2
Norvège	16.4	20.0	20.9	21.6	21.7	22.0	22.0	22.3	22.0	22.1
Nouvelle-Zélande	-3.0	-16.9	-17.7	-18.3	-18.2	-16.9	-15.8	-14.4	-14.6	-13.5
Pays-Bas	26.4	12.9	12.2	12.1	11.7	11.8	11.3	10.2	7.0	7.0
Pologne	29.8	10.1	28.4	28.4	29.6	29.6	26.9	23.9	-16.3	-20.6
Portugal	26.6	24.2	20.6	22.3	23.1	25.5	25.0	25.4	21.8	22.0
République slovaque	25.3	22.8	21.9	23.6	24.5	26.4	26.9	27.3	27.9	28.5
République tchèque	12.7	16.5	15.8	25.4	24.2	24.1	24.8	24.7	21.8	22.5
Royaume-Uni	15.3	15.9	9.3	7.1	6.7	5.7	4.6	5.3	7.3	8.9
Slovénie	13.4	15.6	12.4	12.8	13.0	13.1	9.9	10.1	10.5	12.7
Suède	39.9	34.5	32.3	32.6	32.9	33.2	33.0	33.2	33.6	33.9
Suisse	6.5	6.1	4.7	4.9	5.0	4.7	4.1	4.1	3.9	3.9
Turquie[2]	39.1	41.1	33.0	33.1	33.2	33.6	34.4	34.6	31.3	31.6
Moyenne non pondérée										
OCDE-Moyenne	**19.1**	**17.1**	**16.4**	**17.0**	**17.6**	**17.9**	**17.7**	**17.1**	**15.2**	**15.3**
OCDE-UE 22	**24.2**	**21.5**	**21.1**	**22.0**	**22.5**	**22.6**	**22.1**	**21.4**	**18.5**	**18.4**

1. Informations sur les données concernant Israël : *http://oe.cd/israel-disclaimer*.
2. Les données sur les salaires sont basées sur l'ancienne définition de l'ouvrier moyen (CITI D, Rév. 3) pour les années 2000 à 2006.

StatLink http://dx.doi.org/10.1787/888933700825

Tableau 6.4b. **Impôt sur le revenu, parent isolé, salaire égal à 67 % du salaire moyen**

Pression fiscale en % du salaire brut, parent isolé ayant deux enfants

	2000	2007	2010	2011	2012	2013	2014	2015	2016	2017
Allemagne	-2.6	-0.7	-4.0	-3.2	-2.6	-2.5	-2.1	-2.7	-2.5	-2.3
Australie	15.5	18.9	14.3	14.3	15.4	17.3	17.7	18.5	18.8	19.1
Autriche	5.8	7.2	5.8	6.4	6.9	7.5	7.8	8.3	5.3	5.7
Belgique	16.7	16.4	17.2	17.3	17.2	16.6	16.5	16.0	14.0	13.9
Canada	6.6	1.1	0.9	1.1	1.1	1.2	1.5	3.5	3.4	3.5
Chili	0.0	0.0	0.0	0.0	0.0	0.0	0.0	0.0	0.0	0.0
Corée	0.1	0.8	0.7	0.7	0.8	0.7	0.0	0.0	0.0	0.3
Danemark	28.9	27.7	34.0	34.2	34.3	33.8	32.0	32.2	32.2	32.1
Espagne	0.4	0.3	1.7	2.6	3.1	3.3	3.5	-4.8	-4.8	-4.8
Estonie	19.9	10.6	9.3	10.0	10.6	11.3	11.8	11.2	11.4	11.6
États-Unis	-5.0	-6.1	-7.4	-5.4	-4.4	-4.5	-4.0	-3.8	-3.1	-2.5
Finlande	20.9	17.3	15.7	15.5	14.9	15.9	15.8	15.2	14.3	12.8
France	7.1	7.4	7.5	7.5	7.6	7.6	7.6	7.9	7.9	7.9
Grèce	1.3	1.3	0.0	4.7	4.3	3.5	3.8	3.5	4.1	4.2
Hongrie	10.3	10.1	10.8	0.0	3.4	3.8	4.3	4.7	1.6	0.0
Irlande	2.3	0.0	2.0	3.8	4.0	4.0	4.0	3.3	2.5	2.1
Islande	20.0	22.9	21.5	22.6	23.1	23.7	23.8	24.5	24.8	24.8
Israël[1]	1.1	0.0	0.0	0.0	0.0	0.0	0.0	0.0	-3.2	-2.7
Italie	10.0	7.1	9.3	10.2	10.6	9.8	6.0	4.7	4.8	4.9
Japon	2.4	3.1	2.7	4.1	6.1	6.1	6.1	6.2	6.2	6.2
Lettonie	5.4	10.4	9.0	6.8	7.3	6.9	1.9	3.2	3.3	4.4
Luxembourg	0.0	0.0	-0.3	0.3	0.9	2.2	2.8	3.3	3.6	0.8
Mexique	-5.7	-2.2	-0.4	0.0	0.4	1.4	1.8	2.1	2.4	3.5
Norvège	13.3	14.3	14.1	14.2	14.0	14.0	13.4	13.4	12.9	12.7
Nouvelle-Zélande	18.6	19.0	15.9	14.5	14.6	14.8	14.8	14.9	15.0	15.0
Pays-Bas	3.0	2.4	3.5	3.5	3.2	3.3	2.9	5.7	4.4	4.7
Pologne	2.5	0.0	0.0	0.0	0.0	0.0	-3.1	-2.7	-2.3	-1.9
Portugal	3.4	1.4	0.6	0.6	1.2	3.9	3.5	3.8	0.3	0.6
République slovaque	3.3	-2.8	-3.5	-1.6	-1.7	-1.7	-1.3	-0.9	-0.4	0.3
République tchèque	2.3	0.1	-4.9	-3.6	-5.4	-5.4	-4.7	-5.1	-9.2	-8.7
Royaume-Uni	8.6	6.3	0.0	-2.3	-2.6	-3.7	-4.5	-3.9	-2.2	-0.8
Slovénie	3.4	0.9	0.0	0.0	0.0	0.0	0.0	0.0	0.1	1.9
Suède	24.7	17.9	15.0	15.1	15.2	15.3	14.8	15.0	15.3	15.3
Suisse	4.0	3.9	3.4	3.2	2.8	2.4	2.2	2.2	2.1	2.1
Turquie[2]	13.2	13.4	7.0	7.0	7.2	7.6	8.0	8.2	7.5	7.7
Moyenne non pondérée										
OCDE-Moyenne	**7.5**	**6.6**	**5.8**	**5.8**	**6.1**	**6.3**	**6.0**	**5.9**	**5.4**	**5.6**
OCDE-UE 22	**8.1**	**6.4**	**5.9**	**5.8**	**6.0**	**6.2**	**5.6**	**5.4**	**4.7**	**4.8**

1. Informations sur les données concernant Israël : *http://oe.cd/israel-disclaimer.*
2. Les données sur les salaires sont basées sur l'ancienne définition de l'ouvrier moyen (CITI D, Rév. 3) pour les années 2000 à 2006.

StatLink *http://dx.doi.org/10.1787/888933700844*

Tableau 6.4c. Impôt sur le revenu et cotisations sociales des salariés diminués des prestations versées, parent isolé, salaire égal à 67 % du salaire moyen

Pression fiscale en % du salaire brut, parent isolé ayant deux enfants

	2000	2007	2010	2011	2012	2013	2014	2015	2016	2017
Allemagne	17.9	20.2	16.2	17.4	17.9	17.7	18.1	17.5	17.9	18.2
Australie	-2.1	-10.6	-13.2	-12.0	-9.3	-8.6	-7.9	-7.4	-7.1	-5.2
Autriche	2.0	6.6	4.6	6.0	7.0	8.1	8.6	9.3	6.4	7.1
Belgique	16.1	17.4	18.9	19.1	19.0	18.4	18.3	17.8	15.7	15.5
Canada	-11.8	-14.4	-19.8	-19.6	-19.3	-18.7	-17.1	-29.2	-29.0	-28.4
Chili	5.9	6.0	6.1	6.1	6.2	6.2	6.2	6.2	6.2	6.2
Corée	6.8	8.1	8.5	8.7	8.9	9.0	8.3	8.4	8.4	8.7
Danemark	11.9	10.5	8.0	8.6	8.5	7.9	5.8	6.3	6.2	4.9
Espagne	6.8	6.7	8.1	8.9	9.5	9.6	9.8	1.5	1.5	1.6
Estonie	-8.5	-4.2	-2.1	-0.5	0.9	1.6	2.7	-4.8	-4.6	-3.5
États-Unis	2.6	1.5	0.2	0.2	1.3	3.1	3.7	3.9	4.5	5.2
Finlande	9.7	9.6	8.9	9.0	8.7	10.1	10.5	10.9	10.7	10.0
France	13.5	14.5	14.8	14.8	15.0	15.1	15.4	15.9	1.0	1.7
Grèce	17.2	17.3	16.0	20.9	20.8	15.5	15.3	14.5	15.3	15.6
Hongrie	5.0	4.2	6.7	-2.5	3.2	4.2	5.4	6.5	4.3	3.7
Irlande	-9.3	-39.1	-41.5	-39.8	-35.0	-33.7	-32.4	-31.9	-32.0	-29.7
Islande	1.4	10.8	9.5	12.0	10.5	12.8	12.9	14.4	15.5	16.7
Israël[1]	-1.5	-2.1	-2.6	-3.4	-3.6	-3.0	-1.3	-1.5	-3.5	-2.7
Italie	5.5	1.1	5.1	6.3	6.8	6.2	2.5	1.4	1.5	1.7
Japon	15.7	11.6	7.5	8.4	12.5	12.6	13.0	13.4	13.6	13.7
Lettonie	3.5	12.1	12.4	12.5	13.2	13.0	7.8	7.3	7.8	9.3
Luxembourg	-6.4	-6.7	-10.9	-8.8	-8.4	-6.5	-5.4	-4.1	-3.5	-6.3
Mexique	-4.4	-1.0	0.8	1.3	1.7	2.6	3.0	3.3	3.7	4.7
Norvège	5.7	9.7	10.8	11.4	11.5	11.9	11.9	12.3	11.9	11.9
Nouvelle-Zélande	-3.0	-16.9	-17.7	-18.3	-18.2	-16.9	-15.8	-14.4	-14.6	-13.5
Pays-Bas	14.5	4.8	3.6	3.8	2.8	3.2	1.7	0.6	-3.5	-3.6
Pologne	18.0	-4.9	17.8	17.8	17.8	17.8	14.7	11.2	-35.4	-40.4
Portugal	9.1	6.2	1.7	3.8	4.9	7.8	7.2	7.6	3.2	3.5
République slovaque	-3.1	2.5	1.5	3.5	3.5	3.4	4.1	4.6	5.4	6.3
République tchèque	-17.9	-12.7	-12.9	0.0	-1.6	-1.7	-0.8	-0.9	-4.7	-3.9
Royaume-Uni	7.7	7.6	0.6	-1.8	-2.0	-3.1	-4.1	-3.4	-1.3	0.4
Slovénie	-2.0	0.0	-1.7	-1.3	-1.0	-0.8	-4.6	-4.4	-3.9	-1.4
Suède	20.1	13.2	11.1	11.4	11.8	12.2	11.9	12.2	12.8	13.1
Suisse	0.3	0.4	-1.1	-1.0	-0.9	-1.3	-1.9	-1.9	-2.0	-2.1
Turquie[2]	27.2	28.4	22.0	22.0	22.2	22.6	23.0	23.2	22.5	22.7
Moyenne non pondérée										
OCDE-Moyenne	**5.0**	**3.4**	**2.8**	**3.6**	**4.2**	**4.5**	**4.3**	**3.6**	**1.4**	**1.8**
OCDE-UE 22	**6.0**	**4.0**	**4.0**	**5.0**	**5.6**	**5.7**	**5.1**	**4.4**	**0.9**	**1.1**

1. Informations sur les données concernant Israël : *http://oe.cd/israel-disclaimer*.
2. Les données sur les salaires sont basées sur l'ancienne définition de l'ouvrier moyen (CITI D, Rév. 3) pour les années 2000 à 2006.

StatLink *http://dx.doi.org/10.1787/888933700863*

Tableau 6.5a. **Impôt sur le revenu et cotisations sociales des salariés et employeurs diminués des prestations versées, couple marié, salaire égal à 100 % du salaire moyen**

Pression fiscale en % des coûts de main-d'oeuvre, couple marié ayant deux enfants et un seul salaire

	2000	2007	2010	2011	2012	2013	2014	2015	2016	2017
Allemagne	35.3	35.5	32.6	33.8	34.0	33.6	33.8	34.0	34.2	34.5
Australie	23.4	14.9	14.6	15.2	16.8	16.9	17.4	17.8	18.1	20.8
Autriche	35.2	37.7	36.4	37.3	37.9	38.6	38.9	39.2	36.8	37.0
Belgique	42.6	40.3	41.2	41.4	41.3	40.7	40.6	40.3	38.5	38.3
Canada	23.1	19.7	17.6	18.0	18.2	18.6	19.3	11.0	11.6	11.5
Chili	6.3	7.0	7.0	7.0	7.0	7.0	7.0	7.0	7.0	7.0
Corée	15.7	17.5	17.8	18.0	18.5	19.1	19.4	19.8	20.1	20.4
Danemark	28.8	27.6	25.4	25.9	26.2	25.9	25.6	25.9	25.8	25.8
Espagne	32.3	32.9	34.0	34.3	34.7	34.8	34.9	33.7	33.7	33.7
Estonie	32.8	29.5	31.0	31.8	32.4	32.4	32.9	28.6	28.5	28.9
États-Unis	21.2	19.2	18.5	18.5	18.6	20.3	20.6	20.4	20.6	20.8
Finlande	40.3	38.2	37.0	37.2	37.3	38.1	38.6	38.9	39.6	38.4
France	41.3	42.5	42.9	43.0	43.1	41.1	40.5	40.5	40.0	39.4
Grèce	40.5	42.4	40.4	43.5	43.4	40.6	39.7	37.7	38.6	39.0
Hongrie	43.9	44.0	36.7	33.0	34.2	34.2	34.8	35.3	33.8	30.8
Irlande	15.5	4.0	4.7	5.6	8.0	9.3	9.7	9.3	8.2	10.8
Islande	13.1	19.1	19.2	21.3	19.6	21.3	21.8	23.2	23.6	23.8
Israël[1]	25.5	21.9	17.5	17.1	16.6	17.0	18.7	19.2	19.6	19.5
Italie	39.3	35.7	37.8	38.5	38.8	38.4	38.5	38.7	38.7	38.6
Japon	26.4	23.8	22.1	23.1	25.7	26.0	26.5	27.0	27.2	27.4
Lettonie	31.4	34.4	34.8	35.0	35.4	35.1	31.9	31.4	31.6	32.7
Luxembourg	11.7	10.9	11.6	13.7	13.6	14.6	15.2	16.0	16.2	15.3
Mexique	12.7	15.9	16.0	18.7	19.0	19.3	19.5	19.8	20.1	20.4
Norvège	28.4	30.5	30.7	31.2	31.1	31.2	32.0	32.1	31.7	31.4
Nouvelle-Zélande	13.6	0.8	-0.9	-1.1	0.6	2.4	3.8	4.9	5.5	6.4
Pays-Bas	29.9	29.6	30.8	31.1	32.1	34.5	33.0	31.4	31.9	32.3
Pologne	33.3	32.4	28.4	28.4	29.6	29.9	30.3	30.6	14.4	10.0
Portugal	30.2	27.7	26.3	27.3	27.9	30.2	29.8	30.8	28.7	28.8
République slovaque	30.8	23.9	22.9	24.9	25.8	27.6	28.1	28.5	29.0	29.6
République tchèque	22.0	21.3	21.1	26.8	26.1	26.1	26.7	26.8	25.1	25.9
Royaume-Uni	27.8	28.4	26.5	26.4	27.5	26.8	26.4	25.8	26.0	26.1
Slovénie	25.0	24.5	22.9	23.2	23.2	23.2	23.5	23.6	23.9	24.5
Suède	44.3	39.4	37.2	37.4	37.6	37.9	37.4	37.7	38.0	38.2
Suisse	11.7	11.4	10.3	10.2	10.1	9.8	9.3	9.2	9.2	9.1
Turquie[2]	40.4	42.2	35.4	35.5	35.6	35.8	36.6	36.7	36.6	37.0
Moyenne non pondérée										
OCDE-Moyenne	**27.9**	**26.5**	**25.4**	**26.1**	**26.5**	**26.8**	**26.9**	**26.6**	**26.1**	**26.1**
OCDE-UE 22	**32.5**	**31.0**	**30.1**	**30.9**	**31.4**	**31.5**	**31.4**	**31.1**	**30.1**	**29.9**

1. Informations sur les données concernant Israël : *http://oe.cd/israel-disclaimer*.
2. Les données sur les salaires sont basées sur l'ancienne définition de l'ouvrier moyen (CITI D, Rév. 3) pour les années 2000 à 2006.

StatLink *http://dx.doi.org/10.1787/888933700882*

Tableau 6.5b. **Impôt sur le revenu, couple marié, salaire égal à 100 % du salaire moyen**

Pression fiscale en % du salaire brut, couple marié ayant deux enfants et un seul salaire

	2000	2007	2010	2011	2012	2013	2014	2015	2016	2017
Allemagne	1.5	1.7	-0.6	0.1	0.6	0.7	0.9	1.0	1.1	1.2
Australie	25.6	23.4	21.1	21.1	21.8	23.1	23.4	24.1	24.3	24.4
Autriche	11.7	13.9	12.8	13.3	13.8	14.3	14.6	15.0	11.9	12.2
Belgique	18.9	16.7	17.7	17.8	17.7	17.2	17.1	16.7	15.1	14.9
Canada	15.0	9.4	8.4	8.6	8.7	8.8	8.8	10.0	10.5	10.6
Chili	0.0	0.0	0.0	0.0	0.0	0.0	0.0	0.0	0.0	0.0
Corée	1.5	2.3	1.9	1.7	2.1	2.5	2.7	3.1	3.5	3.8
Danemark	26.3	25.6	32.1	32.4	32.5	32.2	32.0	32.2	32.1	32.0
Espagne	5.2	6.3	7.9	8.3	8.9	9.0	9.1	7.6	7.6	7.5
Estonie	17.9	10.5	9.2	9.9	10.5	11.3	11.8	11.2	11.2	11.4
États-Unis	6.8	4.5	3.6	5.6	5.8	5.7	5.9	6.1	6.3	6.5
Finlande	26.9	23.7	22.3	22.2	21.8	22.5	22.6	22.5	21.9	20.8
France	7.3	8.1	8.3	8.4	8.5	7.9	7.9	7.9	7.9	7.9
Grèce	8.0	10.2	7.7	11.1	10.7	10.5	10.7	9.7	10.4	10.5
Hongrie	18.4	21.8	14.4	8.5	8.2	7.8	8.1	8.4	6.0	4.9
Irlande	7.0	2.6	6.2	7.0	8.0	7.9	8.2	7.9	6.7	6.4
Islande	16.1	19.1	17.0	18.5	19.1	19.9	20.1	21.0	21.3	21.2
Israël[1]	18.0	13.3	9.0	9.1	8.7	8.6	9.1	9.6	10.0	9.7
Italie	15.6	12.1	13.9	14.7	15.0	14.5	14.6	14.7	14.8	14.9
Japon	2.5	4.3	3.9	4.9	6.2	6.1	6.3	6.4	6.5	6.5
Lettonie	11.1	14.5	13.9	11.9	12.3	11.7	8.4	8.9	9.0	10.0
Luxembourg	2.3	1.4	4.5	4.9	5.2	5.9	6.2	6.4	6.5	5.7
Mexique	1.0	4.6	4.8	7.9	8.2	8.5	8.8	9.1	9.4	9.8
Norvège	18.1	19.3	19.0	19.1	18.9	18.9	19.3	19.2	18.7	18.4
Nouvelle-Zélande	19.4	21.1	17.0	15.9	16.4	16.9	17.2	17.6	17.9	18.1
Pays-Bas	4.8	14.2	15.9	16.2	16.5	15.7	14.9	16.5	16.1	16.8
Pologne	4.8	0.0	0.0	0.0	0.0	0.3	0.8	1.1	1.3	1.6
Portugal	6.2	3.7	3.3	3.4	3.9	6.3	6.1	7.4	4.4	4.5
République slovaque	4.8	-4.0	-5.1	-2.7	-2.7	-2.8	-2.3	-1.9	-1.4	-0.7
République tchèque	4.0	-1.7	-5.3	-4.2	-5.2	-5.2	-4.5	-4.5	-7.0	-6.2
Royaume-Uni	17.4	16.1	14.6	14.0	15.4	14.6	14.3	13.5	13.5	13.4
Slovénie	4.8	2.4	2.9	3.0	2.8	2.7	2.8	2.9	3.0	3.3
Suède	26.7	20.6	17.8	17.9	17.9	18.1	17.4	17.6	17.9	18.0
Suisse	6.2	6.3	5.9	5.3	4.9	4.5	4.3	4.3	4.2	4.2
Turquie[2]	14.7	14.8	9.8	9.8	9.9	10.2	10.5	10.6	10.4	10.9
Moyenne non pondérée										
OCDE-Moyenne	**11.3**	**10.4**	**9.6**	**9.9**	**10.1**	**10.2**	**10.2**	**10.4**	**10.1**	**10.2**
OCDE-UE 22	**11.4**	**10.0**	**9.7**	**9.9**	**10.1**	**10.1**	**10.1**	**10.1**	**9.6**	**9.6**

1. Informations sur les données concernant Israël : *http://oe.cd/israel-disclaimer*.
2. Les données sur les salaires sont basées sur l'ancienne définition de l'ouvrier moyen (CITI D, Rév. 3) pour les années 2000 à 2006.

StatLink http://dx.doi.org/10.1787/888933700901

Tableau 6.5c. Impôt sur le revenu et cotisations sociales des salariés diminués des prestations versées, couple marié, salaire égal à 100 % du salaire moyen

Pression fiscale en % du salaire brut, couple marié ayant deux enfants et un seul salaire

	2000	2007	2010	2011	2012	2013	2014	2015	2016	2017
Allemagne	22.0	22.6	19.6	20.8	21.1	20.9	21.1	21.2	21.5	21.7
Australie	18.4	9.8	9.3	10.1	11.9	12.0	12.4	12.9	13.2	16.1
Autriche	15.1	19.5	17.9	19.0	19.8	20.7	21.1	21.6	18.6	19.1
Belgique	23.7	22.1	23.6	23.7	23.6	23.0	22.9	22.6	20.9	20.7
Canada	14.2	10.3	8.1	8.4	8.5	8.8	9.6	0.2	0.9	1.2
Chili	6.3	7.0	7.0	7.0	7.0	7.0	7.0	7.0	7.0	7.0
Corée	8.2	9.6	9.7	9.8	10.3	10.8	11.1	11.5	11.9	12.2
Danemark	28.6	27.2	24.9	25.3	25.5	25.1	24.9	25.3	25.2	25.3
Espagne	11.5	12.6	14.2	14.7	15.2	15.3	15.4	13.9	13.9	13.9
Estonie	10.6	6.0	7.3	8.3	9.1	9.4	10.0	4.5	4.3	4.8
États-Unis	14.4	12.1	11.2	11.2	11.4	13.3	13.6	13.7	13.9	14.2
Finlande	24.8	23.3	23.0	23.1	23.0	23.9	24.4	25.2	25.2	24.7
France	16.1	17.3	17.7	17.8	18.0	17.5	17.7	17.9	18.1	18.2
Grèce	23.9	26.2	23.7	27.3	27.2	24.2	24.0	22.4	23.4	23.7
Hongrie	20.5	24.7	18.7	14.0	15.4	15.4	16.2	16.9	15.0	14.5
Irlande	5.4	-6.4	-5.5	-4.5	-1.8	-0.4	0.0	-0.4	-1.7	1.2
Islande	8.9	14.8	12.2	14.5	13.3	15.2	15.8	17.4	17.9	18.6
Israël[1]	21.8	18.1	13.6	13.2	12.6	12.9	14.5	14.8	15.2	15.0
Italie	18.6	15.1	17.8	18.8	19.1	18.6	18.8	19.0	19.1	19.3
Japon	15.8	13.9	11.3	12.2	15.0	15.1	15.6	16.0	16.2	16.3
Lettonie	12.8	18.6	19.1	19.3	19.8	19.4	15.8	15.2	15.5	16.8
Luxembourg	1.9	0.9	1.5	3.1	3.0	4.1	4.8	5.7	6.0	5.0
Mexique	2.5	6.0	6.1	9.2	9.6	9.8	10.1	10.4	10.8	11.2
Norvège	19.3	21.5	21.8	22.2	22.1	22.3	23.2	23.2	22.8	22.5
Nouvelle-Zélande	13.6	0.8	-0.9	-1.1	0.6	2.4	3.8	4.9	5.5	6.4
Pays-Bas	22.4	22.4	23.6	24.0	24.8	28.1	25.9	24.1	24.3	24.6
Pologne	22.1	21.0	17.8	17.8	17.8	18.1	18.6	18.9	0.3	-4.8
Portugal	13.6	10.5	8.8	10.1	10.8	13.7	13.1	14.3	11.7	11.9
République slovaque	4.4	4.0	2.6	5.2	5.1	5.0	5.6	6.2	6.9	7.8
République tchèque	-5.3	-6.2	-5.7	1.9	1.0	0.9	1.8	1.9	-0.4	0.7
Royaume-Uni	20.6	20.6	18.7	18.3	19.7	19.0	18.5	17.8	18.1	18.1
Slovénie	10.1	10.6	10.4	10.8	10.8	10.8	11.2	11.3	11.7	12.3
Suède	26.0	19.8	17.4	17.7	17.9	18.3	17.8	18.1	18.5	18.8
Suisse	5.9	6.0	4.9	4.6	4.5	4.2	3.6	3.6	3.5	3.5
Turquie[2]	28.7	29.8	24.8	24.8	24.9	25.2	25.5	25.6	25.4	25.9
Moyenne non pondérée										
OCDE-Moyenne	**15.1**	**14.1**	**13.0**	**13.8**	**14.2**	**14.6**	**14.7**	**14.4**	**13.7**	**14.0**
OCDE-UE 22	**15.9**	**15.1**	**14.4**	**15.3**	**15.7**	**16.0**	**15.9**	**15.6**	**14.4**	**14.5**

1. Informations sur les données concernant Israël : *http://oe.cd/israel-disclaimer*.
2. Les données sur les salaires sont basées sur l'ancienne définition de l'ouvrier moyen (CITI D, Rév. 3) pour les années 2000 à 2006.

StatLink http://dx.doi.org/10.1787/888933700920

Tableau 6.6a. Impôt sur le revenu et cotisations sociales des salariés et employeurs diminués des prestations versées, couple marié, deux enfants, deux salaires égaux à 100 % et 33 % du salaire moyen

Pression fiscale en % des coûts de main-d'œuvre, couple marié ayant deux enfants et deux salaires

	2000	2007	2010	2011	2012	2013	2014	2015	2016	2017
Allemagne	41.2	40.6	37.7	38.6	38.8	38.4	38.6	38.7	38.9	39.1
Australie	24.6	19.6	18.0	17.9	18.8	19.9	20.9	22.7	24.4	24.5
Autriche	36.3	38.3	36.7	37.4	37.8	38.3	38.5	38.5	36.5	36.6
Belgique	44.3	41.2	42.2	42.4	42.4	41.9	41.7	41.3	38.7	38.4
Canada	26.9	24.0	23.1	23.4	23.6	24.0	24.2	19.9	20.4	20.1
Chili	5.4	5.5	5.1	5.1	5.1	5.0	5.0	5.0	4.9	4.9
Corée	15.3	17.3	17.8	18.0	18.6	19.0	19.2	19.5	19.7	20.0
Danemark	33.1	31.5	29.5	29.9	30.1	29.8	29.5	29.8	29.7	29.7
Espagne	35.0	35.1	35.7	35.9	36.4	36.4	36.5	35.5	35.5	35.4
Estonie	35.6	32.5	34.1	34.5	35.0	34.8	35.2	31.7	31.7	32.2
États-Unis	25.0	23.5	23.0	22.6	22.7	24.3	24.6	24.3	24.4	24.5
Finlande	39.3	36.4	35.0	35.0	34.9	35.6	36.1	35.9	36.4	35.4
France	40.5	40.0	40.6	40.7	41.0	39.4	37.5	37.8	37.5	36.9
Grèce	39.0	40.4	38.9	41.9	41.9	39.9	38.9	37.1	38.0	38.3
Hongrie	44.8	42.8	36.4	34.4	35.4	36.2	38.3	38.7	37.4	34.6
Irlande	20.3	7.2	10.6	12.3	13.4	14.4	14.6	13.9	13.3	13.5
Islande	20.2	25.1	26.2	27.7	26.9	28.0	28.3	29.1	29.4	29.3
Israël[1]	21.7	18.3	14.9	13.5	13.0	13.2	15.8	16.1	16.5	16.4
Italie	41.1	37.8	39.6	40.2	40.5	40.3	38.9	38.4	38.4	38.3
Japon	27.7	25.0	24.0	25.1	27.2	27.5	28.0	28.4	28.6	28.7
Lettonie	32.8	35.0	36.3	36.3	36.6	36.3	33.7	33.3	33.5	34.3
Luxembourg	15.8	15.6	15.9	18.0	17.9	19.0	19.6	20.5	20.6	19.1
Mexique	9.8	13.7	14.1	16.3	16.7	17.0	17.3	17.6	18.0	18.3
Norvège	30.8	31.4	31.6	32.0	31.8	31.7	31.3	31.3	30.8	30.5
Nouvelle-Zélande	18.5	9.7	7.4	7.0	8.6	10.0	11.1	12.0	12.8	13.5
Pays-Bas	34.3	29.6	29.5	29.5	29.6	31.7	30.1	28.5	27.7	27.9
Pologne	34.6	32.5	29.3	29.7	31.1	31.3	31.7	31.9	25.8	24.2
Portugal	30.6	28.8	28.2	28.4	28.9	31.2	30.8	31.2	30.1	30.2
République slovaque	35.1	29.0	27.2	29.4	30.3	33.0	33.4	31.7	32.0	32.2
République tchèque	31.0	29.4	30.3	33.2	32.6	32.5	32.9	32.8	31.4	31.7
Royaume-Uni	25.5	26.4	24.7	24.8	24.4	23.3	22.6	22.4	22.7	22.8
Slovénie	33.7	32.1	30.4	30.6	30.6	30.5	33.9	34.1	34.1	34.3
Suède	44.7	39.1	36.8	36.9	37.1	37.4	36.9	37.1	37.5	37.7
Suisse	14.6	14.1	13.3	13.2	13.1	12.9	12.3	12.3	12.2	12.2
Turquie[2]	39.7	41.9	34.3	34.4	34.4	34.7	35.4	35.5	33.8	34.2
Moyenne non pondérée										
OCDE-Moyenne	**30.0**	**28.3**	**27.4**	**27.9**	**28.2**	**28.5**	**28.7**	**28.4**	**28.1**	**28.0**
OCDE-UE 22	**34.9**	**32.8**	**32.1**	**32.7**	**33.0**	**33.3**	**33.2**	**32.8**	**32.2**	**32.0**

1. Informations sur les données concernant Israël : *http://oe.cd/israel-disclaimer*.
2. Les données sur les salaires sont basées sur l'ancienne définition de l'ouvrier moyen (CITI D, Rév. 3) pour les années 2000 à 2006.

StatLink http://dx.doi.org/10.1787/888933700939

Tableau 6.6b. **Impôt sur le revenu, couple marié, deux enfants, deux salaires égaux à 100 % et 33 % du salaire moyen**

Pression fiscale en % du salaire brut, couple marié ayant deux enfants et deux salaires

	2000	2007	2010	2011	2012	2013	2014	2015	2016	2017
Allemagne	8.6	7.9	5.4	5.9	6.3	6.4	6.6	6.7	6.7	6.8
Australie	22.0	19.6	17.4	17.4	18.1	18.7	19.0	19.7	19.9	20.0
Autriche	9.4	11.6	10.7	11.1	11.4	11.7	12.0	12.1	9.4	9.6
Belgique	24.0	22.1	22.9	22.8	22.6	22.1	21.9	21.4	19.3	19.1
Canada	16.3	11.8	11.0	11.2	11.2	11.3	11.1	12.1	12.4	12.5
Chili	0.0	0.0	0.0	0.0	0.0	0.0	0.0	0.0	0.0	0.0
Corée	1.1	2.0	1.9	1.7	2.2	2.5	2.5	2.8	3.0	3.3
Danemark	28.8	27.8	34.1	34.3	34.4	34.1	33.9	34.0	34.0	33.9
Espagne	8.7	9.1	10.2	10.4	11.0	11.1	11.1	9.8	9.8	9.7
Estonie	19.9	13.4	12.0	12.5	13.0	13.6	13.9	13.3	13.3	13.4
États-Unis	10.5	8.6	8.1	9.6	9.7	9.6	9.8	9.9	10.1	10.3
Finlande	23.4	19.8	18.4	18.2	17.4	18.2	18.2	17.8	16.9	15.8
France	8.9	7.3	7.8	7.9	8.3	8.3	6.6	7.9	7.9	7.9
Grèce	6.0	7.7	5.8	9.1	8.8	7.9	8.1	7.3	7.8	7.9
Hongrie	15.8	16.4	10.8	7.3	10.1	9.9	10.1	10.3	8.3	7.4
Irlande	12.6	4.5	7.5	8.8	9.6	9.6	9.8	9.1	8.6	8.6
Islande	19.9	22.9	21.7	22.8	23.2	23.8	24.0	24.7	24.9	24.7
Israël[1]	13.5	10.0	6.8	5.8	5.4	5.0	6.9	7.2	7.5	7.3
Italie	14.2	11.1	13.2	13.9	14.2	14.0	12.1	11.5	11.5	11.6
Japon	3.9	5.1	4.7	5.6	6.7	6.6	6.8	6.8	6.9	6.9
Lettonie	11.1	13.9	14.7	12.6	12.9	12.4	9.8	10.2	10.4	11.0
Luxembourg	3.8	3.4	5.6	6.0	6.4	7.4	7.8	8.1	8.3	6.9
Mexique	-4.0	0.2	0.7	3.2	3.6	4.0	4.4	4.7	5.1	5.6
Norvège	19.1	18.9	18.7	18.8	18.5	18.4	17.4	17.3	16.7	16.3
Nouvelle-Zélande	18.5	20.1	15.9	14.8	15.2	15.7	16.0	16.2	16.5	16.7
Pays-Bas	7.8	11.1	12.3	12.4	12.6	12.4	11.6	13.0	12.4	12.9
Pologne	5.3	0.2	1.0	1.4	1.7	2.0	2.4	2.6	2.8	3.1
Portugal	5.7	3.8	3.3	3.3	3.9	6.5	6.2	6.6	5.2	5.4
République slovaque	4.6	1.1	-1.0	1.6	1.7	2.9	3.3	3.7	3.9	4.2
République tchèque	5.2	3.6	2.5	3.2	2.3	2.2	2.6	2.4	0.4	0.6
Royaume-Uni	15.1	14.4	13.1	13.4	13.0	11.9	11.4	11.1	11.1	10.9
Slovénie	6.8	4.3	3.8	3.8	3.7	3.7	3.7	3.8	3.9	4.0
Suède	25.3	18.2	15.4	15.5	15.6	15.8	15.1	15.3	15.6	15.8
Suisse	7.6	7.6	7.3	6.8	6.5	6.2	5.8	5.8	5.7	5.7
Turquie[2]	14.0	14.4	8.5	8.5	8.6	8.9	9.1	9.3	8.8	9.2
Moyenne non pondérée										
OCDE-Moyenne	**11.8**	**10.7**	**10.1**	**10.3**	**10.6**	**10.7**	**10.6**	**10.7**	**10.4**	**10.4**
OCDE-UE 22	**12.3**	**10.6**	**10.4**	**10.7**	**11.0**	**11.1**	**10.8**	**10.8**	**10.3**	**10.3**

1. Informations sur les données concernant Israël : *http://oe.cd/israel-disclaimer*.
2. Les données sur les salaires sont basées sur l'ancienne définition de l'ouvrier moyen (CITI D, Rév. 3) pour les années 2000 à 2006.

StatLink *http://dx.doi.org/10.1787/888933700958*

Tableau 6.6c. **Impôt sur le revenu et cotisations sociales des salariés diminués des prestations versées, couple marié, deux enfants, deux salaires égaux à 100 % et 33 % du salaire moyen**

Pression fiscale en % du salaire brut, couple marié ayant deux enfants et deux salaires

	2000	2007	2010	2011	2012	2013	2014	2015	2016	2017
Allemagne	29.1	28.8	25.7	26.5	26.8	26.5	26.7	26.9	27.1	27.3
Australie	19.8	14.8	12.9	13.0	13.9	15.1	16.1	18.1	19.9	20.0
Autriche	16.5	20.3	18.3	19.1	19.7	20.3	20.6	20.8	18.1	18.5
Belgique	29.3	26.5	27.5	27.5	27.4	26.8	26.6	26.1	23.9	23.7
Canada	18.6	15.3	14.4	14.5	14.7	15.0	15.2	10.3	10.9	10.9
Chili	5.4	5.5	5.1	5.1	5.1	5.0	5.0	5.0	4.9	4.9
Corée	7.8	9.4	9.7	9.8	10.3	10.7	10.8	11.1	11.4	11.7
Danemark	32.7	30.9	28.7	29.0	29.2	28.7	28.5	28.8	28.8	28.8
Espagne	15.1	15.5	16.5	16.8	17.4	17.4	17.5	16.2	16.2	16.1
Estonie	14.4	10.1	11.2	12.0	12.6	12.7	13.1	8.7	8.5	8.9
États-Unis	18.2	16.3	15.7	15.2	15.4	17.3	17.5	17.6	17.7	17.9
Finlande	23.5	21.1	20.4	20.4	20.1	20.9	21.4	21.6	21.3	21.0
France	18.8	17.7	18.2	18.4	18.8	19.0	17.5	19.0	19.1	19.2
Grèce	21.9	23.7	21.8	25.3	25.3	23.4	23.0	21.7	22.6	22.8
Hongrie	20.5	22.8	18.3	15.7	20.2	20.2	20.7	21.2	19.6	19.2
Irlande	11.4	-2.2	1.5	3.4	4.6	5.6	5.9	5.1	4.5	4.7
Islande	16.4	21.2	19.9	21.4	21.2	22.4	22.9	23.8	24.2	24.4
Israël[1]	17.8	14.5	11.1	9.7	9.2	9.2	11.8	12.0	12.3	12.1
Italie	21.0	17.9	20.2	21.0	21.4	21.1	19.3	18.7	18.8	18.8
Japon	17.3	15.3	13.5	14.5	16.7	16.8	17.3	17.6	17.8	17.9
Lettonie	14.6	19.3	20.9	20.9	21.3	20.9	18.0	17.5	17.8	18.7
Luxembourg	6.3	5.9	6.3	7.9	7.8	9.1	9.7	10.7	11.0	9.3
Mexique	-2.6	1.6	2.0	4.5	4.9	5.3	5.7	6.1	6.5	7.0
Norvège	21.9	22.6	22.8	23.0	22.8	22.8	22.3	22.4	21.8	21.5
Nouvelle-Zélande	18.5	9.7	7.4	7.0	8.6	10.0	11.1	12.0	12.8	13.5
Pays-Bas	26.6	22.9	22.6	22.7	22.5	25.0	22.6	20.9	19.6	19.7
Pologne	23.6	21.2	18.8	19.3	19.5	19.8	20.2	20.5	13.6	11.8
Portugal	14.1	11.9	11.2	11.4	12.1	14.8	14.4	14.8	13.5	13.7
République slovaque	10.4	10.4	8.1	10.9	10.9	12.1	12.6	12.1	12.4	12.9
République tchèque	6.9	4.7	6.6	10.5	9.6	9.6	10.1	10.0	8.1	8.5
Royaume-Uni	18.8	19.2	17.5	17.7	17.3	16.2	15.5	15.3	15.5	15.6
Slovénie	21.2	20.0	19.2	19.4	19.4	19.3	19.5	19.6	19.8	20.1
Suède	26.5	19.3	16.9	17.1	17.3	17.7	17.1	17.4	17.8	18.1
Suisse	9.0	8.9	8.0	7.8	7.7	7.4	6.9	6.8	6.7	6.7
Turquie[2]	28.0	29.4	23.5	23.5	23.6	23.9	24.1	24.3	23.8	24.2
Moyenne non pondérée										
OCDE-Moyenne	**17.7**	**16.3**	**15.5**	**16.1**	**16.4**	**16.8**	**16.8**	**16.6**	**16.2**	**16.3**
OCDE-UE 22	**19.2**	**17.6**	**17.1**	**17.9**	**18.2**	**18.5**	**18.2**	**17.9**	**17.2**	**17.2**

1. Informations sur les données concernant Israël : *http://oe.cd/israel-disclaimer*.
2. Les données sur les salaires sont basées sur l'ancienne définition de l'ouvrier moyen (CITI D, Rév. 3) pour les années 2000 à 2006.

StatLink http://dx.doi.org/10.1787/888933700977

Tableau 6.7a. **Impôt sur le revenu et cotisations sociales des salariés et employeurs diminués des prestations versées, couple marié, deux salaires égaux à 100 % et 67 % du salaire moyen**

Pression fiscale en % des coûts de main-d'œuvre, couple marié ayant deux enfants et deux salaires

	2000	2007	2010	2011	2012	2013	2014	2015	2016	2017
Allemagne	45.4	44.6	41.4	42.3	42.4	42.0	42.2	42.3	42.5	42.7
Australie	26.7	23.5	23.8	24.3	25.0	25.2	25.5	26.3	26.5	26.6
Autriche	39.0	41.2	40.1	40.7	41.2	41.7	42.0	42.2	39.9	40.0
Belgique	50.9	48.3	48.9	49.1	49.0	48.5	48.4	48.1	46.4	46.2
Canada	29.7	27.4	26.5	26.7	26.9	27.2	27.3	24.3	24.7	24.3
Chili	6.6	6.6	6.6	6.7	6.7	6.7	6.7	6.7	6.7	6.7
Corée	15.5	17.4	17.9	18.2	18.6	19.1	19.3	19.6	20.0	20.2
Danemark	36.5	33.7	31.7	32.0	32.1	31.8	31.6	31.8	31.7	31.7
Espagne	35.4	35.8	36.7	37.0	37.5	37.6	37.6	36.3	36.3	36.2
Estonie	37.4	34.4	35.8	36.2	36.6	36.3	36.6	33.7	33.6	33.8
États-Unis	26.9	25.6	25.3	24.6	24.7	26.3	26.6	26.3	26.4	26.5
Finlande	41.3	38.4	37.0	37.0	37.1	37.9	38.4	38.4	39.0	37.7
France	43.3	44.9	45.3	45.4	45.5	44.1	43.6	43.0	42.5	42.2
Grèce	39.2	41.2	39.3	42.4	42.4	40.3	39.4	37.7	38.7	39.0
Hongrie	47.0	44.8	39.6	37.9	39.6	40.1	40.5	40.8	39.6	37.0
Irlande	21.8	12.8	16.2	17.8	18.8	19.9	20.2	19.7	19.0	19.0
Islande	25.4	28.8	30.4	31.6	30.9	31.8	32.1	32.6	32.5	32.0
Israël[1]	21.6	17.2	14.4	14.1	13.8	14.1	15.1	15.5	15.9	15.8
Italie	44.2	41.2	42.5	43.0	43.2	43.1	41.9	41.6	41.5	41.5
Japon	28.2	26.0	25.4	26.4	28.2	28.5	28.9	29.3	29.4	29.6
Lettonie	35.5	37.0	38.2	38.3	38.6	38.2	36.0	35.5	35.7	36.4
Luxembourg	21.4	21.1	21.4	23.4	23.4	24.7	25.3	26.2	26.4	24.7
Mexique	10.6	14.0	14.7	16.5	16.8	17.3	17.6	17.9	18.2	18.7
Norvège	33.0	33.3	33.4	33.7	33.7	33.7	33.4	33.3	32.9	32.6
Nouvelle-Zélande	19.0	16.1	13.9	13.2	14.7	15.9	16.3	16.5	16.7	16.9
Pays-Bas	38.1	32.9	31.9	31.8	31.9	33.0	31.7	30.6	29.5	29.7
Pologne	35.8	34.1	30.7	31.0	32.3	32.5	32.8	33.0	28.0	26.8
Portugal	33.0	32.8	32.5	34.3	34.5	37.0	36.7	35.7	36.1	36.3
République slovaque	36.9	32.2	31.5	32.7	33.6	35.2	35.5	35.7	36.0	36.3
République tchèque	36.3	34.1	34.3	35.5	35.1	35.1	35.5	35.5	34.5	35.0
Royaume-Uni	28.4	29.9	28.4	28.1	27.7	26.8	26.3	26.2	26.4	26.5
Slovénie	37.1	35.7	34.0	34.1	34.3	34.4	34.5	34.6	34.4	35.1
Suède	46.0	41.0	38.6	38.7	38.8	39.1	38.7	38.8	39.1	39.3
Suisse	17.7	17.2	16.4	16.3	16.3	16.0	15.5	15.4	15.3	15.3
Turquie[2]	39.9	41.8	35.4	35.4	35.6	35.8	36.6	36.7	35.5	35.9
Moyenne non pondérée										
OCDE-Moyenne	**32.3**	**31.0**	**30.3**	**30.8**	**31.1**	**31.3**	**31.3**	**31.1**	**30.8**	**30.7**
OCDE-UE 22	**37.7**	**36.0**	**35.3**	**35.9**	**36.2**	**36.3**	**36.2**	**35.8**	**35.3**	**35.1**

1. Informations sur les données concernant Israël : *http://oe.cd/israel-disclaimer*.
2. Les données sur les salaires sont basées sur l'ancienne définition de l'ouvrier moyen (CITI D, Rév. 3) pour les années 2000 à 2006.

StatLink *http://dx.doi.org/10.1787/888933700996*

Tableau 6.7b. **Impôt sur le revenu, couple marié, deux salaires égaux à 100 % et 67 % du salaire moyen**

Pression fiscale en % du salaire brut, couple marié ayant deux enfants et deux salaires

	2000	2007	2010	2011	2012	2013	2014	2015	2016	2017
Allemagne	13.8	12.6	9.9	10.3	10.7	10.7	10.9	11.0	11.0	11.1
Australie	23.8	21.7	19.1	19.7	20.6	20.8	21.1	21.9	22.1	22.3
Autriche	10.8	13.4	12.3	12.8	13.2	13.6	14.0	14.3	11.3	11.6
Belgique	26.4	24.0	24.8	24.9	24.7	24.4	24.3	23.9	22.4	22.2
Canada	17.5	13.6	12.8	12.9	12.9	13.0	12.8	13.6	13.9	14.0
Chili	0.0	0.0	0.0	0.0	0.0	0.0	0.0	0.0	0.0	0.0
Corée	1.3	2.2	2.0	1.9	2.2	2.5	2.6	2.9	3.2	3.5
Danemark	31.3	29.1	35.4	35.5	35.6	35.2	35.0	35.2	35.2	35.1
Espagne	9.3	10.1	11.5	11.8	12.5	12.6	12.7	10.9	10.9	10.7
Estonie	21.1	15.1	13.7	14.1	14.5	15.0	15.3	14.6	14.6	14.7
États-Unis	12.8	11.2	10.9	12.0	12.2	12.1	12.2	12.3	12.4	12.6
Finlande	24.5	21.1	19.7	19.5	19.0	19.9	19.9	19.7	19.0	17.7
France	10.8	10.9	11.1	11.2	11.4	11.5	11.5	11.2	10.9	11.1
Grèce	6.3	8.6	6.3	9.8	9.4	8.3	8.5	7.8	8.5	8.5
Hongrie	18.0	17.1	13.0	10.0	11.3	11.1	11.3	11.5	9.6	9.0
Irlande	14.5	7.7	10.8	12.2	12.9	12.9	13.0	12.6	12.0	11.8
Islande	23.2	25.2	24.8	25.8	26.1	26.6	26.6	27.2	27.2	26.9
Israël[1]	12.5	8.0	5.4	5.5	5.2	5.1	5.5	5.7	6.0	5.8
Italie	16.8	14.8	16.3	17.0	17.3	17.0	15.5	15.0	15.0	15.1
Japon	4.5	5.8	5.5	6.2	7.0	7.0	7.1	7.1	7.2	7.2
Lettonie	13.5	15.7	16.5	14.5	14.8	14.2	12.2	12.3	12.4	13.1
Luxembourg	8.2	7.7	9.3	9.8	10.3	11.6	12.1	12.4	12.6	11.0
Mexique	-1.7	1.9	2.7	4.7	5.1	5.6	6.0	6.3	6.6	7.3
Norvège	20.6	20.2	20.0	20.1	19.9	20.0	19.1	19.0	18.4	18.0
Nouvelle-Zélande	19.0	20.3	16.5	15.3	15.7	16.0	16.3	16.5	16.7	16.9
Pays-Bas	7.9	10.6	11.7	11.8	11.9	11.5	10.8	12.5	11.7	12.2
Pologne	6.1	2.0	2.6	2.9	3.2	3.4	3.7	3.9	4.1	4.2
Portugal	8.1	7.8	7.3	7.7	7.9	11.0	10.7	9.5	9.9	10.1
République slovaque	5.8	4.2	3.5	5.0	5.0	4.9	5.2	5.5	5.8	6.2
République tchèque	6.8	6.3	4.9	5.6	5.0	4.9	5.4	5.4	3.9	4.3
Royaume-Uni	16.5	16.6	15.4	14.7	14.4	13.6	13.2	12.9	12.9	12.8
Slovénie	8.1	6.0	5.7	5.7	5.6	5.5	5.6	5.7	5.8	6.5
Suède	25.9	19.5	16.7	16.8	16.8	17.0	16.4	16.5	16.8	16.9
Suisse	9.8	9.9	9.5	9.0	8.8	8.5	8.1	8.0	8.0	8.0
Turquie[2]	14.1	14.2	9.7	9.8	9.9	10.2	10.5	10.7	10.5	10.8
Moyenne non pondérée										
OCDE-Moyenne	**13.4**	**12.4**	**11.9**	**12.2**	**12.4**	**12.5**	**12.4**	**12.4**	**12.2**	**12.3**
OCDE-UE 22	**14.1**	**12.8**	**12.6**	**12.9**	**13.1**	**13.2**	**13.0**	**12.9**	**12.6**	**12.5**

1. Informations sur les données concernant Israël : *http://oe.cd/israel-disclaimer*.
2. Les données sur les salaires sont basées sur l'ancienne définition de l'ouvrier moyen (CITI D, Rév. 3) pour les années 2000 à 2006.

StatLink *http://dx.doi.org/10.1787/888933701015*

Tableau 6.7c. **Impôt sur le revenu et cotisations sociales des salariés diminués des prestations versées, couple marié, deux salaires égaux à 100 % et 67 % du salaire moyen**

Pression fiscale en % du salaire brut, couple marié ayant deux enfants et deux salaires

	2000	2007	2010	2011	2012	2013	2014	2015	2016	2017
Allemagne	34.3	33.5	30.1	30.9	31.1	30.9	31.1	31.2	31.4	31.6
Australie	22.0	18.9	19.0	19.7	20.6	20.8	21.1	21.9	22.1	22.3
Autriche	20.1	24.0	22.6	23.4	24.0	24.7	25.1	25.5	22.5	22.9
Belgique	35.0	33.0	33.9	34.1	33.9	33.5	33.5	33.1	31.5	31.2
Canada	21.6	19.0	18.1	18.2	18.3	18.5	18.6	15.1	15.6	15.6
Chili	6.6	6.6	6.6	6.7	6.7	6.7	6.7	6.7	6.7	6.7
Corée	8.0	9.5	9.8	9.9	10.4	10.8	11.0	11.3	11.7	11.9
Danemark	36.3	33.2	31.0	31.3	31.4	31.0	30.8	31.1	31.1	31.1
Espagne	15.6	16.4	17.8	18.2	18.9	18.9	19.0	17.2	17.2	17.1
Estonie	16.8	12.6	13.7	14.3	14.8	14.7	15.1	11.2	11.1	11.4
États-Unis	20.5	18.9	18.5	17.7	17.8	19.7	19.9	20.0	20.1	20.3
Finlande	26.0	23.6	22.9	22.9	22.8	23.7	24.2	24.6	24.4	23.8
France	21.4	22.0	22.2	22.4	22.6	22.8	23.1	23.0	22.8	23.0
Grèce	22.2	24.6	22.3	26.0	25.9	23.9	23.7	22.4	23.4	23.7
Hongrie	24.3	25.7	22.3	20.2	23.1	23.1	23.5	23.9	22.4	22.1
Irlande	13.6	3.4	7.2	9.0	10.0	11.3	11.6	11.1	10.3	10.3
Islande	21.9	25.0	24.4	25.7	25.6	26.5	26.9	27.6	27.6	27.3
Israël[1]	17.7	13.3	10.5	10.3	9.9	10.0	11.0	11.2	11.5	11.4
Italie	25.1	22.3	24.0	24.8	25.0	24.8	23.3	22.8	22.9	23.0
Japon	17.9	16.4	15.1	16.0	17.8	17.9	18.3	18.6	18.8	18.9
Lettonie	18.1	21.8	23.3	23.4	23.7	23.3	20.8	20.3	20.5	21.4
Luxembourg	12.6	12.2	12.3	14.0	13.9	15.5	16.1	17.1	17.4	15.5
Mexique	-0.3	3.2	4.0	6.1	6.4	6.9	7.3	7.6	7.9	8.6
Norvège	24.4	24.7	24.8	25.1	25.0	25.1	24.7	24.7	24.1	23.8
Nouvelle-Zélande	19.0	16.1	13.9	13.2	14.7	15.9	16.3	16.5	16.7	16.9
Pays-Bas	30.1	26.3	24.9	25.0	24.7	26.4	24.4	23.2	21.6	21.7
Pologne	25.0	23.0	20.4	20.8	21.0	21.2	21.5	21.7	16.2	14.8
Portugal	17.0	16.8	16.5	18.7	18.9	22.0	21.7	20.5	20.9	21.1
République slovaque	12.9	14.4	13.6	15.1	15.1	15.0	15.4	15.7	16.1	16.6
République tchèque	14.0	11.0	12.0	13.6	13.1	13.0	13.5	13.6	12.3	12.9
Royaume-Uni	21.5	22.7	21.1	20.6	20.3	19.4	18.9	18.7	18.9	18.9
Slovénie	25.1	23.8	23.4	23.5	23.7	23.8	24.0	24.1	23.8	24.7
Suède	28.3	21.8	19.3	19.5	19.6	19.9	19.4	19.6	20.0	20.2
Suisse	12.3	12.2	11.3	11.1	11.0	10.8	10.2	10.1	10.1	10.0
Turquie[2]	28.1	29.2	24.7	24.8	24.9	25.2	25.5	25.7	25.5	25.8
Moyenne non pondérée										
OCDE-Moyenne	**20.4**	**19.5**	**18.8**	**19.3**	**19.6**	**19.9**	**19.9**	**19.7**	**19.3**	**19.4**
OCDE-UE 22	**22.5**	**21.3**	**20.8**	**21.4**	**21.7**	**21.9**	**21.8**	**21.4**	**20.8**	**20.9**

1. Informations sur les données concernant Israël : *http://oe.cd/israel-disclaimer*.
2. Les données sur les salaires sont basées sur l'ancienne définition de l'ouvrier moyen (CITI D, Rév. 3) pour les années 2000 à 2006.

StatLink http://dx.doi.org/10.1787/888933701034

Tableau 6.8a. **Impôt sur le revenu et cotisations sociales des salariés et employeurs diminués des prestations versées, couple marié, deux salaires égaux à 100 % et 33 % du salaire moyen**

Pression fiscale en % des coûts de main-d'œuvre, couple marié sans enfant, avec deux salaires

	2000	2007	2010	2011	2012	2013	2014	2015	2016	2017
Allemagne	47.5	46.9	44.8	45.5	45.5	45.1	45.1	45.2	45.3	45.4
Australie	27.4	24.1	23.1	22.9	23.5	23.2	23.5	24.2	24.4	24.5
Autriche	44.7	45.6	44.5	44.8	45.1	45.3	45.5	45.5	43.5	43.5
Belgique	51.2	47.8	48.5	48.7	48.7	48.2	48.1	47.6	45.2	44.9
Canada	30.0	28.0	27.2	27.5	27.6	27.9	28.4	28.4	28.2	27.7
Chili	7.0	7.0	7.0	7.0	7.0	7.0	7.0	7.0	7.0	7.0
Corée	15.8	18.6	19.2	19.6	20.0	20.4	20.5	20.8	21.0	21.2
Danemark	38.1	36.3	34.4	34.6	34.8	34.5	34.3	34.5	34.4	34.3
Espagne	36.1	36.3	36.8	37.0	37.5	37.5	37.5	36.5	36.5	36.4
Estonie	39.8	37.6	38.8	39.0	39.2	38.8	38.9	38.0	37.9	38.1
États-Unis	29.5	29.0	28.3	27.8	27.7	29.3	29.5	29.1	29.2	29.2
Finlande	44.7	40.7	38.9	38.9	38.8	39.4	39.9	39.6	40.0	38.8
France	45.3	44.4	46.1	46.2	46.4	44.9	44.4	43.6	42.7	42.1
Grèce	38.7	40.9	39.4	42.1	42.1	40.7	39.7	38.0	39.1	39.4
Hongrie	52.7	50.7	43.8	46.8	47.4	47.7	49.0	49.0	48.2	46.2
Irlande	23.5	15.5	18.2	19.4	20.2	20.7	20.9	20.2	19.8	19.8
Islande	23.7	27.0	28.6	29.6	29.4	29.9	29.9	30.4	30.5	30.0
Israël[1]	24.8	20.6	17.4	17.3	17.0	17.0	17.6	18.1	18.5	18.3
Italie	44.0	42.7	43.9	44.4	44.6	44.8	43.3	42.8	42.8	42.7
Japon	29.1	28.4	29.4	30.0	30.4	30.7	31.1	31.5	31.6	31.7
Lettonie	41.7	40.9	43.2	43.2	43.3	42.8	42.0	41.6	41.8	41.9
Luxembourg	27.4	26.8	26.2	27.9	27.6	28.4	28.8	29.5	29.6	27.9
Mexique	9.8	13.7	14.1	16.3	16.7	17.0	17.3	17.6	18.0	18.3
Norvège	36.0	35.1	34.8	35.1	34.8	34.7	34.2	34.1	33.5	33.2
Nouvelle-Zélande	18.5	20.1	15.9	14.8	15.2	15.7	16.0	16.2	16.5	16.7
Pays-Bas	38.0	34.2	34.2	34.1	34.5	36.5	34.8	33.1	32.7	32.8
Pologne	37.0	37.1	33.3	33.4	34.7	34.7	34.9	35.0	34.9	34.9
Portugal	33.8	32.4	32.2	32.2	32.6	35.0	34.7	36.2	36.4	36.5
République slovaque	40.7	35.4	33.6	35.7	36.6	39.1	39.3	37.6	37.7	37.7
République tchèque	41.3	41.3	40.0	40.4	40.3	40.2	40.4	40.5	40.7	40.9
Royaume-Uni	29.1	30.8	29.3	28.4	27.8	26.7	26.1	25.9	26.0	26.0
Slovénie	44.5	41.4	40.1	40.2	40.1	40.0	42.9	43.0	43.0	43.2
Suède	49.1	43.5	41.0	41.0	41.1	41.3	40.7	40.9	41.1	41.2
Suisse	20.8	20.4	19.8	20.1	19.9	20.0	19.7	19.7	19.6	19.6
Turquie[2]	39.7	41.9	35.0	35.1	35.1	35.4	36.1	36.2	34.6	35.0
Moyenne non pondérée										
OCDE-Moyenne	**34.3**	**33.2**	**32.3**	**32.8**	**32.9**	**33.2**	**33.2**	**33.1**	**32.9**	**32.8**
OCDE-UE 22	**40.4**	**38.6**	**37.8**	**38.4**	**38.6**	**38.7**	**38.7**	**38.4**	**38.1**	**37.9**

1. Informations sur les données concernant Israël : *http://oe.cd/israel-disclaimer.*
2. Les données sur les salaires sont basées sur l'ancienne définition de l'ouvrier moyen (CITI D, Rév. 3) pour les années 2000 à 2006.

StatLink *http://dx.doi.org/10.1787/888933701053*

Tableau 6.8b. **Impôt sur le revenu, couple marié, deux salaires égaux à 100 % et 33 % du salaire moyen**

Pression fiscale en % du salaire brut, couple marié sans enfant, avec deux salaires

	2000	2007	2010	2011	2012	2013	2014	2015	2016	2017
Allemagne	16.2	15.1	13.7	13.8	14.1	14.0	14.1	14.1	14.1	14.1
Australie	22.8	19.6	18.3	18.3	18.9	18.7	19.0	19.7	19.9	20.0
Autriche	9.4	11.6	11.1	11.4	11.7	12.1	12.3	12.4	10.0	10.2
Belgique	25.9	24.0	24.7	24.6	24.5	24.0	23.8	23.3	21.2	21.0
Canada	16.3	12.9	12.1	12.2	12.2	12.3	12.8	12.6	12.4	12.5
Chili	0.0	0.0	0.0	0.0	0.0	0.0	0.0	0.0	0.0	0.0
Corée	1.7	3.6	3.4	3.4	3.7	4.0	4.0	4.2	4.4	4.6
Danemark	28.8	27.8	34.1	34.3	34.4	34.1	33.9	34.0	34.0	33.9
Espagne	10.1	10.7	11.6	11.8	12.4	12.5	12.5	11.2	11.2	11.1
Estonie	19.9	16.2	14.8	15.1	15.5	15.9	16.2	15.4	15.3	15.3
États-Unis	15.5	14.6	13.8	15.2	15.2	15.1	15.2	15.2	15.3	15.4
Finlande	23.4	19.8	18.4	18.2	17.4	18.2	18.2	18.0	17.1	15.8
France	11.9	10.0	12.2	12.3	12.5	12.5	12.6	12.3	11.5	11.6
Grèce	5.7	8.4	6.3	9.4	9.1	7.9	8.1	7.3	8.2	8.2
Hongrie	19.4	16.4	10.8	14.1	16.5	16.0	16.0	16.0	15.0	15.0
Irlande	12.6	4.5	7.5	8.8	9.6	9.6	9.8	9.1	8.6	8.6
Islande	19.9	22.9	21.7	22.8	23.2	23.8	24.0	24.7	24.9	24.7
Israël[1]	13.5	10.0	6.8	6.8	6.6	6.4	6.9	7.2	7.5	7.3
Italie	15.7	14.8	16.4	17.1	17.3	17.6	15.6	15.0	15.0	15.1
Japon	5.6	7.1	6.7	6.6	6.7	6.6	6.8	6.8	6.9	6.9
Lettonie	16.9	17.6	20.5	18.5	18.6	18.0	17.8	17.3	17.5	17.7
Luxembourg	7.7	6.5	5.6	6.0	6.4	7.4	7.8	8.1	8.3	6.9
Mexique	-4.0	0.2	0.7	3.2	3.6	4.0	4.4	4.7	5.1	5.6
Norvège	20.1	18.9	18.7	18.8	18.5	18.4	17.4	17.3	16.7	16.3
Nouvelle-Zélande	18.5	20.1	15.9	14.8	15.2	15.7	16.0	16.2	16.5	16.7
Pays-Bas	7.8	11.3	12.4	12.5	12.8	12.8	11.9	13.6	13.0	13.6
Pologne	5.3	5.5	5.6	5.8	5.9	6.0	6.2	6.2	6.3	6.4
Portugal	7.1	5.4	5.0	5.1	5.5	8.6	8.2	10.1	10.3	10.4
République slovaque	6.2	5.1	2.9	5.5	5.5	6.7	7.0	7.3	7.4	7.6
République tchèque	8.3	8.3	8.6	9.1	8.9	8.9	9.1	9.3	9.5	9.9
Royaume-Uni	15.1	15.6	14.3	13.4	13.0	11.9	11.4	11.1	11.1	10.9
Slovénie	11.9	8.9	8.4	8.5	8.4	8.3	8.4	8.4	8.5	8.8
Suède	25.3	18.2	15.4	15.5	15.6	15.8	15.1	15.3	15.6	15.8
Suisse	9.1	9.5	8.9	8.9	8.6	8.7	8.4	8.4	8.4	8.4
Turquie[2]	14.0	14.4	9.3	9.3	9.4	9.7	9.9	10.0	9.7	10.1
Moyenne non pondérée										
OCDE-Moyenne	**13.2**	**12.4**	**11.9**	**12.3**	**12.5**	**12.6**	**12.6**	**12.6**	**12.5**	**12.5**
OCDE-UE 22	**14.1**	**12.8**	**12.7**	**13.2**	**13.4**	**13.6**	**13.4**	**13.4**	**13.1**	**13.1**

1. Informations sur les données concernant Israël : *http://oe.cd/israel-disclaimer*.
2. Les données sur les salaires sont basées sur l'ancienne définition de l'ouvrier moyen (CITI D, Rév. 3) pour les années 2000 à 2006.

StatLink *http://dx.doi.org/10.1787/888933701072*

Tableau 6.8c. **Impôt sur le revenu et cotisations sociales des salariés diminués des prestations versées, couple marié, deux salaires égaux à 100 % et 33 % du salaire moyen**

Pression fiscale en % du salaire brut, couple marié sans enfant, avec deux salaires

	2000	2007	2010	2011	2012	2013	2014	2015	2016	2017
Allemagne	36.7	36.3	34.2	34.7	34.8	34.5	34.5	34.6	34.7	34.8
Australie	22.8	19.6	18.3	18.3	18.9	18.7	19.0	19.7	19.9	20.0
Autriche	27.5	29.7	28.4	28.8	29.0	29.4	29.6	29.7	27.2	27.4
Belgique	38.1	34.8	35.5	35.4	35.3	34.8	34.6	34.1	31.9	31.8
Canada	22.0	19.8	18.9	19.1	19.1	19.3	19.9	19.8	19.6	19.5
Chili	7.0	7.0	7.0	7.0	7.0	7.0	7.0	7.0	7.0	7.0
Corée	8.4	10.9	11.2	11.4	11.9	12.3	12.3	12.6	12.8	13.0
Danemark	37.8	35.8	33.6	33.8	33.9	33.5	33.3	33.6	33.6	33.5
Espagne	16.5	17.1	17.9	18.1	18.8	18.8	18.9	17.6	17.6	17.4
Estonie	19.9	16.8	17.6	17.9	18.3	17.9	18.2	17.0	16.9	16.9
États-Unis	23.1	22.3	21.5	20.9	20.9	22.7	22.8	22.8	22.9	23.0
Finlande	30.4	26.4	25.3	25.2	24.8	25.6	26.0	26.0	25.6	25.2
France	25.3	23.7	25.9	26.0	26.2	26.3	26.6	26.5	25.8	25.9
Grèce	21.6	24.4	22.3	25.6	25.6	24.4	24.1	22.8	24.0	24.2
Hongrie	31.9	33.4	27.8	31.6	35.0	34.5	34.5	34.5	33.5	33.5
Irlande	15.0	6.9	9.9	11.2	12.0	12.6	12.8	12.1	11.6	11.7
Islande	20.1	23.1	22.4	23.5	23.9	24.5	24.6	25.2	25.4	25.2
Israël[1]	21.1	16.8	13.7	13.7	13.4	13.2	13.7	14.0	14.4	14.2
Italie	24.9	24.3	25.9	26.6	26.8	27.1	25.1	24.5	24.5	24.6
Japon	18.9	19.2	19.6	20.1	20.4	20.5	20.9	21.1	21.3	21.3
Lettonie	25.9	26.6	29.5	29.5	29.6	29.0	28.3	27.8	28.0	28.2
Luxembourg	19.2	18.4	17.7	19.1	18.6	19.6	20.0	20.8	21.0	19.1
Mexique	-2.6	1.6	2.0	4.5	4.9	5.3	5.7	6.1	6.5	7.0
Norvège	27.9	26.7	26.5	26.6	26.3	26.2	25.6	25.5	24.9	24.5
Nouvelle-Zélande	18.5	20.1	15.9	14.8	15.2	15.7	16.0	16.2	16.5	16.7
Pays-Bas	30.8	27.9	27.7	27.7	27.9	30.2	27.7	26.0	25.1	25.2
Pologne	26.4	26.5	23.4	23.6	23.7	23.8	24.0	24.1	24.2	24.3
Portugal	18.1	16.4	16.0	16.1	16.5	19.6	19.2	21.1	21.3	21.4
République slovaque	18.2	18.5	16.3	18.9	18.9	20.1	20.4	19.7	19.8	20.0
République tchèque	20.8	20.8	19.6	20.1	19.9	19.9	20.1	20.3	20.5	20.9
Royaume-Uni	22.7	24.0	22.6	21.6	21.1	19.9	19.3	19.1	19.2	19.1
Slovénie	34.0	31.0	30.5	30.6	30.5	30.4	30.5	30.5	30.6	30.9
Suède	32.3	25.2	22.4	22.5	22.6	22.8	22.1	22.3	22.6	22.7
Suisse	15.6	15.6	15.0	15.1	14.9	15.0	14.7	14.7	14.6	14.6
Turquie[2]	28.0	29.4	24.3	24.3	24.4	24.7	24.9	25.0	24.7	25.1
Moyenne non pondérée										
OCDE-Moyenne	**23.0**	**22.2**	**21.3**	**21.8**	**22.0**	**22.3**	**22.2**	**22.1**	**22.0**	**22.0**
OCDE-UE 22	**26.1**	**24.8**	**24.1**	**24.8**	**25.0**	**25.2**	**25.0**	**24.8**	**24.5**	**24.5**

1. Informations sur les données concernant Israël : *http://oe.cd/israel-disclaimer*.
2. Les données sur les salaires sont basées sur l'ancienne définition de l'ouvrier moyen (CITI D, Rév. 3) pour les années 2000 à 2006.

StatLink http://dx.doi.org/10.1787/888933701091

Tableau 6.9. **Salaire brut et net annuel moyen, célibataire sans enfant, 2000-17**

Dollars US convertis à l'aide du PPA

	2000		2007		2010		2011		2012		2013		2014		2015		2016		2017	
	brut	net	brut	net	brut	net	brut	net	brut	net	brut	net	brut	net	brut	net	brut	net	brut	net
Allemagne	36 470	20 715	47 837	27 670	51 890	31 547	54 898	33 076	56 399	33 953	57 952	35 069	59 784	36 143	60 437	36 456	61 916	37 280	63 551	38 207
Australie	31 517	23 134	40 030	30 679	44 444	34 540	46 261	35 957	48 085	37 048	53 606	41 221	54 671	41 903	54 915	41 693	55 276	41 832	55 099	41 665
Autriche	32 758	22 615	41 681	27 578	45 760	30 626	47 743	31 725	50 032	33 052	52 617	34 527	53 598	35 009	54 953	35 697	56 311	38 232	57 581	38 912
Belgique	35 155	20 036	43 932	25 452	51 952	29 759	53 655	30 676	55 813	31 975	57 305	33 007	58 048	33 461	58 003	33 636	57 898	34 313	58 545	34 823
Canada	29 358	21 988	34 455	26 439	36 269	28 160	36 581	28 348	37 586	29 106	39 212	30 316	40 502	31 044	40 393	31 000	40 582	31 231	40 983	31 623
Chili	12 836	11 938	15 852	14 742	17 207	16 003	18 717	17 407	20 100	18 693	21 197	19 713	21 453	19 951	21 508	20 002	22 299	20 738	22 616	21 033
Core	26 564	24 187	42 017	36 948	43 934	38 534	43 081	37 703	45 400	39 487	46 433	40 175	47 516	41 031	49 267	42 386	51 039	43 758	52 505	44 878
Danemark	32 486	18 872	42 390	25 957	49 587	31 766	51 759	33 083	51 817	33 082	53 497	34 348	54 253	34 921	55 080	35 310	55 272	35 444	56 211	36 072
Espagne	23 408	18 762	29 989	23 814	34 127	26 711	35 729	27 854	37 259	28 742	38 569	29 730	39 542	30 451	39 642	31 212	39 906	31 424	40 451	31 920
Estonie	8 382	6 543	16 200	13 172	18 983	15 285	20 266	16 271	21 118	16 913	22 457	18 081	23 417	18 818	24 193	19 730	26 030	21 248	26 796	21 875
Etats-Unis	33 129	24 877	42 064	31 615	45 665	34 429	46 895	35 811	47 746	36 460	48 774	36 359	50 099	37 274	50 963	37 900	51 945	38 531	52 988	39 209
Finlande	26 787	17 711	37 995	26 440	43 788	30 904	44 811	31 648	45 584	32 193	46 884	32 754	47 072	32 673	47 588	32 905	48 296	33 441	49 013	34 218
France	28 711	20 339	36 428	26 315	40 630	29 316	42 180	30 399	42 808	30 770	45 113	32 365	46 108	32 912	46 158	32 843	47 033	33 375	48 339	34 228
Grce	23 080	18 062	33 283	24 689	33 488	25 704	33 553	24 590	34 044	24 979	33 426	25 008	34 888	26 198	34 135	25 875	34 236	25 436	35 165	26 034
Hongrie	9 867	6 342	16 065	9 830	19 890	13 647	21 284	13 815	22 612	14 668	23 482	15 381	23 594	15 454	23 790	15 582	24 734	16 448	26 012	17 298
Irlande	23 314	18 573	32 522	28 013	38 066	31 269	38 802	31 879	41 089	33 249	41 609	33 371	41 729	33 301	42 667	34 339	43 647	35 306	45 093	36 354
Islande	32 006	23 864	47 226	34 555	39 590	28 663	41 642	29 825	44 682	31 875	48 605	34 484	51 794	36 819	53 827	38 034	58 041	41 145	63 661	45 421
Isral[1]	27 803	20 545	30 384	23 937	30 591	25 389	31 790	26 371	32 500	27 093	33 510	28 023	34 197	28 381	36 148	29 819	37 551	30 800	39 215	32 267
Italie	26 758	18 986	31 846	22 550	36 563	25 510	38 055	26 340	39 372	27 186	40 666	28 017	41 029	28 298	41 247	28 412	42 526	29 282	43 304	29 803
Japon	32 234	25 870	41 435	33 085	42 760	33 939	44 869	35 433	46 928	36 912	47 734	37 460	48 252	37 712	49 472	38 536	51 355	39 935	52 946	41 127
Latvia	6 418	4 629	10 910	7 823	14 995	10 417	15 310	10 605	15 599	10 792	16 560	11 571	17 871	12 590	19 108	13 581	20 396	14 473	21 755	15 357
Luxembourg	37 531	26 772	49 069	35 478	53 402	39 108	55 988	40 082	57 313	41 194	59 905	42 214	62 117	43 481	62 604	43 296	63 463	43 775	65 716	46 625
Mexique	7 977	7 779	10 547	9 911	11 434	10 733	11 910	10 808	12 117	10 959	12 547	11 312	12 833	11 532	12 592	11 277	12 601	11 246	12 730	11 303
Norvge	32 837	22 757	47 119	33 199	51 591	36 493	54 067	38 175	55 829	39 524	58 131	41 151	57 971	41 332	57 294	40 929	55 913	40 278	56 401	40 829
Nouvelle-Zlande	24 181	19 498	28 580	22 557	32 100	26 646	33 242	27 967	34 285	28 667	36 815	30 598	37 990	31 438	38 335	31 603	39 268	32 242	39 826	32 604
Pays-Bas	35 821	23 778	48 770	32 934	52 989	36 215	55 363	37 811	56 610	38 492	60 075	39 142	59 792	40 400	60 814	42 415	61 394	42 843	62 981	43 836
Pologne	12 580	9 082	17 398	12 564	20 232	15 277	21 500	16 208	22 384	16 857	23 638	17 786	25 189	18 922	25 902	19 441	26 688	20 016	27 816	20 844
Portugal	16 519	12 811	24 012	18 623	26 571	20 672	26 013	19 958	28 147	21 735	30 247	21 944	29 959	21 818	29 627	21 210	30 340	21 920	30 888	22 400
Rpublique slovaque	9 775	7 842	14 424	11 206	18 589	14 564	18 940	14 621	19 444	15 011	20 363	15 729	21 471	16 550	21 637	16 644	22 371	17 165	23 484	17 958
Rpublique tchque	11 228	8 702	17 563	13 542	21 034	16 311	22 126	17 016	22 748	17 542	23 611	18 211	24 452	18 803	24 625	18 874	25 571	19 529	27 536	20 898
Royaume-Uni	35 352	26 228	46 780	34 144	48 883	36 471	48 273	36 171	49 690	37 400	50 468	38 373	50 283	38 423	51 585	39 504	52 934	40 509	54 319	41 599
Slovnie	16 890	10 885	23 175	15 562	26 540	17 705	27 842	18 539	28 903	19 294	29 934	20 027	30 357	20 264	30 250	20 169	30 659	20 401	31 417	20 814
Sude	28 761	19 061	37 917	27 453	40 837	30 721	42 549	31 977	44 826	33 664	46 317	34 689	46 772	35 367	46 272	34 898	46 819	35 168	47 658	35 751
Suisse	40 756	33 494	54 354	44 735	58 077	47 981	61 302	50 606	65 996	54 617	68 846	56 902	67 735	56 230	69 721	57 897	69 932	58 096	70 835	58 870
Turquie[2]	19 689	14 031	15 694	11 018	19 604	14 394	20 398	14 964	21 545	15 781	23 053	16 824	24 886	18 104	25 936	18 838	28 749	20 862	29 263	21 093
Moyenne OCDE	24 827	18 037	32 856	24 121	36 059	26 726	37 354	27 535	38 755	28 542	40 376	29 597	41 178	30 200	41 734	30 627	42 657	31 363	43 791	32 221

1. Informations sur les données concernant Israël : http://dx.doi.org/10.1787/888932315602.
2. Les données sur les salaries de 2000 à 2006 sont basées sur l'ancienne définition de l'ouvrier moyen (CITI D, rév3.).

StatLink http://dx.doi.org/10.1787/888933701110

Tableau 6.10. **Salaire brut et net annuel moyen, célibataire sans enfant, 2000-17 (en monnaie nationale)**

	2000		2007		2010		2011		2012		2013		2014		2015		2016		2017	
	brut	net	brut	net	brut	net	brut	net	brut	net	brut	net	brut	net	brut	net	brut	net	brut	net
Allemagne	34 400	19 539	40 100	23 195	41 736	25 374	43 300	26 088	44 400	26 730	44 900	27 171	45 970	27 791	47 100	28 411	48 300	29 082	49 450	29 729
Australie	41 322	30 332	57 120	43 777	66 724	51 856	69 903	54 334	74 057	57 059	77 574	59 652	79 409	60 863	80 769	61 322	82 114	62 143	83 542	63 173
Autriche	29 732	20 526	36 228	23 970	38 504	25 770	39 693	26 376	40 708	26 893	41 940	27 521	42 814	27 965	43 911	28 524	45 073	30 602	45 977	31 070
Belgique	31 644	18 035	38 659	22 397	43 423	24 873	44 636	25 520	45 886	26 288	46 197	26 609	46 451	26 776	46 479	26 954	46 528	27 574	47 324	28 149
Canada	36 038	26 992	41 796	32 072	44 290	34 387	45 357	35 148	46 780	36 226	47 996	37 106	49 832	38 195	50 368	38 655	50 822	39 111	51 642	39 848
Chili	3 690 623	3 432 280	5 137 033	4 777 441	6 181 738	5 749 016	6 513 881	6 057 909	6 979 141	6 490 601	7 412 107	6 893 260	7 877 707	7 326 268	8 481 551	7 887 842	8 976 758	8 348 385	9 349 964	8 695 467
Corée	19 849 729	18 073 190	32 361 506	28 457 420	36 929 183	32 390 144	36 816 740	32 220 027	38 811 570	33 756 834	40 353 852	34 915 409	41 428 224	35 774 131	42 908 652	36 915 462	44 640 408	38 272 378	46 140 296	39 437 758
Danemark	281 700	163 652	346 400	212 115	376 073	240 914	386 457	247 013	391 951	250 237	393 463	252 625	397 600	255 926	403 600	258 738	406 600	260 743	413 503	265 354
Espagne	17 319	13 882	21 989	17 461	24 786	19 400	25 515	19 892	25 894	19 975	26 027	20 062	26 191	20 169	26 475	20 845	26 449	20 828	26 535	20 938
Estonie	3 931	3 068	8 939	7 268	9 712	7 820	10 368	8 324	11 004	8 813	11 732	9 446	12 338	9 915	13 045	10 638	14 033	11 455	14 810	12 090
Etats-Unis	33 129	24 877	42 064	31 615	45 665	34 429	46 895	35 811	47 746	36 460	48 774	36 359	50 099	37 274	50 963	37 900	51 945	38 531	52 988	39 209
Finlande	26 362	17 431	35 559	24 744	39 395	27 804	40 243	28 422	41 413	29 247	42 447	29 654	42 704	29 641	43 268	29 918	43 716	30 270	43 986	30 709
France	26 712	18 923	32 413	23 415	34 693	25 032	35 489	25 576	36 143	25 979	36 616	26 269	37 235	26 578	37 565	26 729	37 906	26 898	38 582	27 319
Grèce	15 459	12 098	23 935	17 755	24 156	18 541	23 929	17 537	23 309	17 103	21 101	15 787	21 322	16 011	20 833	15 792	20 678	15 363	20 886	15 463
Hongrie	1 086 240	698 166	2 156 184	1 319 406	2 512 020	1 723 560	2 645 040	1 716 782	2 840 652	1 842 628	2 934 744	1 922 257	3 053 364	1 999 953	3 172 680	2 078 105	3 343 284	2 223 284	3 578 651	2 379 803
Irlande	22 008	17 532	31 185	26 861	32 308	26 540	32 264	26 508	33 819	27 366	33 754	27 071	34 178	27 275	34 674	27 906	35 430	28 659	36 358	29 312
Islande	2 712 000	2 022 102	5 076 000	3 714 076	5 256 000	3 805 407	5 628 000	4 030 857	6 120 000	4 365 845	6 660 000	4 725 047	7 176 000	5 101 256	7 656 000	5 409 682	8 364 000	5 929 191	8 903 714	6 352 727
Israël[1]	95 664	70 691	112 986	89 013	121 581	100 905	125 405	104 026	128 550	107 163	128 664	107 597	134 748	111 832	139 728	115 260	143 916	118 046	147 984	121 762
Italie	21 550	15 291	25 805	18 273	28 243	19 705	28 872	19 984	29 440	20 328	29 983	20 657	30 347	20 931	30 634	21 102	30 721	21 154	30 838	21 223
Japon	4 987 116	4 002 481	4 988 400	3 983 177	4 773 076	3 788 423	4 821 385	3 807 417	4 893 341	3 848 998	4 835 595	3 794 828	4 972 455	3 886 313	5 083 906	3 960 010	5 149 844	4 004 615	5 201 391	4 040 339
Latvia	2 316	1 670	6 180	4 431	7 296	5 069	7 632	5 286	7 896	5 463	8 268	5 777	8 892	6 264	9 588	6 815	10 140	7 195	10 905	7 698
Luxembourg	35 875	25 591	45 265	32 728	49 387	36 167	50 674	36 278	51 971	37 354	53 630	37 792	54 920	38 443	55 858	38 631	56 448	38 936	58 565	41 551
Mexique	48 607	47 400	77 496	72 818	87 672	82 301	91 386	82 933	95 224	86 121	98 922	89 190	103 246	92 777	107 551	96 320	111 754	99 737	118 204	104 953
Norvège	298 385	206 788	420 917	296 570	471 696	333 655	491 072	346 730	504 535	357 183	524 887	371 568	537 881	383 500	557 666	398 379	566 162	407 840	577 664	418 175
Nouvelle-Zélande	34 923	28 159	43 022	33 955	48 007	39 850	49 395	41 557	51 278	42 875	53 234	44 244	54 733	45 293	56 110	46 257	57 649	47 334	58 824	48 157
Pays-Bas	31 901	21 176	42 000	28 362	45 215	30 901	46 287	31 612	46 670	31 733	47 950	31 242	48 360	32 676	49 540	34 552	50 120	34 976	50 909	35 434
Pologne	23 061	16 649	32 292	23 320	36 482	27 548	38 731	29 198	40 205	30 278	41 652	31 339	44 513	33 437	46 136	34 628	47 708	35 780	49 570	37 146
Portugal	10 922	8 470	15 549	12 060	16 542	12 870	16 208	12 435	17 040	13 158	17 653	12 807	17 343	12 630	17 415	12 467	17 778	12 844	17 993	13 048
République slovaque	5 048	4 050	7 997	6 212	9 325	7 306	9 592	7 404	9 810	7 574	10 001	7 725	10 422	8 034	10 661	8 201	10 975	8 421	11 426	8 737
République tchèque	160 922	124 729	250 710	193 316	287 320	222 803	295 273	227 083	302 500	233 263	301 868	232 827	310 620	238 857	320 628	245 753	332 424	253 880	355 150	269 538
Royaume-Uni	24 910	18 481	33 216	24 244	34 297	25 589	34 083	25 538	34 864	26 241	35 088	26 678	35 120	26 836	35 978	27 552	37 142	28 424	38 208	29 261
Slovénie	8 894	5 732	14 625	9 821	16 915	11 284	17 373	11 568	17 538	11 707	17 673	11 824	17 948	11 981	18 092	12 062	18 338	12 202	18 904	12 524
Suède	263 581	174 686	336 818	243 870	368 208	277 001	376 309	282 810	387 960	291 356	398 220	298 247	408 188	308 651	414 105	312 312	424 963	319 215	434 859	326 212
Suisse	72 910	59 918	83 373	68 618	85 068	70 280	85 669	70 722	89 364	73 955	90 358	74 682	86 820	72 073	86 461	71 798	86 153	71 571	86 042	71 508
Turquie[2]	5 545	3 952	13 376	9 390	18 026	13 235	19 708	14 458	21 973	16 094	24 674	18 007	27 487	19 996	31 191	22 654	37 357	27 109	40 308	29 055

Note : Moyennes annuelles des salaires bruts dans les pays de la zone euro sont exprimés en euros pour toutes les années.

1. Informations sur les données concernant Israël : http://dx.doi.org/10.1787/888932315602.
2. Les données sur les salaires de 2000 à 2006 sont basées sur l'ancienne définition de l'ouvrier moyen (CITI D, rév3.).

StatLink http://dx.doi.org/10.1787/888933701129

PARTIE III

Informations détaillées par pays, pour 2017

Cette partie de la publication contient les informations détaillées par pays pour 2017 sur lesquelles repose l'analyse comparative. Pour chaque pays, un tableau des résultats détaillés est suivi d'une description du système d'impôt et de transferts sociaux.

Les trente-cinq tableaux par pays qui figurent dans cette partie du rapport sont présentés de la même manière. La partie gauche de chaque tableau précise la situation au regard de l'impôt et des transferts sociaux des célibataires dans quatre cas, qui diffèrent selon le niveau de revenu et la présence éventuelle d'enfants (0/2). La partie droite du tableau précise la situation au regard de l'impôt et des transferts sociaux des couples mariés, en distinguant là encore quatre cas, qui diffèrent à présent selon le niveau de revenu, la présence ou l'absence d'enfants (0/2) et le nombre d'apporteurs de revenu (un ou deux).

Tous les tableaux commencent par les salaires bruts (ligne 1) et en déduisent le revenu imposable au titre de l'impôt sur le revenu des personnes physiques perçu par l'administration centrale (ligne 4) compte tenu d'un certain nombre d'abattements fiscaux forfaitaires (ligne 2) et de transferts en espèces imposables (ligne 3). Le revenu imposable permet de déterminer l'impôt sur le revenu versé à l'administration centrale (ligne 7), en prenant en compte les réductions sous forme de crédits d'impôt (ligne 6). Le montant total des versements aux administrations publiques (ligne 10) inclut également les impôts sur le revenu versés aux administrations infranationales (ligne 8) et les cotisations obligatoires de sécurité sociale (ligne 9). Le revenu net disponible (ligne 12) est déterminé en déduisant du salaire brut l'ensemble des versements effectués aux administrations publiques et en y ajoutant les prestations en espèces de caractère général reçus des administrations publiques (ligne 11).

La ligne 13 indique les cotisations patronales de sécurité sociale obligatoires (y compris les taxes sur les salaires).

Les taux moyens d'imposition suivants (ligne 14) sont ensuite calculés :

- *La part de l'impôt sur le revenu dans le salaire brut ;*
- *La part des cotisations salariales de sécurité sociale dans le salaire brut ;*
- *La part de l'impôt sur le revenu et des cotisations salariales de sécurité sociale, diminués des prestations, dans le salaire brut ; et*
- *La part de l'impôt sur le revenu et de l'ensemble des cotisations de sécurité sociale, diminués des prestations, dans les coûts bruts de main-d'œuvre.*

Les taux marginaux d'imposition (ligne 15) sont exprimés de même sous la forme suivante :

- *l'augmentation de l'impôt sur le revenu et des cotisations de sécurité sociale moins les avantages des salariés en pourcentage de l'augmentation correspondante du salaire brut (pour le titulaire du revenu principal et pour son conjoint) ; et,*
- *l'augmentation des impôts et des cotisations dues moins les avantages en pourcentage de l'augmentation correspondante des coûts bruts de main-d'œuvre (à la fois pour le titulaire du revenu principal et pour son conjoint).*

© OCDE 2018

Australia
(2016-17 Income tax year)

This chapter includes data on the income taxes paid by workers, their social security contributions, the family benefits they receive in the form of cash transfers as well as the social security contributions and payroll taxes paid by their employers. Results reported include the marginal and average tax burden for eight different family types.

Methodological information is available for personal income tax systems, compulsory social security contributions to schemes operated within the public sector, universal cash transfers as well as recent changes in the tax/benefit system. The methodology also includes the parameter values and tax equations underlying the data.

Australia 2017

The tax/benefit position of single persons

			67	100	167	67
	Wage level (per cent of average wage)		67	100	167	67
	Number of children		none	none	none	2
1.	**Gross wage earnings**		55973	83 542	139 515	55 973
	Principal Gross wage earnings		55 973	83 542	139 515	55 973
	Spouse Gross wage earnings		0	0	0	0
2.	**Standard tax allowances**					
	Basic allowance					
	Married or head of family					
	Dependent children					
	Deduction for social security contributions and income taxes					
	Work-related expenses					
	Other					
		Total	0	0	0	0
3.	**Tax credits or cash transfers included in taxable income**		0	0	0	0
4.	**Central government taxable income (1 - 2 + 3)**		55 973	83 542	139 515	55 973
5.	**Central government income tax liability (exclusive of tax credits)**					
	Income tax		9 738	18 698	39 253	9 738
	Medicare Levy		1 119	1 671	2 790	1 119
	Temporary Budget Repair Levy		0	0	0	0
		Total	10 858	20 369	42 043	10 858
6.	**Tax credits**					
	Basic credit		160	0	0	160
	Married or head of family		0	0	0	0
	Children					
	Other					
		Total	160	0	0	160
7.	**Central government income tax finally paid (5-6)**		10 697	20 369	42 043	10 697
8.	**State and local taxes**		0	0	0	0
9.	**Employees' compulsory social security contributions**		0	0	0	0
10.	**Total payments to general government (7 + 8 + 9)**		10 697	20 369	42 043	10 697
11.	**Cash transfers from general government**					
	For head of family		0	0	0	0
	For two children		0	0	0	13 593
		Total	0	0	0	13 593
12.	**Take-home pay (1-10+11)**		45 276	63 173	97 472	58 868
13.	**Employers' payroll tax**		3 340	4 986	8 326	3 340
14.	**Average rates**					
	Income tax		19.1%	24.4%	30.1%	19.1%
	Employees' social security contributions		0.0%	0.0%	0.0%	0.0%
	Total payments less cash transfers		19.1%	24.4%	30.1%	-5.2%
	Total tax wedge including employer payroll taxes		23.7%	28.6%	34.1%	0.8%
15.	**Marginal rates**					
	Total payments less cash transfers: Principal earner		36.0%	34.5%	39.0%	56.0%
	Total payments less cash transfers: Spouse		n.a.	n.a.	n.a.	n.a.
	Total tax wedge: Principal earner		39.6%	38.2%	42.4%	58.5%
	Total tax wedge: Spouse		n.a.	n.a.	n.a.	n.a.

Australia 2017

The tax/benefit position of married couples

	Wage level (per cent of average wage)	100-0	100-33	100-67	100-33
	Number of children	2	2	2	none
1.	**Gross wage earnings**	83 542	111 111	139 515	111 111
	Principal Gross wage earnings	83 542	83 542	83 542	83 542
	Spouse Gross wage earnings	0	27 569	55 973	27 569
2.	**Standard tax allowances**				
	Basic allowance				
	Married or head of family				
	Dependent children				
	Deduction for social security contributions and income taxes				
	Work-related expenses				
	Other				
	Total	0	0	0	0
3.	**Tax credits or cash transfers included in taxable income**	0	0	0	0
4.	**Central government taxable income (1 - 2 + 3)**	83 542	111 111	139 515	111 111
5.	**Central government income tax liability (exclusive of tax credits)**				
	Income tax	18 698	20 478	28 436	20 478
	Medicare Levy	1 671	2 222	2 790	2 222
	Temporary Budget Repair Levy	0	0	0	0
	Total	20 369	22 700	31 227	22 700
6.	**Tax credits**				
	Basic credit	0	445	160	445
	Married or head of family	0	0	0	0
	Children				
	Other				
	Total	0	445	160	445
7.	**Central government income tax finally paid (5-6)**	20 369	22 255	31 066	22 255
8.	**State and local taxes**	0	0	0	0
9.	**Employees' compulsory social security contributions**	0	0	0	0
10.	**Total payments to general government (7 + 8 + 9)**	20 369	22 255	31 066	22 255
11.	**Cash transfers from general government**				
	For head of family	0	0	0	0
	For two children	6 926	0	0	0
	Total	6 926	0	0	0
12.	**Take-home pay (1-10+11)**	70 099	88 855	108 449	88 855
13.	**Employers' payroll tax**	4 986	6 631	8 326	6 631
14.	**Average rates**				
	Income tax	24.4%	20.0%	22.3%	20.0%
	Employees' social security contributions	0.0%	0.0%	0.0%	0.0%
	Total payments less cash transfers	16.1%	20.0%	22.3%	20.0%
	Total tax wedge including employer payroll taxes	20.8%	24.5%	26.6%	24.5%
15.	**Marginal rates**				
	Total payments less cash transfers: Principal earner	54.5%	34.5%	34.5%	34.5%
	Total payments less cash transfers: Spouse	32.0%	21.0%	36.0%	21.0%
	Total tax wedge: Principal earner	57.1%	38.2%	38.2%	38.2%
	Total tax wedge: Spouse	35.8%	25.4%	39.6%	25.4%

The national currency is the Australian dollar (AUD). For the 2016-17 income tax year AUD 1.30 was equal to USD 1. The average worker earned AUD 83 542 in 2016-17.

1. Personal income tax system

1.1. *Federal income tax*

1.1.1. *Tax unit*

Members of the family are taxed separately.

1.1.2. *Tax allowances and credits*

1.1.2.1. Standard tax reliefs

- Basic reliefs: Income earned up to AUD 18 200 by resident taxpayers is subject to tax at a zero rate.
- Standard marital status reliefs: No relief available.
- Relief(s) for children: See Section 4.2 for more detail on transfers related to dependent children.
- Relief for social security contributions and other taxes: No such contributions are levied.
- Reliefs for low income earners: A tax offset worth a maximum of AUD 445 is available for low income earners called the Low Income Tax Offset. Taxpayers whose taxable income was less than AUD 37 000 in 2016-17 are eligible to receive the full amount of the offset. The offset is reduced by AUD 0.015 for every AUD 1 by which a taxpayer's taxable income exceeds AUD 37 000 and is no longer available once a taxpayer's taxable income exceeds AUD 66 667.
- Relief for mature age workers: No relief available.
- Relief for recipients of certain social security benefits: The Beneficiary Tax Offset is available for those who receive certain taxable social security benefits called "rebatable benefits". It is calculated to ensure that a person who receives a rebatable benefit does not pay any tax on that income. The amount of the Beneficiary Tax Offset available to an individual is determined by the total amount of the rebatable benefit(s) they receive in an income year.
- Relief for taxpayers who maintain a dependant who is genuinely unable to work: A taxpayer who maintains a dependant who is genuinely unable to work due to invalidity or carer obligations may be eligible for the Dependent (Invalid and Carer) Tax Offset. This tax offset is worth a maximum of AUD 2 627 in 2016-17. To qualify for the offset, the combined adjusted taxable income of the taxpayer and their spouse (where one exists) should not exceed AUD 100 000 in 2016-17. The amount of offset that may be received is reduced by AUD 1 for every AUD 4 by which the dependant's adjusted taxable income exceeds AUD 282 and is no longer available once the dependant's adjusted taxable income exceeds AUD 10 790.
- There are also tax rebates to ensure that taxpayers in receipt of a taxable Australian Government pension, as well as Australians who are of Age Pension age and who meet

all of the Age Pension eligibility criteria except the income and/or asset tests, pay less tax. The Senior Australian and Pensioner Tax Offset is worth up to AUD 2 230 for a single taxpayer, up to AUD 1 602 for each member of a senior couple not separated by illness and AUD 2 040 for each member of a senior couple separated by illness. The offset is withdrawn at the rate of AUD 0.125 for every dollar that a recipient's income exceeds their effective tax free threshold. For a single taxpayer, this means that the offset is withdrawn from AUD 32 279 and is no longer available once income reaches AUD 50 119. For members of a couple not separated by illness, the offset is withdrawn from a combined income of AUD 57 948 and is no longer available once combined income reaches AUD 83 580.

- Other: No other standard relief available.

1.1.2.2. Main non-standard tax reliefs applicable to an average worker include:

- Relief for superannuation: Contributions to a low income spouse's superannuation attract an 18% rebate up to a maximum rebate of AUD 540. In 2016-17, eligible individuals with incomes not exceeding AUD 37 000 effectively have the tax paid on their concessional contributions refunded, up to a maximum of AUD 500. In addition in 2016-17, eligible individuals with incomes not exceeding AUD 51 021 can make non concessional contributions and receive a co-contribution of 50%, up to a maximum of AUD 500.
- Relief for private health insurance: For the 2016-17 income year, there are different rebate amounts depending on age and income. For individuals below 65 years without dependants and with annual income for surcharge purposes below AUD 90 000 the rebate 26.791% from 1 April 2016 to 1 April 2017 and 25.934% until 31 March 2018 of the cost of cover for eligible private health care. For families (couples and individuals with at least one dependent child) below 65 years with annual income for surcharge purposes below AUD 180 000, the rebate is 26.791% from 1 April 2016 to 1 April 2017 and 25.934% until 31 March 2018 of the cost of cover for eligible private health care. The threshold is increased by AUD 1 500 for each dependent child after the first.

The rebate percentages are reduced for individuals and families with annual incomes above these amounts. The rebate percentages are also higher for individuals and families aged 65 years or more.

- Relief for medical expenses: In 2016-17, there is an offset for annual net out-of-pocket medical expenses. Eligibility for the offset is based on annual income. This offset is being phased out, so for the 2016-17 income year, it is only available to individuals who have medical expenses relating to disability aids, attendant care or aged care. Single taxpayers with an adjusted taxable income (ATI) of AUD 90 000 or less, and families with ATI below AUD 180 000 (plus AUD 1 500 for each additional dependent child after the first), are able to claim 20% of medical expenses over AUD 2 299. Single taxpayers and families with incomes above these respective amounts are able to claim 10% of medical expenses over AUD 5 423.
- Other non-standard reliefs provided as deductions are:
  - subscriptions paid in respect of membership of a trade, business or professional association or union;
  - charitable contributions of AUD 2 or more to specified funds, authorities and institutions, including public benevolent institutions, approved research institutes for scientific research, building funds for schools conducted by non-profit organisations etc.; and

- work-related expenses including cost of replacement of tools of trade, cost of provision and of cleaning protective clothing and footwear, travelling between jobs or travelling in the course of employment.

1.1.3. *Tax schedule*

General rates of tax – resident individuals

Taxable income (AUD)		Tax at general rates on total taxable income
Not less than	Not more than	
0	18 200	NIL
18 201	37 000	NIL + 19c for each AUD in excess of AUD 18 200
37 001	87 000	AUD 3 572 + 32.50c for each AUD in excess of AUD 37 000
87 001	180 000	AUD 19 822 + 37c for each AUD in excess of AUD 87 000
180 001 and over		AUD 54 232+ 45c for each AUD in excess of AUD 180 000

For the income years 2014-15, 2015-16 and 2016-17 there was a Temporary Budget Repair Levy imposed on high income earners. The levy was applied at the rate of 2.0% of an individual's taxable income above AUD 180 000.

To nominally contribute towards the cost of basic medical and hospital care a Medicare Levy is imposed on the taxable incomes of resident taxpayers. In 2016-17 the levy applied at the rate of 2.0% of the taxable income of an individual.

Certain thresholds are applied before the levy is imposed. In 2016-17, an individual taxpayer was not liable for the levy where their taxable income did not exceed AUD 21 655. A taxpayer in a couple or sole parent family who is not receiving Parenting Payment, (see section 4.2), does not pay the levy if the taxable family income does not exceed AUD 36 541. The threshold is increased by AUD 3 356 for each dependent child. Where an individual's taxable income exceeds AUD 21 655, or a family's income exceeds AUD 36 541 (plus AUD 3 356 for each dependent child), the levy shades in at a rate of 10% of the excess of taxable income over the threshold, until the levy is equal to 2.0% of the individual's or family's taxable income.

For 2016-17, individual senior Australians of Age Pension age were not liable to pay the levy where their taxable income did not exceed AUD 34 244. Where taxable income exceeded AUD 34 244 but did not exceed AUD 42 805, the levy liability was equal to 10% of the excess of taxable income over AUD 34 244. Pensioner families (including couples and sole parents on Parenting Payment) and senior Australian families of Age Pension age, did not become liable to pay any Medicare levy until their combined income in 2016-17 exceeded AUD 47 670 (plus AUD 3 356 for each dependent child).

Individual taxpayers who had income for surcharge purposes greater than AUD 90 000 in 2016-17 (or if a couple had a combined income greater than AUD 180 000) but who did not have a complying private health insurance policy, were liable for the Medicare levy surcharge, which is applied as a flat rate on their taxable income. The surcharge rates are 1%, 1.25% and 1.5% depending on the taxpayer's taxable income above these thresholds. However, affected taxpayers typically purchase a complying policy as the cost of such a policy is generally less than the surcharge. The surcharge is therefore not included in this publication.

1.2. *State and local income taxes*

In Australia no states or territories levy a tax based on a resident's income.

2. Social security contributions

2.1. *Employees' contributions*

None. There is, however, a Medicare Levy which is based upon taxable income. See Section 1.1.3.

2.2. *Employers' contributions*

No contributions are collected from employers or employees specifically for pensions, sickness, unemployment or work injury benefits, family allowances or other benefits.

Part of Australia's retirement income system is the provision of compulsory employer contributions (the Superannuation Guarantee system). In 2016-17 the Superannuation Guarantee required employers to pay 9. 5% on top of employees' gross ordinary time earnings to an approved superannuation fund, provided they earn more than AUD 450 per month (they may also choose to make contributions for workers earning less than this threshold). This threshold is not indexed. There is also a limit to the Superannuation Guarantee. In each quarter any earnings beyond a threshold are not covered by the Superannuation Guarantee. This threshold is indexed to a measure of average earnings. In the 2016-17 tax year this threshold was AUD 51 620 per quarter. The Superannuation Guarantee rate will remain at 9.5% until 2020 21, then increase by 0.5 percentage points each year until it reaches 12% in 2025-26.

These contributions are not reflected in the "Taxing Wages" calculations because they are not a form of taxation (they are not an unrequited transfer to general government). While employers are legislatively required to make contributions to approved superannuation funds legislated, superannuation funds are private, although subject to regulation. Employers' contributions are generally made to individual accounts and form part of employees' personal superannuation assets. Some defined benefit schemes for public sector employees and private defined benefit schemes also exist. The employee may take superannuation benefits as either a lump sum payment or pension on retirement. Accordingly, superannuation contributions are reflected in the Non-Tax Compulsory Payment calculations.

3. Other taxes

3.1. *Pay-roll tax*

Australian State Governments levy pay-roll taxes on wages, cash or in kind, provided by larger employers to their employees. The rates of pay-roll tax, thresholds and deductions differ between States. In New South Wales, the State with the largest population, the pay-roll tax rate in 2016-17 was 5.45% for employers with total Australian wages in excess of AUD 750 000. Employers are entitled to an exemption from tax, or a pro-rated pay-roll tax threshold, on wages paid in New South Wales up to a maximum of AUD 750 000. The exempt amount is reduced based on the proportion of the employer's New South Wales pay-roll to its total Australian pay-roll.

4. Universal cash transfers

4.1. *Transfers related to marital status*

There are no cash transfers made on a universal basis to married couples.

4.2. *Transfers related to dependent children*

- Family Tax Benefit (FTB) Part A is paid to a parent, guardian or an approved care organisation to help families meet the costs of raising children. For 2016-17, the base rate of FTB(A) is payable where the combined "adjusted" taxable income of parents does not exceed AUD 94 316. The payment shades out at the rate of AUD 0.30 per AUD 1 of income over the ceiling. The base rate of payment is AUD 1 529 for a dependent child aged under 15 and for dependent full time students aged 16 to 19. A higher FTB(A) benefit is available for lower income earners, and the value of this benefit is dependent on the age and number of children. For 2016-17 families may receive a maximum payment of AUD 4 766.90 for each child aged under 13 years and AUD 6 201.90 for each child aged 13 to 15 years and for each child aged 16-19 in full time secondary school. For 2016-17 an end of year supplement of AUD 726.35 per child is available for families with a combined taxable income of less than AUD 80 000. For 2016-17, the higher benefit tapers out at the rate of AUD 0.20 for each dollar of income over AUD 51 903 until the base payment is reached. However, people receiving any social security allowances or pensions automatically qualify for the maximum higher benefit. The attached calculations assume each dependant is between 5 and 12 years of age.
- Family Tax Benefit Part B (FTB(B)) is targeted at single income couple and sole parent families. Eligibility for FTB(B) is contingent upon having a FTB child under the age of 16 or a qualifying dependent full-time student up to of the end of the calendar year they turn 18. There are two separate income tests applied to the parent(s). The parent earning the higher amount (or the sole parent, in the case of single parent families) must earn AUD 100 000 or less for the financial year for the family to be eligible. A secondary earner income threshold is also applied to the parent earning the lower amount. For 2016-17, this threshold is AUD 5 475, above which the entitlement is reduced by AUD 0.20 for each dollar of income. There is no secondary earner income test applied to sole parents. For 2016-17, the maximum payment is AUD 3 186.45if the youngest dependent child is aged between 5 and 15 (or up to the end of the calendar year they turn 18 years if the dependent child is a full-time student), and AUD 4 409.20 if there is a child under 5 years. The attached calculations assume each dependant is between 5 and 12 years of age.
- Recipients of the Family Tax Benefit may elect to receive the benefit in fortnightly instalments or as an end of year lump sum payment.
- A Newborn Supplement and Newborn Upfront Payment may be paid to families for each baby born from 1 March 2014. To be eligible families will need to be eligible for Family Tax Benefit Part A and not be accessing Parental Leave Pay for that child. For multiple births, Parental Leave Pay may be payable for one child and Newborn Supplement for the other child or children. The total value of the Newborn Supplement and Newborn Upfront Payment in 2016-17 is up to AUD 2 127.23 for the first child (and all multiple births) and up to AUD 1 064.35 for subsequent children. This supplement and upfront payment replace the previous Baby Bonus.
- On 1 January 2011 Australia's first Paid Parental Leave scheme commenced. The scheme provides two government-funded payments: Parental Leave Pay and Dad and Partner Pay. Parental Leave Pay (PLP) provides the primary carer of a child with 18 weeks' pay at the national minimum wage (AUD 672.70 per week before tax in 2016-17), in the year following the child's birth or adoption. The primary carer must have worked for at least 10 of the 13 months prior to the birth or adoption, and for at least 330 hours in that

10 month period with no more than an eight week gap between two working days. The primary carer's adjusted taxable income must be AUD 150 000 or less in the financial year prior to the date of claim or date of birth or adoption, whichever is earlier. PLP and Newborn Supplement cannot be paid for the same child. A person cannot claim FTB(B) or the dependent spouse, child housekeeper and housekeeper tax offsets while they are receiving PLP.

- Dad and Partner Pay (DAPP) provides the father or partner of the primary carer of a child with two weeks' pay at the national minimum wage (AUD 672.70 per week before tax in 2016-17), in the year following the child's birth or adoption. The father or partner must have worked for at least 10 of the 13 months prior to the birth or adoption and for at least 330 hours in that 10 month period with no more than an eight week gap between two working days. The father or partner's adjusted taxable income must be AUD 150 000 or less in the financial year prior to the date of claim or date of birth or adoption, whichever is earlier. DAPP and PLP may be paid for the same child.
- Child Care Benefit (CCB) is a means-tested payment which assists families with the cost of approved child care. In 2016-17 CCB is payable to eligible families with incomes up to AUD 154 697 for one child in care, with the income limit rising for each additional child in care. Families with annual incomes under AUD 44 457 receive the maximum rate of CCB, which is AUD 4.24 per hour for a non-school child in care. CCB is payable for a maximum of 50 hours per week. To receive more than 24 hours of CCB per week both parents must be participating in work, training or study activities for at least 15 hours per week. The attached calculations assume no child care usage.
- Child Care Rebate (CCR) is an additional payment aimed at promoting workforce participation. CCR is not means tested. It pays 50% of out-of-pocket child care expenses (after any CCB), up to an annual cap of AUD 7 500 per child in 2016-17. Families have to participate in work, training or study related commitments at some time during a week or have an exemption. No minimum number of hours is required.
- Parenting Payment is a taxable payment payable to partnered and sole parents for low income families with a qualifying child under six and eight years of age respectively. In 2016-17 the maximum annual amount of Parenting Payment (Partnered) (PP(P)) was AUD 12 457. Only one parent in a couple can be entitled to PP(P). The maximum annual amount of Parenting Payment (Single) (PP(S)) was AUD 19 271. These payments are subject to income and assets tests. The Parenting Payment (Partnered) tapers out at a rate of AUD 0.50 per AUD 1 of income over AUD 2 652 up to AUD 6 552 and reduces at a rate of AUD 0.60 per AUD 1 for income over AUD 6 552. Under the PP(P) income test, a spouse receives a reduced Parenting Payment, tapering at a rate of AUD 0.60, when the higher earning partner's income exceeds AUD 24 310. If the spouse has little or no income (less than AUD 2 652 per annum), he or she would not receive any Parenting Payment when the higher earning partner's income exceeds AUD 45 296. PP(S) reduces by AUD 0.40 for each AUD 1 of income above AUD 4 264 plus AUD 639.60 for each child other than the first. The attached calculations assume dependants are aged six and seven.
- The Newstart allowance is a taxable payment payable to single persons and partnered individuals who are unemployed. It is also payable to a member of a couple if their youngest child is aged six years or more and to single parents if their youngest child is aged eight years or more. It is conditional on recipients fulfilling a personal Job Plan, which typically involves taking part in activities such as job seeking and training. In 2016-17 the

Newstart allowance for singles without dependants was AUD 13 796 and for partnered individuals was AUD 12 457. These payments taper out at a rate of AUD 0.50 per AUD 1 for incomes between AUD 2 704 and AUD 6 604, and reduce at a rate of AUD 0.60 per AUD for incomes over AUD 6 604. The Newstart allowance for partnered individuals reduces by AUD 0.60 for each AUD 1 of their partner's income above AUD 24 362. For single principal carers with dependent child(ren), it reduces at a rate of AUD 0.40 per AUD 1 for incomes over AUD 2 704.

- A non-taxable supplementary payment called Pharmaceutical Allowance (PA) is payable to eligible persons; for example, persons who receive the PP(S). PA is added to the maximum basic rate of PP(S) before a person's PP(S) entitlement is calculated. Anyone with a PP(S) entitlement, after PA has been added, receives the full amount of PA. For 2016-17, the payment is AUD 161.20.
- A Telephone Allowance is available on a quarterly basis to eligible individuals, including individuals who receive PP(S) or PA if their PP(S) entitlement is reduced to 0. The basic rate of the Telephone Allowance is AUD 112.49 for 2016-17, with a higher rate of AUD 167.54 available for recipients of Disability Support Pension who are under the age of 21 and where a home internet service is connected in the individual's or partner's name. The attached calculations assume the standard rate is applicable.

4.3. *Other transfers*

Single Income Family Supplement

- The Single Income Family Supplement (SIFS) is a non-taxable payment for households with one main income earner. This payment is being phased out, with grandfathering commenced 1 July 2017.
- The SIFS phases in at a rate of AUD 0.025 for every AUD 1 above AUD 68 000 until it reaches AUD 300. Once the main earner's income exceeds AUD 120 000 the SIFS reduces by AUD 0.01 for every AUD 1. If there is a secondary earner, every AUD of their income above AUD 16 000, reduces the SIFS by AUD 0.15.

Income Support Bonus

- The Income Support Bonus is a non-taxable payment made to recipients of eligible social security benefits. In 2016-17, single persons received AUD 223.4 and each member of a couple received AUD 186. The Income Support Bonus ceased as of 31 December 2016.

Energy assistance payment

- Recipients of eligible pensions (Age Pension, Parenting Payment Single and Disability Support Pension) received a one off payment of AUD 75 for singles and AUD 62.50 for couples (each).

5. Recent changes in the tax/benefit system

In 2016-17, the following changes to the benefits system commenced:

- Cessation of the Schoolkids' Bonus from 1 July 2016.
- Cessation of the Income Support Bonus from 31 December 2016.
- FTB A end of year supplement payment threshold of ATI AUD 80 000 introduced from 1 July 2016.

- Cease payment of FTB Energy Supplement amounts for new claimants from 20 September 2016 on 20 March 2017.
- Cease payment of the Single Income Family Supplement for new claimants from 30 June 2016.
- Cessation of the Large Family Supplement from 1 July 2016.

In 2016-17, the following changes to the personal tax system occurred:

- From 1 July 2016, the upper limit of the 32.5 per cent income tax threshold increased from AUD 80 000 to AUD 87 000.

6. Memorandum items

6.1. *Identification of an average worker*

The source of the information used in replying to the questionnaire was the Australian Bureau of Statistics publication Average Weekly Earnings – Australia, catalogue number 6302.0. The survey is now conducted on a biannual basis (it was previously conducted on a quarterly basis up to the June 2012 quarter) and is based on a representative sample of employers in each industry. As a result of this change in frequency, average weekly earnings for the 2016-17income tax year have been calculated as the average of the two biannual figures (November 2016 and May 2017 [released in August 2016]).

In August 2009 the Australian Bureau of Statistics (ABS) redesigned the survey and replaced the industry classification based on the 1993 edition of the Australian and New Zealand Standard Industrial Classification (ANZSIC), which had been in use since 1994, with the 2006 edition of ANZSIC. The 2006 edition of ANZSIC was developed to provide a more contemporary industrial classification system, taking into account issues such as changes in the structure and composition of the economy, changing user demands and compatibility with major international classification standards. Accordingly, the average wage figure for 2010 and later years is inconsistent with that provided for previous years.

All wage and salary earners who received pay for the reference period are represented in the Survey of Average Weekly Earnings (AWE), except:

- members of the Australian permanent defence forces;
- employees of enterprises primarily engaged in agriculture, forestry and fishing;
- employees of private households;
- employees of overseas embassies, consulates, etc.;
- employees based outside Australia; and
- employees on workers' compensation who are not paid through the payroll.

Also excluded are the following persons who are not regarded as employees for the purposes of this survey:

- casual employees who did not receive pay during the reference period;
- employees on leave without pay who did not receive pay during the reference period;
- employees on strike, or stood down, who did not receive pay during the reference period;
- directors who are not paid a salary;
- proprietors/partners of unincorporated businesses;
- self-employed persons such as subcontractors, owner/drivers, consultants;

- persons paid solely by commission without a retainer; and
- employees paid under the Parental Leave Pay Scheme.

The sample for the AWE survey, like most ABS business surveys, is selected from the ABS Business Register which is primarily based on registrations with the Australian Taxation Office's (ATO) Pay As You Go Withholding (PAYGW) scheme (and prior to 1 June 2000 the Group Employer (GE) scheme). The population is updated quarterly to take account of:

- new businesses;
- businesses which have ceased employing;
- changes in employment levels;
- changes in industry; and
- other general business changes.

Earnings comprise weekly ordinary time earnings and weekly overtime earnings.

Weekly ordinary time earnings refers to one week's earnings of employees for the reference period attributable to award, standard or agreed hours of work. It is calculated before taxation and any other deductions (e.g. board and lodging) have been made. Included in ordinary time earnings are award, workplace and enterprise bargaining payments, and other agreed base rates of pay, over award and over agreed payments, penalty payments, shift and other allowances; commissions and retainers; bonuses and similar payments related to the reference period; payments under incentive or piecework; payments under profit sharing schemes normally paid each pay period; payment for leave taken during the reference period; all workers' compensation payments made through the payroll; and salary payments made to directors. Excluded are overtime payments, retrospective pay, pay in advance, leave loadings, severance, termination and redundancy payments, and other payments not related to the reference period.

Weekly overtime earnings refers to payment for hours in excess of award, standard or agreed hours of work.

6.2. Employers' contribution to private health and pension scheme

In Australia very few employers make any contributions towards health schemes for their employees, especially where the employee is at a wage level comparable to that of an average production worker.

In 2013, around 90% of employees received superannuation contributions from their employer.

2017 parameter values

Average earnings/yr	Ave_earn	83 542	
Low Income Tax Offset	low_inc_cr	445	
	low_inc_lim	37 000	
	low_inc_redn	0.015	
Tax schedule	tax_sch	0.000	18 200
		0.190	37 000
		0.325	87 000
		0.370	180 000
		0.450	
Medicare levy	medic_rate	0.02	
exemption limits	sing_lim	21 655	
married	m_lim	36 541	
sing parent receiving PPS	SAPTO_lim	47 670	
+ per child	ch_lim	3 356	
shading-in rate	shade_rate	0.1	
Temporary Budget Repair Levy	TBRL_rate	0.02	
income threshold	TBRL_lim	180 000	
Part A FTB max	FTB_A_max	5 493.25	
Part A FTB basic	FTB_A_base	2 255.70	
part A income limit 1	FTB_A_lim1	51 903	
part A income limit 2	FTB_A_lim2	94 316	
reduction rate 1	FTB_A_taper1	0.2	
reduction rate 2	FTB_A_taper2	0.3	
Part A FTB Energy Supplement (ES) max	FTB_A_CES_max	91.25	
Part A FTB ES basic	FTB_A_CES_basic	36.5	
Part A FTB max end of year supplement	FTB_A_supp	726.35	
Part A FTB max end of year supplement threshold	FTB_A_supp_lim	80 000	
Part B FTB	FTB_B	3 186.45	
part B partner income limit	FTB_B_lim	5 475	
reduction rate	FTB_B_taper	0.2	
Income limit (primary earner)	FTB_B_lim_p	100 000	
Part B FTB ES no child <5 years old	FTB_B_CES_5	51.1	
Single Income Family Supplement max rate	SIFS_max	300	
Single Income Family Supplement phase-in threshold	SIFS_in_lim_pr	68 000	
Single Income Family Supplement taper in Rate primary earner	SIFS_in_taper_pr	0.025	
Single Income Family Supplement phase-out threshold (primary earner)	SIFS_out_lim_pr	120 000	
Single Income Family Supplement taper out rate (primary earner)	SIFS_out_taper_pr	0.01	
Single Income Family Supplement phase out threshold (secondary earner)	SIFS_out_lim_sec	16 000	
Single income family supplement phase out taper secondary earner	SIFS_out_taper_sec	0.15	
Parenting payment single	PPS	19 270.8	
reduction rate	PPS_taper	0.4	
income limit	PPS_lim	4 264	
additional limit per child	PPS_ch_lim	639.6	
Parenting payment single Energy Supplement (ES)	PPS_CES	312	
Pharmaceutical allowance	PA	161.2	
State pay-roll tax rate (NSW)	Pay_roll_rate	0.0545	
Additional parameters			
Newstart allowance single rate	NSAS	13 795.90	
Newstart allowance single ES	NSAS_CES	228.80	
Newstart allowance partnered rate	NSAP	12 457	
Newstart allowance partnered ES	NSAP_CES	205.40	
reduction rate 1	NSA_taper1	0.5	
reduction rate 2	NSA_taper2	0.6	
income limit 1	NSA_lim1	2 704	
income limit 2	NSA_lim2	6 604	
Senior Australian and Pensioner Tax Offset	SAPTO	2 230	

2017 parameter values

Senior Australian and Pensioner Tax Offset single threshold	SAPTO_thresh	32 279
Senior Australian and Pensioner Tax Offset taper rate	SAPTO_taper	0.125
Telephone allowance	Tele_A	112.49
Income Support Bonus Single	ISB_s	111.7
Income Support Bonus partnered	ISB_p	93

2017 tax equations

The equations for the Australian system in 2017 are mostly repeated for each individual of a married couple. However, the spouse credit is relevant only to the calculation for the principal earner and the calculation of the Medicare levy uses shading-in rules which depend on the levels of earnings of the spouses. The basis of calculation is shown by the Range indicator in the table below.

The functions which are used in the equations (Taper, MIN, Tax etc) are described in the technical note about tax equations. Variable names are defined in the table of parameters above, within the equations table, or are the standard variables "married" and "children". A reference to a variable with the affix "_total" indicates the sum of the relevant variable values for the principal and spouse. And the affixes "_princ" and "_spouse" indicate the value for the principal and spouse respectively. Where the calculation for one earner takes into account variables for the other earner, the affix "_oth" is used. Equations for a single person are as shown for the principal, with "_spouse" values taken as 0.

	Line in country table and intermediate steps	Variable name	Range	Equation
1.	Earnings	earn		
2.	Allowances	tax_al	B	0
3.	Credits in taxable income:			
	Credits in taxable income of principal	taxbl_cr_princ	P	IF(AND(Children>0,Married=0),Taper(PPS,earn_princ,PPS_lim+PPS_ch_lim*(Children-1),PPS_taper),IF(AND(Children=0,Married=0),taper2(NSAS,earn_princ,NSA_lim1,NSA_lim2,NSA_taper1,NSA_taper2),IF(Married>0,taper3(NSAP,earn_princ,earn_spouse,NSA_lim1,NSA_lim2,NSA_taper1,NSA_taper2,0),,0)))
	Credits in taxable income of spouse	taxbl_cr_spouse	S	IF(AND(Children>0,Married=0),0,IF(AND(Children=0,Married=0),0,IF(Married>0,taper3(NSAP,earn_spouse,earn_princ,NSA_lim1,NSA_lim2,NSA_taper1,NSA_taper2,0),0)))
4.	CG taxable income	tax_inc	B	earn+taxbl_cr
5.	CG tax before credits			
	Medicare Levy	med_levy	B	medicare(tax_inc,sing_lim,m_lim,SAPTO_lim,ch_lim,shade_rate,medic_rate,Married,tax_inc_oth,Children)
	Temporary Budget Repair Levy	TBRL	B	TBRL_rate*Positive(tax_inc-TBRL_lim)
	Tax liability	liab	P	Tax(tax_inc, tax_sch)
6.	Tax credits :			
	Low income credit	low_cr	B	Taper(low_inc_cr,tax_inc,low_inc_lim,low_inc_redn)
	Senior Australian and Pensioner Tax Offset	sap_cr	P	IF(AND(taxbl_cr_princ>0,NOT(AND(Children>0,Married=0))),Tax(taxbl_cr_princ,tax_sch),IF(taxbl_cr_princ>0,Taper(SAPTO,tax_inc,SAPTO_thresh,SAPTO_taper),0)
	Beneficiary tax offset	ben_cr	B	IF(AND(taxbl_cr>0, NOT(AND(Children>0, Married=0))), Tax(taxbl_cr, tax_sch), 0)
	Total	tax_cr	B	low_cr+sap_cr+ben_cr
7.	CG tax	CG_tax	B	Positive(liab-tax_cr) + med_levy + TBRL
8.	State and local taxes	local_tax	B	0
9.	Employees' soc security	SSC	B	0
11.	Cash transfers:			
	Family Tax Benefit (Part A)	ftbA	P	IF(PA>0,((FTB_A_max+FTB_A_CES_max+IF(princ_earn+spouse_earn<FTB_A_supp_lim,FTB_A_supp,0))*Children+IF(Children>2,(Children-2)*FTB_A_large,0)),MAX(((FTB_A_max+FTB_A_CES_max+IF(princ_earn+spouse_earn<FTB_A_supp_lim,FTB_A_supp,0))*Children-Positive((princ_earn+taxbl_cr+spouse_earn+taxbl_cr_spouse)-FTB_A_lim1)*FTB_A_taper1),Positive((FTB_A_base+FTB_A_CES_basic)*Children-Positive((princ_earn+taxbl_cr+spouse_earn+taxbl_cr_spouse)-(FTB_A_lim2+(Positive(Children-1))*FTB_A_child))*FTB_A_taper2)))
	Family Tax Benefit (Part B)	ftbB	J	IF(earn_princ<FTB_B_lim_p,IF(Children>0,Taper(FTB_B+FTB_B_CES_5,earn_spouse+taxbl_cr_spouse,FTB_B_lim,FTB_B_taper),0),0)

Line in country table and intermediate steps		Variable name	Range	Equation
	Pharmaceutical Allowance	PA	J	AND(Children>0,Married=0)*IF(Taper(PPS+PA+PPS_CES,earn_princ, PPS_lim+PPS_ch_lim*(Children-1),PPS_taper)>0,PA,0)
	Energy Supplement	CES	J	IF(AND(Children>0,Married=0,Taper(PPS+PPS_CES,earn_princ,PPS_lim+PPS_ch_lim*(Children-1),PPS_taper)>0), MAX(0,Taper(PPS+PPS_CES,earn_princ,PPS_lim+PPS_ch_lim*(Children-1),PPS_taper)-Taper(PPS, earn_princ,PPS_lim+PPS_ch_lim*(Children-1),PPS_taper)),IF(AND(Children>0,Married=0,Taper(PPS+PPS_CES,earn_princ,PPS_lim+PPS_ch_lim*(Children-1),PPS_taper)=0),0,IF(AND(Children=0,Married=0,taper2(NSAS+NSAS_CES,earn_princ,NSA_lim1,NSA_lim2, NSA_taper1,NSA_taper2)>0),taper2(NSAS+NSAS_CES,earn_princ,NSA_lim1,NSA_lim2,NSA_taper1,NSA_taper2)-taper2(NSAS,earn_princ,NSA_lim1,NSA_lim2, NSA_taper1,NSA_taper2),IF(AND(Married>0,taper3(NSAP,earn_spouse,earn_princ,NSA_lim1,NSA_lim2,NSA_taper1,NSA_taper2,NSAP_CES)>0),taper3(NSAP,earn_spouse,earn_princ,NSA_lim1,NSA_lim2,NSA_taper1,NSA_taper2,NSAP_CES)-taper3(NSAP,earn_spouse,earn_princ,NSA_lim1,NSA_lim2,NSA_taper1,NSA_taper2,NSAP_CES-NSAP_CES)))))+IF(AND(Married>0, ,taper2(NSAP+NSAP_CES, earn_princ,NSA_lim1,NSA_lim2,NSA_taper1,NSA_taper2)>0), max(0, taper2(NSAP+NSAP_CES,earn_princ,NSA_lim1,NSA_lim2,NSA_taper1,NSA_taper2)taper2(NSAP,earn_princ,NSA_lim1,NSA_lim2,NSA_taper1,NSA_taper2)),0)
	Single Income Family Supplement	SIFS	J	sifs(tax_inc_princ,tax_inc_spouse,ftbA+ftbB,SIFS_max,SIFS_in_lim_pr,SIFS_in_taper_pr,SIFS_out_lim_pr,SIFS_out_taper_pr,SIFS_out_lim_sec,SIFS_out_taper_sec)
	Income support bonus	ISB	B	IF(AND(Married=0,(taxbl_cr_princ+earn_princ+PA)>0),ISB_s,IF(AND(Married>0,taper3(NSAP, taxbl_cr_princ, earn_princ,NSA_lim1,NSA_lim2,NSA_taper1,NSA_taper2,NSAP_CES)>0),ISB_p,0))+IF(AND(Married>0,taper2(NSAP+NSAP_CES,earn_princ,NSA_lim1,NSA_lim2,NSA_taper1,NSA_taper2)>0),ISB_p,0)
	Telephone Allowance	TeleA	P	IF(Married=0,IF(Children>0,IF(Taper(PPS+PA+PPS_CES,earn_princ,PPS_lim+PPS_ch_lim*(Children-1),PPS_taper)>0,Tele_A,0),0),0)
		cash_trans	J	ftbA+ftbB+taxbl_cr_princ+PA+taxbl_cr_spouse+Tele_A +CEA=CES+SKB+SIFS+ISB
13.	Employer's State pay-roll tax	tax_empr	B	earn*Pay_roll_rate

Key to range of equation B calculated separately for both principal earner and spouse P calculated for principal only (value taken as 0 for spouse calculation) J calculated once only on a joint basis. Key refers to an optimisation of benefits i.e. Parenting payment for principal and Newstart allowance for spouse versus Parenting payment for spouse and Newstart allowance for principal.

© OCDE 2018

Austria

This chapter includes data on the income taxes paid by workers, their social security contributions, the family benefits they receive in the form of cash transfers as well as the social security contributions and payroll taxes paid by their employers. Results reported include the marginal and average tax burden for eight different family types.

Methodological information is available for personal income tax systems, compulsory social security contributions to schemes operated within the government sector, universal cash transfers as well as recent changes in the tax/benefit system. The methodology also includes the parameter values and tax equations underlying the data.

Austria 2017

The tax/benefit position of single persons

		Wage level (per cent of average wage)	67	100	167	67
		Number of children	none	none	none	2
1.	**Gross wage earnings**		30 804	45 977	76 781	30 804
2.	**Standard tax allowances**					
	Basic allowance		60	60	60	60
	Married or head of family					
	Dependent children		0	0	0	880
	Deduction for social security contributions and income taxes		5 538	8 265	12 534	5 538
	Work-related expenses		132	132	132	132
	Other		0	0	0	0
		Total	5 730	8 457	12 726	6 610
3.	**Tax credits or cash transfers included in taxable income**		0	0	0	0
4.	**Central government taxable income (1 - 2 + 3)**		25 075	37 520	64 056	24 195
5.	**Central government income tax liability (exclusive of tax credits)**		3 131	7 041	16 811	2 823
6.	**Tax credits**					
	Basic credit		0	0	0	0
	Married or head of family		0	0	0	669
	Children					
	Other		400	400	400	400
		Total	400	400	400	1 069
7.	**Central government income tax finally paid (5-6)**		2 731	6 641	16 411	1 754
8.	**State and local taxes**		0	0	0	0
9.	**Employees' compulsory social security contributions**					
	Gross earnings		5 538	8 265	12 534	5 538
	Taxable income					
		Total	5 538	8 265	12 534	5 538
10.	**Total payments to general government (7 + 8 + 9)**		8 269	14 907	28 945	7 292
11.	**Cash transfers from general government**					
	For head of family					
	For two children		0	0	0	5 098
		Total	0	0	0	5 098
12.	**Take-home pay (1-10+11)**		22 535	31 070	47 836	28 611
13.	**Employer's wage dependent contributions and taxes**					
	Employer's compulsory social security contributions		6 595	9 843	14 926	6 595
	payroll taxes		2 187	3 264	5 451	2 187
		Total	8 782	13 107	20 378	8 782
14.	**Average rates**					
	Income tax		8.9%	14.4%	21.4%	5.7%
	Employees' social security contributions		18.0%	18.0%	16.3%	18.0%
	Total payments less cash transfers		26.8%	32.4%	37.7%	7.1%
	Total tax wedge including employer's social security contributions		43.1%	47.4%	50.8%	27.7%
15.	**Marginal rates**					
	Total payments less cash transfers: Principal earner		43.3%	48.2%	36.9%	43.3%
	Total payments less cash transfers: Spouse		n.a.	n.a.	n.a.	n.a.
	Total tax wedge: Principal earner		55.8%	59.7%	41.0%	55.8%
	Total tax wedge: Spouse		n.a.	n.a.	n.a.	n.a.

Austria 2017

The tax/benefit position of married couples

		Wage level (per cent of average wage)	100-0	100-33	100-67	100-33
		Number of children	2	2	2	none
1.	**Gross wage earnings**		45 977	61 149	76 781	61 149
2.	**Standard tax allowances**					
	Basic allowance		60	120	120	120
	Married or head of family					
	Dependent children		880	880	1 200	0
	Deduction for social security contributions and income taxes		8 265	10 538	13 803	10 538
	Work-related expenses		132	264	264	264
	Other		0	0	0	0
		Total	9 337	11 802	15 387	10 922
3.	**Tax credits or cash transfers included in taxable income**		0	0	0	0
4.	**Central government taxable income (1 - 2 + 3)**		36 640	49 347	61 394	50 227
5.	**Central government income tax liability (exclusive of tax credits)**		6 672	6 672	9 711	7 041
6.	**Tax credits**					
	Basic credit		0	0	0	0
	Married or head of family		669	0	0	0
	Children					
	Other		400	800	800	800
		Total	1 069	800	800	800
7.	**Central government income tax finally paid (5 - 6)**		5 603	5 872	8 911	6 241
8.	**State and local taxes**		0	0	0	0
9.	**Employees' compulsory social security contributions**					
	Gross earnings		8 265	10 538	13 803	10 538
	Taxable income					
		Total	8 265	10 538	13 803	10 538
10.	**Total payments to general government (7 + 8 + 9)**		13 868	16 409	22 714	16 779
11.	**Cash transfers from general government**					
	For head of family					
	For two children		5 098	5 098	5 098	0
		Total	5 098	5 098	5 098	0
12.	**Take-home pay (1-10+11)**		37 207	49 838	59 166	44 370
13.	**Employer's wage dependent contributions and taxes**					
	Employer's compulsory social security contributions		9 843	13 091	16 438	13 091
	Payroll taxes		3 264	4 342	5 451	4 342
		Total	13 107	17 433	21 889	17 433
14.	**Average rates**					
	Income tax		12.2%	9.6%	11.6%	10.2%
	Employees' social security contributions		18.0%	17.2%	18.0%	17.2%
	Total payments less cash transfers		19.1%	18.5%	22.9%	27.4%
	Total tax wedge including employer's social security contributions		37.0%	36.6%	40.0%	43.5%
15.	**Marginal rates**					
	Total payments less cash transfers: Principal earner		48.2%	48.2%	48.2%	48.2%
	Total payments less cash transfers: Spouse		16.8%	15.0%	43.3%	15.0%
	Total tax wedge: Principal earner		59.7%	59.7%	59.7%	59.7%
	Total tax wedge: Spouse		35.2%	33.8%	55.8%	33.8%

The Austrian currency is the Euro (EUR). In 2017, EUR 0.89 was equal to USD 1. In that year, the average worker in Austria earned EUR 45 977 (Secretariat estimate).

1. Personal income tax

1.1. *Central government income tax*

1.1.1. *Tax unit*

Each person is taxed separately.

1.1.2. *Tax allowances*

1.1.2.1. Standard tax reliefs

- Work related expenses: a minimum tax allowance of EUR 132 is available to all employees.
- Minimum tax allowance for special expenses of EUR 60.
- Social security contributions and connected contributions (see Section 2).
- •Children tax allowance of EUR 440 for one or EUR 300 for both parents per child. The parents have the choice between these opportunities.

1.1.2.2. Non-standard tax reliefs

- Mainly work related expenses ("Werbungskosten").
- Traffic relief depending on the distance between home/address and working place and the availability of public transport.

  The following allowances are deductible from income (EUR per year):

	Public transport	
	Available	Not available
More than 2 km	0	372
More than 20 km	696	1 476
More than 40 km	1 356	2 568
More than 60 km	2 016	3 672

- Tax-free wage supplements exist for dirty, hard, dangerous, night, weekend and holiday work and overtime. The supplement for 10 hours of overtime up to EUR 86 per month is tax free, the other supplements are tax free up to EUR 360 (EUR 540 for night workers) per month.
- Tax allowances for contributions to state-approved churches up to EUR 400 per year and for donations up to 10% of income to research and humanitarian purposes, environmental protection, fire brigades, civil protection, etc.

LES IMPÔTS SUR LES SALAIRES 2018 © OCDE 2018

1.1.3. *Rate Schedule*

The tax schedule from 2016 onwards is:

Income (EUR) up to	Marginal rate %
11 000	0
18 000	25
31 000	35
60 000	42
90 000	48
1 000 000	50
Above	55*)

* The top marginal tax rate of 55% applies only until 2020.

There is a special taxation other than the normal tax schedule for Christmas and leave bonus to the extent that their sum does not exceed two average monthly payments (1/6 of current income) or EUR 83 333. If these bonuses before deduction of SSC are below EUR 2 100 p.a., no tax is calculated. Otherwise the tax amount is calculated according to the following formula:

Income from Christmas and leave bonus (EUR) up to	Marginal rate %
2 000	0
2 345	30
25 000	6
50 000	27
83 333	35.75
Above	50/55

If income for Christmas and leave bonus exceeds EUR 83 333, the exceeding amount is added to current income and taxed accordingly (MTR of 50% or 55%, see above).

1.1.4. *Tax credits*

The following tax credits exist:

- Traffic (commuting) tax credit of EUR 400. If after overall tax calculation of current income the tax amount is negative a refund of social security contributions applies. The refund amounts to the absolute value of the negative result of the tax calculation for current income, limited to 50% of overall social security contributions paid, respectively EUR 400. For commuters with a traffic allowance (see 1.1.2.2.) the maximum amount is EUR 500.
- Additional traffic tax credit in case of entitlement to traffic relief according to the distance between home/address and working place (see 1.1.2.2.). In this case employees are entitled to an additional traffic tax credit of EUR 2 per km distance from home to working place.
- Sole earner's and sole parent's tax credit for families with children. The sole earner's credit is not given when a spouse's income exceeds EUR 6 000. This tax credit is EUR 494 for one child and increases by EUR 175 for the second and by EUR 220 for the third and every additional child. This tax credit is non-wastable and can be paid out as a negative

income tax (in addition to the refund of social security contributions in respect of the traffic tax credit).

- Children's tax credit EUR 700.8 (58.40 per month) per child. As this tax credit is paid together with children allowances and not connected with income tax assessment. Therefore it is treated as a transfer in this Report (similar treatment as in Revenue Statistics).
- Tax credit for retired persons. The tax credit amounts to EUR 764 for sole earners with income up to EUR 19 930 and if the spouse's income does not exceed
- EUR 2 200. Otherwise the tax credit is EUR 400. The tax credit is linearly reduced to 0 between EUR 17 000 (EUR 19 930 for sole earners) and EUR 25 000 of income. If after overall tax calculation on current income the tax amount is negative a refund of social security contributions applies. The refund amounts to is limited to 50% of overall social security contributions paid, respectively to EUR 110.

1.2. State and local income taxes

None.

2. Compulsory social security contributions to schemes operated within the government sector

2.1. Employee and employer social security contributions

	Ceilings (EUR)		Rates (%)	
	Regular wage per month	Christmas and leave bonus	Employee(2)	Employer(3)
Health insurance	4 980	9960	3.87	3.78
Unemployment insurance	4 980	9960	(4)	3.00
Pension insurance	4 980	9960	10.25	12.55
Accident insurance	4 980	9960	–	1.30
Contribution to the labour chamber	4 980	(1)	0.50	–
Contribution for the promotion of residential building	4 980	(1)	0.50	0.50
Addition to secure wage payments in the case of bankruptcy	4 980	9960	–	0.35

1. No contributions on Christmas and leave bonus. In Revenue Statistics, the contribution to the labour chamber is accounted under Taxes on Income of Individuals (1110) the total of the contribution for the promotion of residential buildings is included in Taxes on payroll (3000).
2. There is a threshold for employee contributions of EUR 425.70 per month.
3. A new program has been introduced as of 1st January, 2004 for severance payments. Employers are required to pay 1.53% of gross wages for those whose employment starts after 1st January, 2003 or where the employer and employee opt to participate in the new program. This contribution is seen as a non-tax compulsory wage-related payment.
4. Employees' unemployment insurance rate is reduced for low earnings. In 2017, it is zero for monthly earnings up to EUR 1 342, 1% up to EUR 1 464, 2% up to EUR 1 648 and 3% above.

2.2. Payroll taxes

There are two payroll taxes which are levied on employers for all private sector employees with a monthly gross wage total of more than EUR 1 095: the contribution to the Family Burden Equalisation Fund (4.1%) and the Community Tax (3%). The wage-dependent part of the contribution to the Austrian Economic Chamber (listed under heading 1000, taxes on profits, in the Revenue Statistics) which is levied, together with the contributions to the Family Burden Equalisation Fund, at different rates depending upon the Länder Chamber (the average rate is approximately 0.4%) is not taken into account. The contribution for the promotion of residential buildings (listed under heading 3000, taxes on payroll, in Revenue Statistics) is included in the social security contributions shown above as it is levied by the Health Insurance Companies on monthly income (current) along with the other social security contribution amounts.

3. Universal cash transfers

3.1. *Transfers related to marital status*

No recurrent payments.

3.2. *Transfers for dependent children*

A family allowance is granted for each child. The monthly payment is EUR 111.80 for the first child, EUR 125.60 for the second, EUR 149.00 for the third and EUR 164.80 for each subsequent child. It is increased by EUR 7.80 for children above 3 years, EUR 27.00 for children above 10 years of age and by EUR 50.20 for students (above 19). In the calculation the weighted average is applied.

Parents of children under the age of 3 years are entitled to a childcare transfer, introduced in 2002. Beginning 2010, the flexibility of the childcare transfer was increased significantly. The entitled parent can choose between following alternatives: EUR 14.53 per day until the 36th month of birth (whereas on parent has to consume at least 6 month), EUR 20.80 (24 months; 20 plus 4), EUR 26.60 (18 months; 15 plus 3) or EUR 33.00 (14 months; 12 plus 2). Additionally instead of the fixed amounts the parents can opt for 80% of the last net-earning, limited to EUR 66 a day (14 months; 12 plus 2).

The children's tax credit (EUR 50.90 per month, see § 1.14) is paid out together with the family allowance and therefore treated as a transfer.

There is a supplement to the family allowance of EUR 20.00 per month for the third and every additional child, if the family taxable income (i.e. the sum of the tax base for the progressive income tax schedule) of the preceding year did not exceed EUR 55 000. This supplement is paid out on application after an tax assessment of the very year.

An additional family allowance ("13th family allowance") of EUR 100 is given for children in the age between 6 and 16 every September.

4. Main changes in tax/benefit systems since 2004

In 2004, the first step of a comprehensive tax reform came into force. The general tax credit was increased from EUR 887 to EUR 1 264 and the phasing-out rules were considerably simplified and harmonized for all groups of taxpayers.

The tax reform in 2005 brought a new income tax schedule. Apart from the top rate of 50% for income exceeding EUR 51 000, it shows the average tax rates for two amounts of income. The tax amounts for incomes between these amounts have to be calculated by linear interpolation. The formulas that have to be applied are shown in the tax law. The tax reform included some measures which were made retrospective for 2004. These measures are the increase of the sole earner and the single parent tax credit depending on the number of children (together with a higher earnings limit for the spouse of a single earner) and an increase of the traffic reliefs by about 15%. The maximum deductible amount for church contributions was increased as well. In 2006, the traffic reliefs were again increased by about 10%.

In 2007, the traffic allowances were increased by 10% (effective from 1st July) and the maximum negative tax for employees with traffic allowances was increased from EUR 110 to EUR 240 (for 2008 and 2009). For 2008, the family allowances for the third and subsequent children were increased. In 2008, the unemployment insurance contribution of low-earning employees was reduced (effective from 1st July). In 2008 up to monthly earnings of EUR 1 100 the rate was zero, for earnings below EUR 1 200 the contribution was 1%, below EUR 1 350 2% and above the current rate of 3%. These income limits are increased according to the increase of the ceiling levels of social security contributions every year.

In September 2008, the parliament decided some measures to compensate for the strong increase of food and energy prices: inter alia, the tax exemption of overtime supplements was increased and the 13th children allowances was introduced.

The tax reform 2009 (effective from 1st January) brought an increase of the zero bracket (from EUR 10 000 to EUR 11 000), a reduction of the income tax rates (except the top rate), an upward shift of the top rate bracket (from EUR 51 000 to EUR 60 000) and several measures for families with children: children allowance (EUR 220 or EUR 132 each parent p.a.), deductibility of cost for child care (up to EUR 2 300 p.a. per child), tax-free payments (up to EUR 500 p.a.) from employers to their employees for child care and an increase of the children tax credit.

Starting with 2013 a progressive rate schedule is applied to Christmas and leave bonus instead of a flat rate regime of 6% (see 1.1.3.)

The tax reform 2016 decreased all marginal tax rates significantly, notably the marginal tax rate of the first tax bracket which was reduced by 11.5 percentage points from 36.5% to 25%. Limited to the years 2016 to 2020 the top marginal tax rate is increased by 5% points to 55% temporarily. These 55% apply to parts of income exceeding EUR 1 million a year.

The tax credit for employees was increased from EUR 345 to EUR 400. The non wastable tax credit (reimbursement of social security contributions) for low earnings was extended. For employees the non wastable tax credit was increased to a maximum of 50% of social security contributions up to a ceiling of EUR 400 a year. For commuters eligible for the commuter tax allowance the maximum amount of the non wastable tax credit is EUR 500. This system of a non wastable tax credit was extended to pensioners too, limited to EUR 110.

Besides the already existing broad financial support for families (payable tax credit and transfers as well as deductibility of cost for child care) the tax reform 2016 increased the tax allowances for children from EUR 220 to EUR 440 per child. If both parents claim for this tax allowance, it increases to EUR 600 (two times EUR 300).

Tax expenditures (tax allowances) for private insurances (e.g. health and pension insurances) and mortgages were abolished for new contracts beginning with 2016. For existing contracts these tax allowances are maintained for a transitional period of five years.

5. Memorandum items

5.1. *Calculation of earnings data*

- Sector used: All private employees except apprentices employed full-time for the whole year
- Geographical coverage: Whole country

 LES IMPÔTS SUR LES SALAIRES 2018 © OCDE 2018

- Sex: Male and Female
- Earnings base:
  - Items excluded: Unemployment compensation
Sickness compensation
  - Items included: Vacation payments
Overtime payments
Recurring cash payments
Fringe benefits (taxable value)
- Basic method of calculation used: Average annual earnings
- Income tax year ends: 31 December

  Period to which the earnings calculation refers to: one year.

2017 parameter values

Average earnings/yr	Ave_earn	45 977	Secretariat estimate
Non current income as %	non_cur_pc	14.286%	
Tax schedule for nci	nci_sch	0	2 000
		0.3	2 345
		0.06	25 000
		0.27	50 000
Maximum non-current income tax base	nci_base_max	0.3575	83 333
Work related	work_rel	132	
Allowance f."Special expenses"	Basic_al	60	
Children allowance for 2 earning parents	Child_al_2	300	
Children allowance for sole earner/parent	Child_al_1	440	
Positve tax threshold	pos_tax_th	12600	
Tax free inc.	tax_free	0%	
Basic tax credit	basic_cr		
Employee's tax credit	wage_cr	0	
Max. neg. employee's tax credit	neg_wage_cr	400	
Max. neg. employee's tax credit rate	neg_wage_cr_rate	50%	
Traffic (commuting) tax credit	traffic_cr	400	
Sole earner's (parent's) tax credit	sole_cr	0	
Children suppl.to SETC: 1st child	dsole1_cr	494	
2nd child	dsole2_cr	175	
3rd+ child	dsole3_cr	220	
Spouse income not more than	sole_lim0	0	
Spouse with children	sole_lim1	6 000	
Income tax schedule	Tax_sch	0	11 000
		0.25	18 000
		0.35	31 000
		0.42	60 000
		0.48	90 000
		0.50	1 000 000
		0.55	
Ceiling f. soc. security contributions	SSC_ceil	4 980	
lower limit	SSC_low	425.7	
Employees' contr. rates	health_rate	3.87%	
	unemp_rate	0.00%	1 342
		1.00%	1 464
		2.00%	1 648
		3.00%	
	pension_rate	10.25%	
sum without unempl. and others	empl_14	14.12%	
	others_rate	1.00%	
Employers' contr.rates	health_empr	3.78%	
	unemp_empr	3.00%	
	pension_empr	12.55%	
	accident_empr	1.30%	
	payinsur_empr	0.35%	
sum without others	empr_14	20.98%	
	others_empr	0.50%	
Payroll taxes	payroll_rate	7.10%	
Child benefit: 1st child	CB_1	1 341.6	
2nd child	CB_2	1 507.2	
3rd child	CB_3	1 788.0	
4th+ child	CB_4	1 977.6	
suppl.>3years	CB03sppl	93.6	
suppl.>10years	CB10sppl	324.0	
suppl >19years	CB19sppl	602.4	
5<suppl<17	CB5to17	100	
Child tax credit	child_cr_1	700.8	

2017 tax equations

The equations for the Austrian system are, in principle, on an individual basis. The only variable which is dependent on the marital status is the head of family (sole earner) tax credit which is also given to single people with children. For the Christmas and leave bonus (both amounting to one monthly wage or salary) there are special rules for the calculation of social security contributions (separate ceilings and slightly lower rate) and wage tax (reduced flat rate). The income tax schedule and the tax credits are applied only for "current pays". The children tax credit is in principle given to the mother (as a negative tax together with "family allowances" = transfer for children). The sole earner and the employee tax credit are connected with negative income tax rules. Therefore, the tax finally paid may be different from tax liability minus tax credits.

Bn	Variable	code for docn equations	Excel-Function
3	earnings (%AW)	percent	0, 33%, 67%, 1 or 167% in Taxing Wages output tables (but model can be applied to all earnings levels)
4	number of children	child	0 or 2 in Taxing Wages output tables
5	Gross earnings	earn	=Ave_earn*percent
6	Current income	cearn	=(1-non_cur_pc)*earn
7	Basic allowance	allow	=(earn>14*SSC_low)*Basic_al
8	SSC on curr.inc.	SSCc	='(empl_14+unemp(earn,unemp_rate)+others_rate)*' MIN(12*SSC_ceil;cearn)*(cearn>12*SSC_low)
9	Work related expenses	work_rel	=(earn>14*SSC_low)*work_rel
10	Tax-free income	taxfrinc	=tax_free*earn
11	Child allowance	Child_al_princ Child_al_spouse	IF(cearn_spouse-allow_spouse-SSCc_spouse-work_rel_spouse-taxfrinc_spouse-12600<0,Child_al_1, Child_al_2)*child IF(Child_al_princ='child*Child_al_2,' Child_al_2, 0)*Child
12	Tax base for schedule	ctbase	='(cearn-allow-Child_al_princ-' SSCc-work_rel-taxfrinc)+max(0;ncearn-SSCnc-nci_base_max)
13	Gross tax on current income	gtaxcur	=Tax(ctbase;tax_sch)
14	Basic tax credit	btaxcr	=0
15	Married or head of family	headcr	=(earn_sp<IF(child>0;sole_lim1;sole_lim0))*(sole_cr+(child>0)*dsole1_cr+(child>1)*dsole2_cr+(child>2)*(child-2)*dsole3_cr
16	Other	othcr	=(earn>14*SSC_low)*(wage_cr+traffic_cr)
17	Interm. tax on current income	itcur	=gtaxcur-btaxcr-headcr-othcr
18	Net tax on current income	ntaxcur	=max(gtaxcur-btaxcr-other;-neg_wage_cr_rate*SSC;-neg-wage_cr)-child>0)-headcr
19	Non current income	ncearn	=earn-cearn
20	SSC on non-curr. inc.	SSCnc	='(health_rate+unemp(earn,unemp_rate)+pension_rate)*' MIN(2*SSC_ceil; ncearn)*(ncearn>2*SSC_low)
21	Non current income-SSC	ncearn_adj1	=min(ncearn-SSCnc;nci_base_max)
22	Tax schedule for nci exc. 25000	nci_sch	=min(ncearn-SSCnc;nci_base_max)
23	Taxable income	taxinc	=ctbase+ncearn_adj1
24	Tax liability excl. tax credits	inctax_ex	=gtaxcur+taxnc
25	Income tax finally paid	inctax	=ntaxcur+taxnc
26	Employee's SSC	SSC	=SSCc+SSCnc
27	Employer's SSC	SSCf	='IF(earn'/14>=SSC_low;((empr_14+others_empr)*MINA(12*SSC_ceil;cearn)+empr_14*MINA(2*SSC_ceil;ncearn));earn*accident_empr)
28	Pay-roll taxes	payroll	=payroll_rate*earn
29	Cash transfers	cash	=IF(child=0;0;IF(child=2;CB_1+CB_2+child*CB10sppl+child*(child_cr_1+CB5to17)))
30	Take-home pay		=earn-inctax-SSC+cash
31	Wage cost		=earn+SSCf+payroll

unemp is a Visual Basic Function which chooses lower unemployment SSC rates for low earnings
Key to range of equation B calculated separately for both principal earner and spouse P calculated for principal only (value taken as 0 for spouse calculation) J calculated once only on a joint basis.

© OCDE 2018

Belgium

This chapter includes data on the income taxes paid by workers, their social security contributions, the family benefits they receive in the form of cash transfers as well as the social security contributions and payroll taxes paid by their employers. Results reported include the marginal and average tax burden for eight different family types.

Methodological information is available for personal income tax systems, compulsory social security contributions to schemes operated within the government sector, universal cash transfers as well as recent changes in the tax/benefit system. The methodology also includes the parameter values and tax equations underlying the data.

Belgium 2017

The tax/benefit position of single persons

		Wage level (per cent of average wage)	67	100	167	67
		Number of children	none	none	none	2
1.	**Gross wage earnings**		31 707	47 324	79 032	31 707
2.	**Standard tax allowances**					
	Basic allowance					
	Married or head of family					
	Dependent children					
	Deduction for social security contributions and income taxes		4 144	6 185	10 329	4 144
	Work-related expenses		4 093	4 320	4 320	4 093
	Other					
		Total	8 238	10 505	14 649	8 238
3.	**Tax credits or cash transfers included in taxable income**		0	0	0	0
4.	**Central government taxable income (1 - 2 + 3)**		23 470	36 819	64 382	23 470
5.	**Central government income tax liability (exclusive of tax credits)**		7 676	13 684	27 365	7 676
6.	**Tax credits**					
	Basic credit		0	0	0	0
	Married or head of family		1 893	1 818	1 818	2 280
	Children		0	0	0	1 242
	Other					
		Total	1 893	1 818	1 818	3 522
7.	**Central government income tax finally paid (5-6)**		4 340	8 905	19 171	3 118
8.	**State and local taxes**		1 783	3 658	7 875	1 281
9.	**Employees' compulsory social security contributions**					
	Gross earnings		4 144	6 185	10 329	4 144
	Taxable income		254	428	731	254
		Total	4 398	6 613	11 061	4 398
10.	**Total payments to general government (7 + 8 + 9)**		10 522	19 176	38 107	8 797
11.	**Cash transfers from general government**					
	For head of family					
	For two children		0	0	0	3 877
		Total	0	0	0	3 877
12.	**Take-home pay (1-10+11)**		21 186	28 149	40 925	26 787
13.	**Employer's compulsory social security contributions**		8 452	13 479	22 255	8 452
14.	**Average rates**					
	Income tax		19.3%	26.5%	34.2%	13.9%
	Employees' social security contributions		13.9%	14.0%	14.0%	13.9%
	Total payments less cash transfers		33.2%	40.5%	48.2%	15.5%
	Total tax wedge including employer's social security contributions		47.2%	53.7%	59.6%	33.3%
15.	**Marginal rates**					
	Total payments less cash transfers: Principal earner		54.3%	55.6%	59.1%	54.3%
	Total payments less cash transfers: Spouse		n.a.	n.a.	n.a.	n.a.
	Total tax wedge: Principal earner		65.5%	66.4%	67.6%	65.5%
	Total tax wedge: Spouse		n.a.	n.a.	n.a.	n.a.

Belgium 2017

The tax/benefit position of married couples

	Wage level (per cent of average wage)	100-0	100-33	100-67	100-33
	Number of children	2	2	2	none
1.	**Gross wage earnings**	47 324	62 941	79 032	62 941
2.	**Standard tax allowances**				
	Basic allowance				
	Married or head of family				
	Dependent children				
	Deduction for social security contributions and income taxes	6 185	6 185	10 329	6 185
	Work-related expenses	4 320	7 676	8 413	7 676
	Other				
	Total	10 505	13 861	18 743	13 861
3.	**Tax credits or cash transfers included in taxable income**	0	0	0	0
4.	**Central government taxable income (1 - 2 + 3)**	36 819	49 080	60 289	49 080
5.	**Central government income tax liability (exclusive of tax credits)**	11 586	16 808	21 360	16 808
6.	**Tax credits**				
	Basic credit	0	650	0	650
	Married or head of family	3 785	3 710	3 710	3 710
	Children	1 126	1 111	1 111	0
	Other				
	Total	4 911	5 471	4 821	4 360
7.	**Central government income tax finally paid (5-6)**	5 009	8 346	12 411	9 179
8.	**State and local taxes**	2 057	3 695	5 098	4 038
9.	**Employees' compulsory social security contributions**				
	Gross earnings	6 185	6 185	10 329	6 185
	Taxable income	428	587	731	587
	Total	6 613	6 773	11 061	6 773
10.	**Total payments to general government (7 + 8 + 9)**	13 679	18 813	28 570	19 990
11.	**Cash transfers from general government**				
	For head of family				
	For two children	3 877	3 877	3 877	0
	Total	3 877	3 877	3 877	0
12.	**Take-home pay (1-10+11)**	37 522	48 005	54 338	42 952
13.	**Employer's compulsory social security contributions**	13 479	14 998	21 931	14 998
14.	**Average rates**				
	Income tax	14.9%	19.1%	22.2%	21.0%
	Employees' social security contributions	14.0%	10.8%	14.0%	10.8%
	Total payments less cash transfers	20.7%	23.7%	31.2%	31.8%
	Total tax wedge including employer's social security contributions	38.3%	38.4%	46.2%	44.9%
15.	**Marginal rates**				
	Total payments less cash transfers: Principal earner	55.6%	55.6%	54.5%	55.6%
	Total payments less cash transfers: Spouse	32.9%	29.4%	53.2%	29.4%
	Total tax wedge: Principal earner	66.4%	66.4%	65.6%	66.4%
	Total tax wedge: Spouse	38.8%	51.6%	64.6%	51.6%

The national currency is the Euro (EUR). In 2017, EUR 0.89 was equal to USD 1. The Secretariat has estimated that in that same year the average worker earned EUR 47 324 (Secretariat estimate).

1. Personal income tax system

1.1. *Federal government income tax*

1.1.1. *Tax unit*

Spouses are taxed separately. As from 2004, the principle of separate taxation applies to all categories of income. A non-earning spouse is taxed separately on a notional share of income that can be transferred to him or her (see "non-earning spouse allowance", below). Married couples nonetheless file joint income tax returns.

1.1.1.1. Schedule

Taxable income (EUR)	Marginal rate (%)
0-11 070	25
11 070-12 720	30
12 720-21 190	40
21 190-38 830	45
38 830-and above	50

1.1.2. *Tax allowances*

1.1.2.1. Deduction of social security contributions

Unless stated otherwise, social insurance contributions are deductible from gross income.

1.1.2.2. Work-related expenses

Salaried employees and self-employed professionals are entitled to a standard deduction for work-related expenses. This deduction may under no circumstances exceed respectively EUR 4 320 per spouse for salaried employees and EUR 4 060 per spouse for self-employed professionals and is computed as follows:

The lump-sum deduction for business expenses for employees has been increased as of income year 2015 and has also been revised for income year 2016. The lump-sum deduction for business expenses for self-employed professionals remains unchanged.

Gross earnings less social insurance contributions (EUR)	Rate (%)
Below 8 620	30
Between 8 620 and 20 360	11
Above 20 360	3

For self-employed professionals:

Gross earnings less social insurance contributions (EUR)	Rate (%)
Below 5 870	28.70
Between 5 870 and 11 670	10
Between 11 670 and 19 420	5
Above 19 420	3

Paid company directors are also entitled to a standard deduction for work-related expenses; this is equal to 3% of gross income (less social insurance contributions) and may not exceed EUR 2 440 per spouse.

An additional allowance may be granted to wage-earners if their workplace is more than a certain distance from their home.

Actual expenses incurred in order to acquire or retain earned income are deductible if they exceed the standard deduction. The deductibility of certain categories of work-related expenses (cars, clothing, restaurant meals and business gifts) is limited, however. Taxpayers who report actual expenses may deduct EUR 0.15 per kilometre, up to 100 km per single journey, for travel between their home and their workplace by means other than private car.

1.1.2.3. Non-earning spouse allowance (quotient conjugal)

A notional amount of income can be transferred between spouses if one of them earns no more than 30% of the couple's combined earned income. In this case, the amount transferred is limited to 30% of aggregate net earned income, less the individual income of the spouse to whom the notional share is transferred. This allowance is limited to EUR 10 490.

1.1.2.4. Exempt income

The base amount is:

Taxable income (S)	Fixed amount	Variable amount
0-27 030	7 570	0
27 030-27 330	7 270	27 330-S
27 330 and up	7 270	0

These amounts vary with regards to the family situation. Additional exemptions for dependent children (a handicapped child counts as two children):

- 1 child: 1 550
- 2 children: 3 980
- 3 children: 8 920
- 4 children: 14 420
- > 4 children: 5 510 per additional child

Dependent child exemptions in excess of available income give rise to a reimbursable tax credit. This reimbursable tax credit is calculated at the marginal rate for the spouse with the highest income and capped at EUR 440 per dependent child.

Additional special exemptions are also granted for certain household members (in euro):

- Other dependants: 1 550
- Handicapped/handicapped spouse: 1 550
- Other handicapped dependants: 1 550
- Widow(er) with dependent child(ren): 1 550
- Single father or mother: 1 550

These additional exemptions are applied first to the taxable income of the spouse having the most income, with any remainder then being applied to the income of the other spouse.

The basic exemption plus any additional exemptions for dependants and single parents is applied against each bracket from the bottom up; in other words, the lowest brackets are depleted first.

1.1.2.5. Schedule

Basic exemption plus any additional exemption (EUR)	Marginal rate (%)
0-8 930	25
8 930-12 720	30
12 720-21 190	40
21 190-38 830	45
38 830-and above	50

The basic exemption plus any additional exemptions is applied from the bottom up.

1.2. Regional and local government taxes

With the implementation of the sixth state reform, the Flemish Region, the Walloon Region and the Brussels-Capital Region have been delegated several important competences with regard to the individual income tax. As a result of this reform, as from 1 July 2014, the regional competences are:

- the possibility to levy surcharges on the federal PIT (the supplementary regional tax on the personal income tax). The surcharge may be proportional or vary with income but there are limits to ensure that the tax remains progressive);
- to grant (on the result of the surcharges) tax discounts;
- to grant tax reductions, tax increases and tax credits;
- to regulate exclusively some tax reductions.

Under the new tax model, the assumed federal income tax amount must first be calculated. The taxable base is reduced by the exempt income (see 1.1.2.4.), the tax credits for pensions, unemployment, sickness and other social benefits and the tax credit for income taxed abroad. Additionally, it is reduced by the tax due on passive income for which the Federal State remains exclusively competent.

The remaining PIT liability is than split between the central government and the Brussels-Capital Region according to a ratio of (1/(1-0.24957))*(0.995-(1-0.24957))

Subsequently, the Regions are allowed to levy a proportional surcharge on this reduced federal income tax. This surcharge may, within certain limits and given the matters for which the Regions are competent, vary per tax bracket. The actual rate is set at 32.591% (Brussels-Capital rate).

The starting point for the calculation of the municipal (and agglomeration) surcharges is the individual income tax ("impôt total", i.e. the sum of federal PIT and regional PIT), before taking into account the surcharge resulting from insufficient prepayments, the foreign tax credit, federal and regional reimbursable tax credits (among others for children and for low-income workers), prepayments and withholding taxes. The rate of this local surtax is set by each municipality, and there is no upper limit. The additional surcharge of 1% levied in the Brussels-Capital Region, in addition to the municipal surcharge, is abolished as from income year 2016.

The calculation of the regional and local surtax for the average worker study assumes that the worker lives in the Region of Brussels-Capital. The weighted average local surtax of the 19 municipalities which form the Brussels-Capital Region is 6.4%.

1.3. *Tax credits*

Refundable tax credit for low-income workers

A refundable tax credit is intended for low-income workers and company managers (subject to the employees' social security system) entitled to the employment bonus.

The refundable tax credit amounts to 28.03% as of 1 January 2016 of the "employment bonus" which is actually granted on remunerations earned during the taxable period. It cannot exceed EUR 650 per taxable period.

2. Compulsory social security contributions to schemes operated within the government sector

2.1. *Rates and ceiling*

a. Payroll deductions

The rates of employer and employee contributions are set by law. The applicable rates (in %) are as follows (for businesses having 20 or more employees) :

The schedule applicable as from 01.01.2017 is as follows:

2017	Employee	Employer	Total
Unemployment	0.87	3.16	4.03
Health insurance indemnities	1.15	2.35	3.5
Health care	3.55	3.8	7.35
Placement services		0.05	0.05
Family allowances		7	7
Pensions	7.50	8.86	16.36
Child care		0.05	0.05
Work-related illnesses		1.01	1.01
Work-related accidents		0.32	0.32
Education leave		0.05	0.05
Business closures		0.35	0.35
Wage restraint		7.46	7.46
Tax shift 2017		-2.27	-2.27
Total	13.07	32.19	45.26

The schedule applicable as from 01.07.2017 is as follows:

2017	Employee	Employer	Total
Unemployment	0.87	3.16	4.03
Health insurance indemnities	1.15	2.35	3.5
Health care	3.55	3.8	7.35
Placement services		0.05	0.05
Family allowances		7	7
Pensions	7.50	8.86	16.36
Child care		0.05	0.05
Work-related illnesses		1.00	1.00
Work-related accidents		0.32	0.32
Education leave		0.05	0.05
Business closures		0.35	0.35
Wage restraint		7.46	7.46
Tax shift 2017		-2.27	-2.27
Total	13.07	32.18	45.25

Vacation pay is not subject to the social security contributions applicable to salaries, but a social security levy of 13.07% is deducted when the money is attributed.

b. Reduction of employer contributions

The schedule applicable as from 01.07.2016 is as follows:

Gross annual earnings (S) in EUR	Fixed amount	Variable amount
0-28 152.00	1 752	0.1369 (28 152-S)
28 152-54 676.36	1 752	0
54 676.36 and up	1 752	0.06 (S-54 676.36)

The schedule applicable as from 01.07.2017 is as follows:

Gross annual earnings (S) in EUR	Fixed amount	Variable amount
0-28 715.04	1 752	0.1369 (28 715.04-S)
28 715.04-55 769.88	1 752	0
55 769.88 and up	1 752	0.06 (S-55 769.88)

c. Reduction of individual social security contributions

A reduction of individual social security contributions is granted monthly for low-income earners, depending on wage level. The schedule below is restated in annual terms.

The schedule applicable as from 01.06.2016 is as follows:

Gross annual salary (S) in EUR	Reduction in Euros
0 < S < 18 934.68	2 325.48
18 934.68 < S < 29 535.24	Min (2 325.48, (2 325.48-0.2194 (S-18 934.68))
S > 29 535.24	0

The schedule applicable as from 01.06.2017 is as follows:

Gross annual salary (S) in EUR	Reduction in Euros
0 < S < 19 313.64	2 372.04
19 313.64 < S < 30 125.64	Min (2 372.04, (2 372.04-0.2193 (S-19 313.64))
S > 30 125.64	0

d. Special social security contribution

All persons totally or partially subject to the social security scheme for salaried workers are liable for this special contribution. In theory, the amount of the contribution is determined according to aggregate household income. Aggregate household income is equal to combined gross earnings less ordinary social security contributions and work-related expenses. The amount of the contribution is as follows:

Taxable income (EUR)	Amount due on the lower limit	% above the lower limit
from 0 to 18 592.02	0	0
from 18 592.02 to 21 070.96	0	9
from 21 070.96 to 60 161.85	223.10	1.3
60 161.85 and above	731.29	0

e. Work accidents

All employers are required to insure their employees against accidents that occur in the workplace or while travelling to or from the workplace. The insurance is written by a private company. The usual premiums are approximately 1% of gross pay for office workers and 3.3% for labourers. The premiums are based on capped gross wages: in 2011 these premiums apply to gross wages (including holiday pay and extra-legal remunerations) with a minimum of EUR 6 068 and a maximum of EUR 37 546 (EUR 5 949 and EUR 36 810 respectively in 2010). Higher rates apply in certain industries in which risks are greater. The premium rate for construction workers, for example, varies between 7% and 8%.

2.2. Deductions according to family status or gender

None.

3. Universal cash transfers

Family allowances are granted for children. The annual amounts of these benefits (in euro) are as follows:

	< 5 years	5-6 years	7-10 years	11-12 years	12-16 years	17-18 years	> 18 years
1st child	1 138.77	1 162.77	1 357.42	1 375.10	1 476.97	1 497.78	1 543.03
2nd child	2 089.36	2 113.29	2 501.65	2 519.33	2 724.39	2 745.20	2 906.33
3rd child	3 109.24	3 133.17	3 521.53	3 539.21	3 744.27	3 765.08	3 926.21

To determine the resources available to the average worker, the Taxing Wages calculations assume that one child was between seven and ten years of age and that the other child was between eleven and twelve years of age.

4. Main changes in the tax/benefit system since 2016

None.

2017 parameter values

	Ave_earn	47 324	Secretariat estimate		
Work-related expenses	work_rel_max	4 320			
	work_rel_sch	0.30	8 620		
		0.11	20 360		
		0.03			
Tax credits (exempt income)	single_cr	7 270			
	Married_cr	7 270			
	Supp_cr_base	300			
	supp_cr_thrsh1	27 030			
One child	child_cr1	1 550			
Two children	child_cr2	3 980			
Single parents	s_parent_cr	1 550			
Maximum Child Credit Payment	child_cr_max	440			
Basic Credit	basic_cr_base	0			
	basic_cr_thrsh1	5 100			
	basic_cr_thrsh2	6 810			
	basic_cr_thrsh3	17 040			
	basic_cr_thrsh4	22 140			
Basic exemption plus any additional exemption schedule		Ex_rate1			
	Ex_sch	0.25	8 930		
		0.30	12 720		
		0.40	21 190		
		0.45	38 830		
		0.50			
Income tax schedule		tax_rate1			
	tax_sch	0.25	11 070		
		0.30	12 720		
		0.40	21 190		
		0.45	38 830		
		0.50			
	quote_max	10 490			
	quote_rate	0.3			
Regional tax	red_rate	0.24957			
	reg_tax_rate	0.32591			
Local tax	local_rate	0.064			
	add_local_rate	0.00			
Unemployment	unemp_rate	0.0087			
Medical care	med_rate	0.0115			
Sickness	sickness_rate	0.0355			
Pension	pension_rate	0.0750			
Employee contribution	SSC_rt	0.1307			
	SSC_redn	0	0	2 352.64	0
	(annual)	19 155.74	19 155.74	2 352.64	0.2194
		29 879.64	19 155.74	2 352.64	0.2194
		29 879.64	0	0	0
		99 999 999	0		0
Special annual contribution	SSC_special	0.000	18 592.02		
		0.090	21 070.96		
		0.013	60 161.85		
		0.000			
Employer contributions	SSC_empr_rt	0.32185			
	SSC_empr_redn	0	1 752.60	0.1369	28 433.52
		28 433.52	1 752.60	0	55 223.12
		55 223.12	1 752.60	-0.06	55 223.12
		9 999 999	0		0
Structural reduction on the withholding tax on wages	PrP_redn	0.000			

2017 parameter values

Low-income credit	LIC_rate	0.2803
	LIC_max	650.00
Child benefit (age 7-10)	CB_1	1 375.10
second child (age 7-10)	CB_2	2 501.65
third child (age 7-10)	CB_3	3 521.53

2017 tax equations

The equations for the Belgian system in 2017 are mostly calculated on an individual basis. But central government tax for a married couple is calculated on two bases and the lower value is used. One of the bases takes account of the combined income of the couple. Also, tax credits may be used against the tax liability of the secondary earner if the principal earner is unable to use them.

The functions which are used in the equations (Taper, Tax etc.) are described in the technical note about tax equations. Variable names are defined in the table of parameters above or are the standard variables "married" and "children". A reference to a variable with the affix "total" indicates the sum of the relevant variable values for the principal and spouse. And the affixes "princ" and "spouse" indicate the value for the principal and spouse respectively. Equations for a single person are as shown for the principal with "_spouse" values taken as 0.

	Line in country table and intermediate steps	Variable name	Range	Equation
1.	Earnings	earn		
2.	Allowances:	tax_al	B	MIN(work_rel_max, Tax(earn-SSC, work_rel_sch))+SSC
3.	Credits in taxable income	taxbl_cr	B	0
4.	CG taxable income	tax_inc_int	B	earn-tax_al
	Quote part	Q	J	IF(married, Positive(MIN(tax_inc_int_total*quote_rate, quote_max)-tax_inc_int_spouse), 0)
	CG adjusted taxable income principal	tax_inc_adj_princ	P	Positive(tax_inc_int_princ – Q)
	CG adjusted taxable income spouse	tax_inc_adj_spouse	S	Positive(tax_inc_int_spouse + Q)
5.	CG tax before credits	CG_tax_excl	J	Tax(tax_inc_adj, tax_sch)
6.	Calculation of credits			
	Child exemption amount	child_ex_inc	P	(children=1)*child_cr1+(children=2)*child_cr2
	Family exemption amount	fam_ex_inc	B	IF(Married,married_cr,single_cr+(Children>0)*s_parent_cr)+IF(tax_inc_adj<=0,0,IF(tax_inc_adj<=supp_cr_thrsh1,supp_cr_base,MAX(0,supp_cr_base+supp_cr_thrsh1-tax_inc_adj)))
	Initial exempt income principal	ex_inc_int_princ	P	child_ex_inc+fam_ex_inc_princ
	Initial exempt income spouse	ex_inc_int_spouse	S	fam_ex_inc_spouse
	Transferable amount	ex_inc_tran	J	married*IF(ex_inc_int_princ<tax_inc_adj_princ, MIN(MAX((ex_inc_int_spouse-tax_inc_adj_spouse), 0), tax_inc_adj_princ-ex_inc_int_princ), -(MIN(MAX((ex_inc_int_princ-tax_inc_adj_princ), 0), MAX(0, tax_inc_adj_spouse-ex_inc_int_spouse))))
	Final exempt income principal	ex_inc_fin_princ	P	ex_inc_int_princ+ex_inc_tran
	Final exempt income spouse	ex_inc_fin_spouse	S	ex_inc_int_spouse-ex_inc_tran
	Tax credits	tax_credits	J	Tax(ex_inc_fin, Ex_sch)
	Basic Credit	basic_cr	B	basic_cr_base*IF(tax_inc<='basic_cr_thrsh1,' 0, IF(tax_inc<='basic_cr_thrsh2,' (tax_inc-basic_cr_thrsh1)/(basic_cr_thrsh2-basic_cr_thrsh1), IF(tax_inc<='basic_cr_thrsh3,' 1, IF(tax_inc<='basic_cr_thrsh4,' (basic_cr_thrsh4-tax_inc)/(basic_cr_thrsh4-basic_cr_thrsh3), 0))))+IF(tax_inc='0;0;MIN(LIC_rate*(MIN(VLOOKUP(' earn, SSC_redn,3), VLOOKUP(earn, SSC_redn, 3)-VLOOKUP(earn, SSC_redn, 4)*(earn-VLOOKUP(earn, SSC_redn, 2)))));LIC_max))
7.	CG tax			
	Tax prior to non-wasteable credits	CG_tax_init	B	Positive(CG_tax_incl-tax_credits) *(1-red_rate)

	Line in country table and intermediate steps	Variable name	Range	Equation
	Non-wasteable child credit	child_credit_nw	J	MIN(Tax(MIN((children=1)*child_cr1+(children='2)*Parameters!child_cr2),' (positive(ex_inc_int-tax_inc_int), tax_sch), children*child_cr_max)
	Final CG tax	CG_tax_final	J	CG_tax_init-basic_cr_total-child_credit_nw
8.	State and local taxes			
	Regional tax	regional_tax	B	CG_tax_init*reg_tax_rate
	Local tax	local_tax	J	(local_rate+add_local_rate)*(CG_tax_init+regional_tax)
9.	Employees' soc security	SSC	B	Positive((earn)*SSC_rt-MIN(VLOOKUP(earn, SSC_redn,3), VLOOKUP(earn, SSC_redn, 3)-VLOOKUP(earn, SSC_redn, 4)*(earn-VLOOKUP(earn, SSC_redn, 2))))
		SSC_special	J	positive(Tax(tax_inc_total, SSC_special)
		SSC_total		SSC+SSC_special
11.	Cash transfers	cash_trans	J	(Children>0)*CB_1+(Children>1)*CB_2
13.	Employer's soc security	empr_sch	B	Positive(earn*(SSC_empr_rtPrP_redn)-(VLOOKUP(earn, SSC_empr_redn, 2)-VLOOKUP(earn, SSC_empr_redn, 3)*(earn-VLOOKUP(earn, SSC_empr_redn, 1))))

Key to range of equation B calculated separately for both principal earner and spouse P calculated for principal only (value taken as 0 for spouse calculation) J calculated once only on a joint basis.

Les impôts sur les salaires 2018
© OCDE 2018

Canada

This chapter includes data on the income taxes paid by workers, their social security contributions, the family benefits they receive in the form of cash transfers as well as the social security contributions and payroll taxes paid by their employers. Results reported include the marginal and average tax burden for eight different family types.

Methodological information is available for personal income tax systems, compulsory social security contributions to schemes operated within the government sector, universal cash transfers as well as recent changes in the tax/benefit system. The methodology also includes the parameter values and tax equations underlying the data.

Canada 2017

The tax/benefit position of single persons

		Wage level (per cent of average wage)	67	100	167	67
		Number of children	none	none	none	2
1.	**Gross wage earnings**		34 600	51 642	86 243	34 600
2.	**Standard tax allowances**					
	Basic allowance					
	Married or head of family					
	Dependent children					
	Deduction for social security contributions and income taxes					
	Work-related expenses					
	Other					
		Total	0	0	0	0
3.	**Tax credits or cash transfers included in taxable income**		0	0	0	0
4.	**Central government taxable income (1 - 2 + 3)**		34 600	51 642	86 243	34 600
5.	**Central government income tax liability (exclusive of tax credits)**		5 190	8 061	15 154	5 190
6.	**Tax credits**					
	Basic credit		1 922	1 922	1 922	1 922
	Married or head of family		0	0	0	1 745
	Other(CPP & EI)		316	483	510	316
		Total	2 237	2 405	2 432	3 983
7.	**Central government income tax finally paid (5-6)**		2 953	5 656	12 722	1 207
8.	**State and local taxes**		1 127	2 319	5 704	0
9.	**Employees' compulsory social security contributions**					
	Gross earnings		2 103	3 219	3 400	2 103
	Taxable income (Provincial Health Care Levy)		300	600	750	300
		Total	2 403	3 819	4 150	2 403
10.	**Total payments to general government (7 + 8 + 9)**		6 484	11 795	22 577	3 611
11.	**Cash transfers from general government**					
	For head of family		433	0	0	503
	For two children		0	0	0	12 947
		Total	433	0	0	13 450
12.	**Take-home pay (1-10+11)**		28 550	39 848	63 666	44 440
13.	**Employer's compulsory social security contributions**		3 969	6 002	7 823	3 969
14.	**Average rates**					
	Income tax		11.8%	15.4%	21.4%	3.5%
	Employees' social security contributions		6.9%	7.4%	4.8%	6.9%
	Total payments less cash transfers		17.5%	22.8%	26.2%	-28.4%
	Total tax wedge including employer's social security contributions		26.0%	30.9%	32.3%	-15.2%
15.	**Marginal rates**					
	Total payments less cash transfers: Principal earner		25.3%	33.6%	33.9%	46.1%
	Total payments less cash transfers: Spouse		n.a.	n.a.	n.a.	n.a.
	Total tax wedge: Principal earner		33.3%	39.5%	36.9%	51.9%
	Total tax wedge: Spouse		n.a.	n.a.	n.a.	n.a.

Canada 2017

The tax/benefit position of married couples

		Wage level (per cent of average wage)	100-0	100-33	100-67	100-33
		Number of children	2	2	2	none
1.	**Gross wage earnings**		51 642	68 684	86 243	68 684
2.	**Standard tax allowances**					
	Basic allowance					
	Married or head of family					
	Dependent children					
	Deduction for social security contributions and income taxes					
	Work-related expenses					
	Other					
		Total	0	0	0	0
3.	**Tax credits or cash transfers included in taxable income**		0	0	0	0
4.	**Central government taxable income (1 - 2 + 3)**		51 642	68 684	86 243	68 684
5.	**Central government income tax liability (exclusive of tax credits)**		8 061	10 618	13 251	10 618
6.	**Tax credits**					
	Basic credit		1 922	3 844	3 844	3 844
	Married or head of family		1 745	0	0	0
	Other(CPP & EI)		483	625	798	625
		Total	4 150	4 469	4 642	4 469
7.	**Central government income tax finally paid (5-6)**		3 911	6 149	8 609	6 149
8.	**State and local taxes**		1 559	2 447	3 446	2 447
9.	**Employees' compulsory social security contributions**					
	Gross earnings		3 219	4 167	5 323	4 167
	Taxable income (Provincial Health Care Levy)		600	600	900	600
		Total	3 819	4 767	6 223	4 767
10.	**Total payments to general government (7 + 8 + 9)**		9 290	13 363	18 278	13 363
11.	**Cash transfers from general government**					
	For head of family		0	0	0	0
	For two children		8 670	5 865	4 864	0
		Total	8 670	5 865	4 864	0
12.	**Take-home pay (1-10+11)**		51 023	61 186	72 829	55 321
13.	**Employer's compulsory social security contributions**		6 002	7 869	9 971	7 869
14.	**Average rates**					
	Income tax		10.6%	12.5%	14.0%	12.5%
	Employees' social security contributions		7.4%	6.9%	7.2%	6.9%
	Total payments less cash transfers		1.2%	10.9%	15.6%	19.5%
	Total tax wedge including employer's social security contributions		11.5%	20.1%	24.3%	27.7%
15.	**Marginal rates**					
	Total payments less cash transfers: Principal earner		73.0%	39.3%	39.3%	33.6%
	Total payments less cash transfers: Spouse		40.4%	35.7%	31.0%	30.0%
	Total tax wedge: Principal earner		75.4%	44.7%	44.7%	39.5%
	Total tax wedge: Spouse		46.2%	42.6%	38.4%	37.5%

The national currency is the Canadian dollar (CAD). In 2017, CAD 1.30 was equal to USD 1. In that year, the average worker earned CAD 51 642 (Secretariat estimate).

1. Personal income tax systems

1.1. Central/federal government income taxes

1.1.1. Tax unit

Under the present system, tax is levied on individuals separately; certain tax reliefs depend on family circumstances.

1.1.2. Tax allowances and credits

1.1.2.1. Standard credits

- Basic personal amount: All taxpayers qualify for a basic personal tax credit of CAD 1 745.25.
- Credit for Spouse or Eligible Dependant: A taxpayer supporting a spouse or other eligible dependant receives a tax credit of CAD 1 745.25 which is reduced by 15 cents for each dollar of the dependant's income.
- Social security contributions: Taxpayers are entitled to claim 15% of their contributions to the Canada or Quebec Pension Plans (to a maximum credit of CAD 2 564.10 for the Canada Pension Plan and to a maximum credit of CAD 2 797.20 for the Quebec Pension Plan) and their Employment Insurance premiums (to a maximum credit of CAD 836.19 outside Quebec; the Employment Insurance premium rate is lower for Quebec residents, who also pay into the Quebec Parental Insurance Plan; the maximum combined credit for a Quebec resident is CAD 1 177.06).
- Working Income Tax Benefit (WITB): The WITB provides a non-wastable tax credit equal to 25% of each dollar of earned income in excess of CAD 3 000 to a maximum credit of CAD 1 043 for single individuals without dependents and CAD 1 894 for families (couples and single parents). The credit is reduced by 15% of net family income in excess of CAD 11 838 for single individuals and CAD 16 348 for families. This is the default national design; provinces may choose to propose jurisdiction-specific changes to this design, subject to certain principles.
- Canada Employment Tax Credit: A tax credit of up to CAD 176.70 on employment income.

1.1.2.2. Main non standard tax reliefs applicable to an average worker:

A number of non standard tax reliefs are available to the average worker in Canada. The main ones are:

- Medical expenses credit: Taxpayers are entitled to a 15% tax credit for an amount of eligible medical expenses that exceeds the lesser of 3% of net income or CAD 2 268.
- Charitable donations credit: The credit is 15% on the first CAD 200 of eligible charitable donations and 29% on eligible donations in excess of CAD 200, with the exception of

donors with taxable income exceeding USD 202 800, who may claim a 33% tax credit on the portion of total annual donations over USD 200 made from taxable income greater than USD 202 800. Eligible donations are those made to registered charities, to a maximum of 75% of net income.

- Registered pension plan contributions: Employees who are members of a registered pension plan are entitled to deduct their contributions to the plan in respect of current and/or past service. Generally, employee contributions to a defined benefit registered pension plan are not subject to any limit; however, limits apply to the benefits that a plan may provide. Individuals can deduct their contributions to a defined contribution registered pension plan up to a limit of 18% of earned income, to a maximum of CAD 26 764.
- Registered retirement savings plan (RRSP) premiums: Individuals can deduct their contributions to an RRSP up to a limit of 18% of the previous year's earned income, to a maximum of CAD 26 010 a year, unless they are also accruing benefits under a registered pension plan or a deferred profit sharing plan. Members of those other plans are limited to RRSP contributions of 18% of the previous year's earned income to a maximum of CAD 26 010, minus a pension adjustment amount based on pension benefits accrued in the previous year.
- Union and professional dues: Individuals with annual dues paid to a trade union or an association of public servants or paying dues required to maintain a professional status recognised by statute are allowed to deduct such fees in computing taxable income.
- Moving expenses: Eligible moving expenses are deductible from income if the taxpayer moves at least 40 kilometres closer to a new place of employment.
- Child care expenses: A portion of child care expenses is deductible if incurred for the purpose of earning business or employment income, studying or taking an occupational training course or carrying on research for which a grant is received. The lower income spouse must generally claim the deduction. The amount of the deduction is limited to the least of:

1. the expenses incurred for the care of a child;
2. two thirds of the taxpayer's earned income; and
3. CAD 8 000 for each child who is under age seven, and CAD 5 000 per child between seven and sixteen years of age (or older if has a mental or physical impairment, but not eligible for the Disability Tax Credit). The amount for a child who is eligible for Disability Tax Credit is CAD 11 000.

1.1.3. *Tax schedule*

2017 Federal income tax rates

Taxable Income (CAD)	Rate (%)
0-45 916	15
45 916-91 831	20.5
91 831-142 353	26
142 353-202 800	29
202 800 and over	33

1.2. State and local income taxes

1.2.1. General description

All provinces and territories levy their own personal income taxes. All, with the exception of Quebec, have a tax collection agreement with the federal government, and thus use the federal definition of taxable income. They are free to determine their own tax brackets, rates and credits. Quebec collects its own personal income tax and is free to determine all of the tax parameters, including taxable income. In practice, its definition of taxable income is broadly similar to the federal definition.

1.2.2. Tax regime selected for this study

The calculation of provincial tax for the average worker study assumes the worker lives in Ontario, the most populous of the 10 provinces and 3 territories. The main features of the Ontario tax system relevant to this report are summarised below:

Tax Schedule

Income Bracket	Rate (%)
CAD 0 to CAD 42 201	5.05
CAD 42 201 to CAD 84 404	9.15
CAD 84 404 to CAD 150 000	11.16
CAD 150 000 to CAD 220 000	12.16
Over CAD 220 000	13.16

Surtax

Provincial tax after accounting for wastable credits	Surtax Rate
Amounts Exceeding CAD 4 556	20% of the excess amount
Amounts Exceeding CAD 5 831	36% of the excess amount

Wastable tax credits

- A basic tax credit of CAD 513.64.
- A maximum credit of CAD 436.12 for a dependant spouse or eligible dependant that is withdrawn as the income of the spouse or eligible dependant exceeds CAD 864 and is completely withdrawn when the income of the spouse is at least CAD 9 500.
- 5.05% of contributions made to the Canada Pension Plan and of Employment Insurance premiums.

Tax Reduction

An earner is entitled to claim a tax reduction where the initial entitlement is equal to CAD 235 plus CAD 434 for each dependent child under the age of 19. Where someone has a spouse, only the spouse with the higher net income can claim the dependent child tax reduction. If this amount is greater or equal to the liable provincial tax, then no tax is due. If the amount is less than the liable tax, then the actual tax reduction is equal to twice the initial entitlement amount less the liable tax (if this calculation is zero or negative, the reduction is equal to zero).

2. Compulsory social security contributions to schemes operated within the government sector

2.1. Employees' contributions

2.1.1. Pensions

Generally, all employees are eligible for coverage under the Canada Pension Plan (Québec Pension Plan in the province of Québec). For 2017, all employees are required to contribute to the Canada Pension Plan at a rate of 4.95% of income up to a maximum contribution of CAD 2 564.10 (the contribution rate is 5.400% of income for the Québec Pension Plan up to a maximum contribution of CAD 2 797.20). Income subject to contributions is earnings (wages and salaries) less a CAD 3 500 basic exemption. The maximum contribution of CAD 2 564.10 is reached at an earnings level of CAD 55 300 i.e. (CAD 55 300 CAD 3 500) × 0.0495 = CAD 2 564.10. For employees, each contribution to the CPP or QPP gives rise to a tax credit equal to 15% of the contributed amount. Employers are also required to contribute to the Canada Pension Plan on behalf of their employees at the same rate and can deduct their contributions from taxable income (refer § 2.2.1).

Self employed persons must also contribute to the Canada Pension Plan (Québec Pension Plan in the province of Québec) on their own behalf. However, the self-employed are required to contribute at the combined employer/employee rate of 9.90% of earnings up to a maximum of CAD 5 128.20 (10.80% of earnings up to a maximum of CAD 5 594.40 in Quebec). The self-employed can deduct the employer portion of their contribution from income, equal to 50% of the total contribution or CAD 2 564.10 (2 797.20 in Quebec). The remaining 50%, representing the employee portion, is then claimed as a tax credit at 15%.

2.1.2. Sickness

There is no national sickness benefit plan administered by the federal government. However, all provinces have provincially administered health care insurance plans. Three provinces, Quebec, Ontario, and British Columbia, levy health premiums on individuals separately from the personal income tax to help finance their health programmes.

In the case of Ontario, the premium is determined based on taxable income. Individuals who earn up to CAD 20 000 are exempt. The premium is phased in with a number of different rates to a maximum of CAD 900 for taxable income levels greater than CAD 200 600. The following table provides further details on the structure that is applicable in 2017.

The Ontario Health Premium

Taxable income	Fixed component (CAD)	Variable component
0-CAD 20 000	0	
CAD 20 000-CAD 25 000	0	6% of the taxable income in excess of CAD 20 000
CAD 25 000-CAD 36 000	300	
CAD 36 000-CAD 38 500	300	6% of the taxable income in excess of CAD 36 000
CAD 38 500-CAD 48 000	450	
CAD 48 000-CAD 48 600	450	25% of the taxable income in excess of CAD 48 000
CAD 48 600-CAD 72 000	600	
CAD 72 000-CAD 72 600	600	25% of the amount of taxable income in excess of CAD 72 600
CAD 72 600-CAD 200 000	750	
CAD 200 000-CAD 200 600	750	25% of the amount of taxable income in excess of CAD 200 000
Over CAD 200 600	900	

2.1.3. Unemployment

In general, all employees are eligible for Employment Insurance. Eligibility to receive benefits is determined by insurable hours worked (with a minimum entry threshold of 420 to 700 hours, depending on region and the unemployment rate at the time the claim for benefits starts). For 2017, employees outside Quebec are required to contribute at the rate of 1.63% of insurable earnings. Insurable earnings are earnings (wages and salaries) up to a maximum of CAD 51 300 per year. The maximum employee contribution is therefore CAD 836.19 per year. Employment insurance contributions give rise to a tax credit equal to 15% of the amount contributed. Employers are also required to contribute to the plan. (See Section 2.23)

Quebec residents contribute to Employment Insurance at a rate of 1.27%; the same earnings ceiling applies. They also contribute to the Quebec Parental Insurance Plan at a rate of 0.548% of insurable earnings; maximum insurance earnings for 2017 are CAD 72 500. For a Quebec resident, the maximum employee contribution (Employment Insurance plus Quebec Parental Insurance Plan) is CAD 1 177.06.

2.1.4. Work injury

See section 2.24.

2.2. Employers' contributions

2.2.1. Pensions

Employers are required to contribute to the Canada Pension Plan on behalf of their employees an amount equal to their employees' contributions. Thus, employers also contribute at the rate of 4.95% of earnings (less the CAD 3 500 earnings exemption) to a maximum of CAD 2 564.10. For the Quebec Pension Plan, the contribution rate is 5.40% of earnings, to a maximum of CAD 2 797.20.

2.2.2. Sickness

There is no national sickness benefit plan administered by the federal government. However, all provinces have provincially administered health care insurance plans. Three provinces levy a special tax on employer payrolls to finance health services (Québec and Ontario) or health services and education (Manitoba). These payroll taxes are deductible from the employer's income subject to tax. In the case of the province of Ontario, employers pay a Employer Health Tax on the value of their payroll, tax rates varying from 0.98% on Ontario payroll less than CAD 200 000, up to 1.95% for payroll that exceeds CAD 400 000. Certain employers are eligible for a higher exemption of CAD 450 000.

2.2.3. Unemployment

Employers are required to contribute to the employment insurance scheme. The general employer contribution is 1.4 times the employee contribution, that is, 2.63% of insurable earnings (outside Quebec). Premiums are adjusted for employers who provide sick pay superior to payments provided under the employment insurance regime. All employment insurance contributions are deductible from the employer's income subject to tax.

2.2.4. Work injury

There is no national work injury benefit plan administered by the federal government. However, employers are required to contribute to a provincial workers' compensation plan which pays benefits to workers (or their families in case of death) for work related illness or injury. The employer contribution rates, which vary by industry and province, are related to industry experience of work related illness and injury. Premiums are deductible from the employer's income subject to tax. In the case of Ontario, employers broadly corresponding to industry Sectors B-N inclusive pay, on average, 2.79% of the wages paid to each employee to a maximum of CAD 88 500.

3. Universal cash transfers

3.1. *Transfers related to marital status*

None.

3.2. *Transfers for dependent children*

3.2.1. *Federal*

Budget 2016 announced a significant reform of children's benefits. As of July 2016, the Canada Child Benefit (CCB) replaced the Canada Child Tax Benefit and Universal Child Care Benefit (UCCB). Entitlement to the CCB for the July 2017 to June 2018 benefit year is based on 2016 adjusted family net income. The CCB provides a maximum benefit of CAD 6 400 per child under age six and CAD 5 400 per child for those aged six through seventeen. On the portion of adjusted family net income between CAD 30 000 and CAD 65 000, the benefit is phased out at a rate of 7% for a one-child family, 13.5% for a two-child family, 19% for a three-child family and 23% for larger families. Where adjusted family net income exceeds CAD 65 000, remaining benefits are phased out at rates of 3.2% for a one-child family, 5.7% for a two-child family, 8% for a three-child family and 9.5% for larger families, on the portion of income above CAD 65 000.

The Goods and Services Tax Credit provides a relief of CAD 284 for each adult 19 years of age or older and CAD 149 for each dependent child under the age of 19. Single tax filers without children and with an employment income higher than CAD 9 205 receive an additional CAD 149 that is phased in at a rate of 2%. Single tax filers with children receive an additional CAD 149 that is not subject to phase-in. The credit received for the first dependent child of a single parent is also increased from CAD 149 to CAD 284. The total amount is reduced at a rate of five percent of net family income over CAD 36 959. The amount is paid directly to families.[1]

3.2.2. *Provincial*

For each child under eighteen, qualifying families can receive up to CAD 1 398 from the Ontario Child Benefit (OCB). The benefit is withdrawn at a rate of 8% of family income that exceeds CAD 21 343.

Ontario has a Sales Tax Credit that provides a relief of up to CAD 300 for each adult and each child. It is reduced by 4% of adjusted family net income over CAD 23 077 for single people and over CAD 28 846 for families. The amount is paid directly to families.

1. The payments that relate to income from the 2017 tax year are payable between July 2018 and June 2019. The amounts shown in this Report assume indexation of 2.0% for the 2017 tax year (and 2018-19 benefit year); the actual indexation parameter will be announced in December 2017.

4. Main changes in the tax/benefit system since 2009

5. Memorandum items

5.1. *Identification of an average worker*

The earnings data refer to production workers in the industries B to N. To obtain the annual average wage figure, the average weekly earnings for the year for employees (including overtime) are multiplied by 52.

5.2. *Employer contributions to private health and pension schemes*

These do exist but no information is available on the amounts involved.

2017 parameter values

Average earnings/yr	Ave_earn	51 642	Secretariat estimate
Tax credits	Basic_cred	1 745.25	
Spouse	Spouse_cred	1 745.25	
withdrawal rate	Sp_crd_wth	0.15	
Threshold	Sp_crd_thrsh	0	
Canada Employment Tax Credit	Empl_crd	176.70	
Canada Child Benefit amount per child under 6	ccb_credit1	6 400	
Canada Child Benefit amount per child aged 6-17	ccb_credit2	5 400	
First threshold	ccb_crd_thrsh1	30 000	
Second threshold	ccb_crd_thrsh2	65 000	
Frist reduction rate – 1 child	ccb_1st_redn1	0.070	
Frist reduction rate – 2 children	ccb_1st_redn2	0.135	
Frist reduction rate – 3 children	ccb_1st_redn3	0.190	
Frist reduction rate – 4+ children	ccb_1st_redn4	0.230	
Second reduction rate – 1 child	ccb_2nd_redn1	0.032	
Second reduction rate – 2 children	ccb_2nd_redn2	0.057	
Second reduction rate – 3 children	ccb_2nd_redn3	0.080	
Second reduction rate – 4+ children	ccb_2nd_redn4	0.095	
Working Income Tax Benefit	WITB_phzin_thrsh	3 000	
WITB–Phase-in Rate	WITB_phzn_rt	0.25	
WITB–Maximum Credit (per Adult/Equiv.)	WITB_max	1 043	
WITB–Addl. Maximum Credit (Fam.)	WITB_max_fam	851	
WITB–Reduction Rate	WITB_phzout_rt	0.15	
WITB–Threshold	WITB_phzout_thrsh	11 838	
WITB–Addl. Threshold (Fam.)	WITB_phzn_thrsh_fam	4 510	
Federal tax schedule	Fed_sch	0.15	45 916
		0.205	91 831
		0.26	142 353
		0.29	202 800
		0.33	
Canada pension plan rate	CPP_rate	0.0495	
exemption	CPP_ex	3 500	
max contrib.	CPP_max	2 564.10	
Unemployment ins.rate	Unemp_rate	0.0163	
max contrib.	Unemp_max	836.19	
tax credit rate	Unemp_crd_rate	0.15	
employer contrib. mult.	Unemp_emplr	1.4	
GST adult credit	GST_crd_ad	284	
child credit	GST_crd_ch	149	
threshold	GST_crd_thrsh	36 959	
reduction rate	GST_crd_redn	0.05	
single supplement	GST_crd_sgsp	149	
single supplement eligibility threshold	GST_sgsp_thrsh	9 205	
single supplement phase-in rate	GST_sgsp_rate	0.02	
Province: Ontario			
Tax Credits	P_basic_crd	513.64	
Spouse	P_spouse_crd	436.12	
withdrawal rate	P_sp_crd_wd	0.0505	
threshold	P_sp_crd_thr	864	
Unemployment tax credit rate	P_unem_tc_rt	0.0505	
Surtax rate 1	P_sur_rt1	0.20	
threshold	P_sur_thr1	4 556	
rate 2	P_sur_rt2	0.36	
threshold	P_sur_thr2	5 831	
Tax reduction	P_tax_red	235	
amount per dependent	P_tr_chld	434	

2017 parameter values

Provincial tax schedule	Prov_sch	0.0505	42 201	
		0.0915	84 404	
		0.1116	150 000	
		0.1216	220 000	
		0.1316		
Ontario Child Benefit	P_ch_amt	1 398		
amount per child	P_ch_thresh	21 343		
threshold	P_ch_redn_rate	0.08		
reduction rate				
Sales tax credits				
sales tax credit adult	P_sales_cred	300		
sales tax credit child	P_salcr_chd	300		
threshold	P_ps_thresh	23 077		
threshold seniors/families	P_ps_thr_sen	28 846		
reduction rate	P_ps_red_rt	0.04		
Ontario Health Premium	P_hlth_sch	20 000	0	0
		25 000	0.06	0
		36 000	0	300
		38 500	0.06	300
		48 000	0	450
		48 600	0.25	450
		72 000	0	600
		72 600	0.25	600
		200 000	0	750
		200 600	0.25	750
maximum	P_hlth_max	900		
Employer Health Tax	emp_healthtax	0.0195		
Employer Workers Compensation Levy	emp_workcomp	0.0279		
Employer Workers Compensation Levy Ceiling	emp_workcomp_ceil	88 500		

2017 tax equations

The equations for the Canadian system are mostly repeated for each individual of a married couple. But the spouse credit is relevant only to the calculation for the principal earner and the non-wastable credits are calculated only once. This is shown by the Range indicator in the table below.

The functions which are used in the equations (Taper, MIN, Tax etc) are described in the technical note about tax equations. Variable names are defined in the table of parameters above, within the equations table, or are the standard variables "married" and "children". A reference to a variable with the affix "_total" indicates the sum of the relevant variable values for the principal and spouse. And the affixes "_princ" and "_spouse" indicate the value for the principal and spouse, respectively. Equations for a single person are as shown for the principal, with "_spouse" values taken as 0.

	Line in country table and intermediate steps	Variable name	Range	Equation
1.	Earnings	earn		
2.	Allowances	tax_al	B	0
3.	Credits in taxable income	taxbl_cr		
4.	CG taxable income	tax_inc	B	Earn
5.	CG tax before credits:	Basic_Fed_tax	B	Tax(earn, Fed_sch)
	Basic Federal tax	Basic_Fed_tax	B	Tax(earn, Fed_sch)
6.	Tax credits :			
	Basic credit	basic_cr	P	Basic_cred + Empl_crd
			S	(earn_spouse>0)*Empl_crd+IF(AND(Married=1,earn_spouse>0),Basic_cred,0)+IF (AND(Married=0,tax_inc_spouse>0),Basic_cred-Taper(Spouse_cred,tax_inc_ spouse,Sp_crd_thrsh,Sp_crd_wth),0)
	Spouse credit	spouse_cr	P	IF(OR(Married='1,Children>0),Taper(Spouse_cred,' tax_inc_spouse, Sp_crd_ thrsh,Sp_crd_wth), 0)
	Unemployment insurance	unemp_cr	B	Unemp_crd_rate*SSC
	Total (wastable) tax credits	tax_cr	B	basic_cr+spouse_cr+unemp_cr
	Working Income Tax Benefit	WITB	P	IF(Married>0,MAX(0,MIN(WITB_max+WITB_max_fam,(WITB_phzn_rt* MAX(0, earn_total-WITB_phzin_thrsh)))-MAX(0,WITB_phzout_rt*MAX(0,earn_total-(WITB_phzout_thrsh+WITB_phzn_thrsh_fam)))), IF(Children>0,MAX(0,MIN (WITB_max+WITB_max_fam,(WITB_phzn_rt*MAX(0,earn_total-WITB_phzin_ thrsh)))-MAX(0,WITB_phzout_rt*MAX(0,earn_total-(WITB_phzout_thrsh+WITB_ phzn_thrsh_fam)))), MAX(0,MIN(WITB_max,(WITB_phzn_rt*MAX(0,earn_total-WITB_phzin_thrsh)))-MAX(0,WITB_phzout_rt*MAX(0,earn_total-WITB_phzout_ thrsh)))))
7.	CG tax	CG_tax	B	Positive(Basic_Fed_tax-tax_cr)-WITB
8.	State and local taxes			
	Liable provincial tax	Prov_tax_sch	B	Tax(earn, Prov_sch)
	Provincial tax credits	Prov_tax_cred	P	P_basic_crd+P_unem_tc_rt*SSC_princ+IF(AND(Married='0,' Children>0), P_spouse_crd, Married*Taper(P_spouse_crd, earn_spouse, P_sp_crd_thr, P_sp_ crd_wd))
			S	=(earn_spouse>0)*(P_unem_tc_rt*SSC_spouse)+OR(Married=1,Children>0)*P_b asic_crd
	Provincial surtax	Prov_surtax	B	P_sur_rt1*Positive(Prov_tax_sch-Prov_tax_cred-P_sur_thr1)+P_sur_rt2*Positive(Prov_tax_sch-Prov_tax_cred-P_sur_thr2)
	Provincial tax reduction	Prov_tax_redn	B	MAX(2*(P_tax_red+Children*P_tr_chld)-(Prov_tax_sch-Prov_tax_cred+Prov_ surtax), 0)
	Provincial sales tax credit	Prov_tax_stcred	P	Taper(IF(Married='1,' 2, 1)*P_sales_cred+Children*P_salcr_chd, earn_total, IF(Married+Children='0,' P_ps_thresh,P_ps_thr_sen),P_ps_red_rt)
	Liable provincial tax	Prov_tax	B	Positive(Prov_tax_sch-Prov_tax_cred+Prov_surtax-Prov_tax_redn)

	Line in country table and intermediate steps	Variable name	Range	Equation
9.	Employees' soc security:			
	Canada Pension Plan	CPP	B	MIN(CPP_rate*Positive((earn-CPP_ex), CPP_max)
	Unemployment insurance	Unemp	B	MIN(Unemp_rate*earn, Unemp_max)
	State health premium	Prov_health	B	MIN(Hstep(tax_inc, P_hlth_sch), P_hlth_max)
	Total Employees'soc security	SSC	B	CPP+Unemp+Prov_health
11.	Cash transfers (nonwastable)			
	Canada Child Benefit	CCB	P	Taper(Taper(Children*ccb_credit2,MINA(earn_total, ccb_crd_thrsh2), ccb_crd_thrsh1, IF(children='1,' ccb_1st _redn1, IF(children='2,' ccb_1st _redn2, IF(children='3,' ccb_1st _redn3, IF(children>3, ccb_1st _redn4, 0))))), earn_total, ccb_crd_thrsh2, IF(children='1,' ccb_2nd _redn1, IF(children='2,' ccb_2nd _redn2, IF(children='3,' ccb_2nd _redn3, IF(children>3, ccb_2nd _redn4, 0)))))
	GST Credit Total	GST_cr	P	Taper((GST_crd_ad+(Married=1)*(GST_crd_ad+Children*GST_crd_ch)+(Married =0)*(Children>0)*(GST_crd_ad+GST_crd_sgsp+Positive(Children-1)*GST_crd_ch)+(Married=0)*(Children='0)*Positive(MIN(GST_crd_sgsp,' (earn_total-GST_sgsp_thrsh)*GST_sgsp_rate))), earn_total, GST_crd_thrsh, GST_crd_redn)
	GST Credit Adult	GST_cr_adult	P	Taper((GST_crd_ad+(Married=1)*(GST_crd_ad)+(Married='0)*Positive(MIN(GST _crd_sgsp,' (earn_total-GST_sgsp_thrsh)*GST_sgsp_rate))), earn_total, GST_crd_thrsh, GST_crd_redn)
	GST Credit Child	GST_cr_child	P	GST_cr-GST_cr_adult
	Ontario child benefit	Prov_child_ben	P	Taper(Children*P_ch_amt,earn_total,P_ch_thresh,P_ch_redn_rate)
	Ontario sales tax credit	Prov_sales_cr	P	Taper(IF(Married=1,2,1)*P_sales_cred+Children*P_salcr_chd,earn_total,IF(Married+Children='0,' P_ps_thresh,P_ps_thr_sen),P_ps_red_rt)
	Total Cash Transfers	Cash_tran	P	CCB+GST_cr+Prov_child_ben+ Prov_sales_cr
13.	Employer's soc security			
	Canada Pension Plan	CPP_empr	B	CPP
	Unemployment insurance	Unemp_empr	B	Unemp*Unemp_emplr
	Ontario Employers Health Tax	Health_empr	B	earn*emp_healthtax
	Ontario Workers Compensation	Comp_empr	B	MIN(earn, emp_workcomp_ceil)*emp_workcomp
	Total Employer's soc security	SSC_empr	B	CPP_empr+Unemp_empr+Health_empr+Comp_empr

Key to range of equation B calculated separately for both principal earner and spouse P calculated for principal only (value taken as 0 for spouse calculation) J calculated once only on a joint basis.

© OCDE 2018

Chile

This chapter includes data on the income taxes paid by workers, their social security contributions, the family benefits they receive in the form of cash transfers as well as the social security contributions and payroll taxes paid by their employers. Results reported include the marginal and average tax burden for eight different family types.

Methodological information is available for personal income tax systems, compulsory social security contributions to schemes operated within the government sector, universal cash transfers as well as recent changes in the tax/benefit system. The methodology also includes the parameter values and tax equations underlying the data.

Chile 2017

The tax/benefit position of single persons

			67	100	167	67
	Wage level (per cent of average wage)		67	100	167	67
	Number of children		none	none	none	2
1.	**Gross wage earnings**		6 264 476	9 349 964	15 614 440	6 264 476
2.	**Standard tax allowances**					
	Basic allowance		0	0	0	0
	Married or head of family					
	Dependent children					
	Deduction for social security contributions and income taxes		438 513	654 497	1 093 011	438 513
	Work-related expenses					
	Other		735 449	1 097 686	1 833 135	735 449
		Total	1 173 963	1 752 183	2 926 146	1 173 963
3.	**Tax credits or cash transfers included in taxable income**		0	0	0	0
4.	**Central government taxable income (1 - 2 + 3)**		5 090 513	7 597 781	12 688 294	5 090 513
5.	**Central government income tax liability (exclusive of tax credits)**		0	0	203 153	0
6.	**Tax credits**					
	Basic credit					
	Married or head of family					
	Children		0	0	0	235 824
	Other					
		Total	0	0	0	235 824
7.	**Central government income tax finally paid (5-6)**		0	0	203 153	0
8.	**State and local taxes**		0	0	0	0
9.	**Employees' compulsory social security contributions**					
	Gross earnings		438 513	654 497	1 093 011	438 513
	Taxable income					
		Total	438 513	654 497	1 093 011	438 513
10.	**Total payments to general government (7 + 8 + 9)**		438 513	654 497	1 296 164	438 513
11.	**Cash transfers from general government**					
	For head of family					
	For two children		0	0	0	51 060
		Total	0	0	0	51 060
12.	**Take-home pay (1-10+11)**		5 825 963	8 695 467	14 318 276	5 877 023
13.	**Employer's compulsory social security contributions**		0	0	0	0
14.	**Average rates**					
	Income tax		0.0%	0.0%	1.3%	0.0%
	Employees' social security contributions		7.0%	7.0%	7.0%	7.0%
	Total payments less cash transfers		7.0%	7.0%	8.3%	6.2%
	Total tax wedge including employer's social security contributions		7.0%	7.0%	8.3%	6.2%
15.	**Marginal rates**					
	Total payments less cash transfers: Principal earner		7.0%	7.0%	10.3%	7.0%
	Total payments less cash transfers: Spouse		n.a.	n.a.	n.a.	n.a.
	Total tax wedge: Principal earner		7.0%	7.0%	10.3%	7.0%
	Total tax wedge: Spouse		n.a.	n.a.	n.a.	n.a.

Chile 2017

The tax/benefit position of married couples

		Wage level (per cent of average wage)	100-0	100-33	100-67	100-33
		Number of children	2	2	2	none
1.	**Gross wage earnings**		9 349 964	12 435 452	15 614 440	12 435 452
2.	**Standard tax allowances**					
	Basic allowance		0	0	0	0
	Married or head of family					
	Dependent children					
	Deduction for social security contributions and income taxes		654 497	870 482	1 093 011	870 482
	Work-related expenses					
	Other		1 097 686	1 459 922	1 833 135	1 459 922
		Total	1 752 183	2 330 404	2 926 146	2 330 404
3.	**Tax credits or cash transfers included in taxable income**		0	0	0	0
4.	**Central government taxable income (1 - 2 + 3)**		7 597 781	10 105 048	12 688 294	10 105 048
5.	**Central government income tax liability (exclusive of tax credits)**		0	0	0	0
6.	**Tax credits**					
	Basic credit					
	Married or head of family					
	Children		235 824	235 824	235 824	0
	Other					
		Total	235 824	235 824	235 824	0
7.	**Central government income tax finally paid (5-6)**		0	0	0	0
8.	**State and local taxes**		0	0	0	0
9.	**Employees' compulsory social security contributions**					
	Gross earnings		654 497	870 482	1 093 011	870 482
	Taxable income					
		Total	654 497	870 482	1 093 011	870 482
10.	**Total payments to general government (7 + 8 + 9)**		654 497	870 482	1 093 011	870 482
11.	**Cash transfers from general government**					
	For head of family					
	For two children		0	263 220	51 060	0
		Total	0	263 220	51 060	0
12.	**Take-home pay (1-10+11)**		8 695 467	11 828 190	14 572 489	11 564 970
13.	**Employer's compulsory social security contributions**		0	0	0	0
14.	**Average rates**					
	Income tax		0.0%	0.0%	0.0%	0.0%
	Employees' social security contributions		7.0%	7.0%	7.0%	7.0%
	Total payments less cash transfers		7.0%	4.9%	6.7%	7.0%
	Total tax wedge including employer's social security contributions		7.0%	4.9%	6.7%	7.0%
15.	**Marginal rates**					
	Total payments less cash transfers: Principal earner		7.0%	7.0%	7.0%	7.0%
	Total payments less cash transfers: Spouse		-1.5%	7.0%	7.0%	7.0%
	Total tax wedge: Principal earner		7.0%	7.0%	7.0%	7.0%
	Total tax wedge: Spouse		-1.5%	7.0%	7.0%	7.0%

Chile's national currency is the peso (CLP). For 2017, the average exchange rate was CLP 648.68 to USD 1. That same year, the average worker in Chile earned 9 349 964 CLP (country estimate).

Taxes allowances and tax thresholds for the personal income tax system and upper earnings limits for social security contributions are determined using and expressed in CPI-indexed units. As of 31 December 2017, the following currency values applied to these units:

Major revenue items	Unit	CLP	USD
Social security contributions	Unidad de Fomento[1] (UF)	26 798.14	41.31
Monthly tax thresholds	Unidad Tributaria Mensual (UTM)	46 972	72.41
Annual tax thresholds	Unidad Tributaria Anual (UTA)	563 664	868.94

1. This amount is subject to daily adjustment in line with the CPI and is compared with monthly earnings in the assessment of social security contributions

1. Personal income tax system

1.1. *Central/federal government income taxes*

1.1.1. *Tax unit*

Each family member declares and pays taxes separately.

1.1.2. *Tax allowances and credits*

1.1.2.1. Standard tax reliefs

- Education tax credit: Parents with children attending preschool, primary, special or secondary education, with a total annual taxable income (both parents) of up to CLP 21 224 127 (UF 792), are entitled to a tax credit of CLP 117 912 (UF 4.4) per child, for expenses related to education. Children shall have a minimal school attendance of 85% and the school must be recognized by the State. This tax credit can be claimed by both parents, or only by one of them.
- Relief for social security contributions: Employee's compulsory social insurance contributions are deductible for income tax purposes regardless of whether they are paid to government or private health insurers. (See section 2.1 below).

1.1.2.2. Main non-standard tax reliefs

- Voluntary contributions and APV (Voluntary Pension Fund Savings): Voluntary contributions to pension funds and voluntary pension savings fund (APV) may be deducted from taxable income, with an annual upper limit of CLP 16 078 884 (UF 600.)
- Mortgage Interest: Taxpayers whose annual income falls below CLP 50 729 760 (UTA 90) may deduct from their taxable income 100% of interest paid within a year for mortgage loans. This percentage is reduced in the case of taxpayers with higher incomes up to

CLP 84 549 600 (UTA 150). This relief cannot be granted along-side the DFL2 Housing Mortgage Loan Payments benefit, and cannot exceed CLP 4 509 312 (UTA 8) per annum.

1.1.3. *Tax schedule*

Tax rates are applied on monthly income and these taxes are retained and paid by employers. In order to estimate taxes, tax rates are applied on an annual basis, on the annual average income (starting of January 1st 2017, the maximum marginal tax rate was diminished from 40% to 35%, and the number of tax brackets was reduced from eight to seven):

Taxable income (UTA)	Taxable income (CLP thousands)	Tax rates %
0-13.5	0-7 609	Exempt
13.5-30	7 609-16 910	4
30-50	16 910-28 183	8
50-70	28 183-39 456	13.5
70-90	39 456-50 730	23
90-120	50 730-67 640	30.4
120 and over	67 640 and over	35

As of January 1st 2017, the President of the Republic, Ministers, Undersecretaries, Senators and Deputies have tax thresholds and rates applicable specifically to their income, if it is higher than 150 UTA:

Taxable income (UTA)	Taxable income (CLP thousands)	Tax rates %
0-13.5	0-7 609	Exempt
13.5-30	7 609-16 910	4
30-50	16 910-28 183	8
50-70	28 183-39 456	13.5
70-90	39 456-50 730	23
90-120	50 730-67 640	30.4
120-150	67 640-84 550	35
150 and over	84 550 and over	40

1.2. *State and local income taxes*

No taxes apply to income at state or local government level.

2. Compulsory social security contributions to schemes operated within the government sector

2.1. *Employees' contributions*

Employees have mandatorily to contribute 7% of their income to a health insurance plan subject to an upper earnings limit of CLP 24 153 002 (UF 75.7). They are free to choose whether to pay into a government-managed plan or alternatively to a private insurer[1] (Isapres). The public insurance is based on a joint system that, in general, operates on an equal basis for all its beneficiaries, irrespective of the risk and the amount of the individual contribution. Its financing is partly covered by the contributions and partly by way of a

1. Enrolment in the private health system during 2016 amounted to 18.7% of all beneficiaries.

government subsidy. Premiums paid to the plans offered by Isapres are based on the contributors' individual risk and these plans are exclusively financed with the employees' contributions. Public insurance contributions are included in the modelling as the majority of employees pay into plans managed by the government sector.

Employee social security contributions in respect of pensions and unemployment are not classified as taxes in this report; though they are included in modelling as deductions for income tax.

- The mandatory contributions to pension funds and unemployment insurance plans are not classified as taxes, since the payments are made to private institutions. In 1980, the public social security system was replaced with a privately managed individual capitalisation system. This system is obligatory to all employees who have joined the labour force since 1983 and free-lance workers since 2012, and of a voluntary nature to all contributing to the former system. The contributions to the old government operated pension fund system are not included in the modelling because they relate to a minority of employees and the system will eventually disappear once the contributions and related benefit payments to those individuals remaining in it have ceased.
- The modelling allows that the contributions to pension funds and unemployment insurance managed by private institutions are deducted from gross income. In the case of their pension funds, these payments amount to 10% of their gross income, with an upper earnings limit of CLP 24 153 002 (UF 75.7). Added to that is an amount that varies depending on the managing company that covers the management of each pension fund account.[2] The monthly unemployment insurance premium is 0.6% of the employee's gross income, with an upper earnings limit of CLP 36 213 551 (UF 113.5). Employees do not pay the monthly unemployment insurance premium when they have a fixed-term contract or after 11 years of labour relationship.
- There are also mandatory contributions to managed funds by members of the police force and the army which are classified as taxes but are not included in the modelling as they relate to a minority of the overall workforce.
- If the employee has a high risk job, that person has to make an additional contribution of 2% (heavy work) or 1% (less heavy work) of the gross income with an upper earnings limit of CLP 24 153 002 (UF 75.7), to the pension fund account.

2.2. Employers' contributions

There are five categories of employer social security contribution, none of which are classified as tax revenues in this report.

- Employers make mandatory payments of 0.94%[3] of their employees' gross income for an occupational accident and disease insurance policy subject to an upper earnings limit. For the majority of employees the payments are made to employers' associations of labour security which are private non-profit institutions. Those remaining are made to the Social Security Regularisation Unit (ISL). Although this latter organisation is controlled by the government, the funds are invested on the private institutions market. The employers also pay an additional contribution which depends on the activity and

2. Average cost in 2017 was 1.14% of gross income.
3. As of April 1st 2017, until December 31st 2017, the percentage was decreased from 0.95% to 0.94%. During 2018, 2019, 2020 the rate will be diminished gradually reaching a final value of 0.90% in 1 January 2020.

risk associated to the enterprise (it cannot exceed 3.4% of the employees' gross earnings). This additional contribution could be reduced, down to 0%, depending on the safety measures the employer implements in the enterprise. If health and safety conditions at work are not satisfactory, this additional contribution could be applied with a surcharge of up to 100%.

- As of 1 April 2017, employers shall make a mandatory contribution of 0.01% of the employees' gross income to a fund which will finance insurance coverage for working parents of children aged 1 to 15, or ages 1-18, whichever applies, that have a serious health condition, so that the parents can take a leave of absence from their work in order to accompany and take care of them; therefore, during this period the parents shall have the right to assistance financed by said fund (in Spanish, "Fondo SANNA") that will replace, in total or partially, their monthly earnings. During 2018 and 2019 the rate will be increased gradually reaching a final rate of 0.03% in force as of 1 January 2020. The collection of this contribution will initially be delegated to the ISL and to the employers' association of labour security.
- Employers make payments of 2.4% of each employee's income (0.8% after 11 years of labour relationship and 3% for fixed-term contracts) with an upper earnings limit of CLP 36 213 551 (UF 113.5) to finance unemployment insurance. These funds are managed privately.
- Employers are required to pay a disability insurance of 1.41% of the employees' gross income, with an upper earnings limit of CLP 24 153 002 (UF 75.7), collected by the pension fund manager, and managed by an insurance company.
- If the employee has a high risk job, the employer has to pay 2% (heavy work) or 1% (less heavy work) of the employee's gross income, with an upper earnings limit of CLP 24 153 002 (UF 75.7), to the pension fund account.

3. Universal cash transfers

3.1. *Marital status-related transfers*

No such transfers are paid.

3.2. *Transfers related to dependent children*

The "Family Allowance" is paid on a monthly basis to any employee making social security contributions who has dependent children. The definition of dependants includes:

- Adopted children as well as those born to the parents;
- Children up to the age of 18 or 24 years provided they are single and are regular students in an elementary, secondary, technical, specialised or higher education establishment and whose income is less than half the minimum wage for more than three months in each calendar year.
- The amount of the payment depends on the number of dependent children and the beneficiary's level of income according to the table below. The modelling assumes that the benefit is assessed on the spouse with the lower earning level where both spouses are working.

2017 Transfer by Dependant	
Annual income range (CLP)	Annual payment (CLP)
0-3 361 980	131 610
3 361 980-4 910 538	80 766
4 910 538-7 658 760	25 530
and over	0

4. Memorandum items

4.1. *Identification of an average worker*

- The source of information is a survey conducted by the National Statistics Institute (INE) to determine the Salary and Labour Cost Index. This nationwide survey is carried out on a monthly sample and gathers information on salaries and labour costs. It applies to companies with at least 5-worker payrolls grouped in accordance with ISIC4.CL 2012,[4] covering workers in industry sectors B to R.[5]
- The average gross earning was obtained by multiplying the average hourly wage by the average number of hours worked. It covers both full and part-time workers.

4.2. *Employers' contribution to private health and pension schemes*

- In Chile very few employers make any contributions towards health schemes for their employees, and the relevant information is not available.

2017 parameter values

Average earnings/yr	Ave_earn	9 349 964	Country estimate
Allowances	Basic_al	0	
Income tax	Tax_sch	0	7 609 464
		0.04	16 909 920
		0.080	28 183 200
		0.135	39 456 480
		0.23	50 729 760
		0.304	67 639 680
		0.35	
Education tax credit	edu_tax_cre	117 912	
	edu_tax_cre_lim	21 224 127	
Employees SSC	SSC_sch	0.07	24 153 002
Upper threshold		0	
Family allowance	CTR_child	0	131 610
Child element		3 361 980	80 766
		4 910 538	25 530
		7 658 760	0

4. ISIC4.CL 2012 is a Chilean classifier of economic activities, based on ISIC Rev.4.
5. O (8422) "Defense Activities" and O (8423) "Public order and safety activities" are not included.

2017 tax equations

The functions which are used in the equations (Taper, MIN, Tax etc) are described in the technical note about tax equations. Variable names are defined in the table of parameters above, within the equations table, or are the standard variables "married" and "children". A reference to a variable with the affix "_total" indicates the sum of the relevant variable values for the principal and spouse. And the affixes "_princ" and "_spouse" indicate the value for the principal and spouse, respectively. Equations for a single person are as shown for the principal, with "_spouse" values taken as 0.

	Line in country table and intermediate steps	Variable name	Range	Equation
1.	Earnings	earn		
2.	Allowances:	Tax_al	B	Min(Basic_al,earn)
3.	Credits in taxable income	taxbl_cr	B	0
4.	CG taxable income	tax_inc	B	Positive(earn-tax_al)
5.	CG tax before credits	CG_tax_excl	B	Tax(tax_inc, tax_sch)
6.	Tax credits :	tax_cr	P	IF(taxinc_princ+taxinc_spouse<='edu_tax_cre_lim,IF(taxinc_spouse' =0,edu_tax_cre*Children,edu_tax_cre*Children*0.5),0)
			S	IF(AND(taxinc_princ+taxinc_spouse<=edu_tax_cre_lim,taxinc_spouse>0),edu_tax_cre*Children*0.5,0)
7.	CG tax	CG_tax	B	Positive(CG_tax_excl-tax_cr)
8.	State and local taxes	local_tax	B	0
9.	Employees' soc security	SSC	B	Tax(earn, SSC_sch)
11.	Family allowance	cash_trans	P/S	IF(Children='0,0,' IF(earn_spouse>0, VLOOKUP (earn_spouse, CTR_child), VLOOKUP (earn_princ, CTR_child)) * children)
13.	Employer's soc security	SSC_empr		0

Key to range of equation B calculated separately for both principal earner and spouse P calculated for principal only (value taken as 0 for spouse calculation) J calculated once only on a joint basis.

© OCDE 2018

Czech Republic

This chapter includes data on the income taxes paid by workers, their social security contributions, the family benefits they receive in the form of cash transfers as well as the social security contributions and payroll taxes paid by their employers. Results reported include the marginal and average tax burden for eight different family types.

Methodological information is available for personal income tax systems, compulsory social security contributions to schemes operated within the government sector, universal cash transfers as well as recent changes in the tax/benefit system. The methodology also includes the parameter values and tax equations underlying the data.

Czech Republic 2017

The tax/benefit position of single persons

		Wage level (per cent of average wage)	67	100	167	67
		Number of children	none	none	none	2
1.	**Gross wage earnings**		237 950	355 150	593 100	237 950
2.	**Standard tax allowances**					
	Basic allowance					
	Married or head of family					
	Dependent children					
	Deduction for social security contributions and income taxes					
	Work-related expenses					
	Other					
		Total	0	0	0	0
3.	**Tax credits or cash transfers included in taxable income**		0	0	0	0
4.	**Central government taxable income (1 - 2 + 3 + 13)**		318 853	475 901	794 754	318 853
5.	**Central government income tax liability (exclusive of tax credits)**		47 828	71 385	119 213	47 828
6.	**Tax credits**					
	Basic credit					
	Married or head of family					
	Children					
	Other		24 840	24 840	24 840	68 648
		Total	24 840	24 840	24 840	68 648
7.	**Central government income tax finally paid (5-6)**		22 988	46 545	94 373	- 20 820
8.	**State and local taxes**		0	0	0	0
9.	**Employees' compulsory social security contributions**					
	Gross earnings		26 175	39 066	65 241	26 175
	Taxable income					
		Total	26 175	39 066	65 241	26 175
10.	**Total payments to general government (7 + 8 + 9)**		49 163	85 612	159 614	5 355
11.	**Cash transfers from general government**					
	For head of family					
	For two children		0	0	0	14 640
		Total	0	0	0	14 640
12.	**Take-home pay (1-10+11)**		188 788	269 538	433 486	247 236
13.	**Employer's compulsory social security contributions**		80 903	120 751	201 654	80 903
14.	**Average rates**					
	Income tax		9.7%	13.1%	15.9%	-8.7%
	Employees' social security contributions		11.0%	11.0%	11.0%	11.0%
	Total payments less cash transfers		20.7%	24.1%	26.9%	-3.9%
	Total tax wedge including employer's social security contributions		40.8%	43.4%	45.5%	22.5%
15.	**Marginal rates**					
	Total payments less cash transfers: Principal earner		31.1%	31.1%	31.1%	31.1%
	Total payments less cash transfers: Spouse		n.a.	n.a.	n.a.	n.a.
	Total tax wedge: Principal earner		48.6%	48.6%	48.6%	48.6%
	Total tax wedge: Spouse		n.a.	n.a.	n.a.	n.a.

Czech Republic 2017

The tax/benefit position of married couples

		Wage level (per cent of average wage)	100-0	100-33	100-67	100-33
		Number of children	2	2	2	none
1.	**Gross wage earnings**		355 150	472 349	593 100	472 349
2.	**Standard tax allowances**					
	Basic allowance					
	Married or head of family					
	Dependent children					
	Deduction for social security contributions and income taxes					
	Work-related expenses					
	Other					
		Total	0	0	0	0
3.	**Tax credits or cash transfers included in taxable income**		0	0	0	0
4.	**Central government taxable income (1 - 2 + 3 + 13)**		475 901	632 948	794 754	632 948
5.	**Central government income tax liability (exclusive of tax credits)**		71 385	94 942	119 213	94 942
6.	**Tax credits**					
	Basic credit					
	Married or head of family					
	Children					
	Other		93 488	68 648	68 648	24 840
		Total	93 488	68 648	68 648	24 840
7.	**Central government income tax finally paid (5-6)**		- 22 103	2 737	25 725	46 545
8.	**State and local taxes**		0	0	0	0
9.	**Employees' compulsory social security contributions**					
	Gross earnings		39 066	51 958	65 241	51 958
	Taxable income					
		Total	39 066	51 958	65 241	51 958
10.	**Total payments to general government (7 + 8 + 9)**		16 964	54 696	90 966	98 504
11.	**Cash transfers from general government**					
	For head of family					
	For two children		14 640	14 640	14 640	0
		Total	14 640	14 640	14 640	0
12.	**Take-home pay (1-10+11)**		352 826	432 294	516 774	373 846
13.	**Employer's compulsory social security contributions**		120 751	160 599	201 654	160 599
14.	**Average rates**					
	Income tax		-6.2%	0.6%	4.3%	9.9%
	Employees' social security contributions		11.0%	11.0%	11.0%	11.0%
	Total payments less cash transfers		0.7%	8.5%	12.9%	20.9%
	Total tax wedge including employer's social security contributions		25.9%	31.7%	35.0%	40.9%
15.	**Marginal rates**					
	Total payments less cash transfers: Principal earner		31.1%	31.1%	31.1%	31.1%
	Total payments less cash transfers: Spouse		32.2%	11.0%	31.1%	11.0%
	Total tax wedge: Principal earner		48.6%	48.6%	48.6%	48.6%
	Total tax wedge: Spouse		49.4%	33.6%	48.6%	33.6%

The national currency is the Czech koruna (CZK). In 2017, CZK 23.39 was equal to USD 1. In that year, the average worker earned CZK 355 150 (Secretariat estimate). The Secretariat's average wage estimate for 2017 that was computed on the basis of the percentage change in compensation per employee in the total economy (*OECD Economic Outlook* No. 102) was higher than the country's average wage estimate of CZK 344 654 (Macroeconomic Forecast, Ministry of Finance, September 2017). Therefore, the Taxing Wages indicators based on the Secretariat's average wage estimate might not reflect the impact of legislative measures that were adopted to reduce the tax burden on the basis of the country's forecast of average wage growth rate for 2017. Higher Secretariat's average wage estimate may also affect the levels of decreases and increases in the tax burden indicators compared to 2016.

1. Personal income tax system

1.1. *Central government income taxes*

1.1.1. *Tax unit*

- The tax unit is the individual.

1.1.2. *Tax allowances and tax credits*

1.1.2.1. Standard reliefs

- Relief for social and health security contributions. Employees' social security contributions (see Section 2.1.) are not deductible for income tax purposes.

1.1.2.2. Main non-standard tax reliefs applicable to an AW

- Charitable donations allowance: A tax allowance of up to 10% of taxable income is available for donations made to municipalities or legal entities for the financing of social, health, cultural, humanitarian, religious, ecological and sport activities. The minimum limit for donations is the lesser of 2% of taxable income or CZK 1 000. A similar procedure shall apply for gratuitous performance to finance the removal of the consequences of a natural disaster occurring in the territory of an EU Member State, Norway or Iceland. The total deduction may not exceed 15% of the tax base. As gratuitous performance for healthcare purposes, the value of one blood donation from an unpaid donor is valued at a sum of CZK 2 000 and the value of an organ donation from a living donor is valued at a sum of CZK 20 000.
- Interest payments: Taxpayers may claim an allowance of up to CZK 300 000 for mortgage interest payments or other interest payments related to the purchase or the improvement of their house. The total sum of interest by which the tax base is reduced on all credits of payers in the same jointly managed household must not exceed CZK 300 000.
- Supplementary pension scheme contributions: In a period of taxation, the tax base may be reduced by a contribution, in the maximum total amount of CZK 12 000, paid by a taxpayer to their supplementary pension insurance with a State contribution under a

contract on supplementary pension insurance with a State contribution entered into between the payer and a pension company; the sum that may be deducted in this manner equals the total amount of contributions paid by the payer for their supplementary pension insurance with a State contribution in the period of taxation, reduced by CZK 12 000.

- Private life insurance premiums: Taxpayers may claim an allowance of up to CZK 12 000 for premiums paid according to a contract between the taxpayer and an insurance company if the benefit (lump sum or recurrent pension) is paid out 60 months after the signature of the contract and in the year in which the taxpayer reaches the age of 60.

1.1.2.3. Tax schedule

From January 2008, a progressive system of taxation is replaced by a single rate of 15%. The tax base, reduced by the non-taxable part of the tax base (see 1.1.2.2. – Main non-standard tax reliefs), rounded down to whole hundreds of CZK is subject to tax at the rate of 15%. After that, tax credits (see 1.1.2.4.) can be used to directly reduce a person's tax liability.

1.1.2.4. Tax credits

- Credit of CZK 24 840 per taxpayer.
- Credit of CZK 24 840 per spouse (husband or wife) living with a taxpayer in a common household provided that the spouse's own income does not exceed CZK 68 000 in the taxable period.
- Credit of CZK 13 404 for first child, credit of CZK 19 404 for second child, credit of CZK 24 204 for third and each additional child (irrespective of the child's own income) living with a taxpayer in a common household on the territory of a Member State of the EU, Norway or Iceland, if the child satisfies one or more of the following criteria (in force since 1 July, however, with retroactive effect from January 1):
  - age below 18 year of age,
  - age below 26 year of age and receiving full-time education,
  - age below 26 year of age and physically or mentally disabled provided that the child is not in receipt of a state disability payment
- If the child is a "ZTP-P" card holder (the child with a certain type of disabilities), the tax credit is doubled.. The taxpayer can claim the tax credit in the form of tax reliefs or tax bonuses or their combination.
- Credit of CZK 2 520 if the taxpayer is in receipt of a partial disability pension or is entitled to both an old-age pension and a partial disability pension
- Credit of CZK 5 040 it the taxpayer is in receipt of a full disability pension, or another type of pension conditional on his full disability pension, or if the taxpayer is entitled to both old-age pension and full disability pension or deemed to be fully disabled under statutory provisions, but his application for a full disability pension was rejected for reasons other than that he was not fully disabled (handicapped).
- Credit of CZK 16 140 if the taxpayer is a "ZTP-P" card holder.
- Credit of CZK 4 020 if the taxpayer takes part in a systematic educational or training programme under statutory provisions in order to prepare for his future vocation (profession) by means of such studies or prescribed training until completion of his/her 26 or 28 years (Ph.D. programme).

- The annual tax credit for placing a child into a preschool child care institution in the amount of the expenditure proven to be incurred for attending the preschool, up to the amount of the minimum wage for each placed child (for the year 2017: MW CZK 11 000)

The non-standard tax reliefs and special solidarity surcharge of 7% for income from employment and entrepreneurship exceeding 48 times the average salary within the calendar year are not included in the tax equations underlying the Taxing Wages results.

1.2. *State and local income tax*

There are no regional or local income taxes.

2. Compulsory social security contributions to schemes operated within the government sector

The maximum annual earnings used to calculate social security contributions are 48 times the national average monthly wage. The maximum ceiling for social security contributions is CZK 1 296 288 for the year 2016. The maximum ceiling for health insurance has not existed since 2013.

2.1. *Employees' contributions*

Compulsory contributions of 11% of gross wages and salaries are paid by all employees into government operated schemes. The total is made up as follows (in %):

Health insurance	4.5
Social insurance	6.5

2.2. *Employers' contributions*

The total contribution for employers is 34% of gross earnings.

The contribution consists of the health insurance contribution (9% of gross wages and salaries) and social insurance (25%).

3. Universal cash transfers

3.1. *Transfers related to marital status*

None.

3.2. *Transfers for dependent children*

Non-taxable child allowances are the basic income-tested benefit provided to a dependent child with the objective to contribute to the coverage of costs incurred in his upbringing and sustenance. Entitlement to the child allowance is bound with certain income criteria. The central government pays this allowance in respect of each dependent child based on the family income level and provided that family's income does not exceed 2.4 times the relevant family's living minimum (LM). Family income includes the earnings of both parents net of income tax and the employees' social security and health insurance contributions. Child allowances are provided at three levels depending on the age of the child and are paid as follows:

Family income	Up to 2.4 LM
Age of child	Total payment CZK per month
Below 6 year of age	500
6-15 years	610
15-26 years	700

The monthly family's LM for the AW-type family with children can be calculated by summing the following amounts (in CZK):

Living minimum	
Basic personal requirement	
Single	3 410
First person in household	3 140
Second and other persons who are not a dependent child	2 830
Child aged below 6	1 740
Child aged between 6 and 15	2 140
Child aged between 15 and 26	2 450
Household expenses	
One person household	3 410
Two person household	5 970
Three person household	7 710
Four person household	9 850
Five person household	12 300

The LM is required by law. In case that family income (income of persons assessed together) don't achieve the amount of family's LM can be put in a request for state social support (housing benefit, family benefits, social assistance and other). The system applies the solidarity principle between the high-income families and low-income families, as well as between the childless families and those with children.

The term "social allowance" was abolished from 1 January 2012. However, this fact has no effect on the tax-benefit system for low-income families. The system of personalized payment was simplified and extended. For examples, in case of loss of income (social allowance) some people may put in a request for increase care allowance up to CZK 2 000. This allowance is addressed for recipients who are dependent children below 18 years of age and parent of dependent children below 18 years of age if the income of the family is under 2.0 family's living minimum. Protection in the housing sector is also addressed in the context of state social support system (housing allowances-benefit) and the system of assistance in material need as additional housing. Also foster care benefits create a separate benefit system; since 1 January 2013 they have ceased to be a component of the state social support system. These allowances (housing, care and foster care) are not included in the Taxing Wages models.

3.3. *Additional transfers*

Additional allowances (means-tested benefits in material need) are paid by the central government to low income families in adverse social and financial situation. The amount transferred is derived from the LM and varies according to total family income including family allowances and own efforts, opportunities and needs are taken into account. This allowance is not included in the computation.

4. Main changes in tax/benefit systems since 2017

In 2017, there were two changes that have a significant effect on the current calculation of Taxing Wages.

List of main changes that have impact on the current computation of TW:

- The tax credit can be applied in the amount of the expenditure prove to be incurred for attending the preschool, up to the amount of the minimum wage for each child (CZK 11 000 for the year 2017). The tax authority only verifies the name of a preschool child care institution on the list approved by the MEYS. The age of the child doesn't effect on the entitlement to the tax credit for pre-school children. The children in preschool institutions are normally between 2 and 5 years old, but Postponement of Scholl Attendance is possible. Introduction of this relief is a part of the Act on provision of childcare in a child society and also the Act on Maternal, Basic, High, Higher Professional, and other Education (see chapter 1.1.2.4.).
- Tax credit on second and third and next child has increased based on the Amendment (CZK 19 404 for second child, CZK 24 204 for third and each additional child) – see chapter 1.1.2.4.

5. Memorandum items

5.1. *Identification of AW and valuation of earnings*

The Ministry of Finance estimates the average earnings of the AW based on the data supplied by the Czech Statistical Office. The calculation of the average earnings AW is made by CZ-NACE division, which is compatible with ISIC classifications Ver. 4.

5.2. *Employers' contributions to private pension, health and related schemes*

There are supplementary private pension schemes only, but employers 'contributions vary. Relevant information is not available.

2017 parameter values

	Ave_earn	355 150	Secretariate estimate
Income tax rate	tax_rate	0.15	
Social security – social insurance	SSs_rate	0.065	
Social security – health insurance	SSh_rate	0.045	
Employers	SSC_empr_rate	0.34	
Child Tax credit first child	child_cr_1	13 404	
second child	child_cr_2	19 404	
third child	child_cr_3	24 204	
Tax credit for individuals	tax_cr_base	24 840	
Tax credit for spouse	tax_cr_spo	24 840	
Tax credit for spouse income ceiling	Tax_cr_spo_inc_ceil	68 000	
Living minimum (LM)			
	basic_adult	3 410	
	basic_household	5 970	
	basic_child	2 140	
	house_exp	1	3 410
		2	5 970
		3	7 710
		4	9 850
		5	12 300
Cash transfers	transf_1	610	
Social security, social insurance ceiling	soc_sec_si_ceil	1 355 136	
Minimum Wage	tax_cr_preschool	11 000	

2017 tax equations

The equations for the Czech system are on an individual basis. But the spouse tax credit is relevant only to the calculation for the principal earner and cash transfers are calculated only once. This is shown by the Range indicator in the table below.

The functions which are used in the equations (Taper, MIN, Tax etc) are described in the technical note about tax equations. Variable names are defined in the table of parameters above, within the equations table, or are the standard variables "married" and "children". A reference to a variable with the affix "_total" indicates the sum of the relevant variable values for the principal and spouse. And the affixes "_princ" and "_spouse" indicate the value for the principal and spouse, respectively. Equations for a single person are as shown for the principal, with "_spouse" values taken as 0.

		Variable name	Range	Equation
1.	Earnings	earn	B	
2.	CG taxable income	tax_inc_princ	B	Earn+(earn*SSC_empr_rate)
3.	CG tax before credits			
	CG tax before credits principal	CG_tax_excl_princ	B	Tax(tax_inc_princ, tax_rate)
4.	Tax credits:			
	Tax credit for children	tax_cr_ch	P	If (number of children>3; (number of children 3)*child_cr_3+child_cr_1+child_cr_2+child_cr_3; If (number of children>2;child_cr_1 +child_cr_2 + child_cr_3; If (number of children>1;child_cr_1+child_cr_2; If (number of children=0;0)))))
	Tax preschool credit	Tax_cr_preschool	B	tax_cr_preschool*positive(children-1)
	Basic tax credit	tax_cr_bas	B	tax_cr_bas
	Tax credit for spouse	tax_cr_spouse	P	Married*tax_cr_spo
5.	CG tax			
	CG tax principal	CG_tax_princ	B	Max(CG_tax_excl_princ tax_cr_bas_princ tax_cr_spo-tax_cr-preschool , 0) tax_cr_ch
6.	State and local taxes	local_tax	B	0
7.	Employees' social security	SSs SSh	B B	MIN(earn,soc_sec_si__ceil)*SSs_rate earn*SSh_rate
8.	Cash transfers			
	Net family income	net_inc	J	earn_total-CG_tax_total-SSC_total
9.	Living minimum (monthly)	LM	J	(1-Married)*basic_adult+Married*basic_household +Children*basic_child+ VLOOKUP((1+Married+Children), house_exp, 2, FALSE)
10.	Total cash transfers	cash_trans	J	Children*IF(net_inc<='(2.4)*LM*12,' transf_1*12)
11.	Employer's social security	SSs_empr SSh_empr	B B	MIN(earn,soc_sec_sir_ceil)*SSs_empr_rate earn*SSh_empr_rate

Key to range of equation: B calculated separately for both principal earner and spouse; P calculated for principal only (value taken as 0 for spouse calculation); J calculated once only on a joint basis.

Les impôts sur les salaires 2018
© OCDE 2018

Denmark

This chapter includes data on the income taxes paid by workers, their social security contributions, the family benefits they receive in the form of cash transfers as well as the social security contributions and payroll taxes paid by their employers. Results reported include the marginal and average tax burden for eight different family types.

Methodological information is available for personal income tax systems, compulsory social security contributions to schemes operated within the government sector, universal cash transfers as well as recent changes in the tax/benefit system. The methodology also includes the parameter values and tax equations underlying the data.

Denmark 2017

The tax/benefit position of single persons

		Wage level (per cent of average wage)	67	100	167	67
		Number of children	none	none	none	2
1.	**Gross wage earnings**		277 047	413 503	690 550	277 047
2.	**Standard tax allowances**					
	Basic allowance					
	Married or head of family					
	Dependent children					
	Deduction for social security contributions and income taxes		22 164	33 080	55 244	22 164
	Work-related expenses		0	0	0	0
	Other					
		Total	22 164	33 080	55 244	22 164
3.	**Tax credits or cash transfers included in taxable income**		0	0	0	0
	Earnings tax credit deduction		24 242	30 000	30 000	40 172
		Total	- 24 242	- 30 000	- 30 000	- 40 172
4.	**Central government taxable income (1 - 2 + 3)**		230 642	350 423	605 306	214 711
5.	**Central government income tax liability (exclusive of tax credits)**		30 305	45 355	99 434	29 986
6.	**Tax credits**					
	Basic credit		5 436	5 436	5 436	5 436
	Married or head of family					
	Children					
	Other					
		Total	5 436	5 436	5 436	5 436
7.	**Central government income tax finally paid (5-6)**		47 033	72 999	149 242	46 714
8.	**State and local taxes**		46 249	76 090	139 589	42 280
9.	**Employees' compulsory social security contributions**					
	Gross earnings		0	0	0	0
	Taxable income					
		Total	0	0	0	0
10.	**Total payments to general government (7 + 8 + 9)**		93 282	149 089	288 831	88 994
11.	**Cash transfers from general government**					
	For head of family					
	For two children		0	0	0	74 124
	Green check		940	940	0	1 370
		Total	940	940	0	75 494
12.	**Take-home pay (1-10+11)**		184 705	265 354	401 719	263 547
13.	**Employer's compulsory social security contributions**		3 241	3 241	3 241	3 241
14.	**Average rates**					
	Income tax		33.7%	36.1%	41.8%	32.1%
	Employees' social security contributions		0.0%	0.0%	0.0%	0.0%
	Total payments less cash transfers		33.3%	35.8%	41.8%	4.9%
	Total tax wedge including employer's social security contributions		34.1%	36.3%	42.1%	6.0%
15.	**Marginal rates**					
	Total payments less cash transfers: Principal earner		39.7%	42.0%	55.8%	38.1%
	Total payments less cash transfers: Spouse		n.a.	n.a.	n.a.	n.a.
	Total tax wedge: Principal earner		39.7%	42.0%	55.8%	38.1%
	Total tax wedge: Spouse		n.a.	n.a.	n.a.	n.a.

Denmark 2017

The tax/benefit position of married couples

		Wage level (per cent of average wage)	100-0	100-33	100-67	100-33
		Number of children	2	2	2	none
1.	**Gross wage earnings**		413 503	549 959	690 550	549 959
2.	**Standard tax allowances**					
	Basic allowance					
	Married or head of family					
	Dependent children					
	Deduction for social security contributions and income taxes		33 080	43 997	55 244	43 997
	Work-related expenses		0	0	0	0
	Other					
		Total	33 080	43 997	55 244	43 997
3.	**Tax credits or cash transfers included in taxable income**		0	0	0	0
	Earnings tax credit deduction		30 000	30 000	30 000	30 000
		Total	- 30 000	- 30 000	- 30 000	- 30 000
4.	**Central government taxable income (1 - 2 + 3)**		350 423	464 022	581 064	464 022
5.	**Central government income tax liability (exclusive of tax credits)**		45 355	60 281	75 660	60 281
6.	**Tax credits**					
	Basic credit		16 308	10 872	10 872	10 872
	Married or head of family					
	Children					
	Other					
		Total	16 308	10 872	10 872	10 872
7.	**Central government income tax finally paid (5-6)**		67 563	93 406	120 032	93 406
8.	**State and local taxes**		64 879	93 180	122 339	93 180
9.	**Employees' compulsory social security contributions**					
	Gross earnings		0	0	0	0
	Taxable income					
		Total	0	0	0	0
10.	**Total payments to general government (7 + 8 + 9)**		132 442	186 586	242 371	186 586
11.	**Cash transfers from general government**					
	For head of family					
	For two children		25 404	25 404	25 404	0
	Green check		2 590	2 590	2 310	2 160
		Total	27 994	27 994	27 714	2 160
12.	**Take-home pay (1-10+11)**		309 055	391 367	475 893	365 533
13.	**Employer's compulsory social security contributions**		3 241	6 482	6 482	6 482
14.	**Average rates**					
	Income tax		32.0%	33.9%	35.1%	33.9%
	Employees' social security contributions		0.0%	0.0%	0.0%	0.0%
	Total payments less cash transfers		25.3%	28.8%	31.1%	33.5%
	Total tax wedge including employer's social security contributions		25.8%	29.7%	31.7%	34.3%
15.	**Marginal rates**					
	Total payments less cash transfers: Principal earner		42.0%	42.0%	42.0%	42.0%
	Total payments less cash transfers: Spouse		39.7%	39.7%	39.7%	39.7%
	Total tax wedge: Principal earner		42.0%	42.0%	42.0%	42.0%
	Total tax wedge: Spouse		41.1%	39.7%	39.7%	39.7%

The national currency is the Kroner (DKK). In 2017, DKK 6.60 was equal to USD 1. In that year, the average worker earned DKK 413 503 (Secretariat estimate), which is calculated on the background of the extrapolated 2016 average worker income with the expected 2017 growth rate of wages on 1.6978%.

1. Personal income tax system

In the Danish personal income tax system, the income of the individual taxpayer is split into three categories:

- Personal income, which consists of employment income, business income, pensions, unemployment benefits etc. and with fully deductibility of Labour Market Contributions.
- Capital income (e.g. interest income and some capital gains) is calculated as a net amount (the sum of positive and negative capital income net of interest expenses). Dividend income and the property value of owner-occupied dwellings are taxed at different tax rates.
- Taxable income – the aggregate of personal income and capital income less deductions (e.g. work-related expenses etc.).

All three categories are relevant for various tax rates, see Section 1.2.1.

The employees' social security contributions and their payments to labour market supplementary pension schemes (Section 2.1.) are not included in personal income (or taxable income).

Regarding the tax unit, the earned income of each spouse is taxed separately. However, as is mentioned in Section 1.2.1, some unutilised personal allowances can be transferred between them.

1.1. *Tax allowances and tax credits*

1.1.1. *Standard reliefs*

Wage or salary earners who make expenses in order to earn their income (e.g. transport expenses, trade union membership dues, unemployment premiums) can fully deduct these expenses from taxable income.

The tax credit scheme allows the taxpayer to deduct 8.75% of earned income to a maximum of DKK 30 000 in order to calculate taxable income. Single parents get an extra employment allowance of 5.75% in 2017 with a maximum allowance of DKK 19 800. The effective value of the credit is equal to the municipality tax (24.91%) plus the 2.0% health care tax rate that is paid to the state (26.91% on average) multiplied by the value of the deduction.

1.1.2. *Main non-standard tax reliefs applicable to an AW*

- Interest payments are fully deductible from capital income.

- The non-standard deduction for wage and salary earners: The actual costs that are made in order to acquire income are deductible from taxable income. The main items are:
  - Contributions paid to trade unions;
  - Transportation costs: Up to 24 km. per day: no deduction. 25-120 km.: DKK 1.93 per km. Above 120 km.: DKK 0.97 per km. as a standard, but transport from municipalities placed in the outskirts of the country gives a credit of DKK 1.93 also above 120 km;
  - Other costs above DKK 5 900.
- Contributions/premiums paid to private pension saving plans are in general deductible from personal income. From 1999 onwards, contributions/premiums paid to private pension saving plans with sum payments are no longer deductible from income subject to the top tax bracket rate. From 2013 onwards, contributions/premiums paid to private pension saving plans with sum payments are no longer deductible.
- Other reliefs:
  - Alimonies, if according to contract, are deductible from taxable income;
  - Contributions to certain non-profit institutions are deductible from taxable income (limit DKK 15 600);
  - Losses incurred from unincorporated business in earlier years are, in principle, deductible from personal income.

1.1.3. *Tax credits*

Each individual is granted a personal allowance, which is converted into a wastable tax credit by applying the marginal tax rate of the first bracket of the income tax schedule. For taxpayers who are 18 years of age or are older, the tax credit amounts to:

For central government income tax	10.08% of DKK 45 000 = DKK 4 536
For central government health care tax	2.00% of DKK 45 000 = DKK 900
For municipal income tax	24.913% of DKK 45 000 = DKK 11 211

Special personal allowance for an individual younger than 18: DKK 33 800.

If a married person cannot utilise the personal allowance, the unutilised part is transferred to the spouse.

1.2. *Central government income taxes*

1.2.1. *Tax schedule*

Individuals pay an 8% Labour Market Contribution (*Arbejdsmarkedsbidrag* in Danish), levied on the gross wage or other income from work before the deduction of any allowance.

Before 2008, the revenue was earmarked for certain social security expenditures through the Labour market Fund, but this system was abolished from 2008, and the tax enters the budget in the same way as any other income taxes. From 2011 the last links regarding social security of the tax were removed making all taxpayers working in Denmark pay the labour market contribution. The labour market contribution is thus treated as a PIT in Taxing Wages from 2008.

Low tax bracket to the central government is assessed on the aggregate of personal income and positive net capital income at the rate of 10.08%.

From 2010 and onwards the medium tax bracket was abolished.

Top tax bracket to the central government is assessed on the excess of DKK 479 600 of the aggregate of personal income and positive net capital income in excess of DKK 42 800 at the rate of 15%. If a married individual cannot utilise the total allowance of DKK 479 600, the unutilised part is not transferred to the spouse.

If the marginal tax rate including local tax exceeds 51.95%, the top tax bracket rate is reduced by the difference between the marginal tax rate and 51.95%.

1.2.2. *Health care tax*

Central government levies an additional health care tax of 2%. The tax base is taxable income (see Section 1).

1.3. *State and local income taxes*

1.3.1. *General description*

Local income taxes are levied only by the municipalities. The rates vary across jurisdictions.

1.3.2. *Tax base*

The tax base is taxable income (see Section 1). Tax credit varies with tax rates. The average amount is given below.

1.3.3. *Tax rates*

- Lowest rate: 22.5% (municipalities);
- Highest rate: 27.8% (municipalities);
- Average rate: 24.913% (municipalities);

The average rate is used in this study. It is applied to the tax base less personal allowances (see Section 1.1).

2. Compulsory social security contributions to schemes operated within the government sector

2.1. *Employees' contributions*

Employees make a fixed contribution of DKK 11 604 for unemployment insurance. From 1999 onwards, the contribution for unemployment insurance is split into two: one part consists of the contribution for unemployment insurance (DKK 4 080) while the other part consists of a voluntary contribution to an early retirement scheme (DKK 5 940). In addition an administration fee of DKK 1 584 on average is added.

Contributions to the unemployment funds are not mandatory. Nevertheless, these payments have up until the implementation of ESA 2010 and the major revision of the Danish national accounts in the autumn 2014 been defined as social security contributions and classified as taxes in the Danish national accounts because there is no direct link between what members pay to the schemes and what they receive and the funds are subsidized by the state. The contributions to the unemployment funds are no longer classified as taxes in the Danish national accounts.

In addition, there is a compulsory fixed contribution to a general Labour Market Supplementary Pension Scheme of DKK 1 136 for workers who work at least 117 hours per month (for workers who work less than 117 hours but not less than 78 hours, the rate is DKK 757; for workers who work less than 78 hours but not less than 39 hours, the rate is DKK 379); their employer makes a corresponding contribution that is double this amount. Under this scheme, each employee has a plan and it should be noted that the contribution that is ascribed to this plan is determined by the level of employment and does not necessarily relate to the actual amount described above. As the employee and employer contribution is paid to a privately-managed pension scheme, these contributions are not considered to be taxes but rather as non-tax compulsory payments and are therefore not included in the tax calculations.

Also, all private sector employers contribute to Financing Contribution (DKK 533) and barsel.dk (DKK 750). Both of the payments are paid to privately managed funds. The Financing Contribution covers part of the Danish state's expenses to ATP-contributions as well as expenses to Employees' Guarantee Fund for the unemployed. Barsel.dk is a statutory scheme covering the part of the private sector labour market that is not covered by other approved maternity/paternity compensation schemes. Those contributions are considered as non-tax compulsory payments and not included in the tax calculations either.

2.2. *Employers' contributions*

It is compulsory for the employer to contribute to Employers' Reimbursement System (DKK 2 837), industrial injury tax (DKK 204) and Employees' Guarantee Fund (DKK 200).The employer also contributes to a Labour Market Supplementary Pension scheme, which in case of a full-time employee corresponds to a fixed amount of DKK 2 272 (being twice the fixed amount of DKK 1 136 mentioned in Section 2.1).

3. Universal cash transfers

The transfers for each dependent child are as follows:

Age group	Quarterly amount (DKK) for each child
0-2	4 491
3-6	3 555
7-17	2 796

The transfer is reduced when the income of a parent exceeds DKK 749 000. There are additional special amounts for single parents: the transfer for each dependent child is DKK 5 540 per year and a yearly transfer of DKK 5 648 regardless of the number of children. In addition, there is a state transfer of DKK 15 996 per year for each dependent child in case an "absent parent" does not contribute (this amount) to the family. This transfer is included in this Report's calculations for single parents.

Individuals older than 18 years receive a "green check" of DKK 940; this amount is increased with DKK 215 per child for up to two children. Only one partner in a married couple receives the increased "green check" for children. The "green check" is nominally fixed and is phased out at a rate of 7.5% for income above DKK 388 200. If the yearly income of the individuals is lower than DKK 226 900 the individuals receive an "additional green check" of DKK 280.

4. Main changes in tax/benefit systems

From 2000 to 2002, the low tax bracket rate has been reduced from 7% to 5.5%. The low tax bracket is assessed on the aggregate of personal income and positive net capital income.

After the parliamentary elections in 2001, the Conservative/Liberal government adopted a tax freeze policy, which implied that tax rates could not be increased, either in nominal or relative terms, during that government term. Taxes were therefore not increased during the period 2002-05. After the parliamentary elections in February 2005, the Conservative/Liberal government and the tax freeze policy were confirmed.

In order to respect the "tax freeze", the low tax bracket has been reduced by 0.36% from 2004 to 2010 as a compensation for increases in local income taxes from 33.31% in 2004 to 33.66% in 2011.

In the spring of 2003, the government agreed with one of the opposition parties to implement a tax package. The aim of this package was to decrease the level of labour taxation in Denmark, and thereby to reduce the distortions in the labour market and to improve the incentives to work. The package contained two main elements: an increase of the threshold for the medium tax bracket of nearly DKK 50 000 and the introduction of a tax credit scheme whereby the taxpayer can deduct 2.5% of earned income to a maximum of DKK 7 500 (in 2007) in the calculation of taxable income.

Before 2004, a compulsory contribution of 1% of employees' gross earnings was paid to an individual Labour Market Supplementary Pension Scheme established for the employee – this contribution is not considered as a social security contribution but rather as savings being made by the individual. However, from 2004 to 2010, this contribution was suspended and finally abolished and the deposits paid out as of April 2010.

In September 2007, the tax cuts from the 2003-package was extended. The threshold for the medium tax bracket was to be raised with DKK 57 900 in 2009 to meet with the top tax bracket threshold. The deductible tax credit was increased to 4.0% of earned income in 2008 and to 4.25% in 2009; thus raising the maximum to 12 300 in 2008 and to 13 600 in 2009. The effective value of the credit and of the personal income allowance is equal to the local income tax rate, the church tax plus the health care tax rate (31.63% on average in 2013) multiplied by the value of the deduction.

From the 1 January 2007 a Local Government Reform has come into force, which changes the structure of labour taxation. The reform however had only a minimal impact on the overall level of taxation. The number of municipalities has been cut from 270 to 98 and five regions have replaced the 14 counties. The regions will not impose taxes but will be financed through state subsidies and by contributions from the municipalities. The reform implied an increase in the average municipal tax rate from 22.1% in 2006 to 24.577% in 2007. Since then, there has been a further increase in the average municipal tax to 24.907% in 2013. The county tax has been replaced by a new health care tax of 8% which is levied by central government. The health care tax rate is decreased to 6% in 2013. The levels of taxation have thus been reduced from three to two: only the central and local governments now levy taxes.

In the spring of 2009, the government and one of the opposition parties agreed upon a major tax reform to be phased in from 2010 to 2019. The reform aims at reducing the high marginal tax rates on personal income and thus to stimulate labour supply in the medium to long-term. The reform decreases income taxes by DKK 29 billion in 2010. The tax reform is planned to be revenue neutral as a whole, but was underfinanced in the short run (2010-12) in order to stimulate the economy. The main measures taken in 2010 include the reduction of the rate of the bottom tax bracket from 5.26% to 3.67%, abolition of the medium tax bracket with the 6% rate altogether, and increase the top tax bracket threshold by DKK 28 800 to DKK 389 000. The reform will decrease the lowest marginal tax rate from 42.4% to 41.0% and the highest marginal tax rate on labour income from 63.0% to 56.1%. The marginal tax rate on positive net capital income (up to 51.5 after abolition of the middle tax bracket) is further reduced for the vast majority by introduction of an extra allowance of DKK 40 000 (DKK 80 000 for married couples) for positive net capital income in the top bracket tax.

The reform is partly financed by higher energy, transport and environmental taxes to support the energy and climate policy objectives of the government, and also by increases of excise rates on health-related goods (fat, candy, sugary drinks, tobacco). These increases are partly compensated by giving a "green check" to households (see section 3). The tax reform is also partly financed by base broadening measures. The measures include a gradual reduction from 2012 to 2019 of the tax value (from 33.5% to 25.5%) of assessment oriented deductions and limitations of the tax deductibility of net interest payments over a nominal threshold of DKK 50 000 (DKK 100 000 for married couples). Also the deductibility of payments above DKK 100 000 a year to individual pension insurance schemes with less than life-long coverage has been limited, as well as tightening of the tax treatment of company cars and other fringe benefits. Furthermore, a 6% tax is imposed from 2011 on pension payments exceeding DKK 362 800.

To consolidate the budget, a *Fiscal Consolidation Agreement* was reached in May 2010, somewhat modifying the prescriptions of the Spring Package of 2009.

The specific provisions of the *Fiscal Consolidation Agreement* include:

- The suspension from 2011 until 2013 of automatic adjustments in various tax thresholds (including personal allowances).
- Postponing from 2011 to 2014 the increase of the threshold for the top income tax rate (15%) from DKK 389 900 to 409 100 (EUR 52 316 to 54 892). The increase was an element of the 2009 tax reform.
- The labour union membership fees' tax deductibility is limited to DKK 3 000 (EUR 403) from the year 2011. The threshold is not adjusted.
- From 2011, the annual amount of child allowance is limited to DKK 35 000 (EUR 4 696), irrespective of the number of children. This was abolished by the new government by 2012. Child allowances will be gradually reduced by 5% until 2013.

As part of the Finance Act 2012 it was decided to introduce an "additional green check" to people beyond 18 years with low income (less than DKK 212 000). The "additional green check" is DKK 280.

In June 2012 a tax reform was reached. Included in the reform were changes in the earned income tax credit and the top tax bracket. The earned income tax credit is gradually raised from 4.40% in 2012 to 10.65% in 2022 (6.95% in 2013) where the maximum limit of earned income tax credit is raised from DKK 14 100 in 2012 to DKK 34 100 in 2022 (DKK 22 300 in 2013). Furthermore, a special earned income tax credit for single parents was decided from 2014. This will be gradually introduced to the amount of 6.25% in 2022 with a maximum limit of DKK 20 000. In The Tax Reform 2012 it was also decided to gradually raise the top tax bracket from DKK 389 900 in 2012 to DKK 467 000 in 2022 (DKK 421 000 in 2013).

As part of the Finance Act 2013 an agreement, The Excise Duty and Competition Package, was reached. This agreement includes a decrease in the excise duty on electricity, an abolition of the fat tax and a planned expansion in the excise duty on sugar, which will reduce expenses of both consumers and companies. This was financed by an increase in the bottom tax rate of 0.19 percentage points and a reduction in the personal allowance by DKK 900 for all persons (under and over 18 years) introduced from the income year 2013. As a consequence the marginal tax ceiling was increased from 51.5% to 51.7%. It is estimated that the abolished excise duties and the increased income taxes will have similar effects on distribution and labour supply.

Certain elements of the tax reform from 2012 were accelerated in the 2014 Budget. The employment allowance is adjusted upwards to 7.65% (2014), 8.05% (2015), 8.3% (2016) and 8.75% (2017), with a simultaneous increase of the maximum allowance from DKK 25 000 in 2014 to DKK 28 600 in 2018. The extra employment allowance for single parents is increased to 5.40% in 2014 (instead of 2.60%) with a maximum allowance of DKK 17 700.

Growth Plan 2014 contained measures to reduce the public service obligation on electricity and roll back an increase in excise duty on fossil fuel. As part of the financing of Growth Plan 2014 the low tax bracket rate is increased by 0.28 percentage point over the next five years, including 0.25 percentage point in 2015, with a parallel increase in the tax ceiling. Also, the green check and the supplementary green check are reduced over the next five years, starting in 2015.

In the autumn 2014, the new ESA 2010 guidelines (European System of National and Regional Accounts) and a major revision of the Danish national accounts were implemented which changed the classification of a few taxes. For example, the church tax and contributions to the unemployment fund are no longer classified as taxes, but as volunteer contributions (see Section 2.1).

As part of the Finance Act 2015 the tax deductibility of labour union membership fees is increased from DKK 3 000 to DKK 6 000 in 2015.

The Finance Act of 2016 included an abolishment of the so-called PSO-excise duty. To finance the abolishment the tax rate for the bottom tax bracket will be increased with 0.05 percentage point from 2018 increasing to 0.09 percentage point in 2022. Fully phased-in the tax rate for the bottom tax bracket will be 12.20% in 2022. Additionally, the tax ceiling will be increased from 51.95% in 2017 to 52.07% in 2022. The "green check" will be reduced with 190 DKK from 2018 increasing to 380 DKK in 2022. The "additional green check" will be lowered proportionally. Low-income earners such as senior citizens and early retirees are exempt from the decrease in the 'green check'.

5. Memorandum items

5.1. *Identification of an AW*

The AW is identified as an average worker employed at firms which are members of the Danish Employers' Confederation.

5.2. *Employers' contribution to private schemes*

The employer must provide his employees with work injuries' insurance.

Employees typically participate in a private occupational (labour market) pension scheme to which both the employee and the employer make contributions. The employee's contribution is deductible for income tax purposes and is treated in this Report as a non-standard tax relief. The employer's contribution is not included in the gross wage income of the employee.

2017 parameter values

Average earnings	Ave_earn	413 503	Secretariat estimate
Central taxes	Health_tax_rate	0.02	
	Low_rate	0.1008	
	Medium_thrsh	0	
	Medium_rate	0	
	Top_thrsh	479 600	
	Top_rate	0.15	
	Marg_rate_ceil	0.5195	
	Adj_top_rate	0.14957	
	Temp_tax_rate	0.00	
	Temp_tax_thrsh	0	
	Personal_al	45 000	
The green check	green_check	940	
	1 child	215	
	child max	430	
	Green_check_thrsh	388 200	
	Green_check_taper_rate	0.075	
	Extra_green_check	280	
	Extra_green_check_thrsh	226 900	
Local taxes	gener_rate	0.24913	
	church_rate	0	
total local tax rate	Local_rates	0.24913	
Earned income tax credit scheme	earncredit_rate	0.0875	
	earncredit_max	30 000	
for single parents	Sing_par_earncredit_rate	0.0575	
	Sing_par_earncredit_max	19 800	
Child transfers	Child_3to6	14 220	
	Child_7to17	11 184	
	Child_limit	749 000	
	Child_red	0.02	
for single parents	Sing_par_basic	5 648	
	Sing_par_ch	21 536	
Individual Labour Market Pension Scheme	Pension_rate	0	
Employees soc. security:			
suppl. pension scheme	Pension	1 136	
unempl. insurance	Unemp	0	
Labour Market Contribution	Labour_market_rate	0.08	
Employer soc. security:			
suppl. pension scheme	Pension_empr	2 272	
contributions to ATP	SSC_ATP	3 241	
SSC rate	SSC_empr	0.00	
Financing Contribution	NTCP_FC	533	
barsel.dk	NTCP_barsel	750	

2017 tax equations

The equations for the Danish system in 2017 are mostly on an individual basis but there is an interaction in the calculation of Central Government tax between spouses and the child benefit is calculated only once. This is shown by the Range indicator in the table below.

The functions which are used in the equations (Taper, MIN, Tax etc) are described in the technical note about tax equations. Variable names are defined in the table of parameters above, within the equations table, or are the standard variables "married" and "children". A reference to a variable with the affix "_total" indicates the sum of the relevant variable values for the principal and spouse. And the affixes "_princ" and "_spouse" indicate the value for the principal and spouse, respectively. Equations for a single person are as shown for the principal, with "_spouse" values taken as 0.

	Line in country table and intermediate steps	Variable name	Range	Equation
1.	Earnings	earn		
2.	Allowances:	tax_al	B	Labour_market_contr+Pension_rate*earn
		earncredit	B	Min(earn*earncredit_rate, earncredit_max)+(Children>0)*(Married=0)*Min(earn* Sing_par_earncredit_rate; Sing_par_earncredit_max)
3.	Credits in taxable income	taxbl_cr	B	0
4.	CG taxable income	tax_inc	B	Positive(earn-tax_al-earncredit+taxbl_cr)
	Personal income	pers_inc	B	Positive(earn-pension_rate*earn-Labour_market_contr)
5.	CG tax before credits	CG_tax_excl_princ	P	Low_rate*tax_inc_princ+Medium_rate*Positive(tax_inc_princ-Medium_thrsh-Married*Positive(Medium_thrsh-pers_inc_spouse))+Adj_top_rate*Positive(tax_inc_princ-Top_thrsh)
		CG_health_tax_excl_princ	P	Health_tax_rate*tax_inc_princ
		CG_tax_excl_spouse	S	Low_rate*tax_inc_spouse+Medium_rate*Positive(tax_inc_spouse-Medium_thrsh)+Adj_top_rate*Positive(tax_inc_spouse-Top_thrsh)
		CG_health_tax_excl_spouse	S	(Married=1)*Health_tax_rate*tax_inc_spouse
6.	Tax credits :	tax_cr_princ	P	Personal_al*Low_rate+Married*Positive(Personal_al-pers_inc_spouse)*Low_rate
		health_tax_cr_princ	P	Health_tax_rate*(Personal_al+Married*Positive(Personal_al-tax_inc_spouse))
		tax_cr_spouse	S	Personal_al*Low_rate
		health_tax_cr_spouse	S	(Married=1)*Health_tax_rate*Personal_al
	Labour Market Contribution	Labour_market_contr	B	Labour_market_rate*earn
7.	CG tax	CG_tax	B	Positive(CG_tax_excl-tax_cr)+Positive(CG_health_tax_excl-health_tax_cr)+Labour_market_contr
8.	State and local taxes	local_tax_princ	P	Positive((Local_rates)*(tax_inc_princ-Personal_al-Married*Positive(Personal_al-tax_inc_spouse)))
		local_tax_spouse	S	(Local_rates)*Positive(tax_inc_spouse-Personal_al)
9.	Employees' soc security			
	contribution	SSC	B	(earn>0)*Unemp
10.	Total payments	tot_payments	J	Positive(CG_tax_total+local_tax_total+SSC_total)

	Line in country table and intermediate steps	Variable name	Range	Equation
11.	Cash transfers	cash_trans	J	Positive(((Children>0)*(Child_3to6+(Children>1)*(Children-1)*Child_7to17+(Married=0)*(Sing_par_basic+Children*Sing_par_ch)))-(Positive(earn_princ-Child_limit)*Child_red)-(Positive(earn_spouse-Child_limit)*Child_red))+IF(Married=1,(Taper(green_check,pers_inc_princ,Green_check_thrsh,Green_check_taper_rate)+Taper(green_check+MIN(Children*_1_child,child_max),pers_inc_spouse,Green_check_thrsh,Green_check_taper_rate)),Taper(green_check+MIN(Children*_1_child,child_max),pers_inc_princ, Green_check_thrsh,Green_check_taper_rate))+ IF(Married=1,(IF(pers_inc_princ<Extra_green_check_thrsh,Extra_green_check,0)+IF(pers_inc_spouse<Extra_green_check_thrsh,Extra_green_check,0)),IF(pers_inc_princ<Extra_green_check_thrsh,Extra_green_check,0))
13.	Employer's soc security	SSC_empr	B	SSC_empr*earn+SSC_ATP

Key to range of equation B calculated separately for both principal earner and spouse P calculated for principal only (value taken as 0 for spouse calculation) J calculated once only on a joint basis.

Les impôts sur les salaires 2018
© OCDE 2018

Estonia

This chapter includes data on the income taxes paid by workers, their social security contributions, the family benefits they receive in the form of cash transfers as well as the social security contributions and payroll taxes paid by their employers. Results reported include the marginal and average tax burden for eight different family types.

Methodological information is available for personal income tax systems, compulsory social security contributions to schemes operated within the government sector, universal cash transfers as well as recent changes in the tax/benefit system. The methodology also includes the parameter values and tax equations underlying the data.

Estonia 2017

The tax/benefit position of single persons

		Wage level (per cent of average wage)	67	100	167	67
		Number of children	none	none	none	2
1.	**Gross wage earnings**		9 923	14 810	24 732	9 923
2.	**Standard tax allowances**					
	Basic allowance		2 160	2 160	2 160	4 008
	Married or head of family					
	Dependent children					
	Deduction for social security contributions and income taxes		159	237	396	159
	Work-related expenses		0	0	0	0
	Other					
		Total	2 319	2 397	2 556	4 167
3.	**Tax credits or cash transfers included in taxable income**		0	0	0	0
4.	**Central government taxable income (1 - 2 + 3)**		7 604	12 413	22 177	5 756
5.	**Central government income tax liability (exclusive of tax credits)**		1 521	2 483	4 435	1 151
6.	**Tax credits**					
	Basic credit					
	Married or head of family					
	Children		0	0	0	0
	Other					
		Total	0	0	0	0
7.	**Central government income tax finally paid (5-6)**		1 521	2 483	4 435	1 151
8.	**State and local taxes**		0	0	0	0
9.	**Employees' compulsory social security contributions**					
	Gross earnings		159	237	396	159
	Taxable income					
		Total	159	237	396	159
10.	**Total payments to general government (7 + 8 + 9)**		1 680	2 720	4 831	1 310
11.	**Cash transfers from general government**					
	For head of family					
	For two children		0	0	0	1 660
		Total	0	0	0	1 660
12.	**Take-home pay (1-10+11)**		8 243	12 090	19 901	10 273
13.	**Employer's compulsory social security contributions**		3 354	5 006	8 360	3 354
14.	**Average rates**					
	Income tax		15.3%	16.8%	17.9%	11.6%
	Employees' social security contributions		1.6%	1.6%	1.6%	1.6%
	Total payments less cash transfers		16.9%	18.4%	19.5%	-3.5%
	Total tax wedge including employer's social security contributions		37.9%	39.0%	39.9%	22.6%
15.	**Marginal rates**					
	Total payments less cash transfers: Principal earner		21.3%	21.3%	21.3%	21.3%
	Total payments less cash transfers: Spouse		n.a.	n.a.	n.a.	n.a.
	Total tax wedge: Principal earner		41.2%	41.2%	41.2%	41.2%
	Total tax wedge: Spouse		n.a.	n.a.	n.a.	n.a.

Estonia 2017

The tax/benefit position of married couples

		Wage level (per cent of average wage)	100-0	100-33	100-67	100-33
		Number of children	2	2	2	none
1.	**Gross wage earnings**		14 810	19 697	24 732	19 697
2.	**Standard tax allowances**					
	Basic allowance		6 168	6 168	6 168	4 320
	Married or head of family					
	Dependent children					
	Deduction for social security contributions and income taxes		237	315	396	315
	Work-related expenses		0	0	0	0
	Other					
		Total	6 405	6 483	6 564	4 635
3.	**Tax credits or cash transfers included in taxable income**		0	0	0	0
4.	**Central government taxable income (1 - 2 + 3)**		8 405	13 214	18 169	15 062
5.	**Central government income tax liability (exclusive of tax credits)**		1 681	2 643	3 634	3 012
6.	**Tax credits**					
	Basic credit					
	Married or head of family					
	Children		0	0	0	0
	Other					
		Total	0	0	0	0
7.	**Central government income tax finally paid (5-6)**		1 681	2 643	3 634	3 012
8.	**State and local taxes**		0	0	0	0
9.	**Employees' compulsory social security contributions**					
	Gross earnings		237	315	396	315
	Taxable income					
		Total	237	315	396	315
10.	**Total payments to general government (7 + 8 + 9)**		1 918	2 958	4 029	3 328
11.	**Cash transfers from general government**					
	For head of family					
	For two children		1 200	1 200	1 200	0
		Total	1 200	1 200	1 200	0
12.	**Take-home pay (1-10+11)**		14 092	17 939	21 903	16 370
13.	**Employer's compulsory social security contributions**		5 006	6 748	8 360	6 748
14.	**Average rates**					
	Income tax		11.4%	13.4%	14.7%	15.3%
	Employees' social security contributions		1.6%	1.6%	1.6%	1.6%
	Total payments less cash transfers		4.8%	8.9%	11.4%	16.9%
	Total tax wedge including employer's social security contributions		28.9%	32.2%	33.8%	38.1%
15.	**Marginal rates**					
	Total payments less cash transfers: Principal earner		21.3%	21.3%	21.3%	21.3%
	Total payments less cash transfers: Spouse		21.3%	21.3%	21.3%	21.3%
	Total tax wedge: Principal earner		41.2%	41.2%	41.2%	41.2%
	Total tax wedge: Spouse		42.0%	21.9%	41.2%	21.9%

The Estonian currency is the Euro (EUR). In 2017, EUR 0.89 was equal to USD 1. In 2017, the average worker in Estonia earned EUR 14 810 (Secretariat estimate).

1. Personal income tax system

1.1. Central government income tax

1.1.1. Tax unit

The tax unit is the family.

1.1.2. Tax allowances

1.1.2.1. Standard tax reliefs

- A general (basic) allowance of EUR 2 160 is deductible from individual income in 2017. From 1 January 2017, the supplementary basic allowance for the spouse comes into force. The spouse's yearly income must be below EUR 2 160 and the family's total yearly income must be below EUR 50 400.
- A child allowance of EUR 1 848 is also deductible from income for each of the second and any subsequent children up to and including the age of 16.
- Relief for social security contributions: Employee's compulsory contributions for unemployment insurance are deductible for income tax purposes.
- Tax credits: was abolished from 2017.

1.1.2.2. Non-standard tax reliefs applicable to income from employment

- II pillar pension contributions: In 2017, these represent voluntary payments to private funds for all employees and are paid at a rate of 2% or 3% of earnings.
- Occupational accident and illness benefits that are not paid as insurance benefits are deductible from taxable income within the limit of EUR 768 per year.
- Housing loan interest, educational costs, gifts and donations are deductible from taxable income within upper limits of EUR 1 200 and 50% of taxable income per year. Housing loan interest deductions upper limit is EUR 300 within that EUR 1200 from 2017.
- Voluntary pension contributions (III pillar): Contributions paid by a resident to the provider of a pension plan based in Estonia or in another EU Member State according to a pension plan that is approved and entered into a special register in accordance with the pension legislation are deductible from taxable income. In 2017 such deductions are subject to an annual limit of a sum equal to 15% and maximum of EUR 6 000 of the employee's, public servant`s or members of legal person management or control body income in a calendar year.

1.1.3. Tax schedule

The rate of 20% applies for all levels of taxable income.

1.2. *Regional and local income tax*

There are no regional or local income taxes.

2. Compulsory social security insurance system

The compulsory social security insurance system consists of three schemes as follows:

- pension insurance;
- health insurance;
- unemployment insurance.

2.1. *Employees' contributions*

Employees pay 1.6% of their earnings in contributions for unemployment insurance. The taxable base is the total amount of the gross wage or salary including vacation payments, fringe benefits and remuneration of expenses related to work above a certain threshold. The assessment period is the calendar month.

2.2. *Employers' contributions*

Social security insurance contributions are also paid by employers on behalf of their employees. The taxable base and the assessment period are the same as for employees' contributions. The employers' contribution rates are applied in two parts:

- Unemployment insurance – 0.8% of employee earnings.
- Pension and health insurance – as follows for monthly earnings above EUR 430.

Scheme name	Rate of contribution (%)
Pension insurance	20.00
Health insurance	13.00
Total	33.00

In addition there is a lump sum payment for each employee of EUR 141.90 per month (split between pensions and health insurance on a 20:13 basis).

3. Payroll tax

None.

4. Universal cash transfers

4.1. *Transfers related to marital status*

None.

4.2. *Transfers for dependent children*

Estonia's family benefits are designed to provide partial coverage of the costs families incur in caring for, raising and educating their children.

The state pays family benefits to all children until they reach the age of 16. Children enrolled in basic or secondary schools or vocational education institutions operating on the basis of basic education have the right to receive family benefits until the age of 19. Applications for the allowance are made on an annual basis and the payments are not taxable. The values of these benefits in 2017 are shown in the table below. The single parent child allowance is paid for each child. From 1.07.2017 the parents allowance for families with three to six children is introduced, 300 EUR per month (1 800 EUR for 6 months). Parents allowance for families with seven or more children is increased from 168.74 EUR per month to 400 EUR per month from 1.07.2017 (1 012.44 EUR for half a year and 2 400 EUR for second half).

In addition there are nine other types of family benefits for which payment depends on either the age of the child(ren) and/or the status of the person(s) looking of them: maternity benefit; childbirth allowance; parental benefit; child care allowance; conscript's child allowance; child's school allowance, child allowance for a child under guardianship or foster care; start in independent life allowance; adoption allowance (single payment). These are not included in the modelling.

Type of benefit	Annual amount of benefit (in EUR)
Child allowance (paid until children turn 16 or until the end of the academic year in which they turn 19 if they continue studying).	
For the first and second child	600.00
For the third and any subsequent children	1 200.00
Single parent's child allowance	230.16
Parents allowance for families with three to six children	1 800.00 (6 months)
Parents allowance for families with seven or more children	3 412.44

In addition to existing benefits, from 1 July 2013 the need-based child benefits were introduced. Need-based family benefit income threshold is based on Statistical Office relative poverty threshold published by the 1st of March in a year before current budget year. In 2017 the need based threshold is EUR 394 in a month for the first household member. For every other at least 14-years old member the threshold is EUR 197 and for the younger members EUR 118.2 in a month. Need-based family benefit is in 2017 EUR 45 in a month for single child family and EUR 90 for families with two or more children.

5. Main changes in tax/benefit system since 2005

- The personal income tax rate was steadily reduced from 24% in 2005 to 21% in 2008. In 2015 it was reduced to 20%.
- The child tax allowance applied for the third and subsequent children for 2005 and the second and subsequent children in 2006 and 2007. It applied to all children in 2008 and then returned to the 2007 position in 2009.
- The employee unemployment contribution rate was reduced from 1% to 0.6% in 2006 and then raised in 2 stages to 2.8% at the end of 2009. The corresponding rates for employers were a reduction from 0.5 % to 0.3% in 2006 increasing to 1.4%. In 2013 the employee unemployment contribution rate was reduced from 2.8% to 2.0% and the corresponding rate for employers from 1.4% to 1.0%. In 2015 the employee unemployment contribution rate was reduced from 2.0% to 1.6% and the corresponding rate for employers from 1.0% to 0.8%.
- In addition to existing benefits, from 1 July 2013 the need-based child benefits were introduced. Further details in section 4.2 on cash transfers.
- From 2016, a non-payable tax credit for low-income earners ("madalapalgaliste tagasimakse") was introduced. Further details in section 1.1.2. on tax allowances. It was abolished from 2017.

- From 2017 the possibility to use spouse`s basic tax-free allowance was reformed. From 1 January 2017, the supplementary basic allowance for the spouse comes into force. The spouse's yearly income must be below EUR 2 160 and the family`s total yearly income must be below EUR 50 400.

6. Memorandum items

6.1. *Average gross annual wage earnings calculation*

In Estonia the gross earnings figures cover wages and salaries paid to individuals in formal employment including payment for overtime. They also include bonus payments and other payments such as pay for annual leave, paid leave up to seven days, public holidays, absences due to sickness for up to 30 days, job training, and slowdown through no fault of the person in formal employment.

The average gross wage earnings figures of all adult workers covering industry sectors B-N by NACE Rev.2 are estimated with average wage growth rate forecast of Estonian Ministry of Finance.

6.2. *Employer contributions to private pension and health schemes*

Some employer contributions are made to private health and pension schemes but there is no relevant information available on the amounts that are paid.

2017 parameter values

Average earnings/yr	Ave_earn	14 810	Secretariat estimate
Allowances	Basic_al	2 160	
	Incoome_lim	50400	
	Child_al	1 848	
Income tax	Tax_rate	0.20	
Employers SSC	SSC_rate1	0.33	
	Threshold	5 160	
	lump_sum	1 702.8	
	SSC_rate2	0.008	
Employees SSC	SSC_rate3	0.016	
Child allowances			
First & second child	CA_first&second	600	
Other children	CA_others	1 200	
Additional for children of lone parents			
	CA_onepar	230.16	
Need-based child benefits			
one child	CB_1	540	
two or more children	CB_2	1 080	
Need-based family threshold			
first member	F_thrsh_1	4 728.00	
other members above 14	F_thrsh_2	2 364.00	
other members under 14	F_thrsh_3	1 418.40	
Days in tax year	numdays	365	

2017 tax equations

The equations for the Estonian system are mostly on an individual basis.

The functions which are used in the equations (Taper, MIN, Tax etc) are described in the technical note about tax equations. Variable names are defined in the table of parameters above, within the equations table, or are the standard variables "married" and "children". A reference to a variable with the affix "_total" indicates the sum of the relevant variable values for the principal and spouse. And the affixes "_princ" and "_spouse" indicate the value for the principal and spouse, respectively. Equations for a single person are as shown for the principal, with "_spouse" values taken as 0.

	Line in country table and intermediate steps	Variable name	Range	Equation
1.	Earnings	earn		
2.	Allowances:	tax_al	J	Min(Basic_al+ IF(earn_spouse>Basic_al,Basic_al,(IF(AND(earn_princ+earn_spouse<income_lim, earn_Married>0),Positive(Basic_al-earn_spouse),0))+SSC_empee+(children>1)*child_al*(Children-1),earn)
3.	Credits in taxable income	taxbl_cr	B	0
4.	CG taxable income	tax_inc	B	Positive(earn-tax_al)
5.	CG tax before credits	CG_tax_excl	B	Tax_inc*tax_rate
6.	Tax credits :	tax_cr	B	IF(earn_spouse>0,IF(earn_princ+earn_spouse<tax_cred_thr*(1+Married),Positive((tax_cred*(1+Married))-((earn_princ+earn_spouse)*tax_cred_rt)),0),IF(earn_princ<tax_cred_thr,Positive(tax_cred-(earn_princ*tax_cred_rt)),0))
7.	CG tax	CG_tax	B	Positive(CG_tax_excl-tax_cr)
8;	State and local taxes	local_tax	B	0
9.	Employees' soc security	SSC_empee	B	earn*SSC_rate3
11.	Cash transfers	cash_trans	J	IF(Children<3,CA_firstsecond*Children,(2*CA_firstsecond)+(CA_other*(Children-2)))+(Married='0)*Children*CA_onepar+IF((earn_total-CG_tax-SSC_empee)<(F_thrsh_1+' (F_thrsh_2*Married='1)+' (F_thrsh_3*Children)),IF(Children>1, CB_2, CB_1),0)
13.	Employer's soc security	SSC_empr	B	IF(earn>0,IF(earn>threshold,earn*SSC_rate1,lump_sum),0)+earn*SSC_rate2

Key to range of equation B calculated separately for both principal earner and spouse P calculated for principal only (value taken as 0 for spouse calculation) J calculated once only on a joint basis.

© OCDE 2018

Finland

This chapter includes data on the income taxes paid by workers, their social security contributions, the family benefits they receive in the form of cash transfers as well as the social security contributions and payroll taxes paid by their employers. Results reported include the marginal and average tax burden for eight different family types.

Methodological information is available for personal income tax systems, compulsory social security contributions to schemes operated within the government sector, universal cash transfers as well as recent changes in the tax/benefit system. The methodology also includes the parameter values and tax equations underlying the data.

Finland 2017

The tax/benefit position of single persons

		Wage level (per cent of average wage)	67	100	167	67
		Number of children	none	none	none	2
1.	**Gross wage earnings**		29 471	43 986	73 457	29 471
2.	**Standard tax allowances**					
	Basic allowance					
	Married or head of family					
	Dependent children					
	Deduction for social security contributions and income taxes		2 750	4 104	6 854	2 750
	Work-related expenses		750	750	750	750
	Other					
		Total	3 500	4 854	7 604	3 500
3.	**Tax credits or cash transfers included in taxable income**		0	0	0	0
4.	**Central government taxable income (1 - 2 + 3)**		25 971	39 132	65 853	25 971
5.	**Central government income tax liability (exclusive of tax credits)**		650	2 954	8 616	650
6.	**Tax credits**					
	Basic credit		1 420	1 265	820	1 420
	Married or head of family					
	Children		0	0	0	200
	Other					
		Total	1 420	1 265	820	1 620
7.	**Central government income tax finally paid (5-6)**		143	1 831	7 939	143
8.	**State and local taxes**		3 822	7 342	12 927	3 622
9.	**Employees' compulsory social security contributions**					
	Gross earnings		2 750	4 104	6 854	2 750
	Taxable income		0	0	0	0
		Total	2 750	4 104	6 854	2 750
10.	**Total payments to general government (7 + 8 + 9)**		6 715	13 277	27 719	6 515
11.	**Cash transfers from general government**					
	For head of family					
	For two children		0	0	0	3 562
		Total	0	0	0	3 562
12.	**Take-home pay (1-10+11)**		22 756	30 709	45 738	26 518
13.	**Employer's compulsory social security contributions**		6 575	9 813	16 388	6 575
14.	**Average rates**					
	Income tax		13.5%	20.9%	28.4%	12.8%
	Employees' social security contributions		9.3%	9.3%	9.3%	9.3%
	Total payments less cash transfers		22.8%	30.2%	37.7%	10.0%
	Total tax wedge including employer's social security contributions		36.9%	42.9%	49.1%	26.4%
15.	**Marginal rates**					
	Total payments less cash transfers: Principal earner		44.1%	45.7%	49.3%	44.1%
	Total payments less cash transfers: Spouse		n.a.	n.a.	n.a.	n.a.
	Total tax wedge: Principal earner		54.3%	55.6%	58.5%	54.3%
	Total tax wedge: Spouse		n.a.	n.a.	n.a.	n.a.

Finland 2017

The tax/benefit position of married couples

	Wage level (per cent of average wage)	100-0	100-33	100-67	100-33
	Number of children	2	2	2	none
1.	**Gross wage earnings**	43 986	58 502	73 457	58 502
2.	**Standard tax allowances**				
	Basic allowance				
	Married or head of family				
	Dependent children				
	Deduction for social security contributions and income taxes	4 104	5 458	6 854	5 458
	Work-related expenses	750	1 500	1 500	1 500
	Other				
	Total	4 854	6 958	8 354	6 958
3.	**Tax credits or cash transfers included in taxable income**	0	0	0	0
4.	**Central government taxable income (1 - 2 + 3)**	39 132	51 543	65 103	51 543
5.	**Central government income tax liability (exclusive of tax credits)**	2 954	2 954	3 604	2 954
6.	**Tax credits**				
	Basic credit	1 265	2 685	2 685	2 685
	Married or head of family				
	Children	28	128	128	0
	Other				
	Total	1 293	2 813	2 813	2 685
7.	**Central government income tax finally paid (5-6)**	1 804	1 897	1 947	1 925
8.	**State and local taxes**	7 342	7 342	11 065	7 342
9.	**Employees' compulsory social security contributions**				
	Gross earnings	4 104	5 458	6 854	5 458
	Taxable income	0	0	0	0
	Total	4 104	5 458	6 854	5 458
10.	**Total payments to general government (7 + 8 + 9)**	13 250	14 698	19 865	14 725
11.	**Cash transfers from general government**				
	For head of family				
	For two children	2 397	2 397	2 397	0
	Total	2 397	2 397	2 397	0
12.	**Take-home pay (1-10+11)**	33 133	46 200	55 989	43 776
13.	**Employer's compulsory social security contributions**	9 813	13 052	16 388	13 052
14.	**Average rates**				
	Income tax	20.8%	15.8%	17.7%	15.8%
	Employees' social security contributions	9.3%	9.3%	9.3%	9.3%
	Total payments less cash transfers	24.7%	21.0%	23.8%	25.2%
	Total tax wedge including employer's social security contributions	38.4%	35.4%	37.7%	38.8%
15.	**Marginal rates**				
	Total payments less cash transfers: Principal earner	46.7%	46.7%	46.7%	45.7%
	Total payments less cash transfers: Spouse	10.0%	10.0%	44.1%	10.0%
	Total tax wedge: Principal earner	56.4%	56.4%	56.4%	55.6%
	Total tax wedge: Spouse	26.4%	26.4%	54.3%	26.4%

The national currency is the Euro (EUR). In 2017, EUR 0.89 was equal to USD 1. In that year, the average worker earned EUR 43 986 (Secretariat estimate).

1. Personal income tax system

1.1. *Central government income taxes*

1.1.1. *Tax unit*

Spouses are taxed separately for earned income.

1.1.2. *Standard tax allowances and tax credits*

1.1.2.1. Standard reliefs

- Work-related expenses: A standard deduction for work related expenses equal to the amount of wage or salary, with a maximum amount of EUR 750 is granted.
- Tax credit: An earned income tax credit is granted against the central government income tax. If the credit exceeds the amount of central government income tax, the excess credit is deductible from the municipal income tax and the health insurance contribution for medical care. The credit is calculated on the basis of taxpayers' income from work. The credit amounts to 12% of income exceeding EUR 2 500, until it reaches its maximum of EUR 1 420. The amount of the credit is reduced by 1.51% of the earned income minus work related expenses exceeding EUR 33 000. The credit is fully phased out when taxpayers' income is about EUR 128 000.
- Child tax credit: The credit is granted to taxpayers who have children in their care and custody according to the Population Register System records. It is given for four children at most. All parents and custodians get it regardless of which one of them has the child(ren) living with them. The size of the child tax credit depends on the number of children and whether the taxpayer has joint custody or single custody: for joint custody the credit is EUR 50 per year and child, and for single custody it is EUR 100 per year and child. If net taxable income exceeds EUR 36 000 per year (earned income and capital income combined), the credit is reduced. For the part of the income exceeding the threshold, the amount to be credited is phased out by a one percentage point rate. The child tax credit is will be in force from 2015 through 2017.

1.1.2.2. Main non-standard tax reliefs applicable to an AW

- Interest: Interest on loans associated with the earning of taxable income, 45% of the interest on loans for the purchase of owner-occupied dwellings, and student loans guaranteed by the state can be deducted against capital income. Of the excess of interest over capital income, 30% (32% for first-time homebuyers) can be credited against income tax up to a maximum of EUR 1 400.
- Membership fees: Membership fees paid to employees' organisations or trade unions.

- Travelling expenses: Travelling expenses from the place of residence to the place of employment using the cheapest means in excess of EUR 750 up to a maximum deduction of EUR 7 000.
- Double housing expenses: If the place of employment is located too far from home in order to commute (distance > 100 km), the taxpayer can deduct the costs of hiring a second dwelling located near the place of work up to EUR 250 per month. This deduction can be claimed only by one person per household.
- Other work-related outlays: Outlays for tools, professional literature, research equipment and scientific literature, and expenses incurred in scientific or artistic work (unless compensated by scholarships).

Travelling expenses and other work related outlays are deductible only to the extent that their total amount exceeds the amount of the standard deduction for work related expenses.

1.1.3. Rate schedule

Central government income tax:

Taxable income (EUR)	Tax on lower limit (EUR)	Tax on excess income in bracket (%)
16 900-25 300	8	6.25
25 300-41 200	533	17.5
41 200-73 100	3 315.5	21.5
73 100	10 174	31.5

1.2. Local income tax

1.2.1. Tax base and tax rates

The tax base of the local income tax is taxable income as established for the income tax levied by central government.

Municipal tax is levied at flat rates. In 2017 the tax rate varies between 17.00 and 22.50%, the average rate being approximately 19.91%.

Municipal tax is not deductible against central government taxes. Work-related expenses and other non-standard deductions are deductible, as for purposes of the central government income tax.

1.2.2. Tax allowances in municipal income taxation

- An earned income tax allowance is calculated on the basis of taxpayer's income from work. The allowance amounts to 51% of income between EUR 2 500 and EUR 7 230 and 28% of the income exceeding EUR 7 230, until it reaches its maximum of EUR 3 570. The amount of the allowance is reduced by 4.5% on earned income minus work related expenses exceeding EUR 14 000.
- A basic tax allowance is granted on the basis of taxable income remaining after the other allowances have been subtracted. The maximum amount, EUR 3 060, is reduced by 18% on income exceeding the aforementioned amount.

2. Compulsory social security contributions to schemes operated within the government sector

2.1. Employee contributions

2.1.1. Rate and ceiling

In 2017, the rate of the health insurance contribution for medical care paid by an employee is 0%. The tax base for this contribution is net taxable income for municipal income tax purposes.

In addition there is an employees' pension insurance contribution which amounts to 6.15% of gross salary, an employees' unemployment insurance contribution equal to 1.6% of gross salary and a health insurance contribution for daily allowance equal to 1.58% of gross salary. For employees aged 53 and older, the pension insurance contribution amounts to 7.65% of gross salary. These contributions are deductible for income tax purposes.

2.1.2. Distinction by marital status or sex

The rates do not differ.

2.2. Employers' contributions

The average rate of the employers' social security contribution in 2017 is 22.31% of gross wage.

	Contribution rates (%)
Health insurance	1.08
Unemployment insurance (avg)	2.41
Earnings-related pension insurance	17.95
Accident insurance (avg)	0.8
Group life insurance (avg)	0.07
Total	22.31

3. Universal cash transfers

3.1. Amount for marriage

None.

3.2. Amount for children

The central government pays in 2017 the following allowances (EUR):

For the first child	1 138.56
For the second child	1 258.08
For the third child	1 605.48
For the fourth child	1 838.88
Fifth and subsequent child	2 072.28

The child subsidy for a single parent is increased by an annual amount of EUR 582.6 for each child.

4. Main changes in the tax/benefit system since 2016

Adjustments for inflation and rise of earnings levels were made to the central government tax scale in 2017. Also, the bottom and top bracket rates of the tax scale were lowered by 0.25 percentage points, , leaving the top tax rate at 31.5%.

In 2017 the public broadcasting tax is 0.68% on taxable earned income, taxes of min. EUR 70 and max. EUR 143 will be collected.

The maximum amount of the earned income tax credit in state taxation was raised from EUR 1 260 to EUR 1 420.

The so called entrepreneur deduction was introduced from the beginning of 2017. Of entrepreneurial income 5% is considered tax free.

Home-loan interest counts at 45%, down from 55%, as deductible/creditable interest.

5. Memorandum items

5.1. *Calculation of average gross annual wage*

The Finnish figures are generally calculated as follows:

- Gross annual earnings are calculated at an individual level on the basis of the hour's usually worked, average hourly pay for the fourth quarter, and the share of annual periodic bonuses.
- The earnings exclude sickness and unemployment compensations, but include all normal overtime compensations, bonuses, holiday remunerations and remunerations for public holidays.

5.2. *Employer contributions to private pension and health schemes*

No information is available.

2017 parameter values

Average earnings	Ave_earn	43 986	Secretariat estimate
Expenses	Work_exp_max	750	
	Work_exp_rate	1	
Allowances	al_SSC_rate	0.0933	
State tax	Tax_min	8	
Tax schedule	Tax_sch	0	16 900
		0.0625	25 300
		0.175	41 200
		0.215	73 100
		0.315	
Broadcasting tax	brdcst_tax_rate	0.0068	
	brdcst_tax_min	70	
	brdcst_tax_max	143	
Earned income tax credit	eitc_thrsh	2 500	
	eitc_rate	0.12	
	eitc_redn_thrsh	33 000	
	eitc_redn_rate	0.0151	
	eitc_max	1 420	
Child tax credit	child_cr	50	
	child_thres	36 000	
	child_red	0.01	
Earned income tax allowance	al_thrsh	2 500	
	al_thrsh2	7 230	
	al_rate	0.51	
	al_rate2	0.28	
	al_redn_thrsh	14 000	
	al_redn_rate	0.045	
	al_max	3 570	
low income	SL_max	3 060	
	SL_rate	0.18	
Local intax	Local_rate	0.1991	
	Church_rate	0	
	Local_tot	0.1991	
Soc sec taxpayer	SSC_rate	0.0	
soc.sec empr	SSC_empr	0.2231	
Cash transfer	ch_1	1 138.56	
	ch_2	1 258.08	
	ch_3	1 605.48	
	ch_4	1 838.88	
	ch_5	2 072.28	
	ch_small	0	
	ch_lone	582.6	

2017 tax equations

The equations for the Finnish system are mostly on an individual basis except for the child benefit which is calculated only once. This is shown by the Range indicator in the table below.

The functions which are used in the equations (Taper, MIN, Tax etc) are described in the technical note about tax equations.

Variable names are defined in the table of parameters above, within the equations table, or are the standard variables "married" and "children". A reference to a variable with the affix "_total" indicates the sum of the relevant variable values for the principal and spouse. And the affixes "_princ" and "_spouse" indicate the value for the principal and spouse, respectively. Equations for a single person are as shown for the principal, with "_spouse" values taken as 0.

	Line in country table and intermediate steps	Variable name	Range	Equation
1.	Earnings	earn		
	Work related expenses	work_rel	B	MIN(Work_exp_max, Work_exp_rate*earn)
	SSC deduction	SSC_al	B	earn*al_SSC_rate
2.	Allowances:	tax_al	B	work_rel+SSC_al
3.	Credits in taxable income	taxbl_cr	B	0
4.	CG taxable income	tax_inc	B	Positive(earn-tax_al)
5.	CG tax before credits	CG_tax_excl	B	='Tax(tax_inc,' Tax_sch)+Tax_min* (tax_inc>Tax_thrsh)
6.	Tax credits :	tax_cr	B	MINA(eitc_max,eitc_rate*Positive(earn-eitc_thrsh))-MINA(eitc_max,eitc_redn_rate*Positive(earn-work_rel-eitc_redn_thrsh))
	Child tax credit	child_cr	P	taper(child_cr*(1+(married=0))*children,earn_p-work_rel,child_thres,child_red)
			S	If(tax_inc_s>0,taper(child_cr*children,earn_s-work_rel,,child_thres,child_red),0)
		broadcasting_tax	B	IF((earn-work_rel)*brdcst_tax_rate<brdcst_tax_min,0,IF((earn-work_rel)*brdcst_tax_rate>brdcst_tax_max,brdcst_tax_max,(earn-work_rel)*brdcst_tax_rate))
7.	CG tax	CG_tax	B	Positive(CG_tax_excl tax_cr-child_cr)+broadcasting_tax
	Earned income allowance	earninc_al	B	MIN(al_max, IF(earn>al_thrsh2, al_rate*(al_thrsh2-al_thrsh1)+al_rate2*(earn-al_thrsh2), Positive(earn-al_thrsh)))MIN(al_max, al_redn_rate* Positive(earn-work_rel-al_redn_thrsh))
	Low income	low_inc	B	Positive(MIN(earn-work_rel-low_al-SSC_al, SL_max)SL_rate*Positive(earnwork_rellow_al-SSC_al-SL_max))
	Taxable income (local)	tax_inc_l	B	tax_inc-earninc_al-low_inc
8.	State and local taxes	local_tax	B	Positive(tax_inc_l*Local_tot(local_tot/(local_tot+SSC_rate))*If((Tax_cr-CG-tax_excl)>0,(Tax_cr-CG-tax_excl)+child_cr,0)
9.	Employees' soc security	SSC	B	Positive(SSC_rate*tax_inc_l (SSC_rate/(local_tot+SSC_rate))*IF((Tax_cr-CG-tax_excl)>0,(Tax_cr-CG-tax_excl)+child_cr,0)) + SSC_prog_rate* Positive(tax_inc_l-SSC_prog_thrsh)+SSC_al
11.	Cash transfers	cash_trans	J	(Children>0)*ch_1+(Children>1)*ch_2+ (Children>2)*ch_3+ (Children>3)*ch_4+ Positive(Children-4)*ch_4 +(Married=0)*Children*ch_lone
13.	Employer's soc security	SSC_empr	B	earn*SSC_empr

Key to range of equation B calculated separately for both principal earner and spouse P calculated for principal only (value taken as 0 for spouse calculation) J calculated once only on a joint basis.

Les impôts sur les salaires 2018
© OCDE 2018

France

This chapter includes data on the income taxes paid by workers, their social security contributions, the family benefits they receive in the form of cash transfers as well as the social security contributions and payroll taxes paid by their employers. Results reported include the marginal and average tax burden for eight different family types.

Methodological information is available for personal income tax systems, compulsory social security contributions to schemes operated within the government sector, universal cash transfers as well as recent changes in the tax/benefit system. The methodology also includes the parameter values and tax equations underlying the data.

France 2017

The tax/benefit position of single persons

	Wage level (per cent of average wage)	67	100	167	67
	Number of children	none	none	none	2
1.	**Gross wage earnings**	25 850	38 582	64 432	25 850
2.	**Standard tax allowances**				
	Basic allowance				
	Married or head of family				
	Dependent children				
	Deduction for social security contributions and income taxes	5 005	7 470	12 021	5 005
	Work-related expenses	2 085	3 111	5 241	2 085
	Other				
	Total	7 089	10 581	17 262	7 089
3.	**Tax credits or cash transfers included in taxable income**	0	0	0	0
4.	**Central government taxable income (1 - 2 + 3)**	18 761	28 001	47 170	18 761
5.	**Central government income tax liability (exclusive of tax credits)**	3 049	5 726	13 509	2 032
6.	**Tax credits**				
	Basic credit				
	Married or head of family				
	Children				
	Other	196	0	0	0
	Total	196	0	0	0
7.	**Central government income tax finally paid (5-6)**	2 853	5 726	13 509	2 032
8.	**State and local taxes**	0	0	0	0
9.	**Employees' compulsory social security contributions**				
	Gross earnings	3 709	5 537	8 792	3 709
	Taxable income				
	Total	3 709	5 537	8 792	3 709
10.	**Total payments to general government (7 + 8 + 9)**	6 562	11 263	22 301	5 741
11.	**Cash transfers from general government**				
	In-work benefit (Gross)	0	0	0	1 126
	For two children (Gross)	0	0	0	4 211
	CRDS Deducted	0	0	0	- 27
	Total	0	0	0	5 310
12.	**Take-home pay (1-10+11)**	19 288	27 319	42 131	25 419
13.	**Employers' compulsory social security contributions**	7 858	13 550	28 059	7 858
14.	**Average rates**				
	Income tax	11.0%	14.8%	21.0%	7.9%
	Employees' social security contributions	14.4%	14.4%	13.6%	14.4%
	Total payments less cash transfers	25.4%	29.2%	34.6%	1.7%
	Total tax wedge including employer's social security contributions	42.8%	47.6%	54.4%	24.6%
15.	**Marginal rates**				
	Total payments less cash transfers: Principal earner	43.9%	44.0%	42.7%	51.6%
	Total payments less cash transfers: Spouse	n.a.	n.a.	n.a.	n.a.
	Total tax wedge: Principal earner	69.3%	58.5%	59.9%	73.5%
	Total tax wedge: Spouse	n.a.	n.a.	n.a.	n.a.

France 2017

The tax/benefit position of married couples

	Wage level (per cent of average wage)	100-0	100-33	100-67	100-33
	Number of children	2	2	2	none
1.	**Gross wage earnings**	38 582	51 314	64 432	51 314
2.	**Standard tax allowances**				
	Basic allowance				
	Married or head of family				
	Dependent children				
	Deduction for social security contributions and income taxes	7 470	9 935	12 475	9 935
	Work-related expenses	3 111	4 138	5 196	4 138
	Other				
	Total	10 581	14 073	17 670	14 073
3.	**Tax credits or cash transfers included in taxable income**	0	0	0	0
4.	**Central government taxable income (1 - 2 + 3)**	28 001	37 241	46 762	37 241
5.	**Central government income tax liability (exclusive of tax credits)**	3 033	4 033	7 374	6 413
6.	**Tax credits**				
	Basic credit				
	Married or head of family				
	Children				
	Other	0	0	243	476
	Total	0	0	243	476
7.	**Central government income tax finally paid (5-6)**	3 033	4 033	7 131	5 937
8.	**State and local taxes**	0	0	0	0
9.	**Employees' compulsory social security contributions**				
	Gross earnings	5 537	7 364	9 246	7 364
	Taxable income				
	Total	5 537	7 364	9 246	7 364
10.	**Total payments to general government (7 + 8 + 9)**	8 569	11 397	16 377	13 301
11.	**Cash transfers from general government**				
	In-work benefit (Gross)	0	0	0	0
	For two children (Gross)	1 566	1 566	1 566	0
	CRDS Deducted	- 8	- 8	- 8	0
	Total	1 558	1 558	1 558	0
12.	**Take-home pay (1-10+11)**	31 571	41 476	49 613	38 013
13.	**Employers' compulsory social security contributions**	13 550	14 394	21 408	14 394
14.	**Average rates**				
	Income tax	7.9%	7.9%	11.1%	11.6%
	Employees' social security contributions	14.4%	14.4%	14.4%	14.4%
	Total payments less cash transfers	18.2%	19.2%	23.0%	25.9%
	Total tax wedge including employer's social security contributions	39.4%	36.9%	42.2%	42.1%
15.	**Marginal rates**				
	Total payments less cash transfers: Principal earner	22.2%	22.2%	46.4%	36.4%
	Total payments less cash transfers: Spouse	22.2%	22.2%	46.4%	36.4%
	Total tax wedge: Principal earner	42.4%	42.4%	60.3%	53.0%
	Total tax wedge: Spouse	27.0%	27.0%	70.7%	40.4%

The national currency is the Euro (EUR). In 2017, EUR 0.89 equalled USD 1. In that year, the average worker earned EUR 38 582 (Secretariat estimate).

1. Personal income tax system

1.1. *Tax levied by the central government on 2017 income*

1.1.1. *Tax unit*

The tax unit is aggregate family income, but children over 18 are included only if their parents claim them as dependants. Other persons may be fiscally attached on certain conditions: unlike spouses, who are always taxed jointly, children over 18 and other members of the household may opt to be taxed separately. Beginning with the taxation of 2004 income, the law provides for joint taxation of partners in a French civil union (pacte civil de solidarité, or PACS), as soon as the PACS is signed. Reporting obligations for "PACSed" partners are similar to those of married couples.

Earned income is reported net of compulsory employer and employee payroll deductions, except for 2.4 percentage points worth of CSG (*contribution sociale généralisée*) and the 0.5% CRDS (*contribution pour le remboursement de la dette sociale*), which are not deductible from the income tax base.

1.1.2. *Tax reliefs and tax credits*

1.1.2.1. Standard tax reliefs

- Work-related expenses, corresponding to actual amounts or a standard allowance of 10% of net pay (with a minimum of EUR 430 and a ceiling of EUR 12 305 per earner).
- Family status: The "family quotient" (quotient familial) system takes a taxpayer's marital status and family responsibilities into account. It involves dividing net taxable income into a certain number of shares [two shares for a married (or "PACSed") couple, one share for a single person, one half-share for each dependent child, an additional share for the third and each subsequent dependent child, an additional half-share for single parent, and so on]: the total tax due is equal to the amount of tax corresponding to one share multiplied by the total number of shares. The tax benefit for a half-share is limited, however, to EUR 1 527 per half-share in excess of two shares for a couple, or one share for a single person, except for the first two half-shares granted for the first child of a single parent, in which case the maximum benefit is EUR 3 602.

1.1.2.2. Main non-standard reliefs available to the average worker

Certain expenditures to improve or maintain the taxpayer's primary residence, including outlays for heat insulation or heating adjustments, major capital expenditures and money spent to equip a home to produce energy from a renewable source (30% tax credits, subject to a multi-year maximum); compensatory allowances in case of divorce if paid in a lump sum (25% reduction, capped at EUR 30 500); child care costs for children under seven (50% reduction, up to annual expenditure of EUR 2 300); dependent children attending secondary school or in higher education; donations to charities or other organisations assisting those in needs; trade union dues, etc. The exemption of the employer's participation to the collective contracts of supplementary health cover is abolished in the budget act for 2014 (i.e. income earned in 2013).

1.1.3. *Tax schedule*

	Fraction of taxable income (1 share, in Euros)	Rate (in %)
1st bracket	Up to 9 807	0
2nd bracket	From 9 807 to 27 086	14
3rd bracket	From 27 086 to 72 617	30
4th bracket	From 72 617 to 153 783	41
5th bracket	From 153 783	45

A special rebate for taxpayers with a low tax liability is applied to the amount of tax resulting from the above schedule before reductions and tax credits. To be eligible, the tax on the household's income must be less than EUR 1 569 for single households and less than 2 585 for the couples. The rebate is equal to the three-quarter of the difference between this ceiling and the amount of tax before the rebate.

A special tax reduction has been established for the 2018 income tax. The reduction rate is 20% of the tax liable if the household income is less than EUR 18 685 (doubled for couples, plus EUR 3 737 for each dependent person) and it decreases linearly until zero for households whose income equals to EUR 20 705 (doubled for couples, plus EUR 3 737 for each dependent person).

If the final tax is less than EUR 61, no tax is payable.

1.1.4. *Exceptional contribution on high revenues*

An exceptional contribution on high revenues is based on the reference taxable income ("revenu fiscal de référence"). The tax rates are 3% from EUR 250 000 to EUR 500 0000 (single person), 4% over EUR 500 0000 (single person), 3% from EUR 500 000 to EUR 1 000 000 (married couple or civil union) and 4% over EUR 1 000 000 (married couple or civil unions).

1.2. *Taxes levied by decentralised authorities*

Local taxes levied on working households are:

- Residency tax (taxe d'habitation), which is set by local authorities;
- Property taxes on developed and undeveloped land;
- There are common rules for each type of tax, to which certain municipalities make certain adjustments.

These local taxes, the rates of which vary widely, depending on the municipality, are not assessed here.

1.3. *Universal social contribution (contribution sociale généralisée, or CSG)*

The universal social contribution (CSG) was introduced on 1 February 1991. Since 1 January 1998, the rate of CSG has been 7.5%. This rate has been applied to a base of 98.25% as of 1 January 2012. The CSG is deductible against taxable income, but at a lower rate of 5.1%.

1.4. *Contribution to the reimbursement of social debt (contribution au remboursement de la dette sociale, or CRDS)*

The contribution to the reimbursement of social debt has been in effect since 1 February 1997. Like the universal social contribution, its base has passed to 98.25% of gross pay as of 1 January 2012. The rate is set at 0.5%. Unlike social security contributions, CRDS payments are not deductible from taxable income.

2. Compulsory social security contributions to schemes operated within the government sector

Some contributions are levied on a capped portion of monthly earnings. Since 1997, this ceiling has been adjusted once a year on 1 January. In January 2016, the ceiling was EUR 3 269 (or EUR 39 228 per year).

2.1. *Employee contributions*

2.1.1. *Pension*

- 6.9% on earnings up to the ceiling (6.9% in 2016).
- 0.4% on total earnings (0.35% in 2016).

2.1.2. *Illness, pregnancy, disability, death*

- 0.75% on total earnings.

2.1.3. *Unemployment*

- 2.4% on earnings up to 4 times the ceiling.

2.1.4. *Others*

- Supplemental pension[1] for non-managers: minimum 3.1% up to the ceiling and 8.1% between one and three times the ceiling; for managers, 3.10 % up to the ceiling and 7.80% between one and four times the ceiling.[2]
- The AGFF (Association pour la gestion du fonds de financement) contribution replaces ASF (Association pour la gestion de la structure financière), which had previously been included in "unemployment" levies. The rate of this contribution is, for non-managerial workers,0.8% of earnings up to the social security ceiling plus 0.9% of any income in excess of the ceiling but not exceeding triple the amount of the ceiling ; for managerial workers, its rate is 0.8% up to the social security ceiling plus 0.9% from one to eight times the ceiling. In the table, this is combined with the rate for supplemental pensions.

2.2. *Employer contributions*

2.2.1. *Pensions*

8.55% (8.55% in 2016) of gross pay, up to the ceiling, plus a 1.90% (1.85% in 2016) levy on total pay.

1. The social protection scheme is named ARRCO for non-managers and AGIRC for managers.
2. Between four and eight times the ceiling, the repartition of the pension contributions between employee and employer contribution is not nationally decided.

2.2.2. *Illness, pregnancy, disability, death*

12.89% of total earnings.

An additional contribution of 0.3% (contribution de solidarité autonomie – (CSA) is levied on total salary.

2.2.3. *Unemployment*

4% of earnings (4.5%, 5.5% or 7% for some temporary contracts), up to four times the ceiling; in addition, 0.20% (0.25% in 2016) up to four times the ceiling to endow the salary guarantee fund (AGS).

2.2.4. *Work-related accidents*

Contribution rates for work-related accidents vary by line of business and are published annually in the official gazette (Journal officiel de la République française). In 2017, the average rate is 2.32%.

2.2.5. *Family allowances*

5.25% of total pay. The rate has been reduced to 3.45% up to 1.6 times the minimum wage from 2015 with the responsibility pact, up to 3.5 times the minimum wage from April 2016.

2.2.6. *Others*

- Supplemental pension: for non-managers, 4.65% up to the ceiling and 12.15% between one and three times the ceiling; for managers, 4.65% up to the ceiling and 12.75% between one and four times the ceiling.
- The AGFF contribution is 1.2% for non-managers or managers up to the ceiling, 1.3% for non-managers between one and three times the ceiling and 1.3% for managers between one and eight times the ceiling. In the table, this is combined with the rates for supplemental pensions.
- Others (construction, housing, apprenticeship, further training): 2.66% of pay (for enterprises with more than 20 employees). The transport tax is not included because it varies geographically. Contributions to finance a fund dedicated to workers exposed to distressing work conditions ("Fonds Pénibilité") vary with the levels of exposure of each worker and are therefore not included.

2.2.7. *Reduction of employer-paid social insurance contributions*

Act No. 2003-47 of 17 January 2003 on salaries, working time and the development of employment (the "Fillon Act") amended how the reduction of contributions is calculated.

As a result, since 1 July 2005 the maximum reduction has been 26% (in companies with more than 20 employees) for a worker paid the minimum wage. It then declines gradually to zero at 160% of the annual minimum wage. It applies irrespective of the number of hours worked. Since 2016 the maximum reduction has been increased up to 28.49% (28.42% in 2016) for companies with more than 20 employees, and up to 28.09 % (28.02% in 2016) for companies with less than 20 employees.

The Budget Act for 2007 (Article 41 V) bolsters this measure for very small enterprises with effect from 1 July 2007. For employers with between 1 and 19 employees, the maximum deduction was raised to 28.1% at the minimum wage, declining gradually – here too – to zero at 160% of the minimum wage.

In 1 January 2011 the "Fillon act" was modified and included an annualized calculation of the general tax reliefs of employer contributions. For part-time wage-earners, the relief is computed using an equivalent full-time salary and is then adjusted proportionally to the number of hours paid.

From 2015, the Responsibility Pact (Phase 1) includes new reductions of the labour cost: total exemption of all URSSAF employer contributions on the minimum wage (except unemployment contributions); reduction of 1.8 point on employer-paid contributions for family allowance (3.45% instead of 5.25% for salary up to 1.6 times the minimum wage, and up to 3.5 times from April 2016).

The gross annual minimum wage (for 1 820 hours) in 2015 was an estimated EUR 17 763.20.

2.2.8. *Competitive tax credit (CICE – Crédit d'impôt pour la compétitivité et l'emploi)*

As for 2015, the competitive tax credit (CICE – Crédit d'impôt pour la compétitivité et l'emploi) will benefit all businesses, regardless of their legal status or economic sector, that employ salaried workers and be liable for either corporation tax or income tax, based on actual profits.

The CICE is based on all wages paid to salaried employees in a given calendar year up to 2.5 times the minimum wage (without taking into account any overtime or additional hours worked). For part-time employees and seasonal workers, the minimum wage corresponding to the working hours stipulated in the contract shall be taken into account.

The rate of the tax credit shall be 7% for wages paid in 2017.

3. Universal cash transfers

3.1. *Main minimum social benefits*

The RSA (revenue de solidarité active) is the minimum income benefit. However, the eight family types studied here earn too high an income to benefit from this benefit.

3.2. *Main family benefits (in respect of dependent children)*

- Family allowances: monthly base for family allowances (BMAF) = EUR 407.84 as of 1 April 2016. The family allowances are subject to revenue conditions since 1 July 2015:
- Up to 67 408 (+5 617 per child after the second child), the rate is 32% for two children and 41% per additional child. An extra amount of 16% of the BMAF is reversed if the child is over 14 (the extra amount is not incorporated into the model).
- Between 67 408 (+5 617 per child after the second child) and 89 847 (+5 617 per child after the second child), the above rates are divided by 2.
- Beyond 89 847 (+5 617 per child after the second child), the above rates are divided by 4.
- ASF (Allocation de soutien familial): extra child benefit for isolated parent EUR 110.20 (EUR 105.27 in 2016) per child per month (27.02% of the BMAF).
- ARS (Allocation de Rentrée Scolaire): The amount payable depends on the age of the child to reflect needs. The allowance is payable to families or persons with children aged 6 to 18 attending school, and whose income is below a certain level (not incorporated into the model).

LES IMPÔTS SUR LES SALAIRES 2018 © OCDE 2018

Age of the child	Percentage of the BMAF in 2016
6-10 years	89.72%
11-14 years	94.67%
15-18 years	97.95%

- Family supplement (Complément Familial): 41.65% of the BMAF. Subject to revenue ceilings, this is paid to families as of the third child. An extra amount (EUR 67.68/month) is reversed for families whose incomes are below the poverty line (not incorporated into the model).
- Early childhood benefit (not incorporated in the model) known as PAJE (Prestation d'Accueil du Jeune Enfant): subject to revenue ceilings. It includes:
  - A birth grant of 229.75% of the BMAF (EUR 923.08 after deduction of the CRDS) received at the 7th month of pregnancy.
  - A benefit ("allocation de base") of 45.95% of the BMAF (EUR 183.7 after deduction of the CRDS (or EUR 91.8 depending on revenue) a month from the birth of the child until three years of age.
- The CRDS is levied on family allowances at a rate of 0.5% (no deduction). The allowances mentioned above are after deduction of the CRDS for the benefits expressed in EUR.

3.3. *Housing benefits*

The housing benefits are not included in the model.

3.4. *In-work benefit*

The November 2014 Supplementary Budget Act eliminated the earned income tax credit (Prime pour l'emploi, PPE) so that it could be merged with the in-work income supplement (RSA Activité) and become a single in-work benefit. The in-work benefit was created by the Act of 17 August 2015 on Labour-Management Dialogue and Employment, and has been in place since 1 January 2016. The in-work benefit is better targeted to promote a return to full-time work for low-paid workers.

The amount of in-work benefit is equal to a targeted income, less the maximum between resources and a lump sum.

The targeted income is determined as the sum of three elements:

- A lump sum of EUR 526.25, modulated according to the composition of the household. For instance, it is increased by 50% for couple (EUR 789.38), then 30% for each child until two (EUR) and 40% for each additional child (EUR). The amount may be increased for isolated parent (128.412% of the basic lump sum for the adult and then 42% for each child).

Number of dependents	Single	Couple
0	526.25	789.38
1	789.38	947.26
2	947.26	1 157.76
For each additional dependent	210.50	210.50

- An individual bonus of EUR 67.26 (12.782% of the basic lump sum) is planned for persons whose net income exceeds 80% of the net minimum wage; this bonus grows linearly if the net income is between 50% and 80% of the net minimum wage.[3]
- 62% of the net professional income of the household.

Then ressources are assessed as the sum of the household income, plus the benefits (family benefits, housing benefits).[4] A lump sum depending on the composition of the household (12% of the basic lump sum (EUR 526.25) for a single person, 16% for a couple, 16.5% for three persons or plus) is used to take into account the housing benefits.[5]

4. Main changes in the tax system and social benefits regime since the taxation of 2015 income

- Tax system (2016 income)
- Special income tax reduction.
- Social benefits regime
- Increased reduction of employer-paid contributions for family allowance: 3.45% instead of 5.25% for salary up to 3.5 times the minimum wage from April 2016 (1.6 times before).
- Creation of a new cash transfer benefit for low income workers ("prime d'activité") which replace the PPE and the "RSA activité".[6]

5. Memorandum items

To assess the degree of comparability between countries, the following additional information should be taken into account:

- Coverage is of the private and semi-public sectors of NACE sections C to K up to 2007 and NACE rev.2 sections B to N from 2008.
- The category "employees" encompasses all full-time dependent employees (excluding apprentices and interns).
- The figures presented are obtained by applying income tax and social contribution scales to gross salaries as listed in annual social data reports (DADS) in NACE.

3. The boundaries are defined as : minimum of 59 hours paid at gross minimum wage per hour per month and maximum of 95 hours paid at gross minimum wage per hour per month.
4. Capital income, unemployment benefits, pensions or minimum old-age pensions are not taken into account in this model.
5. The complete formula uses the minimum of this lump sum tax and the amount of housing benefits. As the model does not include housing benefits, we only use the lump sum in the formula. This method tends to minimize the amount of "prime d'activité" served.
6. In the previous model, for 2015 revenues, this reform only affects the income tax (no PPE in 2016) but not the benefits, since the "prime d'activité" will be served as from the beginning of 2016.

2017 parameter values

APW earnings	Ave_earn	38 582	Secretariat estimate
Income tax			
Work expenses	work_rel_fl	430	
	work_rel_ceil	12305	
	work_rel_rate	0,1	
Tax schedule	tax_sch	0	9 807
		0,14	27 086
		0,3	72 617
		0,41	153 783
		0,45	
	limit_demipart	1527	
	limit_sp_demipart1	3602	
Décote value	decote_sing	1569	
	decote_mar	2585	
	decote_pente	0,75	
Tax reduction	red_taux	0,20	
	red_seuil_1	18685	
	red_seuil_2	20705	
	red_seuil_dp	3737	
	tax_min	61	
CEHR	cehr_rate1	0,03	
	cehr_rate2	0,04	
	cehr_ceil1	250000	
	cehr_ceil2	500000	
CSG+CRDS	CSG_CRDS_abat	0,0175	
	CSG_rat_noded	0,0240	
	CRDS_rat_noded	0,0050	
	CSG_CRDS_rat_noded	0,0290	
	CSG_rat_ded	0,0510	
	CRDS_special	0,0050	
Employee contributions			
	pension_rate	0,069	
	pension_rate2	0,004	
Sickness	sickness_rate	0,0075	
Unemployment	unemp_rate	0,0240	
Extra pension (non-cadres) (incl. AGFF)	pens_rate_ex	0,039	
	pens_rate_ex2	0,09	
Employer contributions			
	pens_empr1	0,0855	
	pens_empr2	0,0190	
Sickness	sickness_empr	0,1289	
Authonomous Solidarity Contribution	CSA	**0,0030**	
Unemployment (incl. "garantie de salaire")	unemp_empr	0,0420	
Accidents	accidents_empr	0,0232	
Family Allowance	fam_empr	0,0525	
	fam_empr_2	0,0345	
Extra pension (incl. AGFF)	pens_empr_ex	0,0585	
	pens_empr_ex2	0,1345	
Others	others_empr	0,0266	
CS reduction & corporate tax credit			
Employer SSC reduction rate	SSC_empr_redrate2	0,6	
Employer SSC reduction maximum	SSC_empr_red_max	0,2849	
Employer SSC reduction SMIC reference	SSC_empr_SMIC_ref	1,6	
	SSC_empr_SMIC2	3,5	
Taux de réduction CICE	cice_red	0,07	
	cice_max	2,5	

2017 parameter values

Social transfers		
Child benefit (second child)	CB_2	1566,15
third & subsequent before CRDS	CB_3	2006,59
First ceiling for CB	CB_c1	67408
Second ceiling for CB	CB_c2	89847
Increase of ceiling per child	CB_ceiling_extra_child	5617
Extra child benefit for isolated parent	CB_isol	1322,40
Prime d'activité	pa_forf	526,25
	pa_maj1	0,50
	pa_maj2	0,30
	pa_maj3	0,40
	pa_maj_isol1	0,28412
	pa_maj_isol2	0,42804
	pa_pct	0,62
	pa_bonus	0,12782
	pa_bonus1	0,39
	pa_bonus2	0,63
	pa_forf_logement1	0,12
	pa_forf_logement2	0,16
	pa_forf_logement3	0,165
Others		
Social security contributions	SSC_ceil	39228
Derivation of minimum income	SMIC_horaire	9,76
	SMIC_heures	1820
	SMIC	17763,2

2017 tax equations

The equations for the French system are mostly calculated on a family basis. Variable names are defined in the table of parameters above, within the equations table, or are the standard variables "married" and "children". A reference to a variable with the affix "_total" indicates the sum of the relevant variable values for the principal and spouse. And the affixes "_princ" and "_spouse" indicate the value for the principal and spouse, respectively. Equations for a single person are as shown for the principal, with "_spouse" values taken as 0.

	Line in country table and intermediate steps	Variable name	Range	Equation
1.	Earnings	Earn		
	Quotient for tax calculation	Quotient	J	1+Married+IF(Children<3, Children/2, Children-1)+0.5*(Married=0)*(Children>0)
2.	Allowances			
	CSG deductible	CSG_ded	B	CSG_rat_ded*((1-CSG_CRDS_abat)*MIN(earn;4*SSC_ceil)+Positive(earn-4*SSC_ceil))
	Salary net	earn_dec	B	earn-SSC-CSG_ded
	Work related	work_exp	B	MIN(work_rel_ceil, MAX(work_rel_rate* earn_dec, MIN(work_rel_fl, earn_dec)))
	Basic	basic_al	B	0
3.	Credits in taxable income	taxbl_cr	B	0
4.	CG taxable income	tax_inc	J	Positive(earn_dec_total-work_exp)
5.	CG tax before credits			
	Calculation according to schedule	sch_tax	J	MAX(quotient*Tax(tax_inc/quotient, tax_sch), IF(Married, 2*Tax(tax_inc/2, tax_sch)-limit_demipart*(quotient-2), Tax(tax_inc, tax_sch)-(Children>0)* (limit_sp_demipart1+limit_demipart*(quotient-2))))++cehr_rate1* MIN((cehr_ceil2-cehr_ceil1)*(1+Married);MAX(tax_inc-cehr_ceil1*(1+Married);0))+cehr_rate2 * MAX(tax_inc-cehr_ceil2*(1+Married);0)
	Adjusted for decote	adj_tax	J	SI(Married;Positive(MINA(tax_sch; (1+decote_pente)*tax_schdecote_pente*decote_mar));Positive(MINA(tax_sch;(1+decote_pente)*tax_sch-decote_pente*decote_sing)))
	Tax liable	inc_tax	J	(adj_tax>=tax_min)*adj_tax
	CSG+CRDS (non-deductible)	CSG_CRDS_noded	B	CSG_CRDS_rat_nod*((1-CSG_CRDS_abat)*MIN(earn;4*SSC_ceil)+Positive(earn-4*SSC_ceil))
	CSG deductible	CSG_ded	B	CSG_rat_ded*((1-CSG_CRDS_abat)*MIN(earn;4*SSC_ceil)+Positive(earn-4*SSC_ceil))
6.	Tax credits :	tax_cr	J	adj_tax*SI((tax_inc<=red_seuil_1*(1+Married)+red_seuil_dp*Children);red_taux;SI(tax_inc<='red_seuil_2*(1+Married)+red_seuil_dp*Children;(tax_inc*red_taux'/(red_seuil_1*(1+Married)+red_seuil_dp*Children-(red_seuil_2*(1+Married)+red_seuil_dp*Children)))+(red_taux*(red_seuil_2*(1+Married)+red_seuil_dp*Children))/(red_seuil_2*(1+Married)+red_seuil_dp*Children-(red_seuil_1*(1+Married)+red_seuil_dp*Children));0))
7.	CG tax	CG_tax	J	inc_tax+CSG_CRDS_noded+CSG_ded-tax_cr
8.	State and local taxes	local_tax	J	0
9.	Employees' soc security	SSC	B	pension_rate*MINA(earn, SSC_ceil) +(sickness_rate+pension_rate2)*earn +unemp_rate*MINA(earn, 4*SSC_ceil) +pens_rate_ex*MINA(earn, SSC_ceil)+(earn>SSC_ceil)*pens_rate_ex2*MINA(earn-SSC_ceil, 3*SSC_ceil-SSC_ceil)
11.	Cash transfers	cash_transf_gross	J	SI(Children<2;0;(CB_2+(Children-2)*CB_3)*SI(tax_inc<=(CB_c1+CB_ceiling_extra_child*(Children-2));1;SI(tax_inc<=(CB_c2+CB_ceiling_extra_child*(Children-2));0,5;0,25)))+SI(Isolated=1;CB_isol*Children;0)

Line in country table and intermediate steps		Variable name	Range	Equation
		in_work_ benefit_gross	J	MAX(SI((Isolated='1);' 12*pa_forf*(1+pa_maj_isol1+pa_maj_isol2*Children); 12*pa_forf*(1+SI(Married=1;pa_maj1;0)+pa_maj2*SI(Children<=2;Children;0)+pa_maj3*SI(Children>2;Children-2;0)))+pa_pct*(earn_dec-CSG_CRDS_noded)+pa_bonus*pa_forf/(pa_bonus2-pa_bonus1)*12*SI(ET(pa_bonus1*SMIC<(earn_dec_princ-CSG_CRDS_noded_princ);pa_bonus2*SMIC>(earn_dec_princ-CSG_CRDS_noded_princ));(earn_dec_princ-CSG_CRDS_noded_princ)/SMIC-pa_bonus1;0)+pa_bonus*pa_forf/(pa_bonus2-pa_bonus1)*12*SI(ET(pa_bonus1*SMIC<(earn_dec_spouse-CSG_CRDS_noded_spouse);pa_bonus2*SMIC>(earn_dec_spouse-CSG_CRDS_noded_spouse));(earn_dec_spouse-CSG_CRDS_noded_spouse)/SMIC-pa_bonus1;0)+pa_bonus*pa_forf*12*SI((earn_dec_princ-CSG_CRDS_noded_princ)>=pa_bonus2*SMIC;1;0)+pa_bonus*pa_forf*12*SI((earn_dec_spouse-CSG_CRDS_noded_spouse)>=pa_bonus2*SMIC;1;0)-MAX(earn_dec-CSG_CRDS_noded+(family_benefit_gross-SI(Isolated='1;CB_isol*Children;0)*(1-(22,5%'/28,15%)))+((Married+Children='0)*' pa_forf_logement1*pa_forf*12+(Married+Children='1)*pa_forf_logement2*pa_forf*1,5*12' + (Married+Children>='2)*pa_forf_logement3*pa_forf*1,8*12);' SI(ET((Married='0);(Children>0));' 12*pa_forf*(1+pa_maj_isol1+pa_maj_isol2*Children);pa_forf*12*(1+SI(Married=1;pa_maj1;0)+pa_maj2*SI(Children<=2;Children;0)+pa_maj3*SI(Children>2;Children-2;0))));0)
		crds_cash_ transf	J	cash_transf_gross*-1*CRDS_special
		cash_transf_net	J	cash_transf_gross+crds_cash_transf
13.	Employer's soc security	SSC_empr_ gross	B	(sickness_empr + CSA + pens_empr2 + accidents_empr+others_empr)*earn + pens_empr1*MINA(earn;SSC_ceil) + pens_empr_ex*MINA(earn;SSC_ceil) + pens_empr_ex2* MAX(MIN(earn;3*SSC_ceil) SSC_ceil;0)+unemp_empr*MIN (earn;4*SSC_ceil)) + + SI(earn<SSC_empr_SMIC2*SMIC; fam_empr_2*earn; fam_empr*earn)
		SSC_empr_ reduction	B	IF(OR(earn>SSC_empr_SMIC_ref*SMIC,earn='0),0,-MIN' (SSC_empr_red_max*earn,(SSC_empr_red_max/SSC_empr_redrate2)*(SSC_empr_SMIC_ref*SMIC/earn-1)*earn)) -IF(earn<cice_max*SMIC;earn*cice_red)
		SSC_empr_final	B	SSC_empr_gross+SSC_empr_reduction

Key to range of equation B calculated separately for both principal earner and spouse P calculated for principal only (value taken as 0 for spouse calculation) J calculated once only on a joint basis.

Les impôts sur les salaires 2018
© OCDE 2018

Germany

This chapter includes data on the income taxes paid by workers, their social security contributions, the family benefits they receive in the form of cash transfers as well as the social security contributions and payroll taxes paid by their employers. Results reported include the marginal and average tax burden for eight different family types.

Methodological information is available for personal income tax systems, compulsory social security contributions to schemes operated within the government sector, universal cash transfers as well as recent changes in the tax/benefit system. The methodology also includes the parameter values and tax equations underlying the data.

Germany 2017

The tax/benefit position of single persons

		Wage level (per cent of average wage)	67	100	167	67
		Number of children	none	none	none	2.00
1.	**Gross wage earnings**		33 131	49 450	82 581	33 131
2.	**Standard tax allowances**					
	Basic allowance					
	Married or head of family		0	0	0	2 148
	Dependent children		0	0	0	0
	Deduction for social security contributions and income taxes		5 284	7 886	9 851	5 201
	Work-related expenses		1 000	1 000	1 000	1 000
	Other		36	36	36	36
		Total	6 320	8 922	10 887	8 385
3.	**Tax credits or cash transfers included in taxable income**		0	0	0	0
4.	**Central government taxable income (1 - 2 + 3)**		26 811	40 528	71 694	24 746
5.	**Central government income tax liability (exclusive of tax credits)**		4 691	9 448	22 826	3 840
6.	**Tax credits**					
	Basic credit					
	Married or head of family					
	Children		0	0	0	4 608
	Other					
		Total	0	0	0	4 608
7.	**Central government income tax finally paid (5-6)**		4 691	9 448	22 826	- 768
8.	**State and local taxes**		0	0	0	0
9.	**Employees' compulsory social security contributions**					
	Gross earnings		6 883	10 273	13 449	6 800
	Taxable income					
		Total	6 883	10 273	13 449	6 800
10.	**Total payments to general government (7 + 8 + 9)**		11 574	19 721	36 275	6 032
11.	**Cash transfers from general government**					
	For head of family					
	For two children		0	0	0	0
		Total	0	0	0	0
12.	**Take-home pay (1-10+11)**		21 558	29 729	46 307	27 099
13.	**Employers' compulsory social security contributions**		6 436	9 606	12 744	6 436
14.	**Average rates**					
	Income tax		14.2%	19.1%	27.6%	-2.3%
	Employees' social security contributions		20.8%	20.8%	16.3%	20.5%
	Total payments less cash transfers		34.9%	39.9%	43.9%	18.2%
	Total tax wedge including employer's social security contributions		45.5%	49.7%	51.4%	31.5%
15.	**Marginal rates**					
	Total payments less cash transfers: Principal earner		47.2%	52.6%	44.3%	44.9%
	Total payments less cash transfers: Spouse		n.a.	n.a.	n.a.	n.a.
	Total tax wedge: Principal earner		55.8%	60.4%	44.3%	53.8%
	Total tax wedge: Spouse		n.a.	n.a.	n.a.	n.a.

Germany 2017

The tax/benefit position of married couples

		Wage level (per cent of average wage)	100-0	100-33	100-67	100-33
		Number of children	2	2	2	none
1.	**Gross wage earnings**		49 450	65 768	82 581	65 768
2.	**Standard tax allowances**					
	Basic allowance					
	Married or head of family		0	0	0	0
	Dependent children		0	0	0	0
	Deduction for social security contributions and income taxes		7 763	10 324	12 963	10 489
	Work-related expenses		1 000	2 000	2 000	2 000
	Other		72	72	72	72
		Total	8 835	12 396	15 035	12 561
3.	**Tax credits or cash transfers included in taxable income**		0	0	0	0
4.	**Central government taxable income (1 - 2 + 3)**		40 615	53 372	67 546	53 207
5.	**Central government income tax liability (exclusive of tax credits)**		5 204	9 076	13 734	9 250
6.	**Tax credits**					
	Basic credit					
	Married or head of family					
	Children		4 608	4 608	4 608	0
	Other					
		Total	4 608	4 608	4 608	0
7.	**Central government income tax finally paid (5-6)**		596	4 468	9 126	9 250
8.	**State and local taxes**		0	0	0	0
9.	**Employees' compulsory social security contributions**					
	Gross earnings		10 150	13 499	16 950	13 663
	Taxable income					
		Total	10 150	13 499	16 950	13 663
10.	**Total payments to general government (7 + 8 + 9)**		10 746	17 966	26 076	22 914
11.	**Cash transfers from general government**					
	For head of family					
	For two children		0	0	0	0
		Total	0	0	0	0
12.	**Take-home pay (1-10+11)**		38 704	47 802	56 505	42 855
13.	**Employers' compulsory social security contributions**		9 606	12 776	16 041	12 776
14.	**Average rates**					
	Income tax		1.2%	6.8%	11.1%	14.1%
	Employees' social security contributions		20.5%	20.5%	20.5%	20.8%
	Total payments less cash transfers		21.7%	27.3%	31.6%	34.8%
	Total tax wedge including employer's social security contributions		34.5%	39.1%	42.7%	45.4%
15.	**Marginal rates**					
	Total payments less cash transfers: Principal earner		43.2%	46.8%	49.7%	47.1%
	Total payments less cash transfers: Spouse		44.2%	46.8%	49.7%	47.1%
	Total tax wedge: Principal earner		52.4%	55.5%	57.8%	55.7%
	Total tax wedge: Spouse		53.3%	55.5%	57.8%	55.7%

The national currency is the Euro (EUR). In 2017, EUR 0.89 was equal to USD 1. The average worker earned EUR 49 450 (Secretariat estimate).

1. Personal income tax systems

1.1. *Central/federal government income taxes*

1.1.1. *Tax unit*

Spouses may choose between two options: Joint assessment or individual assessment. The vast majority of couples benefits financially from the joint assessment by minimizing the tax burden of the household. The income of dependent children is not assessable with that of the parents. The calculations in this Report are therefore based on the assumption of joint taxation for spouses.

1.1.2. *Tax allowances and tax credits:*

1.1.2.1. Standard reliefs and work related expenses

- Basic reliefs: None.
- Standard marital status reliefs: In the case of joint assessment, specific allowances are doubled. The income tax liability for spouses who are assessed jointly is computed as follows:
  - Splitting method:
    - First step: Calculating the tax base: All incomes of the spouses are summed up and the sum is divided by two.
    - Second step: The tax rate is applied to this tax base.
    - Third step: The amount calculated in step 2 is doubled.
  - Results: Given the progressive income taxation the resulting tax liability for the household is lower than the sum of individual taxation. The household as a unit benefits from this solution otherwise both parts of the couple would opt out. Principal and second earners have the same average and marginal income tax rates.
  - The splitting effect decreases by increasing convergence of the incomes of principal earner and the spouse.
- Relief(s) for children: As of 1 January 2017, there are increased tax credits of EUR 2 304 for the first and the second child, of EUR 2 376 for the third child and of EUR 2 676 for the fourth and subsequent children. There is a tax allowance of EUR 2 358 for the subsistence of a child and an additional EUR 1 320 for minding and education or training needs (EUR 3 678). The amount of this allowance is doubled in case of jointly assessed parents. If the value of the tax credit is less than the relief calculated applying the tax allowances, the taxpayer obtains the tax allowance instead of the tax credit. It is also doubled for lone parents in cases where the other parent does not pay alimony. This is the assumption in the calculations presented in this Report.

- Relief for lone parents: As of 1 January 2015, taxpayers who live alone with at least one child that entitles them to the tax allowances or tax credits for children, receive an additional allowance of EUR 1 908 (formerly EUR 1 308). This additional allowance is increased by EUR 240 for each child in case of more than one child living in the household.
- Reliefs for social security contributions and life insurance contributions: Social security contributions and other expenses incurred in provision for the future (e.g. life insurance) are deductible up to specific ceilings. In 2005, a new calculation scheme came into force:
  - Step 1: all contributions made to pension funds (i.e. both employee's and employer's contributions) are added up. Step 2: the resulting amount is limited to EUR 20 000. Step 3: a certain percentage is applied to this amount (starting from 60% in 2005, this percentage will be increased by 2 percentage points each year; it will reach 100% in 2025). Step 4: the resulting amount, diminished by the (tax-free) contributions of the employer, is deductible from income.
  - The tax treatment of social security expenses (health, unemployment and care insurance) changed as of 1 January 2010. Employees' annual contributions to statutory health insurance excluding sickness benefit (assumed to amount to 96% of statutory health contributions) and employees' contributions to mandatory long-term care insurance are deductible from the tax base. In case these contributions do not exceed EUR 1 900/3 800 (single/married couples), contributions to unemployment insurance and other insurances premiums can be deducted in addition up to this ceiling.
  - If the resulting sum of deductible amounts according the legislation in force since 2005 is lower than the allowance calculated under the scheme that was valid up to 2004, the former regulations are applied in favour of the taxpayer (for more details on the old scheme: see 2005 edition and section 4. of this Report).
- Work related expenses: EUR 1 000 lump sum allowance per gainfully employed person.
- Special expenses: Lump sum allowance (EUR 36/72 (singles/couples)) for special expenses, e.g. for tax accountancy. The actual expenses will be fully deductible from taxable income if the taxpayer proves that these expenses exceed the lump sum allowance.

1.1.2.2. Main non-standard tax reliefs applicable to an AW

- Contributions to pensions, life insurance, superannuation schemes: Other expenses than the compulsory contributions to social security are deductible as reliefs for (voluntary) social security contributions up to specific ceilings (see section 1.1.2.1.).
- Medical expenses: Partially deductible if not covered by insurance.
- Other: Work related expenses that exceed the lump-sum allowance are fully deductible (no ceiling).

1.1.3. *Tax schedule*

The German tax schedule is formula based. Taxable income is rounded down (to the EUR).

- X is the taxable income,
- T is the income tax liability,
- As of 1 January 2017 the following definitions are used in the income tax liability formulas:

$$Y = \frac{X - 8\,820}{10\,000}$$

$$Z = \frac{X - 13\ 769}{10\ 000}$$

The income tax liability (amounts in EUR) is calculated as follows:

1. $T = 0$ *for* $X \leq 8\ 820$
2. $T = (1\ 007.27\ Y + 1\ 400)\ Y$ *for* $8\ 821 \leq X \leq 13\ 769$
3. $T = (223.76\ \ Z + 2\ 397)Z + \ 939.57$ *for* $13\ 770\ \ \leq X \leq 54\ 057$
4. $T = 0.42\ X - 8\ 475.44$ *for* $54\ 058 \leq\ X \leq 256\ 303$
5. $T = 0.45\ X - 16\ 164.53$ *for* $256\ 304 \leq\ X$

These formulas are used to calculate the income tax for single individuals and married couples too.

If families choose the option of being assessed separately these formulas are applied to the individual taxable income of the principal earner and the spouse. In the case of jointly assessed families these rates are applied to half of the joint taxable income (see point 1.1.2.1. Splitting method).

1.1.4. *Solidarity surcharge*

The solidarity surcharge is levied at 5.5% of the income tax liability subject to an exemption limit of EUR 972/1 944 (singles/couples). The income tax liability is calculated applying the tax allowance for children. If the income tax liability exceeds the exemption limit, the solidarity surcharge will be phased in at a higher rate of 20% of the difference between the income tax liability and the exemption limit until it equals 5.5% of the total liability.

1.2. *State and local income taxes*

None.

2. Compulsory social security contributions to schemes operated within the government sector

The amount of social security contributions depends on the wage and the insurance contribution rate. All contributions are subject to a contribution ceiling, i.e. the maximum income for which statutory insurance contributions are calculated. The contribution rates for pension, health, care and unemployment insurances are fixed by the government.

2.1. *Employees' contributions*

In general, earnings up to EUR 4 800 per year were free of employee social security contributions until 31 December 2012. As of 1 January 2013, some essential changes came into effect concerning minimally paid employment. The earnings limit increased from EUR 400 to EUR 450 per month. Persons whose mini-job started before 2013 and do not exceed the previous earnings limit of EUR 400 stay contribution-free in all classes of social insurance. Otherwise, persons who take up a new mini-job are generally subject to mandatory insurance coverage in the statutory pension scheme with the full pension contribution rate of 18.7% (in 2016). If the earnings are below the amount of EUR 175 (minimum contribution limit), a minimum contribution of EUR 32.73 has to be paid (18.7% of EUR 175). The employer's share amounts to 15% of the whole pay whereas the employee's part adds up to 3.7% (or the difference between minimum contribution and employer share). By applying for an exemption from obligatory insurance coverage the mini-job holder may reduce his share to EUR 0.

As of 1 April 2003, there was an additional concession for employees with monthly income between EUR 400.01 and EUR 800 per month (the so-called "sliding pay scale", EUR 4 800.12 and EUR 9 600 per year). Due to the new regulations mentioned above the earnings limits shifted to EUR 450.01 and EUR 850.00 per month (EUR 5 400.12 and EUR 10 200 per year). If the employee's income falls within this range, part of the income will be exempt from social insurance contributions. However, employers are still required to pay the regular contributions on the employee's earnings. The arrangement is purely intended to relieve the financial burden on employees. The employees' contributions to social insurance rise on a straight-line basis over the income band reaching the full rate at EUR 850 per month. Details on social security contributions for workers earning more than EUR 10 200 per year are provided below.

2.1.1. *Pensions*

Employers and employees pay each half of the contribution rate of 18.7% in 2017, that is 9.35% of the employee's gross wage earnings, up to a contribution ceiling of EUR 76 200.

2.1.2. *Sickness*

As of 1 January 2015, the applicable contribution rate is 14.6% on principle (portion of 7.3% for employers and employees). Depending on the financial situation of each sickness fund, employees are obliged to pay a supplementary contribution to the sickness fund. In 2017, this supplementary contribution amounts to 1.1% on average. Therefore, the contribution rate averages 8.4% for employees in 2017. The contribution ceiling in 2017 is EUR 52 200. While all calculations shown in this Report assume membership in the public health insurance, workers with earnings above the contribution ceiling may opt out of the mandatory public health insurance system and may choose a private insurance provider instead (those opting for a private health insurance provider are required to obtain private long-term care insurance as well).

2.1.3. *Unemployment*

Employees pay half of the insurance contributions; the employer pays the other half. In 2017, the contribution rate is 3.0% of assessable income. Employee and employer each pay 1.5%. The contribution ceiling is EUR 76 200.

2.1.4. *Care*

A long-term care insurance (a 1% contribution rate) went into effect on 1 January 1995. The rate was raised to 1.7% of the gross wage when home nursing care benefits were added six months later. As of 1 July 2008, the rate was increased to 1.95%. In 2013 and 2014, the contribution rate amounted to 2.05%. In 2015 and 2016, the contribution rate added up to 2.35%. As of 1 January 2017, the contribution rate was augmented to 2.55%. The employers pay half of the contributions for long-term care insurance. In other words, employers and employees both pay a rate of 1.275 %. The assessable income is scaled according to the gross wage earnings but there is a contribution ceiling of EUR 52 200 in 2017.

As from 1 January 2005, child-raising is given special recognition in the law relating to statutory long-term care insurance. Childless contribution payers are required to pay a supplement of 0.25%, raising the contribution rate paid by a childless employee from 0.975% to 1.225% as of 1 July 2008. In 2013 and 2014, the contribution rate of a childless employee added up to 1.275%. In 2015 and 2016, the contribution rate amounted to 1.425%

for a childless employee. As of 1 January 2017, the contribution rate was raised to 1.525% for a childless employee.

2.1.5. *Work injury*

Employer only.

2.1.6. *Family allowances*

None.

2.1.7. *Others*

None.

2.2. *Employers' contributions*

See Section 2.1.

2.2.1. *Pensions, sickness, unemployment, care:*

See Section 2.1.

2.2.2. *Work injury*

Germany has established a statutory occupational accident insurance. It is provided by industrial, agricultural and public-sector employers' liability insurance funds. This insurance protects employees and their families against the consequences of accidents at work and occupational illnesses. It is funded through the contributions paid by employers only. The amount of the employer's contributions depends on the sum total of employee's annual pay and the employer's respective hazard level. As it is not possible to identify a representative contribution rate, these amounts are not considered in this Report.

2.2.3. *Family allowances*

None.

2.2.4. *Others*

None.

3. Universal cash transfers

3.1. *Transfers related to marital status*

None.

3.2. *Transfers for dependent children*

None.

4. Main changes in tax/benefit systems since 1997

The following table shows changes in the tax credit and the tax allowance for children since 1997:

Year	Child credit				Child allowance
	First child	Second child	Third child	Fourth and subsequent children	
1997	1 350	1 350	1 841	2 147	3 534
1999	1 534	1 534	1 841	2 147	3 534
2000	1 657	1 657	1 841	2 147	5 080
2002	1 848	1 848	1 848	2 148	5 808
2009*	1 968	1 968	2 040	2 340	6 024
2010	2 208	2 208	2 280	2 580	7 008
2015	2 256	2 256	2 328	2 628	7 152
2016	2 280	2 280	2 352	2 652	7 248
2017	2 304	2 304	2 376	2 676	7 356

* plus EUR 100 one-off child credit payment for each child.

Up to 2004, the calculation of the relief for social security contributions and other expenses proceeded in three steps. First, EUR 3 068/6 136 (singles/couples) was deducted. These amounts were, however, lowered by 16% of gross wages (serving as a proxy for employers' social security contributions). This deduction was provided as a partial compensation for the self-employed who do not receive tax-free employers' social security contributions. Second, the remaining expenses were deductible up to EUR 1 334/2 668 (singles/couples). Third, half of the remaining expenses were deductible up to EUR 667/1 334 (singles/couples).

In 2004, the tax rate was reduced and the formula for calculating the income tax was changed. The relief for lone parents was reduced to EUR 1 308, the lump sum allowance for work related expenses was reduced to EUR 920.

As from 1 January 2005, the final stage of the 2000-tax reform came into effect. The bottom and top income tax rates were further reduced to 15% and 42%. Since 1998, both the bottom and top income tax rate have been reduced by about 11 percentage points while the personal allowance has been raised from EUR 6 322 to EUR 7 664. The tax cuts reduce the tax burden for all income taxpayers, affording the greatest relief to employees and families with low and medium incomes as well as to small- and medium-sized unincorporated businesses.

On 1 January 2005, the law regulating the taxation of pensions and pension expenses entered into force. The law provides a gradual transition to ex-post taxation of pensions paid by the statutory pensions insurance. In the long run, the tax treatment of capital-based employee pension schemes based on a contract between employer and employee will be reformed in the same way as the tax treatment in respect of the state pension scheme. In addition to the increased deductibility of contributions to the state and certain private pension schemes, the law contains rules which are intended to increase the attractiveness of private capital-based pension schemes and to encourage individuals to invest privately for their old-age pension.

Up to 30 June of 2005, employees paid half of the sickness insurance contributions; the employer paid the other half. As from 1 July 2005, members of the statutory health insurance scheme also pay an income-linked contribution of 0.9% to which employers do not contribute. As from 1 July 2005, all statutory health insurance funds have reduced their contribution rates by 0.9 percentage points.

In 2007, a new top income tax rate of 45% was introduced for taxable income above EUR 250 000 (EUR 500 000 for jointly assessed spouses).

In 2009, the bottom income tax rate was reduced to 14%. The basic allowance was increased to EUR 7 834. All thresholds were increased by EUR 400.

Since 1 January 2010, the basic allowance has been augmented to EUR 8 004 and all thresholds have been increased by EUR 330. Furthermore, new legislation improves the tax treatment of expenditure on health insurance and long-term care insurance. As of 1 January 2013, the basic allowance rose to EUR 8 130. As of 1 January 2014, the basic allowance was increased to EUR 8 354. As of 1 January 2015, the basic allowance amounted to EUR 8 472. The relief for lone parents adds up to EUR 1 908. Lone parents are entitled to an extra allowance of EUR 240 for the second and each subsequent child. Since 1 January 2016, the basic allowance has been risen to EUR 8 652. As of 1 January 2017, the basic allowance was enhanced to EUR 8 820.

5. Memorandum items

5.1. *Average gross annual earnings calculation*

- Source of calculation: Federal Statistical Office.
- Excluding sickness and unemployment, including normal overtime and bonuses.

5.2. *Employer's contributions to private pension, etc. schemes*

No information available, though such schemes do exist.

2017 parameter values

Average earnings/yr	Ave_earn	49 450	Secretariat estimate
Tax allowances	Child_al	7 356	
Lone Parents, first child	Lone_al	1 908	
Lone parents, subsequent child	Lone_al_add	240	
Work related	Work_rel_al	1 000	
SSC allowance	SSC_dn	900	
	SSC_dn_rt	0.16	
	SSC_dn_lim	1 334	
	SSC_dn_lump_rt	0.2	
Allow. for special expenses	SE_al	36	
Church tax rate	Ch_tax_rt	0	
Tax formula	Tax_rate2	0.42	
	Tax_rate3	0.45	
	Tax_thrsh1	8 820	
	Tax_thrsh2	13 769	
Top Rate Tax Reduction	Reduction	8 475.44	
	Reduction2	16 164.53	
Tax Equation Rates			
tax_eqn_rates	Squared	Single	Constant
z	223.76	2 397	939.57
y	1 007.27	1 400	0
Income tax rate stage	tax_first_stage	8 820	
	tax_second_stage	13 769	
	tax_third_stage	54 057	
	tax_fourth_stage	256 303	
Solidarity Surcharge	surcharge	0.055	
Solidarity Exemption Limit	surcharge_limit	972	
Alternative Surcharge Rate	surcharge_alt	0.2	
Child credit	Ch_cred		
	1. ch.	2 304	
	2. ch.	2 304	
	3.ch.	2 376	
	4.ch.	2 676	

Social security	Sickness	Pension	Unemploy-ment	Care	Alternative employer rate	SSC Factor F
period_1	12	12	12	12	12	12
period_2	0	0	0	0		
sum (Month's)	12	12	12	12	12	12
employer_1	0.073	0.0935	0.015	0.01275	0.3	0.7509
employer_2	0	0	0	0		
employee_1	0.084	0.0935	0.015	0.01275	0.037	0.7509
employee_2	0	0	0	0		
childless_1	0.084	0.0935	0.015	0.01525	0.037	0.7509
childless_2	0	0	0	0		
ceil	52 200	76 200	76 200	52 200	2 100	
SSC Floor	SSC_floor	10 200				
Intermediate SSC Ceiling	SSC_floor1	5 400				

2017 tax equations

The equations for the German system in 2017 are mostly calculated on a family basis.

The standard functions which are used in the equations are described in the technical note about tax equations. The function acttax carries out a rounded calculation for the tables but the unrounded version purtax is used in calculating the marginal rates.

For a taxpayer with children, either the child allowance is given in the tax calculation or the cash transfer is given if this is more beneficial. In practice, therefore, it is necessary to make two calculations – with and without the child allowance. Nevertheless, the calculation of solidarity surcharge is always based on the calculation which does assume that the child tax allowance is given.

Variable names are defined in the table of parameters above, within the equations table, or are the standard variables "married" and "children". The affixes "_princ" and "_spouse" on Variable names in functions indicate that the values have to be calculated for the principal and spouse, respectively. The parameter year in function SSC_Allowance is the year for which you calculate the Allowance.

	Line in country table and intermediate steps	Variable name	Range	Equation
1.	Earnings	earn		
	Quotient for tax calculation	quotient	J	1+Married
2.	Allowances:			
	Children	children_al	J	Children*Child_al
	Lone parent	lone_allce	J	Children>0)*(Married=0)*Lone_al+(Children>0)*(Married=0)*(Children-1)*Lone_al_add
	Soc sec contributions	SSC_al	J	Function: SSC_Allowance(earn_princ, earn_spouse , SSC_princ + SSC_spouse , Quotient, SSC_dn, SSC_dn_rt, SSC_dn_lim, SSC_dn_lump_rt, If(Children>0; "employee"; "childless"), year, rounded)
	Work related	work_al	J	Work_rel_al+MIN(earn_spouse,Work_rel_al)
	Allow. for special expenses	SE_al	J	SE_al*quotient
	Total	tax_al	J	children_al+SSC_al+work_al+ lone_allce + SE_al
3.	Credits in taxable income	taxbl_cr	J	0
4.	CG taxable income	tax_inc	J	earn-tax_al
5.	CG tax before credits			
	adjusted taxable income	adj	J	tax_inc/quotient
	Formula based tax schedule	tax_formula	J	Function: acttax(taxinc, rate, reduction, threshold1, threshold2, threshold3, equationrate, tax_first_stage, tax_second_stage, tax_third_stage, tax_fourth_stage, rate2, reduction2)
	Adjust for the quotient	tax_adj	J	Quotient*tax_formula
	Include solidarity surcharge	sol_surch	J	MIN(tax_adj * surcharge, Positive(tax_adj surcharge_limit*Quotient) * surcharge_alt)
	Tax paid	CG_tax_excl	J	tax_adj+sol_surch
6.	Tax credits :	tax_cr	J	0
7.	CG tax	CG_tax	J	CG_tax_excl
8.	State and local taxes	local_tax	J	0
9.	Employees' soc security	SSC	B	Function: SSC (earn_princ, If(Children>0; "employee"; "childless"), rounded) + SSC (earn_spouse, If(Children>0; "employee"; "childless"), rounded)
11.	Cash transfers	Cash_tran	J	Children*ch_cred
13.	Employer's soc security	SSC_empr	B	Function: SSC (earn_princ, "employer", rounded) + SSC (earn_spouse, "employer", rounded)

Key to range of equation
B calculated separately for both principal earner and spouse
P calculated for principal only (value taken as 0 for spouse calculation)
J calculated once only on a joint basis.

Les impôts sur les salaires 2018
© OCDE 2018

Greece

This chapter includes data on the income taxes paid by workers, their social security contributions, the family benefits they receive in the form of cash transfers as well as the social security contributions and payroll taxes paid by their employers. Results reported include the marginal and average tax burden for eight different family types.

Methodological information is available for personal income tax systems, compulsory social security contributions to schemes operated within the government sector, universal cash transfers as well as recent changes in the tax/benefit system. The methodology also includes the parameter values and tax equations underlying the data.

Greece 2017

The tax/benefit position of single persons

		Wage level (per cent of average wage)	67	100	167	67
		Number of children	none	none	none	2
1.	**Gross wage earnings**		13 994	20 886	34 880	13 994
2.	**Standard tax allowances**					
	Basic allowance					
	Married or head of family					
	Dependent children					
	Deduction for social security contributions and income taxes		2 239	3 342	5 581	2 239
	Work-related expenses					
	Other					
		Total	2 239	3 342	5 581	2 239
3.	**Tax credits or cash transfers included in taxable income**		0	0	0	0
4.	**Central government taxable income (1 - 2 + 3)**		11 755	17 545	29 300	11 755
5.	**Central government income tax liability (exclusive of tax credits)**		2 586	3 860	7 097	2 586
6.	**Tax credits**					
	Basic credit		1 900	1 900	1 807	2 000
	Married or head of family					
	Children					
	Other					
		Total	1 900	1 900	1 807	2 000
7.	**Central government income tax finally paid (5-6)**		686	2 082	5 931	586
8.	**State and local taxes**		0	0	0	0
9.	**Employees' compulsory social security contributions**					
	Gross earnings		2 239	3 342	5 581	2 239
	Taxable income					
		Total	2 239	3 342	5 581	2 239
10.	**Total payments to general government (7 + 8 + 9)**		2 925	5 424	11 512	2 825
11.	**Cash transfers from general government**					
	For head of family					
	For two children		0	0	0	640
		Total	0	0	0	640
12.	**Take-home pay (1-10+11)**		11 069	15 463	23 369	11 809
13.	**Employer's compulsory social security contributions**		3 507	5 234	8 741	3 507
14.	**Average rates**					
	Income tax		4.9%	10.0%	17.0%	4.2%
	Employees' social security contributions		16.0%	16.0%	16.0%	16.0%
	Total payments less cash transfers		20.9%	26.0%	33.0%	15.6%
	Total tax wedge including employer's social security contributions		36.8%	40.8%	46.4%	32.5%
15.	**Marginal rates**					
	Total payments less cash transfers: Principal earner		34.5%	36.3%	45.4%	34.5%
	Total payments less cash transfers: Spouse		n.a.	n.a.	n.a.	n.a.
	Total tax wedge: Principal earner		47.6%	49.1%	56.3%	47.6%
	Total tax wedge: Spouse		n.a.	n.a.	n.a.	n.a.

Greece 2017

The tax/benefit position of married couples

	Wage level (per cent of average wage)	100-0	100-33	100-67	100-33
	Number of children	2	2	2	none
1.	**Gross wage earnings**	22 975	30 557	38 368	30 557
2.	**Standard tax allowances**				
	Basic allowance				
	Married or head of family				
	Dependent children				
	Deduction for social security contributions and income taxes	3 676	4 889	6 139	4 889
	Work-related expenses				
	Other				
	Total	3 676	4 889	6 139	4 889
3.	**Tax credits or cash transfers included in taxable income**	0	0	0	0
4.	**Central government taxable income (1 - 2 + 3)**	19 299	25 668	32 229	25 668
5.	**Central government income tax liability (exclusive of tax credits)**	4 246	5 647	7 090	5 647
6.	**Tax credits**				
	Basic credit	2 000	4 000	4 000	3 800
	Married or head of family				
	Children				
	Other				
	Total	2 000	4 000	4 000	3 800
7.	**Central government income tax finally paid (5-6)**	2 406	2 406	3 272	2 506
8.	**State and local taxes**	0	0	0	0
9.	**Employees' compulsory social security contributions**				
	Gross earnings	3 676	4 889	6 139	4 889
	Taxable income				
	Total	3 676	4 889	6 139	4 889
10.	**Total payments to general government (7 + 8 + 9)**	6 082	7 295	9 410	7 395
11.	**Cash transfers from general government**				
	For head of family				
	For two children	640	320	320	0
	Total	640	320	320	0
12.	**Take-home pay (1-10+11)**	17 533	23 581	29 278	23 161
13.	**Employer's compulsory social security contributions**	5 758	7 658	9 615	7 658
14.	**Average rates**				
	Income tax	10.5%	7.9%	8.5%	8.2%
	Employees' social security contributions	16.0%	16.0%	16.0%	16.0%
	Total payments less cash transfers	23.7%	22.8%	23.7%	24.2%
	Total tax wedge including employer's social security contributions	39.0%	38.3%	39.0%	39.4%
15.	**Marginal rates**				
	Total payments less cash transfers: Principal earner	36.3%	36.3%	36.3%	36.3%
	Total payments less cash transfers: Spouse	20.6%	16.0%	36.3%	16.0%
	Total tax wedge: Principal earner	49.1%	49.1%	49.1%	49.1%
	Total tax wedge: Spouse	36.5%	32.8%	49.1%	32.8%

The national currency is the Euro (EUR). In 2017, EUR 0.89 was equal to USD 1. In 2017, the estimated gross earnings of the average worker are EUR 20 886 (Secretariat estimate).

1. Personal income tax system

1.1. Central government income tax

1.1.1. Tax unit

Individuals are subject to national income tax. Every individual who derives income from sources in Greece is subject to tax irrespective of his nationality, place of domicile or residence. Moreover, every individual with domicile in Greece (more than 183 days) is subject to tax on his/her worldwide income irrespective of the individual's nationality. Due consideration is given to bilateral conventions designed to obviate double taxation.

All individuals who have completed 18 years of age are obliged to file a tax return regardless of having taxable income or not. Regarding income derived by minor children, the parent who has the custody is liable for filing a tax return. The income of minor children is added to the income of the parent who has the custody and is taxed in the name of the parent who is in principle liable for tax filing. This provision does not apply to the following types of income, in respect of which the minor child has a personal tax obligation: a) employment income and b) pensions due to the death of his father or mother. Spouses file a joint return but each spouse is liable for the tax payable on his or her share of the joint income. A joint return can also file persons who have entered into a civil union – partnership. In this case the two parts have the same tax treatment as married couples. Losses incurred by one spouse or one part of a civil union-partnership may not be set off against the income of the other spouse or part. Spouses or parts of a civil union – partnership file a return separately if a) they have been divorced or have terminated the civil partnership at the time of the tax filing or b) one of the spouses or one part of the civil partnership is bankrupt or has been subject to guardianship. Taxpayer's spouse can be considered as a dependent member, provided that he/she does not have any taxable income.

Single children under the age of 18, children who are adults up to 25 years old and study at the university, or serve their military service or are registered as unemployed to the Manpower Employment Organisation (OAED), taxpayers' ascendants and spouses' relatives (up to the 3rd degree) who are orphans are deemed to be borne by the taxpayer provided that they cohabit with the taxpayer and their annual taxable income does not exceed the amount of EUR 3 000 (alimony and disability benefits and similar allowances are not included). Single disabled children (>= 67%) or spouses' disabled siblings (>= 67%) are also considered as dependent members, except if their annual income exceeds the amount of EUR 6 000 (alimony and disability benefits and similar allowances are not included).

1.1.2. *Tax allowances and tax credits*

1.1.2.1. Standard tax reliefs

- Social security contributions: all compulsory social security contributions and optional contributions to legally constituted funds are fully deductible from taxable gross income.

1.1.2.2. Deductions from the payable amount of tax, as calculated on the basis of the scale (Non-Standard tax credits):

A) The tax arising by the tax scale for employees and pensioners is reduced as following:

- by EUR 1 900 for annual income up to EUR 20 000, for taxpayers with no dependent children
- by EUR 1 950 for annual income up to EUR 20 000 for taxpayers with one dependent child
- by EUR 2 000 for annual income up to EUR 20 000 for taxpayers with two dependent children
- by EUR 2 100 for annual income up to EUR 20 000 for taxpayers with 3 dependent children or more;
- for income exceeding EUR 20 000, the above mentioned tax credit is being reduced by EUR 10 for every EUR 1 000 of taxable income

In order to maintain the above tax reduction under this, the taxpayer is required to make payments of acquiring goods and receiving services within the country or in Member States of the European Union or EEA, which have been paid through electronic payments, the minimum amount of which is determined as a percentage of taxable income, in accordance with the following scale:

- for taxable income up to 10.000 euro the minimum amount of expenses paid electronically to be collected is 10% (of taxable income)
- for taxable income from 10.001 euros up to 30.000 euro the minimum amount of expenses paid electronically to be collected is 15% (of taxable income)
- for taxable income above 30.000 euros the minimum amount of expenses paid electronically to be collected is 20% (of taxable income) and up to 30.000 euros.

Should the value of the above payments is less than the one required, a penalty of 22% is imposed to the remaining amount.

B) The payable amount of tax is reduced by ten percent (10%) on the donations to certain bodies, as well as to political parties, party alliances and candidates for the National Parliament and the European Parliament, since the donations exceed during the tax year the amount of one hundred (100) euros. The total amount of donations cannot exceed five percent (5%) of taxable income.

C) The amount of tax derived on the basis of all scales is reduced by EUR 200 for the taxpayer himself as well as for each dependent member, provided that the taxpayer or his dependents are handicapped (over 67%) or handicapped soldiers or military personnel injured in the course of their duties or war victims or victims of terrorist attacks or in case they receive pension by the State as war victims or as handicapped.

Note: Taxpayers who reside abroad but derive taxable income from sources in Greece are not eligible for these deductions, with the exemptions of residents of the EU Member States who derive at least 90% of their total income from sources in Greece.

Spouses:

When the wife derives income taxable on the basis of the scale, then the following are deducted from her own payable amount of tax: donations and the lump sum of EUR 200 of the spouse.

If from the joint tax return submitted the wife has no income declared then the sum of her deductions is attributed to the payable tax of the other spouse.

1.1.2.3. Exemptions

Some forms of income, specified by Law are exempt from the tax.

Examples:

- on condition of reciprocity, income of all kinds derived abroad by foreign ambassadors and diplomatic representatives, consulate agents and employees of embassies and consulates that have the nationality of the represented State as well as by individuals working in the EU Institutions or other International Organizations;
- alimony received by the beneficiary according to the Court adjudication or notary Document;
- all forms of pensions and relief provided to war victims and their families, as well as to soldiers and military personnel injured in the course of their duties in times of peace;
- benefits and similar allowances provided to special categories of handicapped people;
- salaries, pensions etc. paid to handicapped people (over 80%);
- unemployment benefits granted by the National Employment Organisation (OAED) provided that the total annual income of the beneficiary does not exceed the amount of EUR 10 000;
- the social solidarity benefit (E.K.A.S.) of pensioners;
- financial aid to recognized political refugees, to people residing temporarily in Greece for humanitarian reasons and to persons that have submitted the relevant application to the competent Greek authorities, paid by bodies carrying out refugee aid schemes financed by the UN and the EU;
- the benefit for hazardous labor provided to employees working in the armed forces, the police, the fire and port departments as well as the special allowance to medical, nursing and ambulance staff up to 65%;

1.1.2.4. Tax calculation

Taxable income is derived from the following sources:

a) Income from employment and pensions

b) Income from business activity which includes income from agricultural activity although taxed differently

c) Investment Income which includes income from dividends, interests and loyalties and income from immovable property (rental income).

d) Income from capital gains, which includes income deriving on transfer of real estate or securities.

Net income is computed separately within each category with tax rules that vary across income categories.

Taxpayer is subject to an alternative minimum tax when his imputed income is higher than his total declared income. In this case, the difference between imputed and actual income is added to the taxable income. Imputed income is calculated on the basis of the taxpayer's and his dependents' living expenses.

Employment income is subject to withholding tax. The tax is withheld by the employer and is calculated by applying the taxpayer's progressive income tax schedule. The employer calculates the withholding tax on the basis of the taxpayer's annual net salary (net of social security contributions). The withholding tax is then reduced by 1.5% of the total amount of taxes due. The resulting tax is the annual tax due, 1/14 of which constitutes the monthly withholding tax for the private sector's employees (every employee in the private sector receives 14 monthly salaries per year, i.e. 12 monthly wages plus 1 salary as Christmas bonus, ½ salary as Easter bonus and ½ salary as summer vacation bonus). For the employees of the public sector, the monthly withholding tax is calculated as 1/12 of the annual tax due, because of the fact that bonuses in the public sector have been eliminated. If the taxpayer's final tax liability (derived from the annual declared income) exceeds the aggregate of the amounts already withheld or prepaid, the remaining tax is generally payable in three equal bimonthly instalments. Any excess tax paid or withheld will be refunded.

1.1.3. Rate schedule

Depending on the income category the following tax schedules apply:

Income from employment and pensions is pooled together with income from business activity and is taxed at the following rates:

Income bracket (EUR)	Tax rate (%)	Tax bracket (EUR)	Total amount	
			Income (EUR)	Tax (EUR)
20 000	22%	4 400	20 000	4 400
10 000	29%	2 900	30 000	7 300
10 000	37%	3 700	40 000	11 000
Excess	45%			

The above tax scale does not apply for employment income acquired by:

- Officers working in ships of the merchant marine, whose income is taxed at a 15% flat rate and
- Low-income crew working in ships of the merchant marine, whose income is taxed at a 10% flat rate.

For deductions see above: 1.1.2.2. Deductions from the payable amount of tax, as calculated on the basis of the scale: Income from agricultural business is taxed separately but with the same tax schedule. The previously described tax credit is granted to farmers as well. In the case where a farmer is earning income from employment / pension, only one tax credit is given.

Income from dividends and interests is taxed at a 15% flat rate.

Income from loyalties is taxed at a 20% flat rate. Income from immovable property (Rental Income) is taxed at the following rates:

Income	Tax rate
0-12.000	15%
12.001-35.000	35%
35.001-	45%

From 1-1-2017, with the above tax scale is taxed, under certain conditions, income deriving from short term rentals of sharing economy.

Income from capital gains is taxed at a 15% flat rate.

In the total taxable income, Special Solidarity Contribution is additionally imposed. is applied Income up to EUR 12 000 is not subject to solidarity contribution. For income exceeding EUR 12.000, solidarity contribution applies with the following marginal rates:

Solidarity Contribution Marginal Tax Rates

Income	Tax rate
0-12.000	0%
12.001-20.000	2.2%
20.001-30.000	5.00%
30.001-40.000	6.50%
40.001-65.000	7.50%
65.001-220.000	9.00%
> 220.000	10.00%

1.2. State and local income taxes

There are no local income taxes in Greece. Municipalities (the local authorities) receive 20% of the national income tax revenues.

2. Compulsory social security contributions to schemes operated within the government sector

The great majority of individuals who are employed in the public and private sector and render dependent personal services are principally, directly and compulsorily insured in the Unified Social Security Fund (EFKA). Apart from the main contribution, EFKA compulsorily collects contributions for other minor Funds created for the employee's benefit (Unemployment Benefits Funds, etc.). A subsidiary Unified Supplementary Insurance and Lump-Sum Fund (ETEAEP) for employees has been established since 1/1/2017 for which the contribution rates have changed from 1/6/2016 and have been formed as follows.

The average rates of contributions payable by white-collar employees as a percentage of gross earnings are as follows (%):

From 1 January 2017 to 31 December 2017

	Employer	Employee	Total
1. Unified Social Security Fund (EFKA)	17.88	9.22	27.10
2. Supplementary Insurance Branch of (ETEAEP)	3.50	3.50	7.00
3. Other Funds	3.68	3.28	6.96
Total	**25.06**	**16.00**	**41.06**

Higher contributions are due (18.95% paid by the employee and 26.71% paid by the employer) in case of blue-collar workers who are engaged in heavy work (unhealthy, dangerous, etc. work) as they are entitled to a pension five years earlier than the other workers. In the industrial sector, the employer pays an additional occupational risk contribution at a rate of 1% because these workers are more vulnerable to labour accidents and occupational diseases Higher contributions than 3.5% mentioned above are paid also for the Supplementary Insurance Branch of ETEAEP 1.25% by the employee and 0.75% by the employer.

It should be noted that the amount of the maximum insurable earnings for calculating the monthly insurance contribution of employees and employers which was set from 1 January 2013 to EUR 5 546.80 for all insured persons (Law 4093/2012), is set from 1 January 2017 to EUR 5 860.80 according to Law 4387/2016.

All these social security contributions are fully deductible for income tax purposes.

3. Universal cash transfers

3.1. *Transfers related to marital status*

According to the National General Collective Labour Agreement, a marriage allowance, which is set at a rate of 10% of the gross salary, is granted only to workers employed by employers that belong to the contracting employer organisations.[1] For public servants no marriage benefit is granted.

3.2. *Transfers for dependent children*

According to the Law 4093/2012 (as amended by Law 4144/2013, Law 4111/2013 and Law 4170/2013), the "Single children support allowance" replaced the previously existing family allowances and applies since 01/01/2013. The allowance's amount is calculated according to the number of dependent children as well as the income category of the household. More specifically the allowance provides for EUR 40/month per child.

Households that are entitled to the allowance are divided into four income categories according to their income:

- Income of < EUR 6 000: full allowance
- Income of EUR 6 001-12 000: 2/3 of the allowance
- Income of EUR 12 001-18 000: 1/3 of the allowance

where the income is calculated as the net annual total family income divided by the sum of family members (where the first spouse is weighted as 1, the 2nd spouse is weighted as 1/3 and each dependent child is weighted as 1/6).

3.3. *Benefits for families with three or more children*

Law 4141/2013 (as amended by Law 4170/2013) introduced the "Special Allowance for families with three or more children", which is granted to families with three or more dependent children. The Special Allowance's amount is fixed to EUR 500/year per child, provided that the total income of the household does not exceed EUR 45 000 for families with three dependent children and EUR 48 000 for families with four dependent children, while in case of larger families the amount of EUR 45 000 is increased by EUR 4 000 per additional child.

Note 1: The Special allowance for families with three or more children is not included in the net, annual, family income and is exempt from income tax since 01-01-2013 (Law 4254/2014).

Note 2: Both Single children support allowance and the Special allowance for families with three or more children are exempt from Special Solidarity Contribution (Law 4254/2014).

1. Namely the Hellenic Federation of Enterprises, the Hellenic Confederation of Professionals, Craftsmen and Merchants, the National Confederation of Hellenic Commerce and the Association of Greek Tourism Enterprises.

4. Main changes in the tax/benefit system since 2016

No significant changes in the tax and benefit system have taken place since 2016.

5. Memorandum items

5.1. *Identification of an AW and method of calculations used*

Methodological note for the estimation of the average annual earnings per employee, for the period 2000-16.

Terminology and coverage

The average annual earnings below refer to full time employees for Sectors C to N of ISIC Rev.3.1, before 2008, and for Sectors B to N including Division 95 and excluding Divisions 37, 39 and 75 of ISIC Rev. 4, for 2008 onwards.

Data sources

In the estimation procedure of the average annual earnings per employee, for the period 2000-16 the following data are taken into account:

- Annual earnings and number of employees, as derived from the Structure of Earnings Survey (SES), of the years 2002, 2006, 2010 and 2014
- Hours worked and annual average number of employees, as derived from the Labour Force Survey (LFS), of the years 2000-16.
- Average annual earnings indices, as derived from the Indices on Quarterly Labour Cost Survey, of the years 2000-16.

Annual Gross earnings per full time employee 2000-16 Greece

Year	NACE Rev 2 classification
2000	15 458.90
2001	15 715.43
2002	**17 358.52**
2003	19 239.95
2004	21 446.10
2005	22 012.44
2006	**23 799.82**
2007	23 934.85
2008	23 849.13
2009	24 568.99
2010	**24 155.88**
2011	23 928.89
2012	23 308.82
2013	21 101.09
2014	**21 321.50**
2015	20 833.23
2016	20 677.76
	Figures for years 2015 and 2016 are provisional and will be finalized after the results of the Structure of Earnings Survey 2018

Notes:

In the average annual earnings are included:

- The special payments for shift and night work, as well as work during weekends and holidays;
- The total annual bonuses as well as those that are regularly paid on a monthly basis, the holiday leave, the 13th and 14th salary;
- The annual bonuses based on productivity;
- The education and working time allowance;
- The marriage and children allowance.

From the average annual earnings are excluded:

- The annual payments in kind: foods, drinks, footwear, clothes, accommodation, business cars provided, mobile phones etc;
- The annual premiums related to profit-sharing schemes.

In 2015 a revision of the Quarterly Labour Cost Index took place for the years 2000-15. This revision was based on:

a) The calculation for the first time, of the index according to a fixed base year formula (according the Regulations (EC) No 450/2003 and No 1216/2003). Previously, ELSTAT compiled the index according to the formula of a moving base year.

b) The exclusion of the severance payments from the calculation of the Wages and salaries index and their inclusion into the Employer's social contribution index, from the 1st quarter of the year 2013 onwards where the information is available, and

c) The change of the base year from 2008 to 2012.

The data refer to the mean yearly gross income for full-time paid employees, regardless of:

- Marital Status
- Number of children
- Employer's contributions
- Taxes paid.

Source: ELSTAT.

5.2. *Main employers' contributions to private pension, health, and related schemes*

Contributions to private pension and sickness schemes made by employers are not added to employees' gross earnings for tax purposes (but they are subject to special taxation entailing extinction of tax liability). Since these contributions are not obligatory for employers, no data is provided by the National Statistical Service of Greece. Very few employers have adopted such additional insurance schemes.

2017 parameter values

Average earnings/yr	Ave_earn	20 886	Secretariat estimate
Tax credit	Child_cred	0	
Rates of family subsidies			
paid by employers	Wife_sub	0.1	
children (up to 3)	Child_sub	0	
Income tax schedule	Tax_sch	0.22	20 000
		0.29	30 000
		0.37	40 000
		0.45	
Tax deduction	Tax_cred	1 900	
	Tax_cred_1dc	1 950	
	Tax_cred_2dc	2 000	
	Tax_cred_3dc	2 100	
	Tax_cred_thrsh	20 000	
	Tax_red	10	
Solidarity contribution	Solidarity_sch	0	12 000
		0.022	20 000
		0.05	30 000
		0.065	40 000
		0.075	65 000
		0.09	220 000
		0.10	
Social security contributions	SSC_rate	0.16	
	SSC_rate_empr	0.2506	
	SSC_ceil	82051.2	
	SSC_ceil_use	1	
Single children support allowance	Child_all	0	480
		6 000	320
		12 000	160
		18 000	0
	Spouse_weight	0.33	
	Child_weight	0.17	

2017 tax equations

The equations for the Greek system in 2017 are mostly on an individual basis. The level of gross earnings for the principal earner is increased by the spouse and child subsidy paid by the employer.

The functions which are used in the equations (Taper, MIN, Tax etc.) are described in the technical note about tax equations. Variable names are defined in the table of parameters above, within the equations table, or are the standard variables "married" and "children". A reference to a variable with the affix "_total" indicates the sum of the relevant variable values for the principal and spouse. And the affixes "_princ" and "_spouse" indicate the value for the principal and spouse, respectively. Equations for a single person are as shown for the principal, with "_spouse" values taken as 0.

	Line in country table and intermediate steps	Variable name	Range	Equation
1.	Earnings	earn_princ	P	Ave_earn*(1+Married*Wife_sub+ MIN(Children,3)*Child_sub)
		earn_spouse	S	Ave_earn*(1+Married*Wife_sub+ MIN(Children,3)*Child_sub)
2.	Allowances:	tax_al	B	SSC
3.	Credits in taxable income	taxbl_cr		0
4.	CG taxable income	tax_inc	B	Positive(earn-tax_al)
5.	CG tax before credits	CG_tax_excl	B	Tax(tax_inc,tax_sch)-Low_rate*Positive(MIN(Effect_low_band-Low_thrsh,tax_inc-Low_thrsh))
	Solidarity contribution	sol_contr	B	=Solidarity(earn-SSC,Solidarity_sch)
6.	Tax credits :	tax_cr	**B**	Positive(IF(Children>0, tax_cred_1dc*(Children=1)+tax_cred_2dc*(Children='2)+ tax_cred_3dc*(Children>2),tax_cred)-(INT(Positive(earn-tax_cred_thrsh)'/1000)* tax_cred_red))
7.	CG tax	CG_tax	B	Positive(CG_tax_excl-tax_cr)+sol_contr
8.	State and local taxes	local_tax	B	0
9.	Employees' soc security	SSC	B	IF(SSC_ceil_use=1,SSC_rate*MIN(earn,SSC_ceil),SSC_rate*earn)
11.	Cash transfers			
		fam_netinc	B	earn – CG_tax SSC
		cash_trans	B	VLOOKUP(fam_netinc,Child_all,2)*Children
13.	Employer's soc security	SSC_empr	B	IF(SSC_ceil_use=1,SSC_rate_empr*MIN(earn,SSC_ceil),SSC_rate_empr*earn)

Key to range of equation B calculated separately for both principal earner and spouse P calculated for principal only (value taken as 0 for spouse calculation) J calculated once only on a joint basis.

© OCDE 2018

Hungary

This chapter includes data on the income taxes paid by workers, their social security contributions, the family benefits they receive in the form of cash transfers as well as the social security contributions and payroll taxes paid by their employers. Results reported include the marginal and average tax burden for eight different family types.

Methodological information is available for personal income tax systems, compulsory social security contributions to schemes operated within the government sector, universal cash transfers as well as recent changes in the tax/benefit system. The methodology also includes the parameter values and tax equations underlying the data.

Hungary 2017

The tax/benefit position of single persons

		Wage level (per cent of average wage)	67	100	167	67
		Number of children	none	none	none	2
1.	**Gross wage earnings**		2 397 696	3 578 651	5 976 347	2 397 696
2.	**Standard tax allowances**					
	Basic allowance					
	Married or head of family					
	Dependent children		0	0	0	2 400 000
	Deduction for social security contributions and income taxes					
	Work-related expenses					
	Other					
		Total	0	0	0	2 400 000
3.	**Tax credits or cash transfers included in taxable income**		0	0	0	2 304
4.	**Central government taxable income (1 - 2 + 3)**		2 397 696	3 578 651	5 976 347	0
5.	**Central government income tax liability (exclusive of tax credits)**					
	Central government income tax liability (exclusive of tax credits)		359 654	536 798	896 452	0
		Total	359 654	536 798	896 452	0
6.	**Tax credits**					
	Basic credit		0	0	0	0
	Married or head of family					
	Children					
	Other					
		Total	0	0	0	0
7.	**Central government income tax finally paid (5-6)**		359 654	536 798	896 452	0
8.	**State and local taxes**		0	0	0	0
9.	**Employees' compulsory social security contributions**					
	Gross earnings		443 574	662 050	1 105 624	443 228
	Taxable income					
		Total	443 574	662 050	1 105 624	443 228
10.	**Total payments to general government (7 + 8 + 9)**		803 228	1 198 848	2 002 076	443 228
11.	**Cash transfers from general government**					
	For head of family					
	For two children		0	0	0	355 200
		Total	0	0	0	355 200
12.	**Take-home pay (1-10+11)**		1 594 468	2 379 803	3 974 271	2 309 668
13.	**Employer's wage dependent contributions and taxes**					
	Employer's compulsory social security contributions		527 493	787 303	1 314 796	527 493
	Payroll taxes		35 965	53 680	89 645	35 965
		Total	563 459	840 983	1 404 442	563 459
14.	**Average rates**					
	Income tax		15.0%	15.0%	15.0%	0.0%
	Employees' social security contributions		18.5%	18.5%	18.5%	18.5%
	Total payments less cash transfers		33.5%	33.5%	33.5%	3.7%
	Total tax wedge including employer's social security contributions		46.2%	46.2%	46.2%	22.0%
15.	**Marginal rates**					
	Total payments less cash transfers: Principal earner		33.5%	33.5%	33.5%	33.5%
	Total payments less cash transfers: Spouse		n.a.	n.a.	n.a.	n.a.
	Total tax wedge: Principal earner		46.2%	46.2%	46.2%	46.2%
	Total tax wedge: Spouse		n.a.	n.a.	n.a.	n.a.

Hungary 2017

The tax/benefit position of married couples

		Wage level (per cent of average wage)	100-0	100-33	100-67	100-33
		Number of children	2	2	2	none
1.	**Gross wage earnings**		3 578 651	4 759 606	5 976 347	4 759 606
2.	**Standard tax allowances**					
	Basic allowance					
	Married or head of family					
	Dependent children		2 400 000	2 400 000	2 400 000	0
	Deduction for social security contributions and income taxes					
	Work-related expenses					
	Other					
		Total	2 400 000	2 400 000	2 400 000	0
3.	**Tax credits or cash transfers included in taxable income**		0	0	0	0
4.	**Central government taxable income (1 - 2 + 3)**		1 178 651	2 359 606	3 576 347	4 759 606
5.	**Central government income tax liability (exclusive of tax credits)**					
	Central government income tax liability (exclusive of tax credits)		176 798	353 941	536 452	713 941
		Total	176 798	353 941	536 452	713 941
6.	**Tax credits**					
	Basic credit		0	0	0	0
	Married or head of family					
	Children					
	Other					
		Total	0	0	0	0
7.	**Central government income tax finally paid (5-6)**		176 798	353 941	536 452	713 941
8.	**State and local taxes**		0	0	0	0
9.	**Employees' compulsory social security contributions**					
	Gross earnings		662 050	880 527	1 105 624	880 527
	Taxable income					
		Total	662 050	880 527	1 105 624	880 527
10.	**Total payments to general government (7 + 8 + 9)**		838 848	1 234 468	1 642 076	1 594 468
11.	**Cash transfers from general government**					
	For head of family					
	For two children		319 200	319 200	319 200	0
		Total	319 200	319 200	319 200	0
12.	**Take-home pay (1-10+11)**		3 059 003	3 844 338	4 653 471	3 165 138
13.	**Employer's wage dependent contributions and taxes**					
	Employer's compulsory social security contributions		787 303	1 047 113	1 314 796	1 047 113
	Payroll taxes		53 680	71 394	89 645	71 394
		Total	840 983	1 118 507	1 404 442	1 118 507
14.	**Average rates**					
	Income tax		4.9%	7.4%	9.0%	15.0%
	Employees' social security contributions		18.5%	18.5%	18.5%	18.5%
	Total payments less cash transfers		14.5%	19.2%	22.1%	33.5%
	Total tax wedge including employer's social security contributions		30.8%	34.6%	37.0%	46.2%
15.	**Marginal rates**					
	Total payments less cash transfers: Principal earner		33.5%	33.5%	33.5%	33.5%
	Total payments less cash transfers: Spouse		33.5%	33.5%	33.5%	33.5%
	Total tax wedge: Principal earner		46.2%	46.2%	46.2%	46.2%
	Total tax wedge: Spouse		46.2%	46.2%	46.2%	46.2%

The national currency is the Forint (HUF). In 2017, HUF 274.48 was equal to USD 1. In 2017, the average worker earned HUF 3 578 651 (Secretariat estimate).

1. Personal income tax systems

1.1. *Central/federal government income taxes*

1.1.1. *Tax unit*

The tax unit is, in all cases, the separate individual. In exceptional cases, the employer can become subject to personal income tax, for instance in the case of benefits in kind.

1.1.2. *Tax allowances and tax credits*

1.1.2.1. Standard reliefs

- Basic reliefs: None.
- Standard marital status reliefs: None.
- Employee Tax credit: Since 1 January 2012 there is no employee tax credit.
- Family tax allowance: For families having children, the basis of income tax can be reduced by the family tax allowance, which amounts to HUF 66 670 per month (for families having one child), HUF 100 000 per month/each dependent (for families having two children) or HUF 220 000 per month/each dependent (for families having at least three children). This tax allowance can be applied by a pregnant woman (or her husband) as from the 91st day after conception until birth of the child. The tax allowance may be claimed by one spouse or be split between the spouses. As of 1 January 2014 the family tax allowance was extended: families whose combined PIT base is not sufficient to claim the maximum amount of the family tax allowance can deduct the remaining sum from the 7% health insurance contribution and the 10% pension contribution. This measure does not affect the eligibility for social security benefits (pensions, healthcare, transfers, etc.).

1.1.2.2. Main non-standard tax reliefs

- Trade Union membership dues: Membership dues and contributions paid to trade unions and other corporate bodies of employees are deductible without any restriction.
- Tax credits are made available for physical disability or agricultural activities. Tax deduction is available for those having income from abroad.
- From 1 January 2015 for newly married couples (where it's the first marriage for at least one of the parties) the basis of income tax can be reduced by HUF 33 335 per month for one person of the couple for 24 months.

1.1.3. *Tax schedule*

The rate of personal income tax amounts to 15%.

1.2. State and local income taxes

In Hungary there is no local personal income tax system supplementing the central one.

2. Compulsory social security contributions to schemes operated within the government sector

2.1. Employees' contributions

2.1.1. Pensions

The rate of pension contribution amounts to 10% of gross earnings.

2.1.2. Sickness

The rate of health security contribution amounts to 7% of gross earnings.

2.1.3. Unemployment

The worker must pay, as employees' contribution, 1.5% of gross earnings.

2.1.4. Others

None. The average worker does not have any obligation to pay other contributions than the above mentioned. However, the contribution rates may be different for certain types of income or for certain groups of income recipients (e.g. employees with pensioner status). None of these exceptions are applicable to the workers taken into consideration in this report.

2.2. Employers' contributions

2.2.1. Pensions

None.

2.2.2. Sickness

None.

2.2.3. Unemployment

None.

2.2.4. Others

From 2012 the employers' social security contributions were merged into the new payroll tax, called social contribution tax. This change is of legal nature, the combined rate remains 27% while the revenue is divided among the pension, health care and labour-market funds. In 2017 the rate was lowered to 22%.

The employer contributions also include a payroll tax: the training levy amounts to 1.5% of gross earnings.

From 1 January 2013, the Job Protection Act (JPA) introduced new targeted reliefs in the employers' contributions (social contribution tax and training levy) to incentivise the employment of the most disadvantageous groups on the labour market. This measure reduces the standard rate of the employers' contributions up to a cap of HUF 100 000 per month. From 2017 the JPA introduced a permanent reduction of the employers' tax rate by 50% of the current tax rate for:

- employees under 25 years of age,

- employees over 55 years of age,
- employees working in elementary occupations,
- employees working in agricultural occupations.

It also introduced temporary reductions (23.5% in the first two years of the employment, and 50% of the current tax rate in the third year) for:

- long term unemployed re-entering the labour market,
- people returning to work after child-care leave,
- career starters.

From 1 January 2015 the budgetary institutions are not eligible for the JPA tax allowances anymore.

The targeted reliefs in the employers' contributions are not considered in the Taxing Wages model.

Social security contributions will have to be paid on other benefits than gross earnings (e.g. grants in kind) and payments (e.g. certain kind of contracts).

3. Universal cash transfers

3.1. *Transfers related to marital status*

None.

3.2. *Transfers for dependent children*

Effective from 1 January 2008:

Type of family	HUF per month
For a couple with one child	12 200
For a single earner with one child	13 700
For a couple with two children, per child	13 300
For a single earner with two children, per child	14 800
For a couple with 3 or more children, per child	16 000
For a single earner with 3 or more children, per child	17 000
For a couple with permanently sick and disabled child	23 300
For a single earner with permanently sick and disabled child	25 900

4. Main changes in the tax/benefit system since 2010

- The tax base correction was phased out in two steps.
- The employee tax credit was abolished.
- The employees' health care contribution was increased.
- The employers' social security contributions were merged into the social contribution tax (legal change only, rates and base remained unchanged).
- Health contributions on benefits in kind were increased.
- As a temporary measure, a wage compensation scheme was in effect in the form of an employers' SSC credit.
- Targeted employment incentives to boost the employment levels of groups at the margin of the labour force.

- The child tax allowance was extended in 2014 by allowing the deduction of the allowance from employees' SSC.
- The rate of the PIT decreased by 1 percentage point in 2016.
- The rate of family tax benefit for families with two children is gradually increased from 2016 so that it will be doubled by 2019.
- From 2017 the social contribution tax decreased to 22%.

5. Memorandum items

5.1. *Employer contributions to private social security arrangements*

In Hungary the law dealing with the voluntary mutual insurance funds (like pension funds) was enacted on 6 December 1993. Based on the rules for 2017, the monthly contribution paid to a voluntary mutual fund (health or pension)by the employer of a private worker who participates in a voluntary fund, is not limited and it's taxable according to an effective personal income tax rate of 17.7% (the nominal tax rate of 15% multiplied by 1.18) and an effective health contribution of 25.96% (the nominal tax rate of 22% multiplied by 1.18 Sponsor's donations paid by the employer to its employees' voluntary mutual insurance fund are taxable as well. In addition, employees can apply a 20% tax credit with a limit of HUF 150 000 per year on payments made by the employees themselves. The tax authority pays the tax credit directly to a voluntary fund.

In general, insurance premiums (on the basis of which an employee is named as the recipient/beneficiary of insurance services) paid by the employer are taxable, and social security contributions plus training contribution are also payable. At the same time insurance premiums related to life insurance policy for accidental death, injury liability, or medical care insurance for full and permanent incapacity to work are exempted from taxation and any contributions.

As from 2008 employer pension institutions can be established. Based on the rules for 2017, the monthly contribution paid to an employer pension institution by the employer of a private worker is not limited and it's taxable according to an effective personal income tax rate of 17.7% and an effective health contribution of 25.96%.

2017 parameter values

Average earnings/yr	Ave_earn	3 578 651	Secretariat estimate		
Child allowance (per child)	child_al	1	800 040		
		2	1 200 000		
		3	2 640 000		
		4	2 640 000		
Income tax schedule	tax_sch	0.15			
Social security contributions	SSC_unemp	0.015			
	SSC_p	0.1			
	SSC_h	0.07			
Payroll taxes	SSC_empr	0.22			
	payroll_rate	0.015			
		# of children	1	2	3+
Transfers for children	CB_rates	0	12 200	13 300	16 000
(monthly)		1	13 700	14 800	17 000

2017 tax equations

The equations for the Hungarian system in 2017 are mostly on an individual basis. But the child allowance can be split between the spouses and cash transfers are calculated only once. This is shown by the Range indicator in the table below.

The functions which are used in the equations (Taper, MIN, Tax etc) are described in the technical note about tax equations. Variable names are defined in the table of parameters above, within the equations table, or are the standard variables "married" and "children". A reference to a variable with the affix "_total" indicates the sum of the relevant variable values for the principal and spouse. And the affixes "_princ" and "_spouse" indicate the value for the principal and spouse, respectively. Equations for a single person are as shown for the principal, with "_spouse" values taken as 0.

	Line in country table and intermediate steps	Variable name	Range	Equation
1.	Earnings	earn		
2.	Allowances:			
	Children	child_al	P	IF(Children>0, Children*VLOOKUP(Children, child_al, 2), 0)
	Total	tax_al	B	child_al
3.	Credits in taxable income	taxbl_cr	B	0
4.	CG taxable income	tax_inc	P	MAX(0,earn -tax_al)
	CG taxable income	tax_inc	S	Positive(earn_spouse-Positive(tax_al-earn_spouse-SSC_deduction_princ/tax_sch))
5.	CG tax before credits	CG_tax_excl	B	tax_inc*tax_sch
7.	CG tax	CG_tax	B	CG_tax_excl-tax_cr
8.	State and local taxes	local_tax	B	0
	Child tax allowance (Employees' SSC)	SSC_child_cr	P	=MIN(earn_princ*(SSC_h+SSC_p),Positive(tax_al-earn_princ)*tax_sch)
	Child tax allowance (Employees' SSC)		S	=MIN(earn_spouse*(SSC_h+SSC_p),Positive(-earn_princ)*tax_sch)
9.	Employees' soc security	SSC	B	earn*(SSC_unemp+ SSC_h+SSC_p)-SSC_child_cr
11.	Cash transfers	cash_trans	J	Children*(VLOOKUP((1-Married), CB_rates, MIN(Children, 3)+1)*12)
13.	Employer's soc security	SSC_empr	B	earn*SSC_empr
	Employer's payroll taxes	Payroll	B	earn*payroll_rate

Key to range of equation B calculated separately for both principal earner and spouse P calculated for principal only (value taken as 0 for spouse calculation) J calculated once only.

Les impôts sur les salaires 2018
© OCDE 2018

Iceland

This chapter includes data on the income taxes paid by workers, their social security contributions, the family benefits they receive in the form of cash transfers as well as the social security contributions and payroll taxes paid by their employers. Results reported include the marginal and average tax burden for eight different family types.

Methodological information is available for personal income tax systems, compulsory social security contributions to schemes operated within the government sector, universal cash transfers as well as recent changes in the tax/benefit system. The methodology also includes the parameter values and tax equations underlying the data.

Iceland 2017

The tax/benefit position of single persons

	Wage level (per cent of average wage)	67	100	167	67
	Number of children	none	none	none	2
1.	**Gross wage earnings**	5 965 489	8 903 714	14 869 203	5 965 489
2.	**Standard tax allowances**				
	Basic allowance				
	Married or head of family				
	Dependent children				
	Deduction for social security contributions and income taxes	238 620	356 149	594 768	238 620
	Work-related expenses				
	Other				
	Total	238 620	356 149	594 768	238 620
3.	**Tax credits or cash transfers included in taxable income**	0	0	0	0
4.	**Central government taxable income (1 - 2 + 3)**	5 726 869	8 547 566	14 274 435	5 726 869
5.	**Central government income tax liability (exclusive of tax credits)**	1 288 546	1 923 202	3 607 737	1 288 546
6.	**Tax credits**				
	Basic credit	634 880	634 880	634 880	634 880
	Married or head of family				
	Children				
	Other				
	Total	634 880	634 880	634 880	634 880
7.	**Central government income tax finally paid (5-6)**	653 666	1 288 322	2 972 857	653 666
8.	**State and local taxes**	826 960	1 234 268	2 061 228	826 960
9.	**Employees' compulsory social security contributions**				
	Gross earnings	28 397	28 397	28 397	28 397
	Taxable income				
	Total	28 397	28 397	28 397	28 397
10.	**Total payments to general government (7 + 8 + 9)**	1 509 022	2 550 988	5 062 482	1 509 022
11.	**Cash transfers from general government**				
	For head of family				
	For two children	0	0	0	514 918
	Total	0	0	0	514 918
12.	**Take-home pay (1-10+11)**	4 456 466	6 352 727	9 806 721	4 971 384
13.	**Employer's compulsory social security contributions**	408 636	609 904	1 018 540	408 636
14.	**Average rates**				
	Income tax	24.8%	28.3%	33.9%	24.8%
	Employees' social security contributions	0.5%	0.3%	0.2%	0.5%
	Total payments less cash transfers	25.3%	28.7%	34.0%	16.7%
	Total tax wedge including employer's social security contributions	30.1%	33.2%	38.3%	22.0%
15.	**Marginal rates**				
	Total payments less cash transfers: Principal earner	35.5%	35.5%	44.4%	45.1%
	Total payments less cash transfers: Spouse	n.a.	n.a.	n.a.	n.a.
	Total tax wedge: Principal earner	39.6%	39.6%	48.0%	48.6%
	Total tax wedge: Spouse	n.a.	n.a.	n.a.	n.a.

Iceland 2017

The tax/benefit position of married couples

		Wage level (per cent of average wage)	100-0	100-33	100-67	100-33
		Number of children	2	2	2	none
1.	**Gross wage earnings**		8 903 714	11 841 940	14 869 203	11 841 940
2.	**Standard tax allowances**					
	Basic allowance					
	Married or head of family					
	Dependent children					
	Deduction for social security contributions and income taxes		356 149	473 678	594 768	473 678
	Work-related expenses					
	Other					
		Total	356 149	473 678	594 768	473 678
3.	**Tax credits or cash transfers included in taxable income**		0	0	0	0
4.	**Central government taxable income (1 - 2 + 3)**		8 547 566	11 368 262	14 274 435	11 368 262
5.	**Central government income tax liability (exclusive of tax credits)**		1 923 202	2 557 859	3 211 748	2 557 859
6.	**Tax credits**					
	Basic credit		1 269 760	1 269 537	1 269 760	1 269 537
	Married or head of family					
	Children					
	Other					
		Total	1 269 760	1 269 537	1 269 760	1 269 537
7.	**Central government income tax finally paid (5-6)**		653 442	1 288 322	1 941 988	1 288 322
8.	**State and local taxes**		1 234 268	1 641 354	2 061 228	1 641 354
9.	**Employees' compulsory social security contributions**					
	Gross earnings		28 397	56 794	56 794	56 794
	Taxable income					
		Total	28 397	56 794	56 794	56 794
10.	**Total payments to general government (7 + 8 + 9)**		1 916 108	2 986 470	4 060 010	2 986 470
11.	**Cash transfers from general government**					
	For head of family					
	For two children		262 067	92 825	0	0
		Total	262 067	92 825	0	0
12.	**Take-home pay (1-10+11)**		7 249 674	8 948 295	10 809 193	8 855 470
13.	**Employer's compulsory social security contributions**		609 904	811 173	1 018 540	811 173
14.	**Average rates**					
	Income tax		21.2%	24.7%	26.9%	24.7%
	Employees' social security contributions		0.3%	0.5%	0.4%	0.5%
	Total payments less cash transfers		18.6%	24.4%	27.3%	25.2%
	Total tax wedge including employer's social security contributions		23.8%	29.3%	32.0%	30.0%
15.	**Marginal rates**					
	Total payments less cash transfers: Principal earner		41.2%	41.2%	35.5%	35.5%
	Total payments less cash transfers: Spouse		42.2%	41.2%	35.5%	35.5%
	Total tax wedge: Principal earner		45.0%	45.0%	39.6%	39.6%
	Total tax wedge: Spouse		45.9%	45.0%	39.6%	39.6%

The national currency is the Króna (plural: Krónur) (ISK). In 2017, ISK 106.82 was equal to USD 1. That year, the average worker is expected to earn ISK 8 903 714 (Secretariat estimate).[1]

1. Personal income tax system

1.1. *Central government income taxes*

1.1.1. *Tax unit*

Income is taxed on an individual basis, except for capital income of married couples which is taxed jointly.

1.1.2. *Tax allowances and credits*

1.1.2.1. Standard reliefs

- Basic tax credit: A fixed tax credit, amounting to ISK 634 880 in 2017, is granted to all individuals 16 years and older, regardless of their marital status. The tax credit is deducted from levied central and local government taxes. Unutilised tax credits or portions thereof are wastable, i.e. non-refundable and non-transferable between tax years.
- Standard marital status relief: Married couples may utilise up to 100 of each spouses' unutilised portion of his/her basic tax credit.
- Relief(s) for children: None.
- Relief(s) for compulsory pension contributions: The compulsory payment to pension funds amounts to 4% of wages and is deductible. In addition, an optional payment of up to 4% of wages may also be deducted. As the additional 4% contribution is optional, it is viewed as a non-standard relief in this Report.

1.1.2.2. Main non-standard tax reliefs applicable to an AW

- Interest payment relief: A fully refundable tax credit is granted to purchasers of personal dwellings (homes) to recuperate a part of mortgage-related interest expenses. The maximum tax related interest credit in 2017 is ISK 400 000 for a single person, ISK 500 000 for a single parent and ISK 600 000 for a married couple. The following constraints apply to interest rebates: 1) they cannot exceed 7.0% of the remaining debt balance incurred in buying a home for one's own use. 2) The maximum amount of interest payments that qualify for an interest rebate calculation is ISK 800 000 for an individual, ISK 1 000 000 for a single parent and ISK 1 200 000 for a couple. 3) 8.5% of taxable income is subtracted from the interest expense. 4) The rebates begin to be curtailed at a net worth threshold of ISK 4 500 000 for a single individual and a single parent and ISK 7 300 000 for a couple and are eliminated altogether at a 60% higher amount, or ISK 7 200 000 and 11 680 000, respectively. (These amounts are based on income in the year 2017 but are paid out in 2018. These numbers are estimates; final figures will be available once the 2018 budget has been passed).

1. The definition of average worker in Iceland includes workers in five categories. See section 5.1.

1.1.3. *Tax schedule*

The income tax base is composed of personal income (e.g. wages, salaries, fringe benefits, pensions, etc.), which is taxed on an individual basis, and capital income which is taxed jointly for married couples.

The tax on personal income is double-rated. The central government income tax rate in 2017 is 22.5% for income up to ISK 834 707 per month. For income exceeding ISK 834 707 the tax rate is 31.8%. The income tax rate applies to all personal income in excess of ISK 149 192 per month (ISK 1 790 304 per year). Tax relief is provided by the basic credit described in Section 1.1.2.1.

The tax on capital income is 20%. It is levied on all capital income of individuals, such as interest, dividends, rents etc. Interest income up to ISK 125 000 per year and 30% of income from rent of residential property is tax free.

1.2. *Local government income tax*

The local government income tax base is the same as the central government's personal income tax base.

The local governments' income tax is single rated, but the rate varies between 12.44 and 14.52% between municipalities. The average rate in 2017 is 14.44%.

2. Compulsory social security contributions to schemes operated within the government sector

2.1. *Employees' contributions*

Fee to the Retiree Investment Fund: 16 to 70 year-old individuals are subject to a fixed tax of ISK 11 197 in 2017, provided the individual's taxable income is at least ISK 1 718 679 for the year. This tax will be collected in 2018.

Fee to the broadcast media: 16 to 70 year-old individuals with taxable income over ISK 1 718 679 for the year are subject to a fixed tax of ISK 17 200 in 2017, which will be collected in 2018.

These amounts are estimates and thus subject to change as the fees are payable in 2018.

2.2. *Employers' contributions*

Employers have to pay a social security tax on total wages of 6.85%. In addition, 0.65% is levied on the wages of fishermen as a premium for their government accident insurance. Furthermore, a new financial activities tax was introduced in 2012, which requires financial and insurance companies to pay an additional 5.5% payroll tax in 2017.

3. Universal cash transfers

3.1. *Marital status related transfers*

None.

3.2. *Transfers for dependent children*

Child benefits are granted for each child, subject to income thresholds. In 2016 they are as follows (in ISK per year):

- For each child under the age of seven: 122 879
- Children under the age of eighteen at the end of 2017:
  - First child: 205 834
  - Each additional child: 245 087
- Benefits for single parents:
  - First child: 342 939
  - Each additional child: 351 787
- Income threshold for benefit curtailment:
  - For couples: 5 400 000
  - For a single parent: 2 700 000
- Curtailment of benefits (children under the age of seven only):
  - For each child: 4%
- Curtailment of benefits (all children under the age of eighteen):
  - For one child: 4%
  - For two children: 6%
  - For three children or more: 8%

Note that child benefits in this Report are based on income in the year 2017 but are paid out in 2018 (see also section 4.4). These numbers are estimates and thus subject to change.

4. Main changes in the tax/benefit system since 1998

4.1. *The deductibility of the payment to pension funds*

All employees are required to participate in pension funds. The employee contribution is generally 4% of wages and the employer contribution was 6%, and increased to 8% as of beginning 2007. On July 1st 2016 the employer contribution increased to 8.5% and one year later it increased again to 10%. Both contributions are deductible from income before tax. In some cases, the contributions of employees and employers are higher. An optional, additional payment from employees of up to 4% of wages is also deductible and goes into an individual retirement account. However, from 2012 to mid-2014, this additional payment was temporarily set at 2%.

This voluntary pension savings option was first introduced in 1999 in order to encourage personal saving. At the time the contribution rate was 2% for employees and 0.2% for employers. In May 2000 these rates were doubled to 4 and 0.4%, respectively, as noted above. In addition, some employers, such as the central government, have increased their employer counter-contribution by agreement with employees. The central government contributed 1% against a voluntary employee contribution of 4% in 2001 and 2% as of the beginning of 2002. All such contributions are tax-deductible, both with the employer and the employee at the time the contribution is made. The actual pension is taxed as personal income when it is drawn. As of the beginning of 2004, the employer option of deducting the above 0.4% against the social security tax was abolished. Since such employer counter-contributions had become part of wage agreements in most cases, it was no longer felt that such a tax incentive was needed.

4.2. *Central and local income tax rates in 1997-2016*

In 1997-2007, the Government pursued a policy of reducing the marginal tax rate, as can be seen in the table below. This development was reversed in 2009 when income tax was raised by 1.35 percentage points in response to the Treasury's rising debt burden brought on by the economic crisis. At the beginning of 2010 the tax system was changed from single rated to triple rated. The tax rate was set at 24.1% for the first monthly ISK 200 000 but it was raised by 2.9% for the next ISK 450 000 and again by 6% for income in excess of ISK 650 000. In 2017, the tax system was changed again but now to double rated. The rates are 22.5% for income up to 834 707 per month and 31.8% for income higher than 834 707 per month; see section 1.13 for further details. From 1998 onwards, the central government and average local government personal income tax rates have been as follows:

	Central government general tax rate (%)	Municipal tax rate (%)	Total tax rate (%)	Central government surtax (%)
1998	27.41	11.61	39.02	7.00
1999	26.41	11.93	38.34	7.00
2000	26.41	11.96	38.37	7.00
2001	26.08	12.68	38.76	7.00
2002	25.75	12.79	38.54	7.00
2003	25.75	12.80	38.55	5.00
2004	25.75	12.83	38.58	4.00
2005	24.75	12.98	37.73	2.00
2006	23.75	12.97	36.72	0
2007	22.75	12.97	35.72	0
2008	22.75	12.97	35.72	0
2009	24.10	13.10	37.20	0
2010	24.10	13.12	37.32	2.90/6.00
2011	22.90	14.41	37.31	2.90/6.00
2012	22.90	14.44	37.34	2.90/6.00
2013	22.90	14.42	37.32	2.90/6.00
2014	22.86	14.44	37.30	2.44/6.50
2015	22.86	14.44	37.30	2.44/6.50
2016	22.68	14.45	37.13	1.22/7.90
2017	22.50	14.44	36.94	9.3

4.3. *A special tax on higher income*

In 1998, the special tax on higher income was raised by 2 percentage points, from 5 to 7%. For 2003-income, it was reduced back to 5%. It was reduced to 4% for 2004 income and to 2% for 2005-income. In the fiscal year 2006, the tax was abolished. In the latter half of 2009 the special tax on higher income was introduced again at 8%. In 2010 the tax system changed to triple-rated and in 2017 it was changed to double rated; see sections 4.2 and 1.1.3.

4.4. *A revision of child benefit system*

Child benefits are granted for each child, subject to income thresholds. The amendments to tax legislation that came into effect in 2004 included a schedule for raising child benefits. As from 2007, the child benefits will be paid for children up to 18 years old instead of 16 years old. For 2009-17, benefits are as follows (in ISK per year):

	2010	2011	2012	2013	2014	2015	2016	2017
For all children under the age of seven	61 191	61 191	100 000	100 000	115 825	119 300	122 879	122 879
Children under the age of eighteen:								
First child	152 331	152 331	167 564	167 564	194 081	199 839	205 834	205 834
Each additional child	181 323	181 323	199 455	199 455	231 019	237 949	245 087	245 087
Benefits for single parents:								
First child	253 716	253 716	279 087	279 087	323 253	332 950	342 939	342 939
Each additional child	260 262	260 262	286 288	286 288	331 593	341 541	351 787	351 787
Income threshold for benefit curtailment:								
For couples	3 600 000	3 600 000	4 800 000	4 800 000	4 800 000	4 800 000	5 400 000	5 400 000
For a single parent	1 800 000	1 800 000	2 400 000	2 400 000	2 400 000	2 400 000	2 700 000	2 700 000
Curtailment of benefits under the age of seven:								
For each child	3%	3%	3%	3%	4%	4%	4%	4%
Curtailment of benefits under the age of eighteen:								
For one child	3%	3%	3%	3%	4%	4%	4%	4%
For two children	5%	5%	5%	5%	6%	6%	6%	6%
For three children or more	7%	7%	7%	7%	8%	8%	8%	8%

The data for 2017 is subject to change as the benefits are not payable until 2018.

4.5. *A revision of interest rebates*

In 2004, the interest rebate was cut by 10%, effective for that year only. The ceiling on interest payments that qualify for the interest rebate was reduced from 7% to 5.5% in 2005 and the interest rate cut was reduced from 10% to 5%. As of the beginning of 2006, the ceiling was further reduced to 5%. In 2005 and again in 2007 the net worth ceiling was lifted considerably in reaction to the increase in net worth due to the house price boom in 2005-07. In 2008, as mortgage-related interest expenses surged, the ceiling on interest payments was raised back to 7% and the maximum rebate amount increased by 37%. These measures stayed in effect in 2009. In 2010 the maximum rebate amount increased by 47-62% and the net worth ceiling was reduced significantly. The rate of taxable income which is subtracted from the interest expense was increased from 6% to 8% and further to 8.5% in 2014. In addition to the ordinary interest payment relief, a temporary interest cost rebate was in effect in 2010-11; see section 1.1.2.2.

4.6. *Transferability of basic tax credit between spouses*

The basic tax credit was made transferable between spouses in stages; see section 1.1.2.1. above. In fiscal year 2001, 90% of the credit became transferable, rising to 95% in 2002 and 100% in 2003.

5. Memorandum items

5.1. *Identification of AW (only eight categories) and valuation of earnings*

The data on average earnings refers to average workers in eight categories according to the NACE rev. 2 classification which corresponds to the ISIC rev.4 system. The categories are C – Manufacturing, D – Electricity, gas, steam and air conditioning supply (from 2008), E – Water supply; sewerage, waste management and remediation activities (from 2008) F – Construction, G – Wholesale and retail trade, repair of motor vehicles, motorcycles, H – Transport, storage, and J – Information and communication K – Financial and insurance activities. Public sector employees are not included. Together, these categories comprise approximately 80% of Iceland's private sector labour force.

The original data are obtained from a monthly survey among Icelandic firms with 10 or more employees.

5.2. Employer contributions to private pension funds, health and related schemes

By law, all employees and employers must contribute to pension funds. These funds are private, generally linked to unions and employee associations. The private pension funds are not part of the government-run social security system, to which a payroll tax is paid as described under section 2.2 above. Compulsory and voluntary payments to such funds are described in section 4.1 above.

2017 parameter values

Average earnings/yr	Ave_earn	8 903 714	Secretariat estimate
Pension rate for tax allowance	pension_rate	0.04	
Tax credit	Basic_crd	634 880	
	Married_propn	1	
Central income tax	tax_sch	0.225	10 016 488
		0.318	
Special tax	special_rate	0	
threshold	special_thrsh		
Local tax	local_rate	0.1444	
Church tax	church_tax	0	
Social Security Contr.	SSC_fixed	28 397	
	SSC_thrsh	1 718 679	
Employer SSC	SSC_empr	0.0685	
General child allowance:			
child allowance	CA	122 879	
Maximum number of children under 7	max_child_under7	1	
Supplement child allowance:			
Married couple case			
first child	SA_first_m	205 834	
other children	SA_others_m	245 087	
income threshold	SA_tresh_m	5 400 000	
Single parent case			
first child	SA_first_s	342 939	
other children	SA_others_s	351 787	
income threshold	SA_tresh_s	2 700 000	
reduction rate (one child)	SA_redn_1	0.04	
reduction rate (two children)	SA_redn_2	0.06	
reduction rate (tree or more children)	SA_redn_3	0.08	

2017 tax equations

The equations for the Iceland system are mostly on an individual basis. But the tax credit for married couples is relevant only to the calculation for the principal earner and child benefit is calculated only once. This is shown by the Range indicator in the table below.

The functions which are used in the equations (Taper, MIN, Tax etc) are described in the technical note about tax equations. Variable names are defined in the table of parameters above, within the equations table, or are the standard variables "married" and "children". A reference to a variable with the affix "_total" indicates the sum of the relevant variable values for the principal and spouse. And the affixes "_princ" and "_spouse" indicate the value for the principal and spouse, respectively. Equations for a single person are as shown for the principal, with "_spouse" values taken as 0.

	Line in country table and intermediate steps	Variable name	Range	Equation
1.	Earnings	earn		
2.	Allowances:	tax_al	B	earn*pension_rate
3.	Credits in taxable income	taxbl_cr	B	0
4.	CG taxable income	tax_inc	B	earn-tax_al
5.	CG tax before credits	CG_tax_excl	B	tax(tax_inc, tax_sch)
6.	Tax credits :	tax_cr	P	MIN(CG_tax_excl_princ,Basic_crd+MAX(Married*Basic_crd-CG_tax_excl_spouse-(tax_inc_spouse*local_rate),0))
			S	MIN(Married*Basic_crd, CG_tax_excl_spouse)
		special_tax	J	0
7.	CG tax	CG_tax	B	CG_tax_excl-tax_cr+special_tax
8.	State and local taxes	local_tax	P S	MAX(tax_inc_princ*local_rate-MAX(Basic_crd+ Max(Married*Basic_crd-CG_tax_excl_spouse-(tax_inc_spouse*local_rate),0)-CG_tax_excl_princ,0),0) MAX(tax_inc_spouse*local_rate-MAX(Married*Basic_crd-CG_tax_excl_spouse,0),0)
9.	Employees' soc security	SSC	B	SSC_fixed*(earn>SSC_thrsh)
11.	Cash transfers:			
	Total family income	inc_tot	J	earn_total
	Child allowance	cash_trans	J	Positive(MIN(Children,max_child_under7)*CA-Positive(inc_total*(1-pension_rate)-IF(Married,SA_tresh_m,SA_tresh_s))*SA_redn_1) +(Children>0)*(IF (Married,SA_first_m+ Positive(Children-1)*SA_others_m,SA_first_s+ Positive (Children-1)*SA_others_s) Positive(inc_tot*(1-pension_rate)-IF(Married,SA_tresh_m,SA_tresh_s))*IF(Children='1,' SA_redn_1,IF(Children=2,SA_redn_2, SA_redn_3)))
13.	Employer's soc security	SSC_empr	B	earn*SSC_empr_rate

Key to range of equation B calculated separately for both principal earner and spouse P calculated for principal only (value taken as 0 for spouse calculation) J calculated once only on a joint basis.

Les impôts sur les salaires 2018
© OCDE 2018

Ireland

This chapter includes data on the income taxes paid by workers, their social security contributions, the family benefits they receive in the form of cash transfers as well as the social security contributions and payroll taxes paid by their employers. Results reported include the marginal and average tax burden for eight different family types.

Methodological information is available for personal income tax systems, compulsory social security contributions to schemes operated within the government sector, universal cash transfers as well as recent changes in the tax/benefit system. The methodology also includes the parameter values and tax equations underlying the data.

Ireland 2017

The tax/benefit position of single persons

		Wage level (per cent of average wage)	67	100	167	67
		Number of children	none	none	none	2
1.	**Gross wage earnings**		24 360	36 358	60 718	24 360
2.	**Standard tax allowances**		0	0	0	0
3.	**Tax credits or cash transfers included in taxable income**		0	0	0	0
4.	**Central government taxable income (1 - 2 + 3)**		24 360	36 358	60 718	24 360
5.	**Central government income tax liability (exclusive of tax credits)**		4 872	7 783	17 527	4 872
6.	**Tax credits**					
	Basic credit		1 650	1 650	1 650	1 650
	Single, head of family		0	0	0	1 650
	Children					
	Other		1 650	1 650	1 650	1 650
		Total	3 300	3 300	3 300	4 950
7.	**Central government income tax finally paid (5-6)**		2 080	5 592	16 554	508
8.	**State and local taxes**		0	0	0	0
9.	**Employees' compulsory social security contributions**					
	Gross earnings		974	1 454	2 429	974
	Taxable income					
		Total	974	1 454	2 429	974
10.	**Total payments to general government (7 + 8 + 9)**		3 055	7 046	18 982	1 483
11.	**Cash transfers from general government**					
	For head of family		0	0	0	5 368
	For two children		0	0	0	3 360
		Total	0	0	0	8 728
12.	**Take-home pay (1-10+11)**		21 305	29 312	41 736	31 605
13.	**Employer's compulsory social security contributions**		2 619	3 908	6 527	2 619
14.	**Average rates**					
	Income tax		8.5%	15.4%	27.3%	2.1%
	Employees' social security contributions		4.0%	4.0%	4.0%	4.0%
	Total payments less cash transfers		12.5%	19.4%	31.3%	-29.7%
	Total tax wedge including employer's social security contributions		21.0%	27.2%	37.9%	-17.1%
15.	**Marginal rates**					
	Total payments less cash transfers: Principal earner		29.0%	49.0%	49.0%	63.6%
	Total payments less cash transfers: Spouse		n.a.	n.a.	n.a.	n.a.
	Total tax wedge: Principal earner		35.9%	54.0%	54.0%	67.1%
	Total tax wedge: Spouse		n.a.	n.a.	n.a.	n.a.

Ireland 2017

The tax/benefit position of married couples

		Wage level (per cent of average wage)	100-0	100-33	100-67	100-33
		Number of children	2	2	2	none
1.	**Gross wage earnings**		36 358	48 356	60 718	48 356
2.	**Standard tax allowances**		0	0	0	0
3.	**Tax credits or cash transfers included in taxable income**		0	0	0	0
4.	**Central government taxable income (1 - 2 + 3)**		36 358	48 356	60 718	48 356
5.	**Central government income tax liability (exclusive of tax credits)**		7 272	9 671	12 144	9 671
6.	**Tax credits**					
	Basic credit		3 300	3 300	3 300	3 300
	Single, head of family		0	0	0	0
	Children					
	Other		2 750	3 300	3 300	3 300
		Total	6 050	6 600	6 600	6 600
7.	**Central government income tax finally paid (5-6)**		2 330	4 180	7 160	4 180
8.	**State and local taxes**		0	0	0	0
9.	**Employees' compulsory social security contributions**					
	Gross earnings		1 454	1 454	2 429	1 454
	Taxable income					
		Total	1 454	1 454	2 429	1 454
10.	**Total payments to general government (7 + 8 + 9)**		3 784	5 634	9 589	5 634
11.	**Cash transfers from general government**					
	For head of family		0	0	0	0
	For two children		3 360	3 360	3 360	0
		Total	3 360	3 360	3 360	0
12.	**Take-home pay (1-10+11)**		35 934	46 082	54 489	42 722
13.	**Employer's compulsory social security contributions**		3 908	4 928	6 527	4 928
14.	**Average rates**					
	Income tax		6.4%	8.6%	11.8%	8.6%
	Employees' social security contributions		4.0%	3.0%	4.0%	3.0%
	Total payments less cash transfers		1.2%	4.7%	10.3%	11.7%
	Total tax wedge including employer's social security contributions		10.8%	13.5%	19.0%	19.8%
15.	**Marginal rates**					
	Total payments less cash transfers: Principal earner		29.0%	29.0%	29.0%	29.0%
	Total payments less cash transfers: Spouse		15.4%	20.0%	29.0%	20.0%
	Total tax wedge: Principal earner		35.9%	35.9%	35.9%	35.9%
	Total tax wedge: Spouse		22.0%	26.3%	35.9%	26.3%

The national currency is the Euro (EUR). In 2017, EUR 0.89 was equal to USD 1. In that year, the average worker earned EUR 36 358 (Secretariat estimate).

1. Personal income tax systems

1.1. *Central/ federal government income taxes*

1.1.1. *Tax unit*

Tax is levied on the combined income of both spouses. Either spouse may, however, opt for separate assessment, in which case the tax payable by both spouses must be the same as would be payable under joint taxation. A further option allows either spouse to opt for assessment as single persons in which case they are treated as separate units. The calculations presented in this Report are based on family taxation.

1.1.2. *Tax credits*

1.1.2.1. Standard reliefs:

- Basic reliefs: The single person's credit is EUR 1 650 per year.
- Standard marital status reliefs: The married person's credit is EUR 3 300 per year (i.e. twice the basic credit of EUR 1 650).
- Employee credit: With the exception of certain company directors and their spouses and the spouses of partners in partnership cases, all employees, including (subject to certain conditions) children who are full-time employees in the business of their parents, are entitled to an employee credit of EUR 1 650.
- Earned Income credit: Individuals in receipt of earned income are entitled to an earned income credit of EUR 550 for 2017 et seq. Note: The combined employee credit and earned income credit is limited to EUR 1 650.
- One-Parent Family credit: The single parent family credit is EUR 1 650.

1.1.2.2. Main non-standard tax reliefs applicable to an AW

- Interest on qualifying loans: This relief can no longer be claimed by new applicants but those who had claimed prior to 2012 are still eligible for relief up to 2017 inclusive. The relief varies between 25% and 15% of the following limits.

	First time mortgage holders	Other mortgage holders
Married couple	EUR 20 000	EUR 6 000
Widowed person	EUR 20 000	EUR 6 000
Single person	EUR 10 000	EUR 6 000

- Medical Insurance: Relief at the taxpayer's standard rate of tax is available for taxpayers who make a payment to an authorised insurer under a contract which provides for the payment of medical expenses resulting from sickness of the person, his wife, child or other dependants. The maximum relief is EUR 1 000 in respect of an adult and EUR 500 in respect of a child. This relief is now granted at source and is paid to the insurance provider.

- Work related Expenses: These are relieved to the extent that they are wholly, exclusively and necessarily incurred in the performance of the duties of an employment.
- Home Carers Allowance: This is a tax credit of EUR 1 100 for families where one spouse works at home to care for children, the aged or incapacitated persons, where the carer spouse's income does not exceed EUR 7 199. A reduced measure of relief is granted for income between EUR 7 200 and EUR 9 200: if the income exceeds EUR 7 200 the tax credit is reduced by one half of the income of the Home Carer that exceeds this limit. This credit and the increased standard rate tax band for two income couples (see tax schedule below) are mutually exclusive but the person may opt for whichever is the more beneficial. If the Home Carer earns income of up to EUR 7 200 in his/her own right for the tax year, the full tax credit may be claimed. For the purposes of this tax credit, income means any taxable income such as income from a part-time job, dividends, etc. but does not include the Carer's Allowance payable by the Department of Social Protection.

1.1.3. *Tax schedule*

Band of taxable Income (EUR)				Rate (%)
Single/Widow(er)	Married couple (one income)	Married couple (two incomes)	One-parent families	
Up to 33 800	Up to 42 800	Up to the lesser of: 67 600; 42 800 plus the amount of the lowest income	37 800	20
Balance	Balance	Balance	Balance	40

1.1.4. *Low income exemption and marginal relief tax*

Where total income of an individual aged 65 and over is less than or equal to the income exemption limit that income is exempt from tax.

Exemption limits:

- Single/Widowed: EUR 17 000
- Married: EUR 34 000

The exemption limits may be increased in respect of children, as follows:

- One or two children (each): EUR 585
- Subsequent children: EUR 830

The marginal relief rate of tax applies where liability to tax at the marginal relief rate is less than that which would be chargeable under the normal tax schedule and where total income is less than twice the relevant exemption limit, otherwise tax is charged under the normal tax schedule.

Marginal relief tax is charged, where applicable, at a rate of 40% on the difference between total income and the relevant exemption limit.

1.1.5. *Universal Social Charge (USC)*

The USC is charged on an individualised basis on gross income at 0.5% on income up to and including EUR 12 012, at 2.5% for income in excess of EUR 12 012 but not greater than

EUR 18 772, at 5% for income in excess of EUR 18 772 but not greater than EUR 70 148, and at 8% above that level. The lower exemption threshold is EUR 13 000.The USC does not apply to social welfare payments, including contributory and non-contributory social welfare State pensions.

USC rates for individuals whose total income does not exceed EUR 60 000 and who are a) aged 70 years and over or b) who hold FULL medical cards: The 2.5% rate applies to all income over EUR 12 012.

There is a surcharge of 3% on individuals who have income from self-employment that exceeds EUR 100 000 in a year.

1.2. *State and local income taxes*

No State or local income taxes exist in Ireland.

2. Compulsory social security contributions to schemes operated within the government sector

2.1. *Employees' contributions*

Contributions are payable at a rate of 4 percent of an employee's gross earnings less allowable superannuation contributions. No distinction is made by marital status or sex. Those earning less than EUR 352 per week are exempt. The following is a breakdown of the 2017 rate of contribution together with ceilings where applicable:

Description	Rate	Threshold (EUR)	Ceiling (EUR)
Pension and social insurance	4.00	352 per week	

2.2. *Employers' contributions*

Like employees' contributions, employers' contributions are payable as a percentage of gross employee earnings less allowable superannuation contributions. The following is a breakdown of the 2017 rate of contribution:

Description	Rate %
Occupational injuries	0.50
Redundancy contribution	0.40
Pension and social insurance	9.85
TOTAL	10.75

The employers' contribution is reduced from 10.75% to 8.5% in respect of employees earning less than EUR 376 per week.

3. Universal cash transfers

3.1. *Transfers related to marital status*

None.

3.2. *Transfers for dependent children*

These are payable to all children under the age of 16 (or under 18 years, if the child is undergoing full time education by day or is incapacitated and likely to remain so for a prolonged period). These payments do not depend on any insurance or on the means of the claimant. Entitlements to higher rate for the third and subsequent child are being phased out over two years. The amounts payable in 2017 are as follows:

Period	Monthly rate per child	
January 2017 to December 2017	First to second child: EUR 140.00	Subsequent children: EUR 140.00

3.3. *Transfers for low income families*

A non-taxable family income supplement is payable to low income families where either the principal earner and/or the spouse are in full-time employment. Full-time employment is defined as working nineteen hours per week or more. The hours worked by the principal and the spouse can be aggregated for the purposes of this definition. When calculating income for the purposes of the relief superannuation payments, social welfare payments, tax payments, health and employment and training levies are all subtracted to arrive at disposable income.

The level of payment is dependent on the amount of family income and the number of children. The supplement payable is 60% of the difference between the family income and the income limit applicable to the family. A minimum of EUR 20 per week is payable to eligible families. No supplement is payable to families with income in excess of the relevant income limit.

The income limit for a family with two children in 2017 is EUR 612 per week.

One Parent Family Payment: This new non-taxable payment is available for men and women who for a variety of reasons are bringing up a child or children without the support of a partner. The payment which is means tested is payable in full where the person's earnings does not exceed EUR 7 618. Where earnings are between EUR 7 618 and EUR 22 100 a reduced payment is received. The amount of the full payment for 2017 is EUR 6 552 plus EUR 1 550 for each child. Because of the complex means testing system this type of person is excluded from the AW examples.

4. Other main changes in tax/benefit system since 2016

4.1. *Earned Income credit*

Individuals in receipt of earned income are entitled to an earned income credit of EUR 950 for 2017 et seq. Note: The combined employee credit and earned income credit is limited to EUR 1 650.

5. Memorandum items

5.1. *Employer contributions to private social security arrangements*

Information not available, although such schemes do exist.

2017 parameter values

Average earnings/yr	Ave_earn	36358	Secretariat estimate
Tax allowances			
Tax Credits	Basic_al_at_standardrate	1650	
	Married_al_at_standardrate	1650	
	Empl_al_at_standardrate	1650	
	Singleparent_at_standardrate	1650	
	Carers_allow	1100	
	Carers_thrsh1	7200	
	Carers_thrsh2	9200	
	Carers_taper_rt	0.5	
Exemption amount	Single_ex	0	
	Married_ex	0	
	Child_ex	0	
	Child_ex_3	0	
Marginal relief limit	Single_MR	0	
	Married_MR	0	
	Child_MR	0	
	Child_MR_3	0	
Marginal relief	marg_rel_rate	0.4	
Income tax	Single_sch	0.2	33 800
		0.4	
	Single_sch_child	0.2	37 800
		0.4	
	Married_sch_oneinc	0.2	42 800
		0.4	
	Married_sch_twoinc	0.2	67 600
		0.4	
Universal Social Charge	USC	0.005	12 012
		0.025	18 772
		0.05	70 148
		0.08	
	USC_sch_med_card	0.005	12 012
		0.025	
	USC threshold	13000	
Maximum increase in first band	Band_increase_lim	27400	
Social security contributions	SSC_thresh	18304	
Employees	pension_rate	0.04	
	pension_ceil	Limit Abolished	
	Non_cum_Allc	0	
Employers	Empr_rate	0.1075	
	Empr_lower_rate	0.085	
	Empr_thrsh	19552	
Child benefit	Empr_ceil	Limit Abolished	
	Ch_ben	1680	
Family income supplement	Ch_ben_3	1680	
	FIS_pay_limit	31824	
	FIS_min	1040	
Medical card	FIS_rate	0.6	
	single_med_card	9568	
	married_med_card	13858	
	Child_add_med_card	1976	

2017 tax equations

The equations for the Irish system in 2017 are mostly on a family basis using mainly a tax credit system for the first time. But social security contributions are calculated separately for each spouse. This is shown by the Range indicator in the table below.

The functions which are used in the equations (Taper, MIN, Tax etc) are described in the technical note about tax equations. Variable names are defined in the table of parameters above, within the equations table, or are the standard variables "married" and "children". A reference to a variable with the affix "_total" indicates the sum of the relevant variable values for the principal and spouse. And the affixes "_princ" and "_spouse" indicate the value for the principal and spouse, respectively. Equations for a single person are as shown for the principal, with "_spouse" values taken as 0.

	Line in country table and intermediate steps	Variable name	Range	Equation
1.	Earnings	earn		
2.	Allowances:			(provided at standard rate (tax credit equivalent))
3.	Credits in taxable income	taxbl_cr	J	0
4.	Taxable income	tax_inc	J	earn
	New carers allowance (provided as a tax credit)	career_allow		IF((Married*Children)>0, IF(earn_spouse<=Carers_thrsh1, Carers_allow, IF(earn_spouse>Carers_thrsh2, 0, Positive (Carers_allow-Carers_taper_rt*(earn_spouse-Carers_thrsh1)))), 0)
	Preliminary Tax Liable (including carers allowance)	tax_prel	J	IF(Married='0,' IF(Children='0,' Tax(tax_inc, Single_sch), Tax(tax_inc, Single_sch_child)), IF(AB7='0,' Tax(tax_inc, Married_sch_oneinc)-AG7, Tax(earn_principal+Positive(earn_spouse-Band_increase_lim), Married_sch_oneinc)+Tax(MIN(earn_spouse, Band_increase_lim), Married_sch_oneinc)))
5.	Tax before credits (but including carers allowance)	_tax_excl	J	IF((Married*earn_spouse)>0, MINA(tax_prel, (Tax(tax_inc, Married_sch_oneinc)-career_allow)), tax_prel)
	Universal social charge	USG	J	IF(earn>USC_threshold,IF(med_crd_fac=1,Tax(earn,USC_sch),Tax(earn,USC_sch_med_card)),0)
6.	Tax credits :	basic_cr	J	Basic_al_at_standardrate+(Married*Married_al_at_standardrate)
		single_par_cr		IF(Married='0,' IF(Children>0, Singleparent_at_standardrate, 0), 0)
		other_cr		Empl_al_at_standardrate+ (IF(earn_spouse>0, Empl_al_at_standardrate, 0))
		tax_cr		basic_cr+single_par_cr+other_cr
	Exemption amount	exemp_amt	J	Single_ex+Married*Married_ex+Child_ex*MIN(2, Children)+(Children>2)*(Children-2)*Child_ex_3
	Marginal relief limit	MRL	J	Single_MR+Married*Married_MR+Child_MR*MIN(2, Children)+(Children>2)*(Children-2)*Child_MR_3
7.	Net tax	CG_tax	J	If(earn_total<='MRL,' MIN(marg_rel_rate*positive(earn_total-exem_amt), positive(_tax_excl-tax_cr)), positive(_tax_excl-tax_cr))+USG
8.	State and local taxes	local_tax	J	0
	Employees' soc security			
	weekly allowance	weekly_allce	B	IF(earn=0,0,MINA(Non_cum_Allc,earn))
	Medical card factor	Med_crd_fac	J	(single_med_card+Married*(married_med_card-single_med_card) +child_add_med_card*Children<earn_princ+earn_spouse)
	employees' soc security	SSC	B	IF(earn>SSC_thresh, pension_rate*Positive(earn-weekly_allce), 0)
11.	Cash transfers			
		Child_benefit	J	Children*Ch_ben+(Children>2)*(Children-2)*(Ch_ben_3-Ch_ben)
		FIS	J	(Children>0)*IF((earn-_tax-SSC)<='FIS_pay_limit' , MAXA((FIS_pay_limit-(earn-_tax-SSC))*FIS_rate, FIS_min), 0)
	Total cash transfers	cash_trans		Child_benefit+FIS
13.	Employer's soc security	SSC_empr	B	IF(earn<='Empr_thrsh,' Empr_lower_rate, Empr_rate)* MIN(earn, Empr_ceil)

Key to range of equation:
B calculated separately for both principal earner and spouse
P calculated for principal only (value taken as 0 for spouse calculation)
J calculated once only on a joint basis.

© OCDE 2018

Israel

This chapter includes data on the income taxes paid by workers, their social security contributions, the family benefits they receive in the form of cash transfers as well as the social security contributions and payroll taxes paid by their employers. Results reported include the marginal and average tax burden for eight different family types.

Methodological information is available for personal income tax systems, compulsory social security contributions to schemes operated within the government sector, universal cash transfers as well as recent changes in the tax/benefit system. The methodology also includes the parameter values and tax equations underlying the data.

The statistical data for Israel are supplied by and under the responsibility of the relevant Israeli authorities. The use of such data by the OECD is without prejudice to the status of the Golan Heights, East Jerusalem and Israeli settlements in the West Bank under the terms of international law.

Israel 2017

The tax/benefit position of single persons

	Wage level (per cent of average wage)	67	100	167	67
	Number of children	none	none	none	2
1.	**Gross wage earnings**	99 149	147 984	247 132	99 149
2.	**Standard tax allowances**				
	Basic allowance	0	0	0	0
	Married or head of family				
	Dependent children				
	Deduction for social security contributions and income taxes				
	Work-related expenses	0	0	0	0
	Other				
	Total	0	0	0	0
3.	**Tax credits or cash transfers included in taxable income**	0	0	0	0
4.	**Central government taxable income (1 - 2 + 3)**	99 149	147 984	247 132	99 149
5.	**Central government income tax liability (exclusive of tax credits)**	10 895	20 189	48 634	10 895
6.	**Tax credits**				
	Basic credit	5 805	5 805	5 805	7 095
	Married or head of family	0	0	0	2 580
	Children	0	0	0	5 160
	EITC	0	0	0	2 636
	Unused wastable tax credits	0	0	0	3 940
	Total	5 805	5 805	5 805	17 471
7.	**Central government income tax finally paid (5-6)**	5 090	14 384	42 829	- 2 636
8.	**State and local taxes**	0	0	0	0
9.	**Employees' compulsory social security contributions**				
	Gross earnings	5 978	11 838	23 736	5 978
	Taxable income				
	Total	5 978	11 838	23 736	5 978
10.	**Total payments to general government (7 + 8 + 9)**	11 068	26 222	66 565	3 342
11.	**Cash transfers from general government**				
	For head of family				
	For two children	0	0	0	6 062
	Total	0	0	0	6 062
12.	**Take-home pay (1-10+11)**	88 081	121 762	180 568	101 869
13.	**Employer's compulsory social security contributions**	4 615	8 278	15 714	4 615
14.	**Average rates**				
	Income tax	5.1%	9.7%	17.3%	-2.7%
	Employees' social security contributions	6.0%	8.0%	9.6%	6.0%
	Total payments less cash transfers	11.2%	17.7%	26.9%	-2.7%
	Total tax wedge including employer's social security contributions	15.1%	22.1%	31.3%	1.8%
15.	**Marginal rates**				
	Total payments less cash transfers: Principal earner	26.0%	32.0%	47.0%	29.4%
	Total payments less cash transfers: Spouse	n.a.	n.a.	n.a.	n.a.
	Total tax wedge: Principal earner	31.2%	36.7%	50.7%	34.3%
	Total tax wedge: Spouse	n.a.	n.a.	n.a.	n.a.

Israel 2017

The tax/benefit position of married couples

		Wage level (per cent of average wage)	100-0	100-33	100-67	100-33
		Number of children	2	2	2	none
1.	**Gross wage earnings**		147 984	196 818	247 132	196 818
2.	**Standard tax allowances**					
	Basic allowance		0	0	0	0
	Married or head of family					
	Dependent children					
	Deduction for social security contributions and income taxes					
	Work-related expenses		0	0	0	0
	Other					
		Total	0	0	0	0
3.	**Tax credits or cash transfers included in taxable income**		0	0	0	0
4.	**Central government taxable income (1 - 2 + 3)**		147 984	196 818	247 132	196 818
5.	**Central government income tax liability (exclusive of tax credits)**		20 189	25 072	31 084	25 072
6.	**Tax credits**					
	Basic credit		5 805	12 900	12 900	12 900
	Married or head of family		0	0	0	0
	Children		0	5 160	5 160	0
	EITC		0	0	0	0
	Unused wastable tax credits		0	7 372	1 360	2 212
		Total	5 805	18 060	18 060	12 900
7.	**Central government income tax finally paid (5-6)**		14 384	14 384	14 384	14 384
8.	**State and local taxes**		0	0	0	0
9.	**Employees' compulsory social security contributions**					
	Gross earnings		11 838	13 547	17 816	13 547
	Taxable income					
		Total	11 838	13 547	17 816	13 547
10.	**Total payments to general government (7 + 8 + 9)**		26 222	27 931	32 199	27 931
11.	**Cash transfers from general government**					
	For head of family					
	For two children		4 056	4 056	4 056	0
		Total	4 056	4 056	4 056	0
12.	**Take-home pay (1-10+11)**		125 818	172 943	218 989	168 887
13.	**Employer's compulsory social security contributions**		8 278	9 963	12 893	9 963
14.	**Average rates**					
	Income tax		9.7%	7.3%	5.8%	7.3%
	Employees' social security contributions		8.0%	6.9%	7.2%	6.9%
	Total payments less cash transfers		15.0%	12.1%	11.4%	14.2%
	Total tax wedge including employer's social security contributions		19.5%	16.4%	15.8%	18.3%
15.	**Marginal rates**					
	Total payments less cash transfers: Principal earner		32.0%	32.0%	32.0%	32.0%
	Total payments less cash transfers: Spouse		3.5%	3.5%	12.0%	3.5%
	Total tax wedge: Principal earner		36.7%	36.7%	36.7%	36.7%
	Total tax wedge: Spouse		6.7%	6.7%	18.1%	6.7%

The Israeli currency is the Israeli Shekel (ILS). In 2017, ILS 3.60 was equal to USD 1. In that year, the average worker in Israel earned ILS 147 984 (Secretariat estimate).

1. Personal income tax system

1.1. *Central government income tax*

1.1.1. *Tax unit*

In general, spouses are taxed separately on their earned income, subject to the condition that its sources are independent. The household is taxed jointly if their earned income is deemed to be interdependent. Until 2014, the conditions for interdependence involved situations where one spouse worked in a business which the other spouse either owned or had certain levels of capital or management/voting rights. Since 2014, spouses could still be taxed separately, even in cases where their earned income is deemed to be interdependent, if the labour of both spouses is needed to run the business and their income is commensurate to their effort.

1.1.2. *Tax allowances and credits*

1.1.2.1. Standard tax credits

The standard tax credits are given in the form of credit points subtracted from the tax liability. Each point is worth ILS 2 580 in 2017.

- Basic credit: Every resident taxpayer is entitled to 2.25 credit points (ILS 5 805 in 2017).
- Additional credit for women: Women are entitled to a further half credit point (ILS 1 290 in 2017).
- Child credit: Working mothers (and fathers in one parent families) with children aged under 18 are entitled to one additional credit point per child (ILS 2 580 in 2017). In 2012 this credit was increased to 2 credit points per child aged under 5 (ILS 5 160 in 2017). Since 2012, married working fathers with children aged under 2 are also entitled to 2 credit points per child. For the years 2017-18, the credit for both parents was temporarily increased to 2.5 credit points per child aged under 5. Since, according to the Taxing Wages methodology, the children in the model are between 6 and 11 inclusive, this change wasn't included in the model.
- Single parent credit: Single parents (male or female) are entitled to one additional credit point (ILS 2 580 in 2017).

1.1.2.2. Non -standard tax credits applicable to income from employment

- Tax credits are awarded for contributions to approved pension schemes, up to a ceiling which varies according to the employee's circumstances.
- Employees living in certain development areas or in conflict zones receive credits as a percentage of their income up to ceiling. In 2017, a comprehensive reform was implemented, where the average credit was decreased but the number of beneficiaries

more than doubled. In 2017 the credits range from 7 % in the lowest category to 20% in the highest category with ceilings of ILS 132 000 and 241 080 respectively. About 20% of the population lives in these areas.

- New immigrants are entitled to three additional credit points in their first eighteen months in Israel, two additional credit points in the following year, and one credit point in the year after.
- Discharged soldiers receive 2 credit points for three years after the completion of at least 23 months of service or 1 credit point for a shorter service.
- Graduates of academic studies receive 1 credit point for three years after the completion of a B.A. degree (or after the completion of 1 700 study hours that led to a professional certificate) and 0.5 credit point for two years after the completion of a M.A. degree.

1.1.3. *Tax schedule*

The tax schedule for earned income in 2017 is as follows:

Taxable income (ILS)	Tax rate (%)
0-74 640	10
74 640-107 040	14
107 040-171 840	20
171 840-238 800	31
238 800-496 920	35
496 920-640 000	47
Above 640 000	50

1.2. *Regional and local income tax*

There are no regional or local income taxes.

2. Compulsory social security insurance system

Social security contributions are made up of a combination of those for National Insurance and Health Insurance. The tax rates paid by employees and employers are applied in two brackets:

- A reduced rate for income up to a level of 60% of the average wage per employee post (ILS 5 804 per month in 2017).
- A full rate for income exceeding 60% of the average wage per employee post and up to a level of around 5 times the average wage per employee post (ILS 43 240 per month in 2017).

2.1. *Employees' contributions*

The taxable base for social security insurance contributions paid by employees is the total amount of the gross wage or salary including fringe benefits. The assessment period is the calendar month. The effective employees' contribution rates in 2017 are as follows:

Insurance branch	Full rate contribution (%)	Reduced rate contribution (%)
Total for National Insurance branches	7.00	0.40
Health	5.00	3.10
Total contributions	12.00	3.50

2.2. *Employers' contributions*

Social security insurance contributions are also paid by employers on behalf of their employees. These relate to National Insurance only – employers do not pay any contributions for health insurance.

The employers' contribution rates in 2017 are as follows:

Insurance branch	Full rate contribution (%)	Reduced rate contribution (%)
Total for National Insurance branches	7.50	3.45
Health	-	-
Total contributions	7.50	3.45

3. Payroll taxes

The following payroll taxes exist in Israel but neither of them is included in the modelling as they have limited coverage:

- Wage tax on the non-profit institutions: the VAT law imposes a 7.5% on the wage-bill on the non-profit sector including Government,
- Wage tax on the financial institutions: the VAT law also imposes a 17.00% tax on the wage-bill of the financial institutions.

4. Universal cash transfers

4.1. *Transfers related to marital status*

None.

4.2. *Transfers for dependent children*

A monthly child allowance is paid to the parent (usually the mother) of unmarried children aged up to 18. The amount of the entitlement for each child depends on the date of birth of the child. Between August 2003 and June 2009, all children born after 1 June 2003 received the same benefit as the first child. But, according to the Coalition agreement signed in March 2009, the benefits for the second, third and fourth child (including those born after June 2003) were increased gradually over a period of four years (i.e. from 2009 to 2012). In August 2013 the allowance for all children born after June 2003 were decreased to ILS 140 per month per child.

In December 2015 (retroactively from May 2015) the allowance for all children were increased.

Moreover, the government will deposit ILS 50 per child per month, starting with May 2015. The savings will be liquid only at the age of 18. However, the actual deposit for the period May 2015-December 2016 will be only delivered in 36 equal instalments in January 2017-December 2019. Considering the delay of cash payments, i.e. until the child turns 18, they do not benefit the household, but rather only the child and therefore they aren't included in the Taxing Wages modelling for 2017.

	Children born before 1 June 2003	Children born on or after 1 June 2003
First child	150	150
Second child	188	188
Third child	188	188
Fourth child	336	188
Fifth child and above	354	150

In addition a Study Grant is paid to lone parents with children aged 6 to 14. The grant is paid in one instalment, usually in September at the beginning of the school year. In 2017, the grant per child was ILS 1 003.

5. Main changes in the tax and benefit systems since 2002

- There has been a policy of gradually reducing the level of personal income taxes since 2003. This policy was expected to continue till 2016 but came to an end in 2012 with the top tax bracket increasing from 45% to 48% although the rate of one middle income tax bracket was further decreased from 23% to 21%. The rates were further increased in 2013. In 2013 a surtax of 2% was imposed on total income above ILS 811 560, effectively increasing the top marginal rate to 50%. In 2013 the value of some tax brackets weren't fully indexed to the CPI and even suffered a nominal decrease. In 2014 the value of all tax brackets and of the "credit point" weren't indexed to the CPI. In 2017 some tax rates and the width of some tax brackets were changed, effectively decreasing the tax burden for low and mid income while increasing the burden for higher incomes.
- The full contribution rate for employee social security contributions was increased gradually from 9.7% in 2002 to 12% in 2006. The reduced contribution rate was lowered from 5.76% in 2002 to 3.5% in 2006. The upper threshold for contributions was removed in July 2002 but re-instated one year later. In August 2009, as a temporary measure until December 2011, it was increased to 10 times the average wage per employee post until December 2010 and to 9 times the average wage per employed post until December 2011.
- Prior to July 2005, there was only one contribution rate for employer social security contributions and this was set at 5.93% between July 2002 and June 2005. The upper threshold for contributions was removed in July 2002 but was re-instated one year later. The current system of two tax brackets was introduced in July 2005 with a reduced contribution rate of 5.33% and a full rate of 5.68%. There has been a lowering of rates in each year between 2006 and 2009. In August 2009, as a temporary measure until March 2011, the reduced rate was increased from 3.45% to 3.85%. In April 2011 the regular rate was increased to 5.9%. It was increased again to 6.5% in January 2013, 6.75% in January 2014, 7.25% in January 2015 and 7.5% in January 2016.
- The Employers tax on wage bill of the non-profit sector excluding Government was abolished in 2008.
- In the period between August 2003 and June 2009, all children that were born on or after 1 June 2003 received the same level of benefit payment as the first child. The 2009 Coalition agreement introduced a gradual increase in the benefit payments for the second, third and fourth children in all families (including those where children were born after June 2003) over a period of four years from July 2009 to Apr 2012. In August 2013 the allowance for all children born after June 2003 was decreased to ILS 140 per

month per child. In December 2015 (retroactively from May 2015) the allowance for all children were increased.

- As a temporary measure for 2017 and 2018, the tax credit for both parents was increased to 2.5 credit points per child aged under 5.

6. Memorandum items

6.1. *Average gross annual wage earnings calculation*

The average wage figures represent the amount earned for a full time post by employees working 35 hours per week or more. Until 2011 the AW data came from a combination of 2 sources – the income and expenditure survey and the labour force survey. Since 2012 the data come exclusively from the income and expenditure survey as the labour force survey has no more data on income. The Central Bureau of Statistics has now computed a new AW series based exclusively on the income and expenditure survey back from 2000.

As to the economic classification, until 2012, Israel used a modified version of ISIC 3 where the B-I industries (see Table below) are a very close equivalent of C-K industries in ISIC 3.1. Israel's Central Bureau of Statistics adopted ISIC 4 in 2012 and since 2013 the Average Wage used in the modelling is based on ISIC 4.

A	Agriculture.
B	Manufacturing.
C	Electricity and water supply.
D	Construction (building and civil engineering projects).
E	Wholesale and retail trade and repairs.
F	Accommodation services and restaurants
G	Transport, storage and communication.
H	Banking, insurance and other financial institutions.
I	Business activities.
J	Public administration.
K	Education.
L	Health, welfare and social work services.
M	Community, social, personal and other services.

6.2. *Employer contributions to private pension*

Until 2007 employers were not legally obliged to pay into a pension plan for their employees. Pension rights were guaranteed in collective agreements that covered less than half of the labour force. About one million employees in Israel had no pension arrangement (mainly those earning a relatively low wage, temporary workers and those working for subcontractors).

In 2008, a compulsory employment pension was introduced for employees with a period of employment of at least 6 months. The minimum rate of contributions in January 2017 was 18.5 per cent of the employee's salary (up to the level of the average wage of ILS 9 673 per month), about one third to be paid by the employee and two thirds by the employer.

6.3. *Earned income tax credit*

A non-wastable earned income tax credit was implemented in 2008 in selected geographical areas of Israel covering 15 % of the population. Entitlement to this credit is established based on earnings in the previous year. The tax credit was extended to all areas of Israel in 2012 (based on the earnings in 2011 and therefore we already included it in the 2011 version of the model). For mothers of children up to the age of 2 and for single parents the full coverage started in 2011 (based on earnings in 2010).

Under the law, workers aged 23 or more who are parents of one or two children aged less than 18 (or workers aged 55 or more even without children), and earn at least ILS 2 050 per month (about 43% of the minimum wage) but not more than ILS 6 170 per month are eligible for a monthly increment of up to ILS 330. The corresponding figure for a family with 3 or more children is ILS 470.

Since 2016, single parents are eligible for the EITC for a wider income range – from ILS 1 270 per month to ILS 9 360 per month (for a single parents of 1-2 children) or ILS 11 400 per month (for a single parents of 3 or more children).

Since 2013 (based on earnings in 2012), these sums were increased by 50% for working mothers (and fathers in one-parent family).

A proposal not yet legislated will expand the 50% bonus to all working fathers and add a further bonus of 30% for families where both parents work. This was not included in the Taxing Wages modelling for 2017

Families in which both parents work, and their joint income does not exceed ILS 11 860, are entitled to these benefits for each wage-earner. The grant is paid four times a year directly into the account of the eligible persons.

2017 parameter values

Average earnings/yr	Ave_earn	147 984	Secretariat estimate
Income tax	Tax_sch	0.10	74 640
		0.14	107 040
		0.20	171 840
		0.31	238 000
		0.35	496 920
		0.47	640 000
		0.50	
Employees SSC	SSC_sch	0.035	69 648
		0.12	518 880
		0	
Employers SSC	SSC_rate2	0.0345	69 648
		0.0750	518 880
		0.0000	
Child benefit	CB_firstchild	1 800	
	CB_secondchild	2 256	
	Studygrant_rate	1 003	
Wastable tax credits			
Basic element	WTC_Basic	5 805	
Lone parent	WTC_lone	2 580	
Parents/per child	WTC_Child	2 580	
Women	WTC_woman	1 290	
Negative Income tax			
Married with 1 or	NIT_sch1	0	24 600
2 children		0.161	42 708
		7.051	42 720
		0	56 880
		-0.23	74 040
Married with 3 or	NIT_sch2	0	24 600
more children		0.235	42 472
		0	42 720
		0	56 880
		-0.235	81 120
Single with 1 or	NIT_sch3	0	15 240
2 children		0.108	42 708
		2.788	42 720
		0	80 160
		-0.116	112 320
Single with 3 or	NIT_sch4	0	15 240
		0.155	42 337
		0	42720
		0	89 520
		-0.116	136 800
	NIT_basic1	960	
	NIT_basic2	1 440	
	NIT_min	240	
	NIT_MinIncome1	24 600	
	NIT_MinIncome2	15 240	
	Nit_AddIncome1	17 040	
	Nit_AddIncome2	56 880	
	Nit_MaxIncome	142 320	
	NIT_Bonus	1.50	
Days in tax year	numdays	366	

2017 tax equations

	Line in country table and intermediate steps	Variable name	Range	Equation
1.	Earnings	earn		
2.	Allowances:	Tax_al	B	0
3.	Credits in taxable income	taxbl_cr	B	0
4.	CG taxable income	tax_inc	B	Earn
5.	CG tax before credits	CG_tax_excl	B	Tax(tax_inc, tax_sch)
6.	Tax credits (nonwastable):			
	Principal	tax_cr_princ	B	(earn>0)*(wtc_basic+(IF(married=0)*(children>0),wtc_woman+wtc_lone+(wtc_child*children))
	Spouse	tax_cr_spouse	B	(earn>0)*(wtc_basic+wtc_woman+(wtc_child*children))
	Tax credits (nonwastable)	NIT_princ	B	NIT=MAX(0,IF(Children=0,0,IF(Married=1,IF(Children<=2,NIT_basic1*(Princ_earnings>NIT_MinIncome1)+Tax(Princ_earnings,NIT_sch1),NIT_basic2*(Princ_earnings>NIT_MinIncome1)+Tax(Princ_earnings,NIT_sch2)),(IF(Children<=2,NIT_basic1*(Princ_earnings >NIT_MinIncome2)+Tax(Princ_earnings,NIT_sch3),NIT_basic2*(Princ_earnings >NIT_MinIncome2)+Tax(Princ_earnings,NIT_sch4)))))) NIT=+MAX(0,NIT+IF(Children=0,0,IF(Children<=2,-0.23,-0.235)) *MAX(0,+(Princ_earnings +Spouse_earnings)-NIT_MaxIncome-MIN(MAX(0, Princ_earnings -NIT_Addincome2),NIT_AddIncome1)-MIN(MAX(0,Spouse_earnings-NIT_Addincome2),NIT_AddIncome1))) NIT=IF(NIT<NIT_min,0,NIT)*IF(Married=1,1,NIT_Bonus)
		NIT_spouse	B	NIT=MAX(0,IF(Children=0,0,IF(Married=1,IF(Children<=2,NIT_basic1*(Spouse_earnings>NIT_MinIncome1)+Tax(Spouse_earnings,NIT_sch1),NIT_basic2*(Spouse_earnings>NIT_MinIncome1)+Tax(Spouse_earnings,NIT_sch2)),(IF(Children<=2,NIT_basic1*(Spouse_earnings>NIT_MinIncome2)+Tax(Spouse_earnings,NIT_sch3),NIT_basic2*(Spouse_earnings>NIT_MinIncome2)+Tax(Spouse_earnings,NIT_sch4)))))) NIT=+MAX(0,NIT+IF(Children=0,0,IF(Children<=2,-0.23,-0.235)) *MAX(0,+(Princ_earnings +Spouse_earnings)-NIT_MaxIncome-MIN(MAX(0, Princ_earnings -NIT_Addincome2),NIT_AddIncome1)-MIN(MAX(0,Spouse_earnings-NIT_Addincome2),NIT_AddIncome1))) NIT=IF(NIT<NIT_min,0,NIT)*NIT_Bonus
7.	CG tax	CG_tax	B	Positive(CG_tax_excl-tax_cr)-NIT
8.	State and local taxes	local_tax	B	0
9.	Employees' soc security	SSC	B	Tax(earn, SSC_sch)
11.	Cash transfers	cash_trans	J	IF(children=1,CB_firstchild,IF(Children=2,CB_firstchild+CB_secondchild)+(IF(married=0)*(children>0),Studygrant_rate*children)
13.	Employer's soc security	SSC_empr	B	Tax(earn, SSC_rate2)

Key to range of equation B calculated separately for both principal earner and spouse P calculated for principal only (value taken as 0 for spouse calculation) J calculated once only on a joint basis.

© OCDE 2018

Italy

This chapter includes data on the income taxes paid by workers, their social security contributions, the family benefits they receive in the form of cash transfers as well as the social security contributions and payroll taxes paid by their employers. Results reported include the marginal and average tax burden for eight different family types.

Methodological information is available for personal income tax systems, compulsory social security contributions to schemes operated within the government sector, universal cash transfers as well as recent changes in the tax/benefit system. The methodology also includes the parameter values and tax equations underlying the data.

Italy 2017

The tax/benefit position of single persons

			67	100	167	67
	Wage level (per cent of average wage)		67	100	167	67
	Number of children		none	none	none	2
1.	**Gross wage earnings**		20 662	30 838	51 500	20 662
2.	**Standard tax allowances**					
	Basic allowance					
	Married or head of family					
	Dependent children					
	Deduction for social security contributions and income taxes		1 961	2 927	4 941	1 961
	Work-related expenses					
	Other					
		Total	1 961	2 927	4 941	1 961
3.	**Tax credits or cash transfers included in taxable income**		0	0	0	0
4.	**Central government taxable income (1 - 2 + 3)**		18 701	27 912	46 559	18 701
5.	**Central government income tax liability (exclusive of tax credits)**		4 449	6 936	14 012	4 449
6.	**Tax credits**					
	Basic credit		1 397	982	306	1 397
	Married or head of family		0	0	0	0
	Children		0	0	0	1 577
	Other		960	0	0	960
		Total	2 357	982	306	3 934
7.	**Central government income tax finally paid (5-6)**		2 092	5 954	13 707	515
8.	**State and local taxes**		492	734	1 577	492
9.	**Employees' compulsory social security contributions**					
	Gross earnings		1 961	2 927	4 941	1 961
	Taxable income					
		Total	1 961	2 927	4 941	1 961
10.	**Total payments to general government (7 + 8 + 9)**		4 544	9 615	20 225	2 967
11.	**Cash transfers from general government**					
	For head of family					
	For two children		0	0	0	2 606
		Total	0	0	0	2 606
12.	**Take-home pay (1-10+11)**		16 117	21 223	31 275	20 300
13.	**Employer's compulsory social security contributions**		6 525	9 739	16 264	6 525
14.	**Average rates**					
	Income tax		12.5%	21.7%	29.7%	4.9%
	Employees' social security contributions		9.5%	9.5%	9.6%	9.5%
	Total payments less cash transfers		22.0%	31.2%	39.3%	1.7%
	Total tax wedge including employer's social security contributions		40.7%	47.7%	53.8%	25.3%
15.	**Marginal rates**					
	Total payments less cash transfers: Principal earner		40.4%	40.4%	51.2%	42.0%
	Total payments less cash transfers: Spouse		n.a.	n.a.	n.a.	n.a.
	Total tax wedge: Principal earner		54.7%	54.7%	62.9%	55.9%
	Total tax wedge: Spouse		n.a.	n.a.	n.a.	n.a.

Italy 2017

The tax/benefit position of married couples

		Wage level (per cent of average wage)	100-0	100-33	100-67	100-33
		Number of children	2	2	2	none
1.	**Gross wage earnings**		30 838	41 015	51 500	41 015
2.	**Standard tax allowances**					
	Basic allowance					
	Married or head of family					
	Dependent children					
	Deduction for social security contributions and income taxes		2 927	3 892	4 887	3 892
	Work-related expenses					
	Other					
		Total	2 927	3 892	4 887	3 892
3.	**Tax credits or cash transfers included in taxable income**		0	0	0	0
4.	**Central government taxable income (1 - 2 + 3)**		27 912	37 123	46 613	37 123
5.	**Central government income tax liability (exclusive of tax credits)**		6 936	9 055	11 385	9 055
6.	**Tax credits**					
	Basic credit		982	2 807	2 379	2 807
	Married or head of family		690	0	0	0
	Children		1 418	1 418	1 497	0
	Other		0	960	960	960
		Total	3 090	5 185	4 837	3 767
7.	**Central government income tax finally paid (5-6)**		3 846	3 869	6 549	5 287
8.	**State and local taxes**		734	893	1 226	893
9.	**Employees' compulsory social security contributions**					
	Gross earnings		2 927	3 892	4 887	3 892
	Taxable income					
		Total	2 927	3 892	4 887	3 892
10.	**Total payments to general government (7 + 8 + 9)**		7 507	8 655	12 662	10 073
11.	**Cash transfers from general government**					
	For head of family					
	For two children		1 566	925	837	0
		Total	1 566	925	837	0
12.	**Take-home pay (1-10+11)**		24 897	33 285	39 675	30 942
13.	**Employer's compulsory social security contributions**		9 739	12 952	16 264	12 952
14.	**Average rates**					
	Income tax		14.9%	11.6%	15.1%	15.1%
	Employees' social security contributions		9.5%	9.5%	9.5%	9.5%
	Total payments less cash transfers		19.3%	18.8%	23.0%	24.6%
	Total tax wedge including employer's social security contributions		38.6%	38.3%	41.5%	42.7%
15.	**Marginal rates**					
	Total payments less cash transfers: Principal earner		42.0%	42.0%	41.2%	40.4%
	Total payments less cash transfers: Spouse		17.6%	36.0%	41.2%	36.0%
	Total tax wedge: Principal earner		55.9%	55.9%	55.3%	54.7%
	Total tax wedge: Spouse		37.4%	51.3%	55.3%	51.3%

The national currency is the Euro (EUR). In 2017, EUR 0.89 was equal to USD 1. In that year the average worker earned EUR 30 838 (Secretariat estimate).

1. Personal income tax

1.1. *Central government income tax*

1.1.1. *Tax unit*

Spouses are taxed separately.

1.1.2. *Tax allowances and tax credits*

1.1.2.1. Tax allowances

- Social security contributions due by law.

1.1.2.2. Tax credits

Italy increased the basic employee tax credit from EUR 1 840 to EUR 1 880 and as from 2014 introduced an additional refundable tax credit of EUR 960 for employees with income between EUR 8 146 and EUR 24 000, with a phase-out for income between EUR 24 000 and EUR 26 000.

Taxable income (EUR)	Fiscal bonus (EUR)
Up to 8 145	0
From 8 146 to 24 000	960
From 24 001 to 26 000	960*(26 000 – taxable income)/2 000
More than 26 000	0

- Standard tax credits (not refundable)

The PAYE tax credit is defined as a function of net income:

Taxable income (EUR)	PAYE tax credit (EUR)
Up to 8 000	1 880
From 8 001 to 28 000	Maximum tax credit + 902*(28 000 – taxable income)/20 000
From 28 001 to 55 000	Maximum tax credit*(55 000 – taxable income)/27 000
More than 55 000	0

The maximum value for the tax credit depends on the level of taxable income:

Level of taxable income (EUR)	Maximum tax credit (EUR)
From 8 001 to 15 000	978
From 15 001 to 23 000	978
From 23 001 to 24 000	978
From 24 001 to 25 000	978
From 24 001 to 26 000	978
From 26 001 to 27 700	978
From 27 701 to 28 000	978
From 28 001 to 55 000	978

- Tax credits for family dependents (not refundable)

The tax credits for family dependants, which have replaced the former tax allowances, are as follows:

Family tax credit (EUR)*	Amount (EUR)
Spouse	800 decreasing to 0 for net income over 80 000
Children	
Under three years of age	1 220 decreasing to 0 for net income over 95 000
Over three years of age	950 decreasing to 0 for net income over 95 000
Other dependent relatives	750 decreasing to 0 for net income over 80 000

* Tax credits are granted for family dependents earning less than EUR 2 840.51

The spouse tax credit is calculated as a function of net income:

Level of taxable income (EUR)	Amount of tax credit (EUR)
Up to 15 000	800-110*taxable income/15 000
From 15 001 to 29 000	690
From 29 001 to 29 200	700
From 29 201 to 34 700	710
From 34 701 to 35 000	720
From 35 001 to 35 100	710
From 35 101 to 35 200	700
From 35 201 to 40 000	690
From 40 001 to 80 000	690*(80 000-taxable income)/40 000
More than 80 000	0

The child tax credit is calculated as a function of net income:

- for families with only one child: 950*(95 000-taxable income)/95 000;
- for families with more than one child the amount of 95 000 is increased by 15 000 for each child other than the first, for every children (including the first one).

Families with more than 3 children receive an additional tax credit of EUR 200 per child.

A lone parent receives an actual tax credit for the first child equal to the maximum of the spouse tax credit and the child tax credit.

Tax credits for children have to be equally shared between the parents; different shares are no longer allowed.

If the spouse's tax liable net of the PAYE tax credit is less than his/her share (50%) in the child tax credit, the entire child tax credit is provided to the principal earner.

1.1.2.3. Main non-standard tax allowances and tax credits

- Other compulsory contributions;
- Periodical benefits allowed to the spouse fixed by judicial authority;
- Charitable donations to certain religious institutions (up to EUR 1 032.91);
- Medical and assistance expenses incurred by handicapped persons;
- Expenses to restore one's own residence at 50% for 2015 of full expenses up to EUR 96 000, apportioned into 10 annual allowances of the same amount;
- Expenses for energy requalification of buildings at 65% for 2015 of full expenses apportioned into 10 annual allowances of the same amount;
- Expenses for the replacement of covers, windows and shutters and for the installation of solar panels (only for hot water production) at 65% of full expenses (up to EUR 60 000).

For the following expenses, a tax credit of 19% of each incurred expense is allowed:

- Mortgage loan interest (up to EUR 4 000);
- Most medical expenses that exceed EUR 129.11;
- Payments to insurance funds up to EUR 1 291.14;
- Expenses to attend secondary school and university courses; in case such courses are private, the expenses allowed cannot exceed those foreseen for State courses;
- Expenses for nursery school (up to EUR 632 for each child);
- Rents paid by out of town students (up to EUR 2 633);
- Funeral charges up to EUR 1 549.37;
- Expenses for disabled persons;
- Donations to political parties (ranging from EUR 51.65 to EUR 103 291.38);
- Payments to foundations (up to EUR 2 065.83);
- Expenses related to sport activities for children between 5 and 18 years of age (up to EUR 210 per child).

1.1.3. *Tax schedule*

The following tax schedule is applied to taxable income:

Bracket (EUR)	Rate (%)
up to 15 000	23
over 15 000 up to 28 000	27
over 28 000 up to 55 000	38
over 55 000 up to 75 000	41
over 75 000	43

Decree-Law No. 138 of 13 August 2011 introduced the "Contributo di Solidarietà" for the 2011-13, (extended up to 2016), tax periods, that is a 3% "solidarity contribution" on the portion of income higher than EUR 300 000 (the amount paid is deductible from PIT base)". As from 2017 the "Contributo di solidarietà" measure is not in force.

1.2. State and local taxes

These surcharges are due only by taxpayers who pay individual income tax IRPEF (imposta sul reddito delle persone fisiche).

Regional surcharge tax

This surcharge tax has been introduced in 1997. The tax is levied by each region on resident taxpayers' total taxable income at a discretionary rate, which must fall within an established range. As from the year 2000 this range is 0.9%-1.4%.

In December 2011, with the DL 201/2011, the minimum state rate has been increased from 0.9% to 1.23%

The figure given in the 2016 parameter values table under the heading "Regional and local tax" includes the regional surcharge tax paid in the most representative city which is Rome (Lazio); the rate is 3.33% for taxable income bracket over EUR 15 000 and 1.73% for income under EUR 15 000. As from 2017 a progressive tax schedule is applied to taxable income:

Bracket (EUR)	Rate (%)
up to 15 000	1.73
over 15 000 up to 28 000	2.73
over 28 000 up to 55 000	2.93
over 55 000 up to 75 000	3.23
over 75 000	3.33

Nevertheless, if the taxable income is under the threshold of EUR 35 000 the rate applicable to the total amount of taxable income is 1.73%.

Local surcharge tax

This surcharge tax has been introduced in 1999. The tax may be levied by each local government at an initial rate that cannot exceed 0.2%. If the tax is levied, the local government can increase the initial rate, on a yearly basis, up to a maximum of 0.5%. Each yearly increase cannot exceed 0.2%. As from 2012, municipalities can increase the rate up to 0.8. A 0.9 special rate can be introduced by Roma Capitale Local Government.

The figure given in the 2015 parameter values table under the heading "Regional and local tax" includes the local surcharge tax paid in the most representative city which is Rome; the rate is 0.9% in 2015.

Starting from 2011, exemption is provided to taxpayers whose total income consists of retirement income not exceeding EUR 8 000, income from land not exceeding EUR 185.92, and income from primary residence. As from 2015 the rate is not applied to taxpayers with income under EUR 12 000. The ordinary rate is applied if any one of these limits is passed.

The surcharge rates can be adjusted above the fixed roof because of the health care losses.

2. Compulsory social security

2.1. Employee contributions

- Rate and ceiling
  - The average rate is 9.49% on earnings up to EUR 46 123;

- The average rate is 10.49% on earnings over EUR 46 123 and up to EUR 100 324;
- For earnings exceeding EUR 100 123, the employee pays a fixed amount given by (0.0949 × 46 123) + 0.1049 × (100 324-46 123).

- Distinction by marital status or sex
  - None.

2.2. Employer contributions

- Contributions equal 31.58% on earnings up to EUR 100 324. For earnings exceeding EUR 100 324, the employer pays a fixed amount given by 0.3158 x 100 324.
- A General Government employer work-related accident insurance exists in Italy. It is compulsory for employers with employees and contract workers in activities involving the use of machinery and in risky activities as defined by the law. The standard premium to be paid is calculated by applying to remuneration the rates linked to the activity in which the employee works. The rates that vary between 0 to about 13% are provided by a special classification that takes into account the different categories of risk between the various activities. It is not possible to provide a representative or average rate since the contribution rates vary depending on the industrial activities and also other factors of risk. Those contributions are not included in the Report.

3. Universal cash transfers

3.1. Amount for spouse and for dependent children

Cash transfers are granted for family income that is:

- composed of at least 70% wage and/or pension income;
- below a given threshold set by law each year.

Family income is the sum of the incomes of all individuals comprising the family.

Cash transfers are determined each year by INPS (Istituto Nazionale di Previdenza Sociale), the public body that collects and manages the social security contributions for dependent workers for the period beginning in July of that year (t) to June in the following year (t+1) and relate to family income earned in the previous year (t-1).

As such, the transfers granted in any given year t are determined by the family income in the previous two years. The following table provides a description of the calculations.

Transfer granted in year t	Relevant amounts as given in INPS tables
January-June	The amount of cash transfers is that given in the INPS table published in July t-1. The transfers are granted with reference to family income earned in year t-2.
July-December	The amount of cash transfers is that given in the INPS table published in July t. The transfers are granted with reference to family income earned in year t-1.

For the purposes of *Taxing Wages*, the cash transfers that are calculated represent those amounts that would be received by the family based on their incomes for that year even though these amounts would only begin to be paid in July of the following year.

4. Main changes

Employer SSC rate has been updated.

Introduction of a progressive rate schedule as for additional regional rate concerning taxpayer with income over 35 000 euros.

"Contributo di solidarietà" has been abolished.

5. Memorandum item

5.1. *Identification of an AW*

The data refer to the annual earnings of average workers.

5.2. *Contributions by employers to private pension, health, etc. schemes*

In addition to the mandatory social security contributions employers may pay contributions to private pension schemes (currently about forty pension funds). Employer's contributions are included in the taxable income of the employee.

Employees may also choose to contribute to the pension funds with all or part of the retirement allowance that is otherwise withheld by the employers. In this case the employee can deduct from his taxable income an amount equal to twice the amount of the contribution paid to fund.

Employer's contributions to private health insurance schemes are not included in the taxable income of the employee up to the limit of EUR 3 615.20.

2017 parameter values

Average earnings/yr	Ave_earn	30 838	Secretariat estimate
Tax schedule	tax_sch	0.23	15 000.00
		0.27	28 000.00
		0.38	55 000.00
		0.41	75 000.00
		0.43	999 999 999.99
Sloidarity contribution	sol_tax	0.03	
	sol_inc_limit	300 000	
Tax credits			
Fiscal bonus	thre_min	8 146	
	thre_max	24 000	
	f_bonus	960	
Employment			
	emp_add	0	1 880.00
		8 000	978.00
		15 000	978.00
		23 000	978.00
		24 000	978.00
		25 000	978.00
		26 000	978.00
		27 700	978.00
		28 000	978.00
		55 000	0.00
Spouse	Spouse_cred	0	800.00
		15 000	690.00
		29 000	700.00
		29 200	710.00
		34 700	720.00
		35 000	710.00
		35 100	700.00
		35 200	690.00
		40 000	690.00
		80 000	0
limit	Sp_crd_lim	2 840.51	
Child credit	Child_credit	950	
Additional child credit	add_child	200	
Regional and local tax	reg_rt_sch	0,0173	15000,00
		0,0273	28000,00
		0,0293	55000,00
		0,0323	75000,00
		0,0333	999999999,99
	reg_rt	0,0173	
	Local_rt	0.009	
Social security contributions	SSC_sch	0.0949	46 123
		0.1049	100 324
		0.00	999 999 999.99
Employer contributions	Empr_sch	0.3158	100 324
		0.00	999 999 999.99
Cash transfers:			
family allowance schedule (t)			
married couple	trans_sch	Table is too long to be included	
single parent	Trans_sch_sp	Table is too long to be included	

2017 tax equations

The equations for the Italian system in 2017 are mostly repeated for each individual of a married couple. But the spouse credit is relevant only to the calculation for the principal earner and any child credit which the spouse is unable to use is transferred to the principal. This is shown by the Range indicator in the table below.

The functions which are used in the equations (Taper, MIN, Tax etc) are described in the technical note about tax equations. Variable names are defined in the table of parameters above, within the equations table, or are the standard variables "married" and "children". A reference to a variable with the affix "_total" indicates the sum of the relevant variable values for the principal and spouse. And the affixes "_princ" and "_spouse" indicate the value for the principal and spouse, respectively. Equations for a single person are as shown for the principal, with "_spouse" values taken as 0.

	Line in country table and intermediate steps	Variable name	Range	Equation
1.	Earnings	earn		
2.	Allowances:	tax_al	B	SSC
3.	Credits in taxable income	taxbl_cr	B	0
4.	CG taxable income	tax_inc	B	earn-tax_al1
5.	CG tax before credits	CG_tax_excl	B	Tax(tax_inc, tax_sch)
6.	Tax credits :			
	Employment credit	emp_cr_max	P	VLOOKUP(tax_inc, emp_add, 2))
		emp_cr_max_spouse	S	IF(tax_inc_spouse=0,0,(VLOOKUP(tax_inc_spouse,emp_add,2)))
		emp_cr	P	MIN(CG_tax_excl, IF(tax_inc<='8000,emp_cr_max,' IF(tax_inc<='28000,emp_cr_max+902*(28000-tax_inc)'/20000, IF(tax_inc>55000,emp_cr_max,emp_cr_max*(55000-tax_inc)/27000))))+
			S	MIN(CG_tax_excl_spouse, IF(tax_in_spousec<='8000,emp_cr_max_spouse,' IF(tax_inc_spouse<='28000,emp_cr_max_spouse+902*(28000-tax_inc_spouse)'/20000, IF(tax_inc_spouse>55000,emp_cr_max_spouse,emp_cr_max_spouse*(55000-tax_inc_spouse)/27000))))+
	Fiscal bonus	fiscal_b	B	IF(tax_inc<=thre_min,0,IF(tax_inc<=thre_max,f_bonus,IF(tax_inc<='26000, f_bonus*(26000-tax_inc)'/2000)))
	Spouse credit	spouse_cr	P	IF(Married='1,' IF(tax_inc_spouse>Sp_crd_lim,0, IF(tax_inc>80000,0, IF(tax_inc< 15000,800-110*tax_inc/15000, IF(tax_inc>40000,690*(80000-tax_inc)/40000, VLOOKUP(tax_inc,Spouse_cred,2))))),0)
	Child credit	child_cr_princ	P	IF(Children=0,0,IF(Married='1,(800*(95000-tax_inc)'/95000+(Children-1)*800*(110000-tax_inc)/110000)*(1-child_crpct_spouse), MAX(800*(95000-tax_inc)/95000, IF(tax_inc>80000,0,IF(tax_inc<15000,800-110*tax_inc/15000, IF(tax_inc>40000,690*(80000-tax_inc)/40000, VLOOKUP(tax_inc,Spouse_cred,2)))))+(Children-1)*800*(110000-tax_inc)/110000))
		child_crfull_spouse	S	IF(Children=0,0,(spouse_cr='0)*Married*(800*(95000-tax_inc_spouse)'/95000+(Children-1)*800*(110000-tax_inc_spouse)/110000))
		child_crpct_spouse	S	IF(child_crfull_spouse>0,IF((CG_tax_excl_spouse-emp_cr_spouse)/child_crfull_spouse<0.5,0,0.5),0)
		child_cr_spouse	S	child_crfull_spouse*child_crpct_spouse
	Total	tax_cr	B	MIN(emp_cr+spouse_cr+child_cr, CG_tax_excl)
7.	CG tax	CG_tax	B	Positive(CG_tax_excl-tax_cr)
8.	State and local taxes	reg_rt	B	=IF(CG tax=0;0;IF(tax_inc<12000;0;tax_inc*local_rt))+IF(CG tax=0;0;IF(tax_inc< 35000;tax_inc*reg_rt;tax(tax_inc;reg_rt_sch)))
9.	Employees' soc security	SSC	B	Tax(earn, SSC_sch)
11.	Cash transfers		J	IF(Children='0,0,12*VLOOKUP(earn_total,' IF(Married,trans_sch,trans_sch_sp),1+Children))
13.	Employer's soc security	SSC_empr	B	Tax(earn, Empr_sch)

Key to range of equation B calculated separately for both principal earner and spouse P calculated for principal only (value taken as 0 for spouse calculation) J calculated once only on a joint basis.

Les impôts sur les salaires 2018
© OCDE 2018

Japan

This chapter includes data on the income taxes paid by workers, their social security contributions, the family benefits they receive in the form of cash transfers as well as the social security contributions and payroll taxes paid by their employers. Results reported include the marginal and average tax burden for eight different family types.

Methodological information is available for personal income tax systems, compulsory social security contributions to schemes operated within the government sector, universal cash transfers as well as recent changes in the tax/benefit system. The methodology also includes the parameter values and tax equations underlying the data.

Japan 2017

The tax/benefit position of single persons

	Wage level (per cent of average wage)	67	100	167	67
	Number of children	none	none	none	2
1.	**Gross wage earnings**	3 484 932	5 201 391	8 686 322	3 484 932
2.	**Standard tax allowances:**				
	Basic allowance	380 000	380 000	380 000	380 000
	Married or head of family	0	0	0	0
	Dependent children	0	0	0	0
	Deduction for social security contributions and income taxes	502 202	749 555	1 138 209	502 202
	Work-related expenses	1 225 480	1 580 278	2 068 632	1 225 480
	Other				
	Total	2 107 681	2 709 833	3 586 841	2 107 681
3.	**Tax credits or cash transfers included in taxable income**	0	0	0	0
4.	**Central government taxable income (1 - 2 + 3)**	1 377 250	2 491 557	5 099 481	1 377 250
5.	**Central government income tax liability (exclusive of tax credits)**	70 309	154 841	604 837	70 309
6.	**Tax credits**				
	Basic credit				
	Married or head of family				
	Children				
	Other				
	Total	0	0	0	0
7.	**Central government income tax finally paid (5-6)**	70 309	154 841	604 837	70 309
8.	**State and local taxes**	145 225	256 656	517 448	145 225
9.	**Employees' compulsory social security contributions**				
	Gross earnings	502 202	749 555	1 138 209	502 202
	Taxable income				
	Total	502 202	749 555	1 138 209	502 202
10.	**Total payments to general government (7 + 8 + 9)**	717 736	1 161 051	2 260 493	717 736
11.	**Cash transfers from general government**				
	For head of family				
	For two children	0	0	0	240 000
	Total	0	0	0	240 000
12.	**Take-home pay (1-10+11)**	2 767 196	4 040 339	6 425 829	3 007 196
13.	**Employer's compulsory social security contributions**	529 384	790 126	1 205 962	529 384
14.	**Average rates**				
	Income tax	6.2%	7.9%	12.9%	6.2%
	Employees' social security contributions	14.4%	14.4%	13.1%	14.4%
	Total payments less cash transfers	20.6%	22.3%	26.0%	13.7%
	Total tax wedge including employer's social security contributions	31.1%	32.6%	35.0%	25.1%
15.	**Marginal rates**				
	Total payments less cash transfers: Principal earner	22.8%	27.7%	31.1%	22.8%
	Total payments less cash transfers: Spouse	n.a.	n.a.	n.a.	n.a.
	Total tax wedge: Principal earner	33.0%	37.2%	35.0%	33.0%
	Total tax wedge: Spouse	n.a.	n.a.	n.a.	n.a.

Japan 2017

The tax/benefit position of married couples

	Wage level (per cent of average wage)	100-0	100-33	100-67	100-33
	Number of children	2	2	2	none
1.	**Gross wage earnings**	5 201 391	6 917 850	8 686 322	6 917 850
2.	**Standard tax allowances**				
	Basic allowance	380 000	760 000	760 000	760 000
	Married or head of family	380 000	0	0	0
	Dependent children	0	0	0	0
	Deduction for social security contributions and income taxes	749 555	996 908	1 251 757	996 908
	Work-related expenses	1 580 278	2 266 862	2 805 758	2 266 862
	Other				
	Total	3 089 833	4 023 770	4 817 515	4 023 770
3.	**Tax credits or cash transfers included in taxable income**	0	0	0	0
4.	**Central government taxable income (1 - 2 + 3)**	2 111 557	2 894 080	3 868 808	2 894 080
5.	**Central government income tax liability (exclusive of tax credits)**	116 043	175 389	225 149	175 389
6.	**Tax credits**				
	Basic credit				
	Married or head of family				
	Children				
	Other				
	Total	0	0	0	0
7.	**Central government income tax finally paid (5-6)**	116 043	175 389	225 149	175 389
8.	**State and local taxes**	223 656	304 408	401 881	304 408
9.	**Employees' compulsory social security contributions**				
	Gross earnings	749 555	996 908	1 251 757	996 908
	Taxable income				
	Total	749 555	996 908	1 251 757	996 908
10.	**Total payments to general government (7 + 8 + 9)**	1 089 253	1 476 705	1 878 787	1 476 705
11.	**Cash transfers from general government**				
	For head of family				
	For two children	240 000	240 000	240 000	0
	Total	240 000	240 000	240 000	0
12.	**Take-home pay (1-10+11)**	4 352 137	5 681 144	7 047 536	5 441 144
13.	**Employer's compulsory social security contributions**	790 126	1 050 867	1 319 510	1 050 867
14.	**Average rates**				
	Income tax	6.5%	6.9%	7.2%	6.9%
	Employees' social security contributions	14.4%	14.4%	14.4%	14.4%
	Total payments less cash transfers	16.3%	17.9%	18.9%	21.3%
	Total tax wedge including employer's social security contributions	27.4%	28.7%	29.6%	31.7%
15.	**Marginal rates**				
	Total payments less cash transfers: Principal earner	27.7%	27.7%	27.7%	27.7%
	Total payments less cash transfers: Spouse	22.6%	21.3%	22.8%	21.3%
	Total tax wedge: Principal earner	37.2%	37.2%	37.2%	37.2%
	Total tax wedge: Spouse	32.8%	31.7%	33.0%	31.7%

The national currency is the Yen (JPY). In 2017 JPY 112.18 was equal to USD 1. In that year, the average worker is assumed to earn JPY 5 201 391 (Secretariat estimate). In Japan, the central government income tax year is a calendar year and the local government income tax year is from April to March. The calculations in this report are based on the tax rules and rates, which are applicable the 1 April.

1. Personal income tax systems

1.1. *Central government income tax*

1.1.1. *Tax unit*

Each individual is taxed separately.

1.1.2. *Allowances and tax credits*

1.1.2.1. Standard reliefs

- Basic allowance: a taxpayer may deduct JPY 380 000 as a basic allowance from his or her income.
- Allowance for spouse: a tax allowance up to JPY 380 000 is given to a resident taxpayer lives with a spouse whose income does not exceed JPY 380 000.
- Allowance for elderly spouse: a tax allowance up to JPY 480 000 is given to a resident taxpayer
  - who lives with a spouse of 70 years old and over, whose income does not exceed JPY 380 000,
  - instead of the allowance for spouse mentioned above.
- Special allowance for spouse: a tax allowance up to the amount shown in the following table is given to a resident taxpayer whose income does not exceed JPY10 000 000 and who lives with a spouse:

Spouse's income JPY	Amount
0-380 000	0
380 000-400 000	380 000
400 000-450 000	360 000
450 000-500 000	310 000
500 000-550 000	260 000
550 000-600 000	210 000
600 000-650 000	160 000
650 000-700 000	110 000
700 000-750 000	60 000
750 000-760 000	30 000
760 000 or more	0

- Allowance for dependents: if a resident taxpayer has dependent children or other dependent relatives who are 16 years old and over, whose income does not exceed JPY 380 000, a tax allowance of JPY 380 000 per each dependent is given to the taxpayer.
- Special allowance for dependents: if a resident taxpayer has dependents between 19 and 22 years old whose income does not exceed JPY 380 000 and who live with the taxpayer,

an allowance of JPY 630 000 is given for each dependent, instead of the allowances for dependents mentioned above.

- Allowance for elderly dependent: if a resident taxpayer has dependents who are 70 years old and over whose income does not exceed JPY 380 000, a tax allowance of JPY 480 000 per each dependent is given to the taxpayer, instead of the allowances for dependents mentioned above. (If the dependents are lineal ascendance of the taxpayer or his/her spouse, and permanently live with the taxpayer or his/her spouse, a tax allowance of JPY 580 000 per each dependent is given to the taxpayer.)
- Deduction for social insurance premiums: the whole amount of social insurance premiums for a resident taxpayer or his/her dependents shall be deducted from his/her income.
- Employment income deduction: the following amounts may be deducted from employment income in calculating salary income:
  - If gross employment income (GEI) does not exceed JPY 1 800 000, the deduction is 40% of GEI, but the minimum amount deductible is JPY 650 000.
  - If gross employment income exceeds JPY 1 800 000, but not JPY 3 600 000, the deduction is JPY 180 000 plus 30% of GEI.
  - If gross employment income exceeds JPY 3 600 000, but not JPY 6 600 000, the deduction is JPY 540 000 plus 20% of GEI.
  - If gross employment income exceeds JPY 6 600 000, but not JPY 10 000 000, the deduction is JPY 1 200 000 plus 10% of GEI.
  - If gross employment income exceeds JPY 10 000 000, the deduction will be fixed at JPY 2 200 000.

1.1.2.2. Main non-standard tax reliefs applicable to an AW

- Credit for housing loans: A resident taxpayer who constructs, purchases, enlarges or rebuilds a house and finances the cost by means of a housing loan and uses the property as his or her own dwelling is entitled to an income tax credit up to the amount described below for 10 years [or 15 years] after the first use of the house, provided that the floor space is not less than 50m2 and that at least half of the floor space is used as the owner-occupied dwelling. The tax credit is calculated based on the remaining housing loan debt amount and the years which the taxpayer has lived in the house. The loan can consist not only from private financial institutions but also from public institutions. This tax credit cannot be claimed by those whose total income is more than JPY 30 million.

The rates of the tax credits correspond to the year in which residence in the house commenced. The rates are as follows:

Residence starts:	From 1 January 2007 to 31 December 2007	From 1 January 2008 to 31 December 2008	From 1 January 2009 to 31 December 2010
Tax Credit Rate	For the part ofremaining housing loan balance within JPY 25 million: The R.H.L.B. × 1.0%[or 0.6%] (for first 6 years [or 10 years]) The R.H.L.B. × 0.5%[or 0.4%] (for last 4 years [or 5 years])	For the part of R.H.L.B. within JPY 20 million: The R.H.L.B. × 1.0%[or 0.6%] (for first 6 years [or 10 years]) The R.H.L.B. × 0.5%[or 0.4%] (for last 4 years [or 5 years])	For the part of R.H.L.B. within JPY 50 million: The R.H.L.B. × 1.0%
Maximum tax credit amount (for each year)	JPY 250 000 [or 150 000] (for first 6 years[or 10 years]) JPY 125 000 [or 100 000] (for last 4 years [or 5 years])	JPY 200 000 [or 120 000] (for first 6 years[or 10 years]) JPY 100 000 [or 80 000] (for last 4 years [or 5 years])	JPY 500 000

Residence starts:	From 1 January 2007 to 31 December 2007	From 1 January 2008 to 31 December 2008	From 1 January 2009 to 31 December 2010
Maximum tax credit amount (for the deductible period in total)	JPY 2 million	JPY 1.6 million	JPY 5 million
Residence starts:	**From 1 January 2011 to 31 December 2011**	**From 1 January 2012 to 31 December 2012**	**From 1 January 2013 to 31 March 2014**
Tax Credit Rate	For the part of R.H.L.B. within JPY 40 million: The R.H.L.B. × 1.0%	For the part of R.H.L.B. within JPY 30 million: The R.H.L.B. × 1.0%	For the part of R.H.L.B. within JPY 20 million: The R.H.L.B. × 1.0%
Maximum tax credit amount (for each year)	JPY 400 000	JPY 300 000	JPY 200 000
Maximum tax credit amount (for the deductible period in total)	JPY 4 million	JPY 3 million	JPY 2 million

Residence starts:	From 1 April 2014 to 31 December 2021
Tax Credit Rate	For the part of R.H.L.B. within JPY 40 million: The R.H.L.B × 1.0% If the rate of tax(consumption tax etc.) included in the amount of cost etc. of housing is other than 8% or 10%; For the part of R.H.L.B. within JPY 20 million: The R.H.L.B × 1.0%
Maximum tax credit amount (for each year)	JPY 400 000 If the rate of tax(consumption tax etc.) included in the amount of cost etc. of housing is other than 8% or 10%; JPY 200 000
Maximum tax credit amount (for the deductible period in total)	JPY 4 million If the rate of tax(consumption tax etc.) included in the amount of cost etc. of housing is other than 8% or 10%; JPY 2 million

- Deduction for life insurance premiums: If a resident taxpayer pays insurance premiums on life insurance contracts and the beneficiary is the taxpayer, his/her spouse or other relatives, the portion of these insurance premiums which does not exceed the limit described below, is deductible from ordinary income, retirement income or timber income.
- In addition, if a resident taxpayer pays insurance premiums for "qualified private pension plan (insurance type)", and the recipient of the pension payment is the taxpayer or his/her spouse or relatives living with the taxpayer, the portion of such premiums which does not exceed the limit described below, is deductible from ordinary income, retirement income, or timber income.
- Furthermore, if a resident taxpayer pays insurance premiums on nursing and medical insurance contacts and part of the nursing/medical care which the taxpayer receives is financed by the insurance, the portion of such premiums which does not exceed the limit described below, is deductible from ordinary income, retirement income, or timber income.

Annual premium paid (JPY)		Deduction
Over	Not over	
	20 000	Total amount of premiums paid (1)
20 000	40 000	(1) × 1/2 + JPY 10 000
40 000	80 000	(1) × 1/4 + JPY 20 000
80 000	–	JPY 40 000

- For insurance contracts made on or after 1 January 2012 the maximum total deduction is JPY 120 000. A resident taxpayer can claim the deduction up to JPY 40 000 for life insurance premiums, private pension plan premiums and nursing and medical insurance premiums respectively.
- For the insurance contracts made on or before 31 December 2011, a resident taxpayer can claim the deduction up to JPY 50 000 for life insurance premiums, personal pension plan premiums respectively. Thus, a resident tax payer can claim the deduction up to JPY 100 000 in total.
- Deduction for medical expenses: If a resident taxpayer pays bills for medical or dental care for himself/herself or for his/her dependent spouse or other dependent relatives living with him/her and the amount of such expenses (excluding those covered by insurance) exceeds JPY 100 000 or 5% of the total of his/her ordinary income, retirement income and timber income, the excess amount is deductible from his/her ordinary income, retirement income or timber income. The maximum deduction is JPY 2 million.

If a resident taxpayer who receives health checks, vaccinations, etc., pays bills for switch OTC drugs for himself/herself or for his/her spouse or other relatives dependent on him/her from 1 January 2017 to 31 December 2021, amount of such expenses (excluding those recovered by insurance) exceeding JPY 12 000 is deductible from taxpayer's ordinary income, retirement income or timber income. This is an alternative to the deduction for medical expenses mentioned above and the maximum deduction is JPY 88 000.

- Deduction for earthquake insurance premiums: Earthquake insurance premiums up to JPY 50 000 can be deducted from income. Although the income deduction for casualty insurance premiums are basically abolished, the deduction for long-term casualty insurance premiums remains available if contracted before 31 December, 2006. The maximum deduction for long-term casualty insurance premiums is JPY 15 000. If an individual applies for a deduction for both earthquake insurance premiums and long-term casualty premiums, the maximum deductible amount is JPY 50 000 in total.

1.1.3. *Tax schedule*

Taxable income (JPY)*		Tax rate (%)	Deductible amounts for each bracket (JPY)
Over	Not over	(A)	(B)
	1 950 000	5	-
1 950 000	3 300 000	10	97 500
3 300 000	6 950 000	20	427 500
6 950 000	9 000 000	23	636 000
9 000 000	18 000 000	33	1 536 000
18 000 000	40 000 000	40	2 796 000
40 000 000		45	4 796 000

* The fraction of taxable income that is less than JPY 1 000 is rounded down.

Tax liability is obtained by multiplying the taxable income by tax rate (A) and deducting the amount (B). For example, income tax due on taxable income of JPY 7 million is:

7 000 000 × 0.23 (A) – 636 000 (B) = JPY 974 000.

In addition, a taxpayer is required to file tax returns and make tax payments for additional 2.1% of the base income taxes from 2013 through 2037 (special income tax for reconstruction) annually together with the regular income tax of respective years.

1.2. Local taxes (personal inhabitant's taxes)

1.2.1. General description of the system

Local taxes in Japan (personal inhabitant's taxes) consist of prefectural inhabitant's tax levied by prefectures and municipal inhabitant's tax levied by cities, towns and villages. The prefectural inhabitant's tax is collected together with the municipal inhabitant's tax by cities, towns and villages.

1.2.2. Tax base

Basically, personal inhabitant's taxes (prefectural and municipal inhabitant's taxes) consist of two parts; one is income based tax and the other is a fixed per capita amount. The taxable income of personal inhabitant's taxes is computed on the basis of the previous year's income. The main difference from state tax (income tax) is the amount of income reliefs (tax deductions). For example, the amount of basic tax allowance, tax allowance for spouse, tax allowance for dependants is JPY 330 000, and the amount of specified allowance for dependants is JPY 450 000, etc.

1.2.3. Tax rate

- The standard fixed (annual) per-capita amount of Prefectural inhabitant's tax is JPY 1 500;
- The standard fixed (annual) per-capita amount of Municipal inhabitant's tax is JPY 3 500;
- The standard rate of the income based tax is 10% (Prefectural inhabitant's tax: 4%, Municipal inhabitant's tax: 6%).*

Taxable income for local income tax purposes	The tax credit
JPY 2 000 000 or less	5% of the lesser of: • total amount of differences in personal reliefs between those for income tax purposes and for personal inhabitant's taxes purposes; or • taxable income amount for personal inhabitant's taxes purposes
More than JPY 2 000 000	((total amount of differences in personal reliefs between those for income tax purposes and for personal inhabitant's taxes purposes) – (taxable income amount for personal inhabitant's taxes purposes – JPY 2 000 000)) * 5%. Note: The minimum credit is JPY 2 500

Notes: Local authorities do not levy the per-capita rate and the income based tax on a taxpayer whose previous year's income does not exceed a certain amount. For example, in special wards of Tokyo, this threshold is calculated as follows:
per-capita rate: (1 + number of spouse and dependent(s) qualified for the allowance for spouse/dependents) * 350 000 (+ 210 000 in case the taxpayer has a qualified spouse or dependent(s)))
income based tax: (1 + number of spouse and dependent(s) qualified for the allowance for spouse/dependents) * 350 000 (+ 320 000 in case the taxpayer has a qualified spouse or dependent(s)))

* The personal inhabitant's taxes rate and the income tax rate were changed in the FY 2006 tax reform. Adjusted credit (a form of tax credit) was introduced in order to alleviate the tax burden increase arising from the changes in the tax rates and from the difference between the personal allowances (basic tax allowance, tax allowance for spouse, tax allowance for dependents, special tax allowance for dependents, etc.) for national income tax purposes and for inhabitant tax purposes.

1.2.4. *Tax rate selected for this study*

State tax (income tax) rates as aforementioned. The local tax (personal inhabitant's taxes) rates chosen for the purpose of this Report represent the standard rate.

2. Compulsory social security contribution to schemes operated within the government sector

2.1. *Employees' contributions*

2.1.1. *Pension*

9.091% (9.15% as from September 2017) of total remuneration (standard remuneration and bonuses). The insurable ceiling of the monthly amount of pensionable remuneration is JPY 620 000 and the insurable ceiling of the standard amount of bonus is JPY 1 500 000.

2.1.2. *Sickness*

As from April 2012 about 5.00%, (about 4.75% before March 2012), of total remuneration, (standard remuneration and bonuses). The insurable ceiling of the monthly amount of standard remuneration is JPY 1 390 000 and the insurable ceiling of the yearly amount of standard bonus is JPY 5 730 000.

2.1.3. *Unemployment*

0.3% of total remuneration for Commerce and industry in general except for Business of agriculture, forestry and fisheries, and the rice wine brewing business, and Construction business. It is 0.4% for those exceptions.

2.1.4. *Work injury and family allowance*

None.

2.2. *Employers' contributions*

2.2.1. *Pensions*

9.091% (9.15% as from September 2017) of total remuneration (standard remuneration and bonuses). The insurable ceiling of the monthly amount of pensionable remuneration is JPY 620 000 and the insurable ceiling of the standard amount of bonus is JPY 1 500 000.

2.2.2. *Sickness*

As from April 2012, about 5.00% (about 4.75% before March 2012) of total remuneration. The insurable ceiling of the monthly amount of standard remuneration is JPY 1 390 000 and the insurable ceiling of the yearly amount of standard bonus is JPY 5 730 000.

2.2.3. *Unemployment*

0.6% of total remuneration for Commerce and industry in general except for Business of agriculture, forestry and fisheries, and the rice wine brewing business, and Construction business. It is 0.7% for Business of agriculture, forestry and fisheries, and the rice wine brewing business, and 0.8% for Construction business.

2.2.4. Work injury

0.25% to 8.8% of total remuneration, the contribution rate depending on each industry's accident rate over the last three years and other factors. There are twenty-nine rates for fifty-four industrial categories at present.

2.2.5. Family allowance

0.23% of total remuneration.

3. Cash benefits

3.1. Benefits related to marital status

Not available.

3.2. Benefits for dependent children

From April 2012 (Income caps are applied beginning from June 2012 payments):

a) For persons earning incomes below the income cap

b) JPY 15 000 (per month) is paid to parents/guardians for each child who is under 3 years old or for the third or subsequent child from 3 years old until he/she graduates from elementary school.

c) JPY 10 000 (per month) is paid to parents/guardians for each child who is for the first or second child from 3 years old until he/she graduates from elementary school or who is a junior high school student.

d) For persons earning incomes no less than the income cap

e) JPY 50 00 (per month) is paid to parents/guardians for each child until he/she graduates from junior high school as the Special Interim Allowances.

The income cap is set at JPY 6 220 000 (the principal's gross earnings net of certain deductions, plus JPY 380 000 per dependent).

4. Main changes in the tax/benefit systems since 1998

As part of the Fiscal Year 1999 tax reform, the highest marginal rate of the personal income tax imposed by the central government was reduced from 50% to 37%. The top rate of the local inhabitant's tax was reduced from 15% to 13%. A proportional tax reduction was granted with respect to the national income tax and the local inhabitant's tax. The amount is equal to the lesser of 20% (local inhabitant's tax: 15%) of the amount of tax before reduction or JPY 250 000 (local inhabitant's tax: JPY 40 000).

As part of the FY 2005 tax reform, the rate of proportional tax reduction was reduced from 20% to 10% (local inhabitant's tax: from 15% to 7.5%) and the ceiling was reduced from JPY 250 000 to JPY 125 000 (local inhabitant's tax from JPY 40 000 to JPY 20 000) as from 2006 (local inhabitant's tax: FY 2006). In the FY 2006 tax reform, the proportional tax reduction was abolished as from 2007 (local inhabitant's tax: FY 2007).

As part of the FY 2006 tax reform, the progressive rate structure of national income tax was reformed into a 6 brackets structure with tax rates ranging from 5% to 40%, and the rate of local inhabitant's tax became proportional at a single rate of 10%.

As part of the FY 2012 tax reform, the upper limit on employment income deduction (JPY 2 450 000) was set for those who earn employment income of more than JPY 15 000 000 as from 2013 (personal inhabitant's tax: FY 2014).

As part of the FY 2013 tax reform, the tax rate of 45% was set for the income beyond JPY 40 000 000 from 2015 creating a7 brackets structure

As part of the FY 2014 tax reform, the upper limit on employment income deduction was determined to be gradually reduced. In 2016 (as for personal inhabitant's taxes, in 2017), the limit became JPY 2 300 000 for salary income more than JPY 12 000 000. And in 2017 (as for personal inhabitant's taxes, in 2017), the limit will become JPY 2 200 000 for salary income more than JPY 10 000 000.

As part of the FY 2017 tax reform, as regards allowance for spouse and special allowance for spouse, the maximum spousal income qualifying for the tax allowance (maximum JPY 380 000) will be raised from JPY 380 000 to JPY 850 000. At the same time, an upper income limit will be introduced as a requirement for taxpayers to qualify for allowance for spouse and special allowance for spouse. The reform will go into effect in FY 2018.

Eligible age for cash benefits for dependent children was raised from three to six as from 1 June 2000, from six to nine as from 1 April 2004 and from nine to twelve as from 1 April 2006. Benefit amount has been doubled to JPY 10 000 for the first and second child under the age of three as from 1 April, 2007.

As from 2010, JPY 13 000 per month is paid to parents/guardians regardless of their income for each child until he/she graduates from junior high school.

As from April 2012 (Income caps are applied beginning from June 2012 payments):

a) For persons earning incomes below the income cap
b) JPY 15 000 (per month) is paid to parents/guardians for each child who is under 3 years old or for the third or subsequent child from 3 years old until he/she graduates from elementary school.
c) JPY 10 000 (per month) is paid to parents/guardians for each child who is for the first or second child from 3 years old until he/she graduates from elementary school or who is a junior high school student.
d) For persons earning incomes over the income cap
e) JPY 5 000 (per month) is paid to parents/guardians for each child until he/she graduates from junior high school as the Special Interim Allowances.

5. Memorandum item

5.1. *Average gross annual wage earnings calculation*

The source of calculation is the Basic Survey on Wage Structure, published by the Ministry of Health, Labour and Welfare. This survey covers establishments with ten or more regular employees over the whole country, and contains statistical figures for monthly contractual cash earnings in June and annual special cash earnings (such as bonuses) received by various categories of workers. Male and female workers of the manufacturing, mining and quarrying, construction, wholesale and retail trade, accommodation and food service activities, financial and insurance activities, real estate activities sector are the point of departure. Their gross annual earnings have been calculated by multiplying monthly contractual cash earnings by 12 and adding any annual special cash earnings. In the Basic Survey, sickness and unemployment compensations are excluded from cash earnings, but average overtime and bonuses are included.

As far as the Basic Survey is concerned, it covers the whole country, and no special assumption is made regarding the place of residence of the average worker.

5.2. *Employer contributions to private pension and health schemes*

DB: JPY 3257 billion (2014)

Employees' Pension Funds (EPFs): JPY 606 billion (2015)

DC: JPY 780 billion (2015)

Data of DB and EPFs are the total amount of employers' contribution and employees' one and there is no data of those which indicates only employers' contribution. Under DC schemes, as from January 2012, matching contribution which enables employee to pay additional contribution to employer's one became available. The amount of DC does not include the amount of matching contribution. It is regulated by law that employers' contribution must be higher than employees' one.

2017 parameter values

Average earnings/yr	Ave_earn	5 201 391	Secretariat estimate
Allowances for central tax	basic_al	380 000	
	spouse_al	380 000	
	Spouse_al_sp	0	0
		380 001	380 000
		400 000	360 000
		450 000	310 000
		500 000	260 000
		550 000	210 000
		600 000	160 000
		650 000	110 000
		700 000	60 000
		750 000	30 000
		760 000	0
	taxpayer_lim	10000000	
spouse_al_ceil		380 000	
	child_al	0	
Employment income deduction	emp_inc_min	650 000	
	emp_inc_sch	0.4	1 800 000
		0.3	3 600 000
		0.2	6 600 000
		0.1	
	emp_inc_max	2 200 000	
Central gov't tax schedule	tax_sch	0.05	1 950 000
		0.10	3 300 000
		0.20	6 950 000
		0.23	9 000 000
		0.33	18 000 000
		0.40	40 000 000
		0.45	
	surtax	1.021	
Allowances for state/local tax	s_basic_al	330 000	
	s_spouse_al	330 000	
	s_spouse_al_sp	0	0
		380 001	330 000
		450 000	310 000
		500 000	260 000
		550 000	210 000
		600 000	160 000
		650 000	110 000
		700 000	60 000
		750 000	30 000
		760 000	0
	S_spouse_al_ceil	380 000	
	s_child_al	0	
Prefectural tax	pref_per_cap	1 500	
Municipal tax	mun_per_cap	3 500	
	local_sch	0.1	
Social security contributions	SSC_pens	0.911067	
	pens_ceil	7 440 000	
	SSC_sick	0.05	
	sick_ceil	16 680 000	
	SSC_unemp	0.003	
Employer contribution proportion	SSC_empr_unemp	0.006	
	SSC_empr_oth	0.0048	
Child transfer	Child_transfer	120 000	
	Child_transfer2	60 000	
	Child_transfer_lim	6 220 000	
	Child_transfer_lim_incr	380 000	

2017 tax equations

The equations for the Japanese system are mostly on an individual basis. But the tax allowances for the spouse and for children are relevant only to the calculation for the principal earner. This is shown by the Range indicator in the table below.

The functions which are used in the equations (Taper, MIN, Tax etc) are described in the technical note about tax equations. Variable names are defined in the table of parameters above, within the equations table, or are the standard variables "married" and "children". A reference to a variable with the affix "_total" indicates the sum of the relevant variable values for the principal and spouse. And the affixes "_princ" and "_spouse" indicate the value for the principal and spouse, respectively. Equations for a single person are as shown for the principal, with "_spouse" values taken as 0.

	Line in country table and intermediate steps	Variable name	Range	Equation
1.	Earnings	earn		
2.	Allowances:			
		tax_al	P	basic_al +Married*(earn_princ (earn_princ>0)*MIN(emp_inc_max,MAX(emp_inc_min,Tax(earn_princ, emp_inc_sch)))<='spouse_al_ceil)*spouse_al' +IF(earn_princ <= taxpayer_lim, Married*VLOOKUP(Positive(earn_princ (earn_princ>0) *MAX(emp_inc_min,Tax(earn_princ, emp_inc_sch))),spouse_al_sp,2,TRUE),0) + Children*child_al + MAX(emp_inc_min,Tax(earn_princ,emp_inc_sch)) + SSC_princ
			S	MIN(earn_spouse, basic_al + MAX(emp_inc_min, Tax(earn, emp_inc_sch)) + SSC_spouse)
3.	Credits in taxable income	taxbl_cr	B	0
4.	CG taxable income	tax_inc	B	Positive(earn-tax_al)
5.	CG tax before credits	CG_tax_excl	B	Positive(Tax(tax_inc, tax_sch))
6.	Tax credits :	tax_cr	B	0
7.	CG tax	CG_tax	B	CG_tax_excl*surtax
8.	State and local taxes			
	Local taxable income	local_tax_inc	P	Positive(earn_princ(s_basic_al+Married*((earn_spouse-(earn_spouse>0)*MAX(emp_inc_min,Tax(earn_spouse,emp_inc_sch))<=s_spouse_al_ceil)*s_spouse_al +VLOOKUP(Positive(earn_spouse-(earn_spouse>0)*MAX(emp_inc_min,Tax(earn_spouse,emp_inc_sch))),s_spouse_al_sp,2,TRUE))+Children*s_child_al+MAX(emp_inc_min,Tax(earn_princ,emp_inc_sch))+SSC_princ))
			S	Positive(earn_spouse-(s_basic_al+(earn_spouse>0)*MAX(emp_inc_min,Tax(earn_spouse,emp_inc_sch))+SSC_spouse))
	Local tax	local_tax	P	(earn_princ-MAX(emp_inc_min,Tax(earn_princ,emp_inc_sch))>350000+(Married*(earn_princ (earn_princ>0)*MAX(emp_inc_min,Tax(earn_princ, emp_inc_sch))<='s_spouse_al_ceil)+Children>0)*((Married*(earn_princ' (earn_princ>0)*MAX(emp_inc_min,Tax(earn_princ, emp_inc_sch))<='s_spouse_al_ceil)+Children)*350000+210000))*(pref_per_cap+mun_per_cap)+(earn_princ-MAX(emp_inc_min,Tax(earn_princ,emp_inc_sch))>350000+(Married*(earn_princ' (earn_princ>0)*MAX(emp_inc_min,Tax(earn_princ, emp_inc_sch))<='s_spouse_al_ceil)+Children>0)*((Married*(earn_princ' (earn_princ>0)*MAX(emp_inc_min,Tax(earn_princ, emp_inc_sch))<=s_spouse_al_ceil)+Children)*350000+320000))*Positive(Tax(Positive(earn_spouse-tax_al_spouse),local_sch)-IF(Positive(earn_spouse-tax_al_spouse)>2000000,MAXA(2500,((Positive(earn_spouse-tax_al_spouse)-MAX(emp_inc_min,Tax(earn_princ,emp_inc_sch)))-(Positive(earn_spouse-tax_al_spouse)-2000000))*5%),MINA((Positive(earn_spouse-tax_al_spouse)-MAX(emp_inc_min,Tax(earn_princ,emp_inc_sch))),Positive(earn_spouse-tax_al_spouse))*5%))
			S	(earn_spouse (earn_spouse>0)*MAX(emp_inc_min,Tax(earn_spouse, emp_inc_sch))>350000)*(pref_per_cap+mun_per_cap+Positive(Tax(local_tax_inc_spouse,local_sch)-IF(local_tax_inc_spouse>2000000,MAXA(2500,((local_tax_inc_spouse-tax_inc_spouse)-(local_tax_inc_spouse-2000000))*5%),MINA((local_tax_inc_spouse-tax_inc_spouse),local_tax_inc_spouse)*5%)))

	Line in country table and intermediate steps	Variable name	Range	Equation
9.	Employees' soc security	SSC	B	SSC_pens*MIN(earn, pens_ceil)+SSC_sick*MIN(earn, sick_ceil)+SSC_unemp*earn
11.	Cash transfers	cash_trans	B	IF(Children>0,IF(Positive(princ_inc princ_empl_inc)<Child_transfer_lim+(Child_ transfer_lim_incr*Children), Child_transfer,Child_transfer2)*Children,0)
13.	Employer's social security	SSC_empr	B	SSC_pens*MIN(earn, pens_ceil)+SSC_sick*MIN(earn, sick_ceil)+(SSC_empr_unemp+SSC_empr_oth)*earn

Key to range of equation B calculated separately for both principal earner and spouse P calculated for principal only (value taken as 0 for spouse calculation).

Les impôts sur les salaires 2018
© OCDE 2018

Korea

This chapter includes data on the income taxes paid by workers, their social security contributions, the family benefits they receive in the form of cash transfers as well as the social security contributions and payroll taxes paid by their employers. Results reported include the marginal and average tax burden for eight different family types.

Methodological information is available for personal income tax systems, compulsory social security contributions to schemes operated within the government sector, universal cash transfers as well as recent changes in the tax/benefit system. The methodology also includes the parameter values and tax equations underlying the data.

Korea 2017

The tax/benefit position of single persons

	Wage level (per cent of average wage)	67	100	167	67
	Number of children	none	none	none	2
1.	**Gross wage earnings**	30 913 998	46 140 296	77 054 294	30 913 998
2.	**Standard tax allowances**				
	Basic allowance	1 500 000	1 500 000	1 500 000	1 500 000
	Married or head of family	0	0	0	0
	Dependent children	0	0	0	3 000 000
	Deduction for social security contributions and income taxes	1 391 130	2 076 313	2 424 600	1 391 130
	Work-related expenses				
	Other	11 095 968	13 861 295	16 615 863	12 095 968
	Total	13 987 098	17 437 609	20 540 463	17 987 098
3.	**Tax credits or cash transfers included in taxable income**	0	0	0	0
4.	**Central government taxable income (1 - 2 + 3)**	16 926 901	28 702 687	56 513 831	12 926 901
5.	**Central government income tax liability (exclusive of tax credits)**	1 459 035	3 225 403	8 343 319	859 035
6.	**Tax credits**				
	Basic credit	740 000	660 000	500 000	772 469
	Married or head of family				
	Children				
	Other				
	Total	740 000	660 000	500 000	772 469
7.	**Central government income tax finally paid (5-6)**	719 035	2 565 403	7 843 319	86 566
8.	**State and local taxes**	71 904	256 540	784 332	8 657
9.	**Employees' compulsory social security contributions**				
	Gross earnings	2 599 998	3 880 594	5 437 748	2 599 998
	Taxable income				
	Total	2 599 998	3 880 594	5 437 748	2 599 998
10.	**Total payments to general government (7 + 8 + 9)**	3 390 936	6 702 537	14 065 400	2 695 220
11.	**Cash transfers from general government**				
	For head of family	0	0	0	0
	For two children	0	0	0	0
	Total	0	0	0	0
12.	**Take-home pay (1-10+11)**	27 523 062	39 437 758	62 988 894	28 218 778
13.	**Employer's compulsory social security contributions**	3 202 821	4 780 330	6 940 308	3 202 821
14.	**Average rates**				
	Income tax	2.6%	6.1%	11.2%	0.3%
	Employees' social security contributions	8.4%	8.4%	7.1%	8.4%
	Total payments less cash transfers	11.0%	14.5%	18.3%	8.7%
	Total tax wedge including employer's social security contributions	19.3%	22.6%	25.0%	17.3%
15.	**Marginal rates**				
	Total payments less cash transfers: Principal earner	21.0%	22.7%	28.0%	14.1%
	Total payments less cash transfers: Spouse	n.a.	n.a.	n.a.	n.a.
	Total tax wedge: Principal earner	28.5%	30.0%	31.9%	22.2%
	Total tax wedge: Spouse	n.a.	n.a.	n.a.	n.a.

Korea 2017

The tax/benefit position of married couples

		Wage level (per cent of average wage)	100-0	100-33	100-67	100-33
		Number of children	2	2	2	none
1.	**Gross wage earnings**		46 140 296	61 366 593	77 054 294	61 366 593
2.	**Standard tax allowances**					
	Basic allowance		1 500 000	3 000 000	3 000 000	3 000 000
	Married or head of family		1 500 000	0	0	0
	Dependent children		3 000 000	3 000 000	3 000 000	0
	Deduction for social security contributions and income taxes		2 076 313	2 761 497	3 467 443	2 761 497
	Work-related expenses					
	Other		13 861 295	21 895 240	25 457 263	21 895 240
		Total	21 937 609	30 656 737	34 924 706	27 656 737
3.	**Tax credits or cash transfers included in taxable income**		0	0	0	0
4.	**Central government taxable income (1 - 2 + 3)**		24 202 687	30 709 857	42 129 588	33 709 857
5.	**Central government income tax liability (exclusive of tax credits)**		2 550 403	3 075 833	4 159 438	3 525 833
6.	**Tax credits**					
	Basic credit		960 000	1 255 237	1 700 000	955 237
	Married or head of family					
	Children					
	Other					
		Total	960 000	1 255 237	1 700 000	955 237
7.	**Central government income tax finally paid (5-6)**		1 590 403	1 820 597	2 459 438	2 570 597
8.	**State and local taxes**		159 040	182 060	245 944	257 060
9.	**Employees' compulsory social security contributions**					
	Gross earnings		3 880 594	5 161 190	6 480 592	5 161 190
	Taxable income					
		Total	3 880 594	5 161 190	6 480 592	5 161 190
10.	**Total payments to general government (7 + 8 + 9)**		5 630 037	7 163 846	9 185 974	7 988 846
11.	**Cash transfers from general government**					
	For head of family		0	0	0	0
	For two children		0	0	0	0
		Total	0	0	0	0
12.	**Take-home pay (1-10+11)**		40 510 258	54 202 747	67 868 320	53 377 747
13.	**Employers' compulsory social security contributions**		4 780 330	6 357 839	7 983 151	6 357 839
14.	**Average rates**					
	Income tax		3.8%	3.3%	3.5%	4.6%
	Employees' social security contributions		8.4%	8.4%	8.4%	8.4%
	Total payments less cash transfers		12.2%	11.7%	11.9%	13.0%
	Total tax wedge including employer's social security contributions		20.4%	20.0%	20.2%	21.2%
15.	**Marginal rates**					
	Total payments less cash transfers: Principal earner		22.7%	22.7%	22.7%	22.7%
	Total payments less cash transfers: Spouse		10.1%	10.8%	21.0%	10.8%
	Total tax wedge: Principal earner		30.0%	30.0%	30.0%	30.0%
	Total tax wedge: Spouse		18.5%	19.2%	28.5%	19.2%

The national currency is the Won (KRW). In 2017, KRW 1 130.64 was equal to USD 1. In this year, the average worker is expected to earn KRW 46 140 296 (Secretariat estimate).

1. Personal income tax system

1.1. *Central government income tax system*

1.1.1. *Tax unit*

Each individual is taxed on his/her own income.

Non-taxable wage income includes the:

- national pension, medical insurance, unemployment insurance and work injury insurance that are borne by employer;
- overtime payment to productive workers: up to KRW 2 400 000 of overwork payment of productive workers in manufacturing and mining sectors whose monthly wage is less than KRW 1 500 000 and whose yearly wage is less than KRW 25 000 000.

1.1.2. *Allowances and tax credits*

1.1.2.1. Standard reliefs

- Employment income deduction: the following deduction from gross income is provided to wage and salary income earners:

Salary	Deduction
Up to KRW 5 000 000	70%
KRW 5 000 000 to KRW 15 000 000	KRW 3 500 000 plus 40% of the salary over KRW 5 000 000
KRW 15 000 000 to KRW 45 000 000	KRW 7 500 000plus 15% of the salary over KRW 15 000 000
KRW 45 000 000 to KRW 100 000 000	KRW 12 000 000 plus 5% of the salary over KRW 45 000 000
Over KRW 100 000 000	KRW 14 750 000 plus 2% of the salary over KRW 100 000 000

- Basic allowance: a taxpayer can deduct KRW 1 500 000 from his/her income for each person who meets one of following conditions:
  - the taxpayer him/herself;
  - the taxpayer's spouse whose taxable income (gross earnings net of employment income deduction) is less than KRW 1 000 000 (Spouse only have a salary earned income is less than KRW 5 000 000);
  - the taxpayer's (including the spouse's) dependents (parents, siblings, children) within the same household whose income after accounting for the employment income deduction is less than KRW 1 000 000 (Dependent only have a salary earned income is less than KRW 5 000 000) and whose age is:
    1. parents: 60 years or older;
    2. brother/sister: 60 years or older or 20 years or younger;

3. children: 20 years or younger (if both partners in the household earn wage-income, this Report assumes that the principal wage earner will claim the allowance).

- Additional allowance: a taxpayer can deduct KRW 1 000 000 (500 000 in the case of (c), KRW 2 000 000 in the case of (b))from his/her gross income when the taxpayer or his/her dependents fall into one of the following categories (for this report, only cases (c) are modelled):
  - a person aged 70 years or older(a)
  - a handicapped person (b)
  - a female wage earner who is the head of a household with dependents (but without spouse) or a female wage earner with spouse when her taxable income is not more than KRW 30 million(c)
  - a single parent with descendants including adoptees*(f)
- National pension deduction: employees can deduct 100% of their National Pension contributions
- Working Tax credit: wage and salary income earners obtain the following tax credit:

Calculated tax	Amount of tax credit
Up to KRW 1 300 000	55% of calculated tax
Over KRW 1 300 000	KRW 715 000 plus 30% of the calculated tax over KRW 1 300 000

Total wage and salary income	Ceiling on credit amount
Not more than KRW 33 million	KRW 740 000
Not more than KRW 70 million	The greater of KRW 660 000 and KRW 740 000 [(total wage and salary income -KRW 33 million) 0.8%]
Exceeding KRW 70 million	The greater of KRW 500 000 and KRW 660 000 [(total wage and salary income KRW 70 million) 50%]

1.1.2.2. Main non-standard tax reliefs

Wage and salary income earners may deduct from gross income the expenses for the following items during the tax year:

- Insurance premiums: the Medical insurance premium and the Unemployment insurance premium can be entirely (100%) deducted from taxable income.
- Saving/Payment for housing: 40% of deposits of an account for purchasing a house, which is held by a person who does not own a house, or owns only one house that is smaller than 85 square miles in size and whose price is KRW 300 million or less, 40% of repayments of loans including interest borrowed for the purpose of the lease by a person owning no house may be deducted up to three million won per year. Credit card purchases: Employees may deduct 15% of their credit card (30% of their debit card, prepaid card or cash receipt) purchases that exceed 25% of their total income up to lesser of KRW 3 000 000 or 20% of their total income. However, for expenditures spent for traditional markets and public transportation, the allowed deduction is equivalent to 30% of the expenditure and the ceiling is raised by an additional KRW 1 000 000 respectively.

* Overlapping of deductions for (c) and (f) is not allowed. So a taxpayer should select only one.

1.1.2.3. Child tax credit

- Where a resident with taxable income has dependent children including adoption, he/she gets annual tax credit of KRW 150 000 for having a child, KRW 300 000 for having two children and KRW 300 000 plus KRW 300 000 per an excess child over two children in case of having more than three children.
- Resident gets additional tax credit of KRW 150 000 per a child who is under 6 years of age from second child;
- Resident gets tax credit of KRW 300 000 for first child, KRW 500 000 For Second Child, KRW 700 000 for Third child or more for birth and adoption of the year;

1.1.2.4. Credit for Pension Insurance Premiums

- A resident who paid pension contributions to a pension account may deduct the amount equal to 12% of the premiums paid from his/her global income tax amount, only up to KRW 4 million for pension account as well as KRW 7 million for sum of the pension account and retirement –pension account
- A resident whose labour income is not exceeding KRW 55 million when he has labour income only or whose global income is not exceeding KRW 40 million would deduct 15% of the premium.

1.1.2.5. Special tax credit

Wage and salary income earners may obtain following tax credit during the tax year:

- Insurance premiums (a):12% of the general insurance premium up to KRW 1 000 000 can be deducted from his/her income tax amount.
- Medical expenses (b):15% of the medical expenses exceeding 3% of taxable income can be deducted from his/her income tax amount. The medical expenses for taxpayer's dependents who are eligible for the basic deduction is limited KRW 7 000 000 and the medical expenses for the taxpayer himself, taxpayer's dependents who are aged 65 years or older and handicapped persons, Treatment cost of infertility is not limited.
- Treatment cost of infertility's credit rate is 20%
- Educational expenses (c):15% of tuition fees for pre-school, elementary, middle school and college (but the graduate school fee deduction is allowed only for the taxpayer himself), either for the taxpayer himself or his/her dependents (including the taxpayer's spouse, children, and siblings), can be deducted from his/her income tax amount. The tuition fee for the taxpayer himself is not limited. For the taxpayer's dependents, the limits of tuition fees are as follows:
  - For pre-school: up to KRW 3 000 000 per child;
  - For elementary, middle and high school: up to KRW 3 000 000 per student;
  - For college/university: up to KRW 9 000 000 per student.
- Charities (d):15% of the amount of donation (in case of the donation exceeding KRW 20 million, 30% of the excess over KRW 20 million) is deducted from income tax amount. The limits of donations are as follows:
  - donations to a government body, donations for national defence, natural disaster, and certain charitable associations: up to gross income;
  - donations to public welfare or religious associations: up to 30% of gross income.

- Standard Credits: Alternatively, a taxpayer may elect to choose an annual standard credit of KRW 70 000 (KRW 130 000 for wage and salary earners and KRW 120 000 for business owners meeting certain requirements), if he or she fails to claim deductions for insurance premium, saving/payment for housing and special tax credit.

1.1.3. *Tax schedule*

Over (KRW)	Not more than (KRW)	Marginal tax rate (%)
0	12 000 000	6
12 000 000	46 000 000	15
46 000 000	88 000 000	24
88 000 000	150 000 000	35
150 000 000	500 000 000	38
500 000 000		40

1.2. *Local income tax*

1.2.1. *Tax base*

The local income tax base is the income tax paid to the central government.

1.2.2. *Tax rate*

A uniform rate of 10% is applied. However, the local government can adjust the rate between the lower limit of 5% and the upper limit of 15%.

1.2.3. *Tax rate (selected for this study)*

A country-wide rate of 10% is used in this Report.

2. Compulsory social security contribution to schemes operated within the government sector

2.1. *Employees' contribution*

2.1.1. *National pension*

The National pension contribution rate is 4.5% of the standardised average monthly wage income as of 2017.

The scope of the standardised average monthly wage income is from KRW 290 000 to KRW 4 490 000 as of 1 July, 2017

2.1.2. *Medical insurance*

The Medical insurance premium, which has a rate of 3.260423% (Health insurance: 3.06%, Long term care insurance: 6.55% of Health insurance premium rate), is levied on average monthly wage income as of 1 January 2017.

The scope of the average monthly wage income is from KRW 290 000 to KRW 78 100 000.

2.1.3. *Unemployment insurance*

0.65% of gross income.

2.1.4. *Industrial accident compensation insurance (premiums)*

Compulsory application, premiums paid only by employers.

2.2. Employers' contribution

2.2.1. National pension

The national pension contribution rate is 4.5% of the standardised average monthly wage income as of 2017.

The scope of the standardised average monthly wage income is from KRW 290 000 to KRW 4 490 000 as of 1 July 2017.

If the average monthly wage income of a person is less than KRW 290 000, the average monthly wage income of the person is regarded as KRW 290 000 and the rate (0.045) is applied. If the average monthly wage income of a person is more than KRW 4 490 000, the average monthly wage income of the person is regarded as KRW 4 490 000 and the rate (0.045) is applied; so the maximum of the national pension contribution per year is KRW 2 424 600(= KRW 4 490 000 × 0.045 × 12 months).

2.2.2. Medical insurance

The Medical insurance premium, which has a rate of 3.260423% (Health insurance: 3.06%, Long term care insurance: 6.55% of Health insurance premium rate), is levied on average monthly wage income as of 1 January, 2017.

The scope of the average monthly wage income is from KRW 290 000 to KRW 78 100 000.

2.2.3. Unemployment insurance

- the insurance premium is between 0.9% and 1.5% of total wage;
- the insurance premium selected for this study is 0.9%.

2.2.4. Work injury insurance

- the insurance premium consists of an industry-specific rate which is set by the Ministry of Employment and Labour multiplied by total wage;
- the average rate of all industries (selected for this study) is 1.70%.

3. Universal cash transfers

- Child Benefit

Child benefit is paid every month to those who have children aged 5 years or younger: KRW 200 000 for a child aged 12 months or younger, KRW 150 000 for a child aged 1 to 2 years and KRW 100 000 for a child aged 2 to 5 years.

If a child attends a nursery or pre-school, childcare benefit is paid instead every month: KRW 430 000 for a child aged 0, KRW 378 000 for a child aged 1 year, KRW 313 000 for a child aged 2 years and KRW 220 000 for a child aged 3 to 5 years.

The above child benefits are not included in the Taxing Wages calculations that consider children aged between 6 and 11 inclusive.

4. Main changes in tax/benefit system since 2000

2000	Contribution to National Pension are to be deductible from 2001, upper cap of employment income deduction limit (KRW 12 000 000) is abolished from 2001
2001	Personal income tax rates are lowered by 10% (10, 20 ,30, 40% were reduced to 9, 18, 27, 36%, respectively) from 2002
2002	Limits of deduction for education fees are expanded from 2003. For pre-school: from KRW 1 000 000 to KRW 1 500 000. For elementary, middle school and high school: from KRW 1 500 000 to KRW 2 000 000. For college and university: from KRW 3 000 000 to KRW 5 000 000. Limit of deduction for interest of long-term mortgage loan for housing is expanded from KRW 3 000 000 to KRW 6 000 000 from 2003
2003	Employment income deduction and tax credit applicable to low income are increased. The deduction rate for the taxable wage income range of KRW 5 000 000 to KRW 15 000 000 is increased from 45% to 47.5%. The tax credit rate for calculated tax below KRW 500 000 is increased from 45% to 50% and the maximum tax credit is increased from KRW 400 000 to KRW 450 000.
2004	Limits of deduction for education fees are expanded. For pre-school: from KRW 1 500 000 to KRW 2 000 000. For college and university: from KRW 5 000 000 to KRW 7 000 000. Limit of deduction for interest on long-term mortgage loan for housing is expanded from KRW 6 000 000 to KRW 10 000 000. The marginal deduction rate for the taxable wage income range from KRW 5 000 000 to KRW 15 000 000 is increased from 47.5% to 50%. The tax credit rate for tax amounts below KRW 500 000 is increased from 50% to 55% and the maximum permitted tax credit goes up from KRW 450 000 to KRW 500 000.
2005	Personal income tax rates are lowered by 1% point (9, 18, 27, 36% were reduced to 8, 17, 26, 35%, respectively). Lump-sum tax relief are expanded from KRW 600 000 to KRW 1 000 000.
2007	Eligibility for the extra allowance amount has been changed. Previously, an income earner with a small number of dependents (e.g. spouse, child) eligible for basic allowance was eligible for an allowance of up to KRW 1 000 000 depending on the number of dependents. As from 2007, however, an income earner with two or more dependent children eligible for basic allowance is eligible for an allowance equivalent to KRW 500 000 if there are 2 children plus an additional KRW 1 000 000 for every additional child (e.g. 2 children: KRW 500 000; 3 children: KRW 1 500 000; 4 children: KRW 2 500 000, etc.).
2008	Tax schedule has been changed : from KRW 10 000 000, KRW 40 000 000 , KRW 80 000 000 to KRW 12 000 000, KRW 46 000 000, KRW 88 000 000; New items have been added to the additional allowance with respect to lineal descendants who are born or adopted during the concerned taxable year; Credit card purchase deduction has been changed : Employees may deduct 20% (previously 15%) of their credit/debit card purchases that exceed 20% (previously 15%) of their total income; Deduction for donations to public welfare or religious associations has been increased up to 15% of gross income. Previously, the limit was 10% of gross income.
2009	Personal income tax rates have been changed: from 8%, 17%, 26%, 35% to6%, 16%, 25%, and 35%. Employment income deduction has been changed: from 100%, 50%, 15%, and 10% 5% to 80%, 50%, 15%, and 10%. 5%
2010	Personal income tax rates have been changed: from 6%, 16%, 25%, 35% to6%, 15%, 24%, and 35%.
2012	Personal income tax rates have been changed: from6%, 15%, 24%, and 35% to 6%, 15%, 24%, 35% and 38%
2013	A new additional allowance is added: a single parent with lineal descendants or adopted children who are eligible for basic exemption can deduct KRW 1 000 000. Insurance premiums, medical expenses, education expenses, loans for house, designated donations, saving deposits for housing subscription, investment in employee stock ownership associations or in associations for investment in start-ups, and credit cards are allowed income deduction with a ceiling at KRW 25 000 000 in total. However, for the amount of designated donations exceeding the ceiling, deduction canbe carried forward for 5 years.
2014	Tax schedule has been changed : KRW 300 000 000 to KRW 150 000 000 Personal and special income deductions(e.g. medical expenses, educational expenses) have been shifted toward tax credit Employment income deduction has been changed : 80% to 70%, 50% to 40%. The ceiling amount of earned income tax credit has been changed : KRW 500 000 to KRW 740 000(the salary <33 000 000), KRW 660 000(the salary < 70 000 000)
2015	Refundable CTC(Child Tax Credit) has established
2017	Personal income tax rate 40% is newly created over KRW 500 000 000

5. Memorandum item

5.1. *Identification of the Average Worker (AW)*

Sectors used: industry Sectors B-N with reference to the International Standard Industrial Classification of All Economic Activities, Revision 4 (ISIC Rev.4)

Geographical coverage: whole country

Type of workers: wage workers (male and female).

5.2. *Method to calculate wages*

Report on Labour Force Survey at Establishments covering data in 2017 by the Ministry of Employment and Labour is used to calculate the annual wages of the AW. The statistics were obtained through a sample survey of 12 000 firms with five or more permanent employees throughout the whole country.

Basic method of calculation used: average monthly wages multiplied by 12.

5.3. *Employer's reserve for employee's retirement payment*

An employer should pay to a retiree the retirement payment which is not less than 30 days' wage and salary per one year of service (about 8.3% of gross income or more). An employer can contribute to the Retirement Payment Reserve Fund established within the company or Retirement Insurance Fund established outside the company to prepare for the retirement payment. Such contribution is treated as business expense under certain constraints. Because contribution to the Retirement Fund is not compulsory, this survey does not include such contribution except the contribution converted to employer's contribution to the national pension plan (see Section 2.2.1).

2017 parameter values

Average earnings/yr	Ave_earn	46 140 296	Secretariat estimate
Tax allowances	basic_al	1 500 000	
spouse	spouse_al	1 500 000	
dependents including children	dep_al	1 500 000	
additional allowance	add_all	500 000	
additional allowance 2	add2_all	1 000 000	
Employment income deduction	empdedsch	0	0.7
		5000000	0.4
		15 000 000	0.15
		45 000 000	0.05
		100 000 000	0.02
Earned income special credit threshold	earntaxcred	0.55	
		0.3	1 300 000
credit limit	credlimit	740 000	Ave_earn<33 000 000
		660 000	Ave_earn< 70 000 000
		500 000	Ave_earn> 70 000 000
Child tax credit	child_cred	150 000	
Lump sum tax credit	lump_cred	130 000	
	lump_thresh	866 667	
Tax schedule	tax_sch	0.06	12 000 000
		0.15	46 000 000
		0.24	88 000 000
		0.35	150 000 000
		0.38	500 000 000
		0.4	
Local tax rate	local_rate	0.1	
Social security contributions	SSC_pens	0.045	
	SSC_pens_max	2 424 600	
	SSC_sick	0.03260423	
	SSC_sick_max	30 556 679.7	
	SSC_unemp	0.0065	
Employer contributions	emp_pens	0.045	
	emp_sick	0.03260423	
	emp_unemp	0.009	
	emp_inj	0.0170	

2017 tax equations

The equations for the Korean system are independent between spouses except that the principal earner has tax allowances for the spouse and for any children.

The functions which are used in the equations (Taper, MIN, Tax etc) are described in the technical note about tax equations. Variable names are defined in the table of parameters above, within the equations table, or are the standard variables married and children. A reference to a variable with the affix total indicates the sum of the relevant variable values for the principal and spouse. And the affixes princ and spouse indicate the value for the principal and spouse, respectively. Equations for a single person are as shown for the principal, with spouse values taken as 0.

	Line in country table and intermediate steps	Variable name	Range	Equation
1.	Earnings	earn		
2.	Allowances:			
	employment income	emp_al	B	Empincded(earn, empincdedsch)
	basic	bas_al	B	basic_al
	spouse	sp_al	P	Married*spouse_al*(earn_spouse-emp_al_spouse<=spouse_al)
	dependents	dp_al	P	Children*dep_al
	additional allowances	add_al_princ	P	IF(AND(Married='0,Children>0),' add2_all,0)
	additional allowances	add_al_spouse	S	(earn_spouse>0)*add_all
	national pension deduction	np_de	B	Min(earn*SSC_pens, SSC_pens_max)
	Main non-standard tax relief	non-std_al	B	IF(earn*(SSC_sick+SSC_unemp)>lump_thresh,earn*(SSC_sick+SSC_unemp),0)
	Total	tax_al	B	emp_al+bas_al+sp_al+dp_al+add_al+np_al
3.	Credits in taxable income	taxbl_cr	B	0
4.	CG taxable income	tax_inc	B	Positive(earn-tax_al)
5.	CG tax before credits	CG_tax_excl	B	Tax(tax_inc, tax_sch)
6.	Tax credits :			
	earned income special tax credit	earn_cr	B	MIN(earntaxcred(CG_tax_excl), credlimit(earn))
	child tax credit	child_cr	P	Children*child_cred
	lump-sum tax credit	lump_cr	B	IF(non-std_al='0,' lump_cred, 0)
	Total	tax_cr	B	earn_cr+child_cr+lump_cr
7.	CG tax	CG_tax	B	CG_tax_excl-tax_cr
8.	State and local taxes	local_tax	B	local_rate*CG_tax
9.	Employees' soc security	SSC	B	MIN(earn*(SSC_pens),SSC_pens_max)+MIN(earn*(SSC_sick),SSC_sick_max)+ earn*(SSC_unemp)
11.	Cash transfers	cash_trans	J	
13.	Employer's soc security	SSC_empr	B	MIN(earn*(SSC_pens),SSC_pens_max)+MIN(earn*(emp_sick),SSC_sick_max)+ earn*(emp_unemp+emp_inj)

Key to range of equation:
B calculated separately for both principal earner and spouse
P calculated for principal only (value taken as 0 for spouse calculation)
S calculated for spouse only
J calculated once only on a joint basis.

© OCDE 2018

Latvia

This chapter includes data on the income taxes paid by workers, their social security contributions, the family benefits they receive in the form of cash transfers as well as the social security contributions. Results reported include the marginal and average tax burden for eight different family types.

Methodological information is available for personal income tax systems, compulsory social security contributions to schemes operated within the government sector, universal cash transfers as well as recent changes in the tax/benefit system. The methodology also includes the parameter values and tax equations underlying the data.

Latvia 2017

The tax/benefit position of single persons

		Wage level (per cent of average wage)	67	100	167	67
		Number of children	none	none	none	2
1.	**Gross wage earnings**		7 306	10 905	18 211	7 306
2.	**Standard tax allowances**					
	Basic allowance		720	720	720	720
	Married or head of family					
	Dependent children		0	0	0	4 200
	Deduction for social security contributions and income taxes		767	1 145	1 912	767
	Work-related expenses					
	Other					
		Total	1 487	1 865	2 632	5 687
3.	**Tax credits or cash transfers included in taxable income**		0	0	0	0
4.	**Central government taxable income (1 - 2 + 3)**		5 819	9 040	15 579	1 619
5.	**Central government income tax liability (exclusive of tax credits)**		1 338	2 079	3 583	372
6.	**Tax credits**					
	Basic credit					
	Married or head of family					
	Children					
	Other		48	17	0	48
		Total	48	17	0	48
7.	**Central government income tax finally paid (5-6)**		1 290	2 062	3 583	324
8.	**State and local taxes**		0	0	0	0
9.	**Employees' compulsory social security contributions**					
	Gross earnings		767	1 145	1 912	767
	Taxable income					
		Total	767	1 145	1 912	767
10.	**Total payments to general government (7 + 8 + 9)**		2 057	3 207	5 495	1 091
11.	**Cash transfers from general government**					
	For head of family					
	For two children		0	0	0	410
		Total	0	0	0	410
12.	**Take-home pay (1-10+11)**		5 249	7 698	12 716	6 625
13.	**Employer's compulsory contributions**					
	Employer's compulsory social security contributions		1 724	2 572	4 296	1 724
	Payroll taxes		4	4	4	4
		Total	1 728	2 577	4 300	1 728
14.	**Average rates**					
	Income tax		17.7%	18.9%	19.7%	4.4%
	Employees' social security contributions		10.5%	10.5%	10.5%	10.5%
	Total payments less cash transfers		28.2%	29.4%	30.2%	9.3%
	Total tax wedge including employer's social security contributions		41.9%	42.9%	43.5%	26.7%
15.	**Marginal rates**					
	Total payments less cash transfers: Principal earner		32.0%	32.0%	31.1%	32.0%
	Total payments less cash transfers: Spouse		n.a.	n.a.	n.a.	n.a.
	Total tax wedge: Principal earner		45.0%	45.0%	44.2%	45.0%
	Total tax wedge: Spouse		n.a.	n.a.	n.a.	n.a.

Latvia 2017

The tax/benefit position of married couples

		Wage level (per cent of average wage)	100-0	100-33	100-67	100-33
		Number of children	2	2	2	none
1.	**Gross wage earnings**		10 905	14 503	18 211	14 503
2.	**Standard tax allowances**					
	Basic allowance		720	1 440	1 440	1 440
	Married or head of family					
	Dependent children		4 200	4 200	4 200	0
	Deduction for social security contributions and income taxes		1 145	1 523	1 912	1 523
	Work-related expenses					
	Other					
		Total	6 065	7 163	7 552	2 963
3.	**Tax credits or cash transfers included in taxable income**		0	0	0	0
4.	**Central government taxable income (1 - 2 + 3)**		4 840	7 341	10 659	11 541
5.	**Central government income tax liability (exclusive of tax credits)**		1 113	1 688	2 452	2 654
6.	**Tax credits**					
	Basic credit					
	Married or head of family					
	Children					
	Other		17	86	66	86
		Total	17	86	66	86
7.	**Central government income tax finally paid (5-6)**		1 096	1 602	2 386	2 568
8.	**State and local taxes**		0	0	0	0
9.	**Employees' compulsory social security contributions**					
	Gross earnings		1 145	1 523	1 912	1 523
	Taxable income					
		Total	1 145	1 523	1 912	1 523
10.	**Total payments to general government (7 + 8 + 9)**		2 241	3 125	4 298	4 091
11.	**Cash transfers from general government**					
	For head of family					
	For two children		410	410	410	0
		Total	410	410	410	0
12.	**Take-home pay (1-10+11)**		9 074	11 788	14 323	10 412
13.	**Employer's compulsory contributions**					
	Employer's compulsory social security contributions		2 572	3 421	4 296	3 421
	Payroll taxes		4	9	9	9
		Total	2 577	3 430	4 305	3 430
14.	**Average rates**					
	Income tax		10.0%	11.0%	13.1%	17.7%
	Employees' social security contributions		10.5%	10.5%	10.5%	10.5%
	Total payments less cash transfers		16.8%	18.7%	21.4%	28.2%
	Total tax wedge including employer's social security contributions		32.7%	34.3%	36.4%	41.9%
15.	**Marginal rates**					
	Total payments less cash transfers: Principal earner		32.0%	32.0%	32.0%	32.0%
	Total payments less cash transfers: Spouse		24.6%	31.1%	32.0%	31.1%
	Total tax wedge: Principal earner		45.0%	45.0%	45.0%	45.0%
	Total tax wedge: Spouse		39.0%	44.2%	45.0%	44.2%

Since 2014 the Latvian currency is the Euro (EUR). In 2017, EUR 0.89 was equal to USD 1. That year, the average worker in Latvia earned EUR 10 905 per year (Secretariat estimate).

1. Personal income tax system

1.1. *Central government income tax*

1.1.1. *Tax unit*

The tax unit are individuals.

1.1.2. *The main tax allowances*

1.1.2.1. Standard tax reliefs:

- A general (basic) allowance:
- In 2017 is applied non-taxable minimum EUR 60 per month for all working persons, but low income earners will receive overpaid personal income tax based on the differentiated non-taxable minimum as described below.
- In 2016, the differentiated non-taxable minimum has been introduced.

The *differentiated non-taxable minimum* will vary depending on income level: higher for lower wages, but less for higher wages (see table below). Besides it provides that two parallel non-taxable minimums will be apply – monthly and annual.

Differentiated non-taxable minimum criteria's

	2016	2017
Maximum non-taxable minimum, EUR per month	100	115
Minimum non-taxable minimum, EUR per month	75	60
Taxable income* minimum threshold up to which the maximum annual non-taxable minimum will be applied, EUR per month	380	400
Taxable income* maximum threshold up to which the annual non-taxable minimum will be applied, EUR per month	1 000	1 100

* When calculating the taxable income not only wages, but also other income (such as dividends and income from real estate) will be taken into account. Similarly, if a person works in several jobs, the salaries will be added together and the non-taxable minimum will be applied to total revenue.

In 2016 compare with 2015 nothing changed and, as before, every month had applied non-taxable minimum EUR 75 per month for all working persons. Differentiated non-taxable minimum for 2016 had applied only in 2017 when taxpayer submits annual tax return to SRS: for small income earners (up to EUR 380 per month) – EUR 100 per month or EUR 1 200 per year, for persons who receive income from EUR 380 to 1 000 per month – non-taxable minimum applying a formula gradually decreases until at income level over EUR 1 000 per month – it remains EUR 75 per month or EUR 900 per year.

Be noted that is developed the State Tax Policy Guidelines 2018-21, by which is planned to introduce tax reform, including changes on criteria for the differentiated non-taxable minimum, as well as conditions for applying.

- The allowance for dependents (which in most cases are children) of EUR 175 per month or EUR 2 100 per year (EUR 165 per month or EUR 1 980 per year in 2015) is also deductible from individual income. In addition from the list of dependents persons who are able to work has been excluded from 2016.
- From 2017 additionally the tax allowance for dependents is expanded by non-working spouse, who dependents are minor child with a disability, if the non-working spouse does not receive taxable income or State pension.
- To support youth employment during the summer (from 1 June to 31 August), parents can still receive tax allowance for dependents (children while it are working relation) EUR 175 per month (EUR 165 per month in 2015).
- Relief for social security contributions: Employee's state social security contributions are deductible for income tax purposes.
- Tax credits: None for employees

1.1.2.2. The main exemptions:

- capital gains on immovable property if the ownership is more than 5 years and it is place of residence more than 1 year;
- capital gains on immovable property if the ownership is more than 5 years and the last 5 years this immovable property has been the only immovable property of the payer;
- income from business or self-employed activities in field of rural tourism or agricultural manufacturing up to turnover of EUR 3 000 per taxation year, including the sums of State aid for agriculture or of the European Union aid for agriculture and rural development in amount EUR 3 000 per taxation year;
- supplementary pension capital, which is formed from the same natural person or his or her spouse, or in kinship relations to the third degree;
- scholarships to 280 euros per month;
- income obtained as a result of inheritance;
- allowance (alimony);
- income from the alienation of personal property (movable objects such as furniture, clothing and other movable objects belonging to an individual intended for personal use) that is not related to business activities;
- goods and services lottery prizes;
- revenues from gifts up to EUR 1 425 from natural person, other than a close relative etc.
- revenues from gifts in full amount from natural persons, if the giver is connected to the payer by marriage or kinship to the third degree.

1.1.3. *Tax schedule*

2017 the tax rate of 23% applies for all levels of taxable income (the same rate was applied in 2016).

1.2. *Regional and local income tax*

No regional and local income taxes.

2. Compulsory social security contributions to schemes operated within the government sector

The state social security contribution system consists of six schemes as follows:

- state pension insurance;
- social insurance in case of unemployment;
- social insurance in respect of accidents at work and occupational diseases;
- invalidity insurance;
- maternity and sickness insurance;
- parental insurance.

In additional from 1 January 2016 is introduced a *Solidarity tax*. The solidarity tax represents a new progressive element in the labour taxation system. In 2014 and 2015 no social contributions were paid for wages exceeding a certain threshold (EUR 46 400 per year in 2014 and EUR 48 600 per year in 2015). From 2016 solidarity tax is applied to workers earning more than EUR 48 600 per year, but in 2017 solidarity tax is applied to workers earning more than EUR 52 400 per year. Solidarity tax rate are at the same level as current social security contributions rates (10.5% and 23.59%). Solidarity tax revenue is transferred to the state budget and not tied to social services.

2.1. *Employees' contributions*

Employees pay 10.5% of their earnings in contributions. The taxable base is the total amount of the gross wage or salary including vacation payments, fringe benefits and remuneration of expenses related to work above a certain threshold. The assessment period is the calendar month.

2.2. *Employers' contributions*

Social security contributions are also paid by employers at a rate of 23.59% on behalf of their employees. The taxable base and the assessment period are the same as for employees' contributions.

The total contribution rates paid by employees and employers are applied:

Scheme name	Rate of contribution (%)
Pension insurance	24.54
Unemployment insurance	1.90
Insurance of accidents at work and occupational diseases	0.48
Invalidity insurance	2.30
Maternity and sickness insurance	3.49
Parental insurance	1.38
Total	34.09

3. Payroll tax

The Business risk fee is paid in in the state basic budget, then transferred to the Employee claim guarantee fund which is administrated by the state agency "Insolvency administration". The Insolvency administration is a public institution controlled by the Ministry of Justice.

LES IMPÔTS SUR LES SALAIRES 2018 © OCDE 2018

If an enterprise is insolvent, the Insolvency Administration satisfies employee claims for their unpaid salaries, compensations for the paid annual leaves and compensations for dismissal in case of the end of the employment relationships.

The Business risk fee does not confer entitlement to any kind of social benefits.

The Business risk fee is a constant payment for a person EUR 0.36 per employee per month.

4. Universal cash transfers

4.1. *Transfers related to marital status*

None.

4.2. *Transfers for dependent children*

From 2015 support for families has been introduced through differentiated family benefits: EUR 11.38 per month for the first child, plus EUR 22.76 per month for the second child, plus EUR 34.14 per month for the third child, plus EUR 50.07 per month for the fourth and each subsequent child (EUR 50.07 for forth child and each subsequent child only from 2017). The state pays family benefits to all children until they reach the age of 15. Children enrolled in basic or secondary schools or vocational education institutions operating on the basis of basic education have the right to receive family benefits until the age of 19.

In addition there are four other types of family benefits for which payment depends on either the age of the child(ren) and/ or the status of the person(s) looking after them: maternity and paternity benefit; childbirth benefit; parental benefit; child care benefit (additional benefit for child with disabilities). These are not included in the modelling.

5. Main changes in tax/benefit system in 2017

- Additionally the tax allowance for dependents is expanded by non-working spouse, who dependents are minor child with a disability, if the non-working spouse does not receive taxable income or State pension.
- In 2017 is applied non-taxable minimum EUR 60 per month for all working persons (EUR 75 per month for all working persons in 2016).
- Differentiated non-taxable minimum for 2017 will apply only in 2018 when taxpayer submits annual tax return to SRS: for small income earners (up to EUR 400 per month) – EUR 115 per month or EUR 1 380 per year, for persons who receive income from EUR 400 to 1 100 per month – non-taxable minimum applying a formula gradually decreases until at income level over EUR 1 100 per month – it remains EUR 60 per month or EUR 720 per year.

In 2017 is able to receive the overpaid personal income tax by differentiated non-taxable minimum for 2016 if taxpayer submits annual tax return to SRS.

- Solidarity tax is applied to workers earning more than EUR 52 400 per year (in 2016 it instead was EUR 48 600 per year). Solidarity tax rate are at the same level as current social security contributions rates.
- State family benefit has been extend by increasing benefits to EUR 50.07 per month for the fourth child and each subsequent child (EUR 11.38 per month for the first child, plus EUR 22.76 per month for the second child, plus EUR 34.14 per month for the third child and each subsequent child in 2016).

6. Memorandum items

6.1. *Average gross annual wage earnings*

In Latvia the gross earnings figures cover wages and salaries paid to individuals in formal employment including payment for overtime. They also include additional bonuses and payments and other payments such as for the annual and supplementary vacations, public holidays, sick pay (sick-leave certificate A), payment for public holidays and other days not worked, social security compulsory contributions paid by the employees and personal income tax, as well as labour remuneration subsidies.

6.2. *Employer contributions to private pension and health schemes*

Some employer contributions are made to private health and pension schemes but there is no relevant information available on the amounts that are paid.

2017 parameter values

Average earnings/yr	Ave_earn	10 905	Secretariat estimate
Average earnings/yr-1	Ave_earn_prevYear	10,140	
Allowances	Basic_al	720	
	Child_al	2 100	
Income tax	Tax_rate	0.23	
Employers SSC	SSC_rate1	0.2359	
Payroll tax Business risk fee	payroll	4.32	
Income ceiling	Ceiling	52 400	
Employees SSC	SSC_rate2	0.105	
Child allowances	CA_first	136.56	
	CA_second	273.12	
	CA_third	409.68	
	CA_fourth and each next	600.84	
Days in tax year	numdays	365	
Differentiated non-taxable minimum criteria for year-1			
Minimum non-taxable minimum	MIN_non_taxable	900	
Maximum non-taxable minimum	MAX_non_taxable	1,200	
Taxable income* maximum threshold up to which the annual non-taxable minimum will be applied	Income_for_MIN_non_taxable	12,000	
Taxable income* minimum threshold up to which the maximum annual non-taxable minimum will be applied	Income_for_MAX_non_taxable	4,560	

2017 tax equations

The equations for the Latvian system are mostly on an individual basis.

The functions which are used in the equations (Taper, MIN, Tax etc) are described in the technical note about tax equations. Variable names are defined in the table of parameters above, within the equations table, or are the standard variables "married" and "children". A reference to a variable with the affix "_total" indicates the sum of the relevant variable values for the principal and spouse. And the affixes "_princ" and "_spouse" indicate the value for the principal and spouse, respectively. Equations for a single person are as shown for the principal, with "_spouse" values taken as 0.

	Line in country table and intermediate steps	Variable name	Range	Equation
1.	Earnings	earn		
2.	Allowances:	tax_al	P	=MIN(Basic_al+SSC_empee_princ+(Children>0)*(Child_al*Children);earn_princ)
			S	=Min(Basic_al+SSC_empee_spouse,earn_spouse)
3.	Credits in taxable income	taxbl_cr	B	0
4.	CG taxable income	tax_inc	B	Positive(earn-tax_al)
5.	CG tax before credits	CG_tax_excl	B	Tax_inc*tax_rate
6.	Tax credits :	tax_cr	B	0
7.	CG tax	CG_tax	B	CG_tax_excl-tax_cr-Addit_al_diff_from_prevYear
8;	State and local taxes	local_tax	B	0
9.	Employees' soc security	SSC_empee	B	= earn*SSC_rate2
11.	Cash transfers	cash_trans	J	=IF(Children<1;0;IF(Children=1;CA_first;IF(Children=2;CA_first+CA_second;IF(Children=3;CA_first+CA_second+CA_third;IF(Children=4;CA_first+CA_second+CA_third+CA_fourth_and_each_next;IF(Children>4;CA_first+CA_second+CA_third+CA_fourth_and_each_next*(Children-3))))))
13.	Employer's soc security	SSC_empr	B B	=earn*SSC_rate1 =payroll
14.	Overpaid tax previous year	Diff_non_taxable_min_prevYear	B	IF(earn_prevYear-Income_for_MAX_non_taxable<0,MAX_non_taxable,(IF((MAX_non_taxable-Coefficient*(earn_prevYear-Income_for_MAX_non_taxable))>MIN_non_taxable, (MAX_non_taxable-Coefficient*(earn_prevYear-Income_for_MAX_non_taxable)),MIN_non_taxable)))
		Addit_al_diff_from_prevYear	B	IF(earn_prevYear<=Income_for_MIN_non_taxable, (Diff_non_taxable_min_prevYear-MIN_non_taxable)*Tax_rate,0)

Key to range of equation B calculated separately for both principal earner and spouse P calculated for principal only (value taken as 0 for spouse calculation) J calculated once only on a joint basis.

© OCDE 2018

Luxembourg

This chapter includes data on the income taxes paid by workers, their social security contributions, the family benefits they receive in the form of cash transfers as well as the social security contributions and payroll taxes paid by their employers. Results reported include the marginal and average tax burden for eight different family types.

Methodological information is available for personal income tax systems, compulsory social security contributions to schemes operated within the government sector, universal cash transfers as well as recent changes in the tax/benefit system. The methodology also includes the parameter values and tax equations underlying the data.

Luxembourg 2017

The tax/benefit position of single persons

		Wage level (per cent of average wage)	67	100	167	67
		Number of children	none	none	none	2
1.	**Gross wage earnings**		39 238	58 565	97 803	39 238
2.	**Standard tax allowances**					
	Basic allowance		480	480	480	480
	Married or head of family					
	Dependent children					
	Deduction for social security contributions and income taxes		4 336	6 471	10 807	4 336
	Work-related expenses		540	540	540	540
	Other		0	0	0	0
		Total	5 356	7 491	11 827	5 356
3.	**Tax credits or cash transfers included in taxable income**		0	0	0	0
4.	**Central government rounded taxable income (1 - 2 + 3)**		33 850	51 050	85 950	33 850
5.	**Central government income tax liability (exclusive of tax credits)**		3 807	10 127	24 318	2 383
6.	**Tax credits**					
	Basic credit		600	322	0	600
	Married or head of family					
	Children					
	Other		0	0	0	1 455
		Total	600	322	0	2 055
7.	**Central government income tax finally paid (5-6)**		3 207	9 806	24 318	328
8.	**State and local taxes**		0	0	0	0
9.	**Employees' compulsory social security contributions**					
	Gross earnings		4 801	7 207	12 093	4 801
	Taxable income					
		Total	4 801	7 207	12 093	4 801
10.	**Total payments to general government (7 + 8 + 9)**		8 008	17 013	36 410	5 129
11.	**Cash transfers from general government**					
	For head of family					
	For two children		0	0	0	7 614
		Total	0	0	0	7 614
12.	**Take-home pay (1-10+11)**		31 230	41 551	61 393	41 723
13.	**Employer's compulsory social security contributions**		4 771	7 121	11 893	4 771
14.	**Average rates**					
	Income tax		8.2%	16.7%	24.9%	0.8%
	Employees' social security contributions		12.2%	12.3%	12.4%	12.2%
	Total payments less cash transfers		20.4%	29.1%	37.2%	-6.3%
	Total tax wedge including employer's social security contributions		29.0%	36.7%	44.0%	5.2%
15.	**Marginal rates**					
	Total payments less cash transfers: Principal earner		37.2%	50.1%	48.6%	42.1%
	Total payments less cash transfers: Spouse		n.a.	n.a.	n.a.	n.a.
	Total tax wedge: Principal earner		44.0%	55.5%	54.2%	48.4%
	Total tax wedge: Spouse		n.a.	n.a.	n.a.	n.a.

Luxembourg 2017

The tax/benefit position of married couples

		Wage level (per cent of average wage)	100-0	100-33	100-67	100-33
		Number of children	2	2	2	none
1.	**Gross wage earnings**		58 565	77 891	97 803	77 891
2.	**Standard tax allowances**					
	Basic allowance		480	960	960	960
	Married or head of family					
	Dependent children					
	Deduction for social security contributions and income taxes		6 471	8 607	10 807	8 607
	Work-related expenses		540	1 080	1 080	1 080
	Other		0	4 500	4 500	4 500
		Total	7 491	15 147	17 347	15 147
3.	**Tax credits or cash transfers included in taxable income**		0	0	0	0
4.	**Central government rounded taxable income (1 - 2 + 3)**		51 050	62 700	80 450	62 700
5.	**Central government income tax liability (exclusive of tax credits)**		3 641	6 263	11 688	6 263
6.	**Tax credits**					
	Basic credit		322	922	922	922
	Married or head of family					
	Children					
	Other		0	0	0	0
		Total	322	922	922	922
7.	**Central government income tax finally paid (5-6)**		3 319	5 342	10 766	5 342
8.	**State and local taxes**		0	0	0	0
9.	**Employees' compulsory social security contributions**					
	Gross earnings		7 207	9 530	12 009	9 530
	Taxable income					
		Total	7 207	9 530	12 009	9 530
10.	**Total payments to general government (7 + 8 + 9)**		10 527	14 871	22 775	14 871
11.	**Cash transfers from general government**					
	For head of family					
	For two children		7 614	7 614	7 614	0
		Total	7 614	7 614	7 614	0
12.	**Take-home pay (1-10+11)**		55 652	70 633	82 642	63 020
13.	**Employer's compulsory social security contributions**		7 121	9 472	11 893	9 472
14.	**Average rates**					
	Income tax		5.7%	6.9%	11.0%	6.9%
	Employees' social security contributions		12.3%	12.2%	12.3%	12.2%
	Total payments less cash transfers		5.0%	9.3%	15.5%	19.1%
	Total tax wedge including employer's social security contributions		15.3%	19.1%	24.7%	27.9%
15.	**Marginal rates**					
	Total payments less cash transfers: Principal earner		31.1%	36.8%	46.3%	36.8%
	Total payments less cash transfers: Spouse		22.5%	35.3%	44.8%	35.3%
	Total tax wedge: Principal earner		38.6%	43.6%	52.1%	43.6%
	Total tax wedge: Spouse		30.9%	42.3%	50.8%	42.3%

The national currency is the Euro (EUR). In 2017, EUR 0.89 equalled USD 1. The Secretariat has estimated that in that same year the average worker earned EUR 58 565 (Secretariat estimate).

1. Personal income tax system

1.1. *Taxes levied by central government*

1.1.1. *Tax unit*

Spouses and partners are taxed jointly on their income. The income of minor children is included in determining the couple's taxable income. However, any earned income that children may derive from work is excluded from joint taxation.

For 2018, there will be the option to file separate tax returns for married couples and civil partners.

1.1.2. *Tax reliefs and tax credits*

1.1.2.1. Standard reliefs in the form of deductions from income

- Wage-earners are entitled to a standard minimum deduction of EUR 540 for work-related expenses other than travel, unless their actual deductible expenses are higher. This deduction is doubled for spouses taxed jointly.
- The first 4 distance units (i.e. 4 * 99 = EUR 396 per year) of the lump sum deduction for travel expenses between a taxpayer's home and his working places are abolished. The maximum deduction will be limited to EUR 2 574 per year.
- Like other taxpayers, wage-earners having no special expenses (interest charges, insurance premiums or contributions other than for social security) may take a standard deduction of EUR 480 for special expenses. Actual insurance premiums are deductible up to the limit set by law.
- If both spouses have earned income and are taxed jointly, they qualify for an earned income allowance of EUR 4 500.
- Social security contributions: contributions paid to compulsory health insurance and pension schemes are deductible in full.
- Dependency insurance: the dependency contribution is not deductible for income tax purposes.

1.1.2.2. Standard reliefs in the form of tax credits

- Wage-earners and pensioners receive a refundable tax credit. The tax credit will increase progressively until it is capped at EUR 600 per year for taxpayers earning between EUR 11 265 and EUR 40 000. Between EUR 40 000 and EUR 80 000, the tax credit will decline progressively. Over EUR 80 000, the tax credit is 0.
- Single-parents receive a refundable tax credit. The tax credit will be increased to EUR 1 500 per year for taxpayers earning up to EUR 35 000. Between EUR 35 000 and

EUR 105 000, the tax credit will decline progressively. Over EUR 105 000 the tax credit is EUR 750 like in the past.

1.1.2.3. Non-standard allowances deductible from taxable income

- Interest charges are deductible insofar as they are not considered operating expenses or acquisition expenses, and provided they are unrelated economically to the exempt income. .
- Taxpayers may deduct premiums paid to insurers licensed in an EU country in respect of life, death, accident, disability, illness or liability insurance, as well as dues paid to recognised mutual assistance companies.
- From 2017 onwards, the deductibility of interest charges and for insurance and legal responsibility is aggregated under one category and limited to EUR 672.
- Payments to an insurance company or credit institution in respect of an individual retirement scheme are deductible. These payments are capped at EUR 3 200 and must meet certain investment policy constraints.
- Contributions to building society savings are deductible up to the limit of EUR 672. If the taxpayer is under 40 years old, this limit will be double to EUR 1 344.
- Interest charges in respect of the rental value of owner-occupied housing are deductible only up to an annual ceiling. During the first five years, the ceiling is EUR 2 000; for the following five years it is EUR 1 500 ; thereafter it is EUR 1 000. These ceilings are increased by an equal amount for the taxpayer's spouse/partner, and for each qualifying child.
- As from 1 January 2009, the maximal deduction of premium related to the mortgage life insurance on the taxpayer's principal residence is EUR 6 000. This ceiling is increased by an equal amount for the taxpayer's spouse/partner and by 1 200 for each qualifying child. For taxpayers over the age of 30, the allowable deduction of EUR 6 000 is increased by 8% for each year over 30, with a ceiling of 160%.
- Upon request, taxpayers may be granted exemptions for extraordinary expenses that are unavoidable, and that considerably reduce their ability to pay taxes (e.g. uninsured health care costs, support for needy relatives, uninsured funeral costs beyond the taxpayer's means, domestic or childcare expenses, expenses for children outside the taxpayer's household, or expenses for children in a single-parent household).

1.1.3. *Tax schedule reliefs*

Income tax is determined on the basis of the following schedule (amounts in Euros):

0% for the portion of income up to 11 265
8% for the portion of income between 11 265 and 13 137
9% for the portion of income between 13 137 and 15 009
10% for the portion of income between 15 009 and 16 881
11% for the portion of income between 16 881 and 18 753
12% for the portion of income between 18 753 and 20 625
14% for the portion of income between 20 625 and 22 569
16% for the portion of income between 22 569 and 24 513
18% for the portion of income between 24 513 and 26 457
20% for the portion of income between 26 457 and 28 401
22% for the portion of income between 28 401 and 30 345
24% for the portion of income between 30 345 and 32 289
26% for the portion of income between 32 289 and 34 233

28% for the portion of income between 34 233 and 36 177
30% for the portion of income between 36 177 and 38 121
32% for the portion of income between 38 121 and 40 065
34% for the portion of income between 40 065 and 42 009
36% for the portion of income between 42 009 and 43 953
38% for the portion of income between 43 953 and 45 897
39% for the portion of income between 45 897 and 100 002
40% for the portion of income between 100 002 and 150 000
41% for the portion of income between 150 000 and 200 004
42% for the portion of income exceeding 200 004

The income tax liability of single taxpayers is determined by applying the above schedule to taxable income.

The income tax liability of married taxpayers and partners corresponds to double the amount obtained if the above schedule is applied to half of their income (class 2).

For widow(er)s, taxpayers with a dependent child allowance and persons over 64 years of age (class 1a), tax is calculated as follows: the schedule is applied to adjusted taxable income reduced by half of the difference between that amount and EUR 45 060, with the marginal tax rate capped at 39% for the portion of income between EUR 37 842 and EUR 100 002, 40% for the portion of income between EUR 100 002 and EUR 150 000, 41% for the portion of income between EUR 150 000 and EUR 200 004, and 42% for the portion of income exceeding EUR 200 004.

Income tax as determined by the applicable schedules is subject to a 7% "solidarity" surtax to finance the employment fund. The rate is 9% for the taxable income exceeding EUR 150 000 (tax classes 1 and 1a), respectively EUR 300 000 (tax class 2).

1.1.4. *Income exemptions*

A taxpayer may claim a deduction for a dependent child under 21 years of age who is not part of the household. This deduction is allowed for expenses actually incurred but may not exceed EUR 4 020.

1.2. *Local (municipal) taxes*

No particular income tax is levied by municipalities, which receive a direct share of the income tax revenue collected by the State. This share is equal to 18% of tax revenue.

2. Compulsory social security contributions to schemes operated within the government sector

	Employer's share (%)	Employee's share (%)	Ceiling on contributions (in euros)
a) Pension and disability insurance	8	8	119 915,16
b) Health insurance	3.05	3.05	119 915,16
c) Dependency insurance		1.4	Monthly allowance 499.65*
d) Health in the workplace	0.11		
e) Accident insurance	1.00		

* (Monthly allowance: EUR 499.65 = 0.25* social minimum salary/12). The social minimum salary in 2017 is equal to EUR 23 983.08.

No distinction is made according to family status or gender.

As from 1 January 2009 the differences in social security contributions between workers and employees are abolished.

The temporary budget balancing tax, the "impôt d'équilibrage budgétaire temporaire (IEBT), introduced in 2015, is abolished from 1 January 2017.

3. Universal cash transfers

3.1. *For married persons*

None.

3.2. *For dependent children*

Every child raised in the Grand Duchy entitles the person on whom the child is dependent to a monthly family allowance. Family allowances are adjusted regularly for the cost of living.

There has been a reform of the family allowance system in 2016.

For families that are eligible for family allowance before 1 August 2016, the old system remains, and the amounts for 2017 are

Effective date	As of 1 July 2006
1 eligible child	EUR 185.60
2 eligible children	EUR 440.72
3 eligible children	EUR 802.74

Starting with the fourth eligible child, the allowance is raised by EUR 361.82 per child.

Additionally, a child bonus amounting to EUR 76.88 per child per month is paid in cash irrespective of the taxable income of the parents as from 1 January 2009. This amount is paid by the National Family Benefits Administration.

For children born on or after 1 August 2016, the child bonus amounting to EUR 76.88 per child per month has been abolished and incorporated in the new higher amounts:

Effective date	As of 1 August 2016
1 eligible child	EUR 265
2 eligible children	EUR 530
3 eligible children	EUR 795

The amounts indicated above are increased by EUR 20 for children aged 6 to 11 and by EUR 50 for those aged 12 years or older. These new additional amounts, depending on the children's age, are applicable for all children and are replacing the amounts of EUR 16.17 respectively EUR 48.52 from 1 August 2016 onwards.

4. Main changes since 2008

4.1. *Partnerships*

The Act of 9 July 2004 introduced the notion of partnerships into tax law. The Act construes the term "partnership" as a relationship between two persons, called "partners", of opposite sex or the same sex, who live together as a couple and declare themselves as such.

As from 1 January 2008, the fiscal treatment of the partnerships is modified. The deduction for extraordinary expenses is replaced by the joint taxation of partners as it already exists for spouses.

4.2. *Introduction of tax credits*

The following changes were made as of 1 January 2017:

- The existing tax credit of EUR 300 for employees, self-employed people and pensioners will be increased progressively until it is capped at EUR 600 per year for taxpayers earning between EUR 11 265 and EUR 40 000. For taxpayers earning between EUR 40 000 and 80 000, the tax credit will decline progressively. Taxpayers earning more than EUR 80 000 will not benefit anymore from the tax credit.
- The existing tax credit of EUR 750 for single parents with children will be increased to EUR 1 500 per year for taxpayers earning up to EUR 35 000. For taxpayers earning between EUR 35 000 and EUR 105 000, the tax credit will decline progressively. For taxpayers earning more than EUR 105 000, the tax credit will remain at its current level of EUR 750.

5. Memorandum item

5.1. *Identification of the average worker*

Average gross hourly wages by industry and by gender are determined on the basis of biannual surveys on industry wages and working hours. These surveys cover gross compensation for regular hours (working hours + leave time) plus overtime pay. Hourly wages include bonuses and allowances such as premiums for output, production or productivity. In contrast, non-periodic compensation (bonuses, profit-sharing) that is not paid systematically in each pay period is not included. Nevertheless, in order to allow for comparisons between countries, gross annual pay is adjusted on the basis of average non-periodic compensation as calculated from triennial surveys of labour costs.

Regarding working hours, the time taken into account is the time effectively offered, including regular working hours, overtime, night shifts and work on Sunday.

2017 parameter values

Average earnings/yr	Ave_earn	58 565	Secretariat estimate
Tax allowances: general	gen_dedn	480	
professional expenses	prof_exp	540	
travel expenses	travel_exp	0	
extra if both spouses earning	extra_dedn	4 500	
Low earner allowance	allow_1		
Low earner allowance (couples)	allow_2		
Class 1a limit	cl_1a_lim	45 060	
Tax schedule	tax_sch	0	11 265
		0.08	13 137
		0.09	15 009
		0.10	16 881
		0.11	18 753
		0.12	20 625
		0.14	22 569
		016	24 513
		0.18	26 457
		0.20	28 401
		0.22	30 345
		0.24	32 289
		0.26	34 233
		0.28	36 177
		0.30	38 121
		0.32	40 065
		0.34	42 009
		0.36	43 953
		0.38	45 897
		0.39	100 002
		0.40	150 000
		0.41	200 004
		0.42	
Child credit maximum	ch_cred	0	
Social Minimum Salary	min_salary	23 983.08	
Multiplier for unemployment	unemp_rate_1	1.07	
	Unemp_rate_2	1.09	
	Unemp_lim	150 000	
Social security contributions	SSC_rate	0.1105	
	SSC_ceil	119 915.16	
	infirm	0.014	
	infirm_abatement	0.25	
Employer contributions	workhealth	0.0011	
	SSC_empr	0.1105	
	SSC_acc	0.010	
Child benefit (1 child)	CB_1	185.6	
2 children	CB_2	440.72	
extra age 6-11	CB_ex	20	
extra age above 11		50	
Child bonus	ch_bonus	922.50	
Worker tax credit	wtc_basic_1	300	
	wtc_basic_2	600	
	wtc_incomelim_1	936	
	wtc_incomelim_2	11265	
	wtc_incomelim_3	40000	
	wtc_incomelim_4	80000	

2017 parameter values

	wtc_incr_rate	0.029044438
	wtc_decr_rate	0.015
Single parent tax credit	sptc_basic_1	1500
	sptc_basic_2	750
	sptc_incomelim_1	35000
	sptc_incomelim_2	105000
	sptc_decr_rate	0.010714286
Class 1a Discount	discount	0.50
Maximum Marginal Rate	max_rate	0.42

2017 tax equations

The equations for the Luxembourg system are on a joint basis except for social security contributions.

The functions which are used in the equations (Taper, MIN, Tax etc) are described in the technical note about tax equations. Variable names are defined in the table of parameters above, within the equations table, or are the standard variables "married" and "children". A reference to a variable with the affix "_total" indicates the sum of the relevant variable values for the principal and spouse. And the affixes "_princ" and "_spouse" indicate the value for the principal and spouse, respectively. Equations for a single person are as shown for the principal, with "_spouse" values taken as 0.

	Line in country table and intermediate steps	Variable name	Range	Equation
1.	Earnings	earn		
2.	Allowances:			
	Basic	basic	J	IF(earn_spouse='0,' 1, 2)*gen_dedn
	work-related	work_rel	J	IF(earn_spouse='0,' 1, 2)*(prof_exp)
	Other	other_al	J	(earn_spouse>0)*extra_dedn
	Total	tax_al	J	min(basic+work_rel+other_al+SSC_ded_total, earn)
3.	Credits in taxable income	taxbl_cr	J	0
	family quotient	quotient	J	1+Married
4.	CG taxable income unadjusted taxable income	tax_inc	J	earn-tax_al
5.	CG tax before credits	tax_excl	J	((Children=0)*IF(Married='0,Tax(tax_inc,' tax_sch), quotient*Tax(tax_inc/quotient, tax_sch)) + (Children>0)*IF(Married='0,' Taxclass1a(tax_inc, tax_sch, discount, cl_1a_lim, max_rate), quotient*Tax(tax_inc/quotient, tax_sch)))*IF(tax_inc> unemp_lim*(1+Married,unemp_rate_2,unemp_rate_1)
6.	Tax credits :	worker_cr	J	Positive(IF(earn_princ>wtc_incomelim_1,wtc_basic_1+(Positive(MIN(earn_princ, wtc_incomelim_2)-wtc_incomelim_1)*wtc_incr_rate)-(Positive(earn_princ-wtc_ incomelim_3)*wtc_decr_rate),0))+ Positive(IF(earn_spouse>wtc_incomelim_1, wtc_basic_1+(Positive(MIN(earn_spouse,wtc_incomelim_2)-wtc_incomelim_1)* wtc_incr_rate)-(Positive(earn_spouse-wtc_incomelim_3)*wtc_decr_rate),0))
		monoparent_cr	J	IF(AND(Married=0,Children>0),IF(earn<sptc_incomelim_1,sptc_basic_1,sptc_basi c_1-((MIN(earn,sptc_incomelim_2)-sptc_incomelim_1)*sptc_decr_rate)),0)
		tax_cr	J	worker_cr+monoparent_cr
7.	CG tax	CG_tax	J	tax_excl-tax_cr
8.	State and local taxes	local_tax	J	0
9.	Employees' soc security	SSC	B	SSC_rate*MIN(earn, SSC_ceil)+infirm*Positive(earn-infirm_abatement*min_ salary)+()
	deductible portion	SSC_ded	B	SSC_rate*MIN(earn, SSC_ceil)
11.	Cash transfers	cash_trans	J	((Children='1)*(CB_1+CB_ex)+'(Children=2)*(CB_2+2*CB_ex))*12+Children*ch_ bonus
13.	Employer's soc security	SSC_empr	B	(SSC_empr+workhealth)*MIN(earn, SSC_ceil)+SSC_acc*MIN(earn,SSC_ceil)

Key to range of equation B calculated separately for both principal earner and spouse P calculated for principal only (value taken as 0 for spouse calculation) J calculated once only on a joint basis.

© OCDE 2018

Mexico

This chapter includes data on the income taxes paid by workers, their social security contributions, the family benefits they receive in the form of cash transfers as well as the social security contributions and payroll taxes paid by their employers. Results reported include the marginal and average tax burden for eight different family types.

Methodological information is available for personal income tax systems, compulsory social security contributions to schemes operated within the government sector, universal cash transfers as well as recent changes in the tax/benefit system. The methodology also includes the parameter values and tax equations.

Mexico 2017

The tax/benefit position of single persons

		Wage level (per cent of average wage)	67	100	167	67
		Number of children	none	none	none	2
1.	**Gross wage earnings**		79 196	118 204	197 400	79 196
2.	**Standard tax allowances**					
	Basic allowance		2 590	2 750	3 076	2 590
	Married or head of family					
	Dependent children					
	Deduction for social security contributions and income taxes					
	Work-related expenses					
	Other					
		Total	2 590	2 750	3 076	2 590
3.	**Tax credits or cash transfers included in taxable income**		0	0	0	0
4.	**Central government taxable income (1 - 2 + 3)**		76 606	115 453	194 324	76 606
5.	**Central government income tax liability (exclusive of tax credits)**		5 805	11 631	28 198	5 805
6.	**Tax credits**					
	Basic credit		3 042	0	0	3 042
	Married or head of family					
	Children					
	Other		0	0	0	0
		Total	3 042	0	0	3 042
7.	**Central government income tax finally paid (5-6)**		2 762	11 631	28 198	2 762
8.	**State and local taxes**		0	0	0	0
9.	**Employees' compulsory social security contributions**					
	Gross earnings		990	1 620	2 926	990
	Taxable income					
		Total	990	1 620	2 926	990
10.	**Total payments to general government (7 + 8 + 9)**		3 752	13 251	31 125	3 752
11.	**Cash transfers from general government**					
	For head of family					
	For two children		0	0	0	0
		Total	0	0	0	0
12.	**Take-home pay (1-10+11)**		75 444	104 953	166 275	75 444
13.	**Employers' compulsory social security contributions**		10 792	13 729	19 771	10 792
14.	**Average rates**					
	Income tax		3.5%	9.8%	14.3%	3.5%
	Employees' social security contributions		1.3%	1.4%	1.5%	1.3%
	Total payments less cash transfers		4.7%	11.2%	15.8%	4.7%
	Total tax wedge including employer's social security contributions		16.2%	20.4%	23.4%	16.2%
15.	**Marginal rates**					
	Total payments less cash transfers: Principal earner		12.1%	19.5%	22.9%	12.1%
	Total payments less cash transfers: Spouse		n.a.	n.a.	n.a.	n.a.
	Total tax wedge: Principal earner		17.5%	25.2%	28.4%	17.5%
	Total tax wedge: Spouse		n.a.	n.a.	n.a.	n.a.

Mexico 2017

The tax/benefit position of married couples

	Wage level (per cent of average wage)	100-0	100-33	100-67	100-33
	Number of children	2	2	2	none
1.	**Gross wage earnings**	118 204	157 605	197 006	157 605
2.	**Standard tax allowances**				
	Basic allowance	2 750	4 532	5 339	4 532
	Married or head of family				
	Dependent children				
	Deduction for social security contributions and income taxes				
	Work-related expenses				
	Other				
	Total	2 750	4 532	5 339	4 532
3.	**Tax credits or cash transfers included in taxable income**	0	0	0	0
4.	**Central government taxable income (1 - 2 + 3)**	115 453	153 073	191 667	153 073
5.	**Central government income tax liability (exclusive of tax credits)**	11 631	13 772	17 393	13 772
6.	**Tax credits**				
	Basic credit	0	4 879	3 042	4 879
	Married or head of family				
	Children				
	Other	0	0	0	0
	Total	0	4 879	3 042	4 879
7.	**Central government income tax finally paid (5-6)**	11 631	8 893	14 350	8 893
8.	**State and local taxes**	0	0	0	0
9.	**Employees' compulsory social security contributions**				
	Gross earnings	1 620	2 112	2 605	2 112
	Taxable income				
	Total	1 620	2 112	2 605	2 112
10.	**Total payments to general government (7 + 8 + 9)**	13 251	11 005	16 955	11 005
11.	**Cash transfers from general government**				
	For head of family				
	For two children	0	0	0	0
	Total	0	0	0	0
12.	**Take-home pay (1-10+11)**	104 953	146 600	180 051	146 600
13.	**Employers' compulsory social security contributions**	13 729	21 923	24 495	21 923
14.	**Average rates**				
	Income tax	9.8%	5.6%	7.3%	5.6%
	Employees' social security contributions	1.4%	1.3%	1.3%	1.3%
	Total payments less cash transfers	11.2%	7.0%	8.6%	7.0%
	Total tax wedge including employer's social security contributions	20.4%	18.3%	18.7%	18.3%
15.	**Marginal rates**				
	Total payments less cash transfers: Principal earner	19.5%	19.5%	19.5%	19.5%
	Total payments less cash transfers: Spouse	-5.7%	7.4%	12.1%	7.4%
	Total tax wedge: Principal earner	25.2%	25.2%	25.2%	25.2%
	Total tax wedge: Spouse	12.5%	13.0%	17.5%	13.0%

The national currency is the peso (MXN). In 2017, MXN 18.87 was equal to USD 1. That year, the estimated earnings of the average worker are MXN 118 204 (Secretariat estimate).

1. Personal income tax

1.1. *Central government income tax*

1.1.1. *Tax unit*

Each person is taxed separately.

1.1.2. *Tax allowances and tax credits*

1.1.2.1. Standard tax reliefs

There are two basic allowances, a yearly holiday bonus and an end-of-year bonus.

- Holiday Bonus: Mexico's Labour Law stipulates a minimum holiday bonus of 25% of six days of the worker's wage. The maximum exemption according to the Tax Law is equivalent to 15 UMAs.[1]
- End-of-year bonus: The minimum end-of-year bonus established in the Labour Law is 15 days of the worker's wage. The Tax Law exempts end-of-year-bonuses up to 30 UMAs.

1.1.2.2. Main non-standard tax reliefs

Deductions:

- Compulsory school transportation costs.
- Medical expenses (doctor, dental, psychology and nutrition fees and hospital expenses): For expenses made by the taxpayer on behalf of his or her spouse and straight line relatives, the deduction is allowed only if the taxpayer's relative earns less than the minimum annual wage.
- Complementary contributions of certain retirement accounts are considered eligible as long as they do not exceed 10% of taxable income and MXN 137 694 (5 annual UMAs).
- Funeral expenses: for the spouse and straight-line relatives up to 1 annual UMA.
- Charitable donations made to institutions such as:
  - Federal, state, and municipal governments.
  - Non-profit organisations involved in the fields of social beneficence, education, culture, and research and technology.
- Deposits on special savings accounts, payments of insurance premium of pension plans, and for the acquisition of shares of investment societies as long as they do not exceed MXN 152 000.
- Health insurance premiums for individuals, if the beneficiary is the taxpayer, and/or his family.

1. In 2017, the value of the minimum wage is 80.04 while the value of the UMA is 75.49.

LES IMPÔTS SUR LES SALAIRES 2018 © OCDE 2018

- Real interest expenditure of mortgage loans if the value of the property does not exceed MXN 4 264 813. Real interest expenditure is defined as the excess of interest expense over the inflation rate.
- Deduction of taxpayer's educational expenditures for himself, on behalf of his/her spouse, parents or children, among others, for the following educational levels.

Educational level	Maximum annual deduction (MXN)
Kinder Garden	14 200
Primary Education	12 900
Secondary Education	19 900
Technical Profession	17 100
High School	24 500

Since 2016 the limit amount for personal deductions was increased. The new limit is the minimum between 15% of taxpayer's gross income and an amount equivalent to 5 annual UMAs (MXN 137 694 in 2017). The limit does not apply to private school's tuition, charity donations, complementary contributions to retirement's personal accounts, professional fees, and medical expenses in the event of incapacity or disability.

1.1.2.3. Employment subsidy credit

The employment subsidy credit is decreasing on workers' income and is assigned based on a table of income brackets. For monthly income higher than MXN 7 382 no employment subsidy credit is given. Employees with an income tax lower than the credit receive in cash the difference along with their salary. The rest of the workers that receive the credit are entitled to a reduction in their tax burden. The employment subsidy credit is paid by the employers who may credit it against their tax liabilities; the credit therefore represents a fiscal cost for the government.

1.1.3. *Tax schedule and other tables*

1.1.3.1. Tax schedule[2]

Taxable income (MXN)		Fixed quota (MXN)	Tax on the amount in excess of the lower limit (%)
Lower Limit	Upper Limit		
0	5 952.84	0	1.92
5 952.85	50 524.92	114.29	6.40
50 524.93	88 793.04	2 966.91	10.88
88 793.05	103 218.00	7 130.48	16.00
103 218.01	123 580.20	9 438.47	17.92
123 580.21	249 243.48	13 087.37	21.36
249 243.49	392 841.96	39 929.05	23.52
392 841.97	750 000.00	73 703.41	30.00
750 000.01	1 000 000.00	180 850.82	32.00
1 000 000.01	3 000 000.00	260 850.81	34.00
3 000 000.01	And over	940 850.81	35.00

Since 2014 three additional brackets were included with a maximum marginal rate for income over MXN 3 million of 35%.

2. The income tax schedule and the employment subsidy credit table are updated once the accumulated inflation reaches 10%.

1.1.3.2. Employment subsidy credit table

For annual taxable income in a certain income range, the employment subsidy credit is given in the third column of the following table:

Lower limit (MXN)	Upper limit (MXN)	Tax credit (MXN)
0.0	21 227.52	4 884.24
21 227.53	31 840.56	4 881.96
31 840.57	41 674.08	4 879.44
41 674.09	42 454.44	4 713.24
42 454.45	53 353.80	4 589.52
53 353.81	56 606.16	4 250.76
56 606.17	64 025.04	3 898.44
64 025.05	74 696.04	3 535.56
74 696.05	85 366.80	3 042.48
85 366.81	88 587.96	2 611.32
88 587.97	And Over	0.00

1.2. *State and local income taxes*

States do not levy taxes on income.

1.3. *Payroll taxes*

Mexico does not have a Federal pay-roll tax. However, most States apply a state pay-roll tax with an average rate of 2.37 %. These taxes are not considered in this Report since there are a wide range of practices with respect to the definition of the tax base that does not allow obtaining a reliable estimation.

2. Compulsory social security contributions to schemes operated within the government sector

2.1. *Employees' contributions*

Social security contributions are divided as follows:

For sickness and maternity insurance, 0.625% of the workers monthly wage, plus 0.40% of the amount in excess of 3 UMAs. For disability and life insurance, 0.625% of the monthly wage.

In 2017, a ceiling of 25 UMAs applies to the salary that is used to calculate the social security contributions.

2.2. *Employers' contributions*

- For sickness and maternity 20.40% of the UMA, plus 1.10% of the amount in excess of 3 UMAs, plus 1.75% of the monthly wage.
- For disability and life insurance, 1.75% of worker's monthly wage.
- For social services and nursery, 1% of worker's monthly wage.
- For insurance for work injuries of employees, 2.029% of worker's monthly wage.[3]

In 2017, a ceiling of 25 UMAs applies to the salary that is used to calculate the social security contributions.

3. The amount of the work injury fee depends on the risk level in which the company is classified. The Mexican Institute of Social Security provided a weighted average rate that considers the economic activities from C to K of the International Standard Classification.

3. Universal cash transfers

3.1. *Transfers related to marital status*

None.

3.2. *Transfers for dependent children*

None.

4. Main changes in the tax/benefit system since 1995

The Social Security Law enacted in July 1997 changed fundamentally the financing of non-government employees' social security, which shifted from a pay-as-you-go scheme to funded individual accounts. The government does not manage these accounts; new private financial institutions were created specifically for this purpose. However, the contractual obligation is between the workers and the government, not with the private administrator of the funds, because legally they are still considered as contributions to social security, independently of who manages the funds. It should be noted that the federal government also contributes to each pension account, and guarantees a minimum pension to every beneficiary of the social security system, independently of the administration of the funds as well.

5. Memorandum items

5.1. *Method used to identify an average worker and to calculate his gross earnings*

The income data refer to average workers. It should be noted that in the sample used for this survey, medium and large size firms are over-represented. In Mexico, there are no state or local government income taxes. Information on non-standard tax reliefs is not available.

Figures for 1999 and subsequent years cannot be compared with preliminary figures from previous editions of this publication for two reasons: first, the wage level of the average worker is now based on observed data instead of being estimated; second, social security contributions taken into account no longer include contributions made by employers and employees to privately managed individual accounts. Contributions no longer included in the calculation of social security contributions are specified in the table below.

5.2. *Main employees' and employers' contributions to private pension, health, etc. schemes*

	Account	% of workers' monthly wage
Employers' contributions	Retirement	2.00
	Discharge and old age insurance	3.15
	Housing Fund (INFONAVIT)	5.00
Employees' contributions	Discharge and old age insurance	1.125

2017 parameter values

Average earnings/yr	Ave_earn	118 204	Secretariat estimate	
Unit of Measure and Update	UMA	75.49		
Income tax	tax_table	0.00	0	0.0192
		5 952.85	114.29	0.0640
		50 524.93	2 966.91	0.1088
		88 793.05	7 130.48	0.1600
		103 218.01	9 438.47	0.1792
		123 580.21	13 087.37	0.2136
		249 243.49	39 929.05	0.2352
		392 841.97	73 703.41	0.3000
		750 000.01	180 850.82	0.3200
		1 000 000.01	260 850.81	0.3400
		3 000 000.01	940 850.81	0.3500
Tax credit basic	Basic_crd	0.0	4 884.24	
		21 227.53	4 881.96	
		31 840.57	4 879.44	
		41 674.09	4 713.24	
		42 454.45	4 589.52	
		53 353.81	4 250.76	
		56 606.17	3 898.44	
		64 025.05	3 535.56	
		74 696.05	3 042.48	
		85 366.81	2 611.32	
		88 587.97	0.00	
Employees SSC	SSC_rate	0.0125		
	SSC_rate_sur	0.0040		
Employers SSC	SSC_empr	0.06529		
	SSC_empr_min	0.2040		
	SSC_empr_sur	0.0110		

2017 tax equations

The equations for the Mexican system in 2017 are on an individual basis.

The functions which are used in the equations (Taper, MIN, Tax etc) are described in the technical note about tax equations. Variable names are defined in the table of parameters above, within the equations table, or are the standard variables "married" and "children". A reference to a variable with the affix "_total" indicates the sum of the relevant variable values for the principal and spouse. And the affixes "_princ" and "_spouse" indicate the value for the principal and spouse, respectively. Equations for a single person are as shown for the principal, with "_spouse" values taken as 0.

	Line in country table and intermediate steps	Variable name	Range	Equation
1.	Earnings	earn		
2.	Allowances	tax_al	B	MIN(earn, MIN(earn*(6/365)*0.25, UMA*15)+ MIN(earn*(15/365), UMA*30))
3.	Credits in taxable income	taxbl_cr	B	0
4.	CG taxable income	tax_inc	B	Positive(earn-tax_al)
5.	CG tax before credits	CG_tax_excl	B	Tax(tax_inc, Tax_sch)
6.	Tax credits	tax_cr	B	VLOOKUP(tax_inc, Basic_crd, 2)
7.	CG tax	CG_tax	B	CG_tax_excl-tax_cr
8.	State and local taxes	local_tax	B	0
9.	Employees' soc security	SSC	B	MIN(earn*ssc_rate, UMA*25*365*ssc_rate)+MIN(Positive(earn-(3*365*UMA))* ssc_rate_sur, UMA*(25-3)*365*ssc_rate_sur)
11.	Cash transfers	cash_trans	B	0
13.	Employer's soc security	SSC_empr	B	MIN(earn*ssc_empr, UMA*25*365*ssc_empr)+365*UMA*ssc_empr_min+MIN (Positive(earn-(3*365*UMA))*ssc_empr_sur, UMA*(25-3)*365*ssc_empr_sur)
	Memorandum item: Non-wastable tax credit			
	tax expenditure component	taxexp	B	tax_cr-transfer
	cash transfer component	transfer	B	IF(CG_tax<0, -CG_tax, 0)

Key to range of equation B calculated separately for both principal earner and spouse P calculated for principal only (value taken as 0 for spouse calculation).

Les impôts sur les salaires 2018
© OCDE 2018

Netherlands

This chapter includes data on the income taxes paid by workers, their social security contributions, the family benefits they receive in the form of cash transfers as well as the social security contributions and payroll taxes paid by their employers. Results reported include the marginal and average tax burden for eight different family types.

Methodological information is available for personal income tax systems, compulsory social security contributions to schemes operated within the government sector, universal cash transfers as well as recent changes in the tax/benefit system. The methodology also includes the parameter values and tax equations.

Netherlands 2017

The tax/benefit position of single persons

	Wage level (per cent of average wage)	67	100	167	67
	Number of children	none	none	none	2
1.	**Gross wage earnings**	34 109	50 909	85 017	34 109
2.	**Standard tax allowances:**				
	Basic allowance				
	Married or head of family				
	Dependent children				
	Deduction for social security contributions and income taxes	0	0	0	0
	Work-related expenses				
	Other				
	Total	0	0	0	0
3.	**Tax credits or cash transfers included in taxable income**	0	0	0	0
4.	**Central government taxable income (1 - 2 + 3)**	32 849	48 642	80 708	32 849
5.	**Central government income tax liability (exclusive of tax credits)**	3 470	9 654	24 264	3 470
6.	**Tax credits :**				
	Basic credit				
	Married or head of family				
	Children				
	Other				
	Total	1 180	858	362	1 878
7.	**Central government income tax finally paid (5-6)**	2 290	8 796	23 902	1 593
8.	**State and local taxes**	0	0	0	0
9.	**Employees' compulsory social security contributions**				
	Gross earnings	0	0	0	0
	Taxable income (net of credits)	5 416	6 679	8 220	3 349
	Total	5 416	6 679	8 220	3 349
10.	**Total payments to general government (7 + 8 + 9)**	7 706	15 475	32 121	4 942
11.	**Cash transfers from general government**				
	For head of family				
	For two children	0	0	0	6 184
	Total	0	0	0	6 184
12.	**Take-home pay (1-10+11)**	26 402	35 434	52 896	35 351
13.	**Employers' compulsory social security contributions**	3 883	5 750	6 347	3 883
14.	**Average rates**				
	Income tax	6.7%	17.3%	28.1%	4.7%
	Employees' social security contributions	15.9%	13.1%	9.7%	9.8%
	Total payments less cash transfers	22.6%	30.4%	37.8%	-3.6%
	Total tax wedge including employer's social security contributions	30.5%	37.5%	42.1%	7.0%
15.	**Marginal rates**				
	Total payments less cash transfers: Principal earner	46.2%	46.2%	52.3%	46.8%
	Total payments less cash transfers: Spouse	n.a.	n.a.	n.a.	n.a.
	Total tax wedge: Principal earner	51.6%	51.6%	52.3%	52.1%
	Total tax wedge: Spouse	n.a.	n.a.	n.a.	n.a.

Netherlands 2017

The tax/benefit position of married couples

	Wage level (per cent of average wage)	100-0	100-33	100-67	100-33
	Number of children	2	2	2	none
1.	**Gross wage earnings**	50 909	67 708	85 017	67 708
2.	**Standard tax allowances:**				
	Basic allowance				
	Married or head of family				
	Dependent children				
	Deduction for social security contributions and income taxes	0	0	0	0
	Work-related expenses				
	Other				
	Total	0	0	0	0
3.	**Tax credits or cash transfers included in taxable income**	0	0	0	0
4.	**Central government taxable income (1 - 2 + 3)**	48 642	65 087	81 491	65 087
5.	**Central government income tax liability (exclusive of tax credits)**	9 654	11 117	13 124	11 117
6.	**Tax credits :**				
	Basic credit				
	Married or head of family				
	Children				
	Other				
	Total	1 077	2 366	2 735	1 939
7.	**Central government income tax finally paid (5-6)**	8 576	8 751	10 389	9 178
8.	**State and local taxes**	0	0	0	0
9.	**Employees' compulsory social security contributions**				
	Gross earnings	0	0	0	0
	Taxable income (net of credits)	5 997	6 540	10 028	7 867
	Total	5 997	6 540	10 028	7 867
10.	**Total payments to general government (7 + 8 + 9)**	14 573	15 291	20 417	17 046
11.	**Cash transfers from general government**				
	For head of family				
	For two children	2 042	1 928	1 928	0
	Total	2 042	1 928	1 928	0
12.	**Take-home pay (1-10+11)**	38 378	54 345	66 529	50 663
13.	**Employers' compulsory social security contributions**	5 750	7 693	9 632	7 693
14.	**Average rates**				
	Income tax	16.8%	12.9%	12.2%	13.6%
	Employees' social security contributions	11.8%	9.7%	11.8%	11.6%
	Total payments less cash transfers	24.6%	19.7%	21.7%	25.2%
	Total tax wedge including employer's social security contributions	32.3%	27.9%	29.7%	32.8%
15.	**Marginal rates**				
	Total payments less cash transfers: Principal earner	52.6%	46.2%	46.2%	46.2%
	Total payments less cash transfers: Spouse	5.0%	2.0%	40.5%	8.1%
	Total tax wedge: Principal earner	57.3%	51.6%	51.6%	51.6%
	Total tax wedge: Spouse	14.8%	12.2%	46.4%	17.6%

The national currency is the Euro (EUR). In 2017, EUR 0.89 was equal to USD 1. In that year, the average worker earned EUR 50 909 (Secretariat estimate).[1]

1. Personal income tax system (central government)

1.1. *Central government income tax*

There are three categories ("boxes") of taxable income:

- Taxable income from work and owner-occupied housing;
- Taxable income from a substantial interest in a limited liability company;
- Taxable income from savings and investments.

This description is limited to the most relevant aspects of taxable income from the first category, "taxable income from work and owner-occupied housing", because of its relevance for the AW.

1.1.1. *Tax unit*

Husbands and wives are taxed separately on their personal income, which includes income from business, profession and employment, pensions and social security benefits. Certain parts of income may be freely split between husbands and wives, such as the net-income from owner occupied housing and the income from savings and investments.

1.1.2. *Tax allowances*

1.1.2.1. Standard allowances

Related to wage earnings:

- Employees' social security contributions (see Section 2.1.) are deductible, whereas the health insurance contribution is not deductible and is not a part of the Taxing Wages model (for more information, see the Special Feature on "non-tax compulsory payments" in the 2009 edition of the Taxing Wages Report). In the Taxing Wages model the employers' income dependant health insurance contribution was subject to income tax for the employee. In 2013 the income base for SSC and Income-Tax is harmonised. Standardising or harmonisation of the income tax base for levying SSC and Taxes was introduced in 2013 and was called the Law "WUL" i.e. harmonising the income base for SSC and Taxes (see publication CPB the Netherlands). So the income tax base is since 2013 exclusive the income dependant health care contribution and employees will no longer have to pay taxes over income dependant health care contributions, instead they pay a higher tax rate in the first tax bracket and mainly Work credit is adjusted. The tax rate in the first tax bracket has been increased from 1.95% (in 2012) till 5.85% (in 2013)

1. The Dutch labour market is characterized by a substantial share of part-time employees. As explained in the methodological section of this volume, the average wage measure used in the tax burden calculations refer to full-time employees only. If the wages of part-timers were taken into account, the average wage would be substantially lower.

and the Work credit is reduced for employees with a higher income such that the effect of this harmonisation is budgetary neutral.

- In 2014 this system of harmonisation remains and is operational. Only the income tax rate in the first tax bracket became 5.10%. In 2016 the tax rate in the first bracket becomes 8.40%.

1.1.2.2. Non-standard allowances applicable to AW

Related to wage earnings:

- For distances of more than 10 km between home and work, fixed amounts for travel expenses with public transportation are deductible. The maximum deduction for employees who travel by public transport is EUR 2 073 for distances of more than 80 km. If the travel expenses are reimbursed or the employer provides transport, there is no deduction; the reimbursement is untaxed (also for employees who travel by car) if it is below certain specified amounts;
- Employee contributions to private (company provided) pension schemes.
- Related to owner occupied housing:
- Excess of mortgage interest over net imputed rent.
- Related to personal circumstances:
- Medical expenses and other exceptional expenses:

Fiscal deduction of exceptional health expenses will be reduced to the specific costs as a result of the chronic illness. As specific costs are seen medical treatment (not paid for by insurance company), diet costs, special medicine described by a doctor, extra domestic care, special expenses for clothing and transportation costs. Visual tools and insurance premiums are not seen as specific costs and are therefore no longer deductible. As from 2014, expenses for wheelchairs, scooters for the disabled and home adjustments made because of a chronic illness are no longer deductible. All expenses except for medical treatment expenses may be increased by a factor. This factor is income and age dependent. The factor amounts to 1.4 if the person is below the legal pension age and has an income on or below EUR 40 296. The factor amounts to 2.13 if the person is on or above the legal pension age and has an income on or below EUR 40 296. People with an income above EUR 40 296 cannot apply the factor.

For a single person: the specific expenses (after multiplication with the factor) in excess of 1.65% of income are deductible if income exceeds EUR 7 586 and is below EUR 40 296. If income is lower than or equal to EUR 7 586, the non-deductible limit is EUR 129. For a person with a partner: the joint income is used to determine the non-deductible amounts and the non-deductible limit is EUR 258.

If income exceeds EUR 40 296 the specific expenses in excess of 1.65% of EUR 40 296 increased with 5.75% of income above EUR 40 296 are deductible.

- Some educational expenses: in direct connection with vocational education. Expenses above the threshold of EUR 500 are deductible. Expenses above EUR 15 000 are not deductible.
- Donations to certain institutions (charity) that serve the public good are deductible if in excess of 1% of the income and in excess of EUR 60. No more than 10% of the income may be deducted in this way.

1.1.3. *Tax schedule*

The tax schedule for income from work and owner-occupied housing is as follows:

Taxable Income (EUR)	Tax Rate (%)	Social security contributions	
		< 65 years	> 65 years
0-19 982	8.90	27.65	9.75
19 982-33 791	13.15	27.65	9.75
33 791-67 072	40.80	-	-
67 072 and over	52	-	-

The contributions for the general social security schemes are levied on income from work and owner-occupied housing in the first and second income tax bracket. These social security contributions are not deductible for income tax purposes. Individuals of 65 years and older pay 9.75% (for widows and orphans pensions, and exceptional medical expenses). Individuals younger than 65 years and a few month pay 27.65%, (for widows and orphans pensions, exceptional medical expenses, and old age income provision). For further information see Section 2.1.

In 2015 the SSC for specific medical expenses and long term health care is modernised. The rate (For AWBZ) is therefore reduced with 3% points and instead the tax rates in the first two brackets are raised with 3% points. The spendings for long term health care are reduced due to more responsibility for your own living in long term. These Social spendings will be used for other general social purposes and therefore the tax rates in the first two brackets are raised.

1.1.4. *Tax credits*

1.1.4.1. Standard tax credits

The tax credits are deducted partly from the income tax liability and partly from the contributions that are made to the general social security schemes (see Section 1.13). For most families, the share of the credit attributed to tax is related to the ratio of the tax rate to the sum of the tax rate and the social security contributions rate in the first bracket of the tax schedule. In 2017, this ratio was 24.35% (= 8.90% / (8.90% + 27.65%), implying that 24.35% of the (tax) credit is attributed to the personal income tax and the remaining 75.65% to social security contributions. If the individual's total tax credit is higher than the total tax and social security contributions levied on the first tax bracket, the shares of the residual amount of the tax credit that are attributed to the personal income tax and social security contributions are based on the rates of deduction in the second tax bracket in order that the employee can benefit from the full amount of the credit where the level of income allows it. As a result, the ratio of the tax rate to the sum of the tax rate and social security contribution rates is increased to 32.23% for the residual amount in 2017 (i.e. 13.15%/(27.65%+13.15%)).

Division of credits for tax and social security contributions is essential in the OECD publications. In the Netherlands no division is made in the general tax scheme between tax and SSC.

Note that the tax/benefit position tables show the total amount of social security contributions net of the credits that are claimed.

- General tax credit: The general tax credit is dependent on income since 2014, meaning that higher incomes receive less general tax credit. Since 2016, the general tax credit is fully phased out, meaning that higher incomes receive no general tax credit. In 2017, the maximum of the general tax credit is EUR 2 254 when no reduction is applicable (people who are on or above the legal pension age receive less general tax credit, because they do not pay social contributions for the state pension) and taxable income is below or equal to EUR 19 982. For incomes above this threshold, the general tax credit is fully phased out at a rate of 4.787% (per euro). So incomes above EUR 67 072 receive no general tax credit. So the maximum of the general credit reduction is EUR 2 254. The transfer of the general tax credit of the spouse to the principal will diminish with 6.67%-points per year in the period 2009-23, such that in 15 year time the general tax credit for a non-working (or a low earning) spouse cannot be capitalised against the tax paid by the principal. In 2017, 40% of the general tax credit can be transferred.

- This reduction of the transfer of the general tax credit started in 2009. In 2023 the general tax credit can only be capitalised against the tax and social security contributions paid on own earned income. In 2012 a reduction of the general tax credit for non-working spouses born after 31 December 1962 and before 1 January 1972 is introduced. The reduction will be equal to the reduction of non-working spouses born before 1 January 1963 in year 2015. For Household types in de Taxing Wages model no difference is made between year of birth before 1963 or after 1963, idem before or after 1972. For that reason the additional reduction of the general tax credit is not added to the Taxing Wages model.
- Work credit: The amount of work credit depends on taxable income from work and is phased in on two trajectories; the first one runs from EUR 0 till EUR 9 309. On this first trajectory, work credit equals 1.772% of taxable income from work. On the second trajectory, which runs from EUR 9 309 till EUR 20 108, the work credit equals EUR 165 plus 28.317% of the part of income that is above EUR 9 309. So at an income of EUR 20 108, the maximum of EUR 3 223 is reached. The work credit stays at its maximum till an income of EUR 32 444. After this threshold, the work credit is fully phased out at a rate of 3.6% (per euro) so that incomes above EUR 121 972 receive no work credit. 2016 is the first year in which higher incomes receive no work credit.
- Combination credit: The combination credit is abolished in 2009.
- Income dependant combination credit: The additional combination credit is replaced with the income dependent combination credit. A taxpayer who is either a single parent and working or the working partner with the lowest income, and who has children below the age of 12 and has his/her taxable income from work exceeding EUR 4 895, is entitled to an income dependent combination credit of EUR 1 043 plus an extra combination credit of 6.159% of taxable income from work above EUR 4 895. The maximum total combination credit is EUR 2 778 and reached at an income level of EUR 33 065.
- The child arrangements are modernised and reduced from 10 measurements to 4 measurements. The single parent credits have stopped and instead the cash transfers become more of importance. In the TW model the adjustments mean an extra cash transfer of EUR 3 076 per year for single parents with children and a low income.
- Single parent credit: A single parent under certain conditions is entitled to the single parent credit of EUR 947. Has stopped in 2015 see explanation above.
- Additional single parent credit: A single parent who is entitled to the single parent credit receives an additional credit of 4.3% of his or her income from work, with a maximum of EUR 1 319. Has stopped in 2015, see explanation above.

The amount of the tax credit is limited to the amount of tax and premiums payable (non-refundable tax credit). If, however, a taxpayer with insufficient income to fully exploit his/her tax credit has a partner with a surplus of tax and premiums payable over his/her own tax credit, the tax credit of the former taxpayer is increased by (at most) the surplus tax and premiums payable by his/her fiscal partner. As a consequence, the tax credit of the former taxpayer will exceed tax and premiums payable, resulting in a payout of the residual tax credit to the taxpayer by the tax authority. This only applies to the work credit and the income dependent combination credit.

1.2. State and local income taxes

None.

2. Compulsory social security contributions to schemes operated within the government sector

2.1. Employees' contributions

Schemes for employees:

- Unemployment: 0% of the gross earnings below EUR 53 701 (this contribution is only for the general unemployment fund); employees do not have to pay an unemployment premium in order to reduce administration costs. Employers pay both an unemployment premium and a premium for invalidity for their employees (see par.2.2).
- For basic health insurance each adult pays an average amount of EUR 1 290 a year to a self-chosen private health insurance company. This premium is a non-tax compulsory payment and is not included in the Taxing Wages calculations but only in the NTCP calculations. Employees might obtain compensation for this nominal contribution, depending on the household's personal situation and taxable income. This is called the health care benefit. This benefit is included in the NTCP calculations as it compensates for the basic health insurance premium of on average EUR 1 290. Also 6.65% of gross earnings net of employees' pension premiums and unemployment social security contributions is paid for health care until a maximum of net earnings of EUR 53 701. Since 2013 employers contribute the Health care Fund directly for the health care of their employees, these costs remain labour costs in the Taxing Wages model. These Health care costs for employers are no longer included in the taxpayer's taxable income. The income dependent health care contribution itself, however, is not modelled (as an employer SSC) in Taxing Wages because it is seen as a Non Tax Compulsory Payment.
- Employees might obtain compensation for the nominal contribution of on average EUR 1 290 for the basic health insurance, depending on the household's personal situation and taxable income. This is called the health care benefit. The care benefit is calculated as follows:

  Single parent households: 1530 – 2.305% * 20 109 – 13.46% * (taxable income – 20 109)
- *Married couples:* number of adults * 1530 – 5.055% *20 109 – 13.46% * (taxable income principal and spouse – 20 109).
- This health care benefit is a non-tax compulsory payment and is not included in the *Taxing Wages* calculations but only in the "non-tax compulsory payment" calculations (see *www.oecd.org/ctp/taxingwages* for more details on non-tax compulsory payments as well as the Special Feature in the 2009 edition of the *Taxing Wages* Report).

- Old age pension: The age is adjusted such that elderly will receive Old Age (state) pension at the age of 66 years old in 2018 and at 67 years old in 2021. The Old age premium percentage is 17.9% of taxable income in the first and second tax bracket. This scheme does not apply to individuals aged 65 and nine months (and in future aged 66 or 67) or older;
- Widows and orphans pension: 0.10% of taxable income in the first and second tax bracket;
- Exceptional medical expenses and disability: 9.65% of taxable income in the first and second tax bracket.

2.2. Employers' contributions

Schemes for employees:

- Unemployment: 2.64% of gross earnings below EUR 53 701 for the general unemployment fund and a contribution on average of 1.36% of gross earnings below EUR 53 701 for the industrial insurance associations redundancy payments fund;
- Invalidity: 7.82% of gross earnings below EUR 53 701;
- For medical care employers contribute 6.65% of gross earnings net of employees' pension premiums and unemployment social security contributions until a maximum of gross earnings of EUR 53 701. The premium itself, however, is not modelled (either as an employee or employer SSC) in Taxing Wages. Instead, it is modelled as a NTCP from the employer to a public-man. The spending of this fund mainly compensates private insurance companies for their (public) obligation to insure individuals with a high health risk.

3. Universal cash transfers

3.1. Transfers related to marital status

None.

3.2. Transfers for dependent children

Families with children receive a tax free benefit, depending on the number and age of the children. For a family with two children in the age group of 6 to 12 years, the total benefit amounts to EUR 1 928 a year. Indexation of the child benefits was frozen for three years (period 2009-11).

An additional income dependent child benefit was introduced in 2008. As of 2009, this benefit also depends on the number of children per family. A family can only claim the extra child benefit when it has children under the age of 18 years old for whom it also receives the tax free and income independent child benefit. Indexation of the extra child benefit was frozen until 2011but is used for adjustments and reductions of child arrangements. The maximum value is EUR 1 038 per year for families with one child in 2017. The maximum value is EUR 2 040 a year for families with two children. The benefit is reduced at a rate of 6.75% per euro when the family's yearly taxable income exceeds EUR 20 109 and is completely phased out for families with two children when the taxable income exceeds EUR 50 331. As from 2015 an extra benefit for single parents is introduced (independent of the number of children and the age of the children) which amounts to EUR 3 076 per year in 2017. This amount is also phased out at a rate of 6.75%.

4. Main changes in the tax/benefit systems since 2000

In 2001, the tax system was changed thoroughly. The tax rates have been lowered; the basic allowance and its supplements have been transformed into tax credits. The deduction for labour costs has also been replaced by a tax credit. Certain other deductions have been reduced or abolished. Extra tax credits for households with children were introduced.

In 2002 and 2003 the tax system was only slightly changed. The additional combination credit was introduced in 2004. The various child credits were integrated and streamlined in 2006.

Public insurance for medical care has been reformed in 2006. A new standard health insurance system was introduced. Until 2005, no public health insurance contributions were levied on income in excess of EUR 33 000. However, taxpayers earning more than EUR 33 000 were obliged to take a private insurance. These private health insurance contributions were not included in the Taxing Wages calculations because they were made to a privately-managed fund (and are therefore not taxes). Since 2006, every individual contributes a nominal contribution to a privately-managed fund (on average EUR 1 064, depending on the competition between insurance companies, a year in 2009) and, in addition for employees, a percentage of gross income (6.9%) net of employees' pension premiums and unemployment social security contributions until a maximum of gross income of EUR 32 369 (in 2009). For this last contribution, the employee receives mandatory compensation of his employer for the same amount. The premium itself, however, is not modelled (either as an employee or employer SSC) in Taxing Wages. Instead it is modelled as a non-tax compulsory payment from the employer to a public-managed health insurance fund. The spending of this fund mainly compensates private insurance companies for their (public) obligation to insure individuals with a high health risk. Taxpayers might obtain compensation for the nominal contribution to the private insurance company of on average EUR 1 064 in 2009, depending on the households personal situation and taxable income. This is called the health care benefit and is part of the NTCP (see Section 2.1).

In 2007, the tax system has not been changed, except for some parameter updates. In 2008, the child credit has been replaced by an extra child benefit.

In 2009 the general tax credit will be reduced for non-working spouses in order to cut down the capitalization of this tax credit in 2024. A non-working spouse can in 2024 capitalise the general tax credit only against his/her own earned income. In 2009 the employment credit is extended for income exceeding EUR 42 509. This credit will be reduced by maximum EUR 24, whereas the employment credit is increased for lower incomes. The income dependant combination credit is introduced in order to promote the labour participation of single parents or partners of married workers. The income-dependent combination credit has been increased considerably. The extra child benefit depends on the total income of the family and the number of children per family. The income-dependent child benefit is higher when more children under the age of 18 years are member of the family. As from 2009 onwards, employees do not have to pay an unemployment premium mainly to reduce administration costs for employers. Employers pay now both an unemployment premium and a premium for invalidity for their employees (see also par. 2.2).

In 2013 the income base for SSC and Income-Tax is harmonised. Standardising or harmonisation of the income tax base for levying SSC and Taxes is introduces in 2013 and is called the Law "WUL" i.e. Harmonising the income base for SSC and Taxes (see publication CPB the Netherlands). So the income tax base is since 2013 exclusive the income dependant health care contribution and employees will no longer have to pay taxes over income dependant health care contributions, instead they pay a higher tax rate in the first tax bracket and mainly Work credit is adjusted. The tax rate in the first tax bracket has been increased from 1.95% to 5.85% and the Work credit is reduced for employees with a higher income such that the effect of this harmonisation is budgetary neutral.

The main adjustment in 2014 is the General tax credit which is made income dependent. Higher income will receive less general credit and the reduction is 2% per euro of income between EURO 56 495 and EURO 19 645 per year. See also par 1.141.

In 2015 the child arrangements are reduced from 10 items to 4 items. For that reason Single parent credits have stopped. Cash transfers for parents with children and low income increase. And for single parents with children an extra cash benefit of EUR 3 050 is introduced to compensate the loss of single parent credits.

Not all child arrangements are part of the TW model because these are quite specific arrangements for disabled children and parents with low income with children.

- Long term health care is modernised. The SSC rate for (AWBZ Dutch) reduced with 3% to 9.65% of taxable income. The tax rates in the first two brackets are raised with 3% because Social spending is still used but now for other general social purposes.

In 2016, as part of a EUR 5 billion package of tax reductions on work, the general tax credit and the work credit were phased out fully, meaning that higher incomes no longer receive the general tax credit and the work credit.

5. Memorandum items

5.1. *Identification of the AW and calculation of the AW's gross earnings*

The calculation of the annual gross earnings of an AW is based upon data on gross earnings of full time workers in industry C-K. These data have been obtained through a yearly sample survey carried out by the Central Bureau of Statistics. Included in the AW annual salary are irregular payments, such as holiday allowances, loyalty payments and bonuses. Payments for working overtime are not included. However, the CBS has stopped carrying out the 'employment and wages' survey in July 2006 due to new legislation. On Inquiry at the Central Bureau of Statistics (CBS) the information from the wage declarations by employers, delivered nowadays at the tax department, will be implemented by the CBS for the new survey about employment and wages. These changes produced a delay in delivery of the information on wages and employment for 2006.

On the base of new information on wages per industry sector, the AW is delivered to EUROSTAT in November 2009 by the CBS for years 2006 and 2007. The standard classification NACE Rev. 1 for industrial sectors C-K is used.

The new classification NACE Revision 2 (sectors B-N) will be applicable as from 2008 onwards. The estimation of the AW for 2008 according to the new classification is applicable at the beginning of May 2010. The AW for 2009 is available since November 2010. For 2008 the average annual gross earnings (full-time NACE REV 2) comes to EUR 43 146, for 2009 EUR 44 412, and EUR 45 215 in 2010. The latest information according to Eurostat is an AW in 2011 of EUR 46 287 (NACE Rev 2)

No new data is found on EU site: *http://epp.eurostat.ec.europa.eu/portal/page/portal/statistics/search_database*.

The average wages from 2012 onwards include the private and the public sectors, since values on the private sectors only (sectors B to N) are not available. The values were provided by Statistics Netherlands.

5.2. *Main employers' contributions to private pension, health and related schemes*

In addition to the obligatory contributions of employees to private insurance companies, all employers pay contributions to a public-managed health fund. More information is included in the Special Feature where the contributions to the public-managed health funds are also presented.

Employers have to pay at least 70% of the gross wage of their sick employees for two years. Many employers have insured themselves privately for the risks of their employees being sick. This insurance for illness of their employees is not compulsory.

2017 parameter values

Average earnings/yr	Ave_earn	50 909	Secretariat estimate
minimum wage	min_wage	20198	
Social security contributions	SSC_ceil	53701	
Employees' schemes	Unemp_rate1	0	
	Unemp_franchise1	0	
Medical care	Med_rate	0.0665	
	Med_limit	999999	
	Med_ceil	53701	
	Med_adult	1290	
	Med_child	0	
	Med_compensation1	0.02305	
	Med_compensation2	0.13460	
	Med_compenation 3	0.05055	
	Med_compensation 4	0.13460	
	Med_key	20109	
	Med_adult for care benefit	1530	
General schemes	Old_rate	0.179	
	Wid_rate	0.001	
	Ex_med_rate	0.0965	
	Gen_Schemes_thrsh	33791	
	Unemp_empr1	0.0264	
	Unemp_empr2	0.0136	
	Unemp_unempr_franchise1	0	
	Unemp_unempr_franchise2	0	
	Inv_empr_rate	0.0782	
	Inv_empr_franchise	0	
	Med_empr	0.0665	
	Med_franchise	0	
Payroll tax	Extra_wage_tax	0	
	EWT_threshold	0	
Tax schedule	Tax_sch	0.0890	19982
	"tax_sch_lowest"	0.1315	33791
	"tax_thrsh_1"	0.408	67072
	"tax_sch_2"	0.52	
Tax credits	Gen_credit_1	2254	
	Gen_credit_2	0	
	Gen_credit1_thr	19982	
	Gen_credit2_thr	67072	
	Gen_credit_per	0.04787	
	Red_gen_credit	902	
	Emp_credit1	165	
	Emp_credit2	3058	
	Emp_credit3	0	
	Emp_credit1_thr	9309	
	Emp_credit2_thr	20108	
	Emp_credit3_thr	32444	
	Emp_credit4_thr	121972	
	Ch_credit	nvt	
	Ch_credit_thr	nvt	
	Ch_decline	nvt	
	Ex_ch_credit	nvt	
	Ex_ch_credit_thr	nvt	
	add_ex_ch_credit	nvt	
	add_ex_ch_credit_thr	nvt	
	Comb_credit	0	
	Comb_credit_franchise	4895	

2017 parameter values

	add_comb_credit	0
	income_dependant_comb_credit1	1043
	income_dependant_comb_credit_max	2778
Family cash transfers	income_dependant_comb_par_credit_per	0.06159
	Sing_par_credit	0
	Ex_sing_par_credit_per	0
	Ex_sing_par_credit_max	0
	Ch1_trans	964
	Ch2_trans	1928
	Child_ben_1child	1142
	Child_ben_2children	2040
	Extra_cash_sing_par	3076
	Child_ben_redn	0.0675
	Child_ben_ceil	20109
Non-tax compulsory payments	dummyNTCP	0
	NTCP_pension_ee	0.0599
	NTCP_pension_er	0.1338
	NTCP_pension_franchise	13072
	NTCP_pension_max	103317

2017 tax equations

The equations for the tax system in the Netherlands in 2017 are repeated for each individual of a married couple. Tax credits, except a part of the general credit of the spouse, depend also on the tax paid by the principal if the spouse's income is zero or very low, and the cash transfers are calculated only once. The functions which are used in the equations (Taper, MIN, Tax etc) are described in the technical note on the tax equations. Due to the adjustment of the work credit in 2016, the function Emp_credit(Value) was altered in 2016. Variable names are defined in the table of parameters above, within the equations table, or are the standard variables "married" and "children". A reference to a variable with the affix "_total" indicates the sum of the relevant variable values for the principal and spouse. And the affix "_spouse" indicates the value for the spouse. No affix is used for the principal values. Equations for a single person are as shown for the principal, with "_spouse" values taken as 0.

	Line in country table and intermediate steps	Variable name	Range	Equation
1.	Earnings (gross)	gr_earn		
	Earnings (net)	earn	B	gr_earn
2.	Social security contributions	SSC_al	B	SSC_f(earn,Unemp_rate1,SSC_ceil,Unemp_franchise1)
3.	Credits in taxable income	taxbl_cr	B	MIN(earn-SSC_al, Med_ceil)*Med_rate
4.	CG taxable income	tax_inc	B	earn-SSC_al
5.	CG tax before credits	CG_tax_excl / tax_liable	B	Tax(tax_inc,Tax_sch)
6.	Tax credits	tax_cr	P	MIN(CG_tax_excl+SSC_taxinc,IF((tax_inc<Gen_credit1_thr),Gen_credit_1,(Gen_credit_1-MIN(Gen_credit_per*(Gen_credit2_thr-Gen_credit1_thr),Gen_credit_per*(tax_inc-Gen_credit1_thr))))+Emp_credit(tax_inc)+IF(AND(Children>0,tax_inc>Comb_credit_franchise),IF(Married='0,income_dependant_comb_credit1+MIN(income_dependant_comb_credit_max-income_dependant_comb_credit1, income_dependant_comb_par_credit_per*(tax_inc' Comb_credit_franchise)),0)
		tax_cr_spouse	S	IF(Married>0,MIN(CG_tax_excl_spouse+SSC_taxinc_spouse+CG_tax_excl+SSC_taxinc-tax_cr,IF(tax_inc_spouse>0,IF((tax_inc_spouse<Gen_credit1_thr),Gen_credit_1,(Gen_credit_1-MIN(Gen_credit_per*(Gen_credit2_thr-Gen_credit1_thr), Gen_credit_per*(tax_inc_spouse-Gen_credit1_thr)))),Red_gen_credit)+Emp_credit(tax_inc_spouse)+IF(AND(Children>0,tax_inc_spouse>Comb_credit_franchise),income_dependant_comb_credit1+MIN(income_dependant_comb_credit_max-income_dependant_comb_credit1,income_dependant_comb_par_credit_per*(tax_inc_spouse Comb_credit_franchise)),0)),0)
		tax_cr_inc	B	IF(tax_cr>Tax_thrsh_1*SUM(Old_rate+Wid_rate+Ex_med_rate+tax_sch_lowest), (tax_sch_2/SUM(Old_rate+Wid_rate+Ex_med_rate+tax_sch_2))*(tax_cr-(SUM (Old_rate+Wid_rate+Ex_med_rate+tax_sch_lowest)*Tax_thrsh_1))+(tax_sch_lowest/SUM(Old_rate+Wid_rate+Ex_med_rate+tax_sch_lowest))*(Tax_thrsh_1* SUM(Old_rate+Wid_rate+Ex_med_rate+tax_sch_lowest)),tax_sch_lowest/SUM (Old_rate+Wid_rate+Ex_med_rate+tax_sch_lowest)*tax_cr)
7.	CG tax	CG_tax	B	tax_liable-tax_cr_inc
8.	State and local taxes	local_tax	B	0
9.	Employees' soc security' based on earnings	SSC_earn	P	SSC_f(earn,Unemp_rate1,SSC_ceil,Unemp_franchise1)
		SSC_earn_spouse	S	SSC_f(earn_spouse,Unemp_rate1,SSC_ceil,Unemp_franchise1)
	Based on taxable income	SSC_taxinc	B	(Old_rate+Wid_rate+Ex_med_rate)*MINA(tax_inc,Gen_Schemes_thrsh)
	Total employees' soc security	SSC_liable	J	SSC_earn+SSC_taxinc+SSC_earn_spouse+SSC_taxinc_spouse

	Line in country table and intermediate steps	Variable name	Range	Equation
		tax_cr_SSC	B	IF(tax_cr>Tax_thrsh_1*SUM(Old_rate+Wid_rate+Ex_med_rate+tax_sch_lowest),((Old_rate+Wid_rate+Ex_med_rate)/SUM(Old_rate+Wid_rate+Ex_med_rate+tax_sch_2))*(tax_cr-(SUM(Old_rate+Wid_rate+Ex_med_rate+tax_sch_lowest)*Tax_thrsh_1))+((Old_rate+Wid_rate+Ex_med_rate)/SUM(Old_rate+Wid_rate+Ex_med_rate+tax_sch_lowest))*(Tax_thrsh_1*SUM(Old_rate+Wid_rate+Ex_med_rate+tax_sch_lowest)),SUM(Old_rate+Wid_rate+Ex_med_rate)/SUM(Old_rate+Wid_rate+Ex_med_rate+tax_sch_lowest)*tax_cr)
	Total	SSC	J	SSC_liable-tax_cr_SSC
10.	Total payments	total_payments	J	CG_tax+local_tax+SSC
11.	Cash transfers	cash_trans	J	IF(Children=1,Ch1_trans,IF(Children=2,Ch2_trans,0))+IF(Children=2;1;0)*MAX(0;(Child_ben_2children+IF(Married='0;1;0)*Extra_cash_sing_par-IF((tax)inc+tax_inc_spouse)>Child_ben_ceil;1;0)*' Child_ ben_redn*(tax_inc+tax_inc_spouse – Child_ben_ceil)))

13.	Employer's soc security	SSC_empr	B	Function Emp_credit(Value)
				If Value <= 0 Then
				Emp_credit = 0
				ElseIf Value <= Range("Emp_credit1_thr").Value Then
				Emp_credit = (Value / Range("Emp_credit1_thr").Value) * Range("Emp_credit1").Value
				ElseIf Value <= Range("Emp_credit2_thr").Value Then
				Emp_credit = Range("Emp_credit1").Value + ((Value Range("Emp_credit1_thr").Value) / (Range("Emp_credit2_thr").Value Range("Emp_credit1_thr").Value)) * Range("Emp_credit2").Value
				ElseIf Value <= Range("Emp_credit3_thr").Value Then
				Emp_credit = Range("Emp_credit1").Value + Range("Emp_credit2").Value
				ElseIf Value <= Range("Emp_credit4_thr").Value Then
				Emp_credit = Range("Emp_credit1").Value + Range("Emp_credit2").Value ((Value Range("Emp_credit3_thr").Value) / (Range("Emp_credit4_thr").Value Range("Emp_credit3_thr").Value)) * (Range("Emp_credit2").Value Range("Emp_credit3").Value)
				Else
				Emp_credit = 0
				End If
				End Function

Key to range of equations B calculated separately for both principal earner and spouse P calculated for principal only (value taken as 0 for spouse calculation) J calculated once only on a joint basis.

New Zealand
(2017-18 income tax year)

This chapter includes data on the income taxes paid by workers, their social security contributions, the family benefits they receive in the form of cash transfers as well as the social security contributions and payroll taxes paid by their employers. Results reported include the marginal and average tax burden for eight different family types.

Methodological information is available for personal income tax systems, compulsory social security contributions to schemes operated within the government sector, universal cash transfers as well as recent changes in the tax/benefit system. The methodology also includes the parameter values and tax equations underlying the data.

New Zealand 2017

The tax/benefit position of single persons

	Wage level (per cent of average wage)	67	100	167	67
	Number of children	none	none	none	2
1.	**Gross wage earnings**	39 412	58 824	98 236	39 412
2.	**Standard tax allowances:**				
	Basic allowance				
	Married or head of family				
	Dependent children				
	Deduction for social security contributions and income taxes				
	Work-related expenses				
	Other				
	Total	0	0	0	0
3.	**Tax credits or cash transfers included in taxable income**	0	0	0	0
4.	**Central government taxable income (1 - 2 + 3)**	39 412	58 824	98 236	39 412
5.	**Central government income tax liability (exclusive of tax credits)**	5 917	10 667	23 338	5 917
6.	**Tax credits :**				
	Basic credit	520	0	0	0
	Married or head of family				
	Children				
	Other				
	Total	520	0	0	0
7.	**Central government income tax finally paid (5-6)**	5 397	10 667	23 338	5 917
8.	**State and local taxes**	0	0	0	0
9.	**Employees' compulsory social security contributions**				
	Gross earnings	0	0	0	0
	Taxable income				
	Total	0	0	0	0
10.	**Total payments to general government (7 + 8 + 9)**	5 397	10 667	23 338	5 917
11.	**Cash transfers from general government**				
	For head of family				
	For two children	0	0	0	11 254
	Total	0	0	0	11 254
12.	**Take-home pay (1-10+11)**	34 015	48 157	74 898	44 749
13.	**Employer's compulsory social security contributions**	0	0	0	0
14.	**Average rates**				
	Income tax	13.7%	18.1%	23.8%	15.0%
	Employees' social security contributions	0.0%	0.0%	0.0%	0.0%
	Total payments less cash transfers	13.7%	18.1%	23.8%	-13.5%
	Total tax wedge including employer's social security contributions	13.7%	18.1%	23.8%	-13.5%
15.	**Marginal rates**				
	Total payments less cash transfers: Principal earner	17.5%	30.0%	33.0%	40.0%
	Total payments less cash transfers: Spouse	n.a.	n.a.	n.a.	n.a.
	Total tax wedge: Principal earner	17.5%	30.0%	33.0%	40.0%
	Total tax wedge: Spouse	n.a.	n.a.	n.a.	n.a.

New Zealand 2017

The tax/benefit position of married couples

		Wage level (per cent of average wage)	100-0	100-33	100-67	100-33
		Number of children	2	2	2	none
1.	**Gross wage earnings**		58 824	78 236	98 236	78 236
2.	**Standard tax allowances:**					
	Basic allowance					
	Married or head of family					
	Dependent children					
	Deduction for social security contributions and income taxes					
	Work-related expenses					
	Other					
		Total	0	0	0	0
3.	**Tax credits or cash transfers included in taxable income**		0	0	0	0
4.	**Central government taxable income (1 - 2 + 3)**		58 824	78 236	98 236	78 236
5.	**Central government income tax liability (exclusive of tax credits)**		10 667	13 084	16 584	13 084
6.	**Tax credits :**					
	Basic credit		0	0	0	0
	Married or head of family					
	Children					
	Other					
		Total	0	0	0	0
7.	**Central government income tax finally paid (5-6)**		10 667	13 084	16 584	13 084
8.	**State and local taxes**		0	0	0	0
9.	**Employees' compulsory social security contributions**					
	Gross earnings					
	Taxable income					
		Total	0	0	0	0
10.	**Total payments to general government (7 + 8 + 9)**		10 667	13 084	16 584	13 084
11.	**Cash transfers from general government**					
	For head of family					
	For two children		6 886	2 519	0	0
		Total	6 886	2 519	0	0
12.	**Take-home pay (1-10+11)**		55 043	67 670	81 652	65 152
13.	**Employer's compulsory social security contributions**		0	0	0	0
14.	**Average rates**					
	Income tax		18.1%	16.7%	16.9%	16.7%
	Employees' social security contributions		0.0%	0.0%	0.0%	0.0%
	Total payments less cash transfers		6.4%	13.5%	16.9%	16.7%
	Total tax wedge including employer's social security contributions		6.4%	13.5%	16.9%	16.7%
15.	**Marginal rates**					
	Total payments less cash transfers: Principal earner		52.5%	52.5%	30.0%	30.0%
	Total payments less cash transfers: Spouse		35.0%	40.0%	17.5%	17.5%
	Total tax wedge: Principal earner		52.5%	52.5%	30.0%	30.0%
	Total tax wedge: Spouse		35.0%	40.0%	17.5%	17.5%

The national currency is the New Zealand dollar (NZD). In 2017, NZD 1.41 was equal to USD 1. In that year the average worker earned NZD 58 824 (Country estimate).

1. Personal income tax system

1.1. *Central/federal government income taxes*

1.1.1. *Tax unit*

Members of the family are taxed separately.

1.1.2. *Tax allowances and tax credits*

1.1.2.1. Standard reliefs

None.

1.1.2.2. Main non-standard tax reliefs applicable to an average wage

None.

1.1.3. *Schedule*

- Rates of income tax for individuals:
  - On so much of the income as does not exceed NZD 14 000: 10.5%;
  - On so much of the income as exceeds NZD 14 000 but does not exceed NZD 48 000: 17.5%;
  - On so much of the income as exceeds NZD 48 000 but does not exceed NZD 70 000: 30%;
  - On so much of the income as exceeds NZD 70 000: 33%.

1.2. *State and local income taxes*

New Zealand has no state or local income tax.

2. Compulsory social security contributions to schemes operated within the government sector

New Zealand has no compulsory social security contributions to schemes operated within the Government sector.

It should be noted that there is an accident compensation scheme administered by the Accident Compensation Corporation for residents and temporary visitors to New Zealand. This scheme is funded in part by premiums paid by employees and employers. For employees, the premium represents 1.21% of their gross earnings. For employers and the self-employed, the premiums are based on a percentage of the total payroll and the applicable rate varies depending upon the associated accident risk (the average rate is 0.72%). This scheme is not considered as a compulsory social security contribution for the purposes of the Report.

3. Universal cash transfers

3.1. *Amount for marriage*

None.

3.2. *Amount for children*

The Parental Tax Credit provides NZD 220 per week for the first ten weeks of each child's life. The credit abates at 22.50 cents in the dollar for every dollar by which a family's income exceeds the abatement threshold (currently NZD 36 350). The abatement is based on the combined income of the parents. Instead of Parental Tax Credits some primary carers can qualify for paid parental leave. Paid parental leave is paid directly to the carer and is treated as normal taxable income.

3.3. *Family Tax Credit*

For an eldest child aged 16-18, the rate of the Family Tax Credit is NZD 5 303 per year, while the rate of NZD 4 822 applies if the eldest child is younger than 16. For subsequent children the rate depends on the age of the child; NZD 4 745 per year for 16-18 year-olds, NZD 3 822 per year for 13-15 year-olds and NZD 3 351 per year for children under 13 years of age. The total credit is abated by 22.50 cents on each dollar earned over NZD 36 350. The abatement is based on the combined income of the parents.

3.4. *In Work Tax Credit*

The In Work Tax Credit is available to families with dependent children who are not receiving an income-tested benefit, veteran's pension, New Zealand Superannuation or student allowance. The level of assistance it provides is NZD 770 per family per year, plus an additional NZD 780 per year for fourth and subsequent children. It is only available to couple families working a total of 30 hours or more per week, or to sole parents working 20 hours or more per week. It is also affected by the abatement regime used with the Family Tax Credit, although it is unaffected until the latter has been abated to zero.

3.5. *Minimum Family Tax Credit*

The Minimum Family Tax Credit is a scheme that ensures a guaranteed minimum family net income for all full-time earners with dependent children. The guaranteed minimum after-tax income is NZD 23 816 per year plus the Family Tax Credit and In Work Tax Credit.

3.6. *Independent Earner Tax Credit*

The Independent Earner Tax Credit of NZD 520 is available to individuals with annual net income between NZD 24 000 and NZD 48 000 that do not receive other forms of tax credits or benefits. It is abated by 13 cents on each dollar earned over NZD 44 000.

4. Main changes in tax/benefit systems over 2017/18

No changes in tax/benefit systems over 2017/18.

5. Memorandum items

5.1. *Method used to identify AW and to calculate the AW's gross earnings*

The Annual Earnings figure is derived from the Quarterly Employment Survey for those employees in the B-N industry groups. The annual earnings figure for the average worker is the sum of the four quarterly earnings figures, with each quarterly figure calculated by taking the average total weekly earnings and multiplying it by 13 weeks per quarter.

5.2. *Employer's contributions to private pension, health schemes, etc.*

No information available.

2017 parameter values

	Ave_earn	58 824	Country estimate
Income tax schedule	Tax_sch	0.105	14 000
		0.175	48 000
		0.3	70 000
		0.33	
Family tax credit	Fam_sup_eld	4 822	
	Fam_sup_oth	3 351	
	Fam_sup_thrsh	36 350	
	Fam_sup_rate	0.225	
In-work tax credit	In_work_children123	3 770	
	In_work_children4plus	780	
Minimum Family Tax Credit	Min_inc	23 816	
Independent Earner Tax Credit	IETC	520	
	IETC_thrsh1	24 000	
	IETC_thrsh2	44 000	
	IETC_rate	0.13	

2017 tax equations

The equations for the New Zealand system in 2017 are mostly repeated for each individual of a married couple. But the cash transfer is calculated only once. This is shown by the Range indicator in the table below. The functions which are used in the equations (Taper, MIN, Tax etc) are described in the technical note about tax equations. Variable names are defined in the table of parameters above, within the equations table, or are the standard variables "married" and "children". A reference to a variable with the affix "_total" indicates the sum of the relevant variable values for the principal and spouse. And the affixes "_princ" and "_spouse" indicate the value for the principal and spouse, respectively. Equations for a single person are as shown for the principal, with "_spouse" values taken as 0.

	Line in country table and intermediate steps	Variable name	Range	Equation
1.	Earnings	earn		
2.	Allowances	tax_al	B	0
3.	Credits in taxable income	taxbl_cr	B	0
4.	CG taxable income	tax_inc	B	earn
5.	CG tax before credits	CG_tax_excl	B	Tax(tax_inc, Tax_sch)
6.	Tax credits :			
	Guaranteed minimum income	GMI	J	(Children>0)*Min_inc
	Independent Earner Tax Credit	IETC_rebate	B	=AND(Children=0,earn>IETC_thrsh1)*Taper(IETC,earn,IETC_thrsh2,IETC_rate)
6.	Tax credits:	tax_cr	B	IETC_rebate
7.	CG tax	CG_tax	B	CG_tax_excl-tax_cr
8.	Local tax	local_tax	B	0
9.	Employees' soc security	SSC	B	0
11.	Cash transfers:			
	Family tax credit (unabated)	fam_tax_cr	J	Fam_sup_eld*(Children>0)+ Fam_sup_oth*Positive(Children-1)
	In-work tax credit (unabated)	in_work_tax_cr	J	(Children>0)*(In_work_children123+Positive(Children-3)*In_work_children4plus)
	Tax credits abated	tax_cr_ab	J	Taper(fam_tax_cr+in_work_tax_cr, earn_total, Fam_sup_thrsh1, Fam_sup_rate1)
	Minimum Family tax credit	min_fam_tax_cr	J	Positive(GMI-(earn_total-CG_tax_excl_totall))
	Cash transfers	cash_trans	J	tax_cr_ab + min_fam_tax_cr
13.	Employer's soc security	SSC_empr	B	0

Key to range of equation B calculated separately for both principal earner and spouse P calculated for principal only (value taken as 0 for spouse calculation) J calculated once only on a joint basis.

Les impôts sur les salaires 2018
© OCDE 2018

Norway

This chapter includes data on the income taxes paid by workers, their social security contributions, the family benefits they receive in the form of cash transfers as well as the social security contributions and payroll taxes paid by their employers. Results reported include the marginal and average tax burden for eight different family types.

Methodological information is available for personal income tax systems, compulsory social security contributions to schemes operated within the government sector, universal cash transfers as well as recent changes in the tax/benefit system. The methodology also includes the parameter values and tax equations underlying the data.

Norway 2017

The tax/benefit position of single persons

		Wage level (per cent of average wage)	67	100	167	67
		Number of children	none	none	none	2
1.	**Gross wage earnings**		387 035	577 664	964 700	387 035
2.	**Standard tax allowances**					
	Basic allowance					
	Married or head of family					
	Dependent children					
	Deduction for social security contributions and income taxes					
	Work-related expenses					
	Other					
		Total	147 900	147 900	147 900	199 704
3.	**Tax credits or cash transfers included in taxable income**		0	0	0	0
4.	**Central government taxable (ordinary) income (1 - 2 + 3)**		239 135	429 764	816 800	187 331
5.	**Central government income tax liability (ordinary + personal)**		27 221	50 020	132 216	22 273
6.	**Tax credits (applicable against local tax)**					
	Basic credit					
	Married or head of family					
	Children		0	0	0	0
	Other					
		Total	0	0	0	0
7.	**Central government income tax finally paid (5-6)**		27 221	50 020	132 216	22 273
8.	**State and local taxes (net of tax credits)**		34 555	62 101	118 028	27 069
9.	**Employees' compulsory social security contributions**					
	Gross earnings		31 737	47 368	79 105	31 737
	Taxable income					
		Total	31 737	47 368	79 105	31 737
10.	**Total payments to general government (7 + 8 + 9)**		93 513	159 489	329 349	81 080
11.	**Cash transfers from general government**					
	For head of family					
	For two children		0	0	0	34 920
		Total	0	0	0	34 920
12.	**Take-home pay (1-10+11)**		293 522	418 175	635 351	340 875
13.	**Employer's compulsory social security contributions**		50 315	75 096	125 411	50 315
14.	**Average rates**					
	Income tax		16.0%	19.4%	25.9%	12.7%
	Employees' social security contributions		8.2%	8.2%	8.2%	8.2%
	Total payments less cash transfers		24.2%	27.6%	34.1%	11.9%
	Total tax wedge including employer's social security contributions		32.9%	35.9%	41.7%	22.1%
15.	**Marginal rates**					
	Total payments less cash transfers: Principal earner		34.6%	34.6%	46.7%	34.6%
	Total payments less cash transfers: Spouse		n.a.	n.a.	n.a.	n.a.
	Total tax wedge: Principal earner		42.1%	42.1%	52.8%	42.1%
	Total tax wedge: Spouse		n.a.	n.a.	n.a.	n.a.

Norway 2017

The tax/benefit position of married couples

		Wage level (per cent of average wage)	100-0	100-33	100-67	100-33
		Number of children	2	2	2	none
1.	**Gross wage earnings**		577 664	768 294	964 700	768 294
2.	**Standard tax allowances**					
	Basic allowance					
	Married or head of family					
	Dependent children					
	Deduction for social security contributions and income taxes					
	Work-related expenses					
	Other					
		Total	173 050	284 927	295 800	284 927
3.	**Tax credits or cash transfers included in taxable income**		0	0	0	0
4.	**Central government taxable (ordinary) income (1 - 2 + 3)**		404 614	483 367	668 900	483 367
5.	**Central government income tax liability (ordinary + personal)**		47 618	55 386	77 241	55 386
6.	**Tax credits (applicable against local tax)**					
	Basic credit					
	Married or head of family					
	Children		0	0	0	0
	Other					
		Total	0	0	0	0
7.	**Central government income tax finally paid (5-6)**		47 618	55 386	77 241	55 386
8.	**State and local taxes (net of tax credits)**		58 467	69 847	96 656	69 847
9.	**Employees' compulsory social security contributions**					
	Gross earnings		47 368	63 000	79 105	63 000
	Taxable income					
		Total	47 368	63 000	79 105	63 000
10.	**Total payments to general government (7 + 8 + 9)**		153 453	188 232	253 002	188 232
11.	**Cash transfers from general government**					
	For head of family					
	For two children		23 280	23 280	23 280	0
		Total	23 280	23 280	23 280	0
12.	**Take-home pay (1-10+11)**		447 491	603 341	734 977	580 061
13.	**Employer's compulsory social security contributions**		75 096	99 878	125 411	99 878
14.	**Average rates**					
	Income tax		18.4%	16.3%	18.0%	16.3%
	Employees' social security contributions		8.2%	8.2%	8.2%	8.2%
	Total payments less cash transfers		22.5%	21.5%	23.8%	24.5%
	Total tax wedge including employer's social security contributions		31.4%	30.5%	32.6%	33.2%
15.	**Marginal rates**					
	Total payments less cash transfers: Principal earner		34.6%	34.6%	34.6%	34.6%
	Total payments less cash transfers: Spouse		18.2%	22.6%	34.6%	22.6%
	Total tax wedge: Principal earner		42.1%	42.1%	42.1%	42.1%
	Total tax wedge: Spouse		27.6%	31.5%	42.1%	31.5%

The national currency is the Kroner (NOK). In 2017, NOK 8.27 was equal to 1 USD. In that year the average worker earned NOK 577 664 (Secretariat estimate).

1. Personal income tax system

The personal income tax has two tax bases: personal income and ordinary income. Personal income is defined as income from labour and pensions. Personal income is a gross income base from which no deductions are made. Ordinary income includes all types of taxable income from labour, pensions, business and capital. Certain costs and expenses, including interest paid on debt, are deductible in the computation of ordinary income.

1.1. *Central government income tax*

1.1.1. *Tax unit*

The tax unit is in most cases the individual (tax class 1), but joint taxation (tax class 2) is also possible. Children aged below 17 are generally taxed together with their parents, but they may be taxed individually. All other income earners are taxed on an individual basis (class 1).

1.1.2. *Tax allowances applicable to an AW*

There are no tax allowances applicable to an AW under the central government income bracket tax. The tax base is personal income from which no deductions are allowed. As part of the overall tax rate of 24% on ordinary income, 9.55% is considered to be the central government income tax.

1.1.3. *Rate schedule of the bracket tax*

Rate (%)	NOK
0	0-164 100
0.93	164 100-230 950
2.41	230 950-580 650
11.52	580 650-934 500
14.52	934 500 and over

1.2. *Local government income tax*

The overall tax rate on ordinary income is 24%. The local government (municipal and county) income tax is 14.45% points of the overall rate. Tax on ordinary income is levied after taking into account a standard allowance of NOK 53 150 (class 1) and NOK 78 300 (class 2) in 2017. Single parents are eligible to an additional special tax allowance of NOK 51 804. The deductions in the computation of ordinary income are:

1.2.1. *Standard reliefs*

- Basic allowance: each individual receives a minimum allowance equal to 44% of personal income, with a minimum of NOK 4 000 and a maximum of NOK 94 750. For wage income each individual can choose a separate allowance of NOK 31 800 instead of the basic allowance. Hence, wage earners would opt to choose this separate allowance as long as it exceeds the basic allowance to which they are entitled.

1.2.2. *Non-standard reliefs*

The main non-standard allowances deductible from ordinary income are:

- Parent allowance: Documented expenses for child care limited to:
  - maximum NOK 25 000 for one child
  - plus NOK 15 000 for each subsequent child.

The allowance applies in general to the spouse who has the highest income. Unused parent allowance may be transferred to the other spouse. The allowance is also applicable to single parents.

- Travel expenses related to work exceeding NOK 22 000;
- Labour union fees up to NOK 3 850;
- Donations to voluntary organisations up to NOK 25 000;
- Contributions to individual pension agreement schemes, maximum NOK 15 000;
- Premiums and contributions to occupational pension schemes in the private and public sector, unlimited;
- Unlimited deduction for interest payments.

The main non-standard tax credits are:

- Home savings scheme (BSU): The BSU scheme aims to encourage young people (under 34 years old) to save for a future home purchase. A wastable tax credit of 20% of annual savings up to NOK 25 000 in special accounts is granted. Total savings may not exceed NOK 300 000.

2. Social security contributions

2.1. *Contributions to the national insurance scheme*

2.1.1. *Employees' contributions*

Employees' contributions to the National Insurance Scheme generally amount to 8.2% of personal wage income. Employees do not make contributions if their wage income is less than NOK 54 650. Once wage income exceeds this floor, an alternative calculation is made where the contributions equal 25% of the wage income in excess of the floor. The actual contributions made would represent the minimum between the alternative calculation and 8.2% of the total wage income.

Contributions from the self-employed are 11.4% of personal income attributable to labour.

2.1.2. *Employers' contributions*

Employer's social security contributions are due for all employees in both the private and the public sector. The contribution is geographically differentiated according to the municipality where the work-place is. The standard rates are 14.1%, 10.6%, 7.9%, 6.4%, 5.1% or 0% of gross wages. The highest rate applies to central parts of southern Norway. Lower rates may apply under certain circumstances. The weighted average rate is approximately 13%.

3. Universal cash transfers

3.1. *Transfers related to marital status*

None.

3.2. *Transfers for dependent children (child support)*

The following transfers are available:

NOK 11 640 per child aged 0-18 years.

Single parents receive transfers for one more child than their actual number of children.

4. Main changes in tax/benefit systems since 2002

- Most important changes related to wage taxation in 2017:
  - The general tax rate on ordinary income was reduced from 25% to 24%.
  - The rates under the bracket tax was increased with 0,71-0,82 percentage points, which is less than the reduction in the rate of ordinary income.
  - The upper limit of the basic allowance for wage income/social security benefits was increased by NOK 3 300 and the rate was increased to 44%.
  - The lower threshold for the payment of employee's social security contributions was increased from NOK 49 650 to NOK 54 650.
- Most important changes related to wage taxation in 2016:
  - The general tax rate on ordinary income was reduced from 27% to 25%.
  - A bracket tax with on personal income with 4 tax brackets was introduced and replaced the former surtax on personal income.
- Most important changes related to wage taxation in 2015:
  - The threshold in surtax bracket 1 was increased by NOK 5 750.
  - The upper limit of the basic allowance for wage income/social security benefits was increased by NOK 2 100.
  - The lower threshold for the payment of employee's social security contributions was increased from NOK 39 600 to NOK 49 650.
- Most important changes related to wage taxation in 2014:
  - The general tax rate on ordinary income was reduced from 28% to 27%.
  - The employee's social security contributions were increased by 0.4 percentage points.
  - The rate in the basic allowance against wage income was increased to 43%.
  - Tax class 2 for married couples was reduced.
- Most important changes in 2013:
  - The personal allowance for labour income was increased for low income earners (below NOK 213 950) by 2 percentage points from 38% to 40% of their labour income.
  - The taxable value of second homes and commercial property for the purposes of net wealth tax was increased from 40% to 50% of estimated market value.
  - The basic allowance in the net wealth tax was increased from NOK 750 000 to NOK 870 000. Married couples will thus have a total basic allowance of NOK 1 740 000.

- The current class 2 for sole providers was replaced by a special allowance for ordinary income which provides an equivalent tax benefit.
- The maximum deduction for labour union fees was increased from NOK 3 750 to NOK 3 850.

- Most important changes in 2012:
  - The personal allowance for labour income was increased for low income earners (below NOK 217 000) by 2 percentage points from 36% to 38% of their labour income.
  - For self-employed the wage allowance was abolished to eliminate residual discrimination between sole proprietorships with employees and limited companies.
  - In the deduction for travel expenses for travels between home and work the deduction rate per kilometre was increased for tax payers travelling between 35 000 km and 50 000 km per year.
  - The maximum deduction for labour union fees was increased by NOK 90 to NOK 3 750.
- In 2011 changes to the tax system was made to provide better incentives for people to work when drawing a pension. The tax limitation rule for early-retirement and old-age pensioners was replaced by a new tax allowance for pension income. The allowance ensures that people who only receive the minimum pension will continue not to pay income tax. The allowance is scaled down against pension income, so that the marginal tax on earned income is reduced to the same level as for wage earners. The marginal tax on capital for low-income pensioners is also reduced to the same level as for other taxpayers. The new tax allowance is determined regardless of the spouse's income and married early-retirement and old-age pensioners will each have their own allowance. In addition, the pension income social security contribution is increased and the special allowance for age is discontinued.
- In 2010 a new formula-based system for determining the tax-assessed value of homes was introduced. The new tax-assessed value will be determined by multiplying the floor space of the dwelling by a square metre price based on the geographical location (neighbourhood, municipality, sparsely populated vs. densely populated area), size, age and type (detached, semi-detached, terraced, flat) of the property. For primary homes (owner-occupied), the per square metre rate will be set at 25% of the estimated sale price per square metre, whereas the rate for second homes, i.e. any other dwellings in addition to the primary home that are not defined as business or recreational properties, will be set at 40% of the estimated sale price per square metre. The current "safety valve" system is being continued so that taxpayers can appeal and have the tax-assessed value reduced to 30% of the documented fair market value (60% for second homes). In addition, the tax-assessed values of recreational properties are increased by 10%.
- Most important changes in 2009 were the abolition of the 80% rule, which primarily reduced the wealth tax of the richest. The wealth tax on equities for those who fall within the scope of the 80% rule has been more than doubled since 2005.
- The home savings scheme (BSU) was expanded in 2009 by increasing the annual savings amount to NOK 20 000 and the maximum aggregate savings amount to NOK 150 000.
- The rates of the inheritance tax were reduced and the exempted amount was increased in 2009. The instalment scheme for family businesses was expanded through the abolition of the upper limit, and the payment period was increased from 7 to 12 years.

- Other changes in the personal tax base in 2009:
  - ❖ The fishermen's allowance was increased from NOK 115 000 to NOK 150 000.
  - ❖ The reindeer husbandry allowance was increased to the same level as the agriculture allowance.
  - ❖ The allowance for labour union fees was increased by NOK 450 to NOK 3 600.
  - ❖ The rate of the travel allowance was increased from NOK 1.40 per km to NOK 1.50 per km.
- The tax-free net income thresholds under the tax limitation rule were increased such as to ensure that singles and couples who receive the minimum state pension will still not be paying tax following the favourable social security settlement they benefited from in 2008.
- A tax favoured contributions to individual pension agreement schemes was reintroduced as of 2008.
- From 1 January, 2008 the employees' SSC rate for self-employed was increased from 10.7% to 11.0%.
- The upper threshold in the surtax schedule was substantially reduced from 2006 to 2007.
- The surtax rates were reduced in 2005 and 2006, as part of a reform of the dual income tax system. The basic allowance has been substantially increased.
- From 1 January, 2006 the supplementary employer's social security contribution at 12.5% for gross wage income that exceeds 16 times "G" (average "G" is estimated to be NOK 74 721 in 2010) was removed.
- From 1 January, 2006 the class 2 in the surtax was removed.
- From 1 January, 2005 the ceiling in the parent allowance for two and more children was removed, and the maximum allowance was increased with NOK 5 000 for each child after the first. From 2008 the maximum allowance will be increased with NOK 15 000 for each child after the first.
- The additional child support of NOK 7 884 for children aged 1 and 2 years was abolished as of 1 August 2003.
- An allowance of maximum NOK 6 000 for donations to voluntary organisations was introduced as of 1 January, 2003. Previously this allowance was coordinated with the allowance for labour union fees (with a combined maximum allowance). The allowance was increased to NOK 12 000 as of 1 January, 2005.
- As of 1 July, 2002 the employer's social security contribution rates for employees aged 62 years or older were reduced by 4 percentage points, although not below 0%. From 2007 the reduction was abolished.

5. Memorandum items

5.1. *Identification of an AW and calculation of earnings*

The wage series used refers to full time employees in the B-N industry group (ISIC rev.4).

The calculation of annual wage earnings is as follows:

- Weighted average monthly wage plus overtime times 12.

The average monthly wage is agreed payment for a wage earner working a normal agreed working-year. It includes bonus payments and other allowances, but not payments for overtime, sick leave, and an establishment's indirect wage costs. The sum is weighted with the number of persons employed in the different industry groups.

5.2. Employers' contributions to private health and pension schemes

No information available.

2017 parameter values

Average earnings/yr	Ave_earn	577 664	Secretariat estimate
Central rate (pers)	Tax1_sch	0	161 100
class 1		0.0093	230 950
		0.0241	580 650
		0.1152	934 050
		0.1452	
class 2	Tax2_sch	0.000	161 100
		0.0093	230 950
		0.0241	580 650
		0.1152	934 050
		0.1452	
Central rate (ord)	Cent_rate_ord	0.0955	
Local rate (ord)	Local_rate	0.1445	
Allowances	Class_al_1	53 150	
	Class_al_2	78 300	
	Special_al	51 804	
Basic relief	Basic_min	4 000	
	Basic_max	94 750	
	Basic_rel_rate	0.44	
	Basic_min_wage	31 800	
Soc security contribs	SSC_rate	0.082	
Employer	SSC_empr	0.13	
Trygd. low.lim	SSC_low_lim	54 650	
pct.rate	SSC_low_rate	0.25	
Ref. Income "G"	SSC_G	93 281	
"G" Multiple	SSC_Gmult	16	
Supplemental Rate	SSC_rate_sup	0	
Child cash transfer	Child_sup	11 640	

2017 tax equations

The equations for the system for Norway in 2017 may be calculated on an individual or joint basis for married couples. Social security contributions are calculated on an individual basis. The calculation for Class 2 is chosen for married couples whenever this gives a lower value of tax than the corresponding Class 1 calculations. The functions which are used in the equations (Taper, MIN, Tax etc) are described in the technical note about tax equations. Variable names are defined in the table of parameters above, within the equations table, or are the standard variables "married" and "children". A reference to a variable with the affix "_total" indicates the sum of the relevant variable values for the principal and spouse. And the affixes "_princ" and "_spouse" indicate the value for the principal and spouse, respectively. Equations for a single person are as shown for the principal, with "_spouse" values taken as 0.

	Line in country table and intermediate steps	Variable name	Range	Equation
1.	Earnings	earn		
2.	Allowances:	tax_al	J	IF(class='1,' tax1_al_princ+tax1_al_spouse, tax2_al)
	Class 1 tax allowance (ordinary)	tax1_al_princ	P	MIN(MAX(Basic_min_wage, MIN(earn_princ*Basic_rel_rate, Basic_max)) +Class_al_1+IF(AND(Married='0,Children>0),Special_al,o),' earn_princ)
	Class 1 tax allowance (ordinary)	tax1_al_spouse	S	MIN(MAX(Basic_min_wage, MIN(earn_spouse*Basic_rel_rate, Basic_max)) +Class_al_1, earn_spouse)
	Class 2 tax allowance (ordinary)	tax2_al	J	MIN(MAX(Basic_min_wage, MIN(earn_princ*Basic_rel_rate, Basic_max)), earn_princ)+MIN(MAX(Basic_min_wage, MIN(earn_spouse* Basic_rel_rate, Basic_max)), earn_spouse)+Class_al_2
3.	Credits in taxable income	taxbl_cr	J	0
4.	CG taxable income (ordinary)			
	Class 1 taxable income	tax1_inc	B	Positive(earn-tax1_al)
	Class 2 taxable income	tax2_inc	J	Positive(earn_total-tax2_al)
5.	CG tax	CG_tax		IF(class=1, CG1_tax, CG2_tax)
	Class 1 tax (personal+ordinary)	CG1_tax	B	Tax(earn, Tax1_sch)+Cent_rate_ord*tax1_inc
	Class 2 tax (personal+ ordinary)	CG2_tax	J	Tax(earn_p, Tax2_sch)+ Tax(earn_s, Tax2_sch)+Cent_rate_ord*tax2_inc
6.	Tax credits :	tax_cr	P	0
7.	CG tax	CG_tax	B	CG_tax
8.	State and local taxes	local_tax	J	IF(class=1, local1_tax_total, local2_tax)
	Class 1 local tax	local1_tax	B	(Local_rate*(tax1_inc_princ+tax1_inc_spouse))-tax_cr
	Class 2 local tax	local2_tax	J	(Local_rate*tax2_inc)-tax_cr
	Favourable class	class	J	1+((CG2_tax_excl+local2_tax)<(CG1_tax_excl_total+local1_tax_total))
9.	Employees' soc security	SSC	B	MIN(earn*SSC_rate, Positive(SSC_low_rate*(earn-SSC_low_lim)))
11.	Cash transfers	cash_trans	J	(children>0)*Child_sup
13.	Employer's soc security	SSC_empr	B	earn*SSC_empr

Key to range of equation B calculated separately for both principal earner and spouse P calculated for principal only (value taken as 0 for spouse calculation) J calculated once only on a joint basis.

Les impôts sur les salaires 2018
© OCDE 2018

Poland

This chapter includes data on the income tax paid by workers, their social security contributions, the family benefits they receive in the form of cash transfers as well as the social security contributions and payroll taxes paid by their employers. Results reported include the marginal and average tax burden for eight different family types.

Methodological information is available for personal income tax systems, compulsory social security contributions to schemes operated within the government sector, universal cash transfers as well as recent changes in the tax/benefit system. The methodology also includes the parameter values and tax equations underlying the data.

Poland 2017

The tax/benefit position of single persons

	Wage level (per cent of average wage)	67	100	167	67
	Number of children	none	none	none	2
1.	**Gross wage earnings**	33 212	49 570	82 781	33 212
2.	**Standard tax allowances**				
	Basic allowance				
	Married or head of family				
	Dependent children				
	Deduction for social security contributions and income taxes	4 553	6 796	11 349	4 553
	Work-related expenses	1 335	1 335	1 335	1 335
	Other				
	Total	5 888	8 131	12 684	5 888
3.	**Tax credits or cash transfers included in taxable income**	0	0	0	0
4.	**Central government taxable income (1 - 2 + 3)**	27 323	41 439	70 097	27 323
5.	**Central government income tax liability (exclusive of tax credits)**	4 918	7 459	12 617	4 918
6.	**Tax credits**				
	Basic credit	556	556	556	1 112
	Married or head of family				
	Children	0	0	0	2 224
	Other (health insurance)	2 221	3 315	5 536	2 221
	Total	2 777	3 871	6 092	5 557
7.	**Central government income tax finally paid (5-6)**	2 141	3 588	6 525	- 639
8.	**State and local taxes**	0	0	0	0
9.	**Employees' compulsory social security contributions**				
	Gross earnings	3 341	4 987	8 328	3 341
	Taxable income	2 579	3 850	6 429	2 579
	Total	5 920	8 836	14 757	5 920
10.	**Total payments to general government (7 + 8 + 9)**	8 061	12 424	21 282	5 281
11.	**Cash transfers from general government**				
	For head of family				
	For two children	0	0	0	18 689
	Total	0	0	0	18 689
12.	**Take-home pay (1-10+11)**	25 150	37 146	61 499	46 619
13.	**Employers' compulsory social security contributions**	5 453	8 139	13 593	5 453
14.	**Average rates**				
	Income tax	6.4%	7.2%	7.9%	-1.9%
	Employees' social security contributions	17.8%	17.8%	17.8%	17.8%
	Total payments less cash transfers	24.3%	25.1%	25.7%	-40.4%
	Total tax wedge including employer's social security contributions	35.0%	35.6%	36.2%	-20.6%
15.	**Marginal rates**				
	Total payments less cash transfers: Principal earner	26.7%	26.7%	26.7%	96.3%
	Total payments less cash transfers: Spouse	n.a.	n.a.	n.a.	n.a.
	Total tax wedge: Principal earner	37.0%	37.0%	37.0%	96.9%
	Total tax wedge: Spouse	n.a.	n.a.	n.a.	n.a.

Poland 2017

The tax/benefit position of married couples

	Wage level (per cent of average wage)	100-0	100-33	100-67	100-33
	Number of children	2	2	2	none
1.	**Gross wage earnings**	49 570	65 928	82 781	65 928
2.	**Standard tax allowances**				
	Basic allowance				
	Married or head of family				
	Dependent children				
	Deduction for social security contributions and income taxes	6 796	9 039	11 349	9 039
	Work-related expenses	1 335	2 670	2 670	2 670
	Other				
	Total	8 131	11 709	14 019	11 709
3.	**Tax credits or cash transfers included in taxable income**	0	0	0	0
4.	**Central government taxable income (1 - 2 + 3)**	41 439	54 219	68 762	54 219
5.	**Central government income tax liability (exclusive of tax credits)**	7 459	9 759	12 377	9 759
6.	**Tax credits**				
	Basic credit	1 112	1 112	1 112	1 112
	Married or head of family				
	Children	2 224	2 224	2 224	0
	Other (health insurance)	3 315	4 409	5 536	4 409
	Total	6 651	7 745	8 872	5 521
7.	**Central government income tax finally paid (5-6)**	808	2 014	3 505	4 238
8.	**State and local taxes**	0	0	0	0
9.	**Employees' compulsory social security contributions**				
	Gross earnings	4 987	6 632	8 328	6 632
	Taxable income	3 850	5 120	6 429	5 120
	Total	8 836	11 752	14 757	11 752
10.	**Total payments to general government (7 + 8 + 9)**	9 644	13 767	18 262	15 991
11.	**Cash transfers from general government**				
	For head of family				
	For two children	12 000	6 000	6 000	0
	Total	12 000	6 000	6 000	0
12.	**Take-home pay (1-10+11)**	51 926	58 161	70 520	49 937
13.	**Employers' compulsory social security contributions**	8 139	10 825	13 593	10 825
14.	**Average rates**				
	Income tax	1.6%	3.1%	4.2%	6.4%
	Employees' social security contributions	17.8%	17.8%	17.8%	17.8%
	Total payments less cash transfers	-4.8%	11.8%	14.8%	24.3%
	Total tax wedge including employer's social security contributions	10.0%	24.2%	26.8%	34.9%
15.	**Marginal rates**				
	Total payments less cash transfers: Principal earner	26.7%	26.7%	26.7%	26.7%
	Total payments less cash transfers: Spouse	61.9%	26.7%	26.7%	26.7%
	Total tax wedge: Principal earner	37.0%	37.0%	37.0%	37.0%
	Total tax wedge: Spouse	67.3%	37.0%	37.0%	37.0%

The national currency is the Zloty (PLN). In 2017, PLN 3.78 was equal to USD 1. In that year, the average worker earned PLN 49 570 (Secretariat Estimate).

1. Personal income tax system

An individual being a tax resident in Poland is liable to tax on the basis of world-wide income, irrespective of the source and origin of that income. (The term "residency" is understood similarly to Article 4 paragraph 2 point a) of the OECD Model Tax Convention on Income and Capital).

1.1. *Central government income tax*

1.1.1. *Tax unit*

Individuals are taxed on their own income, but couples married during the whole calendar year[1] can opt to be taxed on their joint income. In the latter case, the "splitting" system applies: the tax bill for a couple is twice the income tax due on half of joint income, provided the joint income does not include capital income taxed at the flat 19% rate. Single individuals with dependent children are also entitled to use the splitting system (their family quotient is two). For the purpose of this report, it is assumed that married couples are taxed on joint income.

1.1.1.1. Tax base

1.1.1.1.1. Gross employment income

For taxation purposes, taxable gross employment income in Poland includes both cash income and the value of benefits in kind. More specifically, gross employment income includes base salary, overtime payments, bonuses, awards, compensation for unused holidays, and costs that are paid in full or in part by the employer on behalf of the employee.

1.1.2. *Tax allowances and tax credits*

1.1.2.1. Standard reliefs

- Basic relief: A non-refundable tax credit of:[2]
  - PLN 1 188 – for the tax base not higher than PLN 6 600;
  - PLN 1 188 minus the amount resulting from the following formula: PLN 631.98 × (tax base PLN 6 600) ÷ PLN 4 400, for the tax base higher than PLN 6 600 and not higher than PLN 11 000;
  - PLN 556.02 – for the tax base higher than PLN 11 000 and not higher than PLN 85 528;

1. However, a widowed spouse is entitled to apply the joint income taxation.
2. Applicable only in a tax return.

- ❖ PLN 556.02 minus the amount resulting from the following formula: PLN 556.02 × (tax base – PLN 85 528) ÷ PLN 41 472, for the tax base higher than PLN 85 528 and not higher than PLN 127 000.

- Marital status relief: None.
- Relief for children: Yes.[3]

A taxpayer can deduct from the due tax decreased by the amount of health contributions specified in the PIT Act, the amount, which is equal for each month of raising a child:

- PLN 92.67 (annually PLN 1 112.04) for the first child, if the income received by parents (married or single parent, who meets special requirements) doesn't exceed in the tax year the amount of PLN 112 000. For other parent the threshold of income is PLN 56 000;
- PLN 92.67 (annually PLN 1 112.04) for the second child;
- PLN 166.67 (annually PLN 2 000.04) for the third child;
- PLN 225.00 (annually PLN 2 700.00) for the fourth and every next child.

Since 1 January 2015 taxpayers whose due tax is lower than the amount of relief for children, may claim for cash refund for amount of relief which has not been utilized. However, such cash refund cannot exceed the amount of deductible social security and health insurance contributions paid by taxpayer (with some exceptions).

- Relief for health insurance contributions: A tax credit is almost equal to health insurance contribution paid to the National Health Fund. The contribution is 9% of the calculation basis whereas the tax credit is 7.75% of this basis.
- Relief for other social security contributions: An allowance is provided for all social insurance contributions paid by the taxpayer.
- Relief for selected work-related expenses: Standard deductions depend on the number of workplaces and on whether place of residence and workplace are within the same town/city or not. The annual amounts in PLN (deductible from income) are:

	One workplace	Two/more workplaces
Workplace in the same town/city as place of residence	1 335.00[1]	2 002.05
Workplace in different town/city as place of residence	1 668.72	2 502.56

1. For the purpose of the calculations in this publication, it is assumed that the worker has the same town/city as place of residence.

Note: If the actual commuting expenses exceed standard deduction, relief can be determined by the actual expenses incurred solely on personal season tickets.

1.1.2.2. Main non-standard tax reliefs applicable to an average worker

Allowances:

- Expenses for the purpose of rehabilitation incurred by a taxpayer who is a disabled person, or a taxpayer, who supports the disabled;
- Equivalent of blood donations, donations made for the purposes of public benefit activity and of religious practice – in the amount of donation, no more than 6% of income;
- Donations made for charity church care – in the amount of the donation;

3. It concerns a child of 18 years old or younger or a child up to 25 years old provided they are students or a disabled child irrespective of their age. The actual description in section 4.

- Expenses incurred for the use of the Internet – a taxpayer is entitled to deduct the Internet tax allowance within the next two years, providing that during the phase preceded this period he did not deduct expenses for the use of the Internet (up to PLN 760);
- Abolished allowance (since 2007 continued on the acquired right basis) for interests payments on mortgage loans raised no later than in 2006 on acquisition of housing property on the primary market – up to the amount of interests related to the part of loan not exceeding PLN 325 990 for investments finished in 2017.

Tax credits:

- Donation made to public benefit organizations – up to 1% of due tax.[4]
- Abolished tax credits (continued on the acquired rights basis), i.e. expenses for saving with the aim of buying a house or flat, the amount of social contributions paid on income of an unemployed person hired by a taxpayer in order to take care of their children and/or house.

1.1.3. *Tax schedule*

The tax schedule is as follows:

Tax base (in PLN)		Tax amount	
Over	Below		less a basic tax credit
0	85 528	18% of the tax base,	
85 528		PLN 15 395.04+ 32% of surplus over PLN 85 528	

1.2. *State and local income tax*

There are no regional or local income taxes.

1.3. *Wealth tax*

There is no wealth tax.

2. Social security contributions

2.1. *Employees' contributions*

Employees pay 13.71% of the gross wage. This contribution includes:

- Pension insurance contribution – 9.76% of the gross wage.[5] 3.65 percentage points of the pension contribution are treated as non-tax compulsory payments because these payments are either made to the OPF (1.46%) and to personal sub-account in ZUS (2.19%) or only to sub-account in ZUS (3.65%).Disability insurance contribution – 1.5% of the gross wage,
- Sickness/maternity insurance contribution – 2.45% of the gross wage,
- In case of pension and disability insurance, contributions are not paid on the part of the wage that exceeds PLN 127 890.[6]

4. This relief is distinct from an allowance for donations deducted from income.
5. Since July 2014 out of total 19.52% of social contributions 7.3% goes to subaccount in ZUS either – if voluntarily stated by insured person – 2.92% goes to account in open ended funds and 4.38% to subaccount in ZUS.
6. The contribution ceiling of pension and disability insurance funds for a given calendar year may not exceed thirty times the amount of the projected average monthly remuneration in the national economy for that year, as set forth in the Budgetary Act.

2.2. Employers' contributions

In respect of income paid under an employment contract with a Polish entity, employers have an obligation to pay social security contributions equal to 20.43% of gross wage. This value consists of:

- 9.76 percentage points are aimed for pension insurance.[7] 3.65 percentage points of the pension contribution are treated as non-tax compulsory payments because these payments are either made to the OPF (1.46%) and to personal sub-account in ZUS (2.19%) or only to sub-account in ZUS (3.65%).
- 6.5 percentage points are aimed for disability insurance,
- 3.81 percentage points are aimed for other insurances i.e. 1.26 percentage points (on average) accident insurance, 2.45 percentage points for Labour Found and 0.1 percentage points for the Guaranteed Employee Benefit Fund.
- In case of pension and disability insurance, contributions are not paid on the part of the wage that exceeds PLN 127 890.

3. Universal cash transfers

3.1. Transfers related to marital status

None.

3.2. Transfers for dependent children

From 1 November 2012 families where the average monthly income per household member for the previous period is no greater than PLN 539 or PLN 623 when there are one or more disabled children in the household) are entitled to family allowances. From 1 November 2015 the income criteria will be as high as PLN 674 and PLN 764. Families receive PLN 89 (from 1 November 2016 – PLN 95) monthly for a child no older than 5 years, PLN 118 (from 1 November 2016 – PLN 124) monthly for a child of 5 up to 18 years old, and PLN 129 (from 1 November 2016 – PLN 135) monthly for a child of 18 up to 24 years old. The calculations in this Report are based on the assumption that the children are aged between 5 and 11 years inclusive.

Single parents are entitled to a supplement of PLN 185 (from 1 November 2016 – PLN 193) for each child up to a maximum of PLN 370 (from 1 November 2016 – PLN 386) for all children (and PLN 265 (from 1 November 2016 – PLN 273) for a disabled child up to a maximum of PLN 530 (from 1 November 2016 – PLN 546) for all children).

There are several supplements to family allowances:

- for large families – PLN 90 (from 1 November 2016 – PLN 95) monthly for the 3rd and next children in the family;
- for education of disabled children – PLN 80 (from 1 November 2016 – PLN 90) monthly for children not older than 5 years and PLN 100 (from 1 November 2016 – PLN 110) for children older than 5 years.

7. Since July 2014 out of total 19.52% of social contributions 7.3% goes to subaccount in ZUS either – if voluntarily stated by insured person – 2.92% goes to account in open ended funds and 4.38% to subaccount in ZUS.

Parental benefit

On 1 January 2016 a parental benefit was introduced, aside from the already existing family and care benefits. The parental benefit is provided to families to which a child is born but whose members had not been eligible to a parental or maternity leave: students, the unemployed (regardless of registration with a labour office), people employed on the basis of civil law contracts, employees and people pursuing non-agricultural economic activity if they are not collecting maternity benefit. The parental benefit is granted regardless of income in the amount of PLN 1 000 a month for 52 weeks (after giving birth to one child in one labour), 65 weeks (after giving birth to two children in one labour), 67 weeks (after giving birth to three or four children in one labour) and for 71 weeks (after giving birth to five or more children in one labour).

Family 500 Plus Programme

Financial support for families with children

1 April 2016 (Act on state support for upbringing children entered into force 1 April 2016)

The Act on state support for upbringing children introduced new benefits- in amount of 500 PLN monthly per child until the child turns 18, which would be means-tested for the first child and available for all families for every additional child. The new benefit of PLN 500 a month (untaxed) is available for parents, actual guardian or legal guardian of a child until the child turns 18. The benefit will also be paid for the second child and any subsequent child without application of any income criteria. It will be paid for the first child if income of the family per one member does not exceed PLN 800 a month (PLN 1 200 if there is a disabled child in the family).[8] Eligibility to this benefit is established for a year (from 1 October to 30 September).

4. Main changes in tax/benefit systems since 2012

Since January 2017, the tax schedule has been changed by introduction of degressive basic tax credit. The work-related expenses, tax allowances, relieves are the same as in previous years.

Since 2012 there were also changes in Social Security Contribution. Since February 2014, 14.96% of the old-age insurance contribution (2.92 percentage points) are transferred by ZUS to a privately-managed fund (OPF) but since July 2014 this part of contribution will be transferred only if insured persons decides to – otherwise all 7.3 percentage points of the contributions will be passed to subaccount in ZUS.

8. Some of the features (namely, joint taxation and child tax credit) of the Polish tax system are optional and therefore can influence eligibility to "500+" family, and in a consequence tax wedge, in a non-linear way. As they both determine "net income for income test" and because of no tapering of "500+" sometimes it may be preferable not to use joint taxation or child tax credit (or to use it partially) in order to get the most appropriate net income to maximize the family benefit payments. As for now model treats both joint taxation and child tax credit as obligatory. With the parameters in the excel file (average wage etc.) it does not alter the results. However, if any of the parameters change, the previous statement may not hold.

5. Memorandum items

5.1. *Identification of AW and valuation of earnings*

The Polish Central Statistical Office calculates average monthly wages and salaries for employees on the basis of reports of enterprises. The figures include overtime and bonus payments and also include information for part-time employees converted to full-time equivalents. Male and female workers are included. The information, which includes estimates for different sectors, is published in the monthly *Statistical Bulletin*.

5.2. *Employers' contributions to private pension, health and related schemes*

No information provided.

2017 parameter values

Average earnings/yr	Ave_earn	49 570	Secretariat Estimate
Work expenses	work_exp	1 335.00[1]	
Income tax schedule	tax_sch		
		0.18	85 528
		0.32	
Tax credits			
Basic credit	basic_cr	556.02	
Health insurance	health_ins	0.09	
	health_ins_credit	0.0775	
Children	Child_cr	1 112.04	
	Child_cr_lim	112 000	
Social security contributions			
Employers	SSC_empr	0.2007	
old-age pension and disability pension insurance	SSC_old	0,0976	
	SSC_old_ZUS	0.061176	
	SSC_old_ZUSII	0.0365	
	SSC_old_OPF	0	
	SSC_dis	0.065	
other insurances	SSC_a	0.0381	
Employees	SSC	0.1371	
old-age pension and disability pension insurance	SSC_old_e	0.0976	
	SSC_old_e_ZUS	0.0611	
	SSC_old_e_ZUSII	0.0365	
	SSC_old_e_OPF	0	
	SSC_dis_e	0.015	
sickness insurance	SSC_s	0.0245	
Contribution ceiling	SSC_c	127 890	
Family benefit	fam_ben	1 488	
single parent additional family benefit	fam_ben_Spsup	193	
single parent additional family benefit ceiling	fam_ben_Spsup_lim	386	
income limit	fam_ben_lim	8 088	
income limit for single parent	fam_ben_lim_sp	8 088	
Family 500 Plus Programme	plus_ben	6000	
	plus_ben_lim	9600	

1. Lump-sum annual work expenses for an employee having one workplace and living in the place (town, city) where the workplace is; employees living outside the city (town) where their workplace is may deduct 1 668.72 PLN annually.

2017 tax equations

The equations for the Polish system are mostly calculated on a family basis.

The standard functions which are used in the equations (Taper, MIN, Tax etc) are described in the technical note about tax equations. Two additional functions (Tax93 and ftax) have been incorporated to carry out an iterative calculation for central government tax. These allow for the fact that the church tax is calculated as 9% of Central Government tax and is also allowed as a deduction when calculating taxable income. Variable names are defined in the table of parameters above, within the equations table, or are the standard variables "married" and "children". A reference to a variable with the affix "_total" indicates the sum of the relevant variable values for the principal and spouse. And the affixes "_princ" and "_spouse" indicate the value for the principal and spouse, respectively. Equations for a single person are as shown for the principal, with "_spouse" values taken as 0.

	Line in country table and intermediate steps	Variable name	Range	Equation
1.	Earnings	earn		
	Quotient for tax calculation	quotient	J	1+MAX(Married,(Children>0))
2.	Allowances:	tax_al	J	work_exp+MIN(earn_spouse,work_exp)+SSC+SSC_old_e_OPF*MIN(earn, SSC_c)
3.	Credits in taxable income	taxbl_cr	J	0
4.	CG taxable income	tax_inc	J	Positive(earn-tax_al)
5.	CG tax before credits	CG_tax_excl	J	quotient*Tax(tax_inc/quotient,tax_sch)
6.	Tax credits :			
	Basic credit	basic_cr	J	basic_cr*quotient
	Health insurance	health_ins_cr	B	health_ins_credit*(earn-SSC-SSC_old_e_OPF*MIN(earn, SSC_c))
	Child credit	child_cr	J	If(earn_total<Child_cr_lim,children*child_cr,0)
	Total tax credits	tax_cr	J	basic_cr+health_ins_cr+child_cr
7.	CG tax	CG_tax	J	MAX(0,Positive(CG_tax_excl-basic_cr-health_ins)-child_cr)-(child_cr>Positive (CG_tax_excl-basic_cr-health_ins))*MIN(SSC_al+health_ins,child_cr-Positive (CG_tax_excl-basic_cr-health_ins))
8.	State and local taxes	local_tax	J	0
9.	Employees' soc security	health_ins	B	(earn-(MIN(earn, SSC_c)*(SSC_old_e+SSC_dis_e)+earn*SSC_s))*health_ins
.		SSC	B	(SSC_old_e_ZUS+SSC_dis_e)*MIN(earn,SSC_c)+SSC_s*earn
11.	Cash transfers	cash_tran	J	='MAX(0,(fam_net_inc<fam_ben_lim*(1+Married+Children)-240+(Children*fam_ben+(1-Married)*(Children>0)*MIN(fam_ben_Spsup*Children,fam_ben_Spsup_lim)))*(Children*fam_ben+(1-Married)*(Children>0)*MIN(fam_ben_Spsup *Children,fam_ben_Spsup_lim))-IF(fam_net_inc>fam_ben_lim*(1+Married+ Children),fam_net_inc-fam_ben_lim*(1+Married+Children),0))+Positive(IF((fam_net_inc'/(1+Married+Children))<plus_ben_lim,Children*plus_ben,(Children-1)* plus_ben))
		fam_net_inc	J	=Positive(earn-SSC_al-health_ins-CG_tax-work_exp)
13.	Employer's soc security	SSC_empr	B	(SSC_old_ZUS+SSC_dis)*MIN(earn,SSC_c)+SSC_a*earn

Key to range of equation:
B calculated separately for both principal earner and spouse,
P calculated for principal only (value taken as 0 for spouse calculation),
J calculated once only on a joint basis.

Les impôts sur les salaires 2018
© OCDE 2018

Portugal

This chapter includes data on the income taxes paid by workers, their social security contributions, the family benefits they receive in the form of cash transfers as well as the social security contributions and payroll taxes paid by their employers. Results reported include the marginal and average tax burden for eight different family types.

Methodological information is available for personal income tax systems, compulsory social security contributions to schemes operated within the government sector, universal cash transfers as well as recent changes in the tax/benefit system. The methodology also includes the parameter values and tax equations underlying the data.

Portugal 2017

The tax/benefit position of single persons

		Wage level (per cent of average wage)	67	100	167	67
		Number of children	none	none	none	2
1.	**Gross wage earnings**		12 055	17 993	30 048	12 055
2.	**Standard tax allowances**					
	Basic allowance		4 104	4 104	4 104	4 104
	Married or head of family					
	Dependent children					
	Deduction for social security contributions and income taxes					
	Work-related expenses		0	0	0	0
	Other					
		Total	4 104	4 104	4 104	4 104
3.	**Tax credits or cash transfers included in taxable income**		0	0	0	0
4.	**Central government taxable income (1 - 2 + 3)**		7 951	13 889	25 944	7 951
5.	**Central government income tax liability (exclusive of tax credits)**		1 273	2 966	6 934	1 273
6.	**Tax credits**					
	Basic credit		0	0	0	0
	Married or head of family					
	Children		0	0	0	1 200
	Other					
		Total	0	0	0	1 200
7.	**Central government income tax finally paid (5-6)**		1 273	2 966	6 934	73
8.	**State and local taxes**		0	0	0	0
9.	**Employees' compulsory social security contributions**					
	Gross earnings		1 326	1 979	3 305	1 326
	Taxable income					
		Total	1 326	1 979	3 305	1 326
10.	**Total payments to general government (7 + 8 + 9)**		2 599	4 945	10 240	1 399
11.	**Cash transfers from general government**					
	For head of family					
	For two children		0	0	0	979
		Total	0	0	0	979
12.	**Take-home pay (1-10+11)**		9 456	13 048	19 809	11 635
13.	**Employer's compulsory social security contributions**		2 863	4 273	7 136	2 863
14.	**Average rates**					
	Income tax		10.6%	16.5%	23.1%	0.6%
	Employees' social security contributions		11.0%	11.0%	11.0%	11.0%
	Total payments less cash transfers		21.6%	27.5%	34.1%	3.5%
	Total tax wedge including employer's social security contributions		36.6%	41.4%	46.7%	22.0%
15.	**Marginal rates**					
	Total payments less cash transfers: Principal earner		39.5%	39.5%	48.9%	39.5%
	Total payments less cash transfers: Spouse		n.a.	n.a.	n.a.	n.a.
	Total tax wedge: Principal earner		51.1%	51.1%	58.7%	51.1%
	Total tax wedge: Spouse		n.a.	n.a.	n.a.	n.a.

Portugal 2017

The tax/benefit position of married couples

		Wage level (per cent of average wage)	100-0	100-33	100-67	100-33
		Number of children	2	2	2	none
1.	**Gross wage earnings**		17 993	23 931	30 048	23 931
2.	**Standard tax allowances**					
	Basic allowance		4 104	8 208	8 208	8 208
	Married or head of family					
	Dependent children					
	Deduction for social security contributions and income taxes					
	Work-related expenses		0	0	0	0
	Other					
		Total	4 104	8 208	8 208	8 208
3.	**Tax credits or cash transfers included in taxable income**		0	0	0	0
4.	**Central government taxable income (1 - 2 + 3)**		13 889	15 723	21 840	15 723
5.	**Central government income tax liability (exclusive of tax credits)**		2 014	2 495	4 239	2 495
6.	**Tax credits**					
	Basic credit		0	0	0	0
	Married or head of family					
	Children		1 200	1 200	1 200	0
	Other					
		Total	1 200	1 200	1 200	0
7.	**Central government income tax finally paid (5-6)**		814	1 295	3 039	2 495
8.	**State and local taxes**		0	0	0	0
9.	**Employees' compulsory social security contributions**					
	Gross earnings		1 979	2 632	3 305	2 632
	Taxable income					
		Total	1 979	2 632	3 305	2 632
10.	**Total payments to general government (7 + 8 + 9)**		2 793	3 928	6 344	5 128
11.	**Cash transfers from general government**					
	For head of family					
	For two children		656	656	0	0
		Total	656	656	0	0
12.	**Take-home pay (1-10+11)**		15 856	20 659	23 704	18 803
13.	**Employer's compulsory social security contributions**		4 273	5 684	7 136	5 684
14.	**Average rates**					
	Income tax		4.5%	5.4%	10.1%	10.4%
	Employees' social security contributions		11.0%	11.0%	11.0%	11.0%
	Total payments less cash transfers		11.9%	13.7%	21.1%	21.4%
	Total tax wedge including employer's social security contributions		28.8%	30.2%	36.3%	36.5%
15.	**Marginal rates**					
	Total payments less cash transfers: Principal earner		25.5%	39.5%	39.5%	39.5%
	Total payments less cash transfers: Spouse		19.1%	39.5%	39.5%	39.5%
	Total tax wedge: Principal earner		39.8%	51.1%	51.1%	51.1%
	Total tax wedge: Spouse		34.6%	51.1%	51.1%	51.1%

The national currency is the Euro (EUR). In 2017, EUR 0.89 equalled USD 1. The Secretariat has estimated that in that same year the average worker earned EUR 17 993 (Secretariat estimate).

1. Personal income tax system

1.1. *Taxes levied by central government*

1.1.1. *Tax unit*

The standard rule is separate taxation. However, families may opt for joint taxation. Income includes the income of any dependent children. Tax is computed on aggregate net income in the various categories of income, i.e. after the deductions specific to each category and standard and non-standard reliefs.

1.1.2. *Standard and non-standard reliefs and tax credits*

1.1.2.1. Standard reliefs

Standard deduction of EUR 4 104. If compulsory contributions to social protection schemes and statutory sub-schemes for health care exceed that limit, the deduction will equal the amount of those contributions.

1.1.2.2. Non-standard reliefs

For income received from 1 January 1999 onwards, the majority of the standard reliefs have been replaced by tax credits (see Section 1.1.4.).

Non-standard reliefs still in effect:

A deduction is provided for the portion of trade union dues not constituting consideration for benefits in the realm of health care, education, assistance for the elderly, housing, insurance or social security, up to 1% of the taxpayer's gross income, increased by 50%. These dues are not taken into account in the calculations underlying this Report.

1.1.3. *Social security contributions*

Social security contributions are totally deductible if they exceed EUR 4 104.00 per taxpayer, in which case the deduction for the contributions replaces the standard earned income deduction (see Section 1.1.2.1.).

1.1.4. *Tax credits*

Basic credits

- EUR 600 for each dependent child. This tax credit is increased by EUR 125 for dependent children whose age does not exceed 3 years old.
- EUR 525 for each ascendant whose income does not exceed the minimum pension benefit. When there is only one ascendant, the tax credit increases by EUR 110.

Other tax credits

- 35% of household general expenses up to a limit of EUR 250, per taxpayer; this limit is increased to 45% and EUR 335, respectively, for single parents.

- Non-reimbursed health care costs, not covered by Social Security: 15% of health care costs, with a limit of EUR 1 000.
- Expenditures for educating the taxpayer or the taxpayer's dependants: 30% of outlays, up to EUR 800.
- Costs for sanatoria or retirement homes for taxpayers, their ascendants and collaterals up to the third degree whose income does not exceed the national minimum wage: 25% of expenses up to EUR 403.75.
- 15% of the amount spent (up to EUR 296.00) on interest regarding the acquisition, construction or improvement of the taxpayer's primary residence, or leasing contracts (applicable to contracts up to 31/12/2011); and 15% of the amount spent (up to EUR 502.00) on rents paid by a tenant for his permanent residence under an agreement typified by the law. These limits are also increased for taxpayers in the first tax rate bracket and for taxpayers with income above the first rate bracket upper limit and below EUR 30 000, according to the formula below.

$$296+\left[(450-296)*\left(\frac{30000-\textit{liable income}}{30000-7091}\right)\right]$$

- 20% of alimony payments compulsory under court order or court-approved agreement.
- 30% of education expenditures and 25% of life insurance premiums, up to a limit of 15% of the tax liability, for handicapped taxpayers or dependents.
- 15% of VAT paid for certain services (restaurants, lodging, hairdressers, and auto-repair) up to a limit of EUR 250. This benefit is not included on the limits referred to on the next page.

Tax credits from tax benefits

- Individual Retirement Savings Plans (PPRs): 20% of amounts invested, for unmarried taxpayers or for each spouse, up to:
  - EUR 400 for taxpayers under 35;
  - EUR 350 for taxpayers over 35 and under 50;
  - EUR 300 for taxpayers over 50.
- Social Security Individual Accounts: 20% of amounts invested, for unmarried taxpayers or for each spouse, up to a limit of EUR 350.

Donations granted on the conditions stated in the statutes governing charities (grants to central, regional or local government, special "social solidarity institutions", museums, libraries, schools, institutes, educational or research associations, public administrative bodies, etc.): 25% of donations, limited in certain cases to 15% of the donor's tax liability. However the total of tax credits related to health care costs, education and training, alimony, retirement homes, VAT paid, house expenses and tax benefits cannot exceed the values of the following amounts:

Taxable income (EUR) (R)	Limit
Up to 7 091	Without limit
Between 7 091 and 80 640	$1000+\left[(2500-1000)*\left(\frac{80640-\textit{liable income}}{80640-7091}\right)\right]$
Over 80 640	EUR 1 000

Limits are increased in 5% for each dependent.

1.1.5. *Family status – determination of taxable income*

The default status is individual taxation. Couples can opt for joint taxation based on the income-splitting system as it is described below. In the Taxing Wages calculations, the most favourable system is chosen.

1.1.6. *Tax rate schedule (applicable to 2016 income)*

Taxable income (EUR) (R)	Marginal tax rate (%) (T)	Amount to deduct (EUR) (K)
Up to 7 091	14.50	-
Over 7 035 up to 20 261	28.50	992.74
Over 20 100 up to 40 522	37.00	2 714.93
Over 40 200 up to 80 640	45.00	5 956.69
Over 80 640	48.00	8 875.89

In the case of taxpayers whose income stems primarily from dependent employment (earned income), disposable income after application of the tax rates to taxable income may not be less than, EUR 8 500.00 per taxpayer in 2017.

For residents in the Autonomous Regions of the Azores, reduced tax rates are applicable. Tax calculation formula (I = Income tax due):

Unmarried taxpayers: I = R × T – K – C

Married taxpayers can opt for joint taxation based on the income splitting method (with one or two earned incomes/see Section 1.15):

- I = {[(R : 2) × T – K] × 2 } – C

Where:

R = Taxable income, after deduction of standard and non-standard reliefs (see Sections 1.12)

T = Tax rate corresponding to the taxable income bracket

K = Amount to be deducted from each bracket

C = Tax credits (see Section 1.14)

Surtax:

An additional solidarity tax rate surtax was introduced by the 2012 State Budget and is applicable on highest income bracket. The surtax tax rate is now 2.5% applicable to taxable income between EUR 80 000 and EUR 250 000 and 5% for taxable income above EUR 250 000.

Furthermore, a 3.5% surtax was reintroduced, for taxable income above the annual national minimum wage (EUR 6 790), with a tax credit of 2.5% of the annual minimum wage per dependent (EUR 169.75).

Furthermore, the surtax created in 2011, and reintroduced in 2013, 2014 and 2015 has been made progressive, aiming at its elimination in 2017, according to the table below, with a tax credit of 2.5% of the annual minimum wage per dependent (EUR 194.95).

Taxable income (EUR) (R)	Tax rate (%) (T)
Up to 20 261	0
Over 20 261 up to 40 522	0.88
Over 40 522 up to 80 640	2.75
Over 80 640	3.21

1.1.7. *Special family situations*

1.1.7.1. Handicapped taxpayer/spouse, with a disability rating of 60% or more:

A tax credit corresponding to 4 times the 2010 minimum wage (EUR 1 900) is granted for each taxpayer or spouse.

1.1.7.2. Handicapped dependent children, with a disability rating of 60% or more:

A tax credit corresponding to 1.5 times the social benefits index (EUR 712.50) is granted for each dependent child.

1.1.7.3. Handicapped taxpayer/spouse or dependent children, with a disability rating of 90% or more:

An additional tax credit corresponding to 4 times the 2010 minimum wage (EUR 1 900) is granted for each taxpayer or spouse or dependent child.

1.1.8. *Non liable income*

- Lawfully granted family allowances;
- Living expenses per diem, up to the limits established for national civil servants;
- Meal allowances, up to the amount established for national civil servants, increased by 20% or 60% in the event of a meal allowance in the form of meal vouchers.

2. Compulsory social security contributions to schemes operated within the government sector

Rates and ceilings: social security contributions are levied on gross pay and are not subject to any ceiling.

2.1. *Employee contributions*

As a rule, the rate of employee contributions is 11% of gross pay, with no ceiling.

2.2. *Employer contributions*

The employer's rate of social security contributions is 23.75% of gross pay, with no ceiling.

2.3. *Areas of social protection*

- Health (sickness, disability, work accidents, work-related illness);
- Old age, survival;
- Maternity;
- Family (family allowances);
- Unemployment.

3. Universal cash benefits

3.1. *Benefits for dependent children*

The basic principle is to grant higher monthly social benefits to lower-income households.

There are six different levels of monthly allowances for dependent children, depending on the family's reference income. This reference income is determined by dividing the family's annual gross income, including vacation and Christmas allowances, by the number of dependent children plus one:

- Level 1: Families whose reference income is under 50% of 14 times the reference value (i.e. under EUR 2 949.24);
- Level 2: Families whose reference income is over 50% and under 100 per cent of 14 times the reference value(i.e. over EUR 2 949.24 and under EUR 5 898.48);
- Level 3: Families whose reference income is over 100% and under 150% of 14 times the reference value (i.e. over EUR 5 898.48 and under EUR 8 847.72);
- Level 4: Families whose reference income is over 150% (i.e. over EUR 8 847.72).

Each level is also divided according to the age of the dependent child. Benefits are higher during the first 12 months of a child's life.

Monthly social benefits per child are as follows:

Up to 30 June 2017

	Child under 12 months	Child over 12 months old	Additional benefit per child over 12 months and under 36 months in a family with 2 children	Additional benefit per child over 12 months and under 36 months in a family with 3 or more children	Child over 36 months old
Level 1	146.42	54.90	36.60	73.20	36.60
Level 2	120.86	45.33	30.22	60.44	30.22
Level 3	95.08	38.64	27.35	54.69	27.35
Level 4	9.46	9.46	9.46	9.46	0

From 1 July 2017

	Child under 12 months	Child over 12 months old	Additional benefit per child over 12 months and under 36 months in a family with 2 children	Additional benefit per child over 12 months and under 36 months in a family with 3 or more children	Child over 36 months old
Level 1	146.42	73.21	36.60	73.20	36.60
Level 2	120.86	60.43	30.22	60.44	30.22
Level 3	95.08	49.93	27.35	54.69	27.35
Level 4	18.91	18.91	18.91	18.91	0

Monthly social benefits per child in a single-parent family are increased by 35%.

In September, families with dependent school children aged between 6 and 16 years receiving child benefits in level 1 receive an additional amount equal to the regular monthly benefit.

An amount equal to the cash benefits for dependent children under 12 months is attributed for each unborn child after the first month following that of the 13th week of gestation.

3.2. *Benefits for handicapped dependent children*

There is also a special family allowance scheme for handicapped children.

The above cash benefits (in Sections 3.1 and 3.2) are not taxable.

4. Main changes in the tax/benefit system since 2006

- The relief for disabled taxpayers was restructured. Former partial exemptions and allowances were replaced by tax credits.

- Tax credits for higher income households were limited or abolished;
- The fiscal autonomy of local authorities (municipalities) increased. They may set the level of their share in the revenue from personal income tax, up to 5% of their resident taxpayers' tax liability. If this rate is set below 5%, the difference will be credited against the taxpayers' tax liability.
- Tax credits for handicapped taxpayers and dependants were increased.
- Social benefits for dependent children were increased for low income families, single-parent families and families with 2 or more children.
- Introduction of social benefits for unborn children.
- A family coefficient was introduced in 2015 and abolished in 2016.
- From 2016, the tax unit is the individual. However, couples can opt for joint taxation.

5. Memorandum items

5.1. *Method used to identify and compute gross wages of the average worker*

The operative concept of monthly compensation is that of amounts paid to full time staff before deductions for tax and compulsory contributions. It therefore includes wages and basic salaries of staff paid by the hour, by the job, or by tasks; benefits in kind or housing, if they are considered an integral part of compensation; cash subsidies for meals, housing or transport; bonuses for regular night shifts and seniority, as well as incentive pay and rewards for diligence and productivity; family allowances, compensation for overtime and work on holidays. Benefits, subsidies and bonuses are taken into account only if paid regularly at each pay period.

Payments in kind are incorporated into the concept of compensation. The statistics record such advantages in kind at their taxable value.

All managerial and supervisory workers are included in the computations.

Average annual pay is based on the average of monthly earnings for April and October multiplied by an adjustment coefficient representing the share of annual bonuses and allowances (including vacation subsidies and the Christmas allowance), which is provided by the labour cost survey.

The following formula is applied:

- Average annual pay = Average monthly pay adjusted by the coefficient × 12.

5.2. *Description of the employer's main contributions to private retirement, health insurance schemes, etc.*

Outside the social security system, employers are required to insure their employees against work-related accidents (with private insurance companies). They may also provide their employees with life insurance, although this is optional.

2017 parameter values

Average earnings/yr	Ave_earn	17 993	Secretariat estimate	
Tax allowances	perc	1		
	max_al	4 104		
Tax credits				
Married (basic)	married_cred	0		
Single (basic)	single_cred	0		
Single parent	singlepar_cred	0		
Each child credit	child_cred	600		
Tax schedule	tax_sch	0.145	7 091	
		0.285	20 261	
		0.37	40 522	
		0.45	80 640	
		0.48		
	tax_floor	na		
Surtax	surtax_rate	0.025		
	surtax_rate2	0.05		
	surtax_thrs	250 000		
	add_surtax_schedule			
		0	20 261	
		0.0088	40 522	
		0.0275	80 640	
		0.0321		
	add_surtax_cred	0.025		
Social security contributions	SSC_rate	0.11		
ceiling	SSC_empr	0.2375		
Child benefit Schedule	ch_ben_sch	0	475.8	1st echelon
		2 949.24	362.64	2nd echelon
		5 898.48	328.2	3rd echelon
		8 847.72	0	4th echelon
Extra child benefit for lone parents	ch_ben_lone	0.35		
Minimum Wage	MW	7 798		
Minimum Disposable Income	MinDispY	8 500		

2017 tax equations

The equations for the Portuguese system in 2017 are calculated on individual basis. Couples can opt for joint taxation based on the income-splitting system. In the Taxing Wages calculations, the two systems are modelled and the most favourable system is chosen.

The functions which are used in the equations (Taper, MIN, Tax etc) are described in the technical note about tax equations. Variable names are defined in the table of parameters above, within the equations table, or are the standard variables "married" and "children". A reference to a variable with the affix "_total" indicates the sum of the relevant variable values for the principal and spouse. And the affixes "_princ" and "_spouse" indicate the value for the principal and spouse, respectively. Equations for a single person are as shown for the principal, with "_spouse" values taken as 0.

	Line in country table and intermediate steps	Variable name	Range	Equation
1.	Earnings	earn		
2.	Allowances:	tax_al	B	MAX(MIN(perc*earn, max_al), SSC)
			J	MAX((MIN(perc*earn_princ, max_al)+MIN(perc* earn_spouse, max_al)), SSC_princ+SSC_spouse)
3.	Credits in taxable income	taxbl_cr		0
4.	CG taxable income	tax_inc	B	earn-tax_al
	Adjusted taxable income	tax_inc_adj	J	tax_inc/(1+Married)
5.	CG tax before credits	CG_tax_excl	B	IF(tax_inc>tax_floor,Tax(tax_inc,tax_sch),0)
			J	IF(tax_inc_adj>tax_floor,Tax(tax_inc_adj,tax_sch)*(1+Married),0)
6.	Tax credits :			
	Basic credit	basic_cr	B/J	0
	Child credit	child_cr	B	IF(AND(Married>0,earn_spouse>0),Children*child_cred/2,Children*child_cred)
			J	Children*child_cred
	Total	tax_cr	B/J	basic_cr+child_cr
	Surtax	surtax	B	IF(tax_inc>surtax_thrs,(surtax_rate*(surtax_thrs-TopIncBracket)+surtax_rate2*(tax_inc-surtax_thrs)),surtax_rate*Positive(tax_inc-TopIncBracket))+Positive(Tax(tax_inc,add_surtax_schedule)((add_surtax_cred*MW*Children)/(1+(Married*earn_spouse>0))))
			J	IF(tax_inc_adj>surtax_thrs,(surtax_rate*(surtax_thrs-TopIncBracket)+surtax_rate2*(tax_inc_adj-surtax_thrs))*(1+Married),surtax_rate*Positive(tax_inc_adj-TopIncBracket)*(1+Married))+Positive(Tax(tax_inc,add_surtax_schedule)*(1+Married))-(add_surtax_cred*MW*Children))
7.	CG tax	CG_tax	B	IF(earn-CG-tax-excl> MinDispY,Positive(CG_tax_excl-tax_cr),0)+surtax
				IF(earn-CG-tax-excl> MinDispY*(1+(Married*earn_spouse>0)),Positive(CG_tax_excl-tax_cr),0)+surtax
8.	State and local taxes	local_tax	B/J	0
9.	Employees' soc security	SSC	B	earn*SSC_rt
11.	Cash transfers	cash_trans	J	=IF(Married='0,' VLOOKUP(earn/(Children+1),ch_ben_sch,2,1)*Children*(1+ch_ben_lone), VLOOKUP(earn/(Children+1),ch_ben_sch,2,1)*Children)
13.	Employer's soc security	SSC_empr	B	earn*SSC_empr

Key to range of equation B calculated separately for both principal earner and spouse P calculated for principal only (value taken as 0 for spouse calculation) J calculated once only on a joint basis.

Les impôts sur les salaires 2018
© OCDE 2018

Slovak Republic

This chapter includes data on the income taxes paid by workers, their social security contributions, the family benefits they receive in the form of cash transfers as well as the social security contributions and payroll taxes paid by their employers. Results reported include the marginal and average tax burden for eight different family types.

Methodological information is available for personal income tax systems, compulsory social security contributions to schemes operated within the government sector, universal cash transfers as well as recent changes in the tax/benefit system. The methodology also includes the parameter values and tax equations underlying the data.

Slovak Republic 2017

The tax/benefit position of single persons

		Wage level (per cent of average wage)	67	100	167	67
		Number of children	none	none	none	2
1.	**Gross wage earnings**		7 655	11 426	19 081	7 655
2.	**Standard tax allowances**					
	Basic allowance		3 803	3 803	3 803	3 803
	Married or head of family		0	0	0	0
	Dependent children		0	0	0	0
	Deduction for social security contributions and income taxes		1 026	1 531	2 557	1 026
	Work-related expenses					
	Other					
		Total	4 829	5 334	6 360	4 829
3.	**Tax credits or cash transfers included in taxable income**		0	0	0	0
4.	**Central government taxable income (1 - 2 + 3)**		2 826	6 091	12 721	2 826
5.	**Central government income tax liability (exclusive of tax credits)**		537	1 157	2 417	537
6.	**Tax credits**					
	Basic credit		0	0	0	0
	Married or head of family		0	0	0	0
	Children		0	0	0	514
	Other (ETC)		0	0	0	0
		Total	0	0	0	514
7.	**Central government income tax finally paid (5-6)**		537	1 157	2 417	23
8.	**State and local taxes**		0	0	0	0
9.	**Employees' compulsory social security contributions**					
	Gross earnings		1 026	1 531	2 557	1 026
	Taxable income					
		Total	1 026	1 531	2 557	1 026
10.	**Total payments to general government (7 + 8 + 9)**		1 563	2 688	4 974	1 049
11.	**Cash transfers from general government**					
	For head of family					
	For two children		0	0	0	564
		Total	0	0	0	564
12.	**Take-home pay (1-10+11)**		6 092	8 737	14 107	7 171
13.	**Employers' compulsory social security contributions**		2 369	3 536	5 905	2 369
14.	**Average rates**					
	Income tax		7.0%	10.1%	12.7%	0.3%
	Employees' social security contributions		13.4%	13.4%	13.4%	13.4%
	Total payments less cash transfers		20.4%	23.5%	26.1%	6.3%
	Total tax wedge including employer's social security contributions		39.2%	41.6%	43.5%	28.5%
15.	**Marginal rates**					
	Total payments less cash transfers: Principal earner		29.9%	29.9%	29.9%	29.9%
	Total payments less cash transfers: Spouse		n.a.	n.a.	n.a.	n.a.
	Total tax wedge: Principal earner		46.4%	46.4%	46.4%	46.4%
	Total tax wedge: Spouse		n.a.	n.a.	n.a.	n.a.

Slovak Republic 2017

The tax/benefit position of married couples

	Wage level (per cent of average wage)	100-0	100-33	100-67	100-33
	Number of children	2	2	2	none
1. Gross wage earnings		11 426	15 196	19 081	15 196
2. Standard tax allowances					
Basic allowance		3 803	7 219	7 607	7 219
Married or head of family		3 803	0	0	0
Dependent children		0	0	0	0
Deduction for social security contributions and income taxes		1 531	1 885	2 557	1 885
Work-related expenses					
Other					
	Total	9 138	9 105	10 163	9 105
3. Tax credits or cash transfers included in taxable income		0	0	0	0
4. Central government taxable income (1 - 2 + 3)		2 288	6 091	8 917	6 091
5. Central government income tax liability (exclusive of tax credits)		435	1 157	1 694	1 157
6. Tax credits					
Basic credit		0	0	0	0
Married or head of family		0	0	0	0
Children		514	514	514	0
Other (ETC)		0	0	0	0
	Total	514	514	514	0
7. Central government income tax finally paid (5-6)		- 79	643	1 180	1 157
8. State and local taxes		0	0	0	0
9. Employees' compulsory social security contributions					
Gross earnings		1 531	1 885	2 557	1 885
Taxable income					
	Total	1 531	1 885	2 557	1 885
10. Total payments to general government (7 + 8 + 9)		1 452	2 529	3 737	3 043
11. Cash transfers from general government					
For head of family					
For two children		564	564	564	0
	Total	564	564	564	0
12. Take-home pay (1-10+11)		10 538	13 232	15 908	12 153
13. Employers' compulsory social security contributions		3 536	4 326	5 905	4 326
14. Average rates					
Income tax		-0.7%	4.2%	6.2%	7.6%
Employees' social security contributions		13.4%	12.4%	13.4%	12.4%
Total payments less cash transfers		7.8%	12.9%	16.6%	20.0%
Total tax wedge including employer's social security contributions		29.6%	32.2%	36.3%	37.7%
15. Marginal rates					
Total payments less cash transfers: Principal earner		29.9%	29.9%	29.9%	29.9%
Total payments less cash transfers: Spouse		28.6%	9.4%	29.9%	9.4%
Total tax wedge: Principal earner		46.4%	46.4%	46.4%	46.4%
Total tax wedge: Spouse		40.9%	25.1%	46.4%	25.1%

As from 1.1.2009 Slovakia has joined the Euro zone; the national currency became the Euro (EUR). In 2017, EUR 0.89 was equal to USD 1. In that year, the average worker earned EUR 11 426 (Secretariat estimate).

1. Personal income tax system

1.1. *Central government income taxes*

1.1.1. *Tax unit*

The tax unit is the individual.

1.1.2. *Tax allowances and tax credits*

1.1.2.1. Standard reliefs

- Basic relief: An allowance for all taxpayers is set at 19.2 times the minimum living standard (MLS) for a basic adult as of 1 January 2017 (EUR 3 803.33). In 2017, the basic personal allowance for taxpayers with gross earnings net of employee social security contributions in excess of the threshold of EUR 19 809 per year (19 809 = 100 × MLS, which is approximately equal to an employee's monthly gross wage of EUR 1 906) is gradually withdrawn. If gross earnings net of employee social security contributions exceed EUR 19 809, the personal allowance is calculated as 44.2 times the minimum living standard minus 0.25 times gross earnings net of employee social security contributions. The basic personal allowance reaches 0 if the gross earnings net of employee social security contributions amount to EUR 35 022.31 per year (employee's monthly gross wage of approximately EUR 3 370). The value of the basic tax allowance cannot become negative.
- The regressive tax allowance is taken into account only once a year (when the tax return is filed or when the annual clearing is performed). Monthly tax prepayments during the year are therefore not affected.
- Marital status relief: An additional allowance is given to the principal earner in respect of a spouse living in a common household if the spouse earns no more than EUR 3 803.33. As from 1 January 2007 the value of the spouse allowance depends on the gross earnings net of employee social security contributions of both principal and spouse. As of 2013, to be entitled to spouse allowance one of the following conditions should be met:
  - spouse is taking care of (not necessarily personally) children up to 3 years (or up to 6 years if child is disabled) or
  - spouse is unemployed or
  - spouse is receiving nursing allowance or
  - spouse is disabled.

If the principal's gross earnings net of employee social security contributions in 2017 are lower or equal to EUR 35 022.31 (= 176.8 times MLS) and the spouse's gross earnings net of employee social security contributions are lower than EUR 3 803.33, the spouse allowance is calculated as the difference between 19.2 times MLS and the spouse's gross earnings net of employee social security contributions. If the gross earnings net of employee social security contributions of the spouse exceed EUR 3 803.33, the spouse allowance is 0. If the principal's gross earnings net of employee social security contributions exceed EUR 35 022.31 (= 176.8 times MLS), the spouse allowance is calculated as 63.4 times MLS minus 0.25 times the principal's gross earnings net of employee social security contributions. This amount is reduced by the spouse's gross earnings net of employee social security contributions. The value of the spouse allowance cannot become negative.

The digressive tax allowance is taken into account only once a year (when the tax return is filed or when the annual clearing is performed). Monthly tax prepayments during the year are therefore not affected.

For the purposes of this Report, only families with unemployed spouse are entitled to spouse allowance (spouse income does not influence any equations of spouse allowance as of 2013). Child care up to 3 years does not affect the calculation of tax wedges as according to the Taxing wages methodology any children in the household are assumed to be aged between six and eleven inclusive.

- Relief for children: The prior allowance for children has been replaced by a non-wastable tax credit as from January 2004. As from July 2007, the monthly tax credit is automatically indexed by MLS growth as of 1st July when also the new amount of MLS comes into force. Monthly tax credit in 2017 is EUR 21.41 per child for the whole year as MLS did not change during the year. The annual amount will be EUR 256.92. The tax credit for each dependent child is deducted from the tax liability; if the credit exceeds the tax liability, the excess will be paid to the taxpayer. In order to receive this credit, the parent must annually earn at least 6 times the minimum monthly wage, which for 2017 is set at EUR 435.0 (the total annual earnings must therefore be at least EUR 2 610.0). The credit can be taken only by one partner. It can be taken by one partner for part of the tax period (year) and by the other partner for the rest of the tax period (year); this choice will have to hold for all dependent children. (For the purposes of this Report, it is assumed that the credit is claimed by the principal wage earner).
- Relief for social and health security contributions: Employee's social security contributions (see Section 2.1.) are deductible for income tax purposes.

1.1.2.2. Main non-standard tax reliefs applicable to an average wage worker

Supplementary pension insurance, special-purpose savings and life insurances repealed as from January 2011. As of 2014 allowance for supplementary pension insurance has been reintroduced. Supplementary pension contributions are tax-deductible up to the maximum limit of EUR 180 per year.

1.1.2.3. Non-wastable tax credit: employee tax credit (ETC/*zamestnanecká prémia*)

Prior to 2015 low-income workers were eligible for employee tax credit. The employee tax credit was effective since 2009 and depended on employee's earnings and the number of months worked. In order to receive employee tax credit, earnings should be at least 6 times of the minimum wage and 12 times the minimum wage. The credit was than calculated as a 19% of the difference between the basic allowance and the tax base (gross earnings net of employee SSC). In 2017 the tax base (at the level of the minimum wage, EUR 4 650.12) is higher than the basic allowance (EUR 3 803.33) the tax credit is automatically zero (so effectively anyone can be eligible).

1.1.3. *Tax schedule*

As from 2013 the previous flat tax rate of 19% was replaced by new tax schedule with two tax brackets. The ceiling for the first bracket is set out as 176.8 times MLS (equal to EUR 35 022.31) what secure its automatic indexation. The tax schedule is as follows:

Annual taxable income (EUR)*	Rate (%)
0-35 022.31	19
35 022.31 and over	25

* Employee's social security contributions (see 1.12.) are deductible for income tax purposes.

1.2. *State and local income tax*

Personal income tax (PIT) is redirected solely to the local governments. The share of PIT yield which is transferred to municipalities is 70%. The share of PIT yield transferred to self-governing regions is 30%.

2. Compulsory social security contributions to schemes operated within the government sector

2.1. *Employees' contributions*

Compulsory contributions of 13.4% of gross wages and salaries are paid by all employees into government operated schemes. The total is made up as follows:

Health Insurance		4.0%
Social Insurance		9.4%
of which:		
Sickness	1.4%	
Retirement	4.0%	
Disability	3.0%	
Unemployment	1.0%	

There are maximum assessment bases MSSAB (maximum threshold for contributions to apply) that apply to social security contributions. From 2004 these MSSAB are no longer fixed values but depend upon the average wages (AW). As of 2013 formulae for calculation of all maximum assessment bases has been unified. Since 2017 MSSAB for health insurance contributions are abolished. As of 2017 monthly MSSAB for social insurance contributions are calculated as: 7 × AW(t-2), where AW(t-2) is the average wage two years ago (previous equation for calculating MSSAB was 5 × AW(t-2)). The average wage (AW) is determined by the Statistical Office of the Slovak Republic – for 2015 it was EUR 883 per month.

As of 2015 the health insurance contribution (HIC) allowance has been introduced. The allowance decreases the employee's and employer's assessment base for the health insurance. It amounts to EUR 380 per month (EUR 4 560 annually) and decreases with rising income up to EUR 570 (EUR 6 840 annually) when it reaches zero. With EUR 1 rise in the monthly income the monthly allowance is reduced by EUR 2. The HIC allowance is applicable only on standard employment income (not self-employed income or income based on temporary contracts). However, to determine the amount of allowance all types of incomes are assessed, to target only low income workers.

2.2. *Employers' contributions*

The total contribution for employers is 35.2% of gross wages and salaries. The contribution comprises the health insurance contribution (10% of gross wages and salaries) and the social insurance contribution (25.2%). The social insurance rate reflects contributions to sickness insurance (1.4%), disability insurance (3%), retirement insurance (14%), the Guaranteed Fund (0.25%), accident insurance (0.8%), for unemployment (1%) and to the Reserve Fund (4.75%). All contributions are rounded down on two decimal places.

Since January 2005, Slovakia has introduced the privately managed fully funded pillar. This means that a given proportion (9 percentage points) of social contributions paid by the employer for retirement insurance flew directly to the private pension funds and not to the Social insurance agency as in previous years. As from September 2012 pension sharing scheme has been changed. Employer's retirement contribution rate to the fully funded pillar has been reduced from 9% to 4% (for more see pension contribution sharing scheme table below). As from 2017 contribution rate to the II. pillar automatically increases by 0.25 p.p. per year (i.e. contribution rate to the I. pillar decreases in the same volume), stopping at 6% to the II. pillar and 8% to the I. pillar in 2024. Private pension funds are treated outside of general government; these contributions are therefore not taken into account in the calculations of average and marginal tax rates. For the purposes of this Report, the total contribution rate for employers in 2017 is 31.2%.

As of 2015 the health insurance contribution (HIC) allowance has been introduced (for more see 2.1).

The MSSAB also applies to the employer's SSC. The next table presents the annual values of MSSAB:

	Formula for MSSAB	Value of MSSAB
Health insurance		No limit
Social insurance		
of which		
sickness, retirement, unemployment, disability, Guarantee fund, Reserve fund	7.0 × AW (t-2)	74 172. 00
accident		No limit

SSC: Pension – contribution sharing in case of II. Pillar participation

Period	Percentage of gross earnings		
	I Pillar	II Pillar	Total
System up to September 2012	9% (5% employer + 4% employee contribution)	9% (employer contribution)	18%
System up to December 2016	14% (10% employer + 4% employee contribution)	4% (employer contribution)	18%
Current system from January 2017	13.75% (9.75% employer + 4% employee contribution)	4.25%(employer contribution)	18%

3. Universal cash transfers

3.1. *Transfers related to marital status*

None.

3.2. Transfers for dependent children

The central government pays an allowance in respect of each dependent child in the amount of EUR 23.52 per month in 2017. In January 2008 an extra allowance for dependent children whose parents are not eligible for the non-wastable child tax credit was introduced. The monthly amount of this allowance is EUR 11.02. For the purpose of the tax wedge calculations this allowance is not relevant, as only non-workers and taxpayers with annual earnings lower than six times the minimum monthly wage (which is the condition for eligibility for the non-wastable child tax credit) are entitled to the extra allowance.

The non-wastable tax credit mentioned in Section 1.121 is part of the social support for families with dependent children. However, it is not considered as a transfer for the purposes of this Report.

3.3. Transfers related to social status

To determine the claim to state social benefits (for example the allowance for housing costs), the minimum living standard amounts are relevant as they form the basis of the income test. For 2017, these amounts are:

	MLS monthly (1.1.2017-31.12.2017)
First adult	198.09
Second adult	138.19
Child	90.42

A family is entitled to a social allowance if the total combined net monthly income of the family is less than the calculated MLS for this family. The allowance varies with the family type.

The benefits available to a family in material need (valid since 1 January 2014) are:

- EUR 61.60 per month for an individual;
- EUR 117.20 per month for an individual with between one and four children;
- EUR 107.10 per month for a couple without children;
- EUR 160.40 per month for a couple with between one and four children;
- EUR 171.20 per month for an individual with more than four children;
- EUR 216.10 per month for a couple with more than four children.
- activation allowance: EUR 63.07 per month – for people who become active either by accepting qualifying employment opportunities or participating in retraining courses.
- housing allowance: EUR 55.80 per month for individual in material need, EUR 89.20 for a household in material need (if household has more than 1 person).
- protection allowance: EUR 63.07 per month for an individual in material need where employment is not possible due to such circumstances as a disability or old age, EUR 34.69 per month for individual on sick leave for at least 30 consecutive days and EUR 13.50 for a pregnant woman from 4th month of the pregnancy and lasts until the child's age of 1 year (for the purpose of this Report, protection allowance is assumed to be EUR 63.07 for each individual).

- specific allowance: EUR 63.07 per month – entitlement arise for long-term unemployed individuals who move into work for 6 months (does not affect the calculations in this Report).
- dependent child allowance: EUR 17.20 per month for a child who properly fulfils compulsory school attendance.

4. Main changes in tax/benefit systems since 2014

Main changes relates to changes in MSSAB for social security contributions. The limit has been increased from 5 × AW (t-2) to 7 × Aw (t-2). In the same time MSSAB for health insurance contributions has been abolished. Although, overall employer retirement contribution has remained the same, allocation between I. and II. pillar has changed. Since 2017 employer contributions to the privately –managed pension pillar (II. Pillar) has increased to 4.25% while contribution to I. pillar decreased to 9.75%. Tax relief on voluntary contributions to the privately managed fully funded pillar has been abolished since 2017. Since the MLS has not been indexed since 2014 all allowances, credits and brackets related to MLS have not changed.

5. Memorandum items

5.1. *Identification of AW and valuation of earnings*

The Ministry of Finance of the Slovak republic estimates the average earnings of the AW based on the data supplied by the Statistical Office of the Slovak republic, Labour Force Survey data (LFS). Earnings data (without self-employees) are based on average wage definition including industries falling under categories B to N inclusive, with reference to International Standard Industrial Classification of All Economic Activities, Revision 4.

2017 parameter values

Average earnings/yr	Ave_earn	11 426	Secretariat estimate
Minimum living standard (MLS) 2015	basic_adult	198.09	
	basic_adult1	138.19	
	basic_child	90.42	
Basic allowance	basic_al_mult	19.2	
	basic_al	3 803.33	
	basic_al_mult1	100	
	basic_al_mult2	44.2	
	basic_al_redn	0.25	
Spouse allowance	spouse_al_limit	3 803.33	
	spouse_al_mult1	176.8	
	spouse_al_mult2	63.4	
	spouse_al_redn	0.25	
Income tax rate	Tax_sch/tax_rate	0.19	35 022.312
		0.25	
Tax credits nonwastable	tax_cr	256.92	
	min_wage	435	
	minwage_mult	6	
	etc_thresh	4650.12	
Employee social security contributions	SSC_rate	0.134	
	SSC_sick	0.014	
	SSC_ret	0.04	
	SSC_dis	0.03	
	SSC_unemp	0.01	
	SSC_health	0.04	
Employer social security contributions	SSC_empr	0.2015	
	SSC_empsick	0.014	
	SSC_empret	0.0975	
	SSC_empdis	0.03	
	SSC_empunemp	0.01	
	SSC_emphealth	0.1	
	SSC_gua	0.0025	
	SSC_acc	0.008	
	SSC_fund	0.0475	
Health Insurance Contribution allowance	HIC_treshold	4 560	
	HIC_rate	2	
Maximum assessment base	MSSAB	74172	
Cash transfers	transf_1	282.24	
	transf_indiv	739.2	
	transf_indiv_child	1 406.4	
	transf_couple	1 285.2	
	transf_couple_child	1 924.8	
	transf_hous_indiv	669.60	
	transf_hous_couple	1 070.40	
	transf_activ	756.84	
	transf_dep	206.40	

2017 tax equations

	Line in country table and intermediate steps	Variable name	Range	Equation
1.	Earnings	earn		
2.	Allowances:			
	Basic	basic_allce	B	IF(earn-SSC<=basic_al_mult1*basic_adult,basic_al,MAXA(basic_al_mult2*basic_adult-basic_al_redn*(earn-SSC),0))
	Spouse	spouse_allce	P	IF(earn_spouse=0,1,0)*Married*Positive(IF(earn_princ-SSC_princ<=spouse_al_mult1*basic_adult, basic_al_mult*basic_adult,spouse_al_mult2*basic_adult-spouse_al_redn*(earn_princ-SSC_princ)))
	Social security contributions	SSC_al	B	SSC
	Total	tax_al	B	basic_allce+spouse_allce+SSC_al
3.	Credits in taxable income	taxbl_cr	B	0
4.	CG taxable income	tax_inc	B	Positive(earn-tax_al)
5.	CG tax before credits	CG_tax_excl	B	Tax(tax_inc,tax_sch)
6.	Tax credits:			
	Employee tax credit	etc_cr	B	IF(earn>=min_wage*minwage_mult, tax_rate*Positive(basic_al-MAX(etc_thresh, earn-SSC)), 0)
	Children	child_cr	P	(earn>=min_wage*minwage_mult)*Children*tax_cr
	Total	tax_cr	B	etc_cr+child_cr
7.	CG tax	CG_tax	B	CG_tax_excl-tax_cr
8.	State and local taxes	local_tax	B	0
9.	Employees' soc security	SSC	B	MINA(earn,MSSAB)*SSC_rate+ MAX(0;(earn-MAX(0;HIC_treshold-MAX(0;(earn-HIC_treshold)*HIC_rate))))*SSC_health
11.	Cash transfers	cash_trans	J	Children*transf_1+Positive(IF(0,75*((earn-SSC-CG_tax_excl)/12)<(basic_adult+ Married*basic_adult1+ Children*basic_child); ((1-Married)* (IF(Children>0; transf_indiv_child;transf_indiv))+ Married*(IF(Children>0;transf_couple_child; transf_couple))+IF((Married+Children)>0;transf_hous_couple;transf_hous_indiv)+ (Children*transf_dep)+IF(A7>0;transf_activ;0)+IF(B7>0;transf_activ;0)-0,75* (earn-SSC-CG_tax_excl));0))
13.	Employer's soc security	SSC_empr	B	MINA(earn,MSSAB)*SSC_empr+earn*SSC_acc+MAX(0;(earn-MAX(0;HIC_treshold-MAX(0;(earn-HIC_treshold)*HIC_rate))))*SSC_emphealth

Key to range of equation B calculated separately for both principal earner and spouse P calculated for principal only (value taken as 0 for spouse calculation) J calculated once only on a joint basis.

Les impôts sur les salaires 2018
© OCDE 2018

Slovenia

This chapter includes data on the income taxes paid by workers, their social security contributions, the family benefits they receive in the form of cash transfers as well as the social security contributions and payroll taxes paid by their employers. Results reported include the marginal and average tax burden for eight different family types.

Methodological information is available for personal income tax systems, compulsory social security contributions to schemes operated within the government sector, universal cash transfers as well as recent changes in the tax/benefit system. The methodology also includes the parameter values and tax equations underlying the data.

Slovenia 2017

The tax/benefit position of single persons

		Wage level (per cent of average wage)	67	100	167	67
		Number of children	none	none	none	2
1.	**Gross wage earnings**		12 666	18 904	31 569	12 666
2.	**Standard tax allowances**					
	Basic allowance		3 303	3 303	3 303	3 303
	Married or head of family					
	Dependent children					5 086
	Deduction for social security contributions and income taxes		2 799	4 178	6 977	2 799
	Work-related expenses		0	0	0	0
	Other					
		Total	6 102	7 480	10 280	11 188
3.	**Tax credits or cash transfers included in taxable income**		0	0	0	0
4.	**Central government taxable income (1 - 2 + 3)**		6 564	11 423	21 290	1 478
5.	**Central government income tax liability (exclusive of tax credits)**		1 050	2 202	4 928	236
6.	**Tax credits**					
	Basic credit					
	Married or head of family					
	Children		0	0	0	0
	Other					
		Total	0	0	0	0
7.	**Central government income tax finally paid (5-6)**		1 050	2 202	4 928	236
8.	**State and local taxes**		0	0	0	0
9.	**Employees' compulsory social security contributions**					
	Gross earnings		2 799	4 178	6 977	2 799
	Taxable income					
		Total	2 799	4 178	6 977	2 799
10.	**Total payments to general government (7 + 8 + 9)**		3 849	6 380	11 905	3 035
11.	**Cash transfers from general government**					
	For head of family					
	For two children		0	0	0	3 210
		Total	0	0	0	3 210
12.	**Take-home pay (1-10+11)**		8 816	12 524	19 664	12 840
13.	**Employer's wage dependent contributions and taxes**		2 039	3 044	5 083	2 039
	Employer's compulsory social security contributions		2 039	3 044	5 083	2 039
	Payroll taxes		0	0	0	0
14.	**Average rates**					
	Income tax		8.3%	11.6%	15.6%	1.9%
	Employees' social security contributions		22.1%	22.1%	22.1%	22.1%
	Total payments less cash transfers		30.4%	33.7%	37.7%	-1.4%
	Total tax wedge including employer's social security contributions		40.0%	42.9%	46.3%	12.7%
15.	**Marginal rates**					
	Total payments less cash transfers: Principal earner		34.6%	43.1%	48.6%	34.6%
	Total payments less cash transfers: Spouse		n.a.	n.a.	n.a.	n.a.
	Total tax wedge: Principal earner		43.6%	51.0%	55.7%	43.6%
	Total tax wedge: Spouse		n.a.	n.a.	n.a.	n.a.

Slovenia 2017

The tax/benefit position of married couples

		Wage level (per cent of average wage)	100-0	100-33	100-67	100-33
		Number of children	2	2	2	none
1.	**Gross wage earnings**		18 904	25 142	31 569	25 142
2.	**Standard tax allowances**					
	Basic allowance		3 303	8 162	6 605	8 162
	Married or head of family					
	Dependent children		5 086	5 086	5 086	
	Other dependent family member		2 437			
	Deduction for social security contributions and income taxes		4 178	5 556	6 977	5 556
	Work-related expenses		0	0	0	0
		Total	15 004	18 805	18 668	13 719
3.	**Tax credits or cash transfers included in taxable income**		0	0	0	0
4.	**Central government taxable income (1 - 2 + 3)**		3 900	6 337	12 901	11 423
5.	**Central government income tax liability (exclusive of tax credits)**		624	1 014	2 064	2 202
6.	**Tax credits**					
	Basic credit					
	Married or head of family					
	Children		0	0	0	0
	Other					
		Total	0	0	0	0
7.	**Central government income tax finally paid (5-6)**		624	1 014	2 064	2 202
8.	**State and local taxes**		0	0	0	0
9.	**Employees' compulsory social security contributions**					
	Gross earnings		4 178	5 556	6 977	5 556
	Taxable income					
		Total	4 178	5 556	6 977	5 556
10.	**Total payments to general government (7 + 8 + 9)**		4 802	6 570	9 041	7 758
11.	**Cash transfers from general government**					
	For head of family					
	For two children		2 469	1 509	1 249	0
		Total	2 469	1 509	1 249	0
12.	**Take-home pay (1-10+11)**		16 571	20 081	23 778	17 384
13.	**Employer's wage dependent contributions and taxes**		3 044	5 442	5 083	5 442
	Employer's compulsory social security contributions		3 044	5 442	5 083	5 442
	Payroll taxes		0	0	0	0
14.	**Average rates**					
	Income tax		3.3%	4.0%	6.5%	8.8%
	Employees' social security contributions		22.1%	22.1%	22.1%	22.1%
	Total payments less cash transfers		12.3%	20.1%	24.7%	30.9%
	Total tax wedge including employer's social security contributions		24.5%	34.3%	35.1%	43.2%
15.	**Marginal rates**					
	Total payments less cash transfers: Principal earner		34.6%	34.6%	34.6%	43.1%
	Total payments less cash transfers: Spouse		43.7%	22.1%	34.6%	22.1%
	Total tax wedge: Principal earner		43.6%	43.6%	43.6%	51.0%
	Total tax wedge: Spouse		59.4%	0.0%	43.6%	0.0%

The Slovenian currency is the euro (EUR). In 2017, EUR 0.89 was equal to USD 1. In that year, the average worker in Slovenia earned EUR 18 904 (Secretariat estimate).

1. Personal income tax system

1.1. *Central government income tax*

1.1.1. *Tax unit*

The tax unit is the individual.

1.1.2. *Tax allowances*

1.1.2.1. Standard tax reliefs

- A general (basic) allowance of EUR 3 302.70 is deductible from income in 2017. For lower income groups an additional general allowance of EUR 3 217.12 is deductible when taxable income is lower than EUR 11 166.37 and of EUR 1 115.94 when taxable income is between EUR 11 166.37 and EUR 12 570.89.
- Family allowances are also deductible from the tax base in the same way as for the general allowance. The allowances for 2017 are as follows:
  - EUR 2 436.92 for the first dependent child;
  - EUR 2 649.24 for the second child;
  - EUR 4 418.54 for the third child;
  - EUR 6 187.85 for the fourth child;
  - EUR 7 957.14 for the fifth child;
  - for the sixth and all additional dependent children the allowance is higher by EUR 1 769.30 relating to the amount of allowance for the preceding maintained children;
  - EUR 8 830.00 for a dependent child who requires special care;
  - EUR 2 436.92 for any other dependent family member.
- Relief for social security contributions: Employee's compulsory contributions for the social insurance system are deductible for income tax purposes.
- Tax credits: None for employees.

1.1.2.2. Non-standard tax reliefs applicable to income from employment

- Additional voluntary pension insurance premiums: Premiums paid by a resident to the provider of a pension plan based in Slovenia or in another EU Member State according to a pension plan that is approved and entered into a special register in accordance with the pension legislation are deductible from taxable income. In 2017 such deductions are subject to an annual limit of EUR 2 819.09 or a sum equal to 24% of the employee's contribution for compulsory pension and disability insurance if that is a lower figure.
- Reimbursement of expenses associated with work, such as in-work meals, transport to and from work, in-the-field supplements (per diem when an employee works outside his

or her working place) and compensation for being away from home, are exempt subject to statutory conditions and upper limits.

- Reimbursement of expenses associated with business travel such as: per diem allowances, transport costs (including the use of the employee's private vehicle for work purposes), and the costs of overnight accommodation, are exempt subject to statutory conditions and upper limits.
- The cost of purchasing and maintaining uniforms and personal protection work equipment defined in special regulations is exempt from income tax.
- Compensation for the use of an employee's own tools and other equipment (except private vehicles) necessary for the performance of work at the work place, is exempt up to a level of 2% of the monthly wage or salary of the employee, subject to an upper limit of 2% of the average gross monthly wage (AGMW).
- Long service bonuses, severance pay upon retirement and payments related to accidents, long term sickness and other unexpected events are exempt subject to statutory conditions and upper limits.
- Severance pay on redundancy is exempt subject to an upper limit of ten times the AGMW.
- Compensation for the use of an employee's own possessions and property when working at home in accordance with statutory regulations is exempt up to a level of 5% of the monthly wage or salary of the employee, subject to an upper limit of 5% of the AGMW.
- The reduction of PIT on the part of a salary paid on the basis of business performance. The income paid on the basis of business performance is exempt from the taxable base of employment income (but not from social security contributions) up to amount corresponding to 70% of the last published average monthly salary in the Republic of Slovenia. 'The part of a salary paid on the basis of business performance' is defined as income which should be paid once in a calendar year to all eligible employees at the same time, and under the condition that the right to receive such income is provided:
  - in the employer's general legal acts, with the same eligibility conditions for all employees; or
  - in the collective labour agreement including or serving as basis for eligibility criteria for receiving such income.

1.1.3. *Tax schedule*

The tax schedule for 2016 is as follows:

Taxable income (EUR)	Tax rate (%)
Up to 8 021.34	16
8 021.34-20 400.00	27
20 400.00-48 000.00	34
48 000.00-70 907.20	39
Above 70 907.20	50

1.2. *Regional and local income tax*

There are no regional or local income taxes.

2. Compulsory social security insurance system

The compulsory social security insurance system consists of four schemes as follows:

- pension and disability insurance;
- health insurance;
- unemployment insurance;
- parental leave insurance.

2.1. *Employees' contributions*

The taxable base for social security insurance contributions paid by employees is the total amount of the gross wage or salary including vacation payments, fringe benefits and remuneration of expenses related to work above a certain threshold. The assessment period is the calendar month. Employees contribute an amount as a percentage of their remuneration as follows:

Scheme name	Rate of contribution (%)
Pension insurance	15.50
Health insurance	6.36
Unemployment insurance	0.14
Parental leave insurance	0.10
Total	22.10

2.2. *Employers' contributions*

Social security insurance contributions are also paid by employers on behalf of their employees. The taxable base and the assessment period are the same as for employees' contributions. The employers' contribution rates are as follows:

Scheme name	Rate of contribution (%)
Pension insurance	8.85
Health insurance	7.09
Unemployment insurance	0.06
Parental leave insurance	0.10
Total	16.10

The only change to these rates since 1996 has been the 0.2 percentage points increase in the employers' contribution rates for health insurance in 2002.

3. Payroll tax

None.

4. Universal cash transfers

4.1. *Transfers related to marital status*

None.

4.2. *Transfers for dependent children*

On 1 January 2012 the Exercise of Rights to Public Funds Act (ZUPJS-A) entered into force. Regarding to a new act child allowance is a supplementary benefit for maintenance, care and education of children when the family income per family member does not exceed statutorily defined percentage of the average net wage in the previous year.

The new legislation has changed family income which is the basis for the income classes from gross family income to net family income. Income includes taxable income and non-taxable income defined by the Personal Income Tax Act as for instance social benefits. Income is defined as gross income plus social benefits received but excluding the normalized cost and actual cost recognized under the law governing income tax, taxes and mandatory social security contributions levied on such income.

The new legislation has also reduced the age of a child's entitlement. The right to a child benefit is held only until the child reaches 18 years. Besides, the child benefit is higher for eligible students included in higher secondary education (aged less than 18 years and with an income per family member below the average net wage).

Applications for the allowance are made on an annual basis and the payments are not taxable.

- The amount of the allowance is calculated for each child separately according to the level of net family income per family member as a percentage of the average net wage and the ranking of the child in the family. Each family is assigned to one of 8 income classes on this basis as follows:

Income class	Net family income per family member as a percentage of the average net wage
1	Up to 18%
2	18%-30%
3	30%-36%
4	36%-42%
5	42%-53%
6	53%-64%
7	64%-82%
8	82%-99%

- The relevant income is the average monthly income per family member in the calendar year prior to the claim (or one year previous if the claim is made in the month of January, February or March).
- Each child is allocated in one of 3 ranking levels (the level of payments increases with the ranking level – the lowest for the first child, higher for the second child and the highest for the third and any subsequent child). When a child lives in a one-parent family, the amount of the allowance is increased by 30%. When a pre-school child does not attend kindergarten, the amount of the allowance is increased by 20%.
- The details for the calculation of the net income per family member was prescribed by the Minister, as follows:
  - All income and receipts, namely net disposable income (after deduction of the normalized cost and actual cost recognized under the law governing income tax, taxes and mandatory social security contributions levied on such income) are taken into account, except those that are designed to cover the specific needs (such as allowance and attendance allowance, a large family, etc.). Property is also taken into account like immovable property, cars and other vehicles, watercraft, etc. Property is assigned a

value and then it is calculated the amount of interest that would be received within one year from the value of assets deposited in a bank account in the form of time deposits.

- On 1.6.2012 the Public Finance Balance Act entered into force. Regarding to the Act the amounts of transfers for a children in fifth and sixth income classes are reduced for 10%. Moreover, transfers for children in the seventh and eighth income classes are abolished. This is a temporary measure, which applies up to the year following the year in which economic growth exceeds 2% of gross domestic product.
- Part of the Public Finance Balance Act from 2012, which reduced the amounts in the fifth and sixth income bracket by 10%, with effect from 1 January 2016 expired.
- The monthly amounts of transfers for a child **from birth to the end of primary school** in a two-parent family according to the Exercise of Rights to Public Funds Act and Public Finance Balance Act were the following for the year 2017:

Number of income bracket	Net family income per family member as a percentage of the average net wage	1st Child	2nd Child	3rd and subsequent Child
		Monthly (EUR)	Monthly (EUR)	Monthly (EUR)
1	Up to 2 225.15	114.31	125.73	137.18
2	2 225.15-3 708.58	97.73	108.04	118.28
3	3 708.58-4 450.29	74.48	83.25	91.98
4	4 450.29-5 192.01	58.75	67.03	75.47
5	5 192.01-6 551.82	48.04	56.06	64.03
6a	6 551.82-6 922.68	30.44	38.10	45.71
6b	6 922.68-7 911.63	30.44	38.10	45.71
7	7 911.63-10 136.76	0	0	0
8	10 136.76-12 238.32	0	0	0

- The monthly amounts of child benefit for a child included in the secondary school (but only for the child younger than 18) in the income bracket 6b increased to:
  a) EUR 43.44 for 1st child
  b) EUR 51.10 for 2nd child
  c) EUR 71.17 for 3rd and subsequent child.

In 2017, the maximum annual benefit levels for children in a two-parent family till the end of primary school were the following:

- EUR 1 371.72 for the first child;
- EUR 1 508.76 for the second child;
- EUR 1 646.16 for the third or subsequent child.

The amounts decline as the level of income per family member increases. According to the Public Finance Balance Act the benefit ceases to be available for families where the average income per member is higher than 64% of the average net wage for the year 2017.

5. Main changes in tax/benefit system since 2005

- In 2006 the taxation of income of individuals changed from global tax to a kind of a dual income tax system. Active income (from employment, business, basic agriculture and forestry, rents, royalties and other income) is taxed aggregated at progressive rates and taking into account the allowances and deductions; capital income (interest, dividends and capital gains) is taxed at proportionate rates on a scheduler basis.

- In 2007 the number of income tax brackets was reduced from five to three. At the same time, some non-standard tax reliefs for certain expenses and for interest paid on loans for housing were abolished.
- In 2008 additional general allowances were introduced for people on low incomes.
- The payroll tax was phased out at the start of 2009.
- The Exercise of Rights to Public Funds Act entered into force on 1.1.2012 changes family income which is the basis for the income classes from gross family income to net family income, which also includes social benefits received.
- Regarding to the Public Finance Balance Act which entered into force on 1.6.2012, the amounts of transfers for children in fifth and sixth income classes are reduced for 10%. Transfers for children in the seventh and eighth income classes are abolished.
- In 2013 the second bracket in the PIT schedule was broadened according to the Public Finance Balance Act. For the years 2013 and 2014 also the threshold for the third bracket (with the rate 41%) was increased and a new, top bracket with a rate of 50% was introduced for incomes above EUR 70 907.20.
- For the year 2013 the special relief for students was reduced by 25 % compared to the tax relief in 2012 (the tax relief for 2014 amounts to EUR 2 477.03).
- Concerning rental income deriving renting of immovable and movable property a new scheduler principle of taxation was introduced in the year 2013 with proportional rate of 25%. The standardised costs were reduced from 40% to 10% of the rental income.
- The main and most important substantive change for the year 2014 and beyond eliminates the automatic adjustment of tax credits and net annual tax basis in the scale for assessing personal income tax with the growth in consumer prices.
- For the year 2014 another amendments were also introduced to the personal income tax, that is the abolishment of the tax benefits to certain groups of taxpayers (special relief for daily migrants, relief for the residents over 65 years of age).
- In 2014, the amendments to the Law on Parenthood and Family Incomes increased child benefit for each child who lives in a single-parent family. Namely, the uplift of child benefit was increased from 10 to 30%. In this year were also introduced the different amounts of transfers for children included in the secondary school in the sixth income bracket.
- The scale of assessment for income tax as a temporary measure that applies to 2013 and 2014, with the addition of a fourth class tax rate of 50% was extended for the year 2015.
- In 2015 the annual threshold between 2nd and 3rd tax bracket (above which the income tax is paid at the rate of 41%) was increased to EUR 20 400 (from EUR 18 960) for the years 2016and 2017. The corresponding tax rate remained unchanged (i.e. 27%). The validity of the tax rate of 50% for the fourth tax bracket (for incomes above EUR 70 907) is extended also for tax years 2016 and 2017.
- In 2016 for the year 2017 the additional tax bracket between previous second and third tax brackets with the rate of 34% has been introduced, and the second highest tax rate has been lowered from 41% to 39%. The highest rate of 50 %, which used to be a temporary measure, has been maintained. The threshold for the additional basic allowance has been increased from EUR 10 866 to EUR 11 166.

- In 2016 and valid from 2017 the reduced taxation on performance bonuses (13th salary) was introduced meaning that salary paid on the basis of business performance is exempt from the income tax up to 70% of the average wage.

6. Memorandum items

6.1. *Average gross annual wage earnings calculation*

In Slovenia the gross earnings figures cover wages and salaries paid to individuals in formal employment including payment for overtime. They also include bonus payments and other payments such as pay for annual leave, paid leave up to seven days, public holidays, absences due to sickness for up to 30 days, job training, and slowdown through no fault of the person in formal employment.

The average gross wage earnings figures of all adult workers covering industry sectors B–N are provided by the Statistical Office of the Republic of Slovenia.

6.2. *Employer contributions to private pension and health schemes*

Some employer contributions are made to private health and pension schemes but there is no relevant information available on the amounts that are paid.

2017 parameter values

Ave_earn	18 904	Secretariat estimate					
Ave_earn_1	18 092						
Ave_net_earnfam	12 158.76						
Ave_gross_earnSSC	19 015.92						
Basic_al	0	6 519.82					
	11 166.37	4 418.64					
	12 570.89	3 302.70					
Child_al1	2 436.92						
Child_al2	5 086.16						
Child_al3	9 504.70						
Child_al4	15 692.55						
Child_al5	23 649.69						
Depend_al	2 436.92						
Tax_sch	0.16	8 021.34					
	0.27	20 400.00					
	0.34	48 000.00					
	0.39	70 907.20					
	0.50						
SSC_rate1	0.221						
SSC_minbase	9888.28						
SSC_rate2	0.161						
		Ist child	2nd child	3rd child	1 child-total	2 children-total	3 children-total
		monthly	monthly	monthly	annual	annual	annual
Fam_allow_mc	0	114.31	125.73	137.18	1 371.72	2 880.48	4 526.64
	2 225.15	97.73	108.04	118.28	1 172.76	2 469.24	3 888.60
	3 705.58	74.48	83.25	91.98	893.76	1 892.76	2 996.52
	4 450.29	58.75	67.03	75.47	705.00	1 509.36	2 415.00
	5 192.01	48.04	56.06	64.03	576.48	1 249.20	2 017.56
	6 551.82	30.44	38.10	45.71	365.28	822.48	1 371.00
	7 911.63	0.00	0.00	0.00	0.00	0.00	0.00
Fam_allow_spup	0.3						
		Ist child	2nd child	3rd child	1 child-total	2 children-total	3 children-total
		monthly	monthly	monthly	annual	annual	annual
Fam_allow_sp	0	148.60	163.45	178.33	1 783.24	3 744.62	5 884.63
	2 225.15	127.05	140.45	153.76	1 524.59	3 210.01	5 055.18
	3 705.58	96.82	108.23	119.57	1 161.89	2 460.59	3 895.48
	4 450.29	76.38	87.14	98.11	916.50	1 962.17	3 139.50
	5 192.01	62.45	72.88	83.24	749.42	1 623.96	2 622.83
	6 551.82	39.57	49.53	59.42	474.86	1 069.22	1 782.30
	7 911.63	0.00	0.00	0.00	0.00	0.00	0.00
numdays	365						

2017 tax equations

	Line in country table and intermediate steps	Variable name	Range	Equation
1.	Earnings			
	Current year	earn		
	Net earnings Year-1	net_earn_1		
2.	Allowances:			
	Principal	tax_al_princ	P	VLOOKUP(earn;Basic_al;2)+SSC+IF(children=0,0,IF(children=1,child_al1,IF(children=2,child_al2,child_al3)+IF(Married=0,0,IF(S_earn=0,Depend_al,0))
	Spouse	Tax_al_ spouse	S	MINA(VLOOKUP(earn;Basic_al;2), earn)+SSC
3.	Credits in taxable income	taxbl_cr	B	0
4.	CG taxable income	tax_inc	B	Positive(earn-tax_al)
5.	CG tax before credits	CG_tax_excl	B	Tax(tax_inc, tax_sch)
6.	Tax credits (nonwastable)	Tax_cr	B	0
7.	CG tax	CG_tax	B	CG_tax_excl
8.	State and local taxes	local_tax	B	0
9.	Employees' soc security	SSC	B	earn* SSC_rate1
11.	Cash transfers	cash_trans	J	IF(Children='0,0;VLOOKUP((net_earn_1)'/(1+married+children),IF(Married=0;Fam_allow_sp,Fam_allow_mc),IF(Children=1,5,IF(Children=2,6,7))))
13.	Employer's wage dependent contributions and taxes			
	Employer's soc security	SSC_empr	B	earn*SSC_rate2++IF(earn<SSC_minbase,(SSC_rate2*(SSC_minbase-earn))+(SSC_rate1*(SSC_minbase-earn)),0)

Key to range of equation B calculated separately for both principal earner and spouse P calculated for principal only (value taken as 0 for spouse calculation) J calculated once only on a joint basis.

Les impôts sur les salaires 2018
© OCDE 2018

Spain

This chapter includes data on the income taxes paid by workers, their social security contributions, the family benefits they receive in t-he form of cash transfers as well as the social security contributions and payroll taxes paid by their employers. Results reported include the marginal and average tax burden for eight different family types.

Methodological information is available for personal income tax systems, compulsory social security contributions to schemes operated within the government sector, universal cash transfers as well as recent changes in the tax/benefit system. The methodology also includes the parameter values and tax equations underlying the data.

Spain 2017

The tax/benefit position of a single persons

		Wage level (per cent of average wage)	67	100	167	67
		Number of children	none	none	none	2
1.	**Gross wage earnings**		17 778	26 535	44 313	17 778
2.	**Standard tax allowances:**					
	Basic allowance					
	Married or head of family		0	0	0	2 150
	Dependent children					
	Deduction for social security contributions and income taxes		1 129	1 685	2 814	1 129
	Work-related expenses		2 000	2 000	2 000	2 000
	Other					
		Total	3 129	3 685	4 814	5 279
3.	**Tax credits or cash transfers included in taxable income**		0	0	0	0
4.	**Central and state government taxable income (1 - 2 + 3)**		14 649	22 850	39 499	12 499
5.	**Central and state government income tax liability (exclusive of tax credits)**		2 876	4 966	10 127	2 377
6.	**Central and state government tax credits**					
	Basic credit		1 055	1 055	1 055	3 224
	Married or head of family					
	Children					
	Other					
		Total	1 055	1 055	1 055	3 224
7.	**Central government income tax finally paid (5-6)**		919	1 983	4 631	- 1 023
8.	**State and local taxes**		902	1 928	4 441	177
9.	**Employees' compulsory social security contributions**					
	Gross earnings		1 129	1 685	2 814	1 129
	Taxable income					
		Total	1 129	1 685	2 814	1 129
10.	**Total payments to general government (7 + 8 + 9)**		2 950	5 596	11 886	282
11.	**Cash transfers from general government**					
	For head of family					
	For two children		0	0	0	0
		Total	0	0	0	0
12.	**Take-home pay (1-10+11)**		14 828	20 938	32 427	17 496
13.	**Employer's compulsory social security contributions**		5 316	7 934	13 250	5 316
14.	**Average rates**					
	Income tax		10.2%	14.7%	20.5%	-4.8%
	Employees' social security contributions		6.35%	6.35%	6.35%	6.35%
	Total payments less cash transfers		16.6%	21.1%	26.8%	1.6%
	Total tax wedge including employer's social security contributions		35.8%	39.3%	43.7%	24.2%
15.	**Marginal rates**					
	Total payments less cash transfers: Principal earner		28.1%	32.9%	40.4%	28.1%
	Total payments less cash transfers: Spouse		n.a.	n.a.	n.a.	n.a.
	Total tax wedge: Principal earner		44.6%	48.3%	54.1%	44.6%
	Total tax wedge: Spouse		n.a.	n.a.	n.a.	n.a.

Spain 2017

The tax/benefit position of married couples

		Wage level (per cent of average wage)	100-0	100-33	100-67	100-33
		Number of children	2	2	2	none
1.	**Gross wage earnings**		26 535	35 291	44 313	35 291
2.	**Standard tax allowances**					
	Basic allowance					
	Married or head of family		3 400	0	0	0
	Dependent children					
	Deduction for social security contributions and income taxes		1 685	2 241	2 814	2 241
	Work-related expenses		2 000	7 700	4 000	7 700
	Other					
		Total	7 085	9 941	6 814	9 941
3.	**Tax credits or cash transfers included in taxable income**		0	0	0	0
4.	**Central and state government taxable income (1 - 2 + 3)**		19 450	25 350	37 499	25 350
5.	**Central and state government income tax liability (exclusive of tax credits)**		4 026	5 441	7 841	5 441
6.	**Central and state government tax credits**					
	Basic credit		2 024	2 014	3 078	1 530
	Married or head of family					
	Children					
	Other					
		Total	2 024	2 014	3 078	1 530
7.	**Central government income tax finally paid (5-6)**		1 011	1 741	2 418	1 983
8.	**State and local taxes**		992	1 686	2 346	1 928
9.	**Employees' compulsory social security contributions**					
	Gross earnings		1 685	2 241	2 814	2 241
	Taxable income					
		Total	1 685	2 241	2 814	2 241
10.	**Total payments to general government (7 + 8 + 9)**		3 687	5 668	7 577	6 152
11.	**Cash transfers from general government**					
	For head of family					
	For two children		0	0	0	0
		Total	0	0	0	0
12.	**Take-home pay (1-10+11)**		22 847	29 623	36 736	29 139
13.	**Employer's compulsory social security contributions**		7 934	10 552	13 250	10 552
14.	**Average rates**					
	Income tax		7.5%	9.7%	10.7%	11.1%
	Employees' social security contributions		6.35%	6.35%	6.35%	6.35%
	Total payments less cash transfers		13.9%	16.1%	17.1%	17.4%
	Total tax wedge including employer's social security contributions		33.7%	35.4%	36.2%	36.4%
15.	**Marginal rates**					
	Total payments less cash transfers: Principal earner		30.0%	32.9%	32.9%	32.9%
	Total payments less cash transfers: Spouse		22.6%	6.4%	28.1%	6.4%
	Total tax wedge: Principal earner		46.1%	48.3%	48.3%	48.3%
	Total tax wedge: Spouse		40.4%	27.9%	44.6%	27.9%

The national currency is the Euro (EUR). In 2017, EUR 0.89 was equal to USD 1. In that year the average worker earned EUR 26 535 (Secretariat estimate).

1. Personal income tax system

1.1. *Central government income tax*

1.1.1. *Tax unit*

As a general rule, the tax unit is the individual. Nevertheless, families have the options of being taxed:

- As married couples filing jointly on the combined income of both spouses and dependents.
- As heads of households (only unmarried or separated individuals with dependents).

1.1.2. *Tax allowances and tax credits*

1.1.2.1. Standard reliefs

- Basic reliefs: Married couples filing jointly may claim an allowance of EUR 3 400. This figure amounts to EUR 2 150 for heads of single-parent households.
- Maternity tax credit: a non-wastable tax credit addressed to working females with children under 3 years of age up to EUR 1 200.
- Large families (3 or more children) or dependent family members with disabilities tax credits: this additional non-wastable tax credit (up to EUR 1 200, in general, or EUR 2 400 for special large families, with 5 or more children) also may be claimed (within the Taxing Wages framework) by single-parent households with two children.
- Relief for social security contributions: All social security payments are fully deductible.
- Other expenses allowance: up to EUR 2 000, which may be increased by the same amount in case of accepting a job in a different location implying a change of residence.
- Employment related allowance: Net employment income (gross income – employee social security contributions) may be reduced according to the following rules:
  - Taxpayers with net employment income equal or less than EUR 11 250: EUR 3 700.
  - Taxpayers with a net employment income between EUR 11 250.01 and EUR 14 450: EUR 3 700 less the result of multiplying by 1.15625 the difference between net employment income and EUR 11 250.
- Disabled workers allowance: an allowance of EUR 3 500 for disabled salary earners. Those with reduced mobility may claim an augmented allowance of EUR 7 750.

As a result of the application of the above rules, net income cannot become negative.

1.1.2.2. Main non-standard reliefs applicable to an AW

- Contributions to Pension Plans. Contributions made by each member of the household may reduce taxable income up to the lower of the following amounts:
  - 30% of the sum of labour and economic activities net incomes;

❖ EUR 8 000.

Moreover, those households whose second earner has net labour income below EUR 8 000 may reduce taxable income up to a maximum of EUR 2 500 on a yearly basis if the principal earner contributes to a Pension Fund for the spouse.

- Relief for subscriptions paid in respect of membership of a trade union and business or professional associations (last item is limited to mandatory membership) up to EUR 500.
- Relief for expenses made for the legal defence of the taxpayer for labour-related conflicts up to a maximum limit of EUR 300.

Other non-standard reliefs provided as deductions are:

- Investment in the acquisition and rehabilitation of own-housing: As a general rule, up to 1 January 2013, taxpayers were allowed to deduct from their tax liability 15% of the investment made during the year, up to a maximum of EUR 9 040.
- Furthermore, disabled taxpayers were also allowed to deduct from their tax liability 20% of the investment expenses incurred in the repairs carried out for housing adaptation to the handicapped personal needs according up to a maximum of EUR 12 080.
- With effect from 1 January 2013, the above tax credit has been abolished. Nevertheless, grandfathering rules apply for those taxpayers who before 1 January 2013 had acquired their main residence; had made some payments for it to be built; had made some payments for restoration/enlargement of their main residence or had made some payments to carry out the adaptation of the main residence of disabled people. However, in the latter two cases the works performed should be completed before 1 January 2017. For these taxpayers, the above tax credit can still be applied in accordance with the rules set up above.
- Gifts: 75% of the amounts (below EUR 150) donated to non-profit entities, public administration, public universities and other qualifying institutions. For larger gifts, 30% on the excess, which may be increased to 35% when meeting certain conditions (for fidelity cases) and 10% of the amount donated non-qualifying foundations or associations.
- Investments and expenses in goods of cultural interest: 15% of the amounts granted to the importation, restoration, exhibition, etc. of certain goods listed in the General Register of Goods of Cultural Interest.

Each of these last two amounts cannot exceed 10% of taxable income.

1.1.2.3. Exempt Income

- The base amount is EUR 5 550 per taxpayer. The same amount is granted for family units filing jointly. Taxpayers aged over 65 years may add EUR 1 150 to the former amount. Those aged over 75 years may claim additionally EUR 1 400.
- Dependent children (under 25 years, in general; for each age, in case of disability): EUR 2 400 for the first dependent child; EUR 2 700 for the second one; EUR 4 000 for the third, and EUR 4 500 for any additional child.
- Child care allowance: an additional allowance of EUR 2 800 for each of the above dependent children under 3 years of age.
- In case of disabled workers and additional amount of EUR 3 000 also applies. In case of great disability prior amount reaches EUR 9 000.

Child allowances have to be shared equally between spouses when they file separately.

1.1.3. *Tax schedule*

General rates of tax – resident individuals:

Taxable income (EUR)	Tax at the lower limit (EUR)	Tax rate on taxable income in excess of the lower limit (%)
0-12 450	0	9.50
12 450-20 200	1 182.75	12.00
20 200-35 200	2 112.75	15.00
35 200-60 000	4 362.75	18.50
Over 60 000	8 950.75	22.50

1.2. *State and local income taxes*

The Autonomous Communities (Regional Governments) are liable to set up their own personal income tax schedule to tax the general income tax base. For 2017, those tax rate schedules vary from five to ten brackets and their marginal rates from 9.5 to 25.5%. Up to 2009, the tax autonomous share (regional share of the tax) on the general tax base was determined by applying a progressive tax ladder with default values laid down by the Law regulating this tax, and fixed by Government. However, the Autonomous Communities (Regional Governments) were competent to modify these values under certain limitations. The complementary tax scale, fixed by the Central Government and applied in default as explained, was removed in 2010, which leaves a State-level ladder and each Autonomous Community determining their own tax scale, subject only to the progressivity requirement. From that moment on, by exercising their legislative competences, the Autonomous Community have been approving their tax scales that, although identical to the State-level tax scale in the beginning, as time elapsed they became increasingly different. These differences have grown since 2015, coinciding with the entry into force of the reform of this tax, up to the point that in 2016 and 2017 each Autonomous Community applies a different tax scale, with currently only one matching the Central Government tax scale.

Therefore, instead of taking into account a tax rate determined by an Autonomous Community equal to that applied by the Central Government, as past years, the new criteria followed in 2017 is to consider that of the Autonomous Community of Madrid (Madrid Region), which is thought as the most representative tax scale on different grounds, among which it is worth mentioning that this Autonomous Community comprises the Spain capital city and its relative significance as regards this tax, both in terms of number of taxpayers, income level and income tax roughly amounting to one quarter of the total revenues. All these make of it a potential stable criteria over time.

Madrid Schedule for general tax base in 2017

Taxable income (EUR)	Tax at the lower limit (EUR)	Tax rate on taxable income in excess of the lower limit (%)
0-12 450	0	9.50
12 450-17 707.20	1 182.75	11.20
17 707.20-33 007.20	1 771.56	13.30
33 007.20-53 407.20	3 806.46	17.90
Over 53 407.20	7 458.06	21.00

Now, there isn't any local tax rate or schedule in the Spanish PIT. However, some Local Governments (the bigger and province capital cities) receive a fixed percentage of the PIT revenues.

2. Compulsory social security contributions to schemes operated within the government sector

Social Security contributions are assessed on the basis of employees' gross earnings taking into account certain ceilings of gross employment income. In 2017, these ceilings are:

- Lower ceiling: EUR 9 907.20
- Upper Ceiling: EUR 45 014.40.

These ceilings are based on a full-time job. For part-time workers, ceilings are proportional to the real hours worked (the tax equations used for this Report do not take into account the lower ceiling).

2.1. *Employees' contributions*

- Old age pension/sickness and disability: 4.7%
- Unemployment: 1.55%
- Professional Training: 0.1%

2.2. *Employers' contributions*

- Old age pension/sickness and disability: 23.6%
- Unemployment/Work injuries: 5.50%
- Wages fund: 0.2%
- Professional Training: 0.6%

3. Universal cash transfers

3.1. *Transfers related to marital status*

None.

3.2. *Transfers for dependent children*

EUR 291 for 1-child families with annual gross earnings below EUR 11 576.83; the child transfer decreases with income between EUR 11 576.83 and EUR 11 867.83; the value is 0 for gross earnings exceeding EUR 11 867.83. EUR 582 for families with 2 children with annual gross earnings below EUR 13 313.35; the child transfer decreases with income between EUR 13 313.35 and EUR 13 895.35; the value is 0 for gross earnings exceeding EUR 13 895.35.

4. Main changes in tax/benefit systems in 2017

None

5. Memorandum items

5.1. *Identification of an AW and calculation of earnings*

Refer to the information provided in the Annex of this Report.

2017 parameter values

Average earnings/yr	Ave_earn	26 535	Secretariat estimate	
Work related allowance	wr_rate	1.15625		
	wr_lim_max	14 450		
	wr_lim_min	11 250		
	wr_allow_max	3 700		
Other deductible expenses	oth_ded_exp	2 000		
Personal & family exempt income	Per_fam_exempt_inc	5 550		
Joint taxation allowance	Joint_tax_allow_fam1	3 400		
	Joint_tax_allow_fam2	2 150		
Dependent children	dep_child	2 400		
	dep_child2	2 700		
	dep_child3	4 000		
	dep_child4	4 500		
Single parent tax credit (chld>=2)	SP_tax_credit	1 200		
Tax Schedule	tax_sch_sg	0	0	9.50%
		12 450	1 182.75	12.00%
		20 200	2 112.75	15.00%
		35 200	4 362.75	18.50%
		60 000	8 950.75	22.50%
	tax_sch_sa (Madrid)	0	0	9.50%
		12 450	1 182.75	11.20%
		17 707.20	1 771.56	13.30%
		33 007.20	3 806.40	17.90%
		53 407.20	7 458.06	21.00%
Social security contributions				
Employee:				
Pension	pension_rate	0.047		
Unemployment	unemp_rate	0.0155		
Other	oth_rate	0.001		
Employer				
Pension	pension_empr	0.236		
Unemployment	unemp_empr	0.055		
Other	oth_empr	0.008		
Ceiling and Floor	min_lim	0	9 907.20	
	top_lim	45 014.40		
Child benefit	SS_child_benefit	291		
	SS_child_table	1	11 576.83	11 867.83
		2	13 313.35	13 895.35
		3	17 423.84	18 296.84
		4	20 246.02	21 410.02
		5	23 068.20	24 523.20

2017 tax equations

The functions which are used in the equations (Taper, MIN, Tax etc) are described in the technical note about tax equations. Variable names are defined in the table of parameters above, within the equations table, or are the standard variables "married" and "children". A reference to a variable with the affix "_total" indicates the sum of the relevant variable values for the principal and spouse. And the affixes "_princ" and "_sp" indicate the value for the principal and spouse, respectively. Equations for a single person are as shown for the principal, with "_sp" values taken as 0.

	Line in country table and intermediate steps	Variable name	Range	Equation
1.	Earnings	earn	B	for individual taxation: earn=earn_princ, or earn='earn_sp' for joint (family) taxation: earn=earn_princ+earn_sp
2.	Allowances:			
	Work related, individual	work_ind	B	IF(earn-SSC<=wr_lim_min,wr_allow_max+oth_ded_exp,IF(earn-SSC<=wr_lim_max,wr_allow_max-wr_rate*((earn-SSC)-(wr_lim_min))+oth_ded_exp,oth_ded_exp))
	Work related, family	work_fam	J	IF(AND(earn_sp=0,married=0,children=0),0,IF(earn_total-SSC_fam<=wr_lim_min,wr_allow_max+oth_ded_exp,IF(earn_total-SSC_fam=wr_lim_max,wr_allow_max-wr_rate*((earn_total-SSC_fam)-(wr_lim_min))+oth_ded_exp,oth_ded_exp)))
	Joint taxation allowance	joint_allow_fam	J	IF(AND(Married=0,Children=0),0,IF(AND(Married=0,Children>0),joint_tax_allow_fam2,joint_tax_allow_fam1))
	Personal and family exempt income, individual	ex_inc_ind	B	per_fam_exempt_inc
	Personal and family exempt income, family	ex_inc_fam	J	IF(AND(Married=0,Children=0),0,per_fam_exempt_inc)
	Children exempt income, individual	child_ex_inc_ind	P	IF(earn_sp='0,' (children>0)*(dep_child+(children>1)*dep_child2+(children>2)*dep_child3+(children>3)*(children-3)*dep_child4), (children>0)*(dep_child+(children>1)*dep_child2+(children>2)*dep_child3+(children>3)*(children-3)*dep_child4)/2)
			S	IF(earn_sp='0,' 0, (children>0)*(dep_child+(children>1)*dep_child2+(children>2)*dep_child3+(children>3)*(children-3)*dep_child4)/2)
	Children exempt income, family	child_ex_inc_fam	J	(children>0)*(dep_child+(children>1)*dep_child2+(children>2)*dep_child3+(children>3)*(children-3)*dep_child4)
3.	Credits in taxable income	taxbl_cr	B, J	0
4.	CG taxable income	tax_inc	B, J	IF(AND(Married='0,' Children='0),' tax_inc_princ, MINA(tax_inc_princ+tax_inc_sp, tax_inc_fam))
		tax_inc_ind	B	Positive(earn-(work_ind+SSC))
		tax_inc_fam	J	IF(AND(Married='0,' Children), 0, Positive(earn-(work_fam+joint_allow_fam+SSC_princ+SSC_sp)))
5.	CG tax before credits	CG_tax_ind_excl	B	MAXA(0, VLOOKUP(tax_inc_ind, tax_sch_sg, 2)+(tax_inc_ind-VLOOKUP(tax_inc_ind, tax_sch_sg, 1))*VLOOKUP(tax_inc_ind, tax_sch_sg, 3))
		CG_tax_fam_excl	J	MAXA(0, VLOOKUP(tax_inc_fam, tax_sch_sg, 2)+(tax_inc_fam-VLOOKUP(tax_inc_fam, tax_sch_sg, 1))*VLOOKUP(tax_inc_fam, tax_sch_sg, 3))
6.	CG tax credits :	CG_tax_cr_ind	B	MAXA(0,VLOOKUP(ex_inc_ind+child_ex_inc_ind,tax_sch_sg,2)+ ((ex_inc_ind+child_ex_inc_ind)-VLOOKUP(ex_inc_ind+child_ex_inc_ind,tax_sch_sg,1))*VLOOKUP(ex_inc_ind+child_ex_inc_ind,tax_sch_sg,3)+IF(AND(earn>0,married=0,children>=2),MIN(SP_tax_credit,(SSC+SSC_empr)),0)
		CG_tax_cr_fam	J	MAXA(0,VLOOKUP(ex_inc_fam+child_ex_inc_fam,tax_sch_sg,2)+ ((ex_inc_fam+child_ex_inc_fam)-VLOOKUP(ex_inc_fam+child_ex_inc_fam,tax_sch_sg,1))*VLOOKUP(ex_inc_fam+child_ex_inc_fam,tax_sch_sg,3)+IF(AND(earn_total>0,married=0,children>=2),MIN(SP_tax_credit,(SSC_fam+SSC_empr_fam)),0)
7.	CG tax	CG_tax_ind	B	CG_tax_ind_excl-CG_tax_cr_ind
		CG_tax_fam	J	CG_tax_fam_excl-CG_tax_cr_fam
8.	State and local tax before credits	local_tax_ind_excl	B	MAXA(0, VLOOKUP(tax_inc_ind, tax_sch_sa, 2)+(tax_inc_ind-VLOOKUP(tax_inc_ind, tax_sch_sa, 1))*VLOOKUP(tax_inc_ind, tax_sch_sa, 3))

	Line in country table and intermediate steps	Variable name	Range	Equation
		local_tax_fam_excl	J	MAXA(0, VLOOKUP(tax_inc_fam, tax_sch_sa, 2)+(tax_inc_fam-VLOOKUP(tax_inc_fam, tax_sch_sa, 1))*VLOOKUP(tax_inc_fam, tax_sch_sa, 3))
	local tax credits	local_tax_cr_ind	B	MAXA(0,VLOOKUP(ex_inc_ind+child_ex_inc_ind,tax_sch_sa,2)+ ((ex_inc_ind+child_ex_inc_ind)-VLOOKUP(ex_inc_ind+child_ex_inc_ind,tax_sch_sa,1))* VLOOKUP(ex_inc_ind+child_ex_inc_ind,tax_sch_sa,3))
		local_tax_cr_fam	J	MAXA(0,VLOOKUP(ex_inc_fam+child_ex_inc_fam,tax_sch_sa,2)+ ((ex_inc_fam+child_ex_inc_fam)-VLOOKUP(ex_inc_fam+child_ex_inc_fam,tax_sch_sa,1))* VLOOKUP(ex_inc_fam+child_ex_inc_fam,tax_sch_sa,3))
	State and local tax	local_tax_ind	B	Positive(local_tax_ind_excl-local_tax_cr_ind)
		local_tax_fam	J	Positive(local_tax_fam_excl-local_tax_cr_fam)
9.	Employees' soc security	SSC	B	IF(AND(earn>0, earn<='min_lim),' min_lim*(pension_rate+unemp_rate+oth_rate), IF(earn>='top_lim,' top_lim*(pension_rate+unemp_rate+oth_rate), earn*(pension_rate+unemp_rate+oth_rate)))
		SSC_fam	J	SSC_princ+SSC_sp
11.	Cash transfers	Child_transf		IF(Children=0,0,IF(earn<='VLOOKUP(Children,' SS_child_table,2),SS_child_benefit*Children, IF(earn<='VLOOKUP(Children,' SS_child_table, 3), VLOOKUP(Children, SS_child_table, 3)-earn, 0)))
13.	Employer's SSC	SSC_empr		IF(AND(earn>0, earn<='min_lim),' min_lim*(pension_empr+unemp_empr+ oth_umpr), IF(earn>='top_lim,' top_lim*(pension_empr+unemp_empr+oth_empr), earn*(pension_empr+unemp_empr+oth_empr)))

Key to range of equation B calculated separately for both principal earner and spouse P calculated for principal only S calculated for spouse only J calculated once only on a joint basis.

Les impôts sur les salaires 2018
© OCDE 2018

Sweden

This chapter includes data on the income taxes paid by workers, their social security contributions, the family benefits they receive in the form of cash transfers as well as the social security contributions and payroll taxes paid by their employers. Results reported include the marginal and average tax burden for eight different family types.

Methodological information is available for personal income tax systems, compulsory social security contributions to schemes operated within the government sector, universal cash transfers as well as recent changes in the tax/benefit system. The methodology also includes the parameter values and tax equations underlying the data.

Sweden 2017

The tax/benefit position of single persons

		Wage level (per cent of average wage)	67	100	167	67
		Number of children	none	none	none	2
1.	**Gross wage earnings**		291 355	434 859	726 214	291 355
2.	**Standard tax allowances**					
	Basic allowance		19 300	13 200	13 200	19 300
	Married or head of family					
	Dependent children					
	Deduction for social security contributions and income taxes		0	0	0	0
	Work-related expenses					
	Other					
		Total	19 300	13 200	13 200	19 300
3.	**Tax credits or cash transfers included in taxable income**		0	0	0	0
4.	**Central government taxable income (1 - 2 + 3)**		272 000	421 600	713 000	272 000
5.	**Central government income tax liability (exclusive of tax credits)**		0	0	58 545	0
6.	**Tax credits**					
	Basic credit					
	Married or head of family					
	Children					
	Other		42 683	57 170	57 881	42 683
		Total	42 683	57 170	57 881	42 683
7.	**Central government income tax finally paid (5-6)**		- 42 683	- 57 170	664	- 42 683
8.	**State and local taxes**		87 366	135 417	229 015	87 366
9.	**Employees' compulsory social security contributions**					
	Gross earnings		20 400	30 400	34 700	20 400
	Taxable income					
		Total	20 400	30 400	34 700	20 400
10.	**Total payments to general government (7 + 8 + 9)**		65 083	108 647	264 379	65 083
11.	**Cash transfers from general government**					
	For head of family					
	For two children		0	0	0	27 000
		Total	0	0	0	27 000
12.	**Take-home pay (1-10+11)**		226 272	326 212	461 835	253 272
13.	**Employer's wage dependent contributions and taxes**					
	Employer's compulsory social security contributions		60 310	90 016	150 326	60 310
	payroll taxes		31 233	46 616	77 850	31 233
		Total	91 543	136 632	228 176	91 543
14.	**Average rates**					
	Income tax		15.3%	18.0%	31.6%	15.3%
	Employees' social security contributions		7.0%	7.0%	4.8%	7.0%
	Total payments less cash transfers		22.3%	25.0%	36.4%	13.1%
	Total tax wedge including employer's social security contributions		40.9%	42.9%	51.6%	33.9%
15.	**Marginal rates**					
	Total payments less cash transfers: Principal earner		28.6%	32.1%	60.1%	28.6%
	Total payments less cash transfers: Spouse		n.a.	n.a.	n.a.	n.a.
	Total tax wedge: Principal earner		45.6%	48.3%	69.7%	45.6%
	Total tax wedge: Spouse		n.a.	n.a.	n.a.	n.a.

Sweden 2017

The tax/benefit position of married couples

		Wage level (per cent of average wage)	100-0	100-33	100-67	100-33
		Number of children	2	2	2	none
1.	**Gross wage earnings**		434 859	578 362	726 214	578 362
2.	**Standard tax allowances:**					
	Basic allowance		13 200	47 300	32 500	47 300
	Married or head of family					
	Dependent children					
	Deduction for social security contributions and income taxes		0	0	0	0
	Work-related expenses					
	Other					
		Total	13 200	47 300	32 500	47 300
3.	**Tax credits or cash transfers included in taxable income**		0	0	0	0
4.	**Central government taxable income (1 - 2 + 3)**		421 600	531 000	693 600	531 000
5.	**Central government income tax liability (exclusive of tax credits)**		0	0	0	0
6.	**Tax credits**					
	Basic credit					
	Married or head of family					
	Children					
	Other		57 170	79 430	99 853	79 430
		Total	57 170	79 430	99 853	79 430
7.	**Central government income tax finally paid (5-6)**		- 57 170	- 79 430	- 99 853	- 79 430
8.	**State and local taxes**		135 417	170 556	222 783	170 556
9.	**Employees' compulsory social security contributions**					
	Gross earnings		30 400	40 400	50 800	40 400
	Taxable income					
		Total	30 400	40 400	50 800	40 400
10.	**Total payments to general government (7 + 8 + 9)**		108 647	131 526	173 730	131 526
11.	**Cash transfers from general government**					
	For head of family					
	For two children		27 000	27 000	27 000	0
		Total	27 000	27 000	27 000	0
12.	**Take-home pay (1-10+11)**		353 212	473 836	579 484	446 836
13.	**Employer's wage dependent contributions and taxes**					
	Employer's compulsory social security contributions		90 016	119 721	150 326	119 721
	payroll taxes		46 616	61 999	77 849	61 999
		Total	136 632	181 720	228 175	181 720
14.	**Average rates**					
	Income tax		18.0%	15.8%	16.9%	15.8%
	Employees' social security contributions		7.0%	7.0%	7.0%	7.0%
	Total payments less cash transfers		18.8%	18.1%	20.2%	22.7%
	Total tax wedge including employer's social security contributions		38.2%	37.7%	39.3%	41.2%
15.	**Marginal rates**					
	Total payments less cash transfers: Principal earner		32.1%	32.1%	32.1%	32.1%
	Total payments less cash transfers: Spouse		15.9%	28.6%	28.6%	28.6%
	Total tax wedge: Principal earner		48.3%	48.3%	48.3%	48.3%
	Total tax wedge: Spouse		36.0%	45.6%	45.6%	45.6%

The national currency is the Swedish Kronor (SEK). In 2017, SEK 8.55 was equal to USD 1. In that year, the average worker earned SEK 434 859 (Secretariat estimate).

1. Personal income tax systems

1.1. Central government income taxes

1.1.1. Tax unit

Spouses are taxed separately.

1.1.2. Tax allowances and tax credits

1.1.2.1. Standard reliefs

- Basic reliefs: A basic allowance is given for assessed earned income and varies between SEK 13 200 and SEK 34 500, depending on income. When individuals pay central government income tax, the basic allowance is at its lowest level, which equals SEK 13 000. The basic allowance depends on the assessed earned income and the basic amount, which equals SEK 44 800 in 2017.

Assessed-Earned-Income (SEK) Relative to Basic Amount (BA)	Share of BA at lower bracket	For exceeding income
-0.99	0.423	
0.99-2.72	0.423	+0.2
2.72-3.11	0.77	
3.11-7.88	0.77	-0.1
7.88-	0.293	

For taxpayers older than 65, the basic relief is calculated differently:

Assessed-Earned-Income (SEK) Relative to Basic Amount (BA)	Share of BA at lower bracket	For exceeding income
-1.11	1.11	
1.11-2.72	1.11	+0.249
2.72-3.77	1.511	
3.77-5.40	1.511	-0.1
5.40-12.43	1.348	-0.09
12.43-	0.715	

- Standard marital status reliefs: None.
- Relief(s) for children: None.
- Work-related expenses: None.
- Other: None.

1.1.2.2. Main non-standard tax reliefs applicable to an AW

- Interest on qualifying loans: Interest payments are offset against capital income. The resulting net capital income is the tax base. A tax credit is given in the case of negative capital income.
- Medical expenses: None. Other allowances are given for:
- the amount of commuting expenses exceeding SEK 11 000;
- other types of work-related expenses exceeding SEK 5 000; examples are the costs of tools, work-related phone calls using the taxpayer's private telephone;
- increased living expenses while on business trips, e.g. such as the use of a private car if these costs are not reimbursed by the employer;
- double housing expenses due to temporary work at other geographical locations (too far from home for commuting), or if the family for some reason can't move, even if the job is of a permanent nature;
- travelling expenses for travelling home if the taxpayer works in another place than his/her place of residence.

1.1.3. *Tax schedule*

Taxable Income (SEK)	Tax (SEK) at lower bracket	For exceeding income, %
0-438 900	0	0
438 900-638 500	0	20
over 638 500	39 120	25

1.1.4. *Tax credits*

A tax credit equal to 100% of the compulsory social security contributions paid by the employee is granted.

For a person aged 65 or less, an annual Earned Income Tax Credit (EITC) worth up to SEK 26 770 at the average local tax rate is granted on labour income. For those older than 65, a higher credit worth up to SEK 30 000 is granted. For a person aged 65 or less the EITC is connected to the basic allowance (BAL), the basic amount (BA) and the local tax rate (LTR). For those older than 65 a simplified EITC was introduced in 2009 which is not connected to the local tax rate, the basic allowance or the basic amount. The Basic Allowance is determined in Section 1.121; the local tax rate is discussed in Section 1.2. The Basic Amount (BA) in 2017 is SEK 44 800. The Special Amount is based on the taxpayer's (gross) earned income. A phase-out of the EITC for those with incomes above around SEK 600 000 a year was introduced in 2016.

The tax credits are wastable in the sense that they cannot reduce the individual's tax payments to less than zero. The EITC is deducted from the local government income tax, whereas the tax credit for the social security contributions is deducted from other taxes as well. However the central government covers the expenses for the tax credits.

For taxpayers younger than 65, the EITC is calculated as follows:

Earned Income (EI)	EITC
-0.91 BA	(EI-BAL)*LTR
0.91 BA-2.94 BA	(0.91 BA + 0.332 * (EI-0.91 BA)-BAL)*LTR
2.94 BA-8.08 BA	(1.584 BA + 0.111 * (EI-2.94 BA)-BAL)*LTR
8.08 BA-13.54 BA	(2.155 BA-BAL)*LTR
13.54 BA-	(2.155 BA-BAL)*LTR-0.03*(EI-13.54 BA)

For taxpayers older than 65, the EITC is calculated differently:

Earned Income (EI)	EITC
-100 000 SEK	0.2*EI
100 001-300 000 SEK	15 000 SEK + 0.05*EI
300 001-600 000 SEK	30 000 SEK
600 001-1 600 000 SEK	30 000-0,03*(EI-600 000)
1 600 001 SEK -	0

1.2. *Local government income taxes*

1.2.1. *General description of the systems*

Sweden has both a central government and a local government personal income tax. They are completely coordinated in the assessment process and refer to the same period, i.e. the income year coincides with the calendar year.

1.2.2. *Tax base*

The tax base is the same as for the central government income tax. The basic allowance for individuals paying local government tax varies between SEK 13 200 and SEK 34 500; it depends on the taxpayer's income. For a taxpayer earning the AW, this basic allowance amounts to SEK 13 200 (based on an AW equal to SEK 427 905 – subject to revision with the AW).

1.2.3. *Tax rates*

The local government personal income tax is proportional and differs between municipalities. The average rate amounts to 32.12% in 2017, with the maximum and minimum rates being 35.15% and 29.19%, respectively.

2. Compulsory social security contributions to schemes operated within the government sector

2.1. *Employees' contributions*

A general pension contribution of 7% of personal income is paid by employees and the self-employed when income is equal to or greater than 42.3% of the basic amount underlying the basic allowance (see Section 1.121). The contribution cannot exceed SEK 34 750 since the general pension contributions are not paid for income over SEK 496 305 (= 8.07*61 500). The employees' contribution is offset with a tax credit.

2.2. Employers' contributions

The employers' contributions are calculated as a percentage of the total sum of salaries and benefits in a year. For the self-employed, the base is net business income. The rates for 2017 are listed below.

Program	Employer (%)	Self-employed (%)
Retirement pension	10.21	10.21
Survivor's pension	0.70	0.70
Parental insurance	2.60	2.60
Health insurance	4.35	4.44
Labour market	2.64	0.10
Occupational health	0.20	0.20
General wage tax	10.72	10.72
Total	31.42	28.97

In certain regions, a reduction of 10% of the base, maximum SEK 7 100 per month, is granted (SEK 18 000 per year for self-employed) (it is not included in the calculations underlying this Report). For employees who are over 65 years old and born after 1937 only the retirement pension contribution (10.21%) and a special wage tax (6.15%) is applicable. For persons born in 1937 or earlier no employers' social security contributions, but a special wage tax (6.15%) is applied. On premiums for occupational pensions paid by the employer a special wage tax (24.26%) is applied.

For self-employed a general reduction of 7.5% on the SSC is applicable if the income exceeds SEK 40 000 per year. The maximal reduction is SEK 15 000 per year.

3. Universal cash transfers

3.1. Transfers related to marital status

None.

3.2. Transfers for dependent children

The transfers are tax exempt and independent of the parents' income. The transfers for each child are as follows:

First child	12 600
Second child	14 400
Third child	18 048
Fourth child	24 720
Fifth and subsequent child	27 600

4. Main changes in tax/benefit systems since 1998

A tax credit of SEK 1 320 was introduced for low- and average income earners in 1999. The credit is reduced by 1.2% of taxable income above SEK 135 000. This reduction was abolished in 2003 and was replaced by an increase in the basic allowance.

A tax credit of 25% of the social security contribution paid by employees and the self-employed was introduced in 2000. The tax credit has been gradually increased to 100% in 2006.

In 2004, a special tax credit equal to SEK 200 was provided for the statutory minimum local income tax. The special tax credit was abolished in 2005 as was the statutory minimum state income tax (a lump sum tax) of SEK 200. The central government income tax bracket is indexed with the consumer price index plus 2%. However, in 2004, 2005 and 2006 the central government income tax bracket was restricted to be indexed with the consumer price index plus 1%. In order to reduce the number of people paying the central income tax, there was an additional increase of the tax bracket in 2009. In 2016 the central government income tax bracket was restricted to be at the same level as 2015.

The child allowance was raised by SEK 1 200 per year in 2000, 2001, 2006 and in 2010 the child allowance for multiple children was raised by SEK 50 for the second child, SEK 100 for the third, SEK 150 for fourth and SEK 200 for the fifth and subsequent children.

Maximum fee for childcare was introduced in 2002.

The basic allowance has been increased in 2001, 2002, 2003, 2005 and 2006. For older people the basic allowance was increased in 2009, 2010, 2011, 2013, 2014 and 2016.

Regarding the unemployment benefit the higher benefit level of SEK 730 for the first 100 days was removed in 2007 and the maximum unemployment benefit was set to SEK 680 during the entire benefit period of 300 days (or 450 days for persons with children under the age of 18). In September 2015, the maximum unemployment benefit was raised to SEK 910 per day in day 1-100 and to SEK 760 per day in day 101-300 (or day 101-450). The compensation in the sick leave was raised from 75 to 80% in 1998. In 2003 the compensation was lowered to 77.6% and, at the same time, the number of days for which the employer is responsible was increased from 14 to 21 days. In 2005 the compensation in the sick leave and the number of days for which the employer is responsible were set to their before-2003 level.

The lowest level of compensation in the parental leave was raised on July 1st 2006 from SEK 60 to SEK 180 per day. The level was raised to SEK 225 in 2013 and once again to SEK 250 in 2016. In 2006 also the maximum income compensated for in the parental leave was raised from 7.5*Basic Amount to 10* Basic Amount.

An earned income tax credit was introduced in 2007 with the purpose of making work economically more rewarding relative to unemployment or inactivity. The earned income tax credit was increased in 2008, 2009, 2010 and 2014. In 2016 a phase-out of the EITC was introduced for persons with incomes above around SEK 600 000.

In 2007, the social security contributions for 18-24-year-old employees and self-employed were reduced. In 2009 the reduction were increased and expanded to include all aged under 26. From 1st August 2015 the reduction was reduced by half and the 1st of June 2016 the reduction was abolished. A special wage tax for persons older than 65 was abolished in 2007 for persons born after 1937 and in 2008 for persons born in 1937 or earlier. In 2016 the special wage tax for older persons was reintroduced at a rate of 6.15%.

A general reduction on the SSC for self-employed was introduced in 2010 and increased in 2014.

The deduction for premiums paid to private pension arrangements was lowered in 2015 from SEK 12 000 to SEK 1 800 and abolished in 2016.

5. Memorandum items

5.1. *Identification of an AW and calculation of earnings*

Basic data for gross earnings are taken from the series Official Statistics of Sweden, published by Statistics Sweden. The calculation is based upon total average monthly or hourly earnings, primarily in September of the calendar year. To arrive at the annual earnings, data have been multiplied by the normal amount of hours worked during the year or the stipulated monthly salary has been multiplied by a factor of 12.2. The figures are representative for the country as a whole. The branch classification is NACE Rev.2 B-N according to the OECD recommendation.

5.2. Employer contributions to private health, pension, etc. schemes

There are a handful of widespread private social security schemes. The employers' contributions to these systems for the blue-collar workers in the private sector equalled to 6.3% of wage earnings in 2007. For white-collar workers in the private sector the employers' contributions to private social security schemes were 14% in 2007. These figures are based on the statistics of labour costs in the private sector, published by Statistics Sweden.

2017 parameter values

Average earnings/yr	Ave_earn	434 859	Secretariat estimate
Central income tax			
	tax_rate	0.2	
	tax_rate2	0.05	
	tax_thrsh	438 900	
	tax_thrsh2	638 500	
Basic Allowance			
	gr1	0.99	
	gr2	2.72	
	gr3	3.11	
	gr4	7.88	
	gp1	0.423	
	gp2	0.2	
	gp3	0.1	
	gp4	0.293	
	gp5	0.77	
Local income tax			
	local_rate	0.3212	
	min_taxl	0	
Soc. security amount			
	basic_amt	44 800	
	basic_ant	61 500	
Soc. security contributions			
employee	SSC_rate	0.07	
employer	SSC_empr	0.3142	
ceiling	SSCC	8.07	
Child benefit			
	Child 1	12 600	
	Child 2	14 400	
	CB	13 500	
Tax credits			
	TC1	0	
	TC1gr1	0	
	TC1gp1	0	
	TC2gp1	1	
EITC	er_1	0.91	
	er_2	2.94	
	er_3	8.08	
	er_4	13.54	
	ep_1	1.584	
	ep_2	0.332	
	ep_3	0.111	
	ep_4	2.155	
	ep_5	0.03	
Employer payroll tax	PRT	0.1072	

2017 tax equations

The equations for the Swedish system are mostly repeated for each individual of a married couple. But the cash transfer is calculated only once. This is shown by the Range indicator in the table below.

The functions which are used in the equations (Taper, MIN, Tax etc) are described in the technical note about tax equations. Variable names are defined in the table of parameters above, within the equations table, or are the standard variables "married" and "children". A reference to a variable with the affix "_total" indicates the sum of the relevant variable values for the principal and spouse. And the affixes "_princ" and "_spouse" indicate the value for the principal and spouse, respectively. Equations for a single person are as shown for the principal, with "_spouse" values taken as 0.

	Line in country table and intermediate steps	Variable name	Range	Equation
1.	Earnings	earn		
		truncearn	B	TRUNC(earn, -2)
2.	Allowances:	basic_al	B	IF(truncearn<=gr_2*basic_amt, MINA(ROUNDUP(MAXA(gp_1*basic_amt, (gp_1+ gp_2*(gr_2-gr_1))*basic_amt-gp_2*MAXA(gr_2*basic_amt-truncearn, 0)), -2), truncearn), MINA(ROUNDUP(MAXA(gp_4*basic_amt, gp_5*basic_amt-gp_2* MAXA(gr_2*basic_amt-truncearn, 0)-gp_3*MAXA(truncearn-gr_3*basic_amt, 0)), -2), truncearn))
		ssc_al	B	0
	Total	tax_al	B	basic_al
3.	Credits in taxable income	taxbl_cr	B	0
4.	CG taxable income	tax_inc	B	Positive(earn-basic_al)
5.	CG tax before credits	CG_tax_excl	B	tax_rate*Positive(tax_inc-tax_thrsh)+ tax_rate2* Positive(tax_inc-tax_thrsh2)
6.	Tax credits :	ssc_credit	B	Trunc(SSC, -2)
		localtax_credit	B	0
		eitc	B	=TRUNC(MAX((((TRUNC(IF(earned_income>er_2*basic_amt; IF(earned_income> er_3*basic_amt;ep_4*basic_amt;ep_1*basic_amt+ep_3*(earned_income-er_ 2*basic_amt));MIN(earned_income;er_1*basic_amt+ep_2*(earned_income-er_ 1*basic_amt)));0))-basic_allowance)*local_rate)-(IF(earned_income>er_4*basic_ amt;ep_5*(earned_income-er_4*basic_amt);0));0);0)
		Final_eitc	B	MIN(eitc, CG_tax_excl+ local_taxssc_credit)
		tax_cr	B	ssc_credit+localtax_credit+final_eitc
7.	CG tax	CG_tax	B	CG_tax_excl-tax_cr
8.	State and local taxes	local_tax	B	IF(tax_inc>0, TRUNC(local_rate*tax_inc, 0)+min_taxl, 0)
9.	Employees' soc security	SSC	B	(truncearn>=gp_1*basic_amt)*MINA(ROUNDSSC(truncearn*SSC_rate), ROUNDSSC(SSCC*basic_ant*SSC_rate))
11.	Cash transfers	cash_trans	J	Children*CB
13.	Employer's contributions		B	
	Employer's SSC	SSC_empr	B	TRUNC(earn*SSC_empr)-Payroll_empr
	Employer's payroll tax	Payroll_empr	B	TRUNC(earn*PRT)
	Total	Cont_empr	B	SSC_empr+Payroll_empr

Key to range of equation B calculated separately for both principal earner and spouse P calculated for principal only (value taken as 0 for spouse calculation) J calculated once only on a joint basis.

Les impôts sur les salaires 2018
© OCDE 2018

Switzerland

This chapter includes data on the income taxes paid by workers, their social security contributions, the family benefits they receive in the form of cash transfers as well as the social security contributions and payroll taxes paid by their employers. Results reported include the marginal and average tax burden for eight different family types.

Methodological information is available for personal income tax systems, compulsory social security contributions to schemes operated within the government sector, universal cash transfers as well as recent changes in the tax/benefit system. The methodology also includes the parameter values and tax equations underlying the data.

Switzerland 2017

The tax/benefit position of single persons

		Wage level (per cent of average wage)	67	100	167	67
		Number of children	none	none	none	2
1.	**Gross wage earnings**		57 648	86 042	143 690	57 648
2.	**Standard tax allowances**					
	Basic allowance					
	Married or head of family		0	0	0	0
	Dependent children		0	0	0	13 000
	Deduction for social security contributions and income taxes		6 167	10 155	18 252	6 167
	Work-related expenses		2 000	2 421	4 000	2 000
	Other		1 700	1 700	1 700	3 100
		Total	9 867	14 276	23 952	24 267
3.	**Tax credits or cash transfers included in taxable income**		0	0	0	6 000
4.	**Central government taxable income (1 - 2 + 3)**		47 700	71 700	119 700	39 300
5.	**Central government income tax liability (exclusive of tax credits)**		384	1 072	4 528	110
6.	**Tax credits**					
	Basic credit					
	Married or head of family					
	Children		0	0	0	502
	Other					
		Total	0	0	0	502
7.	**Central government income tax finally paid (5-6)**		384	1 072	4 528	0
8.	**State and local taxes**		4 104	8 105	17 809	1 226
9.	**Employees' compulsory social security contributions**					
	Gross earnings		3 589	5 356	8 945	3 589
	Taxable income					
		Total	3 589	5 356	8 945	3 589
10.	**Total payments to general government (7 + 8 + 9)**		8 077	14 533	31 282	4 815
11.	**Cash transfers from general government**					
	For head of family					
	For two children		0	0	0	6 000
		Total	0	0	0	6 000
12.	**Take-home pay (1-10+11)**		49 571	71 508	112 408	58 833
13.	**Employer's compulsory social security contributions**		3 589	5 356	8 945	3 589
14.	**Average rates**					
	Income tax		7.8%	10.7%	15.5%	2.1%
	Employees' social security contributions		6.2%	6.2%	6.2%	6.2%
	Total payments less cash transfers		14.0%	16.9%	21.8%	-2.1%
	Total tax wedge including employer's social security contributions		19.0%	21.8%	26.4%	3.9%
15.	**Marginal rates**					
	Total payments less cash transfers: Principal earner		21.7%	23.3%	32.6%	13.8%
	Total payments less cash transfers: Spouse		n.a.	n.a.	n.a.	n.a.
	Total tax wedge: Principal earner		26.3%	27.8%	36.6%	18.8%
	Total tax wedge: Spouse		n.a.	n.a.	n.a.	n.a.

Switzerland 2017

The tax/benefit position of married couples

		Wage level (per cent of average wage)	100-0	100-33	100-67	100-33
		Number of children	2	2	2	none
1.	**Gross wage earnings**		86 042	114 436	143 690	114 436
2.	**Standard tax allowances**					
	Basic allowance					
	Married or head of family		2 600	14 913	16 000	14 913
	Dependent children		13 000	13 000	13 000	0
	Deduction for social security contributions and income taxes		10 155	14 213	18 322	14 213
	Work-related expenses		2 421	2 421	2 421	2 421
	Other		4 900	4 900	4 900	3 500
		Total	33 076	49 447	54 643	35 047
3.	**Tax credits or cash transfers included in taxable income**		6 000	6 000	6 000	0
4.	**Central government taxable income (1 - 2 + 3)**		58 900	70 900	95 000	79 300
5.	**Central government income tax liability (exclusive of tax credits)**		391	751	1 718	1 043
6.	**Tax credits**					
	Basic credit					
	Married or head of family					
	Children		502	502	502	0
	Other					
		Total	502	502	502	0
7.	**Central government income tax finally paid (5-6)**		0	249	1 216	1 043
8.	**State and local taxes**		3 631	6 298	10 258	8 536
9.	**Employees' compulsory social security contributions**					
	Gross earnings		5 356	7 124	8 945	7 124
	Taxable income					
		Total	5 356	7 124	8 945	7 124
10.	**Total payments to general government (7 + 8 + 9)**		8 987	13 671	20 418	16 703
11.	**Cash transfers from general government**					
	For head of family					
	For two children		6 000	6 000	6 000	0
		Total	6 000	6 000	6 000	0
12.	**Take-home pay (1-10+11)**		83 055	106 765	129 272	97 733
13.	**Employer's compulsory social security contributions**		5 356	7 124	8 945	7 124
14.	**Average rates**					
	Income tax		4.2%	5.7%	8.0%	8.4%
	Employees' social security contributions		6.2%	6.2%	6.2%	6.2%
	Total payments less cash transfers		3.5%	6.7%	10.0%	14.6%
	Total tax wedge including employer's social security contributions		9.1%	12.2%	15.3%	19.6%
15.	**Marginal rates**					
	Total payments less cash transfers: Principal earner		17.1%	21.5%	24.9%	22.3%
	Total payments less cash transfers: Spouse		16.5%	20.6%	25.6%	21.0%
	Total tax wedge: Principal earner		22.0%	26.1%	29.3%	26.8%
	Total tax wedge: Spouse		21.4%	25.2%	29.9%	25.6%

The national currency is the Swiss franc (CHF). In 2017, CHF 0.98 equalled USD 1. The Secretariat has estimated that in that same year the average worker earned CHF 86 042 (Secretariat estimate).

Cantonal and communal income taxes are very substantial in relation to direct federal tax. Here, the canton and commune of Zurich have been selected as an example of the tax system of the 26 cantons. Local income tax is not deductible when calculating federal income tax.

1. Personal income tax systems

1.1. *Income tax collected by the federal government (Confederation)*

1.1.1. *Tax unit*

The income of spouses living together is taxed jointly, regardless of the property regime under which they were married. Income of children living under parental authority is added to the income of their custodian. Children's labour income is taxed separately and in some cases, as in Zurich, is exempt from tax.

1.1.2. *Tax reliefs and tax credits*

1.1.2.1. Standard reliefs for "postnumerando" taxation [i.e. annual taxation on the basis of actual earned income, assessed at the end of the year]

- Basic deduction
- There is a basic deduction of CHF 2 600 for married couples for direct federal tax.
- Deduction for children

A CHF 6 500 deduction is allowed for each child under 18 years of age; the deduction is allowed for older children if they are apprentices or still in school.

- Tax credit for children

A CHF 251 deduction from the tax liability is allowed for each child under 18 years, the deduction is allowed for older children if they are apprentices or still in school.

- Deductions for social insurance contributions and other taxes

Premiums for old age and disability insurance (5.125% of gross earned income) and for unemployment insurance (1.1% for income up to CHF 148 200, 0.5% for income over CHF 148 200) are deductible in full. Compulsory contributions of approximately 7.82% to private pension funds are also fully deductible. Health and life insurance premiums are deductible from federal income tax up to CHF 3 500 for married persons and CHF 1 700 for taxpayers who are widow(er)s, divorced or single (such premiums are not considered social contributions). These amounts are increased by CHF 700 for each dependent child.

- Work-related expenses

Taxpayers are allowed a deduction corresponding to 3% of net income (i.e. gross income less contributions for old age and disability insurance, unemployment insurance and work-related provident funds). This deduction may be no less than CHF 2 000 and no more than CHF 4 000.

- Deduction for two-income couples

50% of the smaller income can be deducted, but no less than CHF 8 100 and no more than CHF 13 400.

1.1.2.2. Main non-standard reliefs available to the average worker

- Interest payments on qualifying loans

This is the main non-standard relief available to the average worker. It is allowed for all sorts of loans.

- Medical expenses

Expenses incurred as a result of illness, accidents or disability of the taxpayer or one of its dependants are deductible if the taxpayer bears the expenses personally and they exceed 5% of his or her net income.

1.1.3. *Tax base*

Allowable deductions from gross income	Single taxpayer (CHF)	Married taxpayer, 2 children (CHF)
Work-related expenses[1]	2 000-4 000	2 000-4 000
Personal deduction	-	2 600
Deduction for 2 dependent children	-	13 000 (6 500*2)
Social contributions		
Old age insurance	5.125%	5.125%
Unemployment insurance	1.1%[2]	1.1%[2]
Pension fund	7.82%	7.82%
Maximum deductions for health insurance premiums and loan interest[3]	1 700 plus 700 per child	3 500 plus 700 per child
Deduction for two-income couples[4]		8 10013 400

1. 3% of net income, minimum CHF 2 000, maximum CHF 4 000.
2. 1.1% of income up to CHF 148 200; 0.5% of income beyond CHF 148 200.
3. For the purposes of this publication, taxpayers are assumed to always receive the relevant maximum deduction.
4. 50% of smaller income, minimum the lower of CHF 8 100 or adjusted smaller income, maximum CHF 13 400.

In addition, for the married taxpayer with 2 children, there is a tax credit for 2 dependent children amounting to CHF 502, thus reducing the tax liability by CHF 502.

1.1.4. *Tax schedules*

1.1.4.1. Rates for persons living alone

Taxable income (CHF)[1]	Base amount (CHF)	Plus % of the excess (CHF)	
31 600 to 41 400	131.65	0.88	31 600
41 400 to 55 200	217.90	2.64	41 400
55 200 to 72 500	582.20	2.97	55 200
72 500 to 78 100	1 096.00	5.94	72 500
778 100 to 103 600	1 428.60	6.60	78 100
103 600 to 134 600	3 111.60	8.80	103 600
134 600 to 176 000	5 839.60	11.00	134 600
176 000 to 755 200	10 393.60	13.20	176 000
Over 755 200[2]	-	11.5 of total income	

1. Fractions of less than CHF 100 are disregarded.
2. The calculation model disregards this part of the schedule.

1.1.4.2. Rates for spouses living together and for widowed, separated, divorced taxpayers or unmarried taxpayers living with their own children.

Taxable income (CHF)[1]	Base amount (CHF)	Plus % of the excess (CHF)	
Up to 28 300	-	-	-
28 300 to 50 900		1	28 300
50 900 to 58 400	223	2	50 900
58 400 to 75 300	373	3	58 400
75 300 to 90 300	877	4	75 300
90 300 to 103 400	1 477	5	90 300
103 400 to 114 700	2 127	6	103 400
114 700 to 124 200	2 799	7	114 700
124 200 to 131 700	3 457	8	124 200
131 700 to 137 300	4 057	9	131 700
137 300 to 141 200	4 552	10	137 300
141 200 to 143 100	4 942	11	141 200
143 100 to 145 000	5 151	12	143 100
145 000 to 895 800	5 379	13	145 000
For 895 900	103 028.50		
Over 895 900[2]	-	11.5 of total income	

1. Fractions of less than CHF 100 are disregarded.
2. The calculation model disregards this part of the schedule.

1.2. Taxes levied by decentralised authorities (Canton and commune of Zurich)

1.2.1. General description of the system

The system of cantonal and communal taxation has the same features as that of direct federal tax.

The tax base is comprised of income from all sources.

Once the basic amount of tax is set, cantons, communes and churches levy their taxes by applying a multiple, which may change from year to year. In 2012, for example, the canton applied a multiple of 1.0, the commune of Zurich 1.19 and the reformed church 0.10. The basic amount of tax is therefore multiplied by a total of 2.29. However, following the decision no longer to include church tax in Revenue Statistics, it is no longer included in the calculations for Taxing Wages. The basic amount of tax is therefore multiplied by a total of 2.19.

1.2.2. Tax base

Allowable deductions from gross income	Single taxpayer (CHF)	Married taxpayer, 2 children (CHF)
Work-related expenses[1]	2 000-4 000	2 000-4 000
Personal deduction	-	-
Deduction for 2 dependent children	-	18 000 (9 000*2)
Social contributions		
Old age insurance	5.125%	5.125%
Unemployment insurance	1.1%[2]	1.1%[2]
Pension fund	7.82%	7.82%
Maximum deductions for health insurance premiums and loan interest[3]	2 600 plus 1 300 per child	5 200 plus 1 300 per child
Deduction for two-income couples		5 900

1. 3% of net income, minimum CHF 2 000 CHF, maximum CHF 4 000.
2. 1.1% of income up to CHF 148 200; 0.5% of income beyond CHF 148 200.
3. For the purposes of this publication, taxpayers are assumed to always receive the relevant maximum deduction.

1.2.3. *Postnumerando tax rates*

Cantonal income tax (Zurich)

a) Basic income tax rates for married, divorced, widowed or single taxpayers living with children:

Taxable income (CHF)[1]	Base amount (CHF)	Plus % of the excess (CHF)	
Up to 13 500	-	0	-
13 500 to 19 600	-	2	13 500
19 160 to 27 300	122	3	19 600
27 300 to 36 700	353	4	27 300
36 700 to 47 400	729	5	36 700
47 400 to 61 300	1 264	6	47 400
61 300 to 92 100	2 098	7	61 300
92 100 to 122 900	4 254	8	92 100
122 900 to 169 300	6 718	9	122 900
169 300 to 224 700	10 984	10	169 300
224 700 to 284 800	16 434	11	224 700
284 800 to 354 100	23 045	12	284 800
Over 354 100	31 361	13	354 100

b) Basic income tax rates for other taxpayers (single without children).

Taxable income (CHF)[1]	Base amount (CHF)	Plus % of the excess (CHF)	
Up to 6 700	-	0	-
6 700 to 11 400	-	2	6 700
11 400 to 16 100	94	3	11 400
16 100 to 23 700	235	4	16 100
23 700 to 33 000	539	5	23 700
33 000 to 43 700	1 004	6	33 000
43 700 to 56 100	1 646	7	43 700
56 100 to 73 000	2 514	8	56 100
73 000 to 105 500	3 866	9	73 000
105 500 to 137 700	6 791	10	105 500
137 700 to 188 700	10 011	11	137 700
188 700 to 254 900	15 621	12	188 700
Over 254 900	23 565	13	254 900

1. Fractions below CHF 100 are disregarded.

c) Annual multiple as a percentage of basic tax rates:

Canton of Zurich	100
Commune of Zurich	119
Roman Catholic church tax	10 (for info.)
Reformed Church tax	10 (for info.)

A personal tax of CHF 24 is added.

1.2.4. *Tax rates used for this study*

This study uses the rates of tax levied by the federal, cantonal and communal tax authorities.

2. Compulsory social security contributions to schemes operated within the government sector

2.1. Employee contributions

2.1.1. Retirement pensions

5.125% of gross income for old age insurance.

2.1.2. Health insurance

–

2.1.3. Unemployment

1.1% on the portion of income up to CHF 148 200; 0.5% for income over CHF 148 200.

2.1.4. Work-related accidents

–

2.1.5. Family allowances

–

2.1.6. Other

–

2.2. Employer contributions

2.2.1. Retirement pensions

5.125% of gross income for old age insurance.

2.2.2. Health insurance

–

2.2.3. Unemployment

1.1% on the portion of income up to CHF 148 200; 0.5% for income over CHF 148 200.

2.2.4. Work-related accidents

–

2.2.5. Family allowances

The employer pays a benefit for dependent children of an employee. The effective benefits paid depend on the Canton of residence and the respective employer. As of 1 January 2009, a new Swiss-wide minimum amount of CHF 2 400 (for children up to 16 years of age and CHF 3 000 for children in education between 16 and 25 years of age) has been established. In most cases, the benefit paid exceeds this minimum. The average family benefit is estimated to amount to CHF 3 000 per child per year.

This benefit is taxable along with other components of income.

The family allowance contributions are not included in the Taxing Wages results either as they are paid to a privately-managed fund. These contributions therefore qualify as non-tax compulsory payments (see also section 5.3).

2.2.6. Other

–

3. Universal cash benefits

3.1. Benefits linked to marital status

No such benefits are paid.

3.2. Benefits for dependent children

The employer pays a benefit of, on average, approximately CHF 3 000 per year for each dependent child of an employee. This benefit is taxable along with other components of income. See 2.25.

4. Main changes in the tax/benefit system since 1998

On 1 January 1999, the canton of Zurich switched from biennial praenumerando taxation to annual postnumerando taxation on individual income. As a result, the direct federal tax is based on annual postnumerando taxation as well.

As of 1 January 2008, the basic deduction for married couples and the deduction for two-income couples were introduced. These measures are intended to minimise the marriage penalty and to reduce the high taxation of secondary earners, thereby increasing labour force participation of skilled secondary earners.

As of 1 January 2012, the tax credit for children reduces the tax liability by CHF 251 per child.

5. Memorandum item

5.1. Identification of the average worker

The population includes men and women working in industry, arts and crafts. The stated income is for the average of workers in the same sector. The geographical scope is the entire country, whereas the amount of tax is computed in respect of the canton and commune of Zurich.

5.2. Method of calculation used

- Unemployment benefits: not included;
- Sick leave payments: not included;
- Paid leave allowances: included;
- Overtime: included;
- Periodic cash bonuses: included;
- Fringe benefits: not included;
- Basic method used for calculation: monthly wages are multiplied by 12;
- Close of the income tax year: 31 December;
- Reference period for computing wages: from 1 January to 31 December of the year in question.

5.3. Calculation of non-tax compulsory payments

Switzerland imposes some important non-tax compulsory payments (NTCPs). These NTPCs are not included in the Taxing Wages models except when they qualify as standard personal income tax reliefs. Compulsory payments indicators, which combine the effect of taxes and NTCPs, are calculated by the OECD Secretariat and presented in the OECD Tax Database (See: *www.oecd.org/ctp/taxdatabase*). Switzerland levies the following employee and/ or employer NTCPs:

- Contributions to the second pillar of the pension system (occupational pension funds): Occupational pension funds are mandatory for salaried persons earning at least CHF 21 150 annually. Old age insurance is based on individual savings. The savings assets accumulated by the insured person on his individual savings account over the years serve to finance the old age pension. The constituted capital is converted into an annual old age pension on the basis of a conversion factor. Contribution rates depend on the occupation and the pension fund. An estimated representative rate amounted to 7.82% for employees and 10.61% for employers in 2014.
- Health insurance is compulsory for all persons domiciled in Switzerland. Every family member is insured individually, regardless of age. Health insurance contributions are lump sum contributions per capita depending on age, sex, canton of residence and insurer. The national average rates for 2017 amount to CHF 5 367 for adults and CHF 1 263 for children per year. Health insurance premiums can be reduced depending on the contributor's income level and his family situation. Each canton has its own definition of the income thresholds and the reduction regime. The health insurance premium and reduction rates of the Canton of Zurich are used in the calculations.
- Family allowance: Employers have to make family allowance contributions. The contribution rates differ among cantons and family contribution funds. A representative rate has to be estimated, for 2016 it amounts to 1.1%.
- Accident insurance: Accident insurance is compulsory for every employee. Employees are automatically insured by their employer, whereas the employers are more or less automatically assigned to a particular insurance company depending on their branch of trade. The risk and associated costs of the respective business activity determines the insurance premiums. A representative rate would have to be estimated.

2017 parameter values

Average earnings/yr	Ave_earn	86 042	Secretariat estimate
Tax allowances	fed_child_al	6 500	
Tax credit	fed_child_cred	251	
Partner Allowance	partner_rate_fed	0.5	
	partner_min_fed	8 100	
	partner_max_fed	13 400	
Basic deduction for married couples	Married_ded_fed	2 600	
Partner income local	partner_local	5 900	
Single parent	sing_par_al	0	
Workrelated	work_exp	0.03	
	work_exp_min	2 000	
	work_exp_max	4 000	
Allowances for local tax	local_basic	0	
	local_child	9 000	
Federal tax	IFD_min_s		
Single	IFD_sch_s	0	14 500
		0.0077	31 600
		0.0088	41 400
		0.0264	55 200
		0.0297	72 500
		0.0594	78 100
		0.066	103 600
		0.088	134 600
		0.11	176 000
		0.132	752 200
		0.115	
Married	IFD_min_m	-	
	IFD_sch_m	0	28 300
		0.01	50 900
		0.02	58 400
		0.03	75 300
		0.04	90 300
		0.05	103 400
		0.06	114 700
		0.07	124 200
		0.08	131 700
		0.09	137 300
		0.1	141 200
		0.11	143 100
		0.12	145 000
		0.13	895 900
		0.115	
Cantonal tax	Zurich_min	24	
Single	Zurich_sch_s	0	6 700
		0.02	11 400
		0.03	16 100
		0.04	23 700
		0.05	33 000
		0.06	43 700
		0.07	56 100
		0.08	73 000
		0.09	105 500
		0.1	137 700
		0.11	188 700
		0.12	254 900
		0.13	

2017 parameter values

Married	Zurich_sch_m	0	13 500
		0.02	19 600
		0.03	27 300
		0.04	36 700
		0.05	47 400
		0.06	61 300
		0.07	92 100
		0.08	122 900
		0.09	169 300
		0.1	224 700
		0.11	284 800
		0.12	354 100
		0.13	
Canton and Commune Tax Mutiple	statetax_mult	2.19	
Social security contributions	old_age	0.05125	
Pension	pension_rate	0	
Pillar 2 pension	NTCP_old_age_max	28 200	
	NTCP_pension_ee	0.0782	
Unemployment	unemp_rate	0.011	
	unemp_rate2	0.005	
income ceiling	unemp_ciel	148 200	
Cantonal deductible limit	local_dedn	2 600	
deductible extra for child	local_dedn_c	1 300	
Max other insurance deduction			
single	max_dedn_s	1 700	
married couples	max_dedn_m	3 500	
child	max_dedn_c	700	
Child cash transfer	child_ben	3 000	

2017 tax equations

The equations for the Swiss system in 2017 are mostly calculated on a family basis.

Variable names are defined in the table of parameters above, within the equations table, or are the standard variables "married" and "children". A reference to a variable with the affix "_total" indicates the sum of the relevant variable values for the principal and spouse. And the affixes "_princ" and "_spouse" indicate the value for the principal and spouse, respectively. Equations for a single person are as shown for the principal, with "_spouse" values taken as 0.

	Line in country table and intermediate steps	Variable name	Range	Equation
1.	Earnings	earn		
2.	Allowances:	partner_al	J	IF(earn_spouse-work_al_spouse-SSC_spouse>partner_min_fed,(Married*MAX(partner_min_fed,MIN(partner_max_fed,partner_rate_fed*(earn_spouse-work_al_spouse-SSC_spouse)))),earn_spouse-work_al_spouse-SSC_spouse)+Married*Married_ded_fed
	Children	children_al	J	Children*fed_child_al+ (Children>0)*(Married=0)*sing_par_al
	Soc sec contributions	SSC_al	B	SSC + NTCP_pension_ee*IF(earn_princ>0.75*NTCP_old_age_max,MAX(0.125*NTCP_old_age_max,earn_princ-0.875*NTCP_old_age_max),0)+NTCP_pension_ee*IF(earn_spouse>0.75*NTCP_old_age_max,MAX(0.125*NTCP_old_age_max,earn_spouse-0.875*NTCP_old_age_max),0)
	Work related	work_al	B	IF(earn-SSC>work_exp_min,MAX(work_exp_min,MIN(work_exp_max,work_exp*(earn-SSC))),earn-SSC)
	Other	oth_al	J	IF(Married,IF(Children>0,max_dedn_m+Children*fed_dedn_c,max_dedn_m),IF(Children>0,max_dedn_s+Children*fed_dedn_c,max_dedn_s))
	Total	tax_al	J	partner_al+children_al+SSC_al+work_al+oth_al
3.	Credits in taxable income	taxbl_cr	J	Cash_tran
4.	CG taxable income	tax_inc	J	positive(earn_total-tax_al+taxbl_cr)
5.	CG tax before credits	CG_tax_excl	J	IF(Married+Children='0,' Tax(tax_inc, IFD_sch_s)+IFD_min_s*(Tax(tax_inc, IFD_sch_s)>0), Tax(tax_inc, IFD_sch_m)+IFD_min_m*(Tax(tax_inc, IFD_sch_m)>0))
6.	Tax credits :	Children_cred	J	Child_cred*Children
7.	CG tax	CG_tax	J	Positive(CG_tax_exclChildren_cred)
8.	State and local taxes	local_tax_inc	J	MAX(earn_total+taxbl_cr-local_basic*(1+Married)-Children*local_child-work_al_total-SSC_total-(local_dedn*(1+Married)+Children*local_dedn_c)-(earn_spouse>0)*partner_local,0)
		local_tax		IF((Married+Children)>0, Tax(local_tax_inc, Zurich_sch_m)*statetax_mult+(1+Married)*Zurich_min*(Tax(local_tax_inc, Zurich_sch_m)>0), Tax(local_tax_inc, Zurich_sch_s)*statetax_mult+(Tax(local_tax_inc, Zurich_sch_s)>0)*Zurich_min)
9.	Employees' soc security	SSC	B	(old_age)*earn+IF(earn<=unemp_ciel,earn*unemp_rate,unemp_ciel*unemp_rate+(earn-unemp_ciel)*unemp_rate2)
11.	Cash transfers	Cash_tran	J	Children*child_ben
13.	Employer's soc security	SSC_empr	B	SSC

Key to range of equation B calculated separately for both principal earner and spouse P calculated for principal only (value taken as 0 for spouse calculation) J calculated once only on a joint basis.

Les impôts sur les salaires 2018
© OCDE 2018

Turkey

This chapter includes data on the income taxes paid by workers, their social security contributions, the family benefits they receive in the form of cash transfers as well as the social security contributions and payroll taxes paid by their employers. Results reported include the marginal and average tax burden for eight different family types.

Methodological information is available for personal income tax systems, compulsory social security contributions to schemes operated within the government sector, universal cash transfers as well as recent changes in the tax/benefit system. The methodology also includes the parameter values and tax equations underlying the data.

Turkey 2017

The tax/benefit position of single persons

		Wage level (per cent of average wage)	67	100	167	67
		Number of children	none	none	none	2
1.	**Gross wage earnings**		27 006	40 308	67 314	27 006
2.	**Standard tax allowances**					
	Basic allowance		0	0	0	0
	Married or head of family					
	Dependent children					
	Deduction for social security contributions and income taxes		4 051	6 046	10 097	4 051
	Work-related expenses					
	Other					
		Total	4 051	6 046	10 097	4 051
3.	**Tax credits or cash transfers included in taxable income**		0	0	0	0
4.	**Central government taxable income (1 - 2 + 3)**		22 955	34 262	57 217	22 955
5.	**Central government income tax liability (exclusive of tax credits)**		3 941	6 501	12 699	3 941
	Stamp tax		205	306	511	205
		Total	4 146	6 807	13 210	4 146
6.	**Tax credits**					
	Basic credit		1 600	1 600	1 600	2 080
	Married or head of family					
	Children					
	Other					
		Total	1 600	1 600	1 600	2 080
7.	**Central government income tax finally paid (5-6)**		2 546	5 207	11 610	2 066
8.	**State and local taxes**		0	0	0	0
9.	**Employees' compulsory social security contributions**					
	Gross earnings		4 051	6 046	10 097	4 051
	Taxable income					
		Total	4 051	6 046	10 097	4 051
10.	**Total payments to general government (7 + 8 + 9)**		6 597	11 253	21 707	6 117
11.	**Cash transfers from general government**					
	For head of family					
	For two children		0	0	0	0
		Total	0	0	0	0
12.	**Take-home pay (1-10+11)**		20 409	29 055	45 607	20 889
13.	**Employer's compulsory social security contributions**		3 526	7 054	11 780	3 526
14.	**Average rates**					
	Income tax		9.4%	12.9%	17.2%	7.7%
	Employees' social security contributions		15.0%	15.0%	15.0%	15.0%
	Total payments less cash transfers		24.4%	27.9%	32.2%	22.7%
	Total tax wedge including employer's social security contributions		33.2%	38.7%	42.3%	31.6%
15.	**Marginal rates**					
	Total payments less cash transfers: Principal earner		32.8%	38.7%	38.7%	32.8%
	Total payments less cash transfers: Spouse		n.a.	n.a.	n.a.	n.a.
	Total tax wedge: Principal earner		42.8%	47.8%	47.8%	42.8%
	Total tax wedge: Spouse		n.a.	n.a.	n.a.	n.a.

Turkey 2017

The tax/benefit position of married couples

	Wage level (per cent of average wage)	100-0	100-33	100-67	100-33
	Number of children	2	2	2	none
1. Gross wage earnings		40 308	53 610	67 314	53 610
2. Standard tax allowances					
Basic allowance		0	0	0	0
Married or head of family					
Dependent children					
Deduction for social security contributions and income taxes		6 046	8 041	10 097	8 041
Work-related expenses					
Other					
	Total	6 046	8 041	10 097	8 041
3. Tax credits or cash transfers included in taxable income		0	0	0	0
4. Central government taxable income (1 - 2 + 3)		34 262	45 568	57 217	45 568
5. Central government income tax liability (exclusive of tax credits)		6 501	8 197	10 442	8 197
Stamp tax		306	306	306	306
	Total	6 807	8 503	10 748	8 503
6. Tax credits					
Basic credit		2 400	3 679	3 679	3 200
Married or head of family					
Children					
Other					
	Total	2 400	3 679	3 679	3 200
7. Central government income tax finally paid (5-6)		4 407	4 924	7 273	5 404
8. State and local taxes		0	0	0	0
9. Employees' compulsory social security contributions					
Gross earnings		6 046	8 041	10 097	8 041
Taxable income					
	Total	6 046	8 041	10 097	8 041
10. Total payments to general government (7 + 8 + 9)		10 453	12 966	17 370	13 445
11. Cash transfers from general government					
For head of family					
For two children		0	0	0	0
	Total	0	0	0	0
12. Take-home pay (1-10+11)		29 855	40 644	49 944	40 164
13. Employer's compulsory social security contributions		7 054	8 182	10 580	8 182
14. Average rates					
Income tax		10.9%	9.2%	10.8%	10.1%
Employees' social security contributions		15.0%	15.0%	15.0%	15.0%
Total payments less cash transfers		25.9%	24.2%	25.8%	25.1%
Total tax wedge including employer's social security contributions		37.0%	34.2%	35.9%	35.0%
15. Marginal rates					
Total payments less cash transfers: Principal earner		38.7%	38.7%	38.7%	38.7%
Total payments less cash transfers: Spouse		16.5%	28.5%	32.8%	28.5%
Total tax wedge: Principal earner		47.8%	47.8%	47.8%	47.8%
Total tax wedge: Spouse		23.0%	39.2%	42.8%	39.2%

The national currency unit is the "Türk Lirası" (TL). In 2017, TL 3.65 was equal to USD 1. In that year, the average worker earned TL 40 308 (Country estimate).

1. Personal income tax systems

1.1. *Central government income tax*

1.1.1. *Tax unit*

Spouses are taxed separately on earned income. This rule has been applied since 1 January 1999.

1.1.2. *Tax allowances and tax credits*

1.1.2.1. Standard reliefs:

- Reliefs for social security contributions: Employee's social security contributions are deductible from gross earnings. These contributions are 15% of gross income as stated by the Social Insurance Act. The contribution to the unemployment fund is included in this amount and equals 1% of gross income.
- Contributions to public pension funds established by law are deductible.
- Work related expenses: None.
- Minimum Living Relief: The calculation of the minimum living allowance is based on the annual gross amount of the minimum wage for employees older than 16 at the beginning of the calendar year in which the income is obtained, multiplied by the following rates:
  - 50% for the taxpayer him or herself;
  - 10% for the spouse who neither works nor has an income;
  - 7.5% for each of the first two children;
  - 10% for third child;
  - 5% for each additional child.

This total amount is then multiplied by the rate (15%) which is applied to the first income bracket of PIT Schedule stated in Article 103 of PIT Law, and then minimum living relief is calculated by offsetting 1/12 of the allowance amount against monthly calculated tax due on employment income. Any excess is non-refundable.

According to the legislative proposal, which was accepted by the Planning and Budget Commission and is being deliberated by the Parliament, Provisional Article 87 will be added to Income Tax Law. When the minimum wage earners move into the second tax bracket (rate 20%) in September, October, November, December and their net wages fall below the minimum wage amount determined for single persons for January 2017, the minimum wage relief will be increased by the same amount.

1.1.2.2. Main non-standard tax reliefs applicable to an AW

- Reliefs for disabled: Article 31 of PIT Law (implemented in 01.01.2004 by the law 4842) regulates tax relief for disabled persons. The employee who lost his/her working capacity with at least 80% is considered to be disabled in the 1st degree; employees are disabled in the 2nd respectively 3rd degree if they lost their working capacity with at least 60% respectively 40%. In these cases, the following amounts are deductible from monthly wages:
  - Disabled in the 1st degree: TL 900
  - Disabled in the 2nd degree: TL 470
  - Disabled in the 3rd degree: TL 210
- Legal deductions for public institutions such as OYAK (Social Aid Institution for Military Officers).
- 50% of the premiums paid by the wage-earner for life insurance policies which belong to himself (or herself), the spouse and dependent children and all of the premiums paid by the wage- earner for personal insurance policies including death, accident, health, illness, disablement, unemployment, maturity, birth, education, etc. provided that the insurance is contracted with a company establishment in or with a main office in Turkey. (The total amount of deductible premiums cannot exceed 15% of the wage that is earned in the current month. The annual amount cannot exceed the annual minimum wage.
- Membership payments made to labour unions.

1.1.3. *Tax schedule*

The tax schedule in 2017 is as follows:

Taxable income (TL)	Tax on lower threshold (TL)	Tax on excess amount above lower threshold (%)
Up to 13 000		15
13 000 up to 30 000	1 950	20
30 000 up to 110 000	5 350	27
Over 110 0000	26 950	35

1.2. *State and local income taxes*

Income tax is levied only by the central government.

1.3. *Stamp tax*

The stamp tax base is gross earnings. The tax rate is 0.759% in 2017.

2. Compulsory social security contributions to schemes operated within the government sector

2.1. *Employees' contributions*

2.1.1. *Pensions (disability, old age and death insurance): 9%*

2.1.2. *Sickness: 5%*

2.1.3. *Unemployment: 1%*

2.2. *Employers' contributions*

2.2.1. *Pensions (disability, old age and death insurance): 11%*

2.2.2. *Sickness: 7.5%*

2.2.3. *Unemployment: 2%*

2.2.4. *Pensions (for short term insurance branches): 2%*

In order to increase employment and reduce regional imbalances in Turkey; various incentives policies have been implemented by state, by laws 4447, 4857, 5084, 5225, 5510, 5746, 6111, 6486 by Council of Minister's Decree of 2012/3305(Unemployment Law No: 4447, Labour Law No: 4857, Investment and Employment Promotion Law No: 5084, Investment Incentives and The Law of Cultural Initiatives Law No: 5225, Social Security General Health Insurance Law No: 5510, Promotion Research and Development Activities Law No: 5746, Law On The Restricting Of Certain Receivables and Amendment To The Law Of Social Insurance and General Health Insurance and Certain Other Laws And Decree Laws No: 6111, Amendment To The Law Of Social Insurance and General Health Insurance and Certain Other Laws No: 6486, Council of Minister's Decree No: 2012/3305 on Government Subsidies for Investments).

One of the various incentives is reduction of premiums. If disability, old age and death insurance premiums paid regularly by employers as stated law 5510 article of 81 (Social Security and General Health Insurance Law), 5% of total 11% premiums are paid by state on behalf of employers. (5% discount applied in employers share). In addition to 5% discount, 6% discount is implemented from 2013 in the working places located in 51 provinces, Gökçeada and Bozcaada determined by taking into account the social- development index.

With Law No: 6661 (dated: 14.01.2016) Provisional Article 68 has been added to Social Security and General Health Insurance Law (Law no.5510). According to this article 100 TL (3.33 TL per day) of Employers SSC will be covered by Government for employees whose daily gross earnings are below 85 TL in 2016.

According to Council of Ministers Decree 2017/9865 (dated 06.02.2017) 100 TL (3.33 TL per day) of Employers SSC will be covered by Government for employees whose daily gross earnings are below 110 TL in 2017.

According to Council of Ministers Decree 2017/10326 (dated 16.05.2017) 100 TL (3.33 TL per day) of Employers SSC will be covered by Government for employees whose daily gross earnings are below 164,70 TL in private sector workplaces with collective bargaining agreements. There is no distinction by marital status or sex and the contributions apply to gross earnings. Compulsory social security contributions of employees and their employers are calculated according to the schemes presented above.

For employees whose gross earnings are below the base or above ceiling earnings, which are determined once in a year, these contribution rates are applied to the base or ceiling amounts respectively. In 2017, the base amount is approximately TL 21 330 and the ceiling amount is approximately TL 159 975. Under the Law No. 5510 (Social Security and General Health Insurance Law), the base wage for social security contributions is equal to the minimum wage. Because employees cannot be less than the minimum wage, the base wage is not considered in this publication. However, the ceiling earnings are considered for the purposes of this Report.

LES IMPÔTS SUR LES SALAIRES 2018 © OCDE 2018

3. Universal cash transfers

Employees obtain universal cash transfers according to the collective labour agreements that are signed between their employer and the labour union(s). These agreements vary with the bargaining power of the different parties in the different sectors in the economy. This explains why there is no standard amount reflecting these general transfers.

4. Main changes in tax/benefit system since 2004

Personal Income Tax Law (No: 193) which is about income tax, Social Security and General Health Insurance Law (No: 5510) which is about social security contributions and Unemployment Insurance Law (No: 4447) which is about unemployment insurance fund are the main laws about tax/benefit system.

The main changes have been made to the following laws 5615, 6009, 6327 and 6645 which are as follows:

- According to Act No: 5615, the new application "Minimum Living Relief" began to be implemented. (See the section 1.1.2).
- According to Act No: 6009, the taxation of the wages are differentiated than the taxation of the other taxable revenue resources like trading income, income from immovable property or income from investments. By this way, it is ensured that wages (comparative to other income items) are later entered into the 3rd bracket on the income tax schedule.
- According to Act No: 6327, (published in the Official Gazette issue 28338 on 29 June 2012) there are important amendments in the Private Pension System Regulations. According to this law, any citizen of the Republic of Turkey will have the right for state subsidy for his/her paid contributions to the Private Pension Account. The contribution upper limit to favour this incentive is the annual amount of minimum wage 25% of this amount shall be transferred to the account of the insured party as a state subsidy. The state subsidy shall be earned in proportion to the amount of time within the system.
- According to Act No: 6645, "Minimum Living Relief" rate is changed from 5% to 10% which is used for third child's rate.

5. Memorandum items

5.1. *Identification of an AW*

Weighted mean, by the number of employees, of the monthly average wage[1] information obtained from "Structure of Earnings Survey, 2010", published by TURKSTAT, according to NACE Rev.2 classification for B-N sections is calculated and B-N aggregated data is gained. (The annual average wage data is calculated[2] by multiplying the monthly average wage values by 12).

The data from 2011-17 is reached by using 2010 = 100 base year "Hourly Earnings Index" and 2010 annual average wage data.

1. Monthly wage: Include the sum of monthly basic wages, over time payments, payments for shift work/night work and other regular payments paid to employees in November 2010 by employers.
2. The average wage amount from 2010 is calculated as a result of a joint working performed by authorities from TURKSTAT and Ministry of Finance.

5.2. *Contribution to private pension and health schemes*

Business enterprises (employers) are permitted to make additional contributions for pension savings of their employees. However, these amounts of additional premiums are limited by main tax laws. Such additional pension arrangements, which are optional, are not widely used.

2017 parameter values

Average earnings/yr.	Ave_earn	40.308	Country estimate
Income tax	Tax_sch	0.15	13.000
		0.20	30 000
		0.27	110 000
		0.35	
Stamp tax	Stamp_rate	0.00759	
Employees SSC	SSC_rate	0.15	
	SSC_ceil	159.975	
	SSC_support	1200	
	SSC_supp_lim	39 600	
Employers SSC	SSC_empr	0,175	
Minimum living relief			
	credit_rate	0.15	
	basic_allow	0.5	
	spouse_allow	0.1	
	child_allow	0.075	
	third_child_allow	0.1	
	add_child_allow	0.05	
	min_wage	21 330	

2017 tax equations

The equations for the Turkish system are on an individual basis.

The functions which are used in the equations (Taper, MIN, Tax etc) are described in the technical note about tax equations. Variable names are defined in the table of parameters above, within the equations table, or are the standard variables "married" and "children". A reference to a variable with the affix "_total" indicates the sum of the relevant variable values for the principal and spouse. And the affixes "_princ" and "_spouse" indicate the value for the principal and spouse, respectively. Equations for a single person are as shown for the principal, with "_spouse" values taken as 0.

	Line in country table and intermediate steps	Variable name	Range	Equation
1.	Earnings	earn		
2.	Allowances:	tax_al	B	SSC
3.	Credits in taxable income	taxbl_cr	B	0
4.	CG taxable income	tax_inc	B	Positive(earn-tax_al)
	Stamp tax	stamp_tax	B	earn*stamp_rate
5.	CG tax before credits	CG_tax_excl	B	Tax(tax_inc,tax_sch)
6.	Tax credits :	tax_cr	P	=credit_rate*min_wage*(basic_allow+spouse_allow*(IF(Wife=0;Married;0))+ IF(OR(Children=1;Children=2); Children*child_allow;0)+IF(Children='3;(2*child_allow)' +(Children-2)*third_ child_allow;0)+IF(Children>3;(2*child_allow) +(1*third_child_allow)+(1*add_ child_allow);0))+IF(AND(earn<=min_wage;tax_inc>1st_inc_tax_thrsld);(tax_inc- 1st_inc_tax_thrsld)*(2nd_inc_tax_rate-1st_inc_tax_rate);0)
			S*	IF(spouse_earn>0,credit_rate*min_wage*basic_allow,0)
7.	CG tax	CG_tax	B	positive(CG_tax_excl-tax_cr)+stamp_tax
8.	State and local taxes	local_tax	B	0
9.	Employees' soc security	SSC	B	Min(earn,SSC_ceil)*SSC_rate
11.	Cash transfers	cash_trans	B	0
13.	Employer's soc security	SSC_empr	B	Positive(Min(earn,SSC_ceil)*SSC_empr-IF(earn<SSC_supp_lim,SSC_support,0))

Key to range of equation B calculated separately for both principal earner and spouse P calculated for principal only (value taken as 0 for spouse calculation) J calculated once only on a joint basis.

* In the case where the spouse earns 33% of the average wage: Taxing Wages assumption on the working spouse earning 33% of the AW does not comply with the Turkish legislation. 33% of AW in Turkey is below the minimum wage and a person cannot be employed below minimum wage. According to the Turkish legislation, it is assumed that (because he/she doesn't obtain "wage") the spouse should not obtain income in the calculation for this case, and another minimum living allowance is not also calculated for the spouse. Minimum living allowance should be only calculated for the principle earner.

© OCDE 2018

United Kingdom (2017-18 Income tax year)

This chapter includes data on the income taxes paid by workers, their social security contributions, the family benefits they receive in the form of cash transfers as well as the social security contributions and payroll taxes paid by their employers. Results reported include the marginal and average tax burden for eight different family types.

Methodological information is available for personal income tax systems, compulsory social security contributions to schemes operated within the government sector, universal cash transfers as well as recent changes in the tax/benefit system. The methodology also includes the parameter values and tax equations underlying the data.

United Kingdom 2017

The tax/benefit position of single persons

	Wage level (per cent of average wage)	67	100	167	67
	Number of children	none	none	none	2
1.	**Gross wage earnings**	25 599	38 208	63 807	25 599
2.	**Standard tax allowances**				
	Basic allowance	11 500	11 500	11 500	11 500
	Married or head of family				
	Dependent children				
	Deduction for social security contributions and income taxes				
	Work-related expenses				
	Other				
	Total	11 500	11 500	11 500	11 500
3.	**Tax credits or cash transfers included in taxable income**	0	0	0	0
4.	**Central government taxable income (1 - 2 + 3)**	14 099	26 708	52 307	14 099
5.	**Central government income tax liability (exclusive of tax credits)**	2 820	5 342	14 223	2 820
6.	**Tax credits**				
	Basic credit				
	Married or head of family				
	Children	0	0	0	3 028
	Other				
	Total	0	0	0	3 028
7.	**Central government income tax finally paid (5-6)**	2 820	5 342	14 223	- 208
8.	**State and local taxes**	0	0	0	0
9.	**Employees' compulsory social security contributions**				
	Gross earnings	2 092	3 605	4 796	2 092
	Taxable income				
	Total	2 092	3 605	4 796	2 092
10.	**Total payments to general government (7 + 8 + 9)**	4 912	8 947	19 019	1 884
11.	**Cash transfers from general government**				
	For head of family				
	For two children	0	0	0	1 794
	Total	0	0	0	1 794
12.	**Take-home pay (1-10+11)**	20 687	29 261	44 788	25 509
13.	**Employer's compulsory social security contributions**	2 406	4 146	7 679	2 406
14.	**Average rates**				
	Income tax	11.0%	14.0%	22.3%	-0.8%
	Employees' social security contributions	8.2%	9.4%	7.5%	8.2%
	Total payments less cash transfers	19.2%	23.4%	29.8%	0.4%
	Total tax wedge including employer's social security contributions	26.1%	30.9%	37.3%	8.9%
15.	**Marginal rates**				
	Total payments less cash transfers: Principal earner	32.0%	32.0%	42.0%	73.0%
	Total payments less cash transfers: Spouse	n.a.	n.a.	n.a.	n.a.
	Total tax wedge: Principal earner	40.2%	40.2%	49.0%	76.3%
	Total tax wedge: Spouse	n.a.	n.a.	n.a.	n.a.

LES IMPÔTS SUR LES SALAIRES 2018 © OCDE 2018

United Kingdom 2017

The tax/benefit position of married couples

		Wage level (per cent of average wage)	100-0	100-33	100-67	100-33
		Number of children	2	2	2	none
1.	**Gross wage earnings**		38 208	50 817	63 807	50 817
2.	**Standard tax allowances**					
	Basic allowance		12 650	23 000	23 000	23 000
	Married or head of family					
	Dependent children					
	Deduction for social security contributions and income taxes					
	Work-related expenses					
	Other					
		Total	12 650	23 000	23 000	23 000
3.	**Tax credits or cash transfers included in taxable income**		0	0	0	0
4.	**Central government taxable income (1 - 2 + 3)**		25 558	27 817	40 807	27 817
5.	**Central government income tax liability (exclusive of tax credits)**		5 112	5 563	8 161	5 563
6.	**Tax credits**					
	Basic credit					
	Married or head of family					
	Children		0	0	0	0
	Other					
		Total	0	0	0	0
7.	**Central government income tax finally paid (5-6)**		5 112	5 563	8 161	5 563
8.	**State and local taxes**		0	0	0	0
9.	**Employees' compulsory social security contributions**					
	Gross earnings		3 605	4 139	5 698	4 139
	Taxable income					
		Total	3 605	4 139	5 698	4 139
10.	**Total payments to general government (7 + 8 + 9)**		8 717	9 702	13 859	9 702
11.	**Cash transfers from general government**					
	For head of family					
	For two children		1 794	1 794	1 794	0
		Total	1 794	1 794	1 794	0
12.	**Take-home pay (1-10+11)**		31 285	42 908	51 742	41 115
13.	**Employer's compulsory social security contributions**		4 146	4 759	6 552	4 759
14.	**Average rates**					
	Income tax		13.4%	10.9%	12.8%	10.9%
	Employees' social security contributions		9.4%	8.1%	8.9%	8.1%
	Total payments less cash transfers		18.1%	15.6%	18.9%	19.1%
	Total tax wedge including employer's social security contributions		26.1%	22.8%	26.5%	26.0%
15.	**Marginal rates**					
	Total payments less cash transfers: Principal earner		32.0%	32.0%	32.0%	32.0%
	Total payments less cash transfers: Spouse		7.8%	32.0%	32.0%	32.0%
	Total tax wedge: Principal earner		40.2%	40.2%	40.2%	40.2%
	Total tax wedge: Spouse		12.1%	40.2%	40.2%	40.2%

The national currency is the Pound Sterling (GBP). In 2017, GBP 0.78 was equal to USD 1. In 2017-18, the Average Worker is estimated to earn GBP 38 208 (Secretariat estimate).

1. Personal income tax system

1.1. Central government income taxes

1.1.1. Tax unit

The tax unit is the individual, but certain reliefs depend on family circumstances (see Section 1.1.2.1.).

1.1.2. Tax allowances and tax credits

All figures shown are those applying at the start of the tax year in April.

1.1.2.1. Standard reliefs

- Basic reliefs: A personal allowance of GBP 11 500 is granted to each individual with income below GBP 100 000. The personal allowance is then tapered away by GBP 1 for every GBP 2 of income above GBP 100 000.
- Standard marital status reliefs: Marriage Allowance – Allows the transfer of 10% of an individual's personal allowance to their husband, wife or civil partner. The allowance is restricted to couples where the higher earner is a basic rate taxpayer and is only beneficial if the lower earner owes below the personal allowance. The allowance has to be claimed and is given only to those who meet the eligibility criteria.
- Working Tax Credit (WTC): A non-wastable tax credit available to low income families with or without children. It is available for families with children where one person works at least 16 hours a week (though hours must be at least 24 overall for a couple). It is also available for people with a disability who work at least 16 hours a week and for families without children where one person works at least 30 hours a week. The amount depends upon the hours worked, the ages of children, eligible childcare costs, and gross income. A family with a child 16 or under where the claimant (or, where applicable, their partner, or both claimants jointly) works at least 30 hours a week, would get a maximum credit of GBP 4 780 per year (assuming neither the adult(s) nor the child were disabled) before taking into account eligible childcare costs.[1] This credit is reduced by 41 pence for each GBP 1 of net income above a threshold of GBP 6 420 per year. WTC was introduced on 6 April 2003.
- Relief for social security contributions and other taxes: None.

1. The amount of credit received is calculated by dividing separately each element of the credit by the number of days in the tax year and rounding up to the nearest penny to give a daily rate. These daily rates are then multiplied by the number of days in the relevant period (for the purposes of this Report, the tax year) and added together.

- Child Tax Credit (CTC): A non-wastable tax credit available to low and middle income families with children. It provides support for children until 1st September following their 16th birthday, and beyond that date to the age of 19 for those who continue in full-time non-advanced education. The amount depends on gross income, the number and age of the children and whether a family is making a new claim for CTC or already claiming CTC. A family with two eligible children would get a maximum credit GBP 6 105 per year, which is reduced by 41 pence for each GBP 1 of gross income above a threshold of GBP 16 105 if the family is not working. A lower threshold applies if the family is working; their CTC is reduced at the same rate once their WTC has been tapered to zero. CTC was introduced on 6 April 2003.

1.1.2.2. Main non-standard tax reliefs applicable to an AW

- Work-related expenses: Flat rate expenses for tools and special clothing are allowed to certain occupational categories. Since this provision is not applicable to all manufacturing occupations, and hence average workers, and because the rates vary slightly across categories, this relief is considered here as non-standard;
- Contributions to approved superannuation schemes or personal pension schemes are deducted when calculating taxable income. Premiums on approved life assurance policies payable to life assurance companies attract 12.5% tax relief for policies entered into force before 13 March 1984.

1.1.3. *Tax schedule*

In 2017-18 all taxpayers are liable on taxable income other than savings and dividend income at the basic rate of 20% on the first GBP 33 500, 40% over the basic rate limit of GBP 33 500 and 45% over the higher rate limit of GBP 150 000. (Taxable Income is defined as gross income for income tax purposes less allowances and reliefs available at the marginal rate.) Dividend income is charged at 7.5% up to the basic rate limit of GBP 33 500, 32.5% above GBP 33 500 and 38.1% above GBP 150 000. From 2017-18, a new Dividend Allowance means that dividend taxpayers won't have to pay tax on the first GBP 5 000 of their dividend income, no matter what non-dividend income they have. Savings income is charged at 0% up to the starting rate limit on the first GBP 5 000, at 20% up to GBP 33 500, 40% above GBP 33 500 and 45% above GBP 150 000. From 2016-17, a new Personal Savings Allowance was introduced giving GBP 1 000 of savings income tax free for taxpayers with total income below the basic rate limit or GBP 500 for those with total income below the higher rate limit.

Taxable income (GBP)	Rate %
0-33 500	20
33 500-150 000	40
Over 150 000	45

1.2. *State and local income tax*

The Scottish Government has set the 2017-18 basic rate for non-savings non-dividend income of Scottish taxpayers unchanged from 2016-17 in cash terms at GBP 32 000 – below the level set by the UK Government of GBP 33 500.

2. Compulsory social security contributions to schemes operated within the government sector

2.1. *Employees' contributions*

National Insurance contributions are payable by employees earning more than GBP 155 in any week. These are 12% of earnings between GBP 157 and GBP 866 and 2% of earnings above GBP 866. Depending on eligibility, members of the National Insurance scheme qualify for pensions, sickness, industrial injury, unemployment benefits, etc. All employees earning under GBP 157 per week have no National Insurance contribution liability but a notional contribution will be deemed to have been paid in respect of earnings between GBP 113 and GBP 157 to protect benefit entitlement.

2.2. *Employers' contributions*

Employer's contributions are not payable for employees earning less than GBP 157 per week. The rate of employers' contributions for employees not contracted out of the additional (earnings related) scheme is 13.8% of earnings above GBP 157 per week.

The apprenticeship levy was introduced in April 2017. The apprenticeship levy is charged at a rate of 0.5% on the gross pay bill of employers. Employers will receive an allowance of GBP 15 000 per year to offset against the levy meaning that only employers with a gross pay bill of over GBP 3m will end up paying the levy. Due to the fact that the apprenticeship levy does not apply to all employers, it is not included in the Taxing Wages calculations.

3. Universal cash transfers

3.1. *Transfers related to marital status*

None (widows' benefit is covered by the government pensions scheme noted above).

3.2. *Transfers for dependent children*

A child benefit of GBP 20.70 per week is paid in respect of the first child in the family up to the age of 19 (if the child aged 16-19 is in education or training) with GBP 13.70 per week paid for each subsequent child.

From January 2013, a new tax charge has been introduced for a taxpayer who has income over GBP 50 000 and either they or their partner are in receipt of Child Benefit. For those with income between GBP 50 000 and GBP 60 000, the amount of the charge will be 1% of the Child Benefit for every GBP 100 of income over GBP 50 000. For those with income over GBP 60 000, the amount of the charge will equal the amount of Child Benefit. Where both adults are over the threshold, the liability falls on the adult with the highest adjusted net income (ANI).

4. Memorandum items

4.1. *Identification of AW and valuation of earnings*

A new Annual Survey of Hours and Earnings (ASHE) has been developed to replace the New Earnings Survey (NES) (results of which are published in Labour Market Trends) and shows the average weekly earnings of full-time employees in April each year. It covers men and women at adult rates in the United Kingdom (excluding Northern Ireland). The annual figure used for the gross earnings of the AW in the United Kingdom is the annual equivalent of the arithmetic average of the weekly earnings figures for April at the beginning and end of the fiscal year, as published in Labour Market Trends.

The earnings figures exclude the earnings of those whose pay was affected by absence (due to sickness etc.). They include overtime, payment by results and shift payments. But they do not include benefits in kind (which could in some circumstances be included in the employee's taxable income in the United Kingdom).

4.2. Employers' contributions to private pension, health etc. schemes

In 2008, there were 9.0 million active members of occupational pension schemes with two or more members in the UK, of whom 3.6 million were in the private sector and 5.4 million in the public sector.

2017 parameter values

Average earnings/yr	Ave_earn	38 208	Secretariat Estimate	
Allowances	Basic_al	11 500		
	PA taper start	100 000		
	Married_al	1 150		
	Married_rate	0		
Income tax	Tax_sch	0.2	33 500	
		0.4	150 000	
		0.45		
Employees SSC				
Primary threshold	SSC_sch	0	8 164	PT
Upper earnings limit		0.12	45 000	UEL
		0.02		
Employers SSC	SSC_rate2	0.138		
	ST	8 164		
Child benefit (first)	CB_first	20.70		
Child benefit (others)	CB_others	13.70		
	CB_1st_thres	50 000.00		
	CB_2nd_thres	60 000.00		
	CB_taper1	0.01		
	CB_taper2	100.00		
NEW TAX CREDITS				
WTC				
Basic element	WTC_Basic	1 960		
Couple/Lone parent	WTC_couple_or_lone	2 010		
30 Hour element	WTC_30hr	810		
CTC				
Family element	CTC_family	545		
Child element	CTC_child	2 780		
Baby element	CTC_baby			
Threshold	NTC_1st_thres	6 420		
	NTC_1st_taper	0.41		
Days in tax year	Numdays	365		

2017 tax equations

The equations for the UK system are mostly on an individual basis. But Child and Working tax credits are calculated on a family basis and child benefit is calculated only once. This is shown by the Range indicator in the table below.

The functions which are used in the equations (Taper, MIN, Tax etc) are described in the technical note about tax equations. Variable names are defined in the table of parameters above, within the equations table, or are the standard variables "married" and "children". A reference to a variable with the affix "_total" indicates the sum of the relevant variable values for the principal and spouse. And the affixes "_princ" and "_spouse" indicate the value for the principal and spouse, respectively. Equations for a single person are as shown for the principal, with "_spouse" values taken as 0.

	Line in country table and intermediate steps	Variable name	Range	Equation
1.	Earnings	Earn		
2.	Allowances:	tax_al	B	Tax_al IF(earn<PA_taper,IF(AND(earn<(BRL+Basic_al),earn_spouse<Basic_al, Married='1),IF(earn>earn_spouse,Basic_al+Married_al,Basic_al-Married_al), Basic_al),IF(earn>(PA_taper+(Basic_al*2)),0,MAX(0,(Basic_al-((earn-PA_taper)'/ 2)))))
3.	Credits in taxable income	taxbl_cr	B	0
4.	CG taxable income	tax_inc	B	Positive(earn-tax_al)
5.	CG tax before credits	CG_tax_excl	B	Tax(tax_inc, tax_sch)
6.	Tax credits (nonwastable)	tax_cr	J	IF(Children>0, (Taper(ROUNDUP(CTC_family/numdays, 2)*numdays+Children* ROUNDUP(CTC_child/numdays, 2)*numdays+ROUNDUP(WTC_Basic/numdays, 2)*numdays+ROUNDUP(WTC_30hr/numdays, 2)*numdays+ROUNDUP(WTC_couple_or_lone/numdays, 2)*numdays, earn_total, NTC_1st_thres, NTC_1st_taper), Taper(ROUNDUP(WTC_Basic/numdays, 2)*numdays+ROUNDUP(WTC_30hr/numdays, 2)*numdays+IF(Married='1,' ROUNDUP(WTC_couple_or_lone/ numdays, 2)*numdays, 0), earn_total, NTC_1st_thres, NTC_1st_taper))
7.	CG tax	CG_tax	B	CG_tax_excl-tax_cr
8.	State and local taxes	local_tax	B	0
9.	Employees' soc security	SSC	B	Tax(earn, SSC_sch)
11.	Cash transfers	cash_trans	J	='IF(princ_earn>CB_1st_thres,IF(princ_earn>CB_2nd_thres,0,((1-(AA7-CB_1st_thres)'/(CB_taper2/CB_taper1)))*(numdays/7*((Children>0)*CB_first+CB_others* Positive(Children-1)))),(numdays/7*((Children>0)*CB_first+CB_others*Positive (Children-1))))
13.	Employer's soc security	SSC_empr	B	(earn>ST)*(earn-ST)*SSC_rate2
	Memorandum item: Non-wastable tax credit			
	tax expenditure component	Taxexp	J	Tax_cr-transfer
	cash transfer component	Transfer	J	IF(CG_tax_excl<0, -CG_tax_excl, 0)

Key to range of equation B calculated separately for both principal earner and spouse P calculated for principal only (value taken as 0 for spouse calculation) J calculated once only on a joint basis.

Les impôts sur les salaires 2018
© OCDE 2018

United States

This chapter includes data on the income taxes paid by workers, their social security contributions, the family benefits they receive in the form of cash transfers as well as the social security contributions and payroll taxes paid by their employers. Results reported include the marginal and average tax burden for eight different family types.

Methodological information is available for personal income tax systems, compulsory social security contributions to schemes operated within the government sector, universal cash transfers as well as recent changes in the tax/benefit system. The methodology also includes the parameter values and tax equations underlying the data.

United States 2017

The tax/benefit position of single persons

		Wage level (per cent of average wage)	67	100	167	67
		Number of children	none	none	none	2
1.	**Gross wage earnings**		35 502	52 988	88 490	35 502
2.	**Standard tax allowances**					
	Basic allowance		10 400	10 400	10 400	13 400
	Married or head of family					
	Dependent children		0	0	0	8 100
	Deduction for social security contributions and income taxes					
	Work-related expenses					
	Other					
		Total	10 400	10 400	10 400	21 500
3.	**Tax credits or cash transfers included in taxable income**		0	0	0	0
4.	**Central government taxable income (1 - 2 + 3)**		25 102	42 588	78 090	14 002
5.	**Central government income tax liability (exclusive of tax credits)**		3 299	6 386	15 261	1 433
6.	**Tax credits**					
	Basic credit		0	0	0	2 002
	Married or head of family					
	Children		0	0	0	2 000
	Other					
		Total	0	0	0	4 002
7.	**Central government income tax finally paid (5-6)**		3 299	6 386	15 261	- 2 569
8.	**State and local taxes**		2 176	3 339	5 700	1 688
9.	**Employees' compulsory social security contributions**					
	Gross earnings		2 716	4 054	6 769	2 716
	Taxable income					
		Total	2 716	4 054	6 769	2 716
10.	**Total payments to general government (7 + 8 + 9)**		8 191	13 779	27 731	1 835
11.	**Cash transfers from general government**					
	For head of family					
	For two children		0	0	0	0
		Total	0	0	0	0
12.	**Take-home pay (1-10+11)**		27 311	39 209	60 759	33 667
13.	**Employer's compulsory social security contributions**		3 081	4 419	7 135	3 081
14.	**Average rates**					
	Income tax		15.4%	18.4%	23.7%	-2.5%
	Employees' social security contributions		7.7%	7.7%	7.7%	7.7%
	Total payments less cash transfers		23.1%	26.0%	31.3%	5.2%
	Total tax wedge including employer's social security contributions		29.2%	31.7%	36.5%	12.7%
15.	**Marginal rates**					
	Total payments less cash transfers: Principal earner		29.3%	39.3%	39.3%	51.6%
	Total payments less cash transfers: Spouse		n.a.	n.a.	n.a.	n.a.
	Total tax wedge: Principal earner		34.3%	43.6%	43.6%	55.1%
	Total tax wedge: Spouse		n.a.	n.a.	n.a.	n.a.

United States 2017

The tax/benefit position of married couples

		Wage level (per cent of average wage)	100-0	100-33	100-67	100-33
		Number of children	2	2	2	none
1.	**Gross wage earnings**		52 988	70 474	88 490	70 474
2.	**Standard tax allowances**					
	Basic allowance		20 800	20 800	20 800	20 800
	Married or head of family					
	Dependent children		8 100	8 100	8 100	0
	Deduction for social security contributions and income taxes					
	Work-related expenses					
	Other					
		Total	28 900	28 900	28 900	20 800
3.	**Tax credits or cash transfers included in taxable income**		0	0	0	0
4.	**Central government taxable income (1 - 2 + 3)**		24 088	41 574	59 590	49 674
5.	**Central government income tax liability (exclusive of tax credits)**		2 681	5 304	8 006	6 519
6.	**Tax credits**					
	Basic credit		0	0	0	0
	Married or head of family					
	Children		2 000	2 000	2 000	0
	Other					
		Total	2 000	2 000	2 000	0
7.	**Central government income tax finally paid (5-6)**		681	3 304	6 006	6 519
8.	**State and local taxes**		2 786	3 949	5 147	4 318
9.	**Employees' compulsory social security contributions**					
	Gross earnings		4 054	5 391	6 769	5 391
	Taxable income					
		Total	4 054	5 391	6 769	5 391
10.	**Total payments to general government (7 + 8 + 9)**		7 520	12 644	17 922	16 228
11.	**Cash transfers from general government**					
	For head of family					
	For two children		0	0	0	0
		Total	0	0	0	0
12.	**Take-home pay (1-10+11)**		45 468	57 830	70 568	54 246
13.	**Employer's compulsory social security contributions**		4 419	6 121	7 500	6 121
14.	**Average rates**					
	Income tax		6.5%	10.3%	12.6%	15.4%
	Employees' social security contributions		7.7%	7.7%	7.7%	7.7%
	Total payments less cash transfers		14.2%	17.9%	20.3%	23.0%
	Total tax wedge including employer's social security contributions		20.8%	24.5%	26.5%	29.2%
15.	**Marginal rates**					
	Total payments less cash transfers: Principal earner		29.3%	29.3%	29.3%	29.3%
	Total payments less cash transfers: Spouse		29.3%	29.3%	29.3%	29.3%
	Total tax wedge: Principal earner		34.3%	34.3%	34.3%	34.3%
	Total tax wedge: Spouse		35.6%	34.3%	34.3%	34.3%

The national currency is the dollar (USD). In 2017, the average worker earned USD 52 988 (Secretariat estimate).

1. Personal income tax system

1.1. Central/federal government income taxes

1.1.1. Tax unit

Families are generally taxed in one of three ways:

- As married couples filing jointly on the combined income of both spouses;
- As married individuals filing separately and reporting actual income of each spouse; or
- As heads of households (only unmarried or separated individuals with dependents).

All others, including dependent children with sufficient income, file as single individuals.

1.1.2. Tax allowances and tax credits

1.1.2.1. Standard reliefs

- Basic reliefs: In 2017 a married couple filing a joint tax return is entitled to a standard deduction of USD 12 700. The standard deduction is USD 9 350 for heads of households and USD 6 350 for single individuals. This relief is indexed for inflation. More liberal standard deductions are available for taxpayers who are age 65 or older and taxpayers who are blind. Special rules apply to children who have sufficient income to pay tax and are also claimed as dependents by their parents.
- In addition to the standard deduction, in 2017 a USD 4 050 personal exemption is given to every taxpayer (including both husband and wife filing a joint return). The personal exemption is indexed annually for inflation although there was no change between 2016 and 2017. In 2017, there is a phase out for personal exemptions.
- Personal exemption phase out: Personal exemptions are phased out in 50 steps for taxpayers with incomes in excess of certain amounts. All of a taxpayer's exemptions are phased out simultaneously. For each USD 2 500 or fraction thereof by which income exceeds the beginning of the phase out range, personal exemptions are phased down by two percentage points.

Filing status	Beginning of phase out range (USD)
Single	261 500
Joint return	313 800
Head of household	287 650

- Standard marital status reliefs: Married couples generally benefit from a more favourable schedule of tax rates for joint returns of spouses (see Section 1.1.3). There are no other general tax reliefs for marriage.

- Relief for children: For each child and other person claimed as a dependent on a taxpayer's return, the taxpayer is entitled to a personal exemption of USD 4 050 in 2017. Low income workers with dependents are allowed a refundable (non-wastable) earned income credit. For taxpayers with one child, the credit is 34% of up to USD 10 000 of earned income in 2017. The credit phases down when income exceeds USD 18 340 (23 930 for married taxpayers) and phases out when it reaches USD 39 617 (45 207 for married taxpayers). The earned income threshold and the phase-out threshold are indexed for inflation. For taxpayers with two children, the credit is 40% of up to USD 14 040 of earned income in 2017. The credit phases down when income exceeds USD 18 340 (23 930 for married taxpayers) and phases out when it reaches USD 45 007 (50 597 for married taxpayers). For taxpayers with three or more children the credit is 45% of up to USD 14 040 of earned income. The credit phases down when income exceeds USD 18 340 (23 930 for married taxpayers) and phases out when it reaches USD 48 340 (53 930 for married taxpayers).
- Since 1998, taxpayers are permitted a tax credit for each qualifying child under the age of 17. In 2017 the maximum credit is USD 1 000. The maximum credit is reduced for taxpayers with income in excess of certain thresholds. The credit is reduced by USD 50 for each USD 1 000 of income in excess of USD 110 000 for married taxpayers (USD 75 000 for single and head of household taxpayers). These threshold amounts are not indexed for inflation. The child credit is refundable (non-wastable) to the extent of 15% of earned income in excess of USD 3 000. A taxpayer with three or more qualifying children may be allowed a supplemental refundable (non-wastable) child credit, subject to certain restrictions. The refundable credit is the excess of the taxpayer's share of social security (including Medicare) taxes over his earned income tax credit for the year not used to offset income tax liability.
- Relief for low income workers without children: In 1994 and thereafter, low income workers without children are eligible for the earned income credit. In 2017 low income workers without children are permitted a non-wastable earned income credit of 7.65% of up to USD 6 670 of earned income. The credit phases down when income exceeds USD 8 340 (13 930 for married taxpayers) and phases out when income reaches USD 15 010 (20 600 for married taxpayers). This credit is available for taxpayers at least 25 years old and under 65 years old.
- Relief for social security and other taxes. In 2017, the withholding rate for Social Security taxes for employees is 6.2%. The earned income credits described above are sometimes considered an offset to social security contributions made by eligible employees. Furthermore, only a portion of social security benefits are subject to tax.

1.1.2.2. Main non-standard reliefs applicable to an AW

- The basic non-standard relief is the deduction of certain expenses to the extent that, when itemised, they exceed in aggregate the standard deduction. For the purposes of this Report, it is assumed that workers claim the standard deduction. The principal itemised deductions claimed by individuals where the standard deduction is not being claimed are:
- Medical and dental expenses that exceed 10% of income;
- State and local income taxes, real property taxes, and personal property taxes. Home mortgage interest;

- Investment interest expense up to investment income with an indefinite carry forward of disallowed investment interest expense;
- Contributions to qualified charitable organisations (including religious and educational institutions);
- Casualty and theft losses to the extent that each loss exceeds USD 100 and that all such losses combined exceed 10% of income; and
- Miscellaneous expenses such as non-reimbursed employee business expenses (union dues, work shoes, etc.), investment expenses, tax return preparation fees and educational expenses required by employment, to the extent that, in aggregate; they exceed 2% of income.
- In 2014, the most recent year for which such statistics are available, the 40% of taxpayers with income between USD 50 000 and USD 75 000 (the AW range) who itemised their deductions claimed average deductions as follows: taxes paid, USD 5 463; charitable contributions, USD 2 972; interest expense, USD 6 818.
- Contributions to pension and life insurance plans. No relief is provided for employee contributions to employer sponsored pension plans or for life insurance premiums. However, tax relief is provided for certain retirement savings.

1.1.3. *Tax schedule*

Federal Income Tax rates

Taxable income bracket (USD)[1]			Marginal tax rate (%)
Single individual	Joint return of married couple	Head of household	
0 to 9 325	0 to 18 650	0 to 13 350	10
9 326 to 37 950	18 651 to 75 900	13 351 to 50 800	15
37 951 to 91 900	75 901 to 153 100	50 801 to 131 200	25
91 901 to 191 650	153 101 to 233 350	131 201 to 212 500	28
191 651 to 416 700	233 351 to 416 700	212 501 to 416 700	33
416 701 to 418 400	416 701 to 470 700	416 701 to 444 550	35
418 401 and over	470 701 and over	444 551 and over	39.6

1. The taxable income brackets are indexed for inflation.

There is a 3.8% tax on certain net investment income of individuals if their income exceeds USD 200 000 (USD 250 000 for joint returns). Net investment income includes interest, dividends, capital gains, rental and royalty income, and income from businesses trading financial instruments.

1.2. *State and local income taxes*

1.2.1. *General description of the system*

The District of Columbia and 41 of the 50 States impose some form of individual income tax.[1] In addition, some local governments (cities and counties) impose an individual income tax, although this is not generally the case. State individual income tax structures are usually related to the federal tax structure by the use of similar definitions of taxable income, with some appropriate adjustments. This linkage is not a legal

1. New Hampshire and Tennessee tax only interest and dividend income received by individuals.

requirement but a practical convention that functions for the convenience of the taxpayer who must fill out both federal and State income tax returns.

The AW calculations assume that the average worker lives in Detroit, Michigan. The state of Michigan permits a personal exemption of USD 4 000 for the taxpayer, the taxpayer's spouse and each child, and taxes income at the rate of 4.25%. Michigan allows taxpayers who are eligible to claim the federal earned income tax credit to claim a Michigan earned income tax credit. The Michigan earned income tax credit is a refundable (non-wastable) credit equal to 6% of the federal earned income tax credit.

The city of Detroit permits a personal exemption of USD 600 and taxes income at the rate of 2.4%.

2. Compulsory social security contributions to schemes operated within the government sector

2.1. Employees' contributions

2.1.1. Pensions

In 2017, the rate for employee contributions is 7.65% (6.2% for old age, survivors, and disability insurance, and 1.45% for old age hospital insurance). The 6.2% rate applies to earnings up to USD 127 200. Beginning in 1994, there is no limit on the amount of earnings subject to the 1.45% rate. There is an additional 0.9% tax on employee wages and salaries that exceed USD 200 000 (USD 250 000 for joint returns) as the additional hospital insurance tax on high-income taxpayers. The additional tax on wages and salaries is subject to withholding (but without regard to the earnings of the spouse) when wages from a particular job exceed USD 200 000 per year. These thresholds are not indexed for inflation.

There is no distinction by marital status or sex.

2.1.2. Other

No compulsory employee contributions exist.

2.2. Employers' contributions

2.2.1. Pensions

The rate for employers' contributions is 6.2% on earnings up to USD 127 200 and 1.45% of all earnings (without limit).

2.2.2. Unemployment

Employers are required by the federal government to pay unemployment tax of 6% on earnings up to USD 7 000. Taxes are also paid to various state-sponsored unemployment plans which may generally be credited against the required federal percentage. In 2016 the average unemployment insurance tax rate in Michigan was 3.59% of the first USD 9 000 of wages. The model considers that the Federal government allows employers to take a credit for state unemployment taxes of up to 5.4%, resulting in a net Federal tax of 0.6% on earnings up to USD 7 000.

3. Universal cash transfers

3.1. Transfers related to marital status

None.

3.2. *Transfers for dependent children*

No general cash transfers exist, although low-income mothers qualifying for categorical welfare grants may receive cash transfers.

4. Principal changes since 2011

None.

5. Memorandum items

5.1. *Identification of an AW at the wage calculation*

The AW is identified from monthly data compiled from establishment questionnaires covering more than 40 million non-agricultural full- and part-time workers. Beginning in March 2006, data on average weekly hours and average hourly earnings cover all employees rather than solely production or non-supervisory workers. To obtain average annual wages, the product of average weekly hours (including overtime) and average hourly earnings (including overtime) is multiplied by 52 and is adjusted to reflect a full-time equivalent worker. The AW is estimated to be USD 51 945 for 2016.

5.2. *Employer contributions to private social security arrangements*

Employers commonly contribute to private pension plans, health insurance and life insurance. Data for these contributions are available only on a total workforce basis. It is not possible to state with accuracy the levels applicable to the AW. The following are estimates for 2016 for employees in private industry:

	Pension	Health	Life
% of workers covered	49	54	54
USD employer portion per covered employee	n.a.	8 277 (family) 3 954 (single)	n.a.

2017 parameter values

Average earnings/yr	Ave_earn	52 988	Secretariat estimate			
Standard deductions	Married_al	12 700				
	hh_al	9 350				
	single_al	6 350				
Personal exemption	pers_ex	4 050				
Dependency exemption	dep_ex	4 050				
Personal exemption reduction	ex_dedn_rate	0.02				
unit of earnings	ex_dedn_unit	2 500				
threshold single (no children)	ex_thrsh_s	261 500				
threshold single (with children)	ex_thrsh_hh	287 650				
threshold joint	ex_thrsh_m	313 800				
Federal tax schedules	Fed_sch_s	0.1	9 325			
		0.15	37 950			
Single individuals		0.25	91 900			
		0.28	191 650			
		0.33	416 700			
		0.35	418 400			
		0.396				
Married filing jointly	Fed_sch_m	0.1	18 650			
		0.15	75 900			
		0.25	153 100			
		0.28	233 350			
		0.33	416 700			
		0.35	470 700			
		0.396				
Head of household	Fed_sch_h	0.1	13 350			
		0.15	50 800			
		0.25	131 200			
		0.28	212 500			
		0.33	416 700			
		0.35	444 550			
		0.396				
Earned income credit	EIC_sch	rate	income limit	threshold	thresh-married	phase-out
	no children	0.0765	6 670	8 340	13 930	0.0765
	1 child	0.34	10 000	18 340	23 930	0.1598
	2 children	0.4	14 040	18 340	23 930	0.2106
	3 or more children	0.45	14 040	18 340	23 930	0.2106
Child credit	chcrd_max	1 000				
	chcrd_rdn	50				
	chcrd_thrsh_m	110 000				
	chcrd_thrsh_oth	75 000				
	chcrd_ref_perct	0.15				
	chcrd_ref_thresh	3 000				
Detroit	Detroit_ex	600				
	Detroit_rate	0.024				
Michigan	Mich_ex	4 000				
	Mich_ex_child	0				
	Mich_rate	0.0425				
Michigan's earned income tax credit	Mich_EIC_rate	0.06				
credit schedule on city tax	Mich_cr_sch	0				
		0				
		0				
maximum	Mich_cr_max	0				
Pension contributions	pens_rate_er	0.062				
	pens_rate_ee	0.062				
	hosp_rate	0.0145				

2017 parameter values

	add_hosp_rate	0.009
Ceiling for employers and employees	pens_ceil	127 200
	add_hosp_thresh_m	250 000
	add_hosp_thresh_oth	200 000
Unemployment insurance tax	Unemp_rate	0.006
	Unemp_dedn_rate	0.054
	Unemp_max	7 000
Michigan unemploy insur	Mich_unemp_rate	0.0359
	Mich_unemp_max	9 000

2017 tax equations

The equations for the US system in 2017 are mostly calculated on a family basis. There is a special function EIC which is used to calculate the earned income credit. Variable names are defined in the table of parameters above, within the equations table, or are the standard variables "married" and "children". A reference to a variable with the affix "_total" indicates the sum of the relevant variable values for the principal and spouse. And the affixes "_princ" and "_spouse" indicate the value for the principal and spouse, respectively. Equations for a single person are as shown for the principal, with "_spouse" values taken as 0.

	Line in country table and intermediate steps	Variable name	Range	Equation
1.	Earnings	earn		
2.	Allowances:	tax_al	J	IF(Married, Married_al, IF(Children=0, single_al, hh_al)) + +((1+Married)*pers_ex+ Children*dep_ex)-(ROUNDUP(Positive(earn_total-IF(Married,ex_thrsh_m,IF (Children>0,ex_thrsh_hh,ex_thrsh_s)))/ex_dedn_unit,0)*ex_dedn_rate*((1+ Married)*pers_ex+Children*dep_ex))
3.	Credits in taxable income	taxbl_cr	J	0
4.	CG taxable income	tax_inc	J	positive(earn-tax_al+taxbl_cr)
5.	CG tax before credits	CG_tax_excl	J	Tax(tax_inc, IF(Married, Fed_sch_m, IF(Children, Fed_sch_h, Fed_sch_s)))
6.	6. Tax credits :	EIC	J	EIC(Children, earn_total, EIC_sch)
		ch_crd_max	J	Children*Positive((chcrd_max-chcrd_rdn*Positive(TRUNC(earn,-3)-IF(Married>0, chcrd_thrsh_m, chcrd_thrsh_oth))/1000))
		ch_crd_tax	J	IF(ch_crd_tax>0, MIN(ch_crd_max, CG_tax_excl), 0)
		ch_crd_ref		IF(ch_crd_tax<ch_crd_max, MIN(ch_crd_max-ch_crd_tax, MAX(chcrd_ref_perct*(earn-chcrd_ref_thresh), 0)), 0)
		tax_cr	J	EIC+ch_crd_tax+ch_crd_ref
7.	CG tax	CG_tax	J	CG_tax_excl-tax_cr
8.	State and local taxes	local_tax	J	Detroit_rate* Positive(earn_total-Detroit_ex*(1+Married+Children))+ Mich_rate* Positive(earn_total Mich_ex*(1+Married+Children) Mich_ex_child*Children) - MIN(Mich_cr_max, Tax(AJ7, Mich_cr_sch)) -Mich_EIC_rate*EIC
9.	Employees' soc security	SSC	B	pens_rate_ee*MIN(earn, pens_ceil)+hosp_rate*earn+add_hosp_rate* Positive(earn-IF(Married,add_hosp_thresh_m,add_hosp_thresh_oth))
11.	Cash transfers	Cash_tran	J	
13.	Employer's soc security	SSC_empr	B	pens_rate_er*MIN(earn, pens_ceil) +hosp_rate*earn+MIN(earn,Unemp_max)* Unemp_rate +MIN(earn,Mich_unemp_max)*Mich_unemp_rate
	Memorandum item: non-wastable tax credits			
	tax expenditure component	taxexp		(rate_rd_crd+EIC)-transfer
	cash transfer component	transfer		IF(CG_tax<0, -CG_tax, 0)

Key to range of equation B calculated separately for both principal earner and spouse P calculated for principal only (value taken as 0 for spouse calculation) J calculated once only on a joint basis.

© OCDE 2018

ANNEXE

Méthodologie et limites

Méthodologie

Introduction

La situation personnelle des contribuables est très variable. Aussi le présent rapport fait-il appel à une méthodologie spécifique pour la production de statistiques comparatives englobant les impôts, les prestations sociales et les coûts de main-d'œuvre à l'échelle des pays membres de l'OCDE[1]. Cette méthodologie repose sur le cadre suivant :

- L'accent est mis sur huit catégories de ménage distinctes, qui se différencient par la composition du ménage et le montant des revenus d'activité ;
- Chaque ménage comprend un adulte travaillant à temps plein dans l'un des divers secteurs d'activité de chaque économie de l'OCDE. Certains ménages comptent également un conjoint travaillant à temps partiel ;
- Par hypothèse, le revenu d'activité annuel est égal à une fraction donnée du salaire brut moyen de ces travailleurs ;
- Des hypothèses supplémentaires sont formulées concernant d'autres éléments significatifs de la situation personnelle de ces travailleurs salariés, afin de permettre la détermination de leur situation au regard de l'impôt et des prestations sociales.

Les principes exposés dans les paragraphes qui suivent forment la base de calcul des données figurant dans le chapitre 1 et les parties I, II et III. Le tableau A.1 indique la terminologie utilisée. Lorsqu'un pays a dû s'écarter de ces principes, cela est précisé dans le texte et/ou dans les chapitres par pays qui constituent la partie III du rapport. Le nombre de contribuables qui présentent les caractéristiques définies ci-dessous et le niveau de salaire du travailleur moyen diffèrent selon les économies de l'OCDE.

Caractéristiques des contribuables

Les huit catégories de ménage retenues dans le rapport sont décrites dans le tableau A.2. On admet que tout enfant du ménage a entre 6 et 11 ans inclus.

On suppose que les seules sources de revenu du foyer sont ses salaires et les prestations en espèces dont il bénéficie.

Éventail des secteurs couverts

Le calcul des salaires moyens repose normalement sur l'hypothèse selon laquelle les travailleurs relèvent des secteurs B à N de la *Classification internationale type, par industrie, de*

Tableau A.1. **Termes utilisés**

	Termes d'utilisation générale
Salarié moyen	Salarié adulte employé à plein temps dans l'un des secteurs couverts et dont les gains sont égaux au salaire moyen dans ces secteurs.
Célibataire	Hommes et femmes non mariés
Couple avec deux enfants	Couple marié avec deux enfants à charge âgés de six ans à onze ans inclus.
Coûts de main-d'œuvre	La somme du salaire brut plus les cotisations patronales de sécurité sociale plus les taxes sur les salaires.
Rémunération nette	Rémunération brute après impôt et cotisations obligatoires de sécurité sociale des salariés et augmentée des prestations sociales reçues des administrations publiques.
Taux moyen d'imposition des personnes physiques (charges fiscales)	La somme de l'impôt sur le revenu plus les cotisations de sécurité sociale à la charge des salariés, en pourcentage du salaire brut.
Coin fiscal	La somme de l'impôt sur le revenu plus les cotisations de sécurité sociale à la charge des salariés et des employeurs plus les taxes sur les salaires moins le montant des prestations sociales, en pourcentage des coûts de main-d'œuvre.
Élasticité du revenu après impôt	Le pourcentage de variation d'un revenu donné après impôt à la suite d'une augmentation d'une unité monétaire du revenu avant impôt (selon une définition plus précise, ce terme correspond à un moins un taux marginal d'imposition divisé par un moins le taux moyen d'imposition correspondant).
	Termes utilisés en matière d'impôt sur le revenu
Allégements fiscaux	Terme générique qui couvre l'ensemble des moyens par lesquels est donné un traitement favorable du point de vue de l'impôt sur le revenu aux contribuables potentiels.
Abattements fiscaux	Montants déduits du salaire brut pour obtenir le revenu imposable.
Crédits d'impôt	Montant de la déduction que le contribuable peut opérer sur son imposition. Un crédit d'impôt est considéré comme payable s'il peut excéder l'impôt dû ; (les termes « remboursable » et « récupérable » sont parfois utilisés).
Allégements forfaitaires	Les allégements non liés à des dépenses effectivement supportées par les contribuables et accordés automatiquement à tous ceux qui remplissent les conditions requises en vertu de la loi sont également comptés comme allégements forfaitaires, y compris les déductions des cotisations obligatoires de sécurité sociale.
Abattement à la base	Tout abattement forfaitaire qui peut être accordé quelle que soit la situation de famille.
Abattement en raison du mariage	Abattement fiscal complémentaire attribué aux couples mariés (dans certains pays, il ne se distingue pas de l'abattement à la base qui peut être doublé en cas de mariage).
Allégements non forfaitaires	Allégements entièrement déterminés par référence à des dépenses réellement effectuées.
Taux moyen de l'impôt sur le revenu	Montant de l'impôt sur le revenu à verser, après avoir tenu compte de tout allègement, calculé sur la base des dispositions fiscales envisagées dans cette étude, divisé par le salaire brut.
Taux du barème	Taux qui figure dans les barèmes de l'impôt sur le revenu et des cotisations de sécurité sociale.
	Termes utilisés en matière de prestations en espèces
Prestations en espèces	Versements en espèces effectués par les administrations publiques (agences) au profit des familles ayant en général des enfants à charge.

StatLink http://dx.doi.org/10.1787/888933701148

Tableau A.2. **Caractéristiques des contribuables étudiés**

Situation de famille	Enfants	Salaire principal	Salaire d'appoint
Célibataire	Pas d'enfant	67 % du salaire moyen	
Célibataire	Pas d'enfant	100 % du salaire moyen	
Célibataire	Pas d'enfant	167 % du salaire moyen	
Célibataire	2 enfants	67 % du salaire moyen	
Couple marié	2 enfants	100 % du salaire moyen	
Couple marié	2 enfants	100 % du salaire moyen	33 % du salaire moyen
Couple marié	2 enfants	100 % du salaire moyen	67 % du salaire moyen
Couple marié	Pas d'enfant	100 % du salaire moyen	33 % du salaire moyen

StatLink http://dx.doi.org/10.1787/888933701167

toutes les branches d'activité économique (CITI, Révision 4, ONU)[2] (voir le tableau A.3). De nombreux pays (pour plus de détails sur les pays, voir le tableau 1.8) optent désormais pour cette méthode.

Tableau A.3. **Classification internationale type, par industrie, de toutes les branches d'activité économique**

	Révision 3.1 (CITI Rév. 3.1)
A	Agriculture, chasse et sylviculture
B	Pêche
C	Activités extractives
D	Activités de fabrication
E	Production et distribution d'électricité, de gaz et d'eau
F	Construction
G	Commerce de gros et de détail ; réparation de véhicules automobiles, de biens personnels et domestiques
H	Hôtels et restaurants
I	Transports, entreposage et communications
J	Intermédiation financière
K	Immobilier, location et activités de services aux entreprises
L	Administration publique et défense ; sécurité sociale obligatoire
M	Éducation
N	Santé et action sociale
O	Autres activités de services collectifs, sociaux et personnels
P	Ménages privés employant du personnel domestique
Q	Organisations et organismes extraterritoriaux
	Révision 4 (CITI Rév. 4)
A	Agriculture, sylviculture et pêche
B	Activités extractives
C	Activités de fabrication
D	Production et distribution d'électricité, de gaz, de vapeur et climatisation
E	Distribution d'eau ; réseau d'assainissement; gestion des déchets et remise en état
F	Construction
G	Commerce de gros et de détail, réparation de véhicules automobiles et de motocycles
H	Transport et entreposage
I	Activités d'hébergement et de restauration
J	Information et communication
K	Activités financières et d'assurances
L	Activités immobilières
M	Activités professionnelles, scientifiques et techniques
N	Activités de services administratifs et d'appui
O	Administration publique et défense; sécurité sociale et obligatoire
P	Éducation
Q	Santé et activités d'action sociale
R	Arts, spectacles et loisirs
S	Autres activités de services
T	Activités des ménages privés employant du personnel domestique; activités non différenciées de production de biens et de services des ménages privés pour usage propre
U	Activités des organisations et organismes extraterritoriaux

StatLink http://dx.doi.org/10.1787/888933701186

Cette méthode correspond d'une manière générale au précédent mode de calcul, fondé sur les secteurs C à K inclus de la Révision 3.1 de la CITI, qui a été adopté dans l'édition 2005 des *Impôts sur les salaires*. Les motifs de ce passage à une définition élargie du salaire moyen avaient été exposés dans l'étude spéciale de l'édition 2003-04.

Définition du salaire brut

Dans cette section sont présentées les hypothèses sur lesquelles repose le calcul de la rémunération moyenne du « travailleur moyen ». Les niveaux de salaire brut ont été établis à partir de données statistiques, et les méthodes de calcul des données sur les rémunérations utilisées dans chaque pays sont indiquées dans le tableau A.4. On trouvera

Tableau A.4. **Mode de calcul des salaires moyens**

	Éléments compris ou non compris dans la base de calcul					Types de travailleurs inclus ou exclus dans la base de calcul			Méthode de base utilisée pour le calcul	Fin de l'exercice budgétaire	Période à laquelle se réfère le calcul des salaires
	Maladie[1]	Vacances	heures supplémentaires	Paiements en espèces réguliers	Prime	Superviseur	Manager	Travailleurs à temps partiel			
Allemagne	NC	C	C	C	NC	C	C	NC	Gains annuels	31 décembre	Année civile
Australie	C	C	C	C	NC	C	C	NC	Gain hebdomadaire moyen x 52	30 juin	Année fiscale
Autriche	NC	C	C	C	C Valeur imposable	C	C	NC	Gain moyen annuel	31 décembre	Année civile
Belgique	NC	C	C	C	NC	C	C	NC	Gain mensuel en octobre x 12 (plus les primes périodiques)	31 décembre	Année civile
Canada	NC	C	C	C	NC	C	C	C[6]	Gain horaire hebdomadaire x gain horaire moyen x 52	31 décembre	Année civile
Chili	NC	C	C	C	NC	C	C	C	Gains horaires x nombre d'heures travaillées	31 décembre	Année civile
Corée	NC	C	C	C	NC	C	C	NC	Gain mensuel moyen x 12	31 décembre	Année civile
Danemark	NC	C	NC	C	NC	C	C	C[6]	Gains horaires x nombre d'heures travaillées	31 décembre	Année civile
Espagne	NC	C	C	C	NC	C	C	NC	Gain mensuel pondéré x 12	31 décembre	Année civile
Estonie	C	C	C	C	NC	C	C	C	Gains moyens	31 décembre	Année civile
États-Unis	NC	C	C	C[2]	NC	C	C	C[6]	Gain moyen hebdomadaire x 52	31 décembre	Année civile
Finlande	NC	C	C	C	NC	C	C[5]	NC	Salaire horaire x nombre d'heures usuelles travaillées (ou gains mensuels x mois) + indemnités de congés payés + primes périodiques	31 décembre	Année civile
France	NC	C	C	C	NC	C	C	NC	Gains annuels	31 décembre	Année civile
Grèce	NC	C	C	C[2]	C	C	C	NC	Gain horaire x nombre d'heures travaillées	31 décembre	Année civile
Hongrie	NC	C	C	C	NC	C	C[5]	NC	Gain mensuel moyen x 12	31 décembre	Année civile
Irlande	NC	C	C	C	NC	NC	NC	C	Gain moyen hebdomadaire de chaque trimestre/ 4 x 52	31 décembre	Année civile
Islande	NC	C	C	C	NC	C	C	NC	Gain horaire x nombre d'heures travaillées x 12	31 décembre	Année civile
Israël	NC	C	C	C	NC	C	C	NC	Gains moyens	31 décembre	Année civile
Italie	NC[3]	C	C	C	NC[4]	C	C	C[6]	Gain mensuel moyen x 12	31 décembre	Année civile
Japon	NC	C	C	C	NC	C	C	NC	Gain mensuel en juin x 12	31 décembre	Année civile
Lettonie	C	C	C	C	NC	C	C	NC	Gain mensuel moyen x 12	31 décembre	Année civile
Luxembourg	NC	C	C	C	NC	C	C	NC	Gain annuel total divisé par le nombre moyen de salariés à plein temps. Une partie de gains qui excèdent la limite supérieure de cotisation sociale (7 fois le salaire minimum) n'est pas incluse dans le calcul.	31 décembre	Année civile

Tableau A.4. **Mode de calcul des salaires moyens** *(suite)*

	Élements compris ou non compris dans la base de calcul					Types de travailleurs inclus ou exclus dans la base de calcul			Méthode de base utilisée pour le calcul	Fin de l'exercice budgétaire	Période à laquelle se réfère le calcul des salaires
	Maladie[1]	Vacances	heures supplémentaires	Paiements en espèces réguliers	Prime	Superviseur	Manager	Travailleurs à temps partiel			
Mexique	NC	C	NC	C	NC	C	C	NC	Gain mensuel moyen x 12	31 décembre	Année civile
Norvège	NC	NC	C	C	NC	C	C	C[6]	Salaire annuel + les heures supplémentaires estimées	31 décembre	Année civile
Nouvelle-Zélande	NC	C	C	C	NC	C	C[5]	C[6]	Gain moyen hebdomadaire de chaque trimestre x 13	31 mars	Année fiscale
Pays-Bas	NC	C	NC	C	NC	C	C	NC	Salaire brut annuel	31 décembre	Année civile
Pologne	C	C	C	C	NC	C	C	C[6]	Gain mensuel moyen x 12	31 décembre	Année civile
Portugal	NC	C	C	C	C	C	C	NC	Gain mensuel pondéré x 12	31 décembre	Année civile
Rép. Slovaque	NC	C	C	C	C	C	C	C	Gain mensuel moyen x 12	31 décembre	Année civile
Rép. tchèque	NC	C	C	C	NC	C	C	C[6]	Gain mensuel moyen x 12	31 décembre	Année civile
Royaume-Uni	NC	C	C	C	NC	C	C	NC	Gain brut annuel moyen	5 avril	Année fiscale
Slovénie	C	C	C	C	NC	C	C	C	Gain mensuel moyen x 12	31 décembre	Année civile
Suède	NC	C	C	C	C Valeur actuelle	C	C	C[6]	Gain horaire moyen en septembre x heures travaillées; et gain mensuel en septembre x 12	31 décembre	Année civile
Suisse	NC	C	C	C	NC	C	C	C[6]	Gain mensuel x 12	31 décembre	Année civile
Turquie	NC	C	C	C	C Valeur actuelle	NC	NC	C	Gain annuel moyen	31 décembre	Année civile

1. Inclut généralement les indemnités versées par l'employeur pour le compte du régime général ou d'un régime privé d'assurance-maladie.
2. Exclut les primes de participation aux bénéfices en Grèce et aux États-Unis, et aussi les primes de fin d'année aux États-Unis.
3. Les paiements des indemnités de maladie sont inclus seulement dans la partie payée par les employeurs. Pour les travailleurs manuels, c'est seulement le cas pendant les 3 premiers jours de congés de maladie et à partir du 4e jour, les paiements sont faits par l'INPS.
4. Partiellement : la (petite) part imposable des avantages en nature est incluse.
5. Sauf pour les hauts dirigeants (Finlande) ; sauf si le revenu issu des bénéfices excède 50 % du total de revenu (Hongrie) ; sauf pour les propriétaires (Nouvelle-Zélande).
6. Les salaires des personnes travaillant à temps partiel sont convertis en équivalent temps plein avant de calculer le salaire moyen.

Note : Exc = Exclus Inc = Inclus « - » = information non disponible.

StatLink http://dx.doi.org/10.1787/888933701205

des informations complémentaires sur le calcul de ces données dans les chapitres par pays de la partie III. Les sources des données statistiques pour chaque pays sont indiquées dans le tableau A.5.

Les principales hypothèses sont les suivantes :

- Les données se rapportent à la rémunération moyenne dans le secteur d'activité pour l'ensemble du pays ;
- Les calculs se fondent sur la rémunération d'un adulte exerçant une activité (manuelle ou non) à temps plein. Ils renvoient à la rémunération moyenne de l'ensemble des travailleurs du secteur considéré. Il n'est pas tenu compte des écarts de rémunération entre hommes et femmes ou entre travailleurs d'âges différents ou de régions distinctes ;
- Le travailleur est considéré comme employé à temps plein pendant toute l'année sans interruption pour cause de maladie ou de chômage. Néanmoins, plusieurs pays ne sont pas en mesure d'isoler et d'exclure les travailleurs à temps partiel des données sur les rémunérations (voir le tableau A.4). La plupart d'entre eux déclarent dans ce cas des montants en équivalent temps plein. Dans quatre pays (le Chili, l'Irlande, la République slovaque et la Turquie), les rémunérations des travailleurs à temps partiel ne peuvent être ni exclues ni converties en équivalent temps plein en raison de la manière dont les échantillons de rémunérations sont constitués. De ce fait, les salaires moyens déclarés pour ces pays seront inférieurs à la moyenne des salaires à temps plein (par exemple, l'analyse effectuée par le Secrétariat des données disponibles d'Eurostat concernant les rémunérations pour certains pays européens a montré que l'inclusion des travailleurs à temps partiel réduisait la rémunération moyenne d'environ 10 %). En outre, dans la plupart des pays de l'OCDE où les indemnités de maladie sont versées par l'employeur, soit pour le compte de l'État, soit pour le compte de régimes privés d'assurance maladie, ces montants sont pris en compte dans les calculs concernant les salaires. Il y a peu de chances que ces différences aient une incidence notable sur les résultats obtenus, dans la mesure où les employeurs effectuent généralement ces versements pendant une courte période et où les montants versés sont d'ordinaire très proches des salaires horaires normaux ;
- Deux des catégories de ménage comportent un second apporteur de revenu percevant une rémunération égale à 33 % de la rémunération moyenne. Il est très probable que ces personnes travaillent à temps partiel plutôt qu'à temps plein (comme indiqué dans l'étude spéciale de l'édition 2005 des *Impôts sur les salaires*). Cependant, il apparaît également dans l'étude spéciale que l'hypothèse selon laquelle tous les travailleurs exercent leur activité à temps plein n'affecte pas de manière significative les taux d'imposition calculés dans la publication, sauf dans le cas de la Belgique pour les couples mariés lorsque le conjoint gagne 33 % du salaire moyen. Cela s'explique par le fait qu'en général, toute disposition spécifique applicable aux travailleurs à temps partiel a une importance mineure ou n'est pas applicable aux catégories de ménage actuellement étudiées dans *Les impôts sur les salaires* ;
- Le calcul du revenu d'activité tient compte de tous les éléments de rémunération en espèces versés aux travailleurs des secteurs considérés, y compris les montants moyens généralement versés au titre des heures supplémentaires, des compléments de salaire (prime de fin d'année, treizième mois, par exemple) et des congés payés. Néanmoins, tous les pays ne sont pas en mesure de prendre en compte la rémunération des heures supplémentaires, les congés payés et les primes en espèces conformément à la définition qui est donnée ;

Tableau A.5. **Source des données concernant les gains, 2017**

Pays	Type d'échantillon	Source
Allemagne	Enquête du Bureau fédéral de statistiques.	Bureau national des statistiques.
Australie	Échantillon représentatif des salariés dans chaque industrie. Enquête trimestrielle.	Australian Bureau of Statistics "Average Weekly Earnings, Australia" and "Labour Force, Australia".
Autriche	Statistiques annuelles sur l'imposition des salaires.	« Lohnsteuerstatistik ».
Belgique	Données collectées ou estimées sur la base d'une enquête annuelle et des registres de sécurité sociale des salariés.	Division statistiques du Ministère de l'économie (service public fédéral, économie, PME, travailleurs indépendants et énergie). Même source que les données sur « gains bruts annuels » de l'Eurostat.
Canada	Enquête mensuelle auprès de toutes les entreprises	Statistiques Canada, « Enquête sur l'emploi, la rémunération et les heures de travail ».
Chili	Échantillon d'entreprises de plus de 10 employés. Enquête mensuelle.	Institut National des Statistiques du Chili (INE)
Corée	Enquête sur le travail auprès des entreprises.	Ministère de l'emploi et du travail.
Danemark	Enquête sur les salaires effectués par la Confédération danoise du patronat.	Rapport annuel de la Confédération danoise du patronat (Dansk Arbejds Giverforening).
Espagne	Enquête trimestrielle auprès des entreprises.	Instituto Nacional de Estadistica « Encuesta Trimestral de Coste Laboral » (Enquête sur le coût du travail).
Estonie	-	Statistiques Estonie/Ministère des Finances.
États-Unis	Enquête mensuelle du Ministère du travail par voie de questionnaire couvrant plus de 40 millions de travailleurs et de salariés non agricoles.	Emploi, heures travaillées et salaires de l'étude sur les statistiques de l'emploi.
Finlande	(1) Enquête de la Fédération finlandaise du patronat sur les salaires horaires en mensuels ; (2) Enquête « non officielle » du patronat « Structure des statistiques sur les salaires » publiée par l'Office central des statistiques.	« Statistiques sur les salaires » publiées par l'Office central des statistiques.
France	Registres d'assurance sociale des employeurs.	INSEE, « Déclarations Annuelles des Données Sociales » (DADS).
Grèce	Enquête effectuée par l'Institut de la Statistique et les établissements de la sécurité sociale.	Service national de statistiques: statistiques sur le travail. Même source que les données sur « gains bruts annuels » de l'Eurostat.
Hongrie	Enquêtes mensuelles auprès des entreprises ayant plus de cinq salariés.	Bureau central de statistiques.
Irlande	Enquête trimestrielle sur l'emploi, les gains et la durée du travail dans l'industrie.	Office central de statistiques.
Islande	Enquête mensuelle sur les salaires du secteur privé.	Statistiques, Islande.
Israël	-	Bureau Central des Statistiques.
Italie	Indicateurs trimestriels de salaires dans les secteurs industries et services (OROS).	Institut national de statistiques.
Japon	Enquête de base sur la structure des salaires de l'ensemble des établissements employant plus de 10 salariés.	Ministère de la santé, du travail et du bien-être, Rapport annuel.
Lettonie	Salaires mensuels moyens (DSG01).	Bureau Central des Statistiques de la Lettonie.
Luxembourg	Fichiers mensuels agrégés des services de sécurité sociale.	Office national des statistiques et Services de sécurité sociale.
Mexique	Données administratives de l'Institut de sécurité sociale (Instituto Mexicano del Seguro Social (IMSS)).	Commision sur « le salaire national minimum » (Comisión Nacional de Salarios Mínimos (CONASAMI)).
Norvège	Échantillon d'entreprises (excluant l'agriculture, la pêche et les ménages privés). Les données sont basées sur les statistiques publiées du 3e trimestre.	Statistiques sur les salaires.
Nouvelle-Zélande	L'enquête trimestrielle sur l'emploi est un sondage auprès des entreprises.	Statistiques de Nouvelle-Zélande INFOS.
Pays-Bas	Enquête sur l'emploi et le salaire.	Bureau central de statistiques, Statline.
Pologne	Estimations des différents secteurs.	Bulletin mensuel des statistiques.
Portugal	Enquête du Ministère de l'emploi effectuée en avril et octobre.	Ministère de l'emploi.
République slovaque	Données trimestrielles et annuelles.	Bureau national des statistiques.
République tchèque	Données provenant d'enquête auprès des employeurs.	Bureau national des statistiques.
Royaume-Uni	1 % de l'échantillon du système de retenue à la source de l'impôt sur les salaires.	Office national de statistiques, enquête annuelle sur les heures travaillées et le salaire (ASHE).
Slovénie	Enquête mensuelle auprès des employés.	Office Statistiques de la République de Slovénie.
Suède	Enquête effectuée au mois de septembre par le patronat.	Statistiques, Suède.
Suisse	Personnes actives occupées selon la branche économique.	La vie économique, SECO (Secrétariat d'État à l'économie) table B.8.1, www.bfs.admin.ch/bfs/portal/fr/index/themen/03/04.html.
Turquie	Enquête annuelle de l'industrie manufacturière.	Institut national de statistiques.

StatLink http://dx.doi.org/10.1787/888933701224

- Les travailleurs exerçant des fonctions d'encadrement et/ou de direction apparaissent dans les données sur les rémunérations, bien que certains pays ne soient pas en mesure de les y faire figurer. Dans ces pays, les moyennes communiquées sont inférieures à la normale (par exemple, l'analyse faite par le Secrétariat de l'OCDE des données disponibles d'Eurostat concernant certains pays européens a montré que l'exclusion de cette catégorie de travailleurs pouvait réduire la rémunération moyenne de 10 % à 18 %).
- Les avantages hors salaire, qui consistent, par exemple, dans la fourniture par l'employeur de produits alimentaires, d'un logement ou de vêtements gratuitement ou à des prix inférieurs à ceux du marché sont, lorsque cela est possible, exclus du calcul des rémunérations moyennes, ce qui pourrait affecter la comparabilité des coins fiscaux, dans la mesure où le recours aux avantages hors salaire peut varier selon les pays et selon les périodes. Toutefois, le manque de comparabilité est limité par le fait que ces avantages représentent rarement plus de 1 % à 2 % des coûts de main-d'œuvre et sont normalement plus fréquents pour les salaires élevés que pour les travailleurs qui se situent dans la fourchette de revenus couverte par *Les impôts sur les salaires* (33 % à 167 % des rémunérations moyennes). Le tableau A.4 indique que certains pays membres ne sont pas en mesure d'isoler les avantages hors salaire des chiffres sur les rémunérations déclarés et utilisés dans la publication. La décision concernant cette exclusion a été prise pour les raisons suivantes :
  - les avantages de ce type sont difficiles à évaluer de manière cohérente (ils peuvent être évalués en fonction soit de leur coût réel pour l'employeur, soit de leur valeur imposable du point de vue du salarié, soit de leur juste valeur marchande) ;
  - dans la plupart des pays, ces avantages ont une importance minime pour les travailleurs qui perçoivent le salaire moyen ;
  - le calcul des impôts serait sensiblement plus compliqué s'il fallait prendre en compte le régime fiscal des avantages hors salaire ;
- Les cotisations versées par les employeurs pour le compte de leurs salariés à des caisses de retraite complémentaire ou à des systèmes privés d'allocations familiales, d'assurance maladie ou d'assurance vie ne sont pas intégrées dans les calculs, bien que les montants en jeu puissent être non négligeables. Aux États-Unis, par exemple, il n'est pas rare que ces cotisations représentent plus de 5 % de la rémunération des salariés. Les chapitres par pays de la partie III donnent des indications sur l'existence de systèmes susceptibles de s'appliquer au travailleur moyen.

Calcul du salaire brut moyen

Le tableau A.4 indique la méthode de calcul de base utilisée dans chaque pays, méthode dont une description plus détaillée figure, le cas échéant, dans les chapitres par pays de la partie III. En principe, il est recommandé aux pays de calculer la rémunération annuelle en prenant la moyenne hebdomadaire, mensuelle ou trimestrielle de la rémunération horaire, pondérée par le nombre d'heures travaillées au cours de la période retenue, et en la multipliant par le nombre moyen d'heures travaillées au cours de l'année, y compris les périodes de congés payés, considérant que le travailleur n'a été ni malade ni au chômage. Le recours à une méthode analogue a été préconisé pour le calcul des heures supplémentaires. Pour les pays qui ne sont pas en mesure d'isoler les données concernant les travailleurs à temps partiel, il est recommandé de convertir ces données en équivalent temps plein, dans la mesure du possible.

Les données statistiques concernant les salaires bruts moyens en 2017 ne sont généralement pas encore disponibles. C'est pourquoi, pour la majorité des pays, le Secrétariat a établi des estimations du salaire brut des travailleurs moyens en 2017 en adoptant une approche uniforme : l'ensemble des revenus d'activité enregistrés en 2016 sont multipliés par la variation nationale annuelle des salaires en pourcentage indiquée pour l'économie dans son ensemble dans l'édition la plus récente des *Perspectives économiques de l'OCDE*[3]. Cette procédure transparente vise à éviter tout résultat biaisé. Pour certains pays, diverses approches s'écartant de la précédente ont été adoptées :

- Les chiffres définitifs sur le salaire brut moyen en 2017 ont été utilisés dans le cas de l'Australie ;
- On a eu recours à des estimations nationales en ce qui concerne le Chili, la Nouvelle-Zélande et la Turquie, étant donné qu'aucune variation des salaires en pourcentage n'est indiquée pour ces pays dans les *Perspectives économiques de l'OCDE* ;
- Dans certains pays, les salaires moyens au titre d'années antérieures ont également été estimés pour la Finlande (2016), la France (2015 et 2016), le Portugal (de 2013 à 2016) et la Suisse (2007, 2009, 2011, 2013, 2015 et 2016) dans la mesure où aucune donnée nationale sur les rémunérations moyennes n'était disponible pour les années mentionnées dans ces pays.

Quatorze des pays membres de l'OCDE ont choisi de fournir des estimations nationales du niveau de salaire brut des travailleurs moyens en 2017. Ces estimations n'ont pas été utilisées dans les calculs des *Impôts sur les salaires* (sauf pour les pays énumérés ci-dessus) car elles risquaient d'être incohérentes avec les estimations établies par le Secrétariat pour d'autres pays. Elles figurent néanmoins dans le tableau A.6 pour qu'il soit possible d'effectuer des comparaisons entre les estimations du Secrétariat et celles de sources nationales. Dans bien des cas, les premières et les secondes sont relativement proches.

Le tableau A.7 indique les taux de change et parités de pouvoir d'achat des monnaies nationales en 2017 qui sont utilisés pour calculer les données comparatives sur les salaires entre pays dans le rapport.

Impôts et prestations sociales pris en compte

Le rapport traite de l'impôt sur le revenu des personnes physiques et des cotisations sociales à la charge des salariés et des employeurs dues sur les salaires. De plus, les taxes sur les salaires (voir la section *Taxes sur les salaires*) sont prises en compte dans le calcul du coin fiscal total entre les coûts de main-d'œuvre pour l'employeur et le revenu net disponible du salarié.

Le calcul du revenu après impôt intègre les prestations familiales versées par l'État sous forme de prestations en espèces (voir la section *Prestations familiales en espèces versées par l'État*). L'impôt sur les revenus du capital et du travail non salarié, plusieurs impôts directs (impôt sur l'actif net, impôt sur les bénéfices des sociétés), ainsi que l'ensemble des impôts indirects ne sont pas pris en compte dans ce rapport. En revanche, les données tiennent compte de tous les impôts sur le revenu prélevés par les administrations centrales et locales.

Dans ce rapport, les cotisations sociales versées à l'État sont traitées comme des recettes fiscales. Dans la mesure où elles constituent des paiements obligatoires à l'administration publique, elles s'apparentent clairement à des impôts. Elles peuvent s'en distinguer, cependant, du fait que l'obtention de prestations sociales est subordonnée au versement préalable des cotisations applicables, même si le montant des prestations n'est pas nécessairement lié au montant des cotisations. Les pays financent à des degrés divers

Tableau A.6. **Salaire brut estimé, 2016-17 (en monnaie nationale)**

	Salaire moyen 2016	Salaire moyen 2017 (Estimation Secrétariat)	Salaire moyen 2017 (Estimation pays)	EO102, taux prévus pour 2017[1]
Allemagne	48 300	49 450		2.4
Australie[2]	82 114	82 942	83 542	1.0
Autriche	45 073	45 977	45 974	2.0
Belgique	46 528	47 324		1.7
Canada	50 822	51 642		1.6
Chili[2]	8 976 758		9 349 964	
Corée	44 640 408	46 140 296	45 438 852	3.4
Danemark	406 600	413 503	416 765	1.7
Espagne	26 449	26 535		0.3
Estonie	14 033	14 810		5.5
États-Unis	51 945	52 988		2.0
Finlande	43 716	43 986		0.6
France	37 906	38 582		1.8
Grèce	20 678	20 886		1.0
Hongrie	3 343 284	3 578 651		7.0
Irlande	35 430	36 358	40 934	2.6
Islande	8 364 000	8 903 714		6.5
Israël	143 916	147 984	148 236	2.8
Italie	30 721	30 838		0.4
Japon	5 149 844	5 201 391		1.0
Lettonie	10 140	10 905	10 560	7.5
Luxembourg	56 448	58 565		3.7
Mexique	111 754	118 204	116 276	5.8
Norvège	566 162	577 664		2.0
Nouvelle-Zélande[2]	57 649		58 824	
Pays-Bas	50 120	50 909		1.6
Pologne	47 708	49 570		3.9
Portugal	17 778	17 993		1.2
République slovaque	10 975	11 426	11 293	4.1
République tchèque	332 424	355 150	344 600	6.8
Royaume-Uni	37 142	38 208		2.9
Slovénie	18 338	18 904	18 505	3.1
Suède	424 963	434 859		2.3
Suisse	86 153	86 042		-0.1
Turquie[2]	37 357		40 308	

1. Accroissement de la rémunération par salarié dans tous les secteurs d'activité économiques (*Perspectives économiques de l'OCDE*, n° 102).
2. Dans les calculs des *Impôts sur les salaires*, l'estimation du salaire moyen faite par le pays est utilisée au lieu de l'estimation du Secrétariat de l'OCDE.

StatLink http://dx.doi.org/10.1787/888933701243

leurs programmes de sécurité sociale obligatoire à l'aide des recettes fiscales et non fiscales du budget général, d'une part, et de cotisations spécifiques, d'autre part. Si l'on obtient une meilleure comparabilité entre les pays en traitant comme des impôts les cotisations sociales, celles-ci sont néanmoins énumérées sous une rubrique distincte de sorte que leurs montants puissent être isolés dans le cadre d'une éventuelle analyse.

Calcul de l'impôt sur le revenu des personnes physiques

Les chapitres pays de la partie III décrivent la méthode utilisée pour le calcul de l'impôt sur le revenu. On détermine d'abord les déductions fiscales applicables au salaire brut annuel d'un contribuable présentant les caractéristiques et se situant au niveau de revenu du travailleur moyen. En second lieu, on applique le barème d'imposition au revenu

Tableau A.7. **Parités de pouvoir d'achat et taux de change pour 2017**

	Unité monétaire	Taux de change[1]	Parités de pouvoir d'achat
Allemagne	EUR	0.89	0.78
Australie	AUD	1.30	1.52
Autriche	EUR	0.89	0.80
Belique	EUR	0.89	0.81
Canada	CAD	1.30	1.26
Chili	CLP	648.68	413.42
Corée	KRW	1130.64	878.77
Danemark	DKK	6.60	7.36
Espagne	EUR	0.89	0.66
Estonie	EUR	0.89	0.55
États-Unis	USD	1.00	1.00
Finlande	EUR	0.89	0.90
France	EUR	0.89	0.80
Grèce	EUR	0.89	0.59
Hongrie	HUF	274.48	137.58
Irlande	EUR	0.89	0.81
Islande	ISK	106.82	139.86
Israël	ILS	3.60	3.77
Italie	EUR	0.89	0.71
Japon	JPY	112.18	98.24
Lettonie	EUR	0.89	0.50
Luxembourg	EUR	0.89	0.89
Mexique	MXN	18.87	9.29
Norvège	NOK	8.27	10.24
Nouvelle-Zélande	NZD	1.41	1.48
Pays-Bas	EUR	0.89	0.81
Pologne	PLN	3.78	1.78
Portugal	EUR	0.89	0.58
République slovaque	EUR	0.89	0.49
République tchèque	CZK	23.39	12.90
Royaume-Uni	GBP	0.78	0.70
Slovénie	EUR	0.89	0.60
Suède	SEK	8.55	9.12
Suisse	CHF	0.98	1.21
Turquie	TRL	3.65	1.38

1. Moyenne sur 12 mois de taux journaliers.

StatLink http://dx.doi.org/10.1787/888933701262

imposable, et l'impôt exigible ainsi calculé est minoré des crédits d'impôt éventuels. Une difficulté importante que soulève le calcul de l'impôt sur le revenu des personnes physiques réside dans la détermination des allégements fiscaux à retenir. On peut distinguer deux grandes catégories d'allégements fiscaux :

- *Les allégements à caractère forfaitaire* : il s'agit de mesures d'allégement fiscal qui sont sans lien avec les dépenses réellement engagées par le contribuable et qui sont automatiquement consenties à tous les contribuables remplissant les conditions prévues par la législation. Ils prennent généralement la forme de montants forfaitaires ou de pourcentages fixes du revenu et constituent la principale catégorie d'allégements prise en compte pour déterminer l'impôt sur le revenu versé par les travailleurs. Les allégements forfaitaires sont pris en compte pour le calcul. Ils comprennent :
  - *L'abattement à la base* qui est fixe et dont bénéficient tous les contribuables ou tous les apporteurs de revenu quelle que soit leur situation matrimoniale ou de famille ;

- *L'abattement forfaitaire* accordé aux contribuables en fonction de leur situation matrimoniale ;
- *L'abattement forfaitaire pour enfants à charge* accordé aux familles ayant deux enfants d'un âge compris entre 6 et 11 ans inclus ;
- *L'abattement forfaitaire pour frais professionnels* qui est généralement fixe ou déterminé en pourcentage du salaire (brut) ;
- Les allégements fiscaux consentis au titre des cotisations sociales et des autres *impôts sur le revenu* (versés aux administrations infranationales) sont également considérés comme des allégements forfaitaires dès lors qu'ils s'appliquent à l'ensemble des apporteurs de revenu et qu'ils concernent des versements obligatoires à l'État[4] ;

- *Les allégements non forfaitaires* : il s'agit d'allégements qui sont entièrement déterminés par référence à des charges effectivement supportées. Leur montant n'est ni forfaitaire ni calculé par application de pourcentages fixes du revenu. On peut en donner comme exemples les déductions au titre des intérêts des emprunts remplissant certaines conditions (emprunts destinés à l'acquisition d'un logement, par exemple), des primes d'assurance, des cotisations à des régimes de retraite complémentaire et des dons à des organismes de bienfaisance. Ces déductions n'entrent pas en ligne de compte pour la détermination de la situation fiscale des salariés.

Les allégements forfaitaires sont appréhendés de manière distincte et leur incidence sur le taux moyen de l'impôt sur le revenu fait l'objet d'un calcul séparé dans les tableaux de résultats des chapitres par pays. Dans la plupart des cas, ces derniers offrent une brève description des principaux allégements non forfaitaires.

Impôts sur le revenu perçus par les administrations infranationales

Les impôts sur le revenu des personnes physiques prélevés par les administrations infranationales (États, provinces, cantons ou collectivités locales) entrent dans le champ de la présente étude. Des impôts sur le revenu sont perçus à l'échelon des États fédérés au Canada, aux États-Unis et en Suisse. En 1997, l'Espagne a introduit un impôt sur le revenu pour les régions autonomes. Des impôts sur le revenu sont perçus à l'échelon local en Belgique, en Corée, au Danemark, aux États-Unis, en Finlande, en Islande, en Italie, au Japon, en Norvège, en Suède et en Suisse. En Belgique, au Canada (hors Québec), en Corée, au Danemark, en Espagne, en Islande, en Italie et en Norvège, ces impôts sont calculés en pourcentage du revenu imposable ou de l'impôt perçu par l'administration centrale. En Finlande, au Japon, en Suède et en Suisse, les administrations infranationales appliquent des allégements fiscaux différents de ceux qui sont applicables dans le cadre du système de l'impôt sur le revenu de l'administration centrale. Aux États-Unis, les administrations infranationales appliquent un système d'imposition du revenu distinct en vertu duquel elles disposent d'un pouvoir discrétionnaire à l'égard de l'assiette et du taux d'imposition. Sauf au Canada, aux États-Unis et en Suisse, ces impôts de niveau infranational sont perçus sur la base d'un taux unique.

En raison des différences pouvant exister à l'intérieur d'un même pays en matière de taux et/ou d'assiette de l'impôt sur le revenu collecté par les administrations infranationales, il est parfois fait l'hypothèse que le travailleur moyen assujetti à l'impôt a son domicile dans une zone type et que ce sont les impôts sur le revenu (et les prestations sociales) applicables dans cette zone qui sont indiqués. C'est la formule qui a été adoptée par le Canada, les États-Unis, l'Italie et la Suisse, où l'assiette et les taux d'imposition sont très variables sur l'étendue du territoire. La Belgique, le Danemark, la Finlande, l'Islande et la Suède ont préféré, pour leur part, retenir le taux moyen d'imposition du revenu appliqué par les administrations infranationales pour l'ensemble du pays. En Corée et en Norvège, ce problème ne se pose pas, les taux d'imposition locaux n'étant, dans les faits, pas différents les uns des autres. L'Espagne et le Japon ont retenu le barème général le plus largement appliqué.

Cotisations de sécurité sociale

Le présent rapport prend en compte les cotisations sociales obligatoires versées par les salariés et les employeurs à l'État ou à des caisses de sécurité sociale effectivement contrôlées par l'État. Dans la plupart des pays, ces cotisations sont prélevées sur les salaires bruts et affectées au financement de prestations sociales. En Finlande, en Islande et aux Pays-Bas, certaines de ces cotisations dépendent du revenu imposable (c'est-à-dire du salaire brut déduction faite de la plupart/l'ensemble des allégements fiscaux). L'Australie, le Danemark et la Nouvelle-Zélande ne prélèvent pas de cotisations sociales.

Les cotisations à des régimes de sécurité sociale ne relevant pas de l'administration publique ne sont pas prises en compte dans les calculs. Néanmoins, des informations sur les prélèvements obligatoires non fiscaux ainsi que des indicateurs de prélèvements obligatoires figurent dans la Base de données fiscales de l'OCDE, qui est accessible à l'adresse suivante : *www.oecd.org/tax/tax-policy/tax-database.htm.*

Taxes sur les salaires

Les taxes sur les salaires ont une base d'imposition qui est soit un pourcentage des salaires, soit un montant fixe par salarié. Les taxes sur les salaires sont indiquées à la rubrique 3 000 des *Statistiques des recettes publiques* de l'OCDE. Quinze pays de l'OCDE déclarent des recettes provenant de taxes sur les salaires : l'Australie, l'Autriche, le Canada, la Corée, le Danemark, la France, la Hongrie, l'Irlande, l'Islande, Israël, la Lettonie, le Mexique, la Pologne, la Slovénie et la Suède.

Les taxes sur les salaires sont comprises dans les coins fiscaux totaux indiqués dans cette publication, dans la mesure où elles ont pour effet d'accroître l'écart entre les coûts bruts de main-d'œuvre et la rémunération nette disponible de la même manière que l'impôt sur le revenu et les cotisations sociales. La principale différence avec ces dernières est le fait que le paiement des taxes sur les salaires ne donne pas droit à des prestations sociales. Par ailleurs, la base des taxes sur les salaires peut être différente de la base des cotisations sociales patronales. Par exemple, certains avantages hors salaire peuvent n'être assujettis qu'à la taxe sur les salaires. Comme ce rapport porte sur le cas général, la base de la taxe sur les salaires peut correspondre, selon la législation en vigueur, au salaire brut (à l'exclusion des avantages hors salaire et autres éléments de rémunération, qui varient d'un salarié à l'autre), au salaire brut majoré des cotisations sociales patronales, ou à un montant forfaitaire par salarié.

Cinq des pays membres de l'OCDE tiennent compte des taxes sur les salaires dans les calculs figurant dans *Les impôts sur les salaires* : l'Australie, l'Autriche, la Hongrie, la Lettonie et la Suède. Pour diverses raisons, les autres pays qui font état dans les *Statistiques des recettes publiques* de recettes tirées de taxes sur les salaires n'ont pas intégré ces taxes dans les calculs effectués en vue du présent rapport.

Prestations familiales en espèces versées par l'État

Les déductions fiscales et les prestations familiales en espèces de caractère général accordées au titre des enfants à charge de 6 à 11 ans inclus en cours de scolarité s'inscrivent dans le champ de l'étude. Si les déductions fiscales ou les transferts en espèces varient à l'intérieur de cette tranche d'âge, ce sont les dispositions les plus avantageuses qui sont retenues, le cas des jumeaux étant explicitement laissé de côté. Leurs implications sont illustrées ci-dessous – supposons que le programme d'allocations pour enfant à charge d'un pays présente la structure suivante :

Tranche d'âge	Prestation par enfant à charge
Enfants de 6 à 8 ans	100 unités
Enfants de 9 à 10 ans	120 unités
Enfants de 11 à 14 ans	150 unités

Le résultat le plus favorable est obtenu pour des jumeaux de 11 ans : 300 unités. Toutefois, comme on exclut le cas des jumeaux, le meilleur résultat (tenant compte que les enfants ont entre 6 et 11 ans) est ramené à 270 unités (un enfant de 11 ans et un enfant de 9 ou 10 ans). Ce montant serait inclus dans le tableau par pays. Souvent, le montant des prestations se trouve relevé lorsque l'âge des enfants augmente. En supposant que les enfants sont nés le 1er janvier, le montant annuel des allocations perçues pour enfant à charge peut être calculé à partir du barème de prestations en vigueur au début de l'année en question, toute révision de ce montant intervenue au cours de l'année étant prise en compte.

Les prestations sociales pertinentes sont celles qui émanent de l'État. Dans certains cas, les allocations en espèces englobent les montants payés indépendamment du nombre d'enfants.

Crédits d'impôt remboursables

Les crédits d'impôt remboursables (ou récupérables) sont des crédits d'impôt pouvant excéder le montant des impôts à verser, l'excédent éventuel étant reversé au contribuable sous forme de transfert d'espèces. En principe, on peut traiter ces crédits d'impôt de différentes manières selon qu'on les considère comme des dispositions fiscales, des transferts en espèces, ou une combinaison des deux. L'étude spéciale figurant dans l'édition 2016 des *Statistiques des recettes publiques* aborde ces différentes options, ainsi que les problèmes d'ordre conceptuel et pratique qui se posent pour choisir la méthode la mieux adaptée à la présentation de statistiques des recettes fiscales internationalement comparables. Elle présente également des chiffres qui montrent l'impact des différentes façons d'interpréter les ratios de l'impôt sur le PIB[5].

Sur la base de cette étude, le guide d'interprétation des *Statistiques des recettes publiques* impose :

- que seule la fraction du crédit d'impôt remboursable qui a pour effet de réduire ou d'effacer la dette fiscale du contribuable (composante « dépense fiscale »)[6] soit déduite dans la présentation des recettes ;
- que la fraction du crédit d'impôt qui est supérieure à la somme à payer par le contribuable et qui lui est remboursée (composante « transfert en espèces ») soit traitée comme une dépense et ne soit pas déduite des chiffres de recettes fiscales.

Toutefois, les *Statistiques des recettes publiques* donnent des informations complémentaires sur les montants totaux réclamés par le fisc et l'élément « transferts totaux » des crédits d'impôt remboursables pour montrer les résultats de différents traitements statistiques[7].

Dans *Les impôts sur les salaires,* la situation est différente comme le montant total du crédit d'impôt remboursable est pris en compte dans le calcul de l'impôt sur le revenu.

Si l'on s'en tenait strictement au guide d'interprétation des *Statistiques des recettes publiques*, il faudrait que seule la composante « dépense fiscale » soit déduite de l'impôt sur le revenu, tout dépassement éventuel étant traité comme un transfert en espèces. Cependant, cette méthode aurait pour effet d'affaiblir et non de renforcer la valeur informative des résultats présentés dans *Les impôts sur les salaires*. En particulier, limiter les créances de crédit d'impôt à la dépense fiscale se traduirait par un impôt nul et un taux moyen d'imposition du revenu également nul lorsque des remboursements en espèces sont effectués. Si l'on ne limite pas de la sorte les créances de crédit d'impôt, on fera apparaître, en cas de transferts en espèces, un impôt sur le revenu négatif et des taux moyens d'imposition du revenu également négatifs. On peut soutenir que ces montants négatifs donnent une idée plus claire de la situation du contribuable (plutôt que de considérer une situation de non-imposition). En outre, le fait de ne pas inclure la fraction des crédits d'impôts remboursables correspondant à des transferts en espèces à la rubrique « Prestations en espèces versées par les administrations » des tableaux par pays permet une plus grande transparence de cette rubrique, consacrée aux seuls transferts en espèces « véritables ».

Néanmoins, pour étoffer les informations données dans les tableaux par pays sur les crédits d'impôt remboursables, la rubrique pour mémoire qui se trouve au bas des tableaux des pays concernés indique, sur une première ligne, les montants de dépenses fiscales et, sur une deuxième ligne, les montants des transferts en espèces. Là où il existe plusieurs dispositifs de crédits d'impôt remboursables, les données présentées correspondent à des montants totaux couvrant l'ensemble de ces dispositifs. Pour chaque catégorie de ménage considérée, on peut, en faisant la somme des dépenses fiscales et des transferts en espèces, obtenir le coût global des dispositifs.

Calcul des taux marginaux d'imposition

Dans tous les cas excepté un, les taux marginaux d'imposition sont calculés en prenant en compte l'incidence d'une faible augmentation des salaires bruts sur l'impôt sur le revenu des personnes physiques, les cotisations sociales et les prestations en espèces. L'exception est le cas d'un conjoint inactif, où le passage d'un revenu nul à un revenu faiblement positif n'est pas représentatif des variations de revenu et présente donc peu d'intérêt. C'est pourquoi les taux marginaux applicables au conjoint sont calculés dans ce cas en prenant en compte l'incidence d'une augmentation de revenu de 0 à 33 % du salaire moyen.

Limites de l'étude

Limites de caractère général

L'utilisation de la méthode simple consistant à comparer la situation au regard de l'impôt et des avantages sociaux des huit familles modélisées permet d'échapper aux nombreux problèmes conceptuels et de définition que soulèvent des comparaisons internationales plus complexes des charges fiscales et des programmes de transferts sociaux. Toutefois, l'une des faiblesses de cette méthode est liée au fait que la place de la rémunération du salarié moyen sur l'éventail des salaires varie d'une économie à l'autre, bien que les salaires en question concernent des ouvriers accomplissant des tâches de même nature dans les différents pays membres de l'OCDE.

En raison des limites qui affectent les impôts et les prestations sociales couvertes par le rapport, les données réunies ne peuvent être considérées comme représentatives de l'impact global des administrations sur le niveau de vie des contribuables et de leurs familles. Il faudrait pour cela étudier l'incidence des impôts indirects, le régime applicable en matière d'imposition des revenus du travail non salariaux ainsi que des autres revenus et l'incidence des autres mesures d'allégement fiscal et prestations en espèces. Il faudrait aussi tenir compte de l'incidence sur le niveau de vie des services fournis par l'État soit gratuitement soit en dessous de leur coût et de l'incidence sur les salaires et les prix des impôts sur les sociétés et des autres impôts directs. Il est impossible de couvrir un champ d'étude aussi étendu dans le cadre d'une comparaison internationale concernant l'ensemble des pays de l'OCDE. L'importance des écarts entre les résultats présentés ici et ceux auxquels aboutirait une étude complète de l'impact global des interventions publiques sur la situation des salariés serait variable d'un pays à l'autre, notamment en fonction de la part relative des différents impôts dans les recettes publiques et de l'étendue et de la nature des dépenses sociales des administrations.

Le rapport indique l'incidence formelle de l'impôt sur les salariés et les employeurs. L'incidence économique finale de la charge fiscale peut être répercutée des employeurs aux salariés et vice versa à la suite d'ajustements des salaires bruts opérés sur le marché.

Le revenu restant à la disposition du contribuable peut correspondre à des niveaux de vie différents selon les pays, parce que l'éventail des biens et services auxquels le revenu est affecté ainsi que leurs prix relatifs diffèrent d'un pays à l'autre. Dans les pays où les administrations fournissent une gamme importante de biens et services (régimes de retraite de base généreux, services de santé gratuits, logements sociaux, éducation tertiaire, etc.) le contribuable peut disposer d'un revenu en espèces plus faible tout en ayant un niveau de vie identique à celui d'un contribuable percevant un revenu en espèces plus élevé mais vivant dans un pays où les biens et services publics sont plus limités.

Ainsi qu'il est indiqué dans le chapitre 1 et d'une manière plus détaillée dans l'Étude spéciale de 2005, les seconds apporteurs de revenu qui gagnent 33 % du salaire moyen travaillent très souvent à temps partiel, bien que la méthodologie des *impôts sur les salaires* admette en général qu'ils travaillent à plein-temps. Toutefois, cela n'affecte l'exactitude des résultats des *impôts sur les salaires* que pour une catégorie de familles en Belgique (couple marié dans lequel le second apporteur de revenu gagne 33 % du salaire moyen). Par conséquent, il faut se montrer prudent dans l'interprétation des résultats concernant cette catégorie de familles pour la Belgique. En outre, pour tous les pays qui appliquent des dispositions réglementaires fondées sur les rémunérations horaires (voir l'Étude spéciale de l'édition 2005) il faut se montrer prudent dans l'application des résultats de ce rapport à d'autres catégories de ménages.

Exemples de limites spécifiques affectant le calcul de l'impôt sur le revenu

Étant donné le nombre limité des allégements fiscaux considérés ainsi que l'exclusion des revenus non salariaux, les taux moyens d'impôt sur le revenu calculés dans les tableaux de cette publication ne rendent pas nécessairement compte des taux effectifs des impôts versés par les contribuables se situant aux niveaux de salaires indiqués. L'exclusion des abattements de caractère non forfaitaire liés à des frais réels peut conduire à surestimer les taux réels d'imposition dans le calcul. D'autre part, l'exclusion des revenus autres que ceux du travail peut tendre à les sous-estimer.

La décision de ne pas procéder à un calcul séparé de l'impôt sur le revenu après prise en compte de l'effet des allégements fiscaux non forfaitaires a été prise pour les raisons suivantes:

- dans de nombreux cas, les allégements liés à des dépenses effectives représentent des substituts d'aides financières directes. Prendre en considération ces allégements sans prendre en compte par ailleurs les éventuelles aides directes correspondantes conduirait à fausser les comparaisons des rémunérations nettes plus transferts en espèces ;
- le régime fiscal particulier de certaines dépenses peut s'accompagner d'un régime spécial des revenus associés à ces dépenses (par exemple, le régime fiscal des cotisations de sécurité sociale et des pensions de retraite) qui se situe en dehors du champ de la présente étude ;
- quelques pays n'ont pas été en mesure d'estimer la valeur de ces allégements et même les pays qui ont pu effectuer une telle estimation n'ont pas été en mesure de la limiter aux contribuables présentant les caractéristiques prises par hypothèse dans la partie qui précède sur la méthodologie ; et,
- tous les pays n'ont pas été en mesure de calculer séparément les allégements applicables aux différents types de familles. Lorsqu'on calcule séparément les allégements applicables aux célibataires et aux familles avec enfants, on observe des écarts importants entre les montants des allégements dont bénéficient normalement ces deux catégories de ménages.

Limites relatives aux comparaisons de séries chronologiques

Les calculs de la charge fiscale des revenus du travail dans les pays de l'OCDE qui sont indiqués dans l'édition de 2004 et les précédentes des *impôts sur les salaires*, sont fondés sur un indicateur du salaire moyen pour les travailleurs manuels à temps complet du secteur manufacturier (« l'ouvrier moyen »).

Toute analyse longitudinale des résultats doit prendre en compte le fait que les données concernant les salaires ne portent pas nécessairement sur le même contribuable pendant toute la période. Les rémunérations moyennes sont calculées pour chaque année. En tant que tels, les résultats ne font pas apparaître les variations de salaire et la situation fiscale des différentes personnes concernées au fil du temps, mais plutôt la situation de salariés dont le salaire est égal au niveau moyen dans les secteurs industriels concernés pour chaque année considérée. Cela pourrait également signifier que les niveaux de salaires mentionnés pourraient se situer à des points différents de la distribution des revenus sur la période couverte et que les variations des taux d'imposition pourraient subir l'influence de cette évolution.

Il y a eu des changements de définition du salarié moyen dans le temps. À partir de l'édition de 2005, *Les impôts sur les salaires* ont déclaré des calculs des impôts effectués à partir d'une définition élargie du salarié moyen qui inclut tous les salariés à temps complet appartenant aux secteurs industriels C à K (référence à la CITI)8. Les conséquences de l'adoption de cette nouvelle définition pour les comparaisons de séries chronologiques sont examinées dans l'édition de 2005 des impôts sur les salaries.

Note sur les équations fiscales

Chaque chapitre par pays contient une section qui décrit les équations présentées sous une forme normalisée indiquant les calculs nécessaires pour obtenir le montant de l'impôt sur le revenu, des cotisations de sécurité sociale et des transferts en espèces. Ces algorithmes représentent sous une forme algébrique les dispositions légales décrites dans le chapitre et correspondent aux chiffres indiqués dans les tableaux par pays et les tableaux comparatifs. Cette section décrit les conventions utilisées dans la définition des équations et indique la manière dont elles pourraient être appliquées à d'autres recherches

Les sections précédentes des chapitres par pays décrivent le mode de fonctionnement des systèmes fiscaux et des autres systèmes ainsi que les valeurs des paramètres de ces systèmes, tels que le montant des abattements et des crédits d'impôt et les barèmes d'imposition.

La première partie de la section concernant les équations est un tableau qui décrit brièvement chaque paramètre (tel que le « Crédit d'impôt de base »), indique le nom du paramètre tel qu'il est utilisé dans l'équation algébrique (« Basic_cred ») et la valeur actuelle pour l'année considérée (telle que « 1098 »). Lorsqu'il existe un tableau de valeurs – par exemple un barème des taux d'imposition et des seuils de revenu imposable correspondants –, un nom est donné à l'ensemble du tableau (par exemple « tax_sch »). Ces noms de variables sont ceux qui sont utilisés dans les équations.

À la suite du tableau des paramètres se trouve le tableau d'équations. Les quatre colonnes contiennent les informations suivantes :

- Les deux premières colonnes contiennent une description et indiquent le nom de la variable correspondant au résultat de l'équation mentionnée sur la même ligne. Elles incluent toujours les treize principales rubriques financières des tableaux par pays. Des lignes supplémentaires définissent des valeurs intermédiaires qui sont calculées soit pour faire apparaître de manière plus détaillée les données figurant dans les tableaux (telles que la ventilation des abattements fiscaux totaux entre les différentes catégories) ou des montants qui facilitent les calculs.
- La troisième colonne indique l'intervalle de calcul dans cette ligne. Cette indication est nécessaire pour tenir compte des différents modes de calcul possibles de l'impôt dû par les couples mariés. Les différentes options sont les suivantes :
  - **B** Le calcul est effectué séparément aussi bien en ce qui concerne le revenu principal que celui du conjoint et en utilisant les niveaux de rémunération de chacun d'entre eux. Cela vaut pour les cas où il y a imposition séparée et aussi en général pour les cotisations de sécurité sociale.
  - **P** Le calcul s'applique uniquement au revenu principal. On peut citer comme exemple le cas où le titulaire du revenu principal peut utiliser tous les abattements à la base de son conjoint qui ne peuvent être déduits des revenus de celui-ci.
  - **S** Le calcul s'applique seulement au conjoint dont le revenu est le plus faible.
  - **J** Le calcul est effectué une seule fois sur la base du revenu cumulé. Cela vaut pour les systèmes d'imposition conjointe ou familiale et cette méthode est également courante pour le calcul des prestations en espèces au titre des enfants à charge.
- La dernière colonne contient l'équation elle-même. Celle-ci peut se référer aux variables figurant dans le tableau des paramètres et aux variables qui résultent de l'une des lignes du tableau d'équations lui-même. On utilise également deux variables standards, « marié », qui prend la valeur 1 si la famille est constituée par un couple marié et 0 dans

le cas d'un célibataire, et « enfants », qui indique le nombre d'enfants. Parfois, il est fait référence à une variable à laquelle s'ajoute l'affixe « total » qui indique la somme des valeurs des variables à prendre en compte pour le titulaire du revenu principal et son conjoint. De même les affixes « _princ » et « _conjoint » indiquent respectivement les valeurs concernant le titulaire du revenu principal et son conjoint.

Dans les équations, un certain nombre de fonctions sont utilisées. Certaines d'entre elles sont utilisées de la même manière que dans un certain nombre de programmes informatiques d'utilisation courante. Par exemple, MAX(X, Y) et MIN(X, Y) permettent de trouver respectivement la valeur maximum et la valeur minimum. IF (condition, X, Y) choisit l'expression X si la condition est vérifiée et l'expression Y si elle ne l'est pas. Des expressions booléennes sont également utilisées et l'on admet qu'elles ont la valeur 1 si l'expression est vérifiée et 0 si elle ne l'est pas. Par exemple (enfants = 2*CB_2 est équivalent à IF(enfant = 2, CB_2,0).

Il y a aussi trois fonctions spéciales généralement utilisées qui font apparaître les calculs souvent nécessaires dans le cadre des systèmes d'impôt et de sécurité sociale. Ces fonctions sont les suivantes :

- Tax (taxinc, tax_sch) : cette fonction calcule le résultat obtenu en appliquant le barème d'imposition et les différents seuils dans « tax_sch » à la valeur du revenu imposable représenté par « taxinc ». Cette fonction peut être utilisée dans toutes les parties des équations et non pas seulement dans le calcul de l'impôt sur le revenu. Pour certains pays, elle est utilisée en ce qui concerne les cotisations de sécurité sociale ou même pour les niveaux de prestations qui pourraient dépendre des revenus.
- Positive (X) : cette fonction donne le résultat X lorsque cette valeur est positive et 0 dans les autres cas. Elle est donc équivalente à MAX(0,X).
- Taper (valeur, revenu, seuil, taux) : cette fonction indique le montant représenté par « valeur » si le « revenu » est inférieur au « seuil ». Sinon elle indique la « valeur » réduite par le « taux » multiplié par (revenu-seuil) à moins que cela ne donne un résultat négatif auquel cas on revient à zéro. Cette fonction indique le calcul qui est parfois nécessaire lorsque, par exemple, un crédit d'impôt peut être accordé en totalité sous réserve que le revenu total soit inférieur à un certain seuil mais se trouve ensuite retiré à un taux donné pour chaque unité monétaire à partir de ce seuil jusqu'à son retrait complet.

Dans certains cas, il existe des fonctions spécifiques à chaque pays. Ces fonctions font intervenir un programme conçu pour simplifier les calculs fiscaux. Ce programme repose sur la mesure fiscale décrite dans le chapitre par pays à la partie III. Par exemple, le crédit d'impôt pour les revenus du travail en vigueur aux États-Unis est calculé à l'aide de la fonction EIC.

Quiconque souhaite utiliser ces équations à d'autres fins devra établir des fonctions correspondant à ces fonctions spéciales ou apporter les modifications appropriées aux équations qui les utilisent.

Notes

1. Les données statistiques concernant Israël sont fournies par et sous la responsabilité des autorités israéliennes compétentes. L'utilisation de ces données par l'OCDE est sans préjudice du statut des hauteurs du Golan, de Jérusalem Est et des colonies de peuplement israéliennes en Cisjordanie aux termes du droit international.

2. Les organismes nationaux de statistique n'utilisent pas tous la Révision 3.1 ou 4 de la CITI pour classer les secteurs d'activité. Néanmoins, la Nomenclature statistique des activités économiques dans la Communauté européenne (NACE), le Système de classification des industries de l'Amérique du Nord (SCIAN) et l'*Australian and New Zealand Standard Industrial Classification* (ANZSIC) coïncident à peu près avec les Révisions 3.1 et 4 de la CITI au niveau des secteurs C à K et B à N, respectivement.
3. Les estimations des salaires indiquées dans les *Perspectives économiques* sont produites par le Département des affaires économiques (ECO) de l'OCDE. Elles correspondent à l'édition de décembre 2017 de cette publication.
4. Dans ce cas, le montant de l'allégement fiscal est fonction des cotisations de sécurité sociale effectivement versées par le salarié ou retenues sur son salaire ; cette forme d'allégement forfaitaire s'écarte donc à ce titre de la définition générale selon laquelle il n'existe pas de lien entre l'allégement forfaitaire et les dépenses réellement engagées.
5. OCDE, *Statistiques des recettes publiques,* 1965-2015, p. 62.
6. Cette caractérisation doit être considérée comme informelle car il faut, pour déterminer les dépenses fiscales, trouver un système fiscal de référence pour chaque pays ou, mieux encore, une référence internationale commune. Dans les faits, il n'a pas été possible de s'accorder sur le choix d'une référence internationale à cette fin.
7. Voir le tableau D des *Statistiques des recettes publiques* 2016 de l'OCDE.

ORGANISATION DE COOPÉRATION ET DE DÉVELOPPEMENT ÉCONOMIQUES

L'OCDE est un forum unique en son genre où les gouvernements œuvrent ensemble pour relever les défis économiques, sociaux et environnementaux que pose la mondialisation. L'OCDE est aussi à l'avant-garde des efforts entrepris pour comprendre les évolutions du monde actuel et les préoccupations qu'elles font naître. Elle aide les gouvernements à faire face à des situations nouvelles en examinant des thèmes tels que le gouvernement d'entreprise, l'économie de l'information et les défis posés par le vieillissement de la population. L'Organisation offre aux gouvernements un cadre leur permettant de comparer leurs expériences en matière de politiques, de chercher des réponses à des problèmes communs, d'identifier les bonnes pratiques et de travailler à la coordination des politiques nationales et internationales.

Les pays membres de l'OCDE sont : l'Allemagne, l'Australie, l'Autriche, la Belgique, le Canada, le Chili, la Corée, le Danemark, l'Espagne, l'Estonie, les États-Unis, la Finlande, la France, la Grèce, la Hongrie, l'Irlande, l'Islande, Israël, l'Italie, le Japon, la Lettonie, le Luxembourg, le Mexique, la Norvège, la Nouvelle-Zélande, les Pays-Bas, la Pologne, le Portugal, la République slovaque, la République tchèque, le Royaume-Uni, la Slovénie, la Suède, la Suisse et la Turquie. La Commission européenne participe aux travaux de l'OCDE.

Les Éditions OCDE assurent une large diffusion aux travaux de l'Organisation. Ces derniers comprennent les résultats de l'activité de collecte de statistiques, les travaux de recherche menés sur des questions économiques, sociales et environnementales, ainsi que les conventions, les principes directeurs et les modèles développés par les pays membres.

ÉDITIONS OCDE, 2, rue André-Pascal, 75775 PARIS CEDEX 16
(23 2018 17 2 P) ISBN 978-92-64-07524-5 – 2018

www.ingramcontent.com/pod-product-compliance
Lightning Source LLC
LaVergne TN
LVHW080112011026
849160LV00013B/1079